이패스
합격예감
무역
영어 1, 2급

(과목별 이론 + 기출 6회)

김동엽 저

epasskorea

이패스 **무역영어** 합격예감

 # 머리말

합격예감을 현실로 바꾸는 무역영어
　　　　－ "핵심을 파악하고 기출분석을 통한 효율적인 학습이 필요"

무역영어 1·2급 시험은 무역에 대한 전반적인 이해뿐만 아니라, 실무적으로 사용되는 무역용어(영어) 및 비즈니스 서신에 사용되는 영문 표현 등을 학습해야 하므로, 결코 쉽지만은 않은 시험입니다. 그리하여, 현실적으로 출제 범위를 100% 공부하고 이해 및 암기하는 것은 불가능할뿐더러, 효율적인 방법도 아닙니다. 이에 따라, 기출 빈도가 높은 부분을 제외하고는 심도 있는 학습보다 핵심적인 부분을 위주로 공부하고 기출 분석을 통해 모자란 부분을 보충하는 학습 방법이 필요합니다.

이패스 무역영어 교재는 최신 기출문제 경향을 분석 및 반영하였으며, 가장 효율적인 접근 방법을 통해 단시간에 무역영어 시험에 합격할 수 있게 구성되어 있습니다.

또한 수험적인 목적에 최대한 충실하였고, 무역거래에서 필요한 매매계약이 성립에서부터 운송 및 보험에 대한 전반적인 지식과 실전경험을 반영하였습니다.

따라서 본 교재에서는 국제매매계약과 관련된 국제상관습과 법률적 이해에 대한 전문적인 지식에 대하여 시험에서 다루는 분야와 실무를 적절하게 배합하였다고 볼 수 있습니다.

이패스 무역영어 교재는 무역영어 1·2급 시험이 전 과목 평균 60점 이상이면 합격이 된다는 사실에 주안점을 두어 이론 부분에서는 대략 80%에서 85% 정도의 내용을 담았고, 나머지 15% 내지 20%는 기출문제 및 예상문제 부분을 통해 보완할 수 있게 구성하였으므로, 효율적인 시간 및 노력을 투자하여 합격이라는 기쁨을 맛볼 수 있을 것입니다.

　　　　　　　　　　　　　　　　　　　　　　　　　　　　　　저자 김동엽

출제경향분석

과목명	출제문항	주요 출제 파트	출제 경향
무역영어의 기초	16	① 무역서신 및 영문 해석	무역서신 및 영문해석 문제 출제
	2	② 특정거래형태의 수출입	수출입 거래 형태, 수출입 거래 분석 등 출제
무역계약	6	① INCOTERMS 2020	조건별 특징, 매도인과 매수인의 의무, 주의사항 등 출제
	4	② CISG	매도인과 매수인의 권리구제 사항, 청약과 승낙 등 출제
	3	③ 무역계약의 조건	품질조건, 수량조건, 가격조건 등 무역 8대 조건 등 출제
무역결제	6	① 신용장 결제방식의 이해	신용장 자체 해석, 당사자 관련 사항 등 출제
	6	② 대금결제 방식(신용장 제외)	추심, 팩토링 포페이팅 등 거래 방식에 대한 문제 출제
	5	③ UCP600의 영어 원문	신용장 거래 방식, 거래 절차 등 출제
무역운송·보험 및 클레임	11	① 해상운송 및 운송서류	해상운송의 종류 및 특징, 운송서류의 종류 및 특징, 컨테이너의 특징 등 출제
	6	② 무역보험	ICC(A,B,C 조건의 특징 등), MIA(담보의 개념, 위부, 대위 등) 출제
	3	③ 클레임 해결방법	당사자 해결, 중재에 의한 해결, 소송 등 출제
무역정책 및 무역관리	1	① 무역정책	대한민국 또는 세계의 무역기조에 대한 문제 출제
	1	② 무역관리 및 외국환 관리	정부의 무역관리 방안(제도) 출제
수출입법규 및 통관제도	2	① 대외무역법	비관세장벽(원산지표시 등) 출제
	2	② 관세법의 이해	수출입통관 등 출제
해외투자	1	① 해외 직·간접투자	해외 직접 및 간접투자의 개념, 상황 등 출제

좀 더 자세한 내용 및 수험정보 등은 당사 홈페이지(www.epasskorea.com) 참조

이패스 무역영어 합격예감

 # 학습전략

1. 본인에게 맞는 과목을 선정 75-85점 획득 전략
전략 과목을 선택하여 해당 과목은 고득점을 위한 학습을, 어렵게 느껴지는 과목은 평균적인 점수를 받을 수 있도록 학습 전략을 세우는 것이 중요합니다.

2. 출제 빈도를 고려한 학습
무역영어 시험 문제는 학습내용이 방대하여 깊이 있는 문제가 출제되기 보다는 다양한 문제를 폭 넓게 다루는 경향이 있습니다. 반복적으로 출제되는 부분을 집중적으로 학습하는 것이 중요합니다.

3. 철저한 기출문제 분석
무역영어는 기존 문제 은행에서 출제되는 경향이 강하기 때문에 반드시 철저하게 기출문제를 분석해야 합니다.

4. 학습기간은 2개월 ~ 3개월 정도
비전공자의 경우 충분하게 3개월 정도로 생각하고 공부를 하는 것이 좋습니다. 전공자의 경우도 2개월 정도 공부를 하고 있으며, 특히 법과 관련된 내용은 일상생활에서 접하기가 쉽지 않으므로 익숙해지기까지 시간이 걸립니다. 학습범위가 넓기 때문에 미리미리 준비하는 것이 좋습니다.

5. 독학보다는 전문 교육기관을 이용하는 것이 바람직
무역영어는 독학이 가능합니다. 그런데 출제 문제 분석 및 비중이 중요하기 때문에 전문기관의 수업을 들을 것을 추천합니다. 그것이 합격으로 가는 지름길입니다.

좀 더 자세한 내용 및 수험정보 등은 당사 홈페이지(www.epasskorea.com) 참조

무역영어 단기합격을 위한 데일리 학습플랜

1일	2일	3일	4일
무역영어의 기초 ~ 국제무역의 기초	무역계약의 개념 및 성립 ~ 무역계약의 조건	무역계약과 정형거래조건 (INCOTERMS EXW~FOB)	INCOTERMS CFR~DDP
5일	6일	7일	8일
환어음과 대금결제	신용장	신용장 II	무역화물의 운송
9일	10일	11일	12일
해상보험 ~ 선적서류	클레임제기와 분쟁해결	무역정책 ~ 무역관리 및 외국환관리	수출입관련 법규 ~ 국제프렌차이징
13일	14일	15일	16일
제1과목 영문해석 100제	제2과목 영작문 100제	제3과목 무역실무 100제	모의고사 2회

16일 학습플랜은 무역영어를 처음 공부하는 학습자를 위한 수료과정 플랜입니다.

1. 상기 학습 플랜은 하루 6시간 학습자를 기준으로 선정한 플랜입니다.
2. 처음에 무역영어의 기초 내용을 학습하며, 무역에 대한 전반적인 감을 익힙니다.
3. "무역계약의 조건"파트에서는 이후 학습하게 될 무역영어에 대한 전체 내용을 요약하여 학습할 수 있으므로 특히 중요한 부분입니다.
4. 매일의 학습 플랜을 달성하면, 그 다음날의 학습 플랜에는 그 전날 학습 플랜을 복습하는 내용이 추가됩니다.

[학습 TIP]
1. 강의 영상에 등장하는 거래 절차도는 이해를 돕기 위해 필수적으로 학습하시기 바랍니다.
2. 대금결제 파트는 가장 난이도가 높은 파트 중에 하나이기 때문에, 여러 번 반복하여 학습할 필요가 있습니다.
3. 각 과목별 등장하는 정의는 반드시 해당 내용을 이해한 후 다음 내용을 학습하시기 바랍니다.
4. 각 과목 별 100제는 무역영어 1급 기출문제이므로, 기출문제 풀이를 수강하기 전에 직접 풀어보시기 바라겠습니다.

이패스 무역영어 합격예감

이패스코리아 무역영어 특별함

✅ 강의력＋실무를 겸비한 김동엽강사 저자 직강

본 교재의 저자이며 무역영어 온라인강의를 진행하는 김동엽강사는 현직 관세업무를 하는 무역 전문강사입니다. 또한 이패스코리아에서 관세사1차, 국제무역사 등 무역과정을 전문으로 강의하는 강사이기도 합니다.

김동엽강사 특유의 부드러우면서 핵심을 알려주는 강의는 무역영어를 쉽게 이해할 수 있도록 도와줍니다. 또한 2024년 현재 실무 사례를 바탕으로 강의가 진행되기 때문에 훨씬 유익합니다.

✅ 핵심 개념＋최신 기출문제 분석을 통한 합격 자신감UP

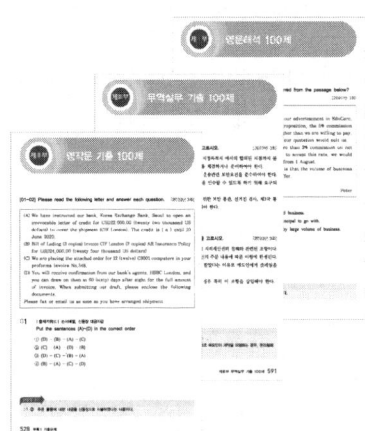

최근 10년간 기출문제가 공개되어 있는 무역영어 핵심 개념과 출제빈도를 분석하여 교재를 구성했습니다.

각 단원별 세부 개념〉응용개념〉실제 사례로 구성하였으며 최신 기출문제 6회를 통해 인코텀즈 2020의 실전대비도 가능합니다.

이론부터 기출문제, 빈출단어집까지! 이패스 무역영어 한 권으로 합격하세요.

이패스코리아 무역영어 특별함

✅ 궁금한건 언제든지 대답해주는 **365일 운영 서비스**

이패스코리아 고객센터는 365일 운영됩니다. 주중보다 주말에 공부할 경우가 많은데 온라인 수강에 불편함이 생기면 당황하시죠? 이패스코리아는 365일 고객센터 운영으로 학습 불편함을 제로로 만들어 드립니다.

공부하면서 궁금한점 언제든지 질의 남겨주세요. 김동엽강사가 최대한 빠른 시간 내에 답변드립니다!

✅ 무역기초강의 & 무역영어 **빈출단어 50선 제공**

국제무역사, 무역영어 등 무역자격증 학습에 기초가 되는 용어 및 개념에 대한 무역기초강의를 무료로 제공합니다.

또한, 김동엽 강사가 선별한 자주 출제되는 무역영어 50개의 단어를 언제 어디서든 학습이 가능하도록 PDF파일로 제공합니다.

이패스 무역영어 합격예감

합격예감을 현실로 만드는 이패스 무역영어 교재 구성 및 특징

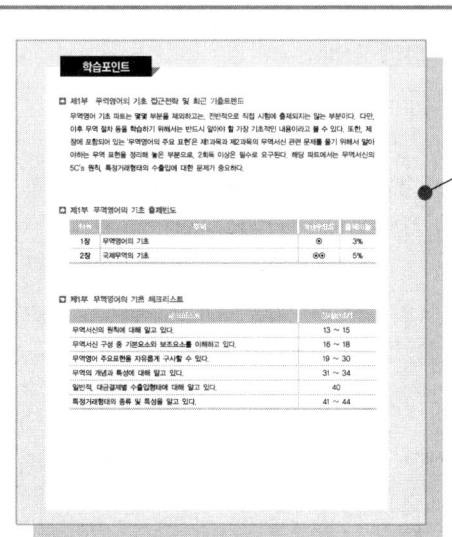

학습 시작 전 출제빈도 파악 및 핵심개념 완벽파악

[핵심 분석]

무역영어를 핵심개념 7개 과목으로 분류하였습니다.
각 과목별 기출트렌드와 출제빈도, 핵심 개념 체크리스트
까지 한 페이지로 정리하여 학습 방향을 알려줍니다.

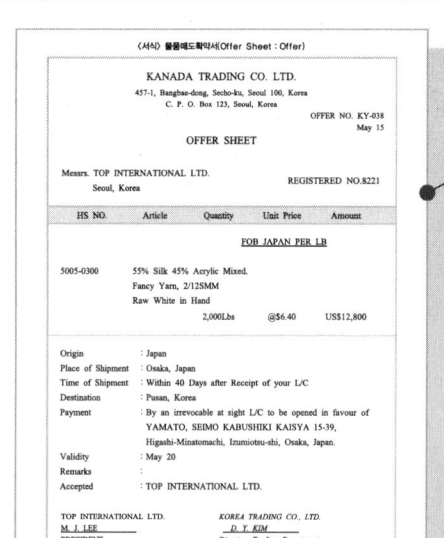

현업에서 사용하는 무역영어 사례 제시

[사례분석]

무역영어 업무 시에 사용하는 실전사례를 통해
실무에서도 활용할 수 있도록 구성하였습니다.
자격 공부를 하며 실무까지 정복할 수 있는
이패스 무역영어입니다.

preface

인코텀즈 2020 수록

[인코텀즈 2020 쉽게 이해]

인코텀즈 2020의 해석버전을
수록하였습니다.

무역영어 공부 시 꼭 알아둬야 하는
인코텀즈 2020을 쉽게 만나보세요.

최신 기출문제 6회분 & 빈출영어 단어집 수록

[실전 연습]

실제 기출문제를 통해 실전감각을 익힐 수 있습니다.
자세한 영어해석과 해설을 통해 오답노트 정리가 가능하며, Cbt 무료모의고사를 통해 마지막까지 대비 가능합니다.

빈출단어 50선을 통해서는 여유시간에도 학습이 가능합니다.

이패스 **무역영어** 합격예감

수험정보

무역영어
국경 없는 무한경쟁의 시대에서 대외교역 확대를 위해서는 무역에 관한 전문지식이 필수적입니다. 〈무역영어〉 검정은 무역관련 영문서류의 작성 및 번역 등 영어구사 능력은 물론 무역 실무지식을 평가하는 국가공인자격 시험입니다.

검정기준

자격명칭		검정기준(난이도)
무역영어	1급	4년제 대학 경상계열 졸업자로서 대기업의 무역실무관리 책임자로서 갖추어야 할 무역실무 전반에 관한 지식
	2급	전문대학 및 경상계열 재학생으로서 기업의 무역실무자로서 갖추어야 할 지식
	3급	실업계열 고등학교의 기본적으로 갖추어야 할 지식

출제기준

1·2급	3급
1. 무역실무 전반에 걸친 무역통신문 2. 해외시장조사, 신용조사방법, 수출입 개요 등 3. 무역관계법(실무에 적용되는 것에 한함) 4. 무역계약 5. 대금결제 6. 운송, 용선계약, 적화보험 7. 무역클레임과 상사중재 8. EDI에 의한 수출입 통관	1. 무역통신문의 구성 및 형식 2. 거래관계의 개설(신용조회 및 보고, 거래제의) 3. 거래관계의 성립(청약, 주문, 계약) 4. 신용장(발행신청, 통지 및 수정) 5. 선적과 운송서류 　(선적보험, 운송서류, 보험) 6. 기본 무역용어 7. 상용회화

응시자격
제한없음

preface

시험과목

등급	시험방법	시험과목	출제형태	시험시간
1급	필기시험	영문해석	객관식 75문항	90분
2급		영작문		
3급		무역실무		

합격결정기준

자격명칭		검정방법	합격 결정기준
무역영어	1~3급	필기시험	전 과목 평균 60점 이상 (단, 1급은 과목당 40점 미만인 경우 불합격)

시험일정

시험일	원서접수기간	합격자발표
상시	개설일로부터 시험일 4일 전까지	필기 : 익일 10시

* 시험 개설여부는 시험장별 상황에 따라 다름

이패스 무역영어 합격예감

차례

제Ⅰ부 | 무역영어의 기초　15

제1장　무역영어의 기초 / 17
제2장　국제무역의 기초 / 38

제Ⅱ부 | 무역계약　53

제3장　무역계약의 개념 및 성립 / 55
제4장　무역계약의 조건 / 95
제5장　무역계약과 정형거래조건 / 130

제Ⅲ부 | 무역결제　183

제6장　환어음과 대금결제 / 185
제7장　신용장 / 221

제Ⅳ부 | 무역운송·보험 및 클레임　261

제8장　무역화물의 운송 / 263
제9장　해상보험 / 314
제10장　선적서류 / 344
제11장　클레임제기와 분쟁해결 / 368

제Ⅴ부 | 무역정책 및 무역관리　379

제12장　무역정책 / 381
제13장　무역관리 및 외국환관리 / 386

contents

제Ⅵ부 | 수출입법규 및 통관제도　401

제14장 수출입관련 법규 / 403
제15장 수출입통관제도 / 432

제Ⅶ부 | 해외투자　449

제16장 해외직접투자(Foreign Direct Investment : FDI) / 451
제17장 해외간접투자(Portfolio Investment) / 454
제18장 국제프렌차이징(Franchising) / 455

부록 1 | 기출문제 6회분　457

제114회 2019년 제1회 기출문제 / 458
제115회 2019년 제2회 기출문제 / 475
제116회 2019년 제3회 기출문제 / 497
제117회 2020년 제1회 기출문제 / 516
제118회 2020년 제2회 기출문제 / 536
제119회 2020년 제3회 기출문제 / 554

부록 2 | 기출문제 6회분 정답 및 해설　573

제114회 2019년 제1회 기출문제 정답 및 해설 / 574
제115회 2019년 제2회 기출문제 정답 및 해설 / 588
제116회 2019년 제3회 기출문제 정답 및 해설 / 603
제117회 2020년 제1회 기출문제 정답 및 해설 / 617
제118회 2020년 제2회 기출문제 정답 및 해설 / 632
제119회 2020년 제3회 기출문제 정답 및 해설 / 646

부록 3 | 무역영어 빈출단어 50선　661

● ● ● ● 이패스 무역영어 합격예감

무역영어의 기초 제Ⅰ부

제1장 무역영어의 기초
제2장 국제무역의 기초

학습포인트

▶ 제1부 무역영어의 기초 접근전략 및 최근 기출트렌드

무역영어 기초 파트는 몇몇 부분을 제외하고는, 전반적으로 직접 시험에 출제되지는 않는 부분이다. 다만, 이후 무역 절차 등을 학습하기 위해서는 반드시 알아야 할 가장 기초적인 내용이라고 볼 수 있다. 또한, 제1장에 포함되어 있는 '무역영어의 주요 표현'은 제1과목과 제2과목의 무역서신 관련 문제를 풀기 위해서 알아야하는 무역 표현을 정리해 놓은 부분으로, 2회독 이상은 필수로 요구된다. 해당 파트에서는 무역서신의 5C's 원칙, 특정거래형태의 수출입에 대한 문제가 중요하다.

▶ 제1부 무역영어의 기초 출제빈도

단원	주제	학습중요도	출제비율
1장	무역영어의 기초	◉	3%
2장	국제무역의 기초	◉◉	5%

▶ 제1부 무역영어의 기초 체크리스트

체크리스트	상세페이지
무역서신의 원칙에 대해 알고 있다.	21 ~ 23
무역서신 구성 중 기본요소와 보조요소를 이해하고 있다.	24 ~ 25
무역영어 주요표현을 자유롭게 구사할 수 있다.	27 ~ 38
무역의 개념과 특성에 대해 알고 있다.	40 ~ 43
일반적, 대금결제별 수출입형태에 대해 알고 있다.	49
특정거래형태의 종류 및 특성을 알고 있다.	50 ~ 53

제1장 무역영어의 기초

제1절 무역영어의 이해

1 무역영어의 의의

국제무역거래에서는 모든 의사 소통이 영문을 중심으로 이루어지고 있다. 거래제의에서 청약과 승낙, 주문, 대금결제가 완결될 때까지 지속적으로 상호 의사가 교환되고 있다. 무역영어란 국제 무역거래에 사용되는 영어(Business English for International Trade)로서 일상영어보다는 표준적이고 문어적인 형식을 갖추고 있는 경우가 많으며 상거래에 이용되기 때문에 전문적인 용어를 포함한다.

또한 국제적인 경영활동을 위해서는 국제적 감각의 영문서신의 작성 능력은 필수적이다. 국제적 기업의 경영관리자는 물론 이러한 기업에 종사하는 자는 영문서한의 작성 및 활용이 업무의 근간을 이루기 때문이다.

2 무역영어의 구성

무역영어는 무역서신(business letters), 무역서류(documents), 국제무역법리(국제협약, 규칙 등)를 포함한다. 원활한 무역거래를 위해서는 영문 무역통신문에 대한 이해와 작성이 필수적이며, 각종 무역서류를 올바로 작성하고 취급하기 위해서는 무역실무지식도 필요하다고 할 수 있다. 또한 이러한 무역거래를 좀 더 확실히 이해하고 정확하게 수행하기 위해서는 국제무역법규에 대해서도 충분한 이해가 필요하다.

무역서신(business letter)은 이처럼 해외 무역 거래 당사자 간에 주고받는 다양한 형태의 서신으로 이메일, 팩시밀리 전문, 항공 우편 등이 있다. 일반적으로 국제 무역은 내국 거래와 달리 원거리에 있는 거래선과의 교신이기 때문에, 상대방의 입장이나 의도를 충분히 파악하여 정확한 문장 표현으로 신뢰도를 높이는 것이 무엇보다 중요하다. 상대방이 서신을 읽고 흥미와 기대를 느끼고 서신의 제안대로 움직일 수 있도록 부정적이고 미온적인 표현보다는 적극적이고 긍정적인 표현으로 작성하여야 한다.

3 무역절차

1. 일반적인 무역절차

overseas market research → prospective buyer → business proposal → credit inquiry → trade inquiry → replies to inquiry → offer → counter offer → firm offer, order → acceptance, acknowledgement → sales note / purchase order → sales contract → shipment → payment → discharge by performance / or claim & arbitration

해외시장조사 → 거래처 선정 → 거래제의 → 신용조회 → 상품조회 → 조회회답 → 청약 → 반대청약 → 확정청약과 주문 → 승낙과 주문승낙 → 매약서 / 매입서 → 무역계약의 체결 → 선적 → 대금결제 → 이행에 의한 종료 / 또는 클레임 및 중재

2. 계약의 관점에서의 무역절차의 요소

계약	주요서류	주요 규정	비고
성립	① General Agreement Sales Contract ② Offer sheet ③ Purchase Order	① Vienna Convention Sale of Goods Act ② INCOTERMS	① 주요조건 ② 정형거래조건
이행	① Letter of Credit ② Bill of Exchange ③ B/L, L/G, L/I ④ Insurance Policy	① UCP ② URC ③ Hague Rules ④ Hamburg Rules ⑤ MT Convention ⑥ CMI Rules ⑦ Marine Insurance Act ⑧ Institute Cargo Clauses	① 결제 ② 운송 ③ 보험
종료	Arbitration Clause	① Vienna Convention ② New York Convention	① 구제 ② 상사중재

4 무역거래 기본 당사자의 명칭

거래내용	수출상	수입상
매매관계	Seller	Buyer
무역관계	Exporter	Importer
신용장관계	Beneficiary	Applicant
환어음관계	Drawer	Drawee
운송관계	Shipper(Consignor)	Consignee

제2절 무역서신

1 무역서신의 원칙

1. 5C's 원칙

(1) Clearness(명확성의 원칙)

애매하고 모호한 표현을 지양하여, 오해 없이 한 번에 서신 내용을 파악할 수 있게끔 해야 한다. 특히, 상품에 대한 설명이 필요할 때에는 상품의 명세, 규격, 단가, 결제조건, 인도조건 등의 상세 내용이 작성되어야 한다.

- **confusing** : We have your recent order.
- **clear** : We have your order No. 500 of May 20, for 900 pieces leather handbags.

(2) Correctness(명료성)

문장의 내용을 정확하고 명확하게 작성하여 사후 분쟁의 여지를 남기지 않도록 5W1H 원칙(who, what, when, where, how, why)에 의거하여 구체적으로 작성해야 한다.

- **wrong** : The fabric as well as the lace were delivered in damaged conditions.
- **right** : The fabric, as well as the lace, was delivered in damaged condition.

(3) Conciseness(간결성)

무역서신은 불필요하거나 중복되는 표현을 피하고, 자신이 의도하는 바를 간결하게 표현해야 한다. 문장이 길거나 복잡하면 자칫 자신이 의도하는 바와 달리 표현될 수도 있다.

- **wordy** : Allow us to take this opportunity to thank you for your letter which we have just received. In reply we wish to state that we shall be very glad to send you a copy of our booklet "Machinery" in compliance with your request.
- **concise** : We shall be glad to send you our booklet "machinery," as requested.

(4) Courtesy(예의성)

거래 상대방과 상호 우호적으로 예의를 갖추어 문장을 작성해야 한다. 그러나 너무 지나친 미사여구는 상대방에게 도리어 거부감을 줄 수도 있으므로 균형감을 가지고 작성해야 한다.

① 상대방의 관점에서 작성하는 것이 좋다.

I want to visit your office during this period.
(better) I wonder if **you** could permit me to visit your office sometime during this period.

② 명령조보다는 would, could를 사용하여 정중한 영어로 쓴다.

We need to receive an immediate reply because we have to establish our new sale plan.
(better) Could you please fill out and return this questionnaire by June 30, so that we can let you know promptly of changes in the present plan?

③ 부정적인 내용일 때는 상대방을 주어로 쓰지 않는 것이 좋으며, 이유를 표현함으로써 예의를 지키는 것이 필요하다.

You delayed in delivery repeatedly during the past two months.
(better) Unfortunately, we have experienced repeated delays in delivery during the past two months.

④ 수동태를 활용하는 것이 좀 더 예의를 지키는 표현이다.

You are requested to answer immediately without fail.

(better) Your prompt answer would be highly appreciated.

(5) Character(Completeness ; 완전성)

무역서신은 작성자의 의도를 명확하게 기술하여 독창적이고 개성 있는 서신이 되어야 한다. 즉, 전달하고자 하는 내용을 효과적으로 전달하기 위해서는 그 내용이 완전하고 질서정연하며 일관된 기조를 유지해야 한다.

- Poor : Shipment will be made in due course.
- Complete : Your order for silk goods will be shipped at the end of this month.

2. Sales Letter에 주로 사용되는 원칙(AIDA의 원칙)

상품을 판매할 목적으로 무역서신을 작성할 경우 사용되는 원칙을 말한다.

(1) Attention(주의환기)

시작하는 문단은 한두 문장으로 하고, 간략하고 매력적으로 인사를 건네거나 주제를 제시함으로써 친근감을 주고 주의를 환기시킨다.

(2) Interest(관심유발)

흥미를 줄 수 있는 제품 및 서비스의 특징을 간략히 서술한다.

(3) Desire(욕구의 창출)

논증 및 입증을 위해서는 사실과 숫자를 제시하는 것이 효과적이다.

(4) Action(구매행동의 자극)

힘 있는 표현을 통한 보이지 않는 명령을 제시한다(할인, 보상책 등).

2 무역서신의 구성

```
                        Letter Head


                                                          Date
                                              (Reference Number)


Inside Address
(Attention Line)


Salutation
                              (Letter Subject)

                              Body of Letter



                                          Complimentary Close
                                          Signature

(Identification Marks)
(Enclosure Notations)
(Mailing Directions)
(Carbon Copy Notations)
(Postscript)
```

1. 무역서신의 기본 요소

① Letter Head(서두) : 서신 상단에 위치하며, 발신자의 상호, 주소, 전화번호, 팩스번호 등이 기재된다.

② Date(발신일자) : 서신의 발행 일자를 나타내며 훗날 동 서신에 대해 언급하거나 회신을 보낼 경우 필요하기 때문에 정확한 기재가 필요하다.

③ Inside Address(수신자 주소) : 봉투가 분실되거나 파손되더라도 수신인 성명이나 주소로 전달될 수 있게 편지봉투의 수신인 주소와 일치하도록 작성한다.

④ Salutation(서두인사) : 서두인사는 수신인의 존칭이 단수이면 단수로, 복수이면 복수로 일치시킨다. Gentlemen 혹은 Dear Sirs 뒤에 콜론이나 콤마를 쓰고 첫 자 및 명사, 대명사는 대문자를 쓰고 그 외는 소문자로 쓴다.

⑤ Body of Letter(본문) : 무역서신의 핵심으로서 주요내용이 명기된다. 간결하면서 예의 바르게 작성한다.

⑥ Complimentary Close(결미인사) : 끝맺음 인사말로 첫 자는 대문자로 하고 마지막에는 콤마를 찍는다.

⑦ Signature(서명) : 서명은 무역서신에 대한 책임소재의 요건이 되므로, 펜으로 자필 서명하여야 하며 동일인의 서명은 동일해야 한다.

2. 무역서신의 보조 요소

① Reference Number(참조번호) : 문서의 분류를 용이하게 하기 위하여 붙이는 file number이다. Our 또는 Your의 표시 없이 "Ref. No."로 되어 있을 경우에는 발신인의 참조번호를 말한다.

② Attention Line(참조인) : 특정부서나 특정인에게 신속하게 전달하기 위하여 기재하는 난을 말한다.

③ Letter Subject(표제명) : 본문의 내용을 요약한 제목을 말하는 것으로 전체내용의 파악을 용이하게 한다.

④ Identification Marks(관련자 약호) : 서신의 작성자와 typist의 이니셜을 표기함으로써 서신의 책임소재를 식별하기 위한 것이다.

⑤ Enclosure Notations(동봉물) : 서신과 함께 발송된 동봉물을 표시한다. 동봉물이 한 개이면 "Encl.(or Enc.)" 여러 개이면 "Encls.(or Encs.)"로 적는다.

⑥ Mailing Directions(우편 종별표시) : 우편의 종류, 즉 등기우편(Registered Mail), 속달우편(Special Delivery), 항공우편(Air Mail)이 표시된다.

⑦ Carbon Copy Notations(사본 배부처) : 서신의 사본이 수신인 이외의 제3자에게도 전달되었음을 나타낸다. "C.C", "Copy to"로 표시한다.

⑧ Postscript(추신) : 서신의 내용 중에 누락되었거나 내용을 강조하기 위하여 의도적으로 따로 쓰는 난이다.

KANADA TRADING CO. LTD.

457-1, Bangbae-dong, Secho-ku, Seoul 100, Korea
C. P. O. Box 123, Seoul, Korea

Your Ref. No. 10, Our Ref. No.17
May 15

ABC International Co., Inc.
320 Forth Avenue, New York
N. Y. 12345, U. S. A.

Attention of Mr. Samson
Gentlemen :

Silk Shirts

Thank you for your letter of May 5 concerning the inquiry of Silk Shirts. We are enclosing our illustrated catalog together with Price List so that you decide the order. We assure you that the prices and quality will be satisfactory. If you want to obtain any additional information, please do not hesitate to contact us.

           Yours very truly,

           Kanada Trading Co. Ltd
           D. Y. Kim
           D. Y. Kim
           President

JH/Lee
Encls. Catalog & Price List
C. C. Kanada Trading Co., Ltd., New York Branch
P. S. We are sending you sample No.561 by airmail.

제3절 무역영어의 주요 표현

1 상황별 무역영어 표현

1. 시작인사를 할 때

(1) 상대방의 통지를 받고 회신하는 경우

　① Thank you for your letter of ~.
　② We are duly in receipt of your letter ~.
　③ We are obliged for your telex of June 10.
　④ Your cable of September 26 would be obliged.
　⑤ We thank you for your immediate response to our request for ~.
　⑥ It is our great pleasure in receiving your letter dated ~.
　⑦ We acknowledge with thanks your inquiry about ~.

(2) 신규거래를 제의하는 경우

　① Through the courtesy of ~, we acquired your name ~.
　② We owe your name and address to ~.
　③ We are indebted for the ~ for the name of your firm.
　④ We have learned from ~ that you are ~.
　⑤ Your name and address was given by ~.
　⑥ Reference is made to your advertisement in ~.
　⑦ We have found your name in the directory.
　⑧ Your esteemed organization has been recommended to us by ~ as one of the~.

(3) 중단된 거래를 재차 시도하는 경우

　① Please refer to our last letter of ~.
　② Though we have not continued our business relation since ~.
　③ Six months have passed since you placed order with us ~.
　④ During the last season, we have no communication with ~.
　⑤ With reference to our circular letter dated May 26, in which ~.

⑥ We refer to the meeting with our director in the Mandarlin Hotel in your end.

⑦ Further to our previous communication, we would like to provide you for ~.

(4) 회신이 지연된 경우

① We are very sorry for not having replied you more sooner.

② Please accept our apologies for the delay in replying.

③ Due to our president's business trip schedule, we could not attend to your inquiry.

④ Forgive us for our belated letter.

2. 상대방에게 통지할 때

(1) 일반적인 소식을 통지하는 경우

① We are pleased to inform you that ~.

② We have the pleasure of informing you that ~.

③ It is our great pleasure to inform you that ~.

④ This is to inform you that ~.

⑤ We advise (or announce) you that ~.

⑥ The purpose of this letter is to inform you that ~.

⑦ Please note that ~.

(2) 상대방에게 나쁜 소식을 통지하는 경우

① We regret to inform you that ~.

② We are very sorry to have to draw your attention to ~.

③ We very much regret to announce you that ~.

④ To our greatest regret that we must inform you that ~.

(3) 신용조회를 요청하는 경우

① Your bank has been referred by ~.

② Your name was given by ~ as their credit reference.

③ ~has advised us to get in touch with you concerning their standing.

④ Your name is already familiar to us and please permit us to write to ask you about ~.

(4) 신용조회에 회신하는 경우

① In reply to your credit inquiry of July 21, ~.
② Replying your inquiry of ~, we are pleased to advise you ~.
③ With reference to the above company, we have the pleasure in informing that ~.
④ In response to your inquiry of February 26, ~.

3. 상대방에게 요청할 때

① We shall much appreciate it if you will send us ~.
② Please let us know (or have) ~.
③ 명령문의 형태 : Please + (타동사 원형) ~.
④ We shall (or would) be much obliged if you inform us ~.
⑤ We would like to (receive) your (offer) ~.
⑥ Your kind cooperation in this matter would be appreciated.
⑦ You are requested to send (or know) some samples ~.
⑧ You would oblige us by sending us your commission.
⑨ It would be greatly appreciated if you would send us ~.

4. 자신의 회사를 소개할 때

① We take this opportunity to introduce ourselves that ~.
② We take the liberty in introducing ourselves as ~.
③ It is our great pleasure to introduce our company to you ~.
④ As for our company, we have two modern factories ~.
⑤ As you may know, we are one of the leading exporters of ~.
⑥ Taking this opportunity, we are pleased to introduce ourselves to you that ~.
⑦ We would like to introduce ourselves that we are dealing in the following items.
⑧ We wish to introduce ourselves as one of the biggest ~.

5. 상대방에게 감사를 표할 때

① We wish to express our thanks to your whole-hearted reception which you paid to our president.

② Thank you for your message of sympathy regarding ~.

③ This is to express our sincere thanks for your cooperation.

④ We wish to thank you for your letter of October 1 expressing your congratulations on ~.

⑤ We deeply appreciate your courteous letter of 10th July ~.

⑥ We heartily congratulation you on your recent opening a new wholesale house ~.

⑦ This is a note of our appreciation of your courtesy in sending us the ~.

⑧ Please accept our thanks for the copies of your catalogue you sent us.

6. 통신문에 동봉물이 포함되어 있을 때

① Enclosed you will find here ~.

② Enclosed please find ~.

③ We enclose herewith ~.

④ Enclosed is our price list and catalogue.

7. 신용조회처를 제시할 때

① We wish to refer you to ~.

② Regarding to our reference, please contact ~.

③ Our standing will be obtained from ~.

④ As for our credit standing, you may check with ~.

8. 종료인사를 할 때

(1) 상대방의 회신을 기다리는 경우

① We are looking forward to hearing from you in this matter.

② Since time is running short, we would appreciate your immediate reply.

③ We highly appreciate your courtesy in advising this matter to our attention.

④ We hope to receive your favor at an early date.

⑤ We await the favor of your early reply.

⑥ A prompt reply would greatly oblige us.

⑦ Your detailed reply will have our utmost attention.

⑧ For further information, please refer to us.

(2) 상대방의 확인을 필요로 하는 경우

① Please confirm the receipt of this order as soon as possible.

② We request you to acknowledge our letter.

③ Please let us have your confirmation of this order.

④ We trust we shall be able to receive your confirmation soon.

⑤ Your prompt confirmation will have our careful attention.

(3) 상대방에게 오퍼 또는 견본 등을 요청하는 경우

① We shall be glad to receive your offer by return mail.

② We request you to send us your quotation.

③ Kindly forward us the relevant catalogue and samples.

④ Awaiting your further quotation as soon as possible.

⑤ We would be interested in receiving your price list.

⑥ Hoping to receive your best offer based on FOB.

⑦ Your prompt offer will be appreciated.

(4) 견본, 오퍼 등을 발송하는 경우

① It will be our great pleasure to serve you at any time.

② May we expect your tentative order by return mail?

③ In reply to your inquiry of January 5, enclosed you will find an offer sheet for full range of our products.

④ We hope that our prices will meet with your approval and induce good result for mutual benefits.

⑤ If you can place an order with us now, we can ship the goods at 5% discounted price.

⑥ We can give you immediate response from our stocks.

⑦ Looking forward to your order confirmation near the future.

⑧ Expecting your volume order within the end of this month.

(5) 단순한 종료인사의 경우

① Best regards,

② With kindest regards,

③ Thanking you for your kind cooperation in advance, we are,

④ If you have any questions, please contact us.

⑤ We thank you for this business and hope to serve you again.

⑥ May we expect your full supports.

⑦ With many thanks and kind personal regards,

⑧ Let us wish your company a successful operation.

2 무역영어의 주요 구문

1. 기꺼이 ~을 하다

① We are pleased (glad, delighted) to [verb] ~

② We shall gladly [verb] ~

③ We shall feel happy if you will [verb] ~

④ It give us much (great) pleasure to [verb] ~

⑤ We have pleasure in [verb + ing] ~

2. 감사하다

① We shall be (or feel) obliged by your [verb + ing] ~

② We shall be obliged if you will [verb] ~

③ We should be obliged (or grateful) if you would [verb] ~

④ You will oblige us by [verb + ing] ~

⑤ We shall appreciate your [verb + ing] ~

⑥ We shall appreciate it if you will [verb] ~

⑦ (We shall) thank you to [verb] (= for your [verb + ing]) ~

⑧ It will be appreciate if ~

⑨ It would be appreciated if you could [verb] ~

3. 유감으로 생각하다

① We are sorry to [verb] ~
② We are sorry that ~
③ We regret that(or to [verb]) ~
④ To our regret we cannot [verb] ~
⑤ We express our regret at [verb + ing] ~
⑥ It is regrettable that ~
⑦ It is regret that ~
⑧ We are regretful that ~

4. ~을 해 주세요

① We shall (or should) be glad (or obliged, pleased) if you will (or would) [verb] ~
② We shall feel grateful (or obliged) if you will [verb] ~
③ We will appreciate (your) [verb + ing] ~
④ We should like you to [verb] ~
⑤ We would ask you to [verb] ~
⑥ Please let us [verb] ~
⑦ Please let us know about (or whether, if) ~
⑧ Kindly [verb] ~
⑨ Be so good (or kind) as to [verb] ~
⑩ Be good enough to [verb] ~
⑪ Will you please [verb] ~
⑫ You will please [verb] ~
⑬ We hope to [verb] ~
⑭ We hope you will [verb] ~
⑮ May we ask a favor of you by [ver + ing] ~
⑯ We wish to [verb] ~
⑰ We request you will [verb] ~

5. ~을 보내주세요

① We will (or would) appreciate your sending us ~
② We should be glad (or obliged, pleased) if you would send us ~
③ Please send us ~
④ Please let us have ~
⑤ We would ask you to send us ~

6. ~을 통해 귀사를 알다

① We have learned [heard] from ~ that you are…
② Your name(and address) has(have) been given [to] us by ~
③ We owe your name to ~
④ We are indebted for your name (and address) to ~
⑤ We have obtained your name (and address) from ~
⑥ It has come to our attention through ~ that you are…
⑦ We have found your name in ~ showing you as…
⑧ We have ween your advertisement on xxx in the February edition of ~ magazine

7. ~일자 귀 서한을 받았습니다

① We thank you very much for your letter of ~
② Your letter of ~ has been received with thanks
③ We acknowledge with thanks your letter of ~
④ Your letter of ~ is acknowledged with thanks

8. 귀 회답을 기다립니다

① We look forward to your reply soon
② We look forward to receiving your early reply
③ We anxiously wait for your reply
④ We would appreciate a prompt reply from you
⑤ Your early reply would be appreciated

9. ~일자 귀사 조회를 받았습니다

① Thank you for (your inquiry of) ~
② We are (much) obliged for (your inquiry of) ~
③ We are very glad to receive (your inquiry of) ~
④ We are pleased to have (your inquiry of) ~
⑤ Many thanks for (your inquiry of) ~
⑥ Thanks you for your inquiry dated ~
⑦ We acknowledge with thanks your inquiry of ~

10. ~을 동봉한다

① We have pleasure in enclosing ~
② We are enclosing ~
③ We enclosing ~
④ We are sending herewith ~
⑤ Enclosed is (are) ~

11. 귀사의 요구에 따라(의하여)

① as requested
② as required
③ as your request (= at the request of you)
④ according to your request

12. 신속히

① as soon as
② without delay
③ promptly
④ immediately
⑤ at one's earliest convenience

13. ~일 이내에 귀사의 회답이 도착하는 것을 조건으로

① subject to your reply (being) received here within ~ days
② subject to your reply reaching us within ~ days
③ subject to our receiving your reply within ~ days
④ for your acceptance within ~ days

14. ~에 관하여

① as for ~
② concerning ~
③ regarding ~
④ in regard to ~
⑤ as regard
⑥ with regard to ~

15. ~을 알려 드리게 되어 유감입니다

① We regret to inform you that ~
② We regret to advise you that ~
③ We are sorry that ~
④ It is most regrettable that we have to inform you that ~
⑤ We regret to have to say that ~

16. 귀사에 도움이 되고 싶습니다

① We look forward to being of service to you
② We look forward to the pleasure of serving you
③ We would (or should) like to be of serving you
④ We would (or should) appreciate an opportunity of serving you
⑤ Our service are always at your disposal

17. ~을 확약합니다

① Please be assured that ~
② Please rest assured that ~
③ You may be(feel, rest) assured of ~
④ We assure you that ~
⑤ We assure you of ~

18. ~와 거래하고 싶습니다

① We would like to do business with ~
② We wish to establish business connections with ~
③ We desire to open an account with ~
④ We desire to open business relations with ~

19. 오늘 전보 다음과 같이 확인합니다

① We confirm our cable of today as follows :
② We wish to confirm our telegram sent you today reading :
③ This is to confirm our cable of today to the following effect :

20. 주문을 기다립니다

① We await the favor of your orders
② We look forward to your orders
③ We hope we may have your orders

21. 맺는말

① We (shall) look forward to [verb + ing] (or [noun]) ~
② We (shall) await(wait for) [noun] ~
③ Please let us have your ~
④ Please rush information so we will have it ~
⑤ Looking forward to [noun] (or [verb + ing]) ~
⑥ Awaiting (or waiting for) [noun] ~

⑦ Your (prompt) reply would be appreciated
⑧ Anxiously awaiting [noun]
⑨ Heartily waiting for [noun]
⑩ We sincerely hope that we shall have the pleasure of hearing from you ~

22. 기타

① upon consideration(검토한 결과)
② upon investigation(조사한 결과)
③ upon checking into the matter(그 건을 조사한 결과)
④ upon unpacking(포장을 풀어 보니)
⑤ upon arrival of the goods(화물이 도착하자마자)
⑥ upon receipt of your letter(귀 서한을 받자마자)

[제1장 무역영어의 기초 X-File 문제]

국제무역거래에서는 모든 의사소통이 수출자 국가의 언어를 중심으로 이루어지고 있다. (×)
- 국제무역거래에서는 모든 의사소통이 영문을 중심으로 이루어지고 있다.

무역서신을 작성하는 경우, 상대방이 서신을 읽고 흥미와 기대를 느끼고 서신의 제안대로 움직일 수 있도록 적극적이고 긍정적인 표현보다는 부정적이고 미온적인 표현으로 작성하여야 한다. (×)
- 무역서신을 작성하는 경우, 상대방이 서신을 읽고 흥미와 기대를 느끼고 서신의 제안대로 움직일 수 있도록 부정적이고 미온적인 표현보다는 적극적이고 긍정적인 표현으로 작성하여야 한다.

무역서신의 5C's 원칙에는 Clearness(명확성), Correctness(명료성), Conscience(양심성), Courtesy(예의성), Completeness(완전성)이 있다. (×)
- 무역서신의 5C's 원칙에는 Clearness(명확성), Correctness(명료성), Conciseness(간결성), Courtesy(예의성), Completeness(완전성)이 있다.

Sales Letter에 사용되는 AIDA 원칙 중, D는 Difference(차별성)을 뜻한다. (×)
- Sales Letter에 사용되는 AIDA 원칙은 Attention(주의환기), Interest(관심유발), Desire(욕구의 창출), Action(구매행동의 자극)을 말한다.

무역서신의 보조요소 중, 서신의 내용 중에 누락되었거나 내용을 강조하기 위하여 의도적으로 따로 쓰는 란을 Carbon Copy Notations(사본 배부처)라 한다.
- 누락된 내용을 보완하거나, 내용을 강조하기 위하여 의도적으로 따로 작성하는 란은 Postscript(추신)이라 한다.

제2장 국제무역의 기초

제1절 무역의 개념과 특성

1 무역의 의의와 유사개념

1. 무역(International Trade)의 의의

① 국경과 관세선(customs line)을 넘어서 국가와 국가 사이에 형성되는 국제상거래(international commercial transaction) 현상을 말한다.
② 상업의 일종이지만, 그 거래의 대상과 지역을 외국에 두고 있는 국제상거래라는 점이 국내거래와는 다르다.

2. 무역의 유사개념

① 외국무역(foreign trade) 또는 대외무역(overseas trade)
외국과의 사이에 이루어지는 대외거래를 의미한다.
② 국제무역(international trade) 또는 세계무역(world trade)
세계의 모든 국가가 국제상거래에 참여한다는 의미한다.

2 무역의 대상

1. 협의와 광의의 의미

협의의 의미는 단순한 물품거래, 즉 상품의 수출입을 의미한다. 광의의 의미는 상품의 수출입 외에 자본(capitals), 기술(technical), 용역(services) 및 노동(labor) 등, 국제적 이동을 수반하는 국가들의 경제거래를 의미한다.

2. 무역의 대상

(1) 상품거래

오늘날 무역거래의 대부분을 차지하는 것으로 원료(raw materials), 공업제품(manufactured goods) 및 식료품 등의 거래가 여기에 해당한다. "눈에 보이는 무역" 또는 "유형무역(visible trade)"이라고도 한다.

(2) 기술거래

외국과 기술원조 및 기술제휴계약을 체결하고, 그 제공한 기술의 대가를 받게 되는 특허권(patent license), 실용신안권(utility model license), 상표권(brand license), 의장권(design license) 등과 같은 공업소유권(industrial property rights)의 양도 및 노하우(know-how)의 제공 등의 형태로 이루어지고 있는 것을 말한다. 기술 이외에 저작권·광업권 및 어업권 등 무형재산권도 중요한 대상이 된다.

(3) 용역거래

상대방에 대한 서비스(service) 및 노무 등의 유상제공이나 유상거래를 말하며 상품을 외국에 운송하는 수송서비스, 운송 중의 화물에 대한 보험서비스의 제공에 대한 대가로 지급과 수취되는 운임(freight)·보험료(insurance premium) 및 수수료(commission) 등이 해당한다.

(4) 자본거래

단기자본이나 장기자본이 국제적으로 이동하는 것으로 서비스의 제공이나 상품의 판매와는 직접적인 관계없이 외국에 자본을 대여해 주거나 투자한 후에 이자·배당금 등을 받는 행위 또는 상품대금을 대여해 주는 신용공여(credit giving) 등이 자본거래이다.

3 무역의 특징

1. 거래절차의 복잡성과 위험발생

무역거래는 언어, 제도 및 제반환경이 상이한 당사자 간에 이루어지므로 당사자 간의 거래절차가 매우 복잡하고 어려울 뿐 아니라 위험성도 매우 높다.

(1) Transportation Risks(운송위험)

원거리운송에 따른 물품손상의 위험이며 해상보험에 의해 극복될 수 있다.

(2) Credit Risks(신용위험)

국적을 달리하는 상대방에 대한 신용상태의 불확실성으로 인한 수출대금의 회수 불능위험으로 신용장에 의해 극복될 수 있다.

(3) Mercantile Risks(상업위험)

수입업자가 수출업자에 대해 가지는 정확한 계약물품의 수취위험으로 신용장에 의해 극복될 수 있다.

(4) Exchange Risks(환위험)

국제시장에서의 가격변동이나 통화의 환율변동 등으로 인하여 발생하는 위험으로 환예약(선물환제도)에 의해 극복될 수 있다.

(5) Contingency Risks(비상위험)

수입국 내에 전쟁, 내란, 혁명 또는 폭동 같은 비상사태가 발생하여 정부가 외환 유출을 제한 또는 지급금지의 조치를 내릴 때 수출상이 대금회수를 하지 못하는 위험으로 수출보험에 의해 극복될 수 있다.

2. 정형화된 국제상거래관습이 사용

무역거래는 상이한 주권국가에 속하는 당사자 간에 일어나는 현상이며, 당사자들은 자신의 상거래관습을 중시하는 경향이 있으므로 분쟁이 발생했을 때 준거법의 적용문제가 발생한다. 따라서 당사자들은 명시조건을 보완하기 위하여 상거래관습을 정형화한 정형거래조건을 사용하고 있다.

3. 선물매매의 비중이 높음

무역거래 물품은 계약을 체결할 때에 실제로 존재하는 현물과 체결 후에 제조하거나 획득되는 물품인 선물이 모두 포함되나 선물매매의 비중이 더 높다.

4. 해상운송이 대부분을 차지

무역은 옛날부터 주로 바다에서 재래선 중심의 해상운송을 중심으로 하여 발전되어왔기 때문에 섬나라이든 대륙국가이든 간에 해상의존도가 높게 나타난다.

오늘날 대부분의 거래에서도 CIF나 FOB 같은 해상운송체제를 바탕으로 하는 무역조건이 채택되어 거래당사자의 권리·의무 및 계약내용을 결정하고 있다.

5. 복잡한 개입 당사자와 다수 복합계약의 체결

무역거래는 수출입업자, 제조업자, 금융업자, 운송업자, 보험업자 등 여러 관련 당사자가 필연적으로 개재된다. 또한 무역거래는 매매계약을 주 계약으로 하고 운송, 보험, 결제, 환계약 등을 종속계약으로 하여 복합적으로 이행된다.

제2절 일반적인 수출입형태

1 물품의 이동방향에 따라

1. Export Trade(수출무역)

수출업자가 물품을 국내에서 국외로 판매하는 경우로 이를 단순히 export(수출)라 한다. 일국을 중심으로 재화와 용역이 외국으로 유출되는 경우의 무역이다.

2. Import Trade(수입무역)

수출무역의 경우와 반대로 물품이 국외에서 국내로 반입되는 경우로 이를 단순히 수입(import)이라 한다.

2 무역의 주체에 따라

1. Private Trade(민간무역)

무역주체가 민간인이 되는 무역으로, 양국의 무역회사가 직접 무역계약을 체결하고 거래하는 것이다. 무역경영의 주체가 민간인 또는 민간회사인 경우로 사(私)무역이라고도 하며, 오늘날 일반적으로 행해지는 형태로, 영리를 목적으로 한다.

2. Public Corporation Trade(공무역)

무역주체가 공공인이 되는 무역으로 공공기관이 출자하거나 직접 무역공사를 설립하여 무역경영의 주체가 되는 것이다. 무역거래의 주체에 따라 국영무역과 정부무역으로 구분된다.

3 무역에 대한 국가의 간섭 여부에 따라

1. Free Trade(자유무역)

국가가 무역업자의 수출입행위에 대하여 일체의 간섭을 하지 않고 무역업자의 자유에 맡기는 무역정책기조를 취한다. 현재 완전한 형태의 자유무역정책을 펼치는 나라는 하나도 없고 어떠한 형태로든 간섭 내지 통제를 하고 있다.

2. Protective Trade(보호무역)

국가가 자국의 유치산업과 성숙산업의 보호, dumping방지, 국제수지의 개선이나 군사 및 외교상의 이유로 외국물품의 수입을 제한하여 무역행위를 보호하는 무역이다.

3. Controlled Trade(관리무역)

국가가 무역의 전체 또는 일부에 대하여 그 총액, 내용, 품목, 상대국, 결제시기나 방법 등을 규제하고, 민간무역업자의 자유거래를 허가하지 않고 국가 또는 그 대행기관의 관리하에 두는 것이다.

4. Trade by Agreement(협정무역)

두 나라 또는 여러 국가 간에 서로의 무역을 증진시키거나 또는 무역의 균형을 유지하기 위하여 무역거래에 관한 협정을 체결하고 이 협정에 따른 거래방식으로 국제수지의 불균형을 타개하기 위한 수단으로 사용된다. 전형적인 형태가 양국 간 무역결제에 환어음을 사용하지 않는 환어음 청산협정이다.

4 물품매매의 직접성과 간접성에 따라

1. Direct or Bilateral Trade(직접무역)

수출국과 수입국의 거래당사자가 제3자, 즉 제3국의 상인을 통하지 않고 직접적인 매매계약에 의하여 direct export(직접수출) 및 direct import(직접수입)을 하여 이루어지는 무역이다.

2. Indirect Trade(간접무역)

거래당사자 간의 직접적인 매매계약에 의하여 이루어지지 않고, 제3자 즉 제3국의 상인을 통하여 무역거래가 이루어지는 경우를 말한다. 통과무역, 중개무역, 중계무역, 스위치무역, 우회무역 등이 있다.

(1) Transit Trade(통과무역)

수출물품이 수출국에서 수입국가에 직접 송부되지 않고 제3국을 통과하여 수입국가에 송부되는 경우에 통과국의 입장에서 본 무역거래 형태로 통과무역은 형식적으로 중계무역과 유사하다.

(2) Merchandising Trade(중개무역)

양국에 제3국이 개재하여 결제는 수출상이 수입상으로부터 직접 회수하고, 제3국 상사는 수입상으로부터 Merchandising Commission을 취득하는 방식이다.
중개무역에서는 중개업자에게 상품의 소유권이 이전되는 것이 아니라 중개업자는 다만 중개수수료를 목적으로 개입한다.

(3) Intermediate Trade(중계무역)

화물이 제3국에 양륙한 후 원형 그대로 또는 약간의 가공만을 거쳐 수입국가에 재수출함으로써 소유권을 이전시키는 방식. 수입액(지급액)과 수출액(수취액)의 차이, 즉 일정한 중계차익을 취하는 거래이다.
중계무역의 경우 중간상인이 매매차익을 목적으로 계약의 당사자로서 수출입거래에 개입하지만, 중개무역의 경우에는 중간상인이 중개수수료를 목적으로 최종 수입업자나 최초 수출업자의 대리인으로서 수출입거래에 개입한다.

(4) Switch Trade(스위치무역)

3개국이 연쇄적인 편무역관계를 이용하여, 매매계약은 수출상과 수입상 사이에 체결되고 화물도 수출국에서 수입국가로 직행하지만, 다만 대금결제에만 제3국의 업자가 개입하거나 제3국의 결제통화나 계정을 이용하는 방법이다.

제3국의 입장에서 보면 중개무역이다. 외환관리상의 편의나 금융수단의 채용이 필요한 경우에 주로 이용되며, 이 경우에 제3국에서 결제를 위하여 개입된 자를 Switcher라고 하며 그의 수수료를 Switch Commission이라고 한다.

(5) Round-about Trade(우회무역)

어떤 국가에서 외환통제를 심하게 할 경우 이러한 관리를 회피하기 위하여 외환통제를 받지 않는 제3국을 통하여 이루어지는 무역이다. 예컨대 한·중거래에서 중국은 외환관리가 엄격하여 대금지급을 받을 수 없으므로 외환통제가 자유로운 홍콩을 통하여 결제를 받는 경우가 있다.

5 물품의 형태에 따라

1. Visible Trade(유형무역)

우리가 눈으로 볼 수도 있고 상품의 형태를 취하기 때문에, 수출입에는 반드시 통관절차를 거치고 무역수지라는 형태로 무역통계에 표시되는 수출입을 말한다.

2. Invisible Trade(무형무역)

광의의 물품에 포함되는 생산요소(자본·노동)나 services(용역) 등을 수출입하며 세관의 통관절차가 수반되지 않기 때문에 무역통계에는 나타나지 않고 외환계정에만 나타나므로 무역외수지로 구분한다.

6 거래당사국의 관계에 따라

1. South-North Trade(남북무역)

선진국과 저개발국 간의 국제무역을 가리킨다. 선진국이나 중진국이 지리적으로 주로 북반구의 적도이북에 위치하고 동남아·아프리카·중남미 등 저개발국들은 남반구의 적도 이남에 위치한 점을 고려한 것이다.

2. East-West Trade(동서무역)

제2차 세계대전 이후 자본주의 국가와 사회주의 국가들 간의 무역으로서, 유럽을 중심으로 동쪽에 공산권 국가들이 위치하고 있고 서쪽에 자본주의 국가들이 위치하고 있는 데서 비롯된 말이다.

3. South-South Trade(남남무역)

후진국이나 개발도상국 상호간에 무역거래가 이루어지는 것을 말한다.

7 수출입의 국가별 균형에 따라

1. Compensation Trade(구상무역)

수출입에 따른 물품대금을 그에 상응하는 수입 또는 수출로 상계하는 수출입을 의미한다. 두 나라 사이의 수출입균형을 유지하기 위해 많이 이용되는 거래방식이다.

2. Triangular Trade(삼각무역)

두 나라 사이의 수출 또는 수입이 불균형을 이루어 편무역이 되었을 경우에 반대관계나 또는 특수관계에 있는 제3국을 개입시켜 청산계정에 따라 결제함으로써 3국 간의 국제수지균형을 도모하는 무역형태이다.

8 상품의 생산단계에 따라

1. Horizontal Trade(수평무역)

국가 간의 생산단계가 같거나 유사한 상품 간의 무역, 즉 공산품 상호간의 무역 또는 1차 상품 상호간의 무역형태이다. 주로 선진국 상호간의 무역거래, 경쟁적 무역 또는 수평적 국제분업이라고도 한다.

2. Vertical Trade(수직무역)

원래 생산단계가 서로 상이한 상품, 즉 공산품과 1차 상품 간의 무역형태이다. 오늘날은 공산품과 1차 상품 간만에 국한하지 않고 경제발전 단계상 산업구조 차이에서 발생한 국가 간의 무역거래형태는 모두 포괄적으로 수직무역이라고 정한다.

9 정치적 독립성에 따라

(1) Foreign Trade(외국무역)
정치적으로 독립된 외국 간의 무역으로 현재 주종을 이루는 일반적인 무역을 말한다.

(2) Colonial Trade(식민지무역)
무역이 본국과 식민지 사이에 이루어지는 것이다.

10 기타의 수출입형태

1. Knock-Down 방식 수출입

(1) 의의

조립할 수 있는 설비와 능력을 가지고 있는 거래처에 대하여 상품을 부품이나 반제품의 형태로 수출입하고, 실수요지에서 제품으로 완성시키도록 하는 현지조립방식의 수출입을 말한다.

(2) 종류 : CKD(Complete Knock-Down), SKD(Semi Knock-Down)

2. 링크제무역

수출입을 수량이나 금액으로 연결시키는 무역거래를 말한다. link trade(링크무역), link system(링크제 무역), export-import link system(수출입링크제)라 한다. 우리나라에서 자동차를 수출한 회사에만 일정한 양의 자동차 부품수입을 허용하는 것같이 수출과 수입을 연결시켜 수출입을 규제하는 무역이다.

3. OEM 방식

OEM(original equipment manufacturing)방식 수출은 수입업자로부터 제품의 생산을 의뢰 받아 주문상품에 상대방의 상표를 부착하여 수출하는 거래형태로 "주문자 상표부착방식"이라고 한다.

4. Turn-Key방식

공장, 선박, 철도, 교량 등 광범위한 산업설비 수출입거래 중 특히 수입상이 원하는 플랜트의 설계에서부터 기계 설비의 조달, 시설공사, 시운전에 이르기까지 모든 것을 수출상이 일괄적으로 이행하는 무역거래를 의미한다. 기계, 설비의 유형무역과 기술인력의 무형무역이 혼재된 거래방식이다.

제3절 대금결제별 수출입형태

1 송금결제방식에 의한 수출입

수출입 이전에 수입업자가 수출업자 앞으로 수출대금을 미리 송금하여 수출입이 이루어지는 무역을 말한다. 대금교환도조건(COD), 서류인도조건(CAD)과 국제팩토링 방식에 의한 송금방식이 포함된다.

2 추심결제방식에 의한 수출입

은행의 지급보증거래가 아닌 수출입업자 간의 계약에 의한 거래로서, 은행은 단순히 수출대금의 추심 및 추심의뢰 업무만 수행한다. 인수인도조건(D/A, Document against Acceptance), 지급인도조건(D/P, Document against Payment)이 해당된다.

3 화환신용장 결제방식에 의한 수출입

취소불능 화환신용장에 의하여 대금의 전액을 결제하는 조건으로, 신용장에 의하여 발행되는 환어음의 인수·매입에는 반드시 운송서류의 첨부를 요구하는 거래형태이다. 대금의 지급시기에 따라 일람출급신용장에 의한 수출입과 기한부신용장에 의한 수출입으로 구분된다.

제4절 특정거래형태의 수출입

1 Consignment Sale Trade(위탁판매수출)

1. 의의

Consignment sale trade(위탁판매수출)는 물품을 무환으로 외국에 있는 거래상대방에게 수출하여 당해 물품이 판매된 범위 안에서 일정의 판매수수료를 지급하고 물품대금을 결제 받는 수출을 말한다.

2. Consignment Sale Trade와 유사한 거래형태

(1) BWT(Bonded Warehouse Transaction)방식

수출업자가 해당지역에 지점 또는 사무소를 설치해 놓고 거래상대국의 정부로부터 허가받은 보세창고에 상품을 무환(無換)으로 반출하여 현지에서 상품의 구매계약을 성립시켜 판매하는 거래방식이다.

(2) CTS(Central Terminal Station)방식

교역상대국의 인가를 받아 해외에 현지법인을 설립하여 그 법인의 명의로 수입하여 현지에서 직접 판매하는 방식으로서 해외시장개척을 위해 이용된다.

2 Import on Consignment(수탁판매수입)

Import on consignment(수탁판매수입)는 수탁자가 해외의 위탁자로부터 위탁을 받아 그 위탁자의 비용과 위험 하에 물품을 무환(無換)으로 수입하여 자국 내에서 판매하고 그 대금을 결제하는 형태이다. 이 방식은 위탁자로부터 일정의 수수료를 수취하는 것이 목적이다.

3 위탁가공무역

가공임을 지급하는 조건으로 외국에서 가공(제조·조립·재생·개조 포함)할 원자재의 전부나 일부를 거래상대방에게 수출하거나 외국에서 조달하여 이를 가공한 후 가공물품을 수입하는 수출입이다.

4 수탁가공무역

수탁가공무역은 가득액을 영수하기 위하여 원자재의 전부나 일부를 거래상대방의 위탁에 의하여 수입한 후 이를 가공한 후 위탁자 또는 그가 지정하는 제3자에게 가공 물품을 수출하는 수출입을 말한다. 즉, 가득액을 가득하기 위하여 거래상대방의 위탁에 따라 원자재를 수입하여 이를 가공한 후 위탁자 또는 그가 지정하는 제3자에게 가공물품을 수출하는 방식이다.

5 임대수출

임대(사용임대 포함)계약에 의하여 물품을 수출하여 일정기간 후 다시 수입하거나 그 기간이 만료 전 또는 만료 후 당해 물품의 소유권을 이전하는 수출이다.

6 임차수입

임차(사용임차를 포함) 계약에 의하여 물품을 수입하여 일정기간 후 다시 수출하거나 그 기간의 만료 전 또는 만료 후 당해 물품의 소유권을 이전하는 수입이다.

7 중계무역

수출할 것을 목적으로 물품을 수입하여 제3국으로 수출하는 수출입. 즉, 수입한 상품을 원형 그대로 가공하지 않고 수출하여 지급액과의 차액(중계차익)을 수취하는 거래이다.

8 연계무역

① 개념
수출·수입이 연계된 무역거래로서 물물교환, 구상무역, 대응구매, 제품환매 등의 형태에 의하여 이루어지며 거래당사국 간의 수출입 균형을 유지하거나 통상협력의 수단으로 이용되는 수출입이다.

② 형태
　㉠ Barter Trade(물물교환) : 환거래가 발생하지 않는 단순한 형태의 물품교환방식이다. 하나의 계약으로 거래가 성립되며 연계무역의 기본적 형태로서 인류역사의 최초의 무역방식이다. 직접적인 물품교환형태로서 당사자 간 상품의 인도가 거의 동시에 이루어진다.
　㉡ Compensation Trade(구상무역) : 물물교환과 동일하나 환거래가 발생하고 대응의무를 제3국에 전가할 수 있는 특징이 있다. 수출입국가 간의 수출입대금 결제 시 선수출 또는 선수입에 상응하는 물품대금을 외화로 수취 또는 지급하고, 후 수입 또는 후 수출에 따른 물품대금을 외화로 지급 또는 수취하는 거래방식이다.
　　원칙적으로 수출·수입거래를 하나의 계약서로 작성하며 Back to Back L/C, Tomas L/C, Escrow L/C 등 특수신용장을 사용하는 거래이다. 대응수입이행기간은 통상 3년 이내이다.
　㉢ Counter Purchase(대응구매) : 수출액의 일정비율에 상응하는 상품을 대응수입 해야하는 의무를 지게 된다는 점에서 구상무역과 차이는 없으나, two-way-trade 개념에 의해서 두 개의 계약서로 거래가 이루어지는 점이 다르다.
　㉣ Product buy-Back(제품환매) : 기술·설비 또는 플랜트를 수출한 수출업자가 이의 수출대금을 제공한 기술·설비 또는 플랜트에서 직접 파생되는 제품이나 또는 이를 이용하여 생산된 제품으로 회수하는 거래방식이다. 특히 기술이전을 수반하는 형태를 industrial cooperation(산업협력방식)이라고도 한다.
　㉤ Offset Trade(절충교역거래방식) : 방위산업분야나 항공기산업에 적용되는 거래형태로, 군부대 장비나 상업용 비행기 등 고도기술 제품을 구매할 때 이 장비에 쓰일 부품 일부를 수출국가가 수입국가에서 생산된 특정자재, 부품 또는 기타 관련재화를 구매하게 하거나 기술이전 등을 요구하는 거래형태이다.

③ 연계무역에 사용되는 특수 신용장
　㉠ 동시발행신용장
　㉡ 토마스 신용장
　㉢ 기탁 신용장방식

9 외국인도수출

수출대금은 국내에서 영수하지만 국내에서 통관되지 아니한 수출물품을 외국으로 인도하는 수출이다.

10 외국인수수입

수입대금은 국내에서 지급되지만 수입물품은 외국에서 인수하는 수입. 즉, 물품을 외국에서 외국으로 보내고 그 물품의 대금은 국내에서 지급하는 조건으로 계약을 체결하여 외국환은행을 통하여 운송서류를 인수한 후 수입대금을 지급하고, 그 운송서류를 수입국으로 보내 수입물품을 외국에서 인수하는 거래이다.

11 무환수출입

외국환거래가 수반되지 아니하는 물품의 수출입을 말한다.

[제2장 국제무역의 기초 X-File 문제]

무역의 대상을 말할 때, 협의의 의미는 상품의 수출입 외에 자본이나 기술 등의 수출입 거래를 포함한다. (×)

◉ 무역의 대상을 말할 때, 협의의 의미는 단순한 물품거래, 즉 상품의 수출입을 의미한다. 광의의 의미는 상품의 수출입 외에 자본(capitals), 기술(technical), 용역(services) 및 노동(labor) 등, 국제적 이동을 수반하는 국가들의 경제거래를 의미한다.

무역거래에 대해 발생할 수 있는 위험 중, 국적을 달리하는 상대방에 대한 신용상태의 불확실성으로 인한 수출대금의 회수 불능위험으로 신용장에 의해 극복될 수 있는 위험은 Mercantile Risks(상업위험)이다. (×)

◉ 국적을 달리하는 상대방에 대한 신용상태의 불확실성으로 인한 수출대금의 회수 불능위험으로 신용장에 의해 극복될 수 있는 위험은 Credit Risks(신용위험)이다.

무역거래의 물품은 계약을 체결할 때에 실제로 존재하는 현물과 체결 후에 제조하거나 획득되는 물품인 선물의 양자를 포함하나 일반적으로는 현물매매가 대부분을 차지한다. (×)

◉ 무역거래는 일반적으로 물품이 없는 상태에서 계약을 체결 후 제조하거나 획득되는 선물매매가 대부분을 차지한다.

South-North Trade(남북무역)는 후진국이나 개발도상국 상호간에 무역거래가 이루어지는 것을 말한다. (×)

◉ 선진국과 저개발국 간의 국제무역을 가리킨다. 선진국이나 중진국이 지리적으로 주로 북반구의 적도이북에 위치하고 동남아·아프리카·중남미 등 저개발국들은 남반구의 적도 이남에 위치한 점을 고려한 것이다.

OEM(original equipment manufacturing)방식 수출은 수입업자로부터 제품의 생산을 의뢰 받아 주문상품에 상대방의 상표를 부착하여 수출하는 거래형태로 "제조업체 개발생산 방식"이라고 한다. (×)

◉ OEM(original equipment manufacturing)방식 수출은 수입업자로부터 제품의 생산을 의뢰 받아 주문상품에 상대방의 상표를 부착하여 수출하는 거래형태로 "주문자 상표부착방식"이라고 한다.

위탁가공무역이란 가득액을 지급하는 조건으로 외국에서 가공(제조·조립·재생·개조 포함)할 원자재의 전부나 일부를 거래상대방에게 수출하거나 외국에서 조달하여 이를 가공한 후 가공물품을 수입하는 수출입이다. (×)

◉ 위탁가공무역을 의뢰하고 지급하는 임금의 명칭은 가공임이다.

중계무역에서 중개인은 수수료를 목적으로 중개한다. (×)

◉ 이는 중개무역에 대한 설명이고, 중계무역에서 중계인은 중계차익을 목적으로 중계무역을 수행한다.

무역계약 제Ⅱ부

제3장 무역계약의 개념 및 성립
제4장 무역계약의 조건
제5장 무역계약과 정형거래조건

학습포인트

▶ 제2부 무역계약 접근전략 및 기출트렌드

무역계약 파트는 무역영어 시험에서 가장 많은 문제가 출제되는 부분 중 하나이다. 무역계약을 체결함에 있어 필수적으로 학습하여야 하는 부분들이 구성되어 있다. 특히, 제5장 '무역계약과 정형거래조건'에 포함 되어 있는 'INCOTERMS 2020'은 제1·2·3과목에서 모두 출제될 뿐만 아니라, 다른 개념(무역결제 등)과 연동되어 문제가 구성되는 경우가 많으므로, 확실하게 학습하여야 한다. 해당 파트에서는 전체 내용에 대한 꼼꼼한 학습이 요구된다.

▶ 제2부 무역계약 출제빈도

단원	주제	학습중요도	출제비율
3장	무역계약의 개념 및 성립	◉◉◉◉	7%
4장	무역계약의 조건	◉◉◉◉◉	10%
5장	무역계약과 정형거래조건	◉◉◉◉◉	10%

▶ 제2부 무역계약 체크리스트

체크리스트	기본서 상세페이지
[3장] 개별계약과 포괄계약을 구분하고 그 특성을 알고 있다.	57
[3장] 무역계약의 성립과정에 대해서 알고 있다.	62 ~ 69
[3장] 청약과 승낙의 개념에 대해 알고 있다.	74 ~ 84
[3장] 일반거래협정서에 대해 이해하고 있다.	88 ~ 89
[4장] 품질의 결정방법 및 결정시기에 대해 알고 있다.	97 ~ 100
[4장] 과부족용인조항에 대해 알고 있다.	104 ~ 105
[4장] 인코텀즈 조건에 기반한 가격 조건에 대해 알고 있다.	108
[4장] 할부선적과 분할선적의 차이점을 알고 있다.	110 ~ 113
[4장] 선지급, 동시지급, 후지급 조건의 종류를 구분할 수 있다.	115 ~ 117
[4장] 보험조건의 당사자의 역할에 대한 구분이 가능하다.	120
[4장] 하인의 종류에 대해 알고 있다.	122 ~ 124
[4장] 알선, 조정, 중재, 조정의 특징을 알고 있다.	125 ~ 126
[5장] 정형거래조건의 의의에 대하여 알고 있다.	132
[5장] 인코텀즈의 각 조건별 특징에 대해 알고 있다.	145

제3장 무역계약의 개념 및 성립

제1절 무역계약의 기초

1 무역계약의 개념

무역계약(contracts for the international sale of goods; trade contract)은 국경이 다른 당사자 사이에서 매도인이 약정된 물품의 제공을 약속하고 매수인이 그 물품의 대가로 대금을 지불할 것을 약속함으로써 성립되는 이국 간의 물품매매계약이다.

2 무역계약의 종류

1. Case by Case Contract(개별계약)

매 거래 시마다 매도인과 매수인 간에 어떤 품목에 대한 거래가 성립되면 품목별 거래에 대해 계약서를 작성하고 그 계약에 대한 거래가 종결되면 그것으로써 계약이 종료되는 것이다. 매 거래 건별로 오퍼나 오더를 확정한 후 수출입 본계약서를 작성하는 방법이다. 통상 거래상대방과 최초 거래 시나 거래 초기에 활용하는 방법이다.

2. Master Contract(포괄계약)

매매당사자 간에 장기간 동안 거래를 하였거나 동일한 상품을 계속적으로 거래할 때, 매 거래 시마다 개별적으로 계약하는 것이 피차 불편하므로 연간 또는 장기간을 기준으로 계약을 체결하고 필요시마다 거래상품을 선적해 주는 경우의 계약이다.

수출입거래당사자는 당사자 간의 향후 수출입거래준칙으로서 Agreement on General Terms and Conditions of Business(일반거래조건협정)를 수출입 본계약으로 작성하며, 여기에는 개별계약 체결 시 무역계약서 이면약정사항에 포함되는 General Terms and Conditions(무역거래일반약정)사항과 거래건별로 오퍼나 오더를 확정하는 방법 등이 포함된다. 이에 따라 포괄거래 시에는 총괄계약서에서 정한 방법에 따라 간단한 Offer나 Order를 교환함으로써 거래가 진행된다.

3. Exclusive Contract(독점계약)

어떤 특정품목의 수출입에서 수출업자는 수입국가의 지정 수입업자 외에는 동일품목을 Offer하지 않으며, 또 수입업자 역시 수출국의 다른 수출업자로부터는 동일품목을 취급하지 않겠다는 조건으로 맺어지는 계약이다.

3 무역계약의 당사자

1. 당사자

법인인 당사자(corporate party)와 법인이 아닌 당사자(non-corporate party)로 구분된다.

2. 대리인

무역계약에서 본인(principal)이 아닌 대리인(agent, broker, representative)은 본인으로부터 특정 영업 또는 영업 일부 내지 특정 행위에 대한 대리권을 부여받은 자이다. 계약체결 시 대리인이 계약의 당사자가 되는 경우에는 본인과 대리인의 권리와 의무관계를 명확히 확인하여야 후일의 분쟁을 예방할 수 있다.

4 무역계약의 법리적 성질

1. Consensual Contract(합의, 낙성계약)

당사자 일방에 의해 행해진 청약과 상대방의 승낙에 의하여 성립된 계약이다. 물품의 점유, 소유권, 위험이전과 문서작성이나 문서교부가 성립조건은 아니나 실무로는 통상 문서로 작성하여 계약내용을 확인(confirmation)하고 있다.

2. Bilateral Obligation Contract(쌍무계약)

매매당사자 간에 계약이 성립됨에 따라 쌍방이 채무를 부담하는 채무계약으로서 매도인은 물품인도의 의무, 매수인은 그 대가로 대금지급 의무를 갖는 계약이다. 쌍방이 서로 대가관계에 위치하므로 채무이행, 소유권 이전, 위험부담 등의 문제가 발생한다.

3. Remunerative Contract(유상계약)

무역계약 당사자가 서로 대가적 관계에 있는 대가를 지불할 것을 목적으로 하여 성립되는 계약이다.

4. Informal Contract, Single Contract(불요식계약)

계약의 형식에 관하여 어떤 요건도 필요가 없는 계약이다. 거래 당사자 간의 의사표시를 서면 또는 그 밖의 일정한 방법 등에 구애됨이 없이 당사자 간의 자유전달의사에 의하여 체결되는 계약이다. 따라서 계약방식은 구두, 서면, 일부구두, 일부서면으로도 가능하다.

5. Causal Contract(유인계약)

당사자 간의 계약에 의해 발생하는 채무가 그 원인사실과 결부되어 그 사실이 없다면 채무도 성립하지 않는다는 계약이다. 이는 계약상의 매도인의 물품인도의무와 매수인의 대금결제의무가 맞물려 원인관계를 이루는 것이다.

6. International Contract(국제계약)

동일한 국가 내에서 계약물품의 인도와 인수가 이루어지는 domestic contract(국내계약)와 반대되는 개념으로 이국 간의 원격지 계약이다.

5 무역계약의 준거법

1. 준거법의 개념

무역계약의 준거법(governing law)은 무역계약에 적용되거나 해석기준이 되는 여러 가지 법규를 말한다.

2. 준거법규의 구성과 내용

(1) 국제조약

① UNIDROIT(로마사법국제협회, 1928. 5.)가 제정한 법규
  ㉠ 국제물품매매에 관한 통일법(ULIS, 1972)
  ㉡ 국제물품매매의 계약체결에 관한 통일법(ULF, 1964)

　　　　ⓒ 국제물품매매의 계약효력에 관한 규칙의 통일법(1972)
　　② UNCITRAL(UN Commission on International Trade Law)이 제정한 법규
　　　　㉠ 무역계약에서 효력시효에 관한 협약(LPIS, 1974)
　　　　ⓛ 1988년 1월 1일부터 발효된 무역계약에 관한 UN협약(UNCCISG)
　　　　ⓒ 국제물품에 적용되는 법에 관한 헤이그 협약(LAIS)

(2) 국내법규

　① 영국
　　　㉠ Sale of Goods Acts(SGA, 1979)
　　　ⓛ Uniform Law on International Sale Act(1967)
　② 미국 : Uniform Commercial Code(UCC, 1977)
　③ 한국 : 국가 간의 물품매매에 적용되는 단행법은 아니지만 민법(1958)과 상법(1962)의 내용 속에서 이를 간결하게 규정하고 있다.

(3) 국제상관습법

국제적으로 통용되던 상거래관행을 단일적으로 통일화한 국제상거래의 관습법으로, 국제상업회의소(ICC)가 1936년에 제정하여 2020년 8차 개정한 인코텀즈(INCOTERMS 2020)와 1933년에 ICC가 제정하여 2007년 6차 개정한 화환신용장에 관한 통일규칙 및 관례(UCP 600) 등이 있다.

6 무역계약의 주계약과 종속계약

1. 무역계약의 주계약

원만한 무역계약의 성립과 이행을 위해 매도인과 매수인 간에 체결된 무역계약을 말하며 물품의 수출입거래에 가장 기본적이고 중심적인 계약이 된다.

2. 무역계약의 종속계약

종속계약들은 그 자체가 주 계약과는 별개로 독립된 계약관계를 당사자 간에 갖게 된다.

(1) Contract of Carriage(운송계약)

운송계약의 내용은 매매계약서에 나타나는 정형거래조건에 따라 결정된다. FCA, FOB, FAS계약에서는 매수인이 CFR, CIF, CPT, CIP계약에서는 매도인이 운송계약을 체결하고 운임을 부담하게 된다.

(2) Contract of Insurance(보험계약)

보험계약체결의 당사자나 보험료부담자 및 물품의 위험부담시점 등이 정형거래조건에 따라 결정된다. FOB, FCA계약에서는 매수인이, CIF나 CIP계약에서는 매도인이 보험계약을 체결하고 보험료를 부담하게 된다.

(3) 대금결제(환계약)계약

수출업자의 가장 큰 관심거리이며 수입업자가 부담해야 할 가장 중요한 의무사항이다. 신용장(Letter of Credit)에 환어음을 첨부하는 화환어음에 의한 신용장결제방식이 가장 일반적으로 활용되고 있다.

(4) 기타 개별계약

계약의 성격에 따라 부수적인 여러 계약이 존재한다. 국내적으로 수출국에서 매도인과 물품공급자(maker) 간의 수출대행계약, 수입국에서 매수인과 수입의뢰인 간의 수입대행계약 등이 있다.

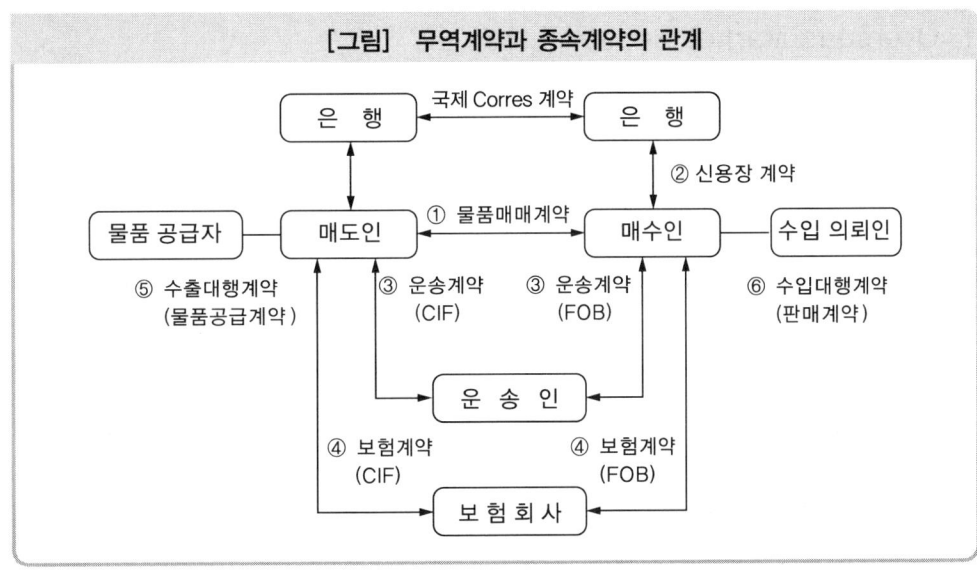

[그림] 무역계약과 종속계약의 관계

제2절 무역계약의 성립

1 무역계약성립

일방의 당사자의 청약(offer)과 상대방 당사자의 승낙(acceptance)에 의해 무역계약은 성립된다. 무역계약의 성립요건은 의사표시의 합치, 당사자의 행위능력, 법률적 효과를 발생시키는 의사가 있어야 한다. 거짓이나 허위계약(false contract) 또는 위법한 계약(illegal contract)이 아니어야 한다.

2 무역계약의 성립과정

 무역계약의 성립과정

overseas market research(해외시장조사) → prospective buyer(거래처 선정) → business proposal(거래제의) → credit inquiry(신용조회) → trade inquiry(상품조회) → replies to inquiry(조회회답) → offer(청약) → counter offer(반대청약) → firm offer(확정청약)와 order(주문) → acceptance(승낙)와 acknowledgement(주문승낙) → sales note(매약서) / purchase order(매입서) → sales contract(무역계약의 체결)

1. Overseas Market Research(해외시장조사)

(1) 의의

특정시장에서 특정물품의 selling possibility(판매가능성)과 purchasing possibility(구매가능성)을 측정하고 매매에 필요한 정보를 수집하는 것이다.

(2) 해외시장조사의 내용과 대상

① 목적시장의 전반적인 상황(정치, 경제, 문화, 사회, 풍토, 기후, 언어 등)을 조사
② 취급상품에 대한 세부적인 내용(무역관리제도, 시장특성, 수요와 공급, 유통구조, 경쟁대상, 거래처 등)을 조사

(3) 해외시장조사의 방법

① 국가별 수출입통계의 이용

② 광고회사를 통한 조사
③ 국내외 경제단체 및 유관기관의 활용
④ 자체 현지시장 조사
⑤ 사이트를 통한 시장정보조사

2. Prospective Buyer(거래처의 선정)

(1) 의의

철저한 해외시장조사 결과 자사상품의 시장성이 있는 유망한 목적시장을 선정하면 다음 절차로 그 시장에서 구매 가능성이 있는 잠재고객이나 유능한 거래처를 선정하여야 한다.

(2) 거래처를 선정하는 방법

① Trade directory(무역업자 명부)나 간행물 및 전문기관을 통한 선정
② 국내외 공공 및 유관기관 등을 통한 선정 – 각국의 상공회의소, WTCA(world trade center association)체인 또는 수출입관련기관에 거래알선의뢰 circular letter를 발송하는 방법 등이 있다.
③ 직접출장 및 각종 event 등을 이용
④ 해외광고나 기존거래처 소개를 통한 선정
⑤ 인터넷(internet)과 전자수단을 통한 선정

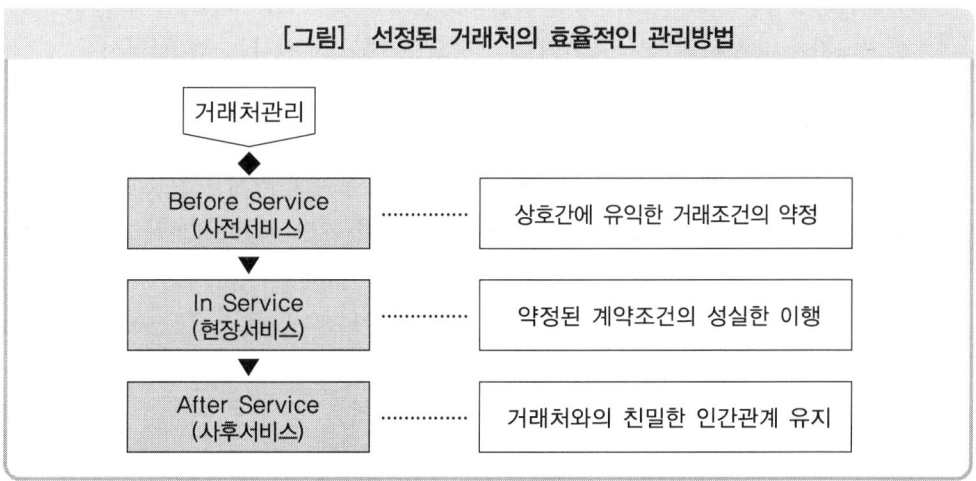

[그림] 선정된 거래처의 효율적인 관리방법

3. Business Proposal(거래제의와 거래승낙)

(1) 거래제의의 의의

해외의 유력한 매수인의 목록이 앞의 경로를 통해 발굴되면 우선 상대국에 대한 일반적인 상식과 경제현황 등을 참조한 후 다음 요령에 의해 거래제의 서한을 보낸다.

(2) 거래제의서의 작성내용

① 상대방을 알게 된 동기와 거래제의 업종, 취급상품 및 거래국가
② 거래제의 상사의 자국 내에서의 지위, 경험, 생산규모
③ 거래조건(특히 결제 및 가격조건 등)을 명시하여 당해 시장은 상대회사를 통해 개척하고자 하는 점을 간접적으로 시사
④ 신용조회처(reference, 주로 자기 거래은행명 및 주소)
⑤ 정중한 결문

(3) 거래제의서의 작성 시 유의점

① 간단명료한 문장으로 매 문장마다 30자 이내로 5~6문단 이내로 작성
② 해당 시장은 처음이므로 상대회사를 통하여 개척하고자 한다는 점을 강조
③ "한국에서 제일 큰 회사"라는 말 등 과장된 회사 소개는 제외
④ 회사규모는 생산량이나 연간 매출액 등으로 기재
⑤ 품질의 우수성과 경쟁적인 가격을 제시할 수 있는 회사임을 강조
⑥ 처음에는 오퍼나 견본을 보내지 말고, 상대방이 관심을 표명할 때 송부
⑦ 거래관계가 성립되면 상호이익을 바탕으로 하고자 한다는 점도 명시

(4) 거래제의서의 송부 방법

일반적으로는 서신이나 이메일로 이루어지지만 경우에 따라서는 telex, facsimile 등을 이용하기도 한다. 거래제의 시, 시차를 두고 한 지역 내 2~3개의 회사에 국한하여 발송하는 것이 바람직하다.

(5) 실무상 거래제의에 대한 회신이 오지 않는 경우

① 바이어가 너무 비슷한 거래제의서에 식상해 있을 경우
② 오래전에 만들어진 바이어 정보일 경우
③ 팩스나 이메일 등의 내용이 너무 장황한 경우
④ 바이어가 이미 만족스러운 기존 거래선을 가지고 있는 경우

<예> 거래제의 서신

20th January

ABC Farming Supplies Pty. Ltd.
P.O.Box 75, Glebe, N.S.W.2037
Australia

Dear Sirs,

Having heard from the WTC Seoul that you are interested in Farm and Garden Machinery, we are writing to you with a keen desire to do business with you.

As you will see in the enclosed pamphlet, we have been established here for over thirty years as general importers and exporters. In farming equipment, we enjoy a specially advantageous position, because we have an affiliated company which manufactures engines for farming applications, besides having wide and direct connections with first class builders of agricultural machines.

We know very well the requirements of the Australian farming industry and shall be able to serve you immediately upon hearing from you.

We do business on an Irrevocable Letter of Credit, under which we draw a draft at 60 d/s.

For any information as to our standing, please refer to The Hanil Bank and Korea Exchange Bank, Head Office.

We look forward to your early and favourable reply.

Yours faithfully

KANADA TRADING CO., LTD.
D. Y. KIM, President

4. Credit Inquiry(신용조회)

(1) 신용조회의 의의와 중요성

credit inquiry(신용조회)는 신용을 공급받는 자의 지급능력으로서의 지급에 대한 선의 및 일반 경제상태의 보장 등을 사전에 조사하여 장래의 지급 확실성을 계량(計量)하는 것을 말한다. 거래제의에 대해 관심을 표명하는 업체는 거래관계가 성립되기 전에 해당 업체의 신용조회를 해 두어야 한다.

(2) 신용조회의 내용

신용조회에서 필수적으로 조사내용에 포함돼야 하는 것으로 신뢰도측정요소(reliability or credit factors)로서의 "3C's(threeC's)"가 있다.

① Character(거래성격)

personality(업체의 개성), integrity(성실성), reputation(평판), attitude toward business(영업태도) 및 의무(특히 채무변제) willingness to meet obligation(이행열의) 등 계약이행에 대한 도의심에 관련된 내용이 주를 이룬다. 신용조회에서의 신뢰도 측정요소 중 가장 중요한 것이다.

② Capacity(거래능력)

업체의 turn-over(연간매출액), 업체의 형태, historical background(연혁) 내지는 career(경력) 및 goodwill(영업권) 등 영업능력에 관한 내용이 주를 이룬다.

③ Capital(자본)

업체의 financial status(재무상태), 즉 authorized capital(수권자본)과 paid-up capital(납입자본금), 재무구조의 건전성 여부, 자기자본과 타인자본의 비율, 기타 자산상태 등 지불능력과 직결되는 내용이 주를 이룬다.

④ 기타

Three C's 이외에 condition(거래조건), collateral(담보능력), currency(거래통화), country(소속국가) 중 2가지를 추가시켜 "5C's", 4가지를 추가시켜 "7C's"라 부르기도 한다.

(3) 신용조회의 방법

① Trade Reference : 현지 업자를 통한 동업자조회

② Bank Reference : 국제적인 금융기관을 통한 은행조회
③ Merchantile or Credit Agencies, Credit Bureaux : 세계적으로 유명한 전문적 상업흥신소를 통한 조회
④ 우리나라의 경우 : Korea Trade Promotion Corporation(대한무역투자진흥공사), Korea Export Insurance Corporation(한국수출보험공사), Korea Credit Guarantee Funds(한국신용보증기금) 등을 통한 조회

5. Trade Inquiry and Replies(상품조회와 회신)

(1) 상품조회의 의의와 방법

상품조회는 수입업자 측에서 수입하려는 상품에 대한 구체적인 매매조건에 관한 문의를 의미하며 수출업자 측에서 판매권유 또는 판매조건을 제시하는 서한은 Sales Letter (판매권유서한) 또는 Circular Letter(거래권유서)라고 한다.
일반적으로 상품조회는 letter of inquiry(조회서)나 전신으로 행하는 것이 일반적이다.

(2) 상품조회의 주요내용

① 거래상품에 대한 price and quantity(가격 및 수량조건), packing(포장방법), time of shipment(선적시기), payment terms(대금결제 방법), insurance(보험조건) 등 보험이나 대금결제조건은 보통 일반거래협정서에서 약정되는 사항이므로 생략됨
② price list(가격표)나 catalogue(카탈로그)나 견본의 발송을 요구
③ 예비적으로 매매계약조건(특히 가격조건)을 알아보려는 경우도 있음
④ 구체적인 Offer의 발행을 요청하는 것을 내용으로 하기도 함

6. Offer and Order(청약과 주문)

(1) Offer(청약)

① 수출업자가 수입업자에게 특정물품을 어떤 가격에, 얼마만큼, 어떠한 인도조건과 결제조건으로 판매하겠다는 의사표시를 제시하는 행위이다.
② 오퍼가 피청약자에 의해 승낙되면 사법상의 법률관계가 형성되어 매매계약이 성립되고 효력은 이때부터 진행되며 법률상 written contract(서면계약서)의 효력을 갖게 된다.

(2) Order(주문)

① 매수인이 구매하려는 물품의 내역과 거래조건을 명기하여 구매의사를 밝히는 것이므로, buying offer(구매청약)와 동일한 성격을 가진다.
② 주문에는 오퍼의 경우처럼 무역계약의 기본조건, 즉 품질·수량·가격·선적·결제·보험·포장 등의 거래조건이 기재되어야 한다.
③ 주문서의 형식
  • letter order(서신주문) : 주문서(order sheet)는 보통 일반 서신문 형식을 취한다.
  • cable order(전신주문) : 일정한 양식(format)을 구비하여 그 안에 필요한 주문사항을 기입한 후 이를 본문(covering letter)과 함께 송부하는 방식이다.
  • Order Form을 활용하는 것이 일반적이다.

7. Counter Offer(반대청약)

피청약자가 청약자가 제시한 original offer(원청약)의 내용 중 일부를 수정하여 반대로 오퍼를 제시하게 되는바, 이를 counter offer(반대오퍼)라 한다. 반대청약은 원청약의 거절이며 새로운 청약의 성격을 가진다.

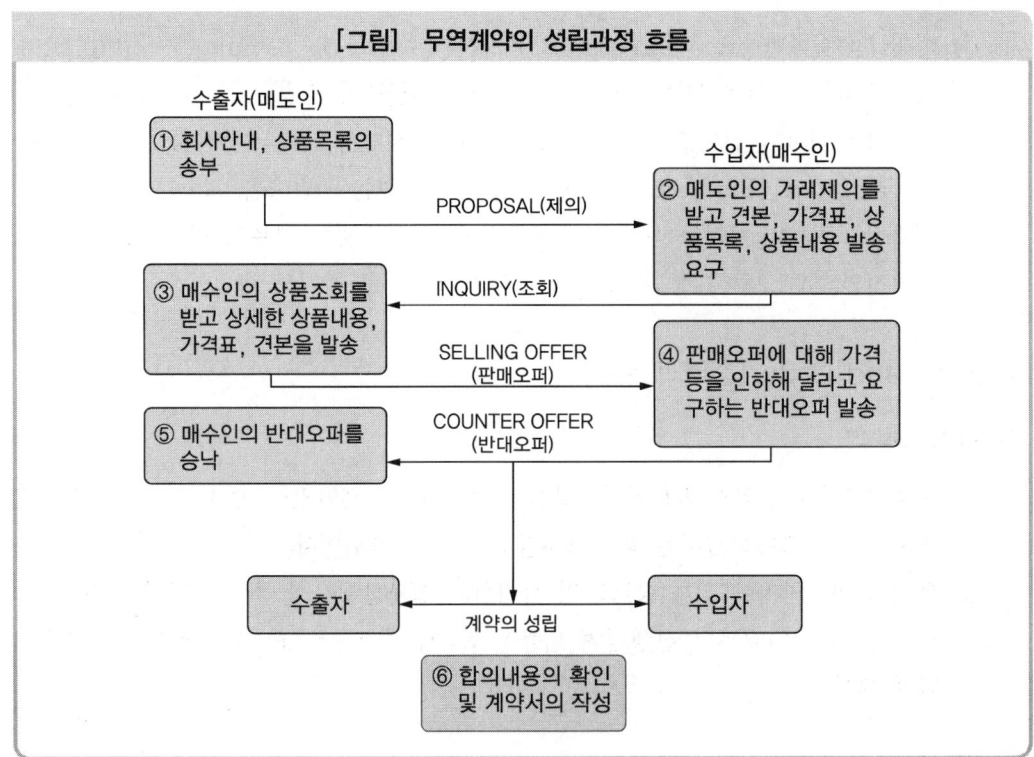

[그림] 무역계약의 성립과정 흐름

8. Acceptance and Acknowledgement(승낙과 주문승낙)

(1) Acceptance(승낙)

피청약자가 구두나 행위로 청약의 내용 또는 조건들을 수락하고 계약을 성립시키겠다는 동의를 표시하는 것으로 무역계약은 반드시 청약에 대한 상대방의 승낙이 있어야만 유효하게 성립된다.

승낙의 내용은 최종적이며 무조건이며 적극적인 행위로 의사표시를 행하여야 하며 청약에 조건을 붙이고 그 밖의 변경을 부가하여 승낙하면 그것은 유효한 승낙이 아니라 청약의 거절과 동시에 새로운 청약을 한 반대청약으로 간주된다.

(2) Acknowledgement of Order(주문승낙)

매수인이 제시한 주문을 매도인이 승낙하여 승낙의 표시로 주문승낙서는 매수인이 제시한 주문을 매도인이 승낙하여 승낙의 표시 즉, 매약서(sales note)를 송부하는 행위이다. 즉, Order를 매도인이 승낙하여 승낙의 표시, 즉 sales note를 발송하는데 이를 acknowledgement of order(주문승낙서)라 한다.

9. Sales Note(매매계약서 작성)

매도인과 매수인, 양 당사자는 주문과 주문승낙의 과정을 통해 주문과 주문승낙이 완료되면, 매매계약서를 작성함으로써 계약을 성립시킨다.

〈서식〉 물품매도확약서(Offer Sheet : Offer)

KANADA TRADING CO. LTD.

457-1, Bangbae-dong, Secho-ku, Seoul 100, Korea
C. P. O. Box 123, Seoul, Korea

OFFER NO. KY-038
May 15

OFFER SHEET

Messrs. TOP INTERNATIONAL LTD.
　　Seoul, Korea

REGISTERED NO.8221

HS NO.	Article	Quantity	Unit Price	Amount
			FOB JAPAN PER LB	
5005-0300	55% Silk 45% Acrylic Mixed. Fancy Yarn, 2/12SMM Raw White in Hand	2,000Lbs	@$6.40	US$12,800

Origin	: Japan
Place of Shipment	: Osaka, Japan
Time of Shipment	: Within 40 Days after Receipt of your L/C
Destination	: Pusan, Korea
Payment	: By an irrevocable at sight L/C to be opened in favour of YAMATO, SEIMO KABUSHIKI KAISYA 15-39, Higashi-Minatomachi, Izumiotsu-shi, Osaka, Japan.
Validity	: May 20
Remarks	:
Accepted	: TOP INTERNATIONAL LTD.

TOP INTERNATIONAL LTD.　　　　KOREA TRADING CO., LTD.
M. J. LEE　　　　　　　　　　　　D. Y. KIM
PRESIDENT　　　　　　　　　　　*Director, Trading Department*

〈서식〉 주문서(Purchase Order : P/O)

PURCHASE ORDER

TO.
BEST. ASIA PTE LTD.

P/O NO.
UNI-785

DATE : Oct, 8,

PAYMENT : By Letter of Credit No. _____ (at sight)   LOT NO. Z7002
PORT OF DESTINATION (PUSAN) (by sea shipment)   MODEL UP-207
　　　　　　　　　　　: KIMPO   (by air shipment) LOT Q'TY 5,150Kits
FINAL DESTINATION　: NAM SEOUL KOREA
TRADE TERMS　　　　: FOB SINGAPORE
SHIPPING MARKS & INSTRUCTIONS : as per attachment.
SHIPMENT:

SEA SHIPMENT		AIR SHIPMENT	
DELIVERY	ON BOARD	DELIVERY	ON BOARD

☐ Export License : _____
☐ Export Inspection : _____
☐ Tax Except : _____

This purchase order is issued to confirm the pre-order per

ITEM	PARTS CODE NUMBER	DESCRIPTION	Q'TY	UNIT PRICE	AMOUNT
		I.C　POWER　　　　TBA820M	10,300	@$0.23	US$2,369.__
		I.C　MOTOR CONTROL　TDA1151	5,150	0.28	1,422.__
		TOTAL	15,450	pcs	US$3,811.

IMPORTANT : You are duly requested to deliver the cargo with full set of documents to our designated warehouse by the SPECIFIED DATE, In case of DELIVERY DELAY for SEA SHIPMENT, the cargo shall be AIR- FREIGHTED AT YOUR EXPENSE.

　　KANADA TRADING CO., LTD.
　　Room 505, DONGHWA BLDG.
　　19-2, NONHYUN-DONG, KOREA-KU,
　　TLX : 24341 UNIKOR
　　TEL : 856-5621~5 Seoul Korea

〈서식〉 주문승낙서(Acknowledgement of Order)

June 25

KANADA Trading Co., Ltd
64-5 3-ka Ulchi-ro, Chung-Ku
Seoul, Korea

Our Ref No : J-512

Gentlemen :

We wish to acknowledge with thanks your order of February 25 for the following :

Quantity	Number	Descriptions	Unit Price	Amount
20cases	45	Max Coffee, 24 cans per c/s	@$1.00per 1b.can	$480.00
30bxs.	144	Carnation Instant Dry Milk, 10oz per c/s, 20c/s per box	50 cent/s per c/s	$300.00
20bxs.	255	Roeding's Dried Figs, 12oz per c/s, 24c/s per bx	60 cents per c/s	$288.00
		Total Amount		$1,068.00
		Export discount 5%		$53.40
		Balance C.I.F. Pusan		$1,014.60

We will pack the goods carefully and ship them by the m/s "President Wilson", leaving San Francisco for Pusan on June 25. as usual we shall draw on you sight for $1,014.60 under the Confirmed L/C issued by the Bank of Korea.

We do highly appreciate you business and shall be glad serve you again.

Yours very truly,

ABC Trading Inc.

〈서식〉 매약서(Sales Note)

SALES NOTE

We are pleased to confirm our sale of the following commodity on terms and conditions outlined below :

COMMODITY	: Cotton White Shirting Samples No.555
QUANTITY	: 1,000 pieces (One Thousand Hundred Pieces)
PRICE	: @10.50(Ten Dollars Fifty Cents) CIF New York in US Currency
AMOUNT	: US DOLLARS Ten Thousand Five Hundred in US Currency
TERMS	: Draft at 30 d/s under an irrevocable Letter of Credit
SHIPMENT	: During September
PACKING	: 10 pcs in Hessian bale and 50 pcs. in wooden case
MARK	: ◇ with numbers 1 and up under port mark, New York, stating the country of origin, Made in Korea
INSURANCE	: A/R, for full invoice amount plus 10%
REMARKS	: 1. Certificate of Quality Inspection & Shipment Samples to be sent prior to shipment.
	2. Unless otherwise specified in this Sales Note, all matters not mentioned here are subject to the agreement of the general terms and conditions of business concluded between both parties.

Cordially yours,

KANADA Trading Co., LTD.　　　ABC Trading Co., LTD.
　　D. Y. KIM　　　　　　　　　　Phillip Adams
　　D. Y. KIM　　　　　　　　　　Phillip Adams
Director, Trading Department　　Vice President

제3절 청약과 승낙

1 Offer(청약)

1. 청약의 의의

offeror(청약자)가 피청약자에게 일정한 조건으로 계약을 체결하고 싶다는 취지의 의사표시를 하는 것이다. 즉, 일정내용의 계약을 성립시킬 목적으로 언어나 행동으로 하는 법적 구속력을 가진 확정적 의사표시이다.

2. 청약의 기재내용과 유의점

offer는 특별히 정해진 형식이나 방식이 있는 것이 아니고, 거래대상물품·거래방식 등에 따라 다양한 형태를 취하고 기재사항도 거래특성에 따라 다양하나 가장 전형적인 계약의 성립 및 이행요건별로 발행 시의 유의사항을 설명하면 다음과 같다.

(1) Commodity(품명)

보통상품에 대해서는 별 문제가 없으나 비슷한 종류가 여러 가지 있는 상품이나 상품명이 유사한 것은 혼동을 일으키지 않도록 분명하고 완전하게 기재한다. 품명은 제조업체에서 받은 offer를 그대로 옮기는 것이 혼동을 피할 수 있으며 수량은 바이어의 요구가 없는 한 1개씩 offer하면 좋다. 그러나 order minimum을 명시하여 최소 order수량을 명시해 주는 것이 바람직하다.

(2) Grade or Specification(규격)

같은 품목이라도 품질과 규격에 따라 가격의 차이가 많이 생길 수 있다. 후일 분쟁 등이 발생하지 않도록 규격을 정확히 기재한다.

(3) Origin(원산지)

상품에 따라서는 원산지에 따라 가격의 차이가 많이 생길 수 있다. 특히 1차 산품의 offer에서는 원산지의 표시가 매우 중요하다.

(4) Validity(유효기간)

offer의 종류에 관계없이 offer에는 유효기간이 명시되어 있으나 특히 firm offer의 경우 재확인할 기회가 없기 때문에 더욱 중요한 의미가 있다.

모든 offer에는 reasonable period of time(일정한 기간) 동안만 유효하도록 명시하여야 하며 특히 국제시세의 변동이 심한 원면, 원맥 등 1차산품의 offer는 대개 1주일 이내의 유효기간을 주는 것이 상례로 되어 있다.

급격한 환율 변동 등이 있을 때는 유효기일을 단축할 수도 있고, Remark란에 환율 변동이 있을 시 가격이 변동될 수 있음을 명시해 두는 것이 바람직하다.

① 유효기간의 표현방법

ⓐ 기일에 의한 표현 : We offer firm for your reply within seven days.
ⓑ 기간에 의한 표현 : We offer firm for your reply reaching us by the 23rd July.
ⓒ 단기임을 표시하는 표현 : We offer firm for your reply reaching us by tomorrow(within 24 hours). We offer firm for immediate(prompt, urgent) reply.

② 유효기간의 연장

유효기간 내에 offer의 자유의사 또는 상대방의 요청에 의해 그 유효기간을 연장하는 경우가 있는데, 이를 extension of offer 또는 extension of validity of offer라고 하고 그 연장된 기간은 유효하다.

(5) Shipping Date(Delivery Date ; 선적일)

수출상의 수입상에 대한 물품인도의무와 관련되어 있는 아주 중요한 계약조건으로 Offer에는 언제까지 계약상품을 선적해 줄 수 있다는 Delivery Date가 표시되어야 한다. 대개는 선적일이 이를수록 수입업자에게 유리하나 경우에 따라서는 적기에 판매하고 보관료를 물지 않게 하기 위해서 선적을 언제부터 언제 사이에(not earlier than, not later than) 이행해 달라고 요구하는 수도 있다.

계절을 타는 상품, 즉 크리스마스 장식용구 등처럼 적기에 선적하지 못하면 치명적인 손해를 입는 상품은 정확한 선적기일을 제시하여야 한다. 실무상 납기는 몇 월 며칠이라고 날짜를 확정하는 것이 아니고 신용장을 받은 후 혹은 T/T선수금을 받은 후 며칠 이내라고 표시하는 것이 좋다(예 Within 30days after receipt of your L/C at sight).

(6) Packing Method(포장방법)

상품마다 통상 거래될 때 포장되는 상태가 다르다.

대개 "Standard Seaworthy Export Packing", "Export Standard Packing"이라고 해서 방수재료로 포장한 상품을 나무상자에 넣고 철대로 묶는 것을 의미한다. 철

근 같은 것은 포장되지 않은 상태로 거래되나 대개의 상품은 포장된 상태로 거래가 이뤄지므로 어떤 종류의 포장재, 또한 포장에 몇 단위씩 들어가는지 알려 주어야 한다. 무게가 가벼운 것으로 항공으로 운송되는 상품은 carton box에 포장되며, 선박에 의해서 운송되는 상품은 wooden case에 포장되는 것이 상례이다.

 포장방법표기의 일반적 예

Ⓐ "Each in a vinyl bag, 100 pieces in a carton box."
비닐 백에 넣어서 비닐 백 포장 100개를 다시 카톤 박스 한 개에 최종적으로 포장하는 경우
Ⓑ "Standard Export Packing."
Ⓒ "Export standard packing, Completely free from moisture and water"

(7) Quantity(수량)

기일 내에 반드시 공급할 수 있는 수량만 offer해야 하며 특히 Buying Offer일 때는 수량이 꼭 정해져 있다. 수량의 기준도 piece(개수), weight(무게), length(길이), 용적 등 다양하며 이들의 단위도 각각 상이하므로 그 수량의 단위사용에 주의하여야 한다.

(8) Unit Price(단가)

Offer에서 가장 중요한 것이 단가이다. 상품규격과 마찬가지로 각국의 화폐단위가 다르므로 사용화폐를 분명히 명시하여야 한다. 단가를 기재할 때에는 단가산정의 기초가 되는 수량을 명시하고 그 금액과 함께 통화의 종류를 명기해야 하며 가격산정의 기초가 되는 가격조건을 함께 기재한다. 예로, CIF PUSAN조건으로 1톤당 미달러로 100불인 경우는 아래와 같이 기재한다.

"US $100.00 per ton, CIF PUSAN"

(9) Payment Condition(대금결제방법)

대금결제방법은 오퍼의 기재내용 중 가장 중요한 부분이다. 대금결제를 송금결제로 할 것인가, 신용장에 의한 결제방법 또는 추심결제에 의한 방식으로 할 것인가의 대금결제 방식과 상품인도와 대금지급과의 시차관계인 대금결제 기간을 제시하여야 한다. 예로, 취소불능신용장 하에서의 일람불 환어음조건인 경우 아래와 같이 기재된다.

"By a sight draft under and irrevocable L/C"

3. 청약의 종류

(1) 발행자에 의한 분류

① Selling Offer(매도청약)

매도인이 판매조건과 함께 판매의사를 제시하는 offer로 매도인이 offeror가 되고 매수인이 offeree가 된다. 무역에서는 통상 오퍼라 하면 매도인에서 제시하는 매도청약을 말한다.

② Buying Offer(매수청약)

매수인이 구매조건과 함께 구매의사를 매도인에게 개진하는 오퍼이다.

(2) 발행지를 기준으로 한 분류

① 국외발행 Offer

offer가 국외의 매도인 또는 그 대리인이 국외에서 발행한 오퍼

② 국내발행 Offer

국내에서 대외무역법규상의 갑류 무역대리업자가 발행한 오퍼

(3) 확정력(구속력)의 유무에 의한 분류

① Firm Offer(확정청약)
　㉠ 오퍼의 유효기간 내에는 그 내용의 amendment(변경)이나 cancellation(취소) 또는 withdrawal(철회)가 불가능하며, offeree(피청약자)도 그 청약에서 정해진 유효기간 내에 승낙하여야만 매매계약이 유효하게 성립되는 오퍼이다.
　㉡ 확정청약에는 유효기간(time of validity, expiry date)이 명시되어 있거나 또는 확정적이나 취소불능의 문구가 있어야 하고 가격이나 수량, 선적, 대금결제 등 여러 가지 거래조건이 확정적으로 제시되어 있어야 한다.
　㉢ 확정오퍼라 할지라도 피청약자에게 도달하기 전 또는 도달과 동시에 청약자가 그 내용을 변경, 철회할 수 있다.(효력 발생 후는 취소)
　㉣ 일반적으로 무역거래에서 주고받는 오퍼는 대부분 확정청약이다.

"We offer you firm subject to your acceptance reaching us by May 10 as follows"

② Free Offer(무확정청약)

유효기간의 명시가 없거나 확정적 혹은 취소불능이라는 문구가 없는 경우의 오퍼이다. 피청약자의 승낙이 있기 전까지는 청약자가 그 내용을 임의로 변경, 취소 또는 철회할 수 있다.

"We offer you the following merchandise on the terms and conditions mentioned hereunder."

(4) 특수 Offer

① Offer without Engagement : 무확약 청약
- 청약에 대한 승낙이 있는 경우, 청약자는 해당 내용에 구속되는데, 이러한 확약이 없는 청약을 의미한다.

② Offer subject to market situation : 시황 조건부 청약
- 시황변동(market fluctuation)에 따라 사전통고(prior notice) 없이 제시가격이 변동될 수 있음을 조건으로 한 오퍼로서 일종의 free offer이다.

③ Offer Subject to Prior Sale : 재고잔류 조건부 청약
- 승낙의 의사표시가 청약자에게 도달했을 때(또는 발신되었을 때) 미판매 재고가 남아 있는 분에 한해 유효하다는 조건으로 발행된 오퍼이다.
- free offer의 일종이며, "재고잔류조건오퍼" 또는 "선착순매매조건오퍼"라 부른다.

④ Offer on Approval : 점검 후 매매조건부 청약
- 오퍼와 함께 보낸 물품을 피청약자가 점검한 후 구매의사가 있으면 송금하고 그렇지 않으면 물품을 반환토록 한 오퍼로 "점검 후 구매조건오퍼"라 부르기도 한다. 대개 "You can keep it for a week. If you like it, send U$5, if not, you may return it to us without any obligation on your part." 등으로 표기되어 있는 것이 보통이다.

"We send you a copy of "The Map of Korea" separately. You can keep it a week. If you like it, please send us US$30.00 ; if not, you may return the book to us without any responsibility on your part."

⑤ Offer on Sale or Return : 반품허용 조건부 청약)

다량의 물품을 오퍼와 함께 보내되 판매 후 남은 물품에 대해서는 반품하는 조건으로 발행되는 firm offer의 일종이며, 서적 등의 위탁판매에 주로 사용된다.

"We will send you any of our products subject to sale or return, at our own expense and without any obligation on your part. All you have to do is to return any items unsold within fourteen days from the end of contracted period."

4. 청약의 유인

(1) Invitation of Offer(Invitation of Treat ; 청약유인)의 의의

상대방이 청약을 하도록 유도하는 계약체결을 위한 예비행위나 예비교섭(preliminary negotiation)의 의사표시로 상대방이 이를 수락하더라도 계약은 성립되지 않으며, 상대방의 승낙에 대한 재차 승낙이 있어야만 계약이 성립된다. 즉, 청약의 유인(예비적 교섭) → 청약 → 승낙의 순서를 거쳐서 성립된다.

"A proposal other than one addressed to one or more specific persons is to be considered merely as an invitation to make offers, unless the contrary is clearly indicated by the person making the proposal."

(CISG, 14조 2항)

(2) 청약유인의 형태

① 확인조건부 청약(sub-con offer, offer subject to confirmation)
② 정찰제 상품진열
③ quotation
④ catalogue
⑤ price-list
⑥ circular letter
⑦ 광고
⑧ auction·tender

5. 청약의 통지방법

(1) 청약의 통지이유

상대방에게 통지할 의도가 없는 의사표시는 단순히 하나의 의사 또는 의도를 표시한 것에 지나지 않으므로 그 자신을 구속시킬 의도는 아니다. 또한 피청약자로서는 그 청약의 내용을 알지 못하면 청약을 승낙할 수 없기 때문이다.

(2) 청약의 통지방법

보통 전보나 팩스를 포함한 서면으로 하는 것이 일반적이나 최근에는 컴퓨터 등 기타 통신수단의 발달에 의해 e-mail에 의해서도 행하고 있다.

6. 청약의 효력발생시기

그 청약이 상대방에게 도달한 때에 그 효력이 발생한다는 도달주의(receipt rule)를 채택(영미법·비엔나 협약·한국 민법 모두 동일)하고 있으므로 청약의 불착(不着) 및 연착(延着)에 의한 불이익은 청약자가 부담한다.

"An offer becomes effective when it reaches the offeree."
(CISG, 15조)

7. 청약의 효력상실 사유

(1) 승낙

청약은 승낙에 의하여 계약이 성립하기 때문에 그 효력을 상실한다.

(2) Rejection of Offer or Counter Offer(청약의 거절 또는 반대 청약)

피청약자가 청약을 거절하면 청약의 효력은 소멸하며 그 후에는 그 청약을 승낙하여도 계약을 성립시킬 수 없다.

청약의 내용에 조건을 붙여 그 일부만을 승낙하는 부분적 승낙(partial acceptance)은 반대 청약이 되어 최초의 청약에 대하여 거절하는 효과를 가지므로 최초 청약의 효력은 상실된다.

청약의 취소

(1) "Until a contract is concluded an offer may be revoked if the revocation reaches the offeree before he has dispatched an acceptance.

(2) However, an offer cannot be revoked :
   (a) if it indicates, whether by stating a fixed time for acceptance or otherwise, that it is irrevocable ; or
   (b) if it was reasonable for the offeree to rely on the offer as being irrevocable and the offeree has acted in reliance on the offer."
   (CISG, 16조)

청약의 거절
"An offer, even if it is irrevocable, is terminated when a rejection reaches the offer." (CISG, 17조)

대응청약
"A reply to an offer which purports to be an acceptance but contains additions, limitations or other modifications is a rejection of the offer and constitutes a counter-offer." (CISG, 19조)

(3) Withdrawal of Offer(청약의 철회)

청약의 철회는 청약의 효력을 소멸시키는 의사표시로 반드시 상대방에게 통지되어야 하고, 그 통지는 상대방이 청약을 승낙하기 전에 상대방에게 도달해야 한다.

"An offer, even if it is irrevocable, may be withdrawn if the withdrawal reaches the offeree before or at the same time as the offer."
(CISG, 15조)

(4) Death of Parties(당사자의 사망)

피청약자나 청약자가 청약이나 반대 청약의 승낙 이전에 어느 일방이 사망했을 경우 청약이나 반대 청약은 그 효력을 상실한다.

(5) Lapse of Time(시간의 경과)

청약은 그 내용에 승낙기간이 정해져 있을 경우에는 그 기간이 경과하면, 기간이 정해져 있지 않을 경우에는 상당한 기간(reasonable time)이 경과하면, 효력이 소멸한다.

2 Acceptance(승낙)

1. 승낙의 의의

청약에 대응해 계약을 성립시킬 목적으로 특정의 청약수령자가 청약자에게 행하는 의사표시로, 피청약자가 지정한 방법에 따라 청약조건에 대하여 구두나 행위로 청약에 대하여 그 청약의 내용 또는 조건들을 수락하고 계약을 성립시키겠다는 동의를 표시하는 것을 말한다.

"A statement made by or other conduct of the offeree indicating assent to an offer is an acceptance. Silence or inactivity does not in itself amount to acceptance." (CISG, 18조)

2. 승낙의 기본요건

① 승낙의 내용은 청약의 모든 사항 내지 조건의 세부에 걸쳐서 완전히 일치하여야 한다. 이를 mirror image rule(경상의 원칙)이라 하며 각국의 계약법의 기본원칙이 된다.
② 청약내용은 무수정·absolute(절대적)·final(최종적)·uncondition(무조건)이어야 한다.
③ 승낙은 청약의 상대방만이 하여야 한다.
④ 승낙은 청약이 그 효력을 가지고 있는 기간 내에만 할 수 있다.
⑤ 상대방이 청약을 승낙할 결심을 하였더라도 그 결심은 유효한 승낙으로 되지 않으며 승낙의사를 청약자에게 표시해야 한다.

3. 승낙의 방법

(1) 승낙방법이 지정되어 있는 경우

청약에 그 승낙 방법이 지정되어 있는 경우에는 승낙도 그 방법을 따라야 한다.

(2) 승낙방법이 지정되지 아니한 경우

청약에 승낙 방법이 지정되어 있지 아니한 경우에는 합리적인 방법으로 승낙하면 된다. 즉, 청약이 전보로 된 경우에는 전보로, 팩스로 된 경우에는 팩스로 승낙하면 된다.

(3) Acceptance by Silence(침묵에 의한 승낙)

청약에 대해 피청약자가 적극적인 행위나 회신을 하지 않는 것으로 청약자에 대한 승낙의 통지가 없기 때문에 이에 의해서는 원칙적으로 승낙이 되지 않으며 따라서 계약은 성립되지 않는다.

4. 승낙의 효력발생시기

일본과 우리나라 민법이나 영미법은 격지자 간의 경우, 승낙에 대하여 발신주의(mailbox theory)를 취하고 있다.

실무적으로는 거래당사국의 법률이나 관례를 잘 모르므로 Offer Sheet상에 "This offer is subject to acceptance reaching(arriving) here(to us) by March 10" 등으로 명시하여 도달주의를 채택하는 것이 일반적이다.

[표] 격지자 간 승낙(Acceptance)의 효력발생시기의 이론

구분	효력발생시기	비고
• 발신주의	• 피청약자가 승낙의 의사표시를 발송한 때	• 한국·미국·일본 등 대부분 국가
• 도달주의	• 피청약자의 승낙이 청약자에게 도달한 때	• 독일 등 일부국가의 비엔나협약 체결국가
• 요지주의	• 피청약자에게 도달했을 뿐만 아니라 현실적으로 청약자가 그 내용을 인지한 때	

[표] 승낙의 효력발생시기

준거법		통신수단	한국법	일본법	영미법	독일법	ULFCIS	UNCCIS
의사표시에 의한 일반원칙			도달주의	도달주의	도달주의	도달주의	도달주의	도달주의
승낙의 의사표시	대화자 간	대화	도달주의	도달주의	도달주의	도달주의	도달주의	도달주의
		전화 FAX, EDI	도달주의	도달주의	도달주의	도달주의	도달주의	도달주의
		텔렉스	도달주의	도달주의	도달주의	도달주의	도달주의	도달주의
	격지자 간	우편	발신주의	발신주의	발신주의	도달주의	도달주의	도달주의
		전보	발신주의	발신주의	발신주의	도달주의	도달주의	도달주의

"An acceptance of an offer becomes effective at the moment the indication of assent reaches the offeror. An acceptance is not effective if the indication of assent does not reach the offeror within the time he has fixed or, if no time is fixed, within a reasonable time, due account being taken of the circumstances of the transaction, including the rapidity of the means of communication employed by the offeror. An oral offer must be accepted immediately unless the circumstances indicates otherwise." (CISG, 18조)

"For the purpose of this Part of the Convention, an offer, declaration of acceptance or any other indication of intention 'reaches' the addressee when it is made orally to him or delivered by any other means to him personally, to his place of business or mailing address or, if he does not have a place of business or mailing address, to his habitual residence." (CISG, 24조)

5. 승낙의 철회

(1) 발신주의 채택 시

도착시간이 다르더라도 효력발생시기를 일률적으로 정할 수 있으며, 일단 발신 후에는 승낙의 의사표시를 철회할 수 없다.

(2) 도달주의 채택 시(우편의 경우 가정)

승낙을 하더라도 상대방에게 도달하기 전까지는 철회가 가능하다(우편 승낙 후 도달 이전에 전화나 팩스 등으로 승낙의사 철회가능).

제4절 계약서작성과 일반거래협정서

1 무역계약서 작성의 필요성

무역계약의 성립 후에는 양 당사자가 계약내용을 확인하고 서명한 계약서를 작성하여야만 계약내용에 관하여 당사자 간에 오해를 피할 수 있을 뿐 아니라 후일의 분쟁에 대비할 수 있다. 경우에 따라서는 계약내용의 증거를 확보할 수 있다.

2 무역계약서의 문서화 방법

1. Case by Case Contract(개별계약)으로 완결시키는 방법

통상의 무역거래는 오퍼나 주문이 승낙되면 그때부터 계약은 성립되기 때문에 이를 확실히 하기 위해 Sales Note(sales confirmation note)와 Purchase Note(purchase order note)를 교부함으로써 개별계약(case by case contract)을 완결시키는 방법이다.

① 보통 매도인이 정·부 2통(in duplicate, in original and duplicate)을 작성하여 서명한 후 이들을 매수인에게 발송하며, 매수인은 이를 점검하고 확인한 후 미비점이나 틀린 점이 없을 때에는 계약서 2통에 각각 서명하고 그 중에 정본(original)은 자신이 보유하며 부본(duplicate)은 매도인에게 발송·교부한다. 정식으로 계약을 성립시키는 방법으로 계약내용을 문서화하는 데 가장 좋은 방법이다.

② 계약서를 매도인이 작성할 때에는 흔히 일정한 서식에 따라 인쇄된 Sales Contract나 Sales Note가 사용되며, 매수인이 작성할 때에는 Purchase Contract나 Purchase Note 또는 Order Sheet가 사용되기도 한다.

2. 일반적으로 계약서(sales contract, contract sheet)를 작성하는 방법

계약규모가 거액이고 계약내용이 복잡한 경우, 특히 플랜트 수출입이나 선박, 철도차량, 대형기계류 같은 연불수출입거래에는 Sales Note나 Purchase Note로는 복잡한 거래조건을 충분히 포괄할 수 없으므로 일반적으로 계약서를 작성하는 방법이다.

① 매도인이 발행한 offer sheet에 그대로 매수인이 승낙 서명을 하거나, 또는 매수인이 발행한 order sheet에 매도인이 서명을 하는 방법

② 매도인이 확정청약의 전신이나 서신을 상대방에게 보내고, 상대방은 승낙의 전신이나 서신을 보냄으로써 법률상 서면계약서의 효력을 갖도록 하는 방법

이러한 방법들은 바람직하지 못한 방법으로 평가되며, 단지 최소한의 법적 증거만 남기는 방법이므로 가능한 한 자세한 계약내용이 담긴 계약서를 후에 작성하는 것이 바람직하다.

3 무역계약서의 구성

1. 정형계약서를 사용하는 경우

(1) 정형계약서의 구성 : 전면내용과 이면약관으로 구성

① 전면에 수기 또는 타이핑으로 기재하는 부분
② 전면에 인쇄되어 있는 부분
③ 계약서 이면에 인쇄된 약관

(2) 정형계약서의 내용

① 전면내용
계약체결일, 계약당사자, 상품명세, 수량 및 금액, 대금결제 조건, 선적조건, 보험, 검사, 특별조건에 관한 사항

② 이면약관
계약서 작성 시 일반적으로 거래 전체에 걸친 기본약정 사항인 인쇄된 일반조건협정서(general terms and condition of business)를 사용

2. 정형계약서를 사용하지 않는 경우

① 매매계약을 체결할 때 이면약관에 있는 인쇄된 정형계약서를 사용하지 않고 제 조건들을 각 항목별로 하나씩 규정하는 경우에는 정형계약서를 사용하지 않는다.
② 규격품이 아닌, 대량화물, 즉 석탄·가스·석유·곡물·광석·비료·시멘트 등에 사용한다. 이는 매 거래단위마다 엄청나게 대량의 화물을 취급하기 때문에 선적, 하역과 용선에 따른 제 사항과 품목의 명세, 가격, 품질 등에 대하여 보다 상세한 규정이 필요하며 일반조항에도 보다 상세한 규정이 요구되기 때문이다.

4 무역계약서 작성 시의 검토사항

1. 계약당사자의 의도파악

계약서의 내용이 당사자가 의도하는 바와 일치되어야 하기 때문에 해당 사업 또는 거래내용과 계약의 배경이 되는 상황을 충분히 이해하여야 한다.

2. 장래 발생 가능한 문제점 검토

장래 발생할 수도 있는 법적인 문제점을 충분히 검토하여 분쟁의 예방에 유용한 계약서가 되도록 한다.

3. 관련 기존 문서의 검토와 최종적 효력여부

해당 계약서의 검토에 앞서 당사자 간에 서로 교환하였던 Letter of Intent나 각서 등이 있을 경우 이러한 기존 문서의 내용이 빠짐없이 반영되었는지 확인한다.

4. 계약서 초안 작성 시 확인사항

(1) 계약내용이 합법적이고 법적 구속력을 가지고 있는가?
(2) 계약기간 및 계약갱신 절차는 유효한가?
(3) 계약해지의 사유 및 절차와 해지 후의 권리는 적절한가?
(4) 준거법과 분쟁처리 절차에 관한 조항은 적절한가?

5. 작성한 계약서의 재확인 사항

(1) 계약의 이행에 관련된 세금 및 기타 비용의 부담관계는 명확한가?
(2) 계약서의 내용이 논리적이고 일관성이 있는가?
(3) 사용하고 있는 용어가 통일성을 가지고 있는가?
(4) 문장은 간결하고 명료하며 쉽게 작성되었는가?
(5) 계약서의 내용이 해당국가의 법규에 위배되지는 않는가?

6. 계약에 관한 구체적인 분쟁해결 명시여부의 확인

5 Agreement on General Terms and Conditions of Business (일반거래협정서)

1. 일반거래협정서의 의의

매매계약의 당사자들이 거래를 할 때마다 구체적으로 약정해야 하는 계약내용에 대한 제반 사항을 제외하고, 어느 경우에도 공통으로 적용되는 기본적인 일반적 거래조건을 양 당사자 간에 합의하여 결정하고, 이것을 문서화하여 양 당사자가 서명하여 교환·소지하는 계약의 거래조건에 관한 일반적인 협정서이다.

2. 일반거래협정서의 필요성

무역거래에서 거래방법의 예측가능한 일관성 유지, 장래에 발생할지도 모르는 무역분쟁이나 클레임의 예방을 위하여 최초 거래개시 이전에 반드시 포괄적 준칙이 필요하기 때문이다.

3. 일반거래협정서의 내용

후일에 당사자가 구체적으로 체결하게 되는 계약내용의 기초가 되는 조건들이 명시된다.

(1) 거래형태

business as principal to principal(본인 대 본인 거래)인가, business as principal to agent(본인 대 대리인 거래)인가의 여부와 business on commission (수수료 거래)인지의 구분이 기재된다.

(2) 계약의 기본조건

① quality(품질)
② quantity(수량)
③ prices(가격)
④ firm offer(확정오퍼)
⑤ orders(주문)
⑥ packing(포장)
⑦ payment(결제)
⑧ shipment(선적)

⑨ delayed shipment(지연선적)과 force majeure(불가항력)
⑩ insurance(보험)
⑪ claims(클레임) 등

(3) 거래절차
① 청약(offer)과 승낙(acceptance)의 시기와 방법
② 주문
③ 선적통지 등

(4) 클레임의 처리방법
① 클레임의 제기기한 및 방법
② 클레임의 해결방법과 발생비용 부담방법 등

Memorandum of General Terms and Conditions of Business

This memorandum made and entered into between ABC Trust Inc., New York (hereafter called the Buyers) and KANADA Trading Co., Ltd., Seoul (hereafter called the Sellers) witnesses as follows :

(1) Business : All business transactions entered into between the parties shall be as Principals to Principals.

(2) Quality : All shipments shall be confirming to samples in regard to description, quality and state.

(3) Prices : Unless otherwise specified in cables, letters or telexes, all prices by Sellers or Buyers shall be quoted in US Dollars on the basis of CIF, New York.

(4) Quantity : An order shall be accepted so long as the quantity exceeds 500 dozen.

(5) Delivery : (a) Shipment : All the goods sold shall be shipped within the time stipulated in each contract. The date of bills of lading shall be taken as a conclusive proof of the date shipment. Unless specially arranged, the port of shipment shall be at Seller's option. Sellers shall not be responsible for late shipment caused by the delay of arrival of a letter of credit.

(b) Force Majeure : Sellers shall not be responsible for any delay in shipment directly or directly to force majeure, such as fires, earthquakes, tempests, strikes, lockouts, blockades, riots, civil commotions, hostilities, wars, requisition or vessels, embargoes, and to any other causes beyond the control of Sellers.

In the event of any of these accidents or contingencies which prevent shipment within the stipulated time, Sellers shall inform Buyers of its occurrence or existence and furnish a certificate substantiated by the Korea Chamber of Commerce and Industry.

(6) Payment : Draft(s) shall be drawn at sight, documents attached, for the full invoice amount under an irrevocable credit which shall be established within 10 days after the conclusion of the contract. Business against D/P draft without L/C should be subject to Seller's previous consent in each case.

(7) Insurance : Sellers shall effect marine insurance on all shipments on ICC(B) including War Risks for 110% of the invoice amount.

Risks of theft, pilferage and non-delivery or any other additional insurance if required, shall be covered by Sellers for account of buyers, Insurance Policies or Certificates shall be made out in US currency, and claims payable in New York.

(8) Firm Offer : Unless otherwise stipulated, all firm offers shall be valid for 72 hours from the time dispatched, excluding Sunday and Notional Holidays.

(9) Order : Except in cases where firm offers are accepted, no orders shall be binding until acceptance is cabled by sellers. All orders shall be confirmed in writing, and orders thus confirmed shall not be cancelled unless by mutual consent.

(10) Marking and Numbering : In the absence of any special instructions, all cases shall be marked, in triangle, with the port mark, running case numbers and country of origin.

(11) Claims : Buyers' claims, if any, shall be made by cable or telex within 20 days after arrival of the goods at destination.

Certificates by recognized surveyors shall be sent by mail without delay.

All claims which can not be amicably settled between Sellers and Buyers shall be settled by Arbitration in Seoul, in accordance with the rules of the Korean Commercial Arbitration Board, whose award shall be final and binding upon Sellers and Buyers.

Please acknowledge by signing and returning the separate sheet, retaining the original for you.

BUYERS	SELLERS
ABC TRUST INC.	KANADA TRADING CO.,LTD
P. Adams	*D. Y. KIM*
P. Adams	D. Y. KIM
Vice President	Director, Trading Department

⟨서식⟩ 일반거래협정서(번역)

[번역]

일반거래조건협정서

뉴욕에 소재한 ABC Trust Inc.사(이하 "매수인"이라 칭함)와 서울에 소재한 가나다 무역(주)(이하 "매도인"이라 칭함) 간에 체결된 본 협정서는 다음과 같이 정한다.

1. 거래조건 : 양 당사자 간에 체결된 모든 거래는 본인 대 본인으로 한다.

2. 품질조건 : 모든 적하품목은 설명서, 품질, 상태에 관해서는 견품과 일치하여야 한다.

3. 가격조건 : 전보나 서한 그리고 텔렉스로 별도의 명시가 없는 한 매도인 또는 매수인이 지시하는 모든 가격은 미화로 뉴욕항 도착 운임보험료 포함조건으로 한다.

4. 수량조건 : 매수인의 1회 주문 수량이 500다스를 초과하는 한 매도인은 이를 수락하여야 한다.

5. 선적조건 :
 (a) 선적 : 매도된 모든 선적품은 매 계약서에 명시된 기간 이내에 선적되어야 한다. 선하증권의 일자는 선적일의 최종적 증거로서 간주된다. 특별한 약정이 없는 한 선적항은 매도인의 임의이다. 매도인은 신용장 내도 지연에 기인한 선적지연에 대해서는 책임을 지지 않는다.

 (b) 불가항력 : 매도인은 직접 또는 간접적 불가항력에 기인한 어떠한 선적지연에 대해서도 책임을 지지 않는다. 즉 화재, 홍수, 지진, 파업, 공장폐쇄, 전쟁, 폭동, 소요, 적대행위, 봉쇄, 선박의 징발, 수출금지 그리고 매도인이 통제할 수 없는 기타 사유. 명시된 기간 이내에 선적을 지연시키는 전기의 사유가 발생하는 경우 매도인은 매수인에게 그 발생사실 또는 존재를 통지해야 하며, 대한상공회의소가 입증한 서류를 제출하여야 한다.

6. 결제조건 : 환어음은 계약체결 후 10일 이내 개설된 취소불능신용장에 근거, 송장 금액 전액에 대하여 운송서류 첨부, 일람불로 발행한다. 신용장이 아닌 지급도 환어음에 대한 거래는 매 경우 매도인의 사전동의를 요한다.

7. 보험조건 : 매도인은 모든 적하품에 대하여 송장금액에 10%를 가산한 금액으로 전쟁위험 담보조건을 포함한 협회화물약관 (B)조건의 해상보험에 부보한다. 도난, 발하, 불착손 위험 담보조건이나 부수적인 보험조건을 요할 경우 매도인은 매수인의 비용으로 이를 부보한다. 보험증권 또는 보험증명서를 미화로 작성하고 보험금 지급지는 뉴욕으로 한다.

8. 확정오퍼 : 별도의 명시가 없는 한 모든 확정오퍼는 일요일과 공휴일을 제외하고 타전 후 72시간 동안 유효하다.

9. 주문 : 확정오퍼를 수락한 경우를 제외하고는 어떠한 주문도 매도인이 이를 수락한다고 타전할 때까지는 구속력이 없다. 모든 주문은 서면으로 확인되어야 하며, 그렇게 확인된 주문은 상호동의 없이는 취소할 수 없다.

10. 하인과 일련번호 : 특별한 지시가 없는 한 모든 상자는 삼각형 안에 도착항, 상자의 일련번호와 원산지를 표시하여야 한다.

11. 클레임 : 매수인은 클레임이 발생하면 목적지에 화물이 도착한 후 20일 이내에 팩스나 텔렉스로 타전하여야 한다. 그리고 매수인은 공인된 감정인의 증명서를 매도인에게 지체 없이 항공편으로 보내야 한다.

매도인과 매수인 간에 원만하게 해결될 수 없는 모든 클레임은 대한상사중재원의 중재규칙에 따라 서울에서의 중재로 이를 해결하고, 이의 판결은 최종적이며, 양 당사자를 구속한다.

서명하신 후 원본은 보관하시고 부본은 송부 바랍니다.

매수인	매도인
ABC TRUST INC.	KANADA TRADING CO.,LTD
P. Adams	*D. Y. KIM*
P. Adams	D. Y. KIM
Vice President	Director, Trading Department

⟨서식⟩ 무역계약서(D/P Contract)

SALES CONTRACT
(D/P CONTRACT)

CONTRACT NO. : SA98006   DATE : 24TH JULY
BUYER : J & H TRADING C.C   SELLER : KANADA CORPORATION
    P.O.BOX 2076   ROOM 203 DAESHIN BLDG
    JOHANNESBURG, 2020   120-3 CHUNGDAM-DONG
    R.S.A   SEOUL, KOREA

ABOVE "BUYER" AND "SELLER" AGREE TO THE BUSINESS FOR FOLLOW- ING GOODS BY ABOVE SALES CONTRACT BASED ON THE TERMS & CONDITIONS HEREUNDER SET FORTH.

MODEL NO.	DESCRIPTION	QUANTITY	UNIT/PRICE	AMOUNT
SP-40B	4" DUAL	505 PAIRS	2.16	1,090.80
SP-646	4" × 6" 2-WAY/P.P CONE	101 PAIRS	4.48	452.48
SP-100B	3.5" 2-WAY BOX TYPE	202 PAIRS	4.00	808.00
SP-100	6.5" 2-WAY	505 PAIRS	5.20	2,626.00
SP-200	6"x 9" 3-WAY/P.P CONE	606 PAIRS	8.60	5,211.60
SP-215	6" x 9" 4-WAY/P.P CONE	202 PAIRS	9.20	1,858.40
SP-300	10" SUBWOOFER/P.P CONE	505 PCS	6.20	3,131.00
SP-350	12" SUBWOOFER/P.P CONE	101 PCS	10.00	1,010.00
SP-125B	4" 3-WAY BOX TYPE	101 PAIRS	6.80	686.80
TOTAL		2,222 PAIRS & 606PCS		US$ 16,875.08

1) SHIPMENT : WITHIN 30TH AUGUST
2) SHIPPING PORT : PUSAN, KOREA
3) DESTINATION : JOHANNESBURG, SOUTH AFRICA
4) PAYMENT : D/P AT SIGHT
5) VALIDITY : 30TH AUGUST
6) DOCUMENTS TO BE REQUIRED :
  ① FULL SET OF ORIGINAL CLEAN ON BOARD MARINE BILLS OF LADING MADE OUT TO ORDER BLANK ENDORSED MARKED FREIGHT PAYABLE AT DESTINATION.
  ② DECLARATION OF ORIGINAL FOR THE EXPORT OF GOODS TO THE R.S.A. IN TRIPLICATE.
7) COLLECTING BANK : TRUST BANK INDUSTRIA BRANCH
                        31 MARAISSURG ROAD INDUSTRIA, JOHANNESBURG 2020, R.S.A.
                        ACCOUNT NO. : 01014873534

BUYER   SELLER
J & H TRADING C.C   KANADA CORPORATION

_____   *D. Y. KIM*
REP. ANDY PAN   DIRECTOR

⟨서식⟩ 무역계약서(D/A Contract)

D/A CONTRACT
PACIFIC COSMETICS CO., LTD
C.P.O. BOX 1195, SEOUL, KOREA

Messrs, AAA PRODUCTS GMBH.
HOLZWEG 14
6370 OBSERUSEL/TS
GERMANY

Date : May 30
NO. : INT'-PPG-004/DA

Dear Sirs,

We as Seller confirm having sold you as Buyer the following goods on the terms and conditions as stated below and on the back hereof.

Item #	Description		Quantity	Unit Price	Amount
	AMORE STEM III BRAND COSMETICS		C I F HAMBURG, GERMANY		
1603.00-9000	SKIN CONTROL LOTION	100ML	500	DM9.20	DM4,600.00
	SAMMI BRAND COSMETICS				
	MOISTURIZING LOTION	125ML	1,000	7.21	7,210.00
	MOISTURIZING CREAM	50ML	500	7.52	3,760.00
	EYE CREM CONCENTRATE	15ML	300	4.91	1,473.00
	CLEASING LOTION	5ML	3,000		FREE OF CHARGE
	SKIN SOFTENER	5ML	3,000		FREE OF CHARGE
	MOISTURIZING CREAM	5GR	3,000		FREE OF CHARGE
	TOTAL :		2,300PCS		DM17,043.00
	MINIATURE COSMETICS		9,000PCS		

* REMARKS : The CHARTERED BANK IN HAMBURG AS BUYER'S BANK AND KOREA EXCHANGE BANK IN KOREA AS SELLER'S BANK

Payment : AT 270 DAYS FROM B/L DATE IN DEUTCH MARK UNDER D/A BASES(USANCE INTEREST TO BE COVERED BY SELLER)
Price Term : CIF HAMBURG, GERMANY
Shipment : NOT LATER THAN OCT. 31.
Destination : HAMBURG, GERMANY BY SEA
Inspection : MAKER'S INSPECTION TO BE FINAL
Packing : MAKER'S EXPORT STANDARD PACKING
Insurance : TO BE COVERED BY SELLER
Origin : REPUBLIC OF KOREA
Shipping Marks :　　P . P . G.
　　　　HAMBURG, GERMANY
　　　　C/T NO:1-UP
　　　　MADE IN KOREA
Shipping Documents :
A. COMMERCIAL INVOICE IN TRIPLICATE.
B. PACKING LIST IN DUPLICATE.
C. FULL SET OF CLEAN OCEAN BILL OF LADING MADE OUT TO THE ORDER OF PACIFIC PRODUCTS GMBH MARKED FREIGHT PREPAID AND NOTIFY BUYER.
D. INSURANCE POLICY IN DUPLICATE
E. RELEVANT DRAFT TO BE DRAWN ON BUYER AT 270 DAYS FROM B/L DATE FOR 100% INVOICE VALUE.
F. BENEFICIARY'S CERTIFICATE STATING THAT THE DUPLICATE SET OF THE STIPULATED DOCUMENTS INCLUDING 1/3 ORIGINAL B/L AND A COPY OF C/I AND P/L HAVE BEEN SENT TO DIRECTLY TO APPLICANT.

Buyer,
AAA PRODUCTS GMBH.
Y.J. SOUTH MANAGER

Seller,
AAA COSMETICS CO., LTD
C.W. KIM/ MANAGER

P.S. : Please sign and return the Duplicate to Seller after confirming.

[제3장 무역계약의 개념 및 성립 X-File 문제]

포괄계약(Master Contract)이라 함은, 매 거래 시마다 매도인과 매수인 간에 어떤 품목에 대한 거래가 성립되면 품목별 거래에 대해 계약서를 작성하고 그 계약에 대한 거래가 종결되면 그것으로써 계약이 종료되는 것이다.

◯ 개별계약 (Case by Case Contract)에 대한 설명이고, 매매당사자 간에 장기간 동안 거래를 하였거나 동일한 상품을 계속적으로 거래할 때, 매 거래 시마다 개별적으로 계약하는 것이 피차 불편하므로 연간 또는 장기간을 기준으로 계약을 체결하고 필요시마다 거래상품을 선적해 주는 경우의 계약을 포괄계약(Master Contract)이다.

무역계약의 4대 법적 성질은 낙성계약, 쌍무계약, 무상계약, 불요식계약을 의미한다.

◯ 낙성계약, 쌍무계약, 유상계약, 불요식계약을 의미한다.

무역계약의 주계약과 종속계약은 모두 하나의 계약으로 처리된다.

◯ 주계약과 각각의 종속계약들은 모두 독립성을 가지고 있다.

CISG에 따르면, 무역계약은 청약이 청약자에게 도달하는 순간 성립하게 된다.

◯ 무역계약은 청약에 대한 피청약자의 승낙의 의사표시가 청약자에게 도달하면 성립한다.

해외시장조사(Overseas Market Research)라 함은 신용을 공급받는 자의 지급능력으로서의 지급에 대한 선의 및 일반 경제상태의 보장 등을 사전에 조사하여 장래의 지급 확실성을 계량(計量)하는 것을 말한다.

◯ 이는 신용조회(Credit Inquiry)에 대한 설명이다.

청약에 대한 승낙은 반드시 서면으로 하여야 한다.

◯ 승낙은 어떠한 형식을 요구 받지 않으며, 서면을 포함한 구두, 행위 등이 모두 인정된다. (단, 당사자 간 반드시 서면으로 승낙하기로 하는 경우는 제외)

시황 조건부 청약(Offer subject to market situation)은 승낙의 의사표시가 청약자에게 도달했을 때(또는 발신되었을 때) 미판매 재고가 남아 있는 분에 한해 유효하다는 조건으로 발행된 오퍼이다.

◯ 이는 재고잔류 조건부 청약(Offer Subject to Prior Sale)이고, 시황 조건부 청약은 시황변동(market fluctuation)에 따라 사전통고(prior notice) 없이 제시가격이 변동될 수 있음을 조건으로 한 오퍼로서 일종의 free offer이다.

상대방이 청약을 하도록 유도하는 계약체결을 위한 예비행위나 예비교섭(preliminary negotiation)의 의사표시를 청약(Offer)이라 한다.

◯ 청약의 유인(Invitation of Offer, Invitation to Offer)라 한다.

CISG에서 청약은 도달주의를 채택하고 있으나, 승낙은 발신주의를 채택하고 있다.

◯ 청약과 승낙의 효력 발생과 관련하여, 모두 도달주의를 채택하고 있다.

제4장 무역계약의 조건

1. 무역계약의 정의

물품매매계약이란 매도인이 대금이라는 금전상의 약인을 대가로 매수인에게 물품의 소유권을 이전하거나 또는 이전하기로 약정하는 계약을 말한다.

2. 무역계약서 기재사항

무역계약서에는 당사자 간 상사분쟁을 예방하기 위해 계약당사자의 의무와 권리를 기재한 개별거래의 기본조건과, 모든 계약(거래)에 공통적으로 적용되는 일반거래조건이 기재되어야 한다.

개별매매계약의 8대 기본조건은 품질(quality), 수량(quantity), 가격(price), 선적(shipping), 결제(payment), 보험(insurance), 포장(packing), 분쟁해결(settlement)이 있고, 이외에도 상황에 따라 기타조건이 추가로 합의된다.

제1절 품질조건

1 품질조건의 의의

무역거래에서 매매될 대상물품의 품질조건에 대한 여러 가지 내용을 계약서에 정해두는 것을 말한다.

2 품질의 결정방법

1. Sales by Sample(견본매매)

(1) 견본의 종류

① Seller's Sample(매도인 견본) : 매도인이 매수인에게 제시하는 견본
② Buyer's Sample(매수인 견본) : 매수인이 매도인에게 제시하는 견본
③ Counter Sample(반대견본) : 매수인의 견본에 대해 매도인이 제조하여 보내는 견본
④ 반대견본은 3개 이상을 만들어 하나는 매수인에게, 하나는 duplicate sample(reference or keep sample ; 자사보관용)으로, 나머지는 triplicate sample(제3견본 ; 제조업자 또는 공장용)
⑤ Shipping Sample, Advance Sample(선적견본) : 실제로 선적된 물품 중에서 그 일부를 보내는 경우

(2) 견본매매의 유의점

견본매매에서 품질표시는 물품성질에 맞게 해야 한다. 예를 들면, 품질을 표시하는 용어로 "same as sample", "up to sample"은 엄격한 제조공정을 거쳐 대량생산되는 완전 규격품에 한하여 사용해야 하며 농산물같이 견본과 유사한 제품은 "similar to sample"이라고 표현하는 것이 타당하다.

2. Sales by Standard(표준품매매)

① U.S.Q(Usual Standard Quality : 보통표준품질조건)
공인검사기관 또는 공인표준 기준에 의해서 보통품질을 표준품의 품질로 결정하는 조건으로 미국의 면화판매에서 시작되었다. 우리나라에서 수출하는 상품 중에는 인삼, 오징어, 해태 등은 수출조합이나 정부지정 공공기관에서 판정하는 품질에 따라 1등급, 2등급 또는 A급, B급 또는 A1, B2 등으로 구분된다.

② F.A.Q(Fair Average Quality : 평균중등품질조건)
동종상품 중 평균적이며 중등의 품질을 뜻하는 것으로 곡물매매에서 많이 쓰이는데, 선적지에서 해당계절 출하물품의 평균중등품을 표준으로 하고 선물거래일 때는 전년도 수확물의 평균중등품의 가격을 기준으로 정하고 인도물품의 품질수준은 새로 수확한 물품의 평균중등품으로 한다. 평균중등품 품질조건이 표준품매매의 일반적 기준이다.

③ G.M.Q(Good Merchantable Quality : 판매적격품질조건)

수입지에서 인수한 현물에서 내부의 하자가 발견되어 판매가 불가능한 부분에 대하여는 매수인이 매도인에게 배상을 요구할 수 있는 품질조건이다. 목재, 냉동수산물, 광석 등의 거래에 주로 적용되는 조건으로 내부의 부패나 기타의 잠재하자(潛在瑕疵)가 외관상으로는 확인하기가 곤란한 물품에 적용된다.

3. Sales by Trade Mark or Brand(상표매매)

생산업자의 상표나 생산되는 특수물품의 품질이 세계적으로 널리 알려진 상품의 경우에는 구태여 견본을 제시할 필요 없이 상표에 의하여 품질수준을 표시하여 매매계약을 체결하는 방법이다.

4. Sales by Description or Specification[설명(명세)매매]

구조, 성능, 특징, 규격 등을 상세히 알려주는 설명서(description)나 명세서(specification), 도해목록(illustrated catalogue), 설계도(plan) 또는 청사진(blueprint) 등을 제시하여 이로서 거래할 상품의 품질을 약정하는 매매방법이다.

선박, 철도차량, 발전기 등 거대한 기계류 따위에 활용된다.

5. Sales by Type or Grade(규격 혹은 등급매매)

상품규격이 국제적으로 특정되어 있거나 수출국의 공적 규정으로 특정되어 있는 경우 국제적으로 널리 채용되고 있는 KS(Korean standard), JIS(Japan industrial standard) 등이 그것이며, 특히 원면은 Type에 의한 거래가 성행하는 대표적 상품에 활용된다.

6. Sales by Inspection(점검매매)

매수인이 현물을 직접 확인한 후 매매계약을 체결하는 경우의 품질약정방법으로 매수인에 의한 직접 점검방식을 취하므로 국내거래에서는 널리 활용된다. 무역거래에서는 BWT(bonded warehouse transaction : 보세창고도조건) 거래, COD거래, "offer on approval(점검 후 매매조건 청약)" 또는 "offer on sale or return(반품허용조건청약)"에 의해 서적과 사무용품의 판로확장 및 신규상품의 시장개척에 이용된다.

3 품질의 결정시기

1. Shipped Quality Terms(선적품질조건)

품질의 결정시기를 선적완료시점으로 하는 조건으로 FOB, CFR 또는 CIF 조건에 의한 거래, FAQ조건, 런던곡물거래에 흔히 쓰여지는 T.Q(Tale Quale) 등에 활용된다.

2. Landed Quality Terms(양륙품질조건)

인도물품의 품질이 계약과 일치하는지의 여부를 목적항구에서 물품을 양륙한 시점에 판정하는 조건으로 매도인이 운송 도중 상품의 변질에 대해서 모든 책임을 지고 배상해야 한다. 곡물거래에서 RT(Rye Terms)가 이에 해당되며, DAP, DPU 또는 DDP 등과 GMQ 조건은 성질상 양륙품질조건이다.

3. Rye Terms(RT), Tale Quale(TQ), Sea Damaged(SD)

곡물류 거래에서 선적 시와 양륙 시의 품질 상위에 대하여 매매당사자 중 누가 책임을 지느냐에 대하여 영국 런던의 곡물시장을 중심으로 정립된 특수한 조건은 다음과 같다.

(1) Tale Quale(T.Q.)

선적품질조건으로 매도인은 약정한 물품의 품질을 선적할 때까지만 책임을 지는 조건

(2) Rye Terms(R.T.)

호밀(rye)거래에서 물품 도착 시 손상되어 있는 경우에 그 손해에 대하여 매도인이 변상하는 관례에서 생긴 것으로 양륙품질조건(landed quality terms)

(3) Sea Damaged(S.D.)

원칙적으로 선적품질조건이나 해상운송 중에 발생한 바닷물 등의 조류나 응고 등에 기인하는 손해에 대해 매도인이 부담하는, 이른바 선적품질조건과 양륙품질조건을 절충한 조건부 선적품질조건

4 품질의 증명방법

1. 선적품질조건의 경우

입증책임이 매도인에게 있으므로 권위 있는 공인검사기관으로부터 certificate of inspection(검사증명서)나 certificate of quality(품질증명서)를 발급 받아 매수인에게 제공해야 한다.

2. 양륙품질조건의 경우

매수인에게 품질수준의 미달 또는 운송 도중의 변질에 대한 입증책임이 귀속되기 때문에 그가 권위 있는 surveyor(감정인)의 survey report(감정보고서)에 의해 사실을 증명하고 배상을 청구하게 된다.

3. 권위 있는 검사기관과 감정인

Lloyd's Surveyor, Lloyd's Agent, SGS, Del-Corporation 등

농산물이나 일부 천연산물의 품질은 agency's inspection(공공기관의 검사), 관계조합이나 협회의 검사 및 물품별 전문검사기관의 검사에 의한 certificate of quality(품질증명서)나 survey report(감정보고서)로서 품질을 증명받게 된다.

제2절 수량조건

1 수량의 단위결정

수량의 단위는 상품의 성질과 각국의 도량형에 따라 차이가 있으므로 명확히 하여야 한다.

1. Weight(중량)

Kg, lb(pound), Ton 등이 중량의 단위로 사용된다.

(1) Ton의 유형

① English ton(long ton, gross ton) − 1 English ton은 2,240lbs 즉 1,016kgs
② American ton(short ton, net ton) − 1 American ton은 2,000lbs, 즉 907kgs
③ metric ton(M/T : kilo ton, middle ton, French ton) − 1 M/T는 약 2,204lbs, 즉 1,000kgs

(2) M/T는 용적(부피)을 나타내는 용적톤(measurement ton)의 약어로도 공용되고 있으므로 metric ton 인지 measurement ton인지를 구별해야 해야 한다.

① measurement ton으로서의 1 M/T는 40cft 즉 480 SF에 해당한다.
② cwt는 hundred weight로서 1 English cwt는 112lbs 즉 50.8kgs
③ 1 American cwt는 100lbs 즉 45.36kgs

(3) 유의점

계약을 체결할 때에 수량을 ton으로 표시하려면 그냥 ton이란 용어를 써서는 안되며 반드시 위의 세 가지 가운데 어느 것인가를 분명히 표기해야 한다.

(4) 계량의 방법

① gross weight(총량, 총중량)조건
외포장과 내포장, 내부충전물 및 물품의 순수한 자중(自重)까지를 모두 합하여 계량하는 조건으로 일부 액체물품이나 밀가루(소맥분) 또는 면화 등 특수품목의 경우에만 채택될 뿐 그다지 많이 이용되는 계량방법은 아니다.

② net weight(순량, 순중량)조건
총중량에서 외부 포장인 부대의 무게를 제외한 중량으로 계량하는 방법으로 비누나 화장품같이 소매 시에 포장된 채로 판매되는 상품에 적용된다. 이 방법이 가장 보편적으로 채용되는 계량방법이다.

③ net net weight(자중, 정미중량)조건
물품내용물만의 순수한 중량, 즉 중량에서 내부포장과 충전물 등을 제외한 중량으로 계량하는 방법이다.

2. Measurement(용적)

(1) 액체나 목재 등의 측정은 용적을 기준으로 한다.

(2) liter, gallon, barrel, cubic meter(cbm), cubic foot(cft) 등의 단위가 사용된다.

(3) Gallon의 구분

① 미국에서는 wine gallon, 3.7853liters
② 영국에서는 imperial gallon, 4.546liters

(4) Super foot는 목재단위. 1S/F는 1square(1Foot2) × 1inch이고, 480S/F가 1용적톤(M/T)

1 SF는 1square foot × 1inch에 상당하는 부피

3. Number(개수)

(1) 전자제품 같은 일반 상품의 경우, 즉 individual item(개체물품)이나 packing units(포장물품)의 경우에 사용된다.

(2) piece나 set, 연필과 양말 등은 dozen(12개)

(3) gross의 구분

gross(12 × 12pcs) = 144pcs
small gross(12 × 10pcs) = 120pcs
great gross(12 × 12 × 12pcs) = 1,728pcs

4. Package(포장)

(1) 면화, 시멘트, 비료, 통조림, 유류 등의 포장용기 단위가 사용된다.

(2) bale, bag, case, can, drum, TEU(twenty feet equivalent unit), FEU(forty feet equivalent unit) 등

(3) 무용기 포장물품의 경우는 bundle, coil 등의 단위가 사용된다.

5. Length(길이)

meter, yard, inch, foot 등으로 전선, 원단 등에 표시된다.

6. Square(면적)

square foot(sft) 등으로 유리, 합판, 타일(tile) 등에 사용된다.

2 수량표현의 방법

1. M/L Clause, more or less clause(과부족용인약관)

(1) 의의

일정한 수량의 과부족한도를 정해두고 그 범위 내에서 상품이 인도되면 계약불이행으로 보지 않고 따라서 수량 클레임을 제기하지 않도록 하는 수량표현방법으로 인도수량 신축성을 부여하는 수량조건이다.

① 특약에 의한 과부족용인조항의 설정 예시

"Quantity shall be subject to a variation of 5% more or less at seller's option."

"Seller shall have the option of shipment with a variation of more or less (   )% of the quantity contracted, unless otherwise agreed."

② 실무상 활용 예시

"3% more or less at seller's option."

"Seller has the option of delivering(or shipping) 3% more or less on the contract quantity."

"100 M/T, but 3% more or less at seller's option."이라 표현했다면 97 M/T~103 M/T의 범위 내에서 어느 수량을 인도(선적)하면 되는 것이다.

(2) uniform customs and practice for documentary credits(신용장통일규칙)

신용장에 금지문언이 없는 한 포장단위 또는 개체품목으로 수량이 명시되어 있는 경우를 제외하고는(즉 bulk cargo의 경우에는) 신용장금액을 초과하지 아니하는 범위 내에서 5%의 과부족(tolerance)을 허용하는 것으로 규정되어 있다.

(3) 신용장거래 시의 수량과 부족인정의 적용요건

① 신용장상에 수량의 과부족을 금지하는 문구가 없어야 함

② 신용장금액을 한도로 어음을 발행하여야 함

수량을 초과하여 선적하였다 할지라도 어음을 신용장금액을 초과하여 발행하는 것은 허용되지 않음

③ 비포장산물에만 적용함

포장단위로 거래되는 산물이나 개별품목으로서 개수를 세어 거래할 수 있는 품목은 제외됨

2. Approximate Quantity(개산수량조건)

(1) 의의

개별 단위로 포장을 하지 아니하고 운송되는 Bulk Cargo의 경우에는 계약수량의 신축성을 부여하고자 할 경우에 More or less clause의 설정에 의한 방법이 선명하고 좋으나 만일 이러한 약관의 설정 없이 간단히 "about, circa, approximately, around, some, etc(약)"이라 표현해도 인도수량의 신축성을 부여하는 효과를 거둘 수 있는데, 이렇게 수량을 약정하는 방법이다.

(2) 개산수량조건

UCP는 about, approximately라는 표현(similar expressions)을 사용한 때에는 금액, 수량, 단가에서 10%의 과부족(difference)을 허용하는 것으로 해석한다.

The words "about" or "approximately" used in connection with the amount of the credit or the quantity or the unit price stated in the credit are to be construed as allowing a tolerance not to exceed 10% more or 10% less than the amount, the quantity or the unit price to which they refer. (UCP, 30조 a항)

3. 과부족수량의 정산기준가격

과부족분량의 정산기준가격은 원래의 계약가격(contract price), 선적일 가격 및 도착일 가격(day-of-arrival price)의 세 가지 가운데 어느 하나를 택하여 매매계약에 표시해 두어야 분쟁방지나 해결에 유익하다.

만약 정산기준가격에 대하여 아무런 약정을 하지 않았을 때에는 계약가격(contract price)에 의해 정산하는 것이 일반적인 상거래 관례이다.

3 검량의 기준시기

1. Shipped Quantity Terms(선적수량조건)

물품에 대한 위험부담의 분기점이 수출국내에의 어느 지점으로 되는 조건이다. 선적시에 검량된 수량이 약정 수량에 해당하는 한 운송도중의 감량에 대해서 수출업자로서는 아무런 책임을 부담하지 않는다.

2. Landed Quantity Terms(양륙수량조건)

목적항(지)에서 상품을 양륙하는 시점에서 측정을 하여 인도수량이 계약에 합당한가의 여부를 판정하는 조건, 즉 양륙 시의 수량을 최종적인 것으로 하는 조건이다.

4 수량의 증명방법

1. 선적수량을 최종적인 것으로 하는 경우

매수인은 원칙적으로 선적 시에 그 수량에 대하여 미리 매도인의 동의를 얻어 정해진 검정기관(surveyor)이나 공인검량인으로부터 검량을 받아 작성되는 중량용적증명서(certificate of weight and / or measurement)를 매도인에게 제공하거나, 때로는 당사자의 합의에 따라 선하증권(B/L : bill of lading)면에 기재한 수량 또는 매수인이 작성한 중량표(weight list)에 의해 수량을 증명하여야 한다.

2. 양륙수량을 최종적인 것으로 하는 경우

원칙적으로 surveyor나 public weigher에 의한 용적중량증명서를 발급 받아 매수인에게 제공해야 하며, 때로는 매도인이 수입국가 세관검사를 활용하여 수량을 증명하기도 한다.

제3절 가격조건

1 Price(가격)조건의 의의

무역거래에서는 무엇보다도 중요한 것은 단가의 산정(채산)이다. 단가의 산정에서 수출입에 수반되는 각종 비용을 물품의 원가와 이윤에 추가적으로 가산하여야 한다. 즉, 가격조건은 단가채산, 즉 가격제시에 관련한 수출입요소비용의 부담귀속을 나타내는 여러 가지 관용적 조건을 일컫는 것이다.

2 가격의 구성요소

1. 상품가격의 구성

물품의 제조원가에 이윤(margin)을 붙이고 거기에다 수출입에 수반되는 여러 가지 수출입 부대비용을 포함시킨 "수출입 요소비용" 전체에 의하여 단가가 채산(estimation)되고 그에 따라 가격제시(quotation)가 이루어지게 된다.

2. 수출입에서 소요되는 수출입 요소비용

① manufacturing cost(제조원가)
② packing charges(포장비)
③ expected profit(희망이익)
④ 각종검사 및 증명료와 인허가비용
⑤ inland freight(내륙수송비) – 수출(적출)국에서 port of shipment(선적항)까지의 운송비용
⑥ godown rent(창고비용) 또는 storage(보관료)
⑦ cost of export clearance(수출통관비용) 및 export duties(수출세)
⑧ shipping charges 및 stowing charges(선적비용)
⑨ ocean freight(해상운임) 및 insurance premium(보험료)
⑩ unloading charges(양하비용), 항구세와 부두사용료
⑪ cost of import clearance(수입통관비용) 및 import duties(관세)
⑫ 수입국 내에서의 창고료와 보관료 및 각종 행정비용

⑬ 그밖에 수출입에 수반되는 이자, cost of exchange(환 비용)
⑭ commission(수수료), cable이나 telex 비용을 포함한 여러 가지 영업비용 또는 잡비 등
* 상기의 어느 것을 매도인의 부담으로 하고, 어느 것들을 매수인의 부담으로 하는가에 따라 상품의 단가가 달라진다.

3 가격조건의 정형거래관습

가격조건은 무역거래조건 혹은 정형무역거래조건(trade terms)과 용어를 같이하며 정형화된 가격조건 중 대표적으로 사용되는 것은 FOB와 CFR 및 CIF이다. "INCOTERMS 2020"에 의거 정형거래조건별 매매가격에 대한 원가구성요소가 계산된다.

[표] 주요 조건별 수출가격의 구성요소

가격조건	가격 구성 요소	비고
FOB조건원가	1. manufacturing cost(제조원가) 2. export packing charge(수출포장비) 3. inspection fees(물품검사비) 4. 수출허가 등 제세공과금 5. communication charge(통신비 및 잡비)	생산원가
	6. inland transport charge(국내운송비) 7. inland transport insurance(국내운송보험료) 8. shipping charge(선적비용) 　　wharfage(부두사용료) 　　storage(창고료) 9. export clearance fees(수출통관비용) 10. measuring and / or weighing charge(검수·검량비)	운송비
	11. interest(금리) 12. banking charge and commission(은행수수료)	금융비
	13. expected profit(예상이익)	margin(예상이익)
CFR조건원가	14. ocean freight(해상운임)	해상운송비 추가
CIF조건원가	15. marine insurance premium(해상보험료)	해상보험료 추가

4 가격조건의 채택 시 유의점

1. 가격조건의 선택

대부분의 경우 매수인 또는 매도인 중 힘이 우위에 있는 당사자가 일방적으로 선택하게 된다.

2. 운송방식에 따른 올바른 채택

(1) 현재 우리나라에서는 전체 무역거래의 95% 이상이 FOB, CIF, CFR 중 하나를 채택해 활용하고 있으며, 개정된 INCOTERMS 2020에서는 해양운송과 내수로 운송은 물론 복합운송까지 포함하여 규정하고 있다.

(2) 항공운송이나 복합운송처럼 실제 위험부담의 분기점이 본선의 갑판상(on board the vessel) 적재가 아닌 경우에는 이와 같은 해상운송조건을 채택하는 것이 적합하지 않으므로 FOB 대신 FCA, CIF 대신 CIP, CFR대신 CPT 같은 복합운송조건을 채택하는 것이 바람직하다.

3. 계약이행방식의 올바른 이해

(1) FOB, DAP, DPU 등 대부분의 조건들은 계약이행방법이 현물인도(Actual Delivery) 방식이다.

(2) CIF 조건이나 CFR 조건의 경우 서류인도(Symbolic Delivery)방식에 의하여 계약이 이행된다. 즉, 물품이 선적되기 전이라도 매도인이 매수인에게 인도하는 서류상에 하자가 없으면 정당하게 계약을 이행한 것으로 간주된다.

제4절 선적조건

1 Shipment(선적)와 물품인도와의 관계

무역거래에서는 물품인도의무의 원만한 이행을 위해서는 당사자 간에 인도시기(time of delivery)와 인도장소(place of delivery) 및 인도방법(method of delivery)의 세 가지 요소에 대한 약정이 필요하다.

무역거래는 원거리의 당사자가 개입되고 운송을 매개로 하여 이루어지므로 실무상 인도조건 대신에 선적조건을 사용한다.

1. Shipment(선적)의 의미

선적은(shipment) 육·해·공 모두에서 공히 공통으로 사용할 수 있는 용어이다. 신용장에서 선적일자와 관련되어 사용된 shipment라는 용어는 운송의 형태에 따라 다음의 의미를 포함하고 있다.

(1) **해상운송** : loading on board(본선적재)

(2) **항공운송** : dispatch(발송)

(3) **항공운송** : accepted for carriage(인수)

(4) **우편운송** : date of post receipt(우편수취일자)

(5) **택배운송** : date of pick up(수령일자)

(6) **복합운송** : taking in charge(수탁)

2 선적시기의 결정

1. 특정조건

(1) 의의

선적시기를 일정한 기간으로 약정하는 방법을 특정조건이라 한다.

(2) 유형

① 단월조건 : "May shipment"

② 연월조건 : "shipment shall be made from May to June"

③ "Shipment shall be made during first half of May"
어느 월의 상반(fist half) 또는 하반(second half)은 당해 월의 1일부터 15일까지 또는 16일부터 말일까지를 각각 의미

④ "Shipment shall be made at the beginning of May"
상순(beginning), 중순(middle), 및 하순(end) 등은 당해 월의 1일부터 10일까지, 11일부터 20일까지 그리고 21일부터 말일까지로 해석

⑤ 최종선적일(latest shipping date)을 표시하는 형태
"Latest shipping date : May 10(The 10th of May)"
"Shipment shall be made by May 10"

⑥ "Shipment shall be made on or about May 10"
"on or about"는 "당해 일자 또는 그때쯤" 이라는 뜻이므로 당해 일자와 양단 일을 포함하여 5일전부터 5일 후까지의 기간, 즉 위의 예문의 경우 5월 5일부터 동 월 15일까지의 기간 내에 선적해야 한다.

⑦ 최종선적일의 실무적 의미
최종선적일은 수입자가 수입물품을 입수하고자 하는 희망날짜에서 수입통관 소요예정 일수와 항해예정일수를 합한 일수를 공제하여 결정한다.
예를 들면, 중국에서 물품을 수입하는 데 수입자가 6월 30일까지는 물품을 받게 되기를 희망한다면 수입통관 소요예정 일수 2일에서 중국으로부터 부산까지의 항해예정일수 3일을 합한 5일을 6월 30일에서 공제하면 늦어도 6월 25일까지는 중국에서 선적해야 한다는 계산이 나오므로 6월 25일이 최종선적일이 된다.

2. 즉시선적조건

(1) 의의

선적시기를 어느 월이나 일 또는 며칠 이내 등으로 명확하게 약정하지 않고 막연하게 즉시 또는 조속히 선적하도록 하게 하는 조건이다.

(2) 유형

"immediately, promptly, quickly, as soon as possible, as early as possible, at once, soonest, without delay" 등의 용어로 선적을 요구하는 형식이다.

(3) 신용장통일규칙상의 해석

위에서 언급한 표현들은 애매한 표현이므로 가급적 사용하지 않는 것이 바람직하나 만약 사용된 경우에는 은행은 이를 무시하도록 하고 있으며, 이 경우 선적기일이 명시되지 않은 것으로 간주하고 신용장의 유효기간(expiry date) 이내에 선적하면 되는 것으로 해석한다.

3 Instalment Shipment(할부선적)

1. 의의

매매목적물의 수량이나 금액이 많아서 매도인이 한꺼번에 생산 또는 집하하여 제공하기 어렵거나 시장상황 또는 판매가능성의 제약 때문에 매수인이 한꺼번에 전량을 인수하기 곤란한 때 또는 운송사정상 문제가 있는 경우에 일시에 전량을 선적하지 않고 수회로 나누어 선적을 하게 하는 것이다.

2. 활용 예

"May and June shipment equally," - 5월과 6월에 균등하게 나누어 절반씩을 각각 선적

"Half in May and the Balance two months after" - 절반은 5월에 그리고 그 잔량은 2개월 후에 선적하면 된다.

"Shipment : 30 C/S during May, and 10C/S during June" - 30상자는 5월에 그리고 10상자는 6월에 선적하면 된다.

3. 할부선적약관이 계약에서 정해지지 않은 경우

신용장통일규칙에서는 명시적인 분할선적 금지약관이 없는 한 분할선적이 인정되는 것으로 해석하고 있다.

4 Transshipment(환적)

1. 의의

선적항 혹은 적출지에서 선적된 화물을 최종목적지로 운송하는 도중에 다른 선박 또는 운송기관에 옮겨 싣는 것으로 이적(移積)이라고도 한다.

2. 실무상 유의점

특정한 운송기관에서 다른 운송기관으로 환적을 하기 위하여 물품이 하역될 때에 특히 감실이나 손상의 우려가 매우 크기 때문에, "환적을 허용하는 것은 바람직하지 않다."
일반적으로 "transshipment prohibited"라는 환적금지 약관을 계약에 삽입한다.

3. 환적의 예외사항

항공운송이나 복합운송 과정에서는 환적은 일반적으로 예기되는 것이므로 신용장통일규칙은 환적에 대해서 금지의 특약이 없는 한 이를 인정하고 있다. 그러나 L/C에서 어음의 분할 발행을 허용하지 않는 경우에는 환적이 금지되는 것으로 해석된다.

5 Direct Shipment(직항선적)

1. 의의

관례항로에 의해 운항되어 운항 도중에 다른 항구에 기항하지 않고 목적지로 직접 항행하는 직항선에 의하여 물품을 적출하는 것을 말한다.

2. 예

"direct shipment by customary route"
"direct steamer by customary route"

3. 유의점

직항선적은 환적금지의 의미를 내포하고 있다. 타 지역을 경유하는 항로에 선적하거나 환적을 전제로 하고 있는 선박에 적재하면 계약위반이 되어 클레임이 제기될 수 있다.

6 Delayed Shipment(선적지연)

1. 의의

수출업자의 고의나 과실 혹은 수출업자가 책임질 수 없는 사유로 인하여 약정된 선적기한 내에 계약물품의 선적을 이행하지 않는 것을 말한다.

2. 유형

(1) 매도인의 고의 또는 과실에 의한 지적의 경우 명백한 계약위반(계약불이행)이므로 매도인이 책임을 져야 한다.

(2) 천재지변(acts of god)이나 전쟁, 동맹파업, 수출금지, 적대행위, 소요, 항만봉쇄, 기타 불가항력(force majeure)으로 인한 지적의 경우는 매도인의 귀책사유가 아니므로 면책이 인정된다.

7 Date of Shipment(선적일)의 증명

1. 의의

선하증권 등의 일부일을 선적일로 간주하는 것이 일반화된 관행이다.
대부분의 일반거래협정서나 매매계약서(Sale Contract)도 "The date of Bill of Lading shall be taken as conclusive roof of the day of shipment"라는 문언을 삽입하고 있다.

2. 증명방법

① 선적선하증권 혹은 transport document(적재필 운송서류)의 경우는 실제로 선적의 일부일(日附日)을 선적·적재일로 간주한다.
② received B/L(수취선하증권)의 경우는 서류의 발행일이 아니라 후일 선적이 완료되었음을 나타내는 문언을 해당 선하증권이나 운송서류에 운송인 또는 그 대리인이 notation(부기)하고 이에 기입하는 일부일을 선적·적재일로 간주한다.

제5절 결제조건

1 Payment(결제조건)의 의의

무역계약에서 매도인의 제1의 의무는 물품인도로 이는 선적조건으로 구체화되며 매수인의 제1의 의무는 물품대금의 결제인데 이는 결제조건으로 구체화된다.

2 Time of Payment(결제시기)

1. Advanced Payment(선지급, 전지급 조건)

(1) 의의

물품이 선적이나 인도되기 전에 미리 대금을 지급하는 조건이다.

(2) 유형

① 상품의 구매를 위한 주문과 동시에 현금결제가 이루어지는 CWO(Cash with Order)방식
② 주문과 함께 T/T(Telegraphic Transfer) 등에 의한 단순송금(remittance base)방식
③ 수익자인 매도인의 신용장 수취와 더불어 미리 대금부터 결제되는 선대신용장(packing L/C, red clause L/C)방식

2. Concurrent Payment(동시지급조건)

(1) 의의

물품의 선적 또는 인도나 물품을 화체(化體)한 운송서류의 인도와 동시에 대금결제가 이루어지는 방식이다.

(2) 유형

① COD(Cash On Delivery : 현물상환지급)
현물인도와 동시에 현금결제가 일어나는 조건

② CAD(Cash against Documents : 운송서류상환지급)
선하증권을 위시한 상업송장(commercial invoice) 같은 운송서류인도와 동시에 현금결제가 이루어지는 조건

③ 신용장에 의한 거래에서 매도인에 의해 발행된 어음이 어음지급인(drawee)에 제시되면 이를 일람(at sight)함과 동시에 어음대금을 지급해야 하는 일람출급환어음(sight bill, sight draft, demand draft)으로 결제되는 일람지급방식(at sight base)

④ 무신용장거래(transaction without L/C)에서 어음이 매수인(drawee)에게 제시되었을 때 어음대금의 지급이 있어야 운송서류가 그에게 인도되는 지급인도방식(D/P : Documents against Payment base)

3. Deferred Payment(연지급, 후지급 조건)

(1) 의의

물품의 선적 또는 인도나 운송서류의 인도가 있은 후 일정한 기간이 경과되어야 대금결제가 이루어지는 외상거래조건으로 "연불조건" 또는 "후지급"이라고도 한다.

(2) 유형

① open account(상계방식)
② 중장기연지급
③ usance L/C(신용장에 의한 거래에서 기한부신용장방식)
④ D/A(Documents against Acceptance base : 무신용장거래에서 인수인도방식)
⑤ 위탁판매방식에 의한 수출

4. 혼합조건

(1) 의의

선지급, 동시지급 및 후지급 방식을 혼합한 결제조건이다.

(2) 유형

progressive payment basis(누진지급방식) – 대금을 일시에 결제하지 않고 계약 시, 선적 시, 선착 시 등으로, 또는 공정에 따라 분할해서 지급하는 방식으로 instalment payment(분할지급)의 형태를 취한다.

3 Methods of Payment(결제수단)

1. 물품결제조건

수출입 대가로 다른 물품을 수입 또는 수출하는 barter trade system(물물교환방식)으로 구상무역을 포함한 연계무역형태로 활용된다.

2. 현금결제조건

(1) 의의

현금으로 수출입대금을 직접 결제하는 방식이다.

(2) 유형

① CWO(Cash With Order)
② COD(Cash On Delivery) 및 CAD(Cash Against Documents)
③ 수취증상환지급신용장(payment on receipt L/C)에 의한 결제

3. 송금환결제조건

(1) 의의

T/T(Telegraphic Transfer : 전신환)이나 M/T(Mail Transfer : 우편환)에 의하여 송금함으로써 대금을 결제하는 조건이다.

(2) 유형

① 단순송금방식에 의한 수출입거래
② 누진지급 또는 분할지급방식의 경우에도 T/T나 M/T가 활용
③ 중장기연불수출입에서도 순수한 연불부분을 제외한 선수금 부문과 공정별 지급부문은 일반적으로 송금환에 의해 결제

4. 환어음결제조건

(1) 의의

채권자인 매도인이 매수인이나 신용장개설은행을 지급인으로 하는 어음을 발행하여 이를 negotiation(매각) 또는 collection(추심)을 하여 수출대금을 회수하는 역환방식이다.

(2) 환어음의 유형

① Documentary bill/Draft(화환어음)
   어음에 선하증권이나 보험증권 등의 운송서류가 담보물로 첨부되어 당해 어음의 지급불능(default)이나 지급거절(unpaid)과 같은 어음사고가 발생하였을 경우 선하증권으로 물품을 찾아 이를 매각하거나 보험증권으로 보험금을 찾아 전보(塡補)를 받을 수 있는 안전한 어음이다.

② Clean bill/Draft(무담보어음)
   운송서류를 첨부하지 않고 어음만 발행함으로써 담보물이 첨부되지 않은 불안전한 어음. 은행이 매입에 선뜻 응하지 않기 때문에 유의할 필요가 있다.

③ 신용장에 의한 어음
   신용장방식에 의한 거래에서 사용되는 어음은 sight bill(일람지급어음)과 usance bill(기한부어음)로 구분된다.

④ 무신용장거래에 의한 어음
   무신용장거래인 D/P, D/A(추심결제방법)에 의한 수출입에서 발행되는 어음인 D/P어음과 D/A어음이 있다.

[표] 송금 및 추심결제방법의 문제점

결제방법	종류	수출상(Seller)	수입상(Buyer)
Remittance before Shipment (선적 전 송금결제방법)	사전송금 방식	유리	경우에 따라 대금회수와 물품인수가 불능
Remittance after Shipment (선적 후 송금결제방법)	COD	대리인의 신용에 따라 대금영수 및 물품회수가 불능	유리
	CAD	대금의 영수가 보장 안 됨	
Collection(추심결제방법)	D/A	대금영수 및 물품회수가 보장 안 됨	유리
	D/P	대금의 영수가 보장 안 됨	

[표] 각 무역결제 방식의 비교

특징＼무역대금 지급방법	신용장방식에 의한 어음 결제	무신용장방식에 의한 어음의 추심방법	송금에 의한 방법
지급 방법	지급약속에 의거하여 신용장 개설은행이 지급	추심조건(D/P·D/A)에 의하여 수입자가 지급	수입자가 전신송금, 보통(우편)송금, 송금수표로 지급
이용을 위한 주요 조건	수입업자의 신용	수출자가 신용장을 발행하지 않는 조건에 동의할 것	수출자가 송금방법에 동의할 것
운송서류의 송부방법	은행을 경유하여 송부	은행을 경유하여 송부	수출자가 수입자에게 직접 송부
수입자에게 유리한 점과 불리한 점	신용장 조건을 충족한 운송서류에 대해(만일 상품 중에 불량품이 있더라도) 지급해야 됨	신용장발행에 수반되는 수수료가 없음(수출자 측의 금융협력 요청을 받는 경우가 있음)	대금선불이면 불리하고, 후불이면 유리(절충안도 있음)
수출자에게 유리한 점과 불리한 점	수출금융의 이용이 용이 (신용장 입수에 의해 당해거래의 확실성이 뒷받침되기 때문)	D/P·D/A로는 수입업자로부터의 대금회수가 문제이고 신용장에 비해 금융은 받기 어려움	선수유리. 후수는 불리(수입자의 입장과는 정반대 절충안도 있음)

제4장 무역계약의 조건

제6절 보험조건

1 Insurance(보험)조건의 의의

운송 도중 발생하는 손해를 보상받기 위해 계약서상에 명시되는 보험에 관한 조건으로 누구를 피보험자로 할 것인지, 누가 부보를 할 것인지 등은 통상 INCOTERMS상의 무역조건에 따라 결정된다. 특히 CIF 및 CIP조건은 매도인이 부보의무를 부담하며 EXW, FCA, FOB, CFR, CPT조건 등은 매수인에 의해 부보가 이루어진다(선택사항임).

적하보험계약은 보험자가 피보험자에 대해 그 계약에 의해 합의된 방법과 범위 내에서 해상손해, 즉 해상사업에 수반되는 손해를 보상할 것을 약속하는 계약이며 항해에 관한 사고로 인해 발생하는 손해를 보상해주는 계약이다.

2 보험계약의 당사자

1. Insurer, Assurer, Underwriter(보험자)

보험계약을 인수한 자로서 보험사고 발생 시 그 손해를 보상해주는, 즉 보험금을 지급할 의무를 지는 자를 말한다.

2. Policy Holder(보험계약자)

자기 명의로 보험자와 보험계약을 체결하고 보험료를 지불할 의무가 있는 당사자이다. CIF, CIP계약에서 보험계약자는 매도인이 되며, FOB, FCA계약에서는 매수인이 보험계약자이며 동시에 피보험자가 된다.

3. Insured, Assured(피보험자)

보험목적물에 대해 경제적 이해관계 즉 피보험이익(Insurable Interest)을 갖고 피보험재산에 대해 손해가 발생하면 보험자로부터 보상을 받는 자를 말한다.

3 협회적하약관과 손해보상조건

1. 의의

런던보험업자협회가 제정한 보험약관[ICC(Institute Cargo Clauses : 협회적하약관)]에 근거하여, 보험에 부보하고, 손해를 보상 받을 수 있는데 각 조건 별로 보험자가 담보하는 위험이 상이하므로 주의하여야 한다.

2. 구약관의 종류

(1) 단독해손부담보(분손부담보)조건(FPA : Free from Particular Average)
(2) 분손담보(단독해손)담보조건(W.A : With Average, With Particular Average)
(3) 전위험담보조건(A/R : All Risks)

3. 신약관의 종류

1982년에 와서 ICC(협회적화약관)가 전면 개편되었는데, FPA 또는 ICC(C)약관은 담보하는 손해의 정도가 가장 좁아 보험료가 가장 싸며 A/R와 ICC(A)의 담보범위는 반대로 가장 넓은 반면 보험료는 고율이다[1982년 버전은 2009년에 일부 수정 되었으나, ICC(A), ICC(B), ICC(C) 명칭의 변경은 없음].

(1) ICC(C) – FPA와 유사
(2) ICC(B) – W/A와 유사
(3) ICC(A) – A/R과 유사

4. 부가위험담보조건

ICC(A)나 A/R로 부보하면 일반적으로 부가위험을 추가로 부보할 필요가 없으나, ICC(B), ICC(C), W.A, F.P.A로 부보할 경우나 ICC(A)나 A/R인 경우도 화물의 특성에 따라 추가로 위험에 부보해야 할 경우에는 추가 보험료를 납부하여야 한다.

(1) TPND(Theft, Pilferage and Non Delivery : 도난, 발하, 불착손)
(2) RFWD(Rain and / or Fresh Water Damage : 비나 민물에 의한 손상)
(3) Breakage(파손)

(4) Sweat and Heating Damage(습기와 열에 의한 손상)

(5) Leakage / Shortage(누손 및 부족손)

(6) JWOB(Jettison and Washing Over Board : 투하 및 갑판유실)

(7) Denting and / or Bending(곡손)

(8) Spontaneous Combustion(자연발화)

(9) Mould and Mildew(곰팡이손) 등

제7절 포장 및 하인조건

1 화물포장의 의의

화물포장(packing, packaging) 또는 수출포장(export packing)은 수출입물품의 하역, 수송, 보관 및 매매에서 그 질적 및 양적 보호를 통하여 상품으로서의 가치를 유지하기 위하여 적절한 재료나 용기로 포장하는 기술적인 작업 및 상태이다.

2 화물포장조건의 실무 예

- "Packing and Marking : Packing of the products shall be made in the manner usually effected by the seller in its export of such kind of the products."

- "Packing and Marking : The seller shall securely pack the products so as to avoid the damage in transit under normal condition. Every package of the products shall be clearly market as follows : "

3 화물포장의 종류

1. Unitary Packing(개장)

소매(retail)의 단위가 되는 최소의 묶음을 개별적으로 하나씩 행하는 포장방법으로 개장에는 상표나 통명과 제조업체의 이름이 기재되고 보기 좋게 디자인된 포장지가 사용된다.

2. Interior Packing, Inner Protection(내장)

개장물품을 수송 또는 취급하기에 편리하도록 보통 몇몇의 개장을 합하여 행하는 포장으로 내장에는 소포장한 물품 몇 개씩을 한 개의 수송용기에 포장(interior packing)하는 수용물 포장(interior packing)과 물품 한 개를 한 개의 수송용기에 수용하는 데 있어서 수분이나 충격 등을 고려하여 그 예방조치로 내부의 칸막이 등으로 포장하는 보호적 내장(inner protection)이 있다.

3. Outer Packing(외장)

무역화물의 수송 도중에 발생 가능한 변질이나 파손, 도난, 유실 등의 위험을 사전에 예방하고 화물취급업자들로 하여금 화물의 취급을 보다 더 간편하게 하기 위하여 내장별로 또는 몇 개의 내장을 모아 다시 행하는 포장방법이다.

4 하인의 표시

하인은 반드시 각종 mark를 모두 표시하는 것은 아니며 목적항구, 포장번호, 수입업자명 등의 기본하인(main marks)을 제외하고는 임의적으로 표시하는 것이 일반적이다. port mark로 이를 누락시킨 화물을 Port mark는 목적항표시로 이를 누락시킨 화물을 No mark cargo라 부른다.

5 하인의 구성

1. Main Mark(주하인)

다른 화물과의 식별을 용이하게 하기 위해 일정한 기호로서 외면에 삼각형, 다이아몬드형, 마름모, 타원형 등의 표시를 하고 그 안에 상호의 약자 등을 써넣는다.

2. Counter Mark(부하인)

주하인의 보조로 같은 lot의 타 화물과 식별이 용이하도록 표시된다.

3. Quantity mark(중량표시)

화물의 순중량과 총중량을 표시하며 용적도 표시된다.

4. Case Number(화물번호)

포장물이 여러 개인 경우에 매 포장마다 총 개수 중에서 몇 번째 개수에 해당하는지를 나타내는 번호이다.

5. Destination Mark(목적항 표시)

화물의 선적 또는 양화작업을 용이하게 하고 화물이 오송(誤送)되는 일이 없도록 목적항구 또는 목적지를 표시한 것이다. 대개는 항구명을 표시하므로 Port Mark라 한다. 특히, 화물의 경유지가 2개소 이상일 때는 "Manilla via Hong-Kong", 해로(海路)와 육로를 경유할 때는 "New York overland via Sanfrancisco" 도착항구에서 다른 지방으로 수송될 때는 "Hong Kong in transit"로 표시된다.

6. Country of Origin(원산지표시)

당해 화물의 원산지국을 표시
우리나라가 원산지인 경우의 수출상품은 "MADE IN KOREA"로 표시된다.

7. Quality Mark(품질마크)

내용물의 품질을 표시하는 것이지만, 특별한 지시가 없으면 생략된다. 단, 동일 종류의 상품으로 등급이 서로 다른 물품이 함께 송부될 때는 혼돈하지 않도록 A1, A2, A3나 A, B, C 등으로 구분 표시하는 것이 바람직하다.

8. Care Marks(주의표시)

화물의 운송이나 보관 시에 취급상의 주의사항을 표시하며 보통 포장의 측면에 표시되기 때문에 side mark로도 부른다.
USE NO HOOK, WITH CARE, KEEP DRY, THIS SIDE UP, OPEN HERE, FRAGILE 등

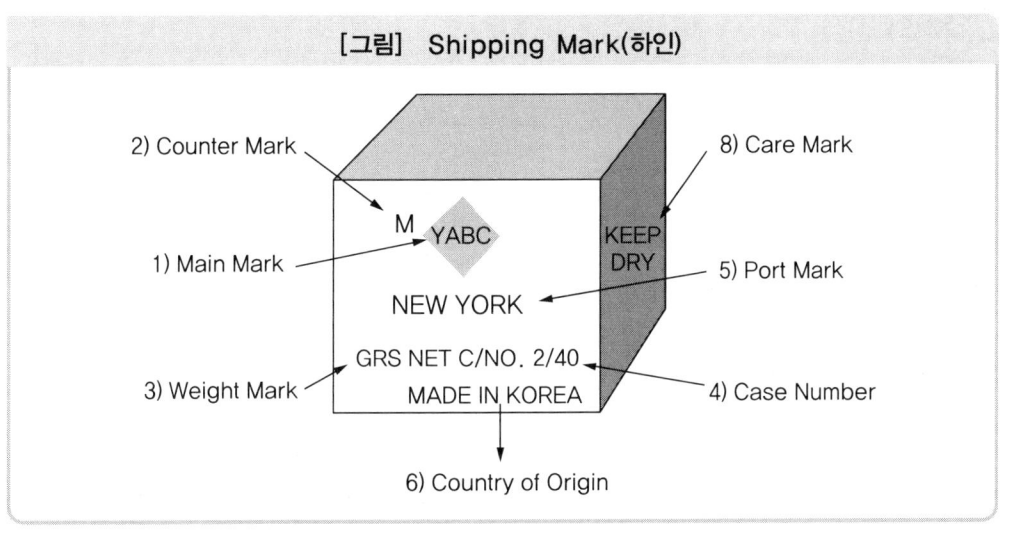

[그림] Shipping Mark(하인)

제8절 분쟁해결과 기타조건

1 분쟁해결조건의 의의

클레임 제기기간, 클레임 제기의 근거, 클레임 제기방법, 해결방법 등이 포함되어야 한다.

2 분쟁해결의 방법과 중재조항

1. 클레임을 해결하는 방법

(1) 당사자 간 해결방법

당사자 간의 타협(compromise)이나 화해(amicable settlement), 청구권의 포기(waiver of claims)

(2) 제3자의 개입을 통한 해결방법

① 알선인과 조정인이 개입한 알선과 조정(mediation)
② 중재기관의 중재(arbitration)
③ 국제사법에 의한 소송(conciliation) 등에 의할 수 있다.

2. 중재의 장점

① 단심이므로 분쟁을 신속히 종결
② 비용이 적게 들어 경제적
③ 무역전문가의 판정으로 보다 현실적이며 합리적인 해결이 가능
④ 중재심리가 비공개되므로 당사자의 비밀이 보장
⑤ 중재판정의 결과는 뉴욕협약(New York Convention, 1958)에 의해 국제적으로 보장

3. 우리나라의 중재 및 조정기관과 표준중재조항

대한상사중재원(Korean Commercial Arbitration Board)의 표준중재조항(standard arbitration clause)을 제정하여 이를 계약서에 삽입하도록 권장하고 있다.

"Arbitration : All disputes, controversies, or differences which may arise between the parties, out of or in relation to or in connection with this contract, or for the breach thereof, shall be finally settled by arbitration in Seoul, Korea in accordance with the Commercial Arbitration Rules of the Korean Commercial Arbitration Board and under the Laws of Korea. The award rendered by the arbitrator(s) shall be final and binding upon both parties concerned."

4. 중재활용 시의 유의점

분쟁해결을 중재에 의한다는 중재조항(arbitration clause)을 미리 설정해 두거나, 후에 중재에 부친다는 중재협약을 하지 않으면 이용할 수 없다.

3 Claim Clause(클레임조항)

클레임의 발생을 대비하여 클레임 제기기한, 통지방법, 정당성을 입증할 수 있는 공인된 감정인의 감정보고서(Surveyor's Reports)의 첨부 여부 등을 합의해 두는 것이 좋다.

"No claim shall be entertained before the payment is made or draft is duly honored. Each claim shall be advised by cable to seller within fourteen(14) days after the arrival of the goods at destination specified in the relative Bill of Lading and shall be confirmed by airmail with surveyor's report within fifteen(15) days thereafter. No claim shall be entertained after the expiration of such fourteen days."

4 Jurisdiction Clause(재판관할조항)

분쟁의 해결을 중재에 의하기로 하지 않거나, 뉴욕협약에 가입이 되어 있지 않거나 기타의 사유로 중재합의가 이루어지지 못하는 거래에는 어느 특정국가의 관할법원으로 할 것인가에 대한 재판관할조항을 설정해 두는 것이 바람직하다.

"Jurisdiction : The Courts the Republic of Korea shall have jurisdiction over all dispute which may arise between the parties with respect to the execution, interpretation and performance of this contract and the parties shall waive any other forum to which they might be entitled by virtue of domicile or otherwise."

5 Governing(Applicable, Proper) Law Clause(준거법조항)

계약에서는 어느 국가의 법을 적용할 것인가에 관한 구체적인 사항이 약정되어야 하는바, 준거법 적용지와 재판관할지가 서로 상이할 경우에는 준거법 적용의 효력이 상실될 수도 있으므로 이를 일치시켜 약정하여야 한다.

> **계약서상 준거법조항의 예**
>
> "Governing Law : This agreement shall be governed by and construed and interpreted under the Laws of Korea."
> "Governing Law : The Formation, Validity, Construction and The performance of this Agreement are governed by the laws of Republic of Korea."

6 Force Majeure Clause(불가항력조항)

1. 불가항력의 개념

주로 사업상 당사자가 그의 고의나 과실의 유무에도 불구하고 의무이행의 절대적 책임을 부담해야 하는 불이익을 사전에 제한하기 위하여 쓰여진 개념이며 Acts of God(천재지변)의 개념보다는 넓은 의미로 천재지변을 포함하는 개념이다.

2. 불가항력조항의 의의와 효과

규정된 조항의 범위 내에서 우발적인 사고의 발생으로 인하여 실제 불가항력의 사태가 발생했을 경우에 계약당사자는 약정된 계약의 이행으로부터 면책된다는 내용이 규정되어 있는 조항이다.

3. 불가항력조항의 예

Force majeure : seller shall not be responsible for delay in shipment of the goods or any part thereof occasioned by any Act of God, strike, lockout, riot or civil commotion, combination of workman, fire or any cause comprehended in the term "force majeure".

7 Infringement Clause(권리침해조항)

매수인이 지정한 상표, 디자인, 특허 및 기술 등을 채택하여 제조·공급한 물품에 향후 예기치 않은 특허 침해문제가 발생할 수도 있다. 이를 미리 계약서 내에 명시하여 매도인의 책임을 면제하도록 규정한 조항이다.

즉, 매수인의 주문에 따라 생산하여 수출한 물품에 대하여 제3자가 특허권을 보유한 경우라도 매도인은 이에 대해 면책된다는 조항이다. 즉, 무역계약과 관련하여 매매당사자 중의 일방이 제3자의 권리를 침해하는 물품을 주문하거나 인도한 경우 제3자의 배상청구로부터 면책된다는 것을 규정한 조항이다.

권리침해조항의 예

"The Seller shall not be responsible to the Buyer for any infringement, alleged or otherwise, of patent, utility model, design, trademark or any other industrial property right or copyright, in connection with the products, except for infringement of any Korean patent, utility model, design, trademark or copyright. The Buyer shall, however, hold the Seller harmless from any such infringement of the said Korean rights arising from or in connection with any instruction given by the Buyer to the Seller regarding design, copyright, pattern or specification."

8 Inspection Clause(검사조항)

검사는 품질조건과 수량조건에 관련되는 것이지만, 검사기관·검사장소·검사시기나 검사비용을 누가 부담할 것인가가 구체적으로 제시되어야 한다.

 검사조항의 예

"Unless otherwise instructed by buyer, export inspection by The Korea Authorities. Manufacturers or Seller shall be considered as final in respect of quality and / or conditions of the contracted goods. when buyer requires special inspection by appointment buyer must inform seller of such name of inspector at the time contract and such inspection fees shall be borne by buyer.

[제4장 무역계약의 조건 X-File 문제]

견본매매 방식에서 매도인이 매수인에게 제시하는 견본을 Buyer's Sample(매수인 견본)이라고 한다.

◐ Seller's Sample(매도인 견본)이라고 한다.

표준품매매 방식에서 F.A.Q(Fair Average Quality : 평균중등품질조건) 방식은 대표적인 양륙품질조건이다.

◐ F.A.Q(Fair Average Quality : 평균중등품질조건) 방식은 선적품질조건이다.

호밀(Rye)거래에서 물품 도착 시 손상되어 있는 경우에 그 손해에 대하여 매도인이 변상하는 관례에서 생긴 것으로 양륙품질조건(landed quality terms)을 의미하는 조건은 Tale Quale(T.Q.)이다.

◐ Rye Terms(R.T.)이고, Tale Quale(T.Q.)은 선적품질조건으로 매도인은 약정한 물품의 품질을 선적할 때까지만 책임을 지는 조건이다.

Gross weight(총량, 총중량)조건은 총중량에서 외부 포장인 부대의 무게를 제외한 중량으로 계량하는 방법으로 비누나 화장품같이 소매 시에 포장된 채로 판매되는 상품에 적용된다. 이 방법이 가장 보편적으로 채용되는 계량방법이다.

◐ 총중량은 외포장과 내포장, 내부충전물 및 물품의 순수한 자중(自重)까지를 모두 합하여 계량하는 조건으로 일부 액체물품이나 밀가루(소맥분) 또는 면화 등 특수품목의 경우에만 채택될 뿐 그다지 많이 이용되는 계량방법은 아니다.

M/L Clause는 과다한 수량은 인정하나, 부족한 수량에 대해서는 인정하지 않는다.

◐ 일정한 수량의 과부족한도를 정해두고 그 범위 내에서 상품이 인도되면 계약불이행으로 보지 않고 따라서 수량 클레임을 제기하지 않도록 하는 수량표현방법으로 인도수량 신축성을 부여하는 수량조건이다.

가격(단가)을 산정할 때, INCOTERMS 조건은 고려할 필요가 없다.

◐ INCOTERMS 조건을 고려하여 단가를 산정하여야 한다.

선적기간을 합의할 때, 상순(beginning), 중순(middle), 및 하순(end) 등은 당해 월의 1일부터 11일까지, 12일부터 21일까지 그리고 22일부터 말일까지로 해석한다.

◐ 상순(beginning), 중순(middle), 및 하순(end) 등은 당해 월의 1일부터 10일까지, 11일부터 20일까지 그리고 21일부터 말일까지로 해석한다.

물품이 선적이나 인도되기 전에 미리 대금을 지급하는 조건을 Concurrent Payment(동시지급조건)이라고 한다.

◐ Advanced Payment(선지급, 전지급 조건)이다.

환어음결제조건은 대표적인 순환방식이다.
- 환어음의 발행인은 대부분 수출자이므로, 대표적인 역환방식으로 분류한다.

보험금을 수령할 수 있는 권한을 가진 자를 보험계약자(Policy Holder)라 한다.
- 피보험자(Insured, Assured)라고 하며, 보험계약자와 동일한 경우도 있고 다른 경우도 있으므로 구분하여 학습하여야 한다.

다른 화물과의 식별을 용이하게 하기 위해 일정한 기호로서 외면에 삼각형, 다이아몬드형, 마름모, 타원형 등의 표시를 하고 그 안에 상호의 약자 등을 써넣는 것을 기본하인(Main Check)라 한다.
- 주하인(Main marks)라 한다.

분쟁발생 시 당사자 간 해결하는 방식을 중재(Arbitration)라 한다.
- 당사자 간 해결하는 방식은 타협, 화해, 청구권의 포기라 한다.

Jurisdiction Clause에 따라 준거법을 정한다.
- Jurisdiction Clause(재판관할조항)는 어느 국가의 관할법원에서 소송을 진행할 것인지를 정하는 조항이고, 준거법에 관련된 내용은 Governing Law Clause로 규정한다.

제5장 무역계약과 정형거래조건

제1절 정형거래조건의 의의 및 국제규칙

1 Trade Terms(정형무역조건)의 의의 및 기능

1. Trade Terms(정형무역조건)의 의의

물품이 매도인으로부터 매수인에게 이르기까지 운송과 수출입통관을 비롯하여 모든 비용과 위험부담의 당사자를 구분해 주는 국제매매계약의 주요소를 말하며 이러한 거래조건을 사용하여 계약당사자 간 의무관계를 통일화·단순화시킨 것이다. 하지만, 이러한 정형거래조건 하에서도 국가나 지역별로 상관습과 법체계가 달라 해석상의 오해와 분쟁이 야기되기도 한다.

2. 정형무역조건의 필요성

① 계약내용 열거의 불편함 제거
② 상관습의 해석에 관한 분쟁의 회피
③ 무역거래의 간소화

3. 정형무역조건의 기능

(1) 계약내용의 보완적 기능

매매 당사자 간에 명시적으로 체결된 계약 내용의 보완적 기능을 한다.

(2) 법률문제의 해석기준

당사자가 합의하여 채택한 정형무역거래조건이 매매 계약에 관련된 복잡한 법률문제의 해석기준이 된다.

2 정형무역조건에 관한 국제규칙

1. RAFTD(Revised American Foreign Trade Definitions, 1919, 1941 ; 개정 미국외국무역정의)

① 전미국무역회의(National Foreign Trade Convention)가 1919년 제정 → 1941년에 개정
② 본 규칙의 제정에 주도적 역할을 담당했던 무역기관들에 의해 1980년에 폐기할 것을 결의하였기 때문에 무역실무에 활용되지 않고 있다.

2. Warsaw-Oxford Rules for CIF Contract, 1932

CIF계약에서 당사자의 권리·의무 관계만을 다루고 있는 단행법규로 CIF조건에서 당사자의 의무를 명료화하기 위하여 국제법협회(ILA : International Law Association)가 제정한 것이다. 서문과 함께 본문 21개조로 구성되어 있다.

3. 미국통일상법전(UCC)

1941년 RAFTD를 참조하여 규정한 것으로 제2-319조에서 FOB 및 FAS조건을, 제2-320조 및 제2-321조에서 CIF 및 C&F조건을, 제2-322조에서 Ex Ship조건을 규정하고 있다.

제2절 INCOTERMS의 의의

1 INCOTERMS(인코텀즈)

1. INCOTERMS의 의의와 제정목적

(1) 의의

INCOTERMS란 무역조건의 해석에 관한 국제규칙으로 공식명칭은 "International Rules for the Interpretation of Trade Term International Commercial Terms ; 정형거래조건의 해석에 관한 국제규칙)이며 "International Commercial

Terms : INCOTERMS"라고 간단히 명명한다. INCOTERMS는 현재 당사자 간 무역거래조건의 해석기준에 가장 많이 사용되는 대표적인 국제상관습규칙이다.

(2) 제정목적

"The purpose of INCOTERMS is to provide a set of international rules for the interpretation of the most commonly used trade terms in foreign trade. Thus, the uncertainties of different interpretations of such terms in different countries can be avoided or at least reduced to a considerable degree."

인코텀스의 목적은 외국무역에 가장 일반적으로 사용되는 정형거래조건의 해석에 관하여 일련의 국제규칙을 제공하는 것이다. 즉, 세계 각국에서 관용되고 있는 무역조건의 용어나 약어를 잘못 해석함으로써 무역업자 간에 발생하는 오해나 분쟁 및 마찰을 미연에 방지하여 국가마다 다른 거래 관행에 대한 불안전성을 해소하고 국제무역거래의 관습 및 용어의 국제적 통일을 기하기 위하여 만들어진 것이다. 따라서 각 국가 간에 이러한 거래조건에 대한 상이한 해석을 함에 따른 불확실성이 제거될 수 있거나 또는 최소한 상당한 정도로 감소될 수 있다.

2. INCOTERMS의 발전과정

파리에 본부를 두고 1920년에 창설된 국제상업회의소(ICC : International chamber of commerce)가 1936년에 최초로 11종의 조건을 규정하여 제정하였다.

이후, 무역환경의 변화와 운송기법 및 거래관행의 변화에 부응하여 1953년, 1967년, 1976년, 1980년, 1990년, 2000년, 2010년 그리고 2020년 버전으로 각각 개정되었다.

Incoterms 2020은 Incoterms 2010이 나온지 약 10년 만에 개정된 규칙이다.

3. INCOTERMS의 주요내용

- A1/B1 – 일반의무
- A2/B2 – 인도/인도의 수령
- A3/B3 – 위험이전
- A4/B4 – 운송
- A5/B5 – 보험
- A6/B6 – 인도/운송서류
- A7/B7 – 수출/수입통관

- A8/B8 – 점검/포장/하인표시
- A9/B9 – 비용분담
- A10/B10 – 통지

"Further, they deal with the obligations to clear the goods for export and import, the packing of the goods, the buyer's obligation to take delivery as well as the obligation to provide proof that the respective obligations have been duly fulfilled. Although INCOTERMS are extremely important for the implementation of the contract of sale, a great number of problems which may occur in such a contract are not dealt with at all, like transfer of ownership and other property rights, breaches of contract and the consequences following from such breaches as well as exemptions from liability in certain situations. It should be stressed that INCOTERMS are not intended to replace such contract terms that are needed for a complete contract of sale either by the incorporation of standard terms or by individually negotiated terms."

또한 인코텀스는 수출입을 위한 물품의 통관의무, 물품의 포장, 인도를 받아야 하는 매수인의 의무 및 각각의 의무가 정당하게 이행되었다는 증거를 제공할 의무를 규정하고 있다. 인코텀스는 매매계약의 이행에서 극히 중요하지만, 소유권 및 기타 재산권의 이전, 계약위반 및 그 위반에 따른 결과, 그리고 특정 상황에서의 책임의 면제처럼, 그러한 계약에서 일어나는 수많은 문제는 전혀 취급하지 않고 있다. 인코텀스는 완전한 매매계약에 필요한 그러한 계약조건을 표준조건의 삽입 또는 개별적으로 교섭된 조건으로 대체할 의도가 없다는 사실이 강조되어야 한다.

4. INCOTERMS 채용의 효용성

(1) 정형거래조건 해석상의 불확실성 제거

INCOTEMRS 이외의 해석이 적용되지 않음

(2) 불필요한 분쟁의 회피

하나의 규칙이 적용되므로, 분쟁 리스크 감소

(3) 무역거래 당사자가 겪는 장애요인의 극복
① 준거법의 불확실성의 해소
② 불충분한 지식의 해소
③ 해석상의 상이점 해소

제3절 INCOTERMS 2020 구조 및 주요 개정내용

1 Incoterms 2020

Incoterms 2020(International Commercial Terms 2020)
"ICC Rules for the Use of Domestic and International Trade Terms"

① 인코텀즈(Incoterms)는 무역거래에 사용되는 정형거래규칙(rules for trade terms)으로 거래 당사자의 권리와 의무를 국제적으로 통일시킨 것이다. 국가별 상관습 차이에 따른 거래당사자 간 법률관계로 야기된 오해와 분쟁을 미연에 방지하기 위해 국제상업회의소(ICC)가 1936년 무역거래규칙 해석에 관한 국제규칙(International Rules for the Interpretation of Trade Terms, 일명 Incoterms)을 제정하였다. 정형거래규칙이 상관습에 기반하고 있기 때문에 변화하는 상관습을 수렴하기 위해 ICC에서는 10년에 한번 개정작업을 하고 있다.

② Incoterms 2020은 소개문(Introduction)과 총 11개의 개별규칙으로 구성되어 있으며, 각 규칙은 매도인의 의무 10개와 매수인의 의무 10개로 구성되어 있고, 해당 규칙 앞에는 각 규칙의 특징을 알려주는 설명문(Explanatory notes)이 첨부되어 있다.

③ Incoterms 규정은 물품매매계약에 있어 기업 간의 관행을 반영한 3개의 약자로 구성된 정형거래조건을 설명하고 있으며, 매도인으로부터 매수인에게 물품을 인도하면서 발생하는 의무, 비용, 위험을 주로 설명하고 있다.

2 Incoterms 2020 조건의 공통특징

적용기준 (운송수단)	EXW, FCA, CPT, CIP, DAP, DPU, DDP 규칙은 선택된 운송방식을 가리지 않고 사용할 수 있으며 둘 이상의 운송방식이 채택된 경우에도 사용할 수 있다.		FAS, FOB, CFR, CIF 규칙은 오직 해상운송이나 내수로 운송의 경우에만 사용되어야 한다.
지점의 명확화	당사자는 합의된 인도장소를 가급적 정확하게 특정하는 것이 바람직하다(FOB는 언급 제외). CFR&CIF가 제외되지 않은 이유는 매도인이 본선적재를 하지만 목적항까지 비용을 부담하기 때문에 목적항을 명확하게 하여야 하기 때문이다.		
통관 및 보험의무	• EXW, DDP 제외한 전체 공통 - 매도인은 해당되는 경우 수출통관의 의무를 진다. 매도인은 수입통관의 의무가 없다. • EXW - 매도인은 수출통관의 협조제공의무를 지고 매수인은 물품의 수출에 관한 정보를 매도인에게 제공할 한정적 의무를 부담한다. • DDP - 매도인은 수출입통관의무를 진다. • CIF, CIP - 매도인은 매수인의 위험에 대하여 보험부보의 의무를 가진다. • DPU를 제외한 나머지 C, D 규칙 - 목적지에서 양하비용은 매수인이 부담		
C, D 규칙의 양하비용	• DPU를 제외한 나머지 C, D 규칙 - 매도인이 목적지에서 부담한 양하비용은, 당사자간의 합의가 없다면 이를 매수인에게 구상할 수 없다. • DPU - 지정목적지에서 양하된 상태로 매수인의 처분하에 두는 것을 인도로 본다.		
C 규칙 인도의무	• 매도인의 의무는 물품 도착 시가 아닌 운송인에게 물품을 교부하는 때 인도의무를 이행한 것으로 본다. • 위험과 비용이 상이한 장소에서 이전되기 때문에 두 가지의 분기점을 가진다.		
모든 운송	E그룹	EXW	① 매도인은 물품적재의무가 없다. ② 매도인이 물품을 적재하는 경우 매수인의 위험과 비용으로 한다. ③ 매도인이 물품을 적재하기에 매수인보다 나은 지위에 있는 경우, 매도인이 자신의 위험과 비용으로 물품적재의무를 부담하는 FCA가 통상적으로 보다 적절하다.
	F그룹	FCA	매수인이 운송계약을 체결하여야 한다.
	C그룹	CPT	매도인은 운송계약 체결 의무가 있다.
		CIP	
	D그룹	DAP	① 수입통관비용을 매도인이 부담하기를 원하는 경우 DDP ② 수입통관비용을 매수인이 부담하기를 원하는 경우 DAP 규칙을 사용하여야 한다. ③ 당사자들이 목적국가 내에서 다른 장소까지 물품을 운송하고 취급하는 데 수반하는 위험과 비용을 매도인이 부담하도록 의도하는 때에는 D조건이 사용되어야 한다. ④ 지정목적지에서 양하비용을 매도인이 부담하고자 의도하는 때에는 DPU 조건을 사용하여야 한다.
		DPU	
		DDP	

해상 운송	F그룹	FAS	컨테이너에 적재되는 물품의 인도장소는 터미널이 되는 것이 전형적이기 때문에 FAS 또는 FOB보다는 FCA가, CFR보다는 CPT, CIF보다는 CIP규칙이 적합하다. CFR, CIF 규칙은 매도인이 운송계약을 체결할 의무가 있다. ※ 물품을 지정된 장소에서 인도하거나 그렇게 인도된 물품을 조달하여야 한다.
		FOB	
	C그룹	CFR	
		CIF	

3 Incoterms 2020 11가지 규칙의 일반적인 특징

(1) EXW(EX Works, 공장 인도 조건)

① 매도인(수출상)이 약정된 물품을 자기의 영업장 구내 또는 적출지의 지정된 장소(Works, Factory, Warehouse 등)에서 지정된 기간 내에 매수인(수입상)이 임의로 처분할 수 있는 상태에 적치함으로써 그 의무를 완수하게 되는 거래조건
② 11가지 무역거래조건 중 매도인의 위험과 비용부담이 가장 가벼운 조건(매도인의 최소의무)
③ 모든 운송방식에서 사용이 가능하며 운송비 및 보험료는 매수인이 부담
④ 매도인은 물품의 적재, 통관, 운송인의 선정 등에 관한 어떠한 책임도 지지 않는다.
⑤ 국제거래보다는 수출입 통관이 별도로 필요하지 않은 '국내거래'에 보다 더 적합한 조건
⑥ 국제거래의 경우로서 매수인이 직·간접적으로 수출통관 절차를 이행할 수 없을 때에는 사용 불가
⑦ '국제거래(Inrternational Trade)'에 대하여는 EXW 조건 대신에 FCA 조건을 사용하는 것을 권장
⑧ 당사자들은 지정장소 내의 지점을 가급적 명확하게 명시하는 것이 바람직하다.

(2) FCA(Free Carrier, 운송인 인도 조건)

① 수출통관 절차를 마친 후 적출지의 지정된 장소에서 매수인이 지정한 운송인(또는 다른 당사자)에게 물품을 인도함으로써 그 의무를 완수하게 되는 조건
② "운송인인도"는 매도인이 물품을 자신의 영업구내 또는 기타 지정장소에서 매수인이 지정한 운송인이나 제3자에게 인도하는 것을 의미
③ 매도인이 영업구내에서 물품을 인도하고자 하는 경우에 당사자들은 그 영업장의 주소를 지정인도장소로 명시하여야 한다.

④ 다른 어떤 장소에서 물품을 인도하고자 하는 경우에 당사자들은 그러한 다른 인도장소를 명시해야 함
⑤ 복합운송을 포함하여 모든 운송방식에 사용할 수 있음
⑥ 운송비 및 보험료는 매수인이 부담한다.
⑦ 물품의 수출통관은 매도인이 하여야 한다. 그러나 매도인은 물품을 수입통관하거나 수입관세를 부담하거나 수입통관절차를 수행할 의무가 없다.

(3) FAS(Free Alongside Ship, 선측 인도 조건)

① 매도인이 물품의 수출통관 절차를 마친 후 지정된 선적항에서 매수인이 지명한 선박(본선)의 선측(Alongside Ship)에 물품을 인도함으로써 그 의무를 완수하게 되는 거래조건
② 오직 해상운송이나 내수로 운송의 경우에만 사용되어야 한다.
③ 선측이라 함은 본선의 크레인 등 하역도구가 도달(작업)할 수 있는 거리의 장소
④ 당사자들은 지정선적항 내의 적재지점을 가급적 명확하게 명시하는 것이 바람직하다.
⑤ 운송비 및 보험료는 매수인이 부담한다(원목, 원면, 곡물 등 대량의 Bulk 화물에 주로 이용).
⑥ 물품이 컨테이너에 적재되는 경우에는 매도인이 물품을 선측이 아니라 터미널에서 운송인에게 교부하는 것이 전형적이다. 이러한 경우에 FAS 규칙은 부적절하며 FCA 규칙이 사용되어야 한다.
⑦ FAS에서 매도인은 해당되는 경우에 물품의 수출통관을 하여야 한다.

(4) FOB(Free On Board, 본선 인도 조건)

① 매도인이 물품의 수출통관 절차를 마친 후 지정된 선적항에서 매수인이 지명한 선박의 본선상(On board the vessel)에 물품을 인도함으로써 그 의무를 완수하게 되는 거래조건
② 모든 위험과 비용부담의 분기점은 물품이 본선상에 적재(On board the vessel)되는 시점
③ FOB, CFR, CIF 조건과 관련한 위험부담의 분기점은 '화물이 본선에 적재된 때'로 규정
④ 해상운송 또는 내수로 운송 시에만 가능
⑤ 운송비 및 보험료는 매수인이 부담

⑥ 물품이 컨테이너에 적입되어 운송되는 경우에 매도인은 대개 본선의 선상(on board the vessel)이 아닌 컨테이너 터미널(CY, CFS)에서 운송인에게 화물을 인도하게 되는데 이와 같은 경우에는 FOB 조건이 아닌 FCA 조건을 사용하여야 함.
⑦ FOB에서 매도인은 해당되는 경우에 물품의 수출통관을 하여야 한다. 그러나 매도인은 물품을 수입통관하거나 수입관세를 부담하거나 수입통관절차를 수행할 의무가 없다.

(5) CFR(Cost and Freight), 운송포함 인도 조건)

① 오직 해상운송이나 내수로 운송의 경우에만 사용되어야 한다.
② "운임포함인도"는 매도인이 물품을 본선에 적재하여 인도하거나 이미 그렇게 인도된 물품을 조달하는 것을 의미한다.
③ 물품의 멸실 또는 손상의 위험은 물품이 본선에 적재되는 때에 이전한다.
④ 매도인은 물품을 지정목적항까지 운송하는 데 필요한 계약을 체결하고 그에 따른 비용과 운임을 부담하여야 한다.
⑤ 계약에서 항상 목적항을 명시하면서도 선적항은 명시하지 않지만 위험은 선적항에서 매수인에게 이전한다.
⑥ 운송비는 매도인이 부담하고 보험료는 매수인이 부담한다.
⑦ 물품을 수입통관하거나 수입관세를 부담하거나 수입통관절차를 수행할 의무가 없다.
⑧ 물품이 컨테이너에 적입되어 운송되는 경우에 매도인은 대개 본선의 선상(n board the vessel)이 아닌 컨테이너 터미널(CY, CFS)에서 운송인에게 화물을 인도하게 되는데 이와 같은 경우에는 CFR 조건이 아닌 CPT 조건을 사용하여야 함.

(6) CIF(Cost, Insurance and Freight, 운임·보험료포함 인도조건)

① 지정된 목적항까지 물품을 운반하는 데 필요한 운송비와 보험료는 매도인이 부담
② 선적항에서 본선상에 적재(On board the vessel)되는 시점부터 물품에 대한 모든 위험과 추가적인 비용부담이 매수인에게 이전되는 거래 조건
③ 보험계약 체결과 관련하여 매도인은 매매계약가격의 110% 이상에 대하여 단지 최소한의 담보조건(Clauses(C) of the Institute Cargo Clauses(LMA/IUA)으로 한다.
④ 이 규칙은 오직 해상운송이나 내수로 운송의 경우에만 사용되어야 한다.
⑤ 대부분의 내용은 CFR과 동일하다.

(7) CPT(Carriage Paid To, 운송비지급 인도 조건)

① 선택된 운송방식을 가리지 않고 사용될 수 있으며 둘 이상의 운송방식이 채택된 경우에도 사용될 수 있다.
② 매도인이 합의된 장소(당사자 간에 이러한 장소의 합의가 있는 경우)에서 물품을 자신이 지정한 운송인이나 제3자에게 인도하고 매도인이 물품을 지정목적지까지 운송하는 데 필요한 계약을 체결하고 그 운송비용을 부담하여야 하는 것
③ 매도인은 물품이 목적지에 도착한 때가 아니라 운송인에게 물품을 교부하는 때에 자신의 인도의무를 이행한 것으로 본다.
④ CPT에서 매도인은 해당되는 경우에 물품의 수출통관을 하여야 한다. 그러나 매도인은 물품을 수입통관하거나 수입관세를 부담하거나 수입통관절차를 수행할 의무가 없다.

(8) CIP(Carriage and Insurance paid to, 운송비·보험료지급 인도 조건)

① 선택된 운송방식을 가리지 않고 사용될 수 있으며 둘 이상의 운송방식이 채택된 경우에도 사용될 수 있다.
② 기본 개념은 CPT와 동일. CPT에서 보험부보의무가 추가된 것이 CIP이다.
③ 지정된 목적지까지 물품을 운반하는 데 필요한 운송비와 보험료는 매도인이 부담하되 물품이 적출지의 지정된 장소에서 지정된 운송인(또는 다른 당사자)에게 인도되는 시점부터 물품에 대한 모든 위험과 추가적인 비용부담이 매수인에게 이전되는 거래조건
④ 보험계약 체결과 관련하여 매도인은 매매계약가격의 110% 이상에 대하여 최대의 담보조건(Clauses(A) of the Institute Cargo Clauses(LMA/IUA)으로 한다.

(9) DAP(Delivered At Place, 목적지 인도 조건)

① 운송방식을 가리지 않고 사용될 수 있으며 둘 이상의 운송방식이 채택된 경우에도 사용될 수 있다.
② 매도인이 본인의 책임 하에 목적지까지 물품을 운반하여 수입 통관하지 아니한 상태로 운송수단으로부터 양하(Unloading)하지 않은 채, 매수인이 임의로 처분할 수 있는 상태(At the buyer)에 둠으로써 그 의무를 완수하게 되는 거래조건
③ 매도인이 자신의 운송계약에 따라 목적지에서 양하에 관한 비용을 지출한 경우에 당사자 간에 달리 합의되지 않았다면 매도인은 이를 매수인에게 구상할 수 없다.

④ DAP에서 매도인은 해당되는 경우에 물품의 수출통관을 하여야 한다.
⑤ 당사자 간에 매도인이 물품을 수입통관하고 수입관세를 부담하여 수입통관절차를 수행하도록 원하는 때에는 DDP가 사용되어야 한다.

(10) DPU(Delivered At Place Unloaded, 도착지 양하 인도)
① 운송방식을 가리지 않고 사용될 수 있으며 둘 이상의 운송방식이 채택된 경우에도 사용될 수 있다
② 매도인이 본인의 책임하에 지정 목적지(The named place of destination)까지 물품을 운반한 후 도착된 운송수단으로부터 화물을 양하(Unloading)하여 수입통관을 하지 아니한 상태로 매수인이 임의로 처분할 수 있는 상태에 적치함으로써 그 의무를 완수하게 되는 거래 조건
③ DPU에서 매도인은 해당되는 경우에 물품의 수출통관을 이행하여야 한다. 그러나 매도인은 물품을 수입통관하거나 수입관세를 부담하거나 수입통관절차를 수행할 의무가 없다.

(11) DDP(Deliverd Duty Paid, 관세지급 인도 조건)
① 운송방식을 가리지 않고 사용될 수 있으며 둘 이상의 운송방식이 채택된 경우에도 사용될 수 있다.
② 매도인이 본인의 책임하에 목적지까지 물품을 운반하여 수입통관 절차를 거친 후 지정된 목적지에서 운송수단으로부터 양하(Unloading)하지 않은 상태로 매수인이 임의로 처분할 수 있는 상태에 둠으로써 그 의무를 완수하게 되는 거래 조건
③ DAP와는 달리 수입통관의 의무가 매도인에게 있으며 수입관세 및 부가가치세 등 (조세 및 기타 부과금을 포함)을 포함하여 목적지까지 물품을 운반하는 데 따르는 모든 위험과 비용을 매도인이 부담
④ EXW 조건이 매도인에 대한 최소한의 의무인 반면 DDP는 매도인의 위험 및 비용부담이 가장 무거운 거래조건

4 Incoterms 2020 주요 개정사항

① 인코텀즈 2020 규칙 내 조항의 순서
- A1/B1 - 일반의무
- A2/B2 - 인도/인도의 수령
- A3/B3 - 위험이전
- A4/B4 - 운송
- A5/B5 - 보험
- A6/B6 - 인도/운송서류
- A7/B7 - 수출/수입통관
- A8/B8 - 점검/포장/하인표시
- A9/B9 - 비용분담
- A10/B10 - 통지

② 본선적재표기가 있는 선하증권과 인코텀즈 FCA 규칙
③ CIF(ICC-C)와 CIP(ICC-A)간 부보수준의 차별화
④ FCA, DAP, DPU 및 DDP에서 매도인 또는 매수인 자신의 운송수단에 의한 운송 허용
⑤ DAT에서 DPU로의 명칭변경
⑥ 운송의무 및 비용 조항에 보안관련요건 삽입
⑦ 사용자를 위한 설명문[사용지침(Guidance Note)에서 사용자를 위한 설명문(Explanatory Notes for Users)으로 변경]

5 무역거래조건의 표시 방법

① EX Works : EXW + 적출지의 지정 장소(Seller's Premises, Works, Factory, Warehouse 등)
② Free Carrier : FCA + 적출지의 지정 장소(Seller's Warehouse, CY, CFS, Road · Air Cargo Terminal 등)
③ Free Alongside Ship : FAS + 지정 선적항(Port)
④ Free On Board : FOB + 지정 선적항(Port)
⑤ Cost and FReight : CFR + 지정 목적항(Port)
⑥ Cost and Insurance and Freight : CIF + 지정 목적항(Port)
⑦ Carriage Paid To : CPT + 지정 목적지(Port, Airport, Station, Cargo Terminal 등)

⑧ Carriage and Insurance Paid to : CIP + 지정 목적지(Port, Airport, Station, Cargo, Terminal 등)
⑨ Delivered At Place : DAP + 지정 목적지(Port, Airport, Station, Cargo Terminal, Warehouse 등)
⑩ Delivered at Place Unloaded : DPU + 지정 목적지(Cargo Terminal, Warehouse 등)
⑪ Delivered Duty Paid : DDP + 지정 목적지(Cargo Terminal, Warehouse 등)

6 운송방식별 분류

운송방식에 관계없이 사용할 수 있는 조건	EXW, FCA, CIT, CIP, DAP, DPU, DDP
해상 및 내수로 운송에만 사용되는 조건	FAS, FOB, CFR, CIF
매도인(수출상)이 운임을 부담하는 조건	CFR, CPT, CIF, CIP, DAP, DPU, DDP 운송서류에 'Freight Prepaid'라고 표기되어야 함.
매수인(수입상)이 운임을 부담하는 조건	EXW, FCA, FAS, FOB 운송서류에 Freight 'Collect'라고 표기되어야 함.

7 Incoterms® 2020 하에서 적재비용(Loading Cost)과 양하비용(Unloading Cost)의 배분

① EXW, FCA, FAS : 적재비용과 양하비용을 모두 매수인이 부담하여야 한다.
② DPU : 적재비용과 양하비용을 모두 매도인이 부담하여야 한다.
③ FOB : 적재비용은 매도인이 부담하고 양하비용은 매수인이 부담하는 것이 원칙이다.
④ CFR, CPT, CIF, CIP, DAP, DDP : 적재비용은 매도인이 부담하고 양하비용은 매수인이 부담하는 것이 원칙이다.

8 Incoterms® 2020 하에서 위험과 비용의 이전시기

	위험이전	비용이전	비고
EXW	매도인의 작업장 구내에서 매수인이 임의처분할 수 있도록 물품을 인도하였을 때	매도인은 위험이전까지의 제비용 부담	수출입통관 및 승인은 매수인의 의무
FAS	물품이 지정선적항의 부두에 혹은 부선으로 본선의 선측에 인도했을 때	〃	• 수출통관 : 매도인 • 수입통관 : 매수인
FOB	물품이 지정선적항에서 본선에 적재되었을 때	〃	〃
CFR	〃	매도인은 적재시까지의 제비용과 목적항까지의 운임과 정기선의 경우 양하비 부담.	〃
CIF	〃	매도인은 적재 시까지의 제비용 + 목적항까지의 운임 및 보험료 + 정기선의 경우 양하비 부담	〃
FCA	매도인이 매수인이 지정한 운송인에게 수출통관된 물품을 인도하였을 때	매도인은 위험이전까지의 제비용 부담	〃
CPT	물품이 약정된 일자 또는 기간내에 지정목적지까지 운송할 운송인의 보관하에 또는 후속 운송인이 있을 경우 최초의 운송인에게 물품인도 시	매도인은 FCA조건 + 지정된 목적지까지의 물품운송비 (복합운송개념에서의 운송비)	〃
CIP	〃	매도인은 CPT + 지정된 목적지까지의 적하보험료 부담	〃
DAP	지정목적지에서 도착운송수단에 실린 채 양하 준비된 상태로 매수인의 임의처분하에 놓이는 때	매도인의 위험이전까지의 제비용 부담	〃
DPU	지정목적지에서 도착운송수단으로부터 양하된 상태로 매수인의 임의처분하에 놓이는 때	〃	〃
DDP	〃	〃 (단, 관세 포함)	수출입통관 및 승인 : 매도인 의무

9 INCOTERMS 2020 원문 및 번역본

RULES FOR ANY MODE OR MODES OF TRANSPORT
(모든 운송방식에 적용되는 규칙)

EXW | Ex Works EXW (insert named place of delivery) Incoterms® 2020	EXW | 공장인도 EXW (지정인도장소 기입) Incoterms® 2020
EXPLANATORY NOTES FOR USERS 1. Delivery and risk—"Ex Works" means that the seller delivers the goods to the buyer ▸ when it places the goods at the disposal of the buyer at a named place (like a factory or warehouse), and ▸ that named place may or may not be the seller's premises. For delivery to occur, the seller does not need to load the goods on any collecting vehicle, nor does it need to clear the goods for export, where such clearance is applicable.	사용자를 위한 설명문 1. 인도와 위험 – "공장인도"는 매도인이 다음과 같이 한 때 매수인에게 물품을 인도하는 것을 의미한다. ▸ 매도인이 물품을 (공장이나 창고와 같은) 지정장소에서 매수인의 처분하에 두는 때, 그리고 ▸ 그 지정장소는 매도인의 영업구내일 수도 있고 아닐 수도 있다. 인도가 일어나기 위하여 매도인은 물품을 수취용 차량에 적재하지 않아도 되고, 물품의 수출통관이 요구되더라도 이를 수행할 필요가 없다.
2. Mode of transport—This rule may be used irrespective of the mode or modes of transport, if any, selected.	2. 운송방식 – 본 규칙은 선택되는 어떤 운송방식이 있는 경우에 그것이 어떠한 단일 또는 복수의 운송방식인지를 불문하고 사용할 수 있다.

3. Place or precise point of delivery—The parties need only name the place of delivery. However, the parties are well advised also to specify as clearly as possible the precise point within the named place of delivery. A named precise point of delivery makes it clear to both parties when the goods are delivered and when risk transfers to the buyer; such precision also marks the point at which costs are for the buyer's account. If the parties do not name the point of delivery, then they are taken to have left it to the seller to select the point "that best suits its purpose". This means that the buyer may incur the risk that the seller may choose a point just before the point at which goods are lost or damaged. Best for the buyer therefore to select the precise point within a place where delivery will occur.

4. A note of caution to buyers—EXW is the Incoterms® rule which imposes the least set of obligations on the seller. From the buyer's perspective, therefore, the rule should be used with care for different reasons as set out below.

5. Loading risks— Delivery happens— and risk transfers—when the goods are placed, not loaded, at the buyer's disposal. However, risk of loss of or damage to the goods occurring while the loading operation is carried out by

3. 인도장소 또는 정확한 인도지점 — 당사자들은 단지 인도장소만 지정하면 된다. 그러나 당사자들은 또한 지정인도장소 내에 정확한 지점을 가급적 명확하게 명시하는 것이 좋다. 그러한 정확한 지정 인도지점은 양당사자에게 언제 물품이 인도되는지와 언제 위험이 매수인에게 이전하는지 명확하게 하며, 또한 그러한 정확한 지점은 매수인의 비용부담의 기준점을 확정한다. 당사자들이 인도지점을 지정하지 않는 경우에는 매도인이 "그의 목적에 가장 적합한" 지점을 선택하기로 한 것으로 된다. 이는 매수인으로서는 매도인이 물품의 멸실 또는 훼손이 발생한 지점이 아닌 그 직전의 지점을 선택할 수도 있는 위험이 있음을 의미한다. 따라서 매수인으로서는 인도가 이루어질 장소 내에 정확한 지점을 선택하는 것이 가장 좋다.

4. 매수인을 위한 유의사항 — EXW는 매도인에게 최소의 일련의 의무를 지우는 인코텀즈규칙 이다. 따라서 매수인의 관점에서 이 규칙은 아래와 같은 여러 가지 이유로 조심스럽게 사용하여야한다.

5. 적재위험 — 인도는 물품이 적재된 때가 아니라 매수인의 처분하에 놓인 때에 일어난다. — 그리고 그때 위험이 이전한다. 그러나 매도인이 적재작업을 수행하는 동안에 발생하는 물품의 멸실 또는 훼손의 위험을 적재에 물리적으로 참여

the seller, as it may well be, might arguably lie with the buyer, who has not physically participated in the loading. Given this possibility, it would be advisable, where the seller is to load the goods, for the parties to agree in advance who is to bear the risk of any loss of or damage to the goods during loading. This is a common situation simply because the seller is more likely to have the necessary loading equipment at its own premises or because applicable safety or security rules prevent access to the seller's premises by unauthorised personnel. Where the buyer is keen to avoid any risk during loading at the seller's premises, then the buyer ought to consider choosing the FCA rule (under which, if the goods are delivered at the seller's premises, the seller owes the buyer an obligation to load, with the risk of loss of or damage to the goods during that operation remaining with the seller).

6. Export clearance—With delivery happening when the goods are at the buyer's disposal either at the seller's premises or at another named point typically within the seller's jurisdiction or within the same Customs Union, there is no obligation on the seller to organise export clearance or clearance within third countries through which

하지 않은 매수인이 부담하는 것은 으레 그렇듯이 논란이 될 수 있다. 이러한 가능성 때문에 매도인이 물품을 적재하여야 하는 경우에 당사자들은 적재 중 물품의 멸실 또는 훼손의 위험을 누가 부담하는지를 미리 합의하여두는 것이 바람직하다. 단순히 매도인이 그의 영업구내에서 필요한 적재장비를 가지고 있을 가능성이 더 많기 때문에 혹은 적용가능한 안전규칙이나 보안규칙에 의하여 권한 없는 인원이 매도인의 영업구내에 접근하는 것이 금지되기 때문에 매도인이 물품을 적재하는 것은 흔한 일이다. 매도인의 영업구내에서 일어나는 적재작업 중의 위험을 피하고자 하는 경우에 매수인은 FCA 규칙을 선택하는 것을 고려하여야 한다(FCA 규칙에서는 물품이 매도인의 영업구내에서 인도되는 경우에 매도인이 매수인에 대하여 적재의무를 부담하고 적재작업 중에 발생하는 물품의 멸실 또는 훼손의 위험은 매도인이 부담한다).

6. 수출통관 – 물품이 매도인의 영업구내에서 또는 전형적으로 매도인의 국가나 관세동맹지역 내에 있는 다른 지정지점에서 매수인의 처분하에 놓인 때에 인도가 일어나므로, 매도인은 수출통관이나 운송 중에 물품이 통과할 제3국의 통관을 수행할 의무가 없다. 사실 EXW는 물품을 수출할 의사가 전혀 없는 국내거래에 적절하다. 수출통관에 관한 매도인의

the goods pass in transit. Indeed, EXW may be suitable for domestic trades, where there is no intention at all to export the goods. The seller's participation in export clearance is limited to providing assistance in obtaining such documents and information as the buyer may require for the purpose of exporting the goods. Where the buyer intends to export the goods and where it anticipates difficulty in obtaining export clearance, the buyer would be better advised to choose the FCA rule, under which the obligation and cost of obtaining export clearance lies with the seller.

참여는 물품수출을 위하여 매수인이 요청할 수 있는 서류와 정보를 취득하는 데 협력을 제공하는 것에 한정된다. 매수인이 물품을 수출하기를 원하나 수출통관을 하는 데 어려움이 예상되는 경우에, 매수인은 수출통관을 할 의무와 그에 관한 비용을 매도인이 부담하는 FCA 규칙을 선택하는 것이 더 좋다.

FCA | Free Carrier
FCA (insert named place of delivery)
Incoterms® 2020

EXPLANATORY NOTES FOR USERS

1. Delivery and risk—"Free Carrier (named place)" means that the seller delivers the goods to the buyer in one or other of two ways.
   ▸ First when the named place is the seller's premises, the goods are delivered
   ▸ when they are loaded on the means of transport arranged by the buyer.
   ▸ Second, when the named place is another place, the goods are delivered
   ▸ when, having been loaded on the seller's means of transport,
   ▸ they reach the named other place and
   ▸ are ready for unloading from that seller's means of transport and
   ▸ at the disposal of the carrier or of another person nominated by the buyer.

Whichever of the two is chosen as the place of delivery, that place identifies where risk transfers to the buyer and the time from which costs are for the buyer's account.

FCA | 운송인인도
FCA (지정인도장소 기입)
Incoterms® 2020

사용자를 위한 설명문

1. 인도와 위험 – "운송인인도(지정장소)"는 매도인이 물품을 매수인에게 다음과 같은 두 가지 방법 중 어느 하나로 인도하는 것을 의미한다.
   ▸ 첫째, 지정장소가 매도인의 영업구내인 경우, 물품은 다음과 같이 된 때 인도된다.
   ▸ 물품이 매수인이 마련한 운송수단에 적재된 때
   ▸ 둘째, 지정장소가 그 밖의 장소인 경우, 물품은 다음과 같이 된 때 인도된다.
   ▸ 매도인의 운송수단에 적재되어서
   ▸ 지정 장소에 도착 하고
   ▸ 매도인의 운송수단에 실린 채 양하준비된 상태로
   ▸ 매수인이 지정한 운송인이나 제3자의 처분하에 놓인 때

그러한 두 장소 중에서 인도장소로 선택되는 장소는 위험이 매수인에게 이전하는 곳이자 또한 매수인이 비용을 부담하기 시작하는 시점이 된다.

2. Mode of transport—This rule may be used irrespective of the mode of transport selected and may also be used where more than one mode of transport is employed.
3. Place or point of delivery—A sale under FCA can be concluded naming only the place of delivery, either at the seller's premises or elsewhere, without specifying the precise point of delivery within that named place. However, the parties are well advised also to specify as clearly as possible the precise point within the named place of delivery. A named precise point of delivery makes it clear to both parties when the goods are delivered and when risk transfers to the buyer; such precision also marks the point at which costs are for the buyer's account. Where the precise point is not identified, however, this may cause problems for the buyer. The seller in this case has the right to select the point "that best suits its purpose": that point becomes the point of delivery, from which risk and costs transfer to the buyer. If the precise point of delivery is not identified by naming it in the contract, then the parties are taken to have left it to the seller to select the point "that best suits its purpose". This means that the buyer may incur the risk that the seller may

2. 운송방식 – 본 규칙은 어떠한 운송방식이 선택되는지를 불문하고 사용할 수 있고 둘 이상의 운송방식이 이용되는 경우에도 사용할 수 있다.
3. 인도장소 또는 인도지점 – FCA 매매는 지정장소 내에 정확한 인도지점을 명시하지 않고서 매도인의 영업구내나 그 밖의 장소 중에서 어느 하나를 단지 인도장소로 지정하여 체결될 수 있다. 그러나 당사자들은 지정인도장소 내에 정확한 지점도 가급적 명확하게 명시하는 것이 좋다. 그러한 정확한 지정인도지점은 양당사자에게 언제 물품이 인도되는지와 언제 위험이 매수인에게 이전하는지 명확하게 하며, 또한 그러한 정확한 지점은 매수인의 비용부담의 기준점을 확정한다. 그러나 정확한 지점이 지정되지 않는 경우에는 매수인에게 문제가 생길 수 있다. 이러한 경우에 매도인은 "그의 목적에 가장 적합한" 지점을 선택할 권리를 갖는다. 즉 이러한 지점이 곧 인도지점이 되고 그곳에서부터 위험과 비용이 매수인에게 이전한다. 계약에서 이를 지정하지 않아서 정확한 인도지점이 정해지지 않은 경우에, 당사자들은 매도인이 "자신의 목적에 가장 적합한" 지점을 선택하도록 한 것으로 된다. 이는 매수인으로서는 매도인이 물품의 멸실 또는 훼손이 발생한 지점이 아닌 그 직전의 지점을 선택할 수도 있는 위험이 있음을 의미한다. 따라서 매수인으로서는 인도가 이루어질 장소 내에 정확한 지점을

choose a point just before the point at which goods are lost or damaged. Best for the buyer therefore to select the precise point within a place where delivery will occur

4. 'or procure goods so delivered'—The reference to "procure" here caters for multiple sales down a chain (string sales), particularly, although not exclusively, common in the commodity trades.

5. Export/import clearance—FCA requires the seller to clear the goods for export, where applicable. However, the seller has no obligation to clear the goods for import or for transit through third countries, to pay any import duty or to carry out any import customs formalities.

6. Bills of lading with an on-board notation in FCA sales—We have already seen that FCA is intended for use irrespective of the mode or modes of transport used. Now if goods are being picked up by the buyer's road-haulier in Las Vegas, it would be rather uncommon to expect a bill of lading with an on-board notation to be issued by the carrier from Las Vegas, which is not a port and which a vessel cannot reach for goods to be placed on board. Nonetheless, sellers selling FCA Las

선택하는 것이 가장 좋다.

4. '또는 그렇게 인도된 물품을 조달한다' – 여기에 "조달한다"(procure)고 규정한 것은 꼭 이 분야에서 그런 것만은 아니지만 특히 일차산품거래(commodity trades)에서 일반적인 수차에 걸쳐 연속적으로 이루어지는 매매('연속매매', string sales')에 대응하기 위함이다.

5. 수출/수입통관 – FCA에서는 해당되는 경우에 매도인이 물품의 수출통관을 하여야 한다. 그러나 매도인은 물품의 수입을 위한 또는 제3국 통과를 위한 통관을 하거나 수입관세를 납부하거나 수입통관절차를 수행할 의무가 없다.

6. FCA 매매에서 본선적재표기가 있는 선하증권 – 이미 언급하였듯이 FCA는 사용되는 운송방식이 어떠한지를 불문하고 사용할 수 있다. 이제는 매수인의 도로운송인이 라스베이거스에서 물품을 수거(pick up)한다고 할 때, 라스베이거스에서 운송인으로부터 본선적재표기가 있는 선하증권을 발급받기를 기대하는 것이 오히려 일반적이지 않다. 라스베이거스는 항구가 아니어서 선박이 물품적재를 위하여 그곳으로 갈 수 없기 때문이다. 그럼에도 FCA Las Vegas 조건으로 매매하는 매도인은 때로는 (전형

Vegas do sometimes find themselves in a situation where they need a bill of lading with an on-board notation (typically because of a bank collection or a letter of credit requirement), albeit necessarily stating that the goods have been placed on board in Los Angeles as well as stating that they were received for carriage in Las Vegas. To cater for this possibility of an FCA seller needing a bill of lading with an on-board notation, FCA Incoterms® 2020 has, for the first time, provided the following optional mechanism. If the parties have so agreed in the contract, the buyer must instruct its carrier to issue a bill of lading with an on-board notation to the seller. The carrier may or may not, of course, accede to the buyer's request, given that the carrier is only bound and entitled to issue such a bill of lading once the goods are on board in Los Angeles. However, if and when the bill of lading is issued to the seller by the carrier at the buyer's cost and risk, the seller must provide that same document to the buyer, who will need the bill of lading in order to obtain discharge of the goods from the carrier. This optional mechanism becomes unnecessary, of course, if the parties have agreed that the seller will present to the buyer a bill

적으로 은행의 추심조건이나 신용장조건 때문에) 무엇보다도 물품이 라스베이거스에서 운송을 위하여 수령된 것으로 기재될 뿐만 아니라 그것이 로스앤젤레스에서 선적되었다고 기재된 본선적재표기가 있는 선하증권이 필요한 상황에 처하게 된다. 본선적재표기가 있는 선하증권을 필요로 하는 FCA 매도인의 이러한 가능성에 대응하기 위하여 인코텀즈 2020 FCA에서는 처음으로 다음과 같은 선택적 기제를 규정한다. 당사자들이 계약에서 합의한 경우에 매수인은 그의 운송인에게 본선적재표기가 있는 선하증권을 매도인에게 발행하도록 지시하여야 한다. 물론 운송인으로서는 물품이 로스앤젤레스에서 본선적재된 때에만 그러한 선하증권을 발행할 의무가 있고 또 그렇게 할 권리가 있기 때문에 매수인의 요청에 응할 수도 응하지 않을 수도 있다. 그러나 운송인이 매수인의 비용과 위험으로 매도인에게 선하증권을 발행하는 경우에는 매도인은 바로 그 선하증권을 매수인에게 제공하여야 하고 매수인은 운송인으로부터 물품을 수령하기 위하여 그 선하증권이 필요하다. 물론 당사자들의 합의에 의하여 매도인이 매수인에게 물품의 본선적재 사실이 아니라 단지 물품이 선적을 위하여 수령되었다는 사실을 기재한 선하증권을 제시하는 경우에는 이러한 선택적 기제는 불필요하다. 또한 강조되어야 할 것으로 이러한 선택적 기제가 적용되는 경우에도 매도인은 매수인에 대하여 운송계약

of lading stating simply that the goods have been received for shipment rather than that they have been shipped on board. Moreover, it should be emphasised that even where this optional mechanism is adopted, the seller is under no obligation to the buyer as to the terms of the contract of carriage. Finally, when this optional mechanism is adopted, the dates of delivery inland and loading on board will necessarily be different, which may well create difficulties for the seller under a letter of credit.

조건에 관한 어떠한 의무도 없다. 끝으로, 이러한 선택적 기제가 적용되는 경우에 내륙의 인도일자와 본선적재일자는 부득이 다를 수 있을 것이고, 이로 인하여 매도인에게 신용장상 어려움이 발생할 수 있다.

CPT | Carriage Paid To
CPT (insert named place of destination)
Incoterms® 2020

EXPLANATORY NOTES FOR USERS
1. Delivery and risk—"Carriage Paid To" means that the seller delivers the goods —and transfers the risk—to the buyer

- by handing them over to the carrier
- contracted by the seller
- or by procuring the goods so delivered.
- The seller may do so by giving the carrier physical possession of the goods in the manner and at the place appropriate to the means of transport used.

Once the goods have been delivered to the buyer in this way, the seller does not guarantee that the goods will reach the place of destination in sound condition, in the stated quantity or indeed at all. This is because risk transfers from seller to buyer when the goods are delivered to the buyer by handing them over to the carrier; the seller must nonetheless contract for the carriage of the goods from delivery to the agreed destination. Thus, for example, goods are handed over to a carrier in Las Vegas (which is not a port) for carriage to Southampton (a

CPT | 운송비지급인도
CPT (지정목적지 기입)
Incoterms® 2020

사용자를 위한 설명문
1. 인도와 위험-"운송비지급인도"는 매도인이 다음과 같이 매수인에게 물품을 인도하는 것을 - 그리고 위험을 이전하는 것을 - 의미한다.
- 매도인과 계약을 체결한 운송인에게
- 물품을 교부함으로써
- 또는 그렇게 인도된 물품을 조달함으로써
- 매도인은 사용되는 운송수단에 적합한 방법으로 그에 적합한 장소에서 운송인에게 물품의 물리적 점유를 이전함으로써 물품을 인도할 수 있다.

물품이 이러한 방법으로 매수인에게 인도되면 매도인은 그 물품이 목적지에 양호한 상태로 그리고 명시된 수량 또는 그 전량이 도착할 것을 보장하지 않는다. 왜냐하면 물품이 운송인에게 교부됨으로써 매수인에게 인도된 때 위험은 매도인으로부터 매수인에게 이전하기 때문이다. 그러나 매도인은 물품을 인도지로부터 합의된 목적지까지 운송하는 계약을 체결하여야 한다. 따라서 예컨대 (항구인) 사우샘프턴이나 (항구가 아닌) 윈체스터까지 운송하기 위하여 (항구가 아닌) 라스베이거스에서 운송인에게 물품이 교부된다. 이러한 각각의 경우에 위험을 매수인에게 이전시키는 인도는

port) or to Winchester (which is not a port). In either case, delivery transferring risk to the buyer happens in Las Vegas, and the seller must make a contract of carriage to either Southampton or Winchester.

2. Mode of transport—This rule may be used irrespective of the mode of transport selected and may also be used where more than one mode of transport is employed.

3. Places (or points) of delivery and destination—In CPT, two locations are important: the place or point (if any) at which the goods are delivered (for the transfer of risk) and the place or point agreed as the destination of the goods (as the point to which the seller promises to contract for carriage).

4. Identifying the place or point of delivery with precision—The parties are well advised to identify both places, or indeed points within those places, as precisely as possible in the contract of sale. Identifying the place or point (if any) of delivery as precisely as possible is important to cater for the common situation where several carriers are engaged, each for different legs of the transit from delivery to destination. Where this happens and the parties do not agree on a specific place or point of delivery,

라스베이거스에서 일어나고 매도인은 사우샘프턴이나 윈체스터로 향하는 운송계약을 체결하여야 한다.

2. 운송방식 – 본 규칙은 어떠한 운송방식이 선택되는지를 불문하고 사용할 수 있고 둘 이상의 운송방식이 이용되는 경우에도 사용할 수 있다.

3. 인도장소(또는 인도지점)와 목적지 – CPT에서는 두 곳이 중요하다. 물품이 (위험이전을 위하여) 인도되는 장소 또는 지점(있는 경우)이 그 하나이고, 물품의 목적지로서 합의된 장소 또는 지점이 다른 하나이다(매도인은 이 지점까지 운송계약을 체결하기로 약속하기 때문이다).

4. 정확한 인도장소 또는 인도지점 지정 – 당사자들은 매매계약에서 가급적 정확하게 두 장소(인도장소 및 목적지) 또는 그러한 두 장소 내의 실제 지점들을 지정하는 것이 좋다. 인도장소나 인도지점(있는 경우)을 가급적 정확하게 지정하는 것은 복수의 운송인이 참여하여 인도지부터 목적지까지 사이에 각자 상이한 운송구간을 담당하는 일반적인 상황에 대응하기 위하여 중요하다. 이러한 상황에서 당사자들이 특정한 인도장소나 인도지점을 합의하지 않는 경우에 [본 규칙이 규정하는] 보충적 입장은, 위험은 물품이 매도인이 전적으로 선택하고 그

the default position is that risk transfers when the goods have been delivered to the first carrier at a point entirely of the seller's choosing and over which the buyer has no control. Should the parties wish the risk to transfer at a later stage (e.g. at a sea or river port or at an airport), or indeed an earlier one (e.g. an inland point some way away from a sea or river port), they need to specify this in their contract of sale and to carefully think through the consequences of so doing in case the goods are lost or damaged.

5. Identifying the destination as precisely as possible—The parties are also well advised to identify as precisely as possible in the contract of sale the point within the agreed place of destination, as this is the point to which the seller must contract for carriage and this is the point to which the costs of carriage fall on the seller.

6. 'or procuring the goods so delivered' —The reference to "procure" here caters for multiple sales down a chain (string sales), particularly common in the commodity trades.

7. Costs of unloading at destination—If the seller incurs costs under its contract of carriage related to unloading at the named place of destination, the seller is

에 대하여 매수인이 전혀 통제할 수 없는 지점에서 제1운송인에게 인도된 때 이전한다는 것이다. 그 후의 어느 단계에서 (예컨대 바다나 강의 항구에서 또는 공항에서) 또는 그 전의 어느 단계에서 (예컨대 바다나 강의 항구로부터 멀리 있는 내륙의 어느 지점에서) 위험이 이전되길 원한다면, 당사자들은 이를 매매계약에 명시하고 물품이 실제로 멸실 또는 훼손되는 경우에 그렇게 하는 것의 결과가 어떻게 되는지를 신중하게 생각할 필요가 있다.

5. 가급적 정확한 목적지 지정 – 당사자들은 또한 매매계약에서 합의된 목적지 내의 지점을 가급적 정확하게 지정하는 것이 좋다. 그 지점까지 매도인은 운송계약을 체결하여야 하고 그 지점까지 발생하는 운송비용을 매도인이 부담하기 때문이다.

6. '또는 그렇게 인도된 물품을 조달함' – 여기에 "조달한다"(procure)고 규정한 것은 특히 일차산품거래(commodity trades)에서 일반적인 수차에 걸쳐 연속적으로 이루어지는 매매('연속매매', 'string sales)에 대응하기 위함이다.

7. 목적지의 양하비용 – 매도인이 자신의 운송계약상 지정목적지에서 양하에 관하여 비용이 발생한 경우에 매도인은 당사자간에 달리 합의되지 않은 한 그러한

제5장 무역계약과 정형거래조건 **155**

not entitled to recover such costs separately from the buyer unless otherwise agreed between the parties.	비용을 매수인으로부터 별도로 상환 받을 권리가 없다.
8. Export/import clearance—CPT requires the seller to clear the goods for export, where applicable. However, the seller has no obligation to clear the goods for import or for transit through third countries, or to pay any import duty or to carry out any import customs formalities.	8. 수출/수입통관-CPT에서는 해당되는 경우에 매도인이 물품의 수출통관을 하여야 한다. 그러나 매도인은 물품의 수입을 위한 또는 제3국 통과를 위한 통관을 하거나 수입관세를 납부하거나 수입통관절차를 수행할 의무가 없다.

CIP | Carriage and Insurance Paid To
CIP (insert named place of destination) Incoterms® 2020

EXPLANATORY NOTES FOR USERS

1. Delivery and risk—"Carriage and Insurance Paid To" means that the seller delivers the goods—and transfers the risk—to the buyer
   ▸ by handing them over to the carrier
   ▸ contracted by the seller
   ▸ or by procuring the goods so delivered.

   ▸ The seller may do so by giving the carrier physical possession of the goods in the manner and at the place appropriate to the means of transport used.

   Once the goods have been delivered to the buyer in this way, the seller does not guarantee that the goods will reach the place of destination in sound condition, in the stated quantity or indeed at all. This is because risk transfers from seller to buyer when the goods are delivered to the buyer by handing them over to the carrier; the seller must nonetheless contract for the carriage of the goods from delivery to the agreed destination. Thus, for example, goods are handed over to a carrier in Las Vegas (which is not a port) for carriage to Southampton (a

CIP | 운송비·보험료지급인도
CIP (지정목적지 기입) Incoterms® 2020

사용자를 위한 설명문

1. 인도와 위험 – "운송비·보험료지급인도"는 매도인이 다음과 같이 매수인에게 물품을 인도하는 것을 – 그리고 위험을 이전하는 것을 – 의미한다.
   ▸ 매도인과 계약을 체결한 운송인에게
   ▸ 물품을 교부함으로써
   ▸ 또는 그렇게 인도된 물품을 조달함으로써.
   ▸ 매도인은 사용되는 운송수단에 적합한 방법으로 그에 적합한 장소에서 운송인에게 물품의 물리적 점유를 이전함으로써 물품을 인도할 수 있다.

   물품이 이러한 방법으로 매수인에게 인도되면, 매도인은 그 물품이 목적지에 양호한 상태로 그리고 명시된 수량 또는 그 전량이 도착할 것을 보장하지 않는다. 왜냐하면 물품이 운송인에게 교부됨으로써 매수인에게 인도된 때 위험은 매도인으로부터 매수인에게 이전하기 때문이다. 그러나 매도인은 물품을 인도지로부터 합의된 목적지까지 운송하는 계약을 체결하여야 한다. 따라서 예컨대 (항구인) 사우샘프턴이나 (항구가 아닌) 윈체스터까지 운송하기 위하여 (항구가 아닌) 라스베이거스에서 운송인에게 물품이 교부된다. 이러한 각각의 경우에 위험을 매수인에게 이전시키는 인도는

port) or to Winchester (which is not a port). In either case, delivery transferring risk to the buyer happens in Las Vegas, and the seller must make a contract of carriage to either Southampton or Winchester.

2. Mode of transport—This rule may be used irrespective of the mode of transport selected and may also be used where more than one mode of transport is employed.

3. Places (or points) of delivery and destination—In CIP two locations are important: the place or point at which the goods are delivered (for the transfer of risk) and the place or point agreed as the destination of the goods (as the point to which the seller promises to contract for carriage).

4. Insurance — The seller must also contract for insurance cover against the buyer's risk of loss of or damage to the goods from the point of delivery to at least the point of destination. This may cause difficulty where the destination country requires insurance cover to be purchased locally: in this case the parties should consider selling and buying under CPT. The buyer should also note that under the CIP Incoterms® 2020 rule the seller is required to obtain extensive insurance cover complying with Institute Cargo Clauses (A) or

라스베이거스에서 일어나고 매도인은 사우샘프턴이나 윈체스터로 향하는 운송계약을 체결하여야 한다.

2. 운송방식 – 본 규칙은 어떠한 운송방식이 선택되는지를 불문하고 사용할 수 있고 둘 이상의 운송방식이 이용되는 경우에도 사용할 수 있다.

3. 인도장소(또는 인도지점)와 목적지 – CIP에서는 두 곳이 중요하다. 물품이 (위험이전을 위하여) 인도되는 장소 또는 지점이 그 하나이고, 물품의 목적지로서 합의된 장소 또는 지점이 다른 하나이다(매도인은 이 지점까지 운송계약을 체결하기로 약속하기 때문이다).

4. 보험 – 매도인은 또한 인도지점부터 적어도 목적지점까지 매수인의 물품의 멸실 또는 훼손 위험에 대하여 보험계약을 체결하여야 한다. 이는 목적지 국가가 자국의 보험자에게 부보하도록 요구하는 경우에는 어려움을 야기할 수 있다. 이러한 경우에 당사자들은 CPT로 매매하는 것을 고려하여야 한다. 또한 매수인은 인코텀즈 2020 CIP 하에서 매도인은 협회적하약관의 C-약관에 의한 제한적인 담보조건이 아니라 협회적하약관의 A-약관이나 그와 유사한 약관에 따른 광범위한 담보조건으로 부보하여야 한다는 것을 유의하여야 한다. 그러나

similar clause, rather than with the more limited cover under Institute Cargo Clauses (C). It is, however, still open to the parties to agree on a lower level of cover.

5. Identifying the place or point of delivery with precision—The parties are well advised to identify both places, or indeed points within those places, as precisely as possible in the contract of sale. Identifying the place or point (if any) of delivery as precisely as possible is important to cater for the common situation where several carriers are engaged, each for different legs of the transit from delivery to destination. Where this happens and the parties do not agree on a specific place or point of delivery, the default position is that risk transfers when the goods have been delivered to the first carrier at a point entirely of the seller's choosing and over which the buyer has no control. Should the parties wish the risk to transfer at a later stage (e.g. at a sea or river port or at an airport), or indeed an earlier one (e.g. an inland point some way away from 石 sea or river port), they need to specify this in their contract of sale and to carefully think through the consequences of so doing in case the goods are lost or damaged.

당사자들은 여전히 더 낮은 수준의 담보조건으로 부보하기로 합의할 수 있다.

5. 정확한 인도장소 또는 인도지점 지정 – 당사자들은 매매계약에서 가급적 정확하게 두 장소(인도장소 및 목적지) 또는 그러한 두 장소 내의 실제 지점들을 지정하는 것이 좋다. 인도장소나 인도지점(있는 경우)을 가급적 정확하게 지정하는 것은 복수의 운송인이 참여하여 인도지부터 목적지까지 사이에 각자 상이한 운송구간을 담당하는 일반적인 상황에 대응하기 위하여 중요하다. 이러한 상황에서 당사자들이 특정한 인도장소나 인도지점을 합의하지 않는 경우에 [본 규칙이 규정하는] 보충적 입장은, 위험은 물품이 매도인이 전적으로 선택하고 그에 대하여 매수인이 전혀 통제할 수 없는 지점에서 제1운송인에게 인도된 때 이전한다는 것이다. 그 후의 어느 단계에서 (예컨대 바다나 강의 항구에서 또는 공항에서) 또는 그 전의 어느 단계에서 (예컨대 바다나 강의 항구로부터 멀리 있는 내륙의 어느 지점에서) 위험이 이전되길 원한다면, 당사자들은 이를 매매계약에 명시하고 물품이 실제로 멸실 또는 훼손되는 경우에 그렇게 하는 것의 결과가 어떻게 되는지를 신중하게 생각할 필요가 있다.

6. Identifying the destination as precisely as possible—The parties are also well advised to identify as precisely as possible in the contract of sale the point within the agreed place of destination, as this is the point to which the seller must contract for carriage and insurance and this is the point to which the costs of carriage and insurance fall on the seller.	6. 가급적 정확한 목적지 지정―당사자들은 매매계약에서 합의된 목적지 내의 지점을 가급적 정확하게 지정하는 것이 좋다. 그 지점까지 매도인은 운송계약과 보험계약을 체결하여야 하고 그 지점까지 발생하는 운송비용과 보험비용을 매도인이 부담하기 때문이다.
7. 'or procuring the goods so delivered' —The reference to "procure" here caters for multiple sales down a chain (string sales), particularly common in the commodity trades.	7. '또는 그렇게 인도된 물품을 조달함' ― 여기에 "조달한다"(procure)고 규정한 것은 특히 일차산품거래(commodity trades)에서 일반적인 수차에 걸쳐 연속적으로 이루어지는 매매('연속매매', string sales')에 대응하기 위함이다.
8. Costs of unloading at destination—If the seller incurs costs under its contract of carriage related to unloading at the named place of destination, the seller is not entitled to recover such costs separately from the buyer unless otherwise agreed between the parties.	8. 목적지의 양하비용―매도인이 자신의 운송계약상 지정목적지에서 양하에 관하여 비용이 발생한 경우에 매도인은 당사자간에 달리 합의되지 않은 한 그러한 비용을 매수인으로부터 별도로 상환받을 권리가 없다.
9. Export/import clearance—CIP requires the seller to clear the goods for export, where applicable. However, the seller has no obligation to clear the goods for import or for transit through third countries, or to pay any import duty or to carry out any import customs formalities.	9. 수출/수입통관 CIP에서는 해당되는 경우에 매도인이 물품의 수출통관을 하여야 한다. 그러나 매도인은 물품의 수입을 위한 또는 제3국 통과를 위한 통관을 하거나 수입관세를 납부하거나 수입통관절차를 수행할 의무가 없다.

DAP | Delivered at Place
DAP (insert named place of destination)
Incoterms® 2020

EXPLANATORY NOTES FOR USERS
1. Delivery and risk—"Delivered at Place" means that the seller delivers the goods—and transfers risk—to the buyer
   ‣ when the goods are placed at the disposal of the buyer
   ‣ on the arriving means of transport ready for unloading
   ‣ at the named place of destination or
   ‣ at the agreed point within that place, if any such point is agreed

   The seller bears all risks involved in bringing the goods to the named place of destination or to the agreed point within that place. In this Incoterms® rule, therefore, delivery and arrival at destination are the same.
2. Mode of transport—This rule may be used irrespective of the mode of transport selected and may also be used where more than one mode of transport is employed.
3. Identifying the place or point of delivery/destination precisely—The parties are well advised to specify the destination place or point as clearly as possible and this for several reasons.

DAP | 도착지인도
DAP (지정목적지 기입)
Incoterms® 2020

사용자를 위한 설명문
1. 인도와 위험 – "도착지인도"는 다음과 같이 된 때 매도인이 매수인에게 물품을 인도하는 것을 – 그리고 위험을 이전하는 것을 – 의미한다.
   ‣ 물품이 지정목적지에서 또는
   ‣ 지정목적지 내에 어떠한 지점이 합의된 경우에는 그 지점에서
   ‣ 도착운송수단에 실어둔 채 양하준비된 상태로
   ‣ 매수인의 처분하에 놓인때

   매도인은 물품을 지정목적지까지 또는 지정목적지 내의 합의된 지점까지 가져가는 데 수반되는 모든 위험을 부담한다. 따라서 본 인코텀즈규칙에서 인도와 목적지의 도착은 같은 것이다.
2. 운송방식 – 본 규칙은 어떠한 운송방식이 선택되는지를 불문하고 사용할 수 있고 둘 이상의 운송방식이 이용되는 경우에도 사용할 수 있다.
3. 정확한 인도장소/목적지 또는 인도/목적지점 지정 – 당사자들은 몇 가지 이유로 가급적 명확하게 목적지나 목적지점을 명시하는 것이 좋다. 첫째, 물품의 멸실 또는 훼손의 위험은 그러한 인도/목적지

First, risk of loss of or damage to the goods transfers to the buyer at that point of delivery/ destination—and it is best for the seller and the buyer to be clear about the point at which that critical transfer happens. Secondly, the costs before that place or point of delivery/destination are for the account of the seller and the costs after that place or point are for the account of the buyer. Thirdly, the seller must contract or arrange for the carriage of the goods to the agreed place or point of delivery/destination. If it fails to do so, the seller is in breach of its obligations under the Incoterms® DAP rule and will be liable to the buyer for any ensuing loss. Thus, for example, the seller would be responsible for any additional costs levied by the carrier to the buyer for any additional on-carriage.

점에서 매수인에게 이전한다. — 따라서 매도인과 매수인은 그러한 결정적인 이전이 일어나는 지점에 대하여 명확하게 해두는 것이 가장 좋다. 둘째, 그러한 인도장소/목적지 또는 인도/목적지점 전의 비용은 매도인이 부담하고 그 후의 비용은 매수인이 부담한다. 셋째, 매도인은 물품을 합의된 인도장소/목적지 또는 인도/목적지점까지 운송하는 계약을 체결하거나 그러한 운송을 마련하여야 한다. 그렇게 하지 않는 경우에 매도인은 인코텀즈 DAP 규칙상 그의 의무를 위반한 것이 되고 매수인에 대하여 그에 따른 손해배상책임을 지게 된다. 따라서 예컨대 매도인은 추가적인 후속운송(on-carriage)을 위하여 운송인이 매수인에게 부과하는 추가비용에 대하여 책임을 지게 된다.

4. 'or procuring the goods so delivered'—The reference to "procure" here caters for multiple sales down a chain (string sales), particularly common in the commodity trades.

4. '또는 그렇게 인도된 물품을 조달함' – 여기에 "조달한다"(procure)고 규정한 것은 특히 일차산품거래(commodity trades)에서 일반적인 수차에 걸쳐 연속적으로 이루어지는 매매('연속매매', 'string sales')에 대응하기 위함이다.

5. Unloading costs—The seller is not required to unload the goods from the arriving means of transportation. However, if the seller incurs costs under its contract of carriage related to unloading at the place of delivery/

5. 양하비용 – 매도인은 도착운송수단으로부터 물품을 양하(unload)할 필요가 없다. 그러나 매도인이 자신의 운송계약상 인도장소/목적지에서 양하에 관하여 비용이 발생한 경우에 매도인은 당사자간에 달리 합의되지 않은 한 그러한 비용

destination, the seller is not entitled to recover such costs separately from the buyer unless otherwise agreed between the parties.

6. Export/import clearance—DAP requires the seller to clear the goods for export, where applicable. However, the seller has no obligation to clear the goods for import or for post-delivery transit through third countries, to pay any import duty or to carry out any import customs formalities. As a result, if the buyer fails to organise import clearance, the goods will be held up at a port or inland terminal in the destination country. Who bears the risk of any loss that might occur while the goods are thus held up at the port of entry in the destination country? The answer is the buyer: delivery will not have occurred yet, B3(a) ensuring that the risk of loss of or damage to the goods is with the buyer until transit to a named inland point can be resumed. If, in order to avoid this scenario, the parties intend the seller to clear the goods for import, pay any import duty or tax and carry out any import customs formalities, the parties might consider using DDP.

을 매수인으로부터 별도로 상환받을 권리가 없다.

6. 수출/수입통관 DAP에서는 해당되는 경우에 매도인이 물품의 수출통관을 하여야 한다. 그러나 매도인은 물품의 수입을 위한 또는 인도 후 제3국 통과를 위한 통관을 하거나 수입관세를 납부하거나 수입통관절차를 수행할 의무가 없다. 따라서 매수인이 수입통관을 못하는 경우에 물품은 목적지 국가의 항구나 내륙터미널에 묶이게 될 것이다. 그렇다면 물품이 목적지 국가의 입국항구(port of entry)에 묶여있는 동안에 발생하는 어떤 멸실의 위험은 누가 부담하는가? 그 답은 매수인이다. 즉 아직 인도가 일어나지 않았고, B3(a)는 내륙의 지정지점으로의 통과가 재개될 때까지 물품의 멸실 또는 훼손의 위험을 매수인이 부담하도록 하기 때문이다. 만일 이러한 시나리오를 피하기 위하여 물품의 수입통관을 하고 수입관세나 세금을 납부하고 수입통관절차를 수행하는 것을 매도인이 하도록 하고자 하는 경우에 당사자들은 DDP를 사용하는 것을 고려할 수 있다.

DPU | Delivered at Place Unloaded DPU (insert named place of destination) Incoterms® 2020	DPU | 도착지양하인도 DPU (지정목적지 기입) Incoterms® 2020
EXPLANATORY NOTES FOR USERS	사용자를 위한 설명문

1. Delivery and risk—"Delivered at Place Unloaded" means that the seller delivers the goods—and transfers risk—to the buyer
   ▸ when the goods,
   ▸ once unloaded from the arriving means of transport,
   ▸ are placed at the disposal of the buyer
   ▸ at a named place of destination or
   ▸ at the agreed point within that place, if any such point is agreed.

   The seller bears all risks involved in bringing the goods to and unloading them at the named place of destination. In this Incoterms® rule, therefore, the delivery and arrival at destination are the same. DPU is the only Incoterms® rule that requires the seller to unload goods at destination. The seller should therefore ensure that it is in a position to organise unloading at the named place. Should the parties intend the seller not to bear the risk and cost of unloading, the DPU rule should be avoided and DAP should be used instead.

1. 인도와 위험 – "도착지양하인도"는 다음과 같이 된 때 매도인이 매수인에게 물품을 인도하는 것을 – 그리고 위험을 이전하는 것을 – 의미한다.
   ▸ 물품이
   ▸ 지정목적지에서 또는
   ▸ 지정목적지 내에 어떠한 지점이 합의된 경우에는 그 지점에서
   ▸ 도착운송수단으로부터 양하된 상태로
   ▸ 매수인의 처분하에 놓인 때.

   매도인은 물품을 지정목적지까지 가져가서 그곳에서 물품을 양하하는 데 수반되는 모든 위험을 부담한다. 따라서 본 인코텀즈 규칙에서 인도와 목적지의 도착은 같은 것이다. DPU는 매도인이 목적지에서 물품을 양하하도록 하는 유일한 인코텀즈 규칙이다. 따라서 매도인은 자신이 그러한 지정장소에서 양하를 할 수 있는 입장에 있는지를 확실히 하여야 한다. 당사자들은 매도인이 양하의 위험과 비용을 부담하기를 원하지 않는 경우에는 DPU를 피하고 그 대신 DAP를 사용하여야 한다.

2. Mode of transport—This rule may be used irrespective of the mode of transport selected and may also be used where more than one mode of transport is employed.

3. Identifying the place or point of delivery/destination precisely—The parties are well advised to specify the destination place or point as clearly as possible and this for several reasons. First, risk of loss of or damage to the goods transfers to the buyer at that point of delivery/ destination—and it is best for the seller and the buyer to be clear about the point at which that critical transfer happens. Secondly, the costs before that place or point of delivery/destination are for the account of the seller and the costs after that place or point are for the account of the buyer. Thirdly, the seller must contract or arrange for the carriage of the goods to the agreed place or point of delivery/destination. If it fails to do so, the seller is in breach of its obligations under this rule and will be liable to the buyer for any ensuing loss. The seller would, for example, be responsible for any additional costs levied by the carrier to the buyer for any additional on-carriage.

2. 운송방식 – 본 규칙은 어떠한 운송방식이 선택되는지를 불문하고 사용할 수 있고 둘 이상의 운송방식이 이용되는 경우에도 사용할 수 있다.

3. 정확한 인도장소/목적지 또는 인도/목적지점 지정 – 당사자들은 몇 가지 이유로 가급적 명확하게 목적지나 목적지점을 명시하는 것이 좋다. 첫째, 물품의 멸실 또는 훼손의 위험은 그러한 인도/목적지점에서 매수인에게 이전한다. – 따라서 매도인과 매수인은 그러한 결정적인 이전이 일어나는 지점에 대하여 명확하게 해두는 것이 가장 좋다. 둘째, 그러한 인도장소/목적지 또는 인도/목적지점 전의 비용은 매도인이 부담하고 그 후의 비용은 매수인이 부담한다. 셋째, 매도인은 물품을 합의된 인도장소/목적지 또는 인도/목적지점까지 운송하는 계약을 체결하거나 그러한 운송을 마련하여야 한다. 그렇게 하지 않는 경우에 매도인은 본 규칙상 그의 의무를 위반한 것이 되고 매수인에 대하여 그에 따른 손해배상책임을 지게 된다. 따라서 예컨대 매도인은 추가적인 후속운송(On-carriage)을 위하여 운송인이 매수인에게 부과하는 추가비용에 대하여 책임을 지게 된다.

4. 'or procuring the goods so delivered, — The reference to "procure" here caters for multiple sales down a chain (string sales), particularly common in the commodity trades.

5. Export/import clearance — DPU requires the seller to clear the goods for export, where applicable. However, the seller has no obligation to clear the goods for import or for post-delivery transit through third countries, to pay any import duty or to carry out any import customs formalities. As a result, if the buyer fails to organise import clearance, the goods will be held up at a port or inland terminal in the destination country. Who bears the risk of any loss that might occur while the goods are thus held up at the port of entry in the destination country? The answer is the buyer: delivery will not have occurred yet, B3(a) ensuring that the risk of loss of or damage to the goods is with the buyer until transit to a named inland point can be resumed. If, in order to avoid this scenario, the parties intend the seller to clear the goods for import, pay any import duty or tax and carry out any import customs formalities, the parties might consider using DDP.

4. '또는 그렇게 인도된 물품을 조달함' — 여기에 "조달한다"(procure)고 규정한 것은 특히 일차산품거래(commodity trades)에서 일반적인 수차에 걸쳐 연속적으로 이루어지는 매매('연속매매', 'string sales')에 대응하기 위함이다.

5. 수출/수입통관 — DPU에서는 해당되는 경우에 매도인이 물품의 수출통관을 하여야 한다. 그러나 매도인은 물품의 수입을 위한 또는 인도 후 제3국 통과를 위한 통관을 하거나 수입관세를 납부하거나 수입통관절차를 수행할 의무가 없다. 따라서 매수인이 수입통관을 못하는 경우에 물품은 목적지 국가의 항구나 내륙터미널에 묶이게 될 것이다. 그렇다면 물품이 목적지 국가의 입국항구(port of entry)나 내륙터미널에 묶여있는 동안에 발생하는 어떤 멸실의 위험은 누가 부담하는가? 그 답은 매수인이다. 즉, 아직 인도가 일어나지 않았고, B3(a)는 내륙의 지정지점으로의 통과가 재개될 때까지 물품의 멸실 또는 훼손의 위험을 매수인이 부담하도록 하기 때문이다. 이러한 시나리오를 피하기 위하여 물품의 수입신고를 하고 수입관세나 세금을 납부하고 수입통관절차를 수행하는 것을 매도인이 하도록 하는 경우에 당사자들은 DDP를 사용하는 것을 고려할 수 있다.

DDP | Delivered Duty Paid DDP (insert named place of destination) Incoterms® 2020	DDP | 관세지급인도 DDP (지정목적지 기입) Incoterms® 2020

EXPLANATORY NOTES FOR USERS

1. Delivery and risk—"Delivered Duty Paid" means that the seller delivers the goods to the buyer
    ▸ when the goods are placed at the disposal of the buyer,
    ▸ cleared for import
    ▸ on the arriving means of transport,
    ▸ ready for unloading,
    ▸ at the named place of destination or at the agreed point within that place, if any such point is agreed.

    The seller bears all risks involved in bringing the goods to the named place of destination or to the agreed point within that place. In this Incoterms® rule, therefore, delivery and arrival at destination are the same.

2. Mode of transport—This rule may be used irrespective of the mode of transport selected and may also be used where more than one mode of transport is employed.

3. A note of caution to sellers: maximum responsibility—DDP with delivery happening at destination and with the seller being responsible for the payment of import duty and applicable taxes is

사용자를 위한 설명문

1. 인도와 위험 – "관세지급인도"는 다음과 같이 될 때 매도인이 매수인에게 물품을 인도하는 것을 의미한다.
    ▸ 물품이 지정목적지에서 또는 지정목적지 내의 어떠한 지점이 합의된 경우에는 그러한 지점에서
    ▸ 수입통관 후
    ▸ 도착운송수단에 실어둔 채
    ▸ 양하준비된 상태로
    ▸ 매수인의 처분하에 놓인 때.

    매도인은 물품을 지정목적지까지 또는 지정목적지 내의 합의된 지점까지 가져가는 데 수반되는 모든 위험을 부담한다. 따라서 본 인코텀즈 규칙에서 인도와 목적지의 도착은 같은 것이다.

2. 운송방식 – 본 규칙은 어떠한 운송방식이 선택되는지를 불문하고 사용할 수 있고 둘 이상의 운송방식이 이용되는 경우에도 사용할 수 있다.

3. 매도인을 위한 유의사항: 최대책임 – DDP에서는 인도가 도착지에서 일어나고 매도인이 수입관세와 해당되는 세금의 납부책임을 지므로 DDP는 11개의 모든 인코텀즈 규칙 중에서 매도인에게

the Incoterms® rule imposing on the seller the maximum level of obligation of all eleven Incoterms® rules. From the seller's perspective, therefore, the rule should be used with care for different reasons as set out in paragraph 7.

4. Identifying the place or point of delivery/destination precisely—The parties are well advised to specify the destination place or point as clearly as possible and this for several reasons. First, risk of loss of or damage to the goods transfers to the buyer at that point of delivery/destination—and it is best for the seller and the buyer to be clear about the point at which that critical transfer happens. Secondly, the costs before that place or point of delivery/destination are for the account of the seller, including the costs of import clearance, and the costs after that place or point, other than the costs of import, are for the account of the buyer. Thirdly, the seller must contract or arrange for the carriage of the goods to the agreed place or point of delivery/destination. If it fails to do so, the seller is in breach of its obligations under the Incoterms® rule DDP and will be liable to the buyer for any ensuing loss. Thus, for example, the seller would be responsible for any additional costs levied by the carrier to the buyer for any additional on-carriage.

최고수준의 의무를 부과하는 규칙이다. 따라서 매도인의 관점에서, 본 규칙은 아래 7번 단락에서 보는 바와 같이 여러 가지 이유로 조심스럽게 사용하여야 한다.

4. 정확한 인도장소/목적지 또는 인도/목적지점 지정 – 당사자들은 몇 가지 이유로 가급적 명확하게 목적지나 목적지점을 명시하는 것이 좋다. 첫째, 물품의 멸실 또는 훼손의 위험은 그러한 인도/목적지점에서 매수인에게 이전한다. – 따라서 매도인과 매수인은 그러한 결정적인 이전이 일어나는 지점에 대하여 명확하게 해두는 것이 가장 좋다. 둘째, 수입통관비용을 포함하여 그러한 인도장소/목적지 또는 인도/목적지점 전의 비용은 매도인이 부담하고 수입비용을 제외한 그 후의 비용은 매수인이 부담한다. 셋째, 매도인은 물품을 합의된 인도장소/목적지 또는 인도/목적지점까지 운송하는 계약을 체결하거나 그러한 운송을 마련하여야 한다. 그렇게 하지 않는 경우에 매도인은 인코텀즈 DDP 규칙상 그의 의무를 위반한 것이 되고 매수인에 대하여 그에 따른 손해배상책임을 지게 된다. 따라서 예컨대 매도인은 추가적인 후속운송(on-carriage)을 위하여 운송인이 매수인에게 부과하는 추가비용에 대하여 책임을 지게 된다.

5. 'or procuring the goods so delivered'—The reference to "procure" here caters for multiple sales down a chain (string sales), particularly common in the commodity trades.

6. Unloading costs—If the seller incurs costs under its contract of carriage related to unloading at the place of delivery/destination, the seller is not entitled to recover such costs separately from the buyer unless otherwise agreed between the parties.

7. Export/import clearance—As set out in paragraph 3, DDP requires the seller to clear the goods for export, where applicable, as well as for import and to pay any import duty or to carry out any customs formalities. Thus if the seller is unable to obtain import clearance and would rather leave that side of things in the buyer's hands in the country of import, then the seller should consider choosing DAP or DPU, under which rules delivery still happens at destination, but with import clearance being left to the buyer. There may be tax implications and this tax may not be recoverable from the buyer: see A9(d).

5. '또는 그렇게 인도된 물품을 조달함' – 여기에 "조달한다"(procure)고 규정한 것은 특히 일차산품거래(commodity trades)에서 일반적인 수차에 걸쳐 연속적으로 이루어지는 매매('연속매매', 'string sales')에 대응하기 위함이다.

6. 양하비용 – 매도인은 자신의 운송계약상 인도장소/목적지에서 양하에 관하여 비용이 발생한 경우에 당사자간에 달리 합의되지 않은 한 그러한 비용을 매수인으로부터 별도로 상환받을 권리가 없다.

7. 수출/수입통관 – 위의 3번 단락에서 보듯이, DDP에서는 해당되는 경우에 매도인이 물품의 수출통관 및 수입통관을 하여야 하고 또한 수입관세를 납부하거나 모든 통관절차를 수행하여야 한다. 따라서 매도인은 수입통관을 완료할 수 없어서 차라리 이러한 부분을 수입국에 있는 매수인의 손에 맡기고자 하는 경우에 인도는 여전히 목적지에서 일어나지만 수입통관은 매수인이 하도록 되어 있는 DAP나 DPU를 선택하는 것을 고려하여야 한다. 세금문제가 개재될 수 있는데 이러한 세금은 매수인으로부터 상환받을 수 없다. A9(d)를 보라.

RULES FOR SEA AND INLAND WATERWAY TRANSPORT
(해상운송과 내수로운송에 적용되는 규칙)

FAS | Free Alongside Ship FAS (insert named port of shipment) Incoterms® 2020	FAS | 선측인도 FAS (지정선적항 기입) Incoterms® 2020

EXPLANATORY NOTES FOR USERS

1. Delivery and risk—"Free Alongside Ship" means that the seller delivers the goods to the buyer
    - when the goods are placed alongside the ship (e.g. on a quay or a barge)
    - nominated by the buyer
    - at the named port of shipment
    - or when the seller procures goods already so delivered.

   The risk of loss of or damage to the goods transfers when the goods are alongside the ship, and the buyer bears all costs from that moment onwards.

2. Mode of transport—This rule is to be used only for sea or inland waterway transport where the parties intend to deliver the goods by placing the goods alongside a vessel. Thus, the FAS rule is not appropriate where goods are handed over to the carrier before they are alongside the vessel, for example where goods are handed over to a carrier at a container terminal. Where

사용자를 위한 설명문

1. 인도와 위험 – "선측인도"는 다음과 같이 된 때 매도인이 물품을 매수인에게 인도하는 것을 의미한다.
    - 지정선적항에서
    - 매수인이 지정한 선박의
    - 선측에(예컨대 부두 또는 바지(barge)에 물품이 놓인 때
    - 또는 이미 그렇게 인도된 물품을 조달한 때. 물품의 멸실 또는 훼손의 위험은 물품이 선측에 놓인 때 이전하고, 매수인은 그 순간부터 향후의 모든 비용을 부담한다.

2. 운송방식 – 본 규칙은 당사자들이 물품을 선측에 둠으로써 인도하기로 하는 해상운송이나 내수로운송에만 사용되어야 한다. 따라서 FAS 규칙은 물품이 선측에 놓이기 전에 운송인에게 교부되는 경우, 예컨대 물품이 컨테이너터미널에서 운송인에게 교부되는 경우에는 적절하지 않다. 이러한 경우에 당사자들은 FAS 규칙 대신에 FCA 규칙을 사용하는 것을 고려하여야 한다.

this is the case, parties should consider using the FCA rule rather than the FAS rule.

3. Identifying the loading point precisely—The parties are well advised to specify as clearly as possible the loading point at the named port of shipment where the goods are to be transferred from the quay or barge to the ship, as the costs and risks to that point are for the account of the seller and these costs and associated handling charges may vary according to the practice of the port.

4. 'or procuring the goods so delivered'—The seller is required either to deliver the goods alongside the ship or to procure goods already so delivered for shipment. The reference to "procure" here caters for multiple sales down a chain (string sales), particularly common in the commodity trades.

5. Export/import clearance—FAS requires the seller to clear the goods for export, where applicable. However, the seller has no obligation to clear the goods for import or for transit through third countries, to pay any import duty or to carry out any import customs formalities.

3. 정확한 적재지점 지정 – 당사자들은 지정선적항에서 물품이 부두나 바지(barge)로부터 선박으로 이동하는 적재지점을 가급적 명확하게 명시하는 것이 좋다. 그 지점까지의 비용과 위험은 매도인이 부담하고, 이러한 비용과 그와 관련된 처리비용(handling charges)은 항구의 관행에 따라 다르기 때문이다.

4. '또는 그렇게 인도된 물품을 조달함' – 매도인은 물품을 선측에서 인도하거나 선적을 위하여 이미 그렇게 인도된 물품을 조달하여야 한다. 여기에 "조달한다"(procure)고 규정한 것은 특히 일차산품거래(commodity trades)에서 일반적인 수차에 걸쳐 연속적으로 이루어지는 매매('연속매매', 'string sales')에 대응하기 위함이다.

5. 수출/수입통관 – FAS에서는 해당되는 경우에 매도인이 물품의 수출통관을 하여야 한다. 그러나 매도인은 물품의 수입을 위한 또는 제3국 통과를 위한 통관을 하거나 수입관세를 납부하거나 수입통관절차를 수행할 의무가 없다.

FOB | Free On Board
FOB(insert named port of shipment)
Incoterms® 2020

EXPLANATORY NOTES FOR USERS
1. Delivery and risk—"Free on Board" means that the seller delivers the goods to the buyer
   ▸ on board the vessel
   ▸ nominated by the buyer
   ▸ at the named port of shipment
   ▸ or procures the goods already so delivered.

   The risk of loss of or damage to the goods transfers when the goods are on board the vessel, and the buyer bears all costs from that moment onwards.

2. Mode of transport—This rule is to be used only for sea or inland waterway transport where the parties intend to deliver the goods by placing the goods on board a vessel. Thus, the FOB rule is not appropriate where goods are handed over to the carrier before they are on board the vessel, for example where goods are handed over to a carrier at a container terminal. Where this is the case, parties should consider using the FCA rule rather than the FOB rule.

FOB | 본선인도
FOB (지정선적항 기입)
Incoterms® 2020

사용자를 위한 설명문
1. 인도와 위험 – "본선인도"는 매도인이 다음과 같이 물품을 매수인에게 인도하는 것을 의미한다.
   ▸ 지정선적항에서
   ▸ 매수인이 지정한
   ▸ 선박에 적재함
   ▸ 또는 이미 그렇게 인도된 물품을 조달함.

   물품의 멸실 또는 훼손의 위험은 물품이 선박에 적재된 때 이전하고, 매수인은 그 순간부터 향후의 모든 비용을 부담한다.

2. 운송방식 – 본 규칙은 당사자들이 물품을 선박에 적재함으로써 인도하기로 하는 해상운송이나 내수로운송에만 사용되어야 한다. 따라서 FOB 규칙은 물품이 선박에 적재되기 전에 운송인에게 교부되는 경우, 예컨대 물품이 컨테이너터미널에서 운송인에게 교부되는 경우에는 적절하지 않다. 이러한 경우에 당사자들은 FOB 규칙 대신에 FCA 규칙을 사용하는 것을 고려하여야 한다.

3. 'or procuring the goods so delivered' — The seller is required either to deliver the goods on board the vessel or to procure goods already so delivered for shipment. The reference to "procure" here caters for multiple sales down a chain (string sales), particularly common in the commodity trades.

4. Export/import clearance—FOB requires the seller to clear the goods for export, where applicable. However, the seller has no obligation to clear the goods for import or for transit through third countries, to pay any import duty or to carry out any import customs formalities.

3. '또는 그렇게 인도된 물품을 조달함' – 매도인은 물품을 선박에 적재하여 인도하거나 선적을 위하여 이미 그렇게 인도된 물품을 조달하여야 한다. 여기에 "조달한다" (procure)고 규정한 것은 특히 일차산품거래(commodity trades)에서 일반적인 수차에 걸쳐 연속적으로 이루어지는 매매('연속매매', string sales')에 대응하기 위함이다.

4. 수출/수입통관 – FOB에서는 해당되는 경우에 매도인이 물품의 수출통관을 하여야 한다. 그러나 매도인은 물품의 수입을 위한 또는 제3국 통과를 위한 통관을 하거나 수입관세를 납부하거나 수입통관절차를 수행할 의무가 없다.

CFR | Cost and Freight	CFR | 운임포함인도
CFR (insert named port of destination)	CFR (지정목적항 기입)
Incoterms® 2020	Incoterms® 2020

EXPLANATORY NOTES FOR USERS

1. Delivery and risk—"Cost and Freight" means that the seller delivers the goods to the buyer
    - on board the vessel
    - or procures the goods already so delivered.

    The risk of loss of or damage to the goods transfers when the goods are on board the vessel, such that the seller is taken to have performed its obligation to deliver the goods whether or not the goods actually arrive at their destination in sound condition, in the stated quantity or, indeed, at all. In CFR, the seller owes no obligation to the buyer to purchase insurance cover: the buyer would be well-advised therefore to purchase some cover for itself.

2. Mode of transport—This rule is to be used only for sea or inland waterway transport. Where more than one mode of transport is to be used, which will commonly be the case where goods are handed over to a carrier at a container terminal, the appropriate rule to use is CPT rather than CFR.

사용자를 위한 설명문

1. 인도와 위험—"운임포함인도"는 매도인이 물품을 매수인에게 다음과 같이 인도하는 것을 의미한다.
    - 선박에 적재함
    - 또는 이미 그렇게 인도된 물품을 조달함.

    물품의 멸실 또는 훼손의 위험은 물품이 선박에 적재된 때 이전하고, 그에 따라 매도인은 명시된 수량의 물품이 실제로 목적지에 양호한 상태로 도착하는지를 불문하고 또는 사실 물품이 전혀 도착하지 않더라도 그의 물품인도의무를 이행한 것으로 된다. CFR에서 매도인은 매수인에 대하여 부보의무가 없다. 따라서 매수인은 스스로 부보하는 것이 좋다.

2. 운송방식—본 규칙은 해상운송이나 내수로운송에만 사용되어야 한다. 물품이 컨테이너터미널에서 운송인에게 교부되는 경우에 일반적으로 그러하듯이 둘 이상의 운송방식이 사용되는 경우에 사용하기 적절한 규칙은 CFR이 아니라 CPT이다.

3. 'or procuring the goods so delivered'—The reference to "procure" here caters for multiple sales down a chain (string sales), particularly common in the commodity trades.

4. Ports of delivery and destination—In CFR, two ports are important: the port where the goods are delivered on board the vessel and the port agreed as the destination of the goods. Risk transfers from seller to buyer when the goods are delivered to the buyer by placing them on board the vessel at the shipment port or by procuring the goods already so delivered. However, the seller must contract for the carriage of the goods from delivery to the agreed destination. Thus, for example, goods are placed on board a vessel in Shanghai (which is a port) for carriage to Southampton (also a port). Delivery here happens when the goods are on board in Shanghai, with risk transferring to the buyer at that time; and the seller must make a contract of carriage from Shanghai to Southampton.

5. Must the shipment port be named?—While the contract will always specify a destination port, it might not specify the port of shipment, which is where risk transfers to the buyer. If the shipment port is of particular interest

3. '또는 그렇게 인도된 물품을 조달함' – 여기에 "조달한다"(procure)고 규정한 것은 특히 일차산품거래(commodity trades)에서 일반적인 수차에 걸쳐 연속적으로 이루어지는 매매('연속매매', 'string sales')에 대응하기 위함이다.

4. 인도항(port of delivery)과 목적항(port of destination) – CFR에서는 두 항구가 중요하다. 물품이 선박에 적재되어 인도되는 항구와 물품의 목적항으로 합의된 항구가 그것이다. 위험은 물품이 선적항에서 선박에 적재됨으로써 또는 이미 그렇게 인도된 물품을 조달함으로써 매수인에게 인도된 때 매도인으로부터 매수인에게 이전한다. 그러나 매도인은 물품을 인도지부터 합의된 목적지까지 운송하는 계약을 체결하여야 한다. 따라서 예컨대 물품은 (항구인) 사우샘프턴까지 운송을 위하여 (항구인) 상하이에서 선박에 적재된다. 그러면 물품이 상하이에서 적재된 때 여기서 인도가 일어나고, 그 시점에 위험이 매수인에게 이전한다. 그리고 매도인은 상하이에서 사우샘프턴으로 향하는 운송계약을 체결하여야 한다.

5. 선적항은 반드시 지정되어야 하는가? – 계약에서 항상 목적항을 명시할 것이지만, 위험이 매수인에게 이전하는 장소인 선적항은 명시하지 않을 수도 있다. 예컨대 매수인이 매매대금에서 운임요소가 합리적인지 확인하고자 하는 경우

to the buyer, as it may be, for example, where the buyer wishes to ascertain that the freight element of the price is reasonable, the parties are well advised to identify it as precisely as possible in the contract.

6. Identifying the destination point at the discharge port—The parties are well advised to identify as precisely as possible the point at the named port of destination, as the costs to that point are for the account of the seller. The seller must make a contract or contracts of carriage that cover(s) the transit of the goods from delivery to the named port or to the agreed point within that port where such a point has been agreed in the contract of sale.

7. Multiple carriers—It is possible that carriage is effected through several carriers for different legs of the sea transport, for example, first by a carrier operating a feeder vessel from Hong Kong to Shanghai, and then onto an ocean vessel from Shanghai to Southampton. The question which arises here is whether risk transfers from seller to buyer at Hong Kong or at Shanghai: where does delivery take place? The parties may well have agreed this in the sale contract itself. Where, however, there is no such agreement, the default position is that

에 그러하듯이 선적항이 특히 매수인의 관심사항인 경우에 당사자들은 계약에서 선적항을 가급적 정확하게 특정하는 것이 좋다.

6. 양륙항 내 목적지점 지정 – 당사자들은 지정목적항 내의 지점을 가급적 정확하게 지정하는 것이 좋다. 그 지점까지 비용을 매도인이 부담하기 때문이다. 매도인은 물품을 인도지로부터 지정목적항까지 또는 그 지정목적항 내의 지점으로서 매매계약에서 합의된 지점까지 물품을 운송하는 단일 또는 복수의 계약을 체결하여야 한다.

7. 복수의 운송인 – 예컨대 먼저 홍콩에서 상하이까지 피더선(feeder vessel)을 운항하는 운송인이 담당하고 이어서 상하이에서 사우샘프턴까지 항해선박(ocean vessel)이 담당하는 경우와 같이, 상이한 해상운송구간을 각기 담당하는 복수의 운송인이 운송을 수행하는 것도 가능하다. 이때 과연 위험은 매도인으로부터 매수인에게 홍콩에서 이전하는지 아니면 상하이에서 이전하는지 의문이 발생한다. 즉 인도는 어디서 일어나는가? 당사자들이 매매계약 자체에서 이를 잘 합의하였을 수도 있다. 그러나 그러한 합의가 없는 경우에 [본 규칙이 규정하는] 보충적 입장은, 위험은 물품이 제1운송

risk transfers when the goods have been delivered to the first carrier, i.e. Hong Kong, thus increasing the period during which the buyer incurs the risk of loss or damage. Should the parties wish the risk to transfer at a later stage (here, Shanghai) they need to specify this in their contract of sale.

8. Unloading costs—If the seller incurs costs under its contract of carriage related to unloading at the specified point at the port of destination, the seller is not entitled to recover such costs separately from the buyer unless otherwise agreed between the parties.

9. Export/import clearance—CFR requires the seller to clear the goods for export, where applicable. However, the seller has no obligation to clear the goods for import or for transit through third countries, to pay any import duty or to carry out any import customs formalities.

인에게 인도된 때 즉 홍콩에서 이전하고, 따라서 매수인이 멸실 또는 훼손의 위험을 부담하는 기간이 증가한다는 것이다. 당사자들은 그 뒤의 어느 단계에서 (여기서는 상하이) 위험이 이전하기를 원한다면 이를 매매계약에 명시하여야 한다.

8. 양하비용 – 매도인은 자신의 운송계약상 목적항 내의 명시된 지점에서 양하에 관하여 비용이 발생한 경우에 당사자간에 달리 합의되지 않은 한 그러한 비용을 매수인으로부터 별도로 상환받을 권리가 없다.

9. 수출/수입통관 – CFR에서는 해당되는 경우에 매도인이 물품의 수출통관을 하여야 한다. 그러나 매도인은 물품의 수입을 위한 또는 제3국 통과를 위한 통관을 하거나 수입관세를 납부하거나 수입통관절차를 수행할 의무가 없다.

CIF | Cost Insurance and Freight CIF (insert named port of destination) Incoterms® 2020	CIF | 운임·보험료포함인도 CIF (지정목적항 기입) Incoterms® 2020
EXPLANATORY NOTES FOR USERS	사용자를 위한 설명문
1. Delivery and risk—"Cost Insurance and Freight" means that the seller delivers the goods to the buyer ▸ on board the vessel ▸ or procures the goods already so delivered. The risk of loss of or damage to the goods transfers when the goods are on board the vessel, such that the seller is taken to have performed its obligation to deliver the goods whether or not the goods actually arrive at their destination in sound condition, in the stated quantity or, indeed, at all.	1. 인도와 위험 – "운임·보험료포함인도"는 매도인이 물품을 매수인에게 다음과 같이 인도하는 것을 의미한다. ▸ 선박에 적재함 ▸ 또는 이미 그렇게 인도된 물품을 조달함. 물품의 멸실 또는 훼손의 위험은 물품이 선박에 적재된 때 이전하고, 그에 따라 매도인은 명시된 수량의 물품이 실제로 목적지에 양호한 상태로 도착하는지를 불문하고 또는 사실 물품이 전혀 도착하지 않더라도 그의 물품인도의무를 이행한 것으로 된다.
2. Mode of transport—This rule is to be used only for sea or inland waterway transport. Where more than one mode of transport is to be used, which will commonly be the case where goods are handed over to a carrier at a container terminal, the appropriate rule to use is CIP rather than CIF.	2. 운송방식 – 본 규칙은 해상운송이나 내수로운송에만 사용되어야 한다. 물품이 컨테이너터미널에서 운송인에게 교부되는 경우에 일반적으로 그러하듯이 둘 이상의 운송방식이 사용되는 경우에 사용하기 적절한 규칙은 CIF가 아니라 CIP이다.
3. 'or procuring the goods so delivered'—The reference to 'procure' here caters for multiple sales down a chain (string sales), particularly common in the commodity trades.	3. '또는 그렇게 인도된 물품을 조달함' – 여기에 "조달한다"(procure)고 규정한 것은 특히 일차산품거래(commodity trades)에서 일반적인 수차에 걸쳐 연속적으로 이루어지는 매매('연속매매', 'string sales')에 대응하기 위함이다.

4. Ports of delivery and destination—In CIF, two ports are important: the port where the goods are delivered on board the vessel and the port agreed as the destination of the goods. Risk transfers from seller to buyer when the goods are delivered to the buyer by placing them on board the vessel at the shipment port or by procuring the goods already so delivered. However, the seller must contract for the carriage of the goods from delivery to the agreed destination. Thus, for example, goods are placed on board a vessel in Shanghai (which is a port) for carriage to Southampton (also a port). Delivery here happens when the goods are on board in Shanghai, with risk transferring to the buyer at that time; and the seller must make a contract of carriage from Shanghai to Southampton.

5. Must the shipment port be named?— While the contract will always specify a destination port, it might not specify the port of shipment, which is where risk transfers to the buyer. If the shipment port is of particular interest to the buyer, as it may be, for example, where the buyer wishes to ascertain that the freight or the insurance element of the price is reasonable, the parties are well advised to identify it as precisely as possible in the contract.

4. 인도항(port of delivery)과 목적항(port of destination) − CIF에서는 두 항구가 중요하다. 물품이 선박에 적재되어 인도되는 항구와 물품의 목적항으로 합의된 항구가 그것이다. 위험은 물품이 선적항에서 선박에 적재됨으로써 또는 이미 그렇게 인도된 물품을 조달함으로써 매수인에게 인도된 때 매도인으로부터 매수인에게 이전한다. 그러나 매도인은 물품을 인도지부터 합의된 목적지까지 운송하는 계약을 체결하여야 한다. 따라서 예컨대 물품은 (항구인) 사우샘프턴까지 운송을 위하여 (항구인) 상하이에서 선박에 적재된다. 그러면 물품이 상하이에서 선적된 때 여기서 인도가 일어나고, 그 시점에 위험이 매수인에게 이전한다. 그리고 매도인은 상하이에서 사우샘프턴으로 향하는 운송계약을 체결하여야 한다.

5. 선적항은 반드시 지정되어야 하는가? − 계약에서 항상 목적항을 명시할 것이지만 위험이 매수인에게 이전하는 장소인 선적항은 명시하지 않을 수도 있다. 예컨대 매수인이 매매대금에서 운임요소 또는 보험요소가 합리적인지 확인하고자 하는 경우에 그러하듯이 선적항이 특히 매수인의 관심사항인 경우에 당사자들은 계약에서 선적항을 가급적 정확하게 지정하는 것이 좋다.

6. Identifying the destination point at the discharge port—The parties are well advised to identify as precisely as possible the point at the named port of destination, as the costs to that point are for the account of the seller. The seller must make a contract or contracts of carriage that cover the transit of the goods from delivery to the named port or to the agreed point within that port where such a point has been agreed in the contract of sale.	6. 양륙항 내 목적지점 지정 – 당사자들은 지정목적항 내의 지점을 가급적 정확하게 지정하는 것이 좋다. 그 지점까지 비용을 매도인이 부담하기 때문이다. 매도인은 물품을 인도지로부터 지정목적항까지 또는 매매계약에서 그러한 지점이 합의된 경우에는 그 지정목적항 내의 지점까지 운송하는 단일 또는 복수의 계약을 체결하여야 한다.
7. Multiple carriers—It is possible that carriage is effected through several carriers for different legs of the sea transport, for example, first by a carrier operating a feeder vessel from Hong Kong to Shanghai, and then onto an ocean vessel from Shanghai to Southampton. The question which arises here is whether risk transfers from seller to buyer at Hong Kong or at Shanghai: where does delivery take place? The parties may well have agreed this in the sale contract itself. Where, however, there is no such agreement, the default position is that risk transfers when the goods have been delivered to the first carrier, i.e. Hong Kong, thus increasing the period during which the buyer incurs the risk of loss or damage. Should the parties wish the risk to transfer at a later stage (here, Shanghai) they need to specify this in their contract of sale.	7. 복수의 운송인 – 예컨대 먼저 홍콩에서 상하이까지 피더선(feeder vessel)을 운항하는 운송인이 담당하고 이어서 상하이에서 사우샘프턴까지 항해선박(ocean vessel)이 담당하는 경우와 같이, 상이한 해상운송구간을 각기 담당하는 복수의 운송인이 운송을 수행하는 것도 가능하다. 이때 과연 위험은 매도인으로부터 매수인에게 홍콩에서 이전하는지 아니면 상하이에서 이전하는지 의문이 발생한다. 즉 인도는 어디서 일어나는가? 당사자들이 매매계약 자체에서 이를 잘 합의하였을 수도 있다. 그러나 그러한 합의가 없는 경우에, [본 규칙이 규정하는] 보충적 입장은, 위험은 물품이 제1운송인에게 인도된 때 즉 홍콩에서 이전하고, 따라서 매수인이 멸실 또는 훼손의 위험을 부담하는 기간이 증가한다는 것이다. 당사자들은 그 뒤의 어느 단계에서 (여기서는 상하이) 위험이 이전하기를 원한다면 이를 매매계약에 명시하여야 한다.

8. Insurance—The seller must also contract for insurance cover against the buyer's risk of loss of or damage to the goods from the port of shipment to at least the port of destination. This may cause difficulty where the destination country requires insurance cover to be purchased locally: in this case the parties should consider selling and buying under CFR. The buyer should also note that under the CIF Incoterms® 2020 rule the seller is required to obtain limited insurance cover complying with Institute Cargo Clauses (C) or similar clause, rather than with the more extensive cover under Institute Cargo Clauses (A). It is, however, still open to the parties to agree on a higher level of cover.

9. Unloading costs—If the seller incurs costs under its contract of carriage related to unloading at the specified point at the port of destination, the seller is not entitled to recover such costs separately from the buyer unless otherwise agreed between the parties.

10. Export/import clearance—CIF requires the seller to clear the goods for export, where applicable. However, the seller has no obligation to clear the goods for import or for transit through third countries, to pay any import duty or to carry out any import customs formalities.

8. 보험 – 매도인은 또한 선적항부터 적어도 목적항까지 매수인의 물품의 멸실 또는 훼손 위험에 대하여 보험계약을 체결하여야 한다. 이는 목적지 국가가 자국의 보험자에게 부보하도록 요구하는 경우에는 어려움을 야기할 수 있다. 이러한 경우에 당사자들은 CFR로 매매하는 것을 고려하여야 한다. 또한 매수인은 인코텀즈 2020 CIF 하에서 매도인은 협회적하약관의 A-약관에 의한 보다 광범위한 담보조건이 아니라 협회적하약관의 C – 약관이나 그와 유사한 약관에 따른 제한적인 담보조건으로 부보하여야 한다는 것을 유의하여야 한다. 그러나 당사자들은 여전히 더 높은 수준의 담보조건으로 부보하기로 합의할 수 있다.

9. 양하비용 – 매도인은 자신의 운송계약상 목적항 내의 명시된 지점에서 양하에 관하여 비용이 발생한 경우에 당사자간에 달리 합의되지 않은 한 그러한 비용을 매수인으로부터 별도로 상환 받을 권리가 없다.

10. 수출/수입통관 – CIF에서는 해당되는 경우에 매도인이 물품의 수출통관을 하여야 한다. 그러나 매도인은 물품의 수입을 위한 또는 제3국 통과를 위한 통관을 하거나 수입관세를 납부하거나 수입통관절차를 수행할 의무가 없다.

[제5장 무역계약과 정형거래조건 X-Ffile 문제]

매도인(수출상)이 약정된 물품을 자기의 영업장 구내 또는 적출지의 지정된 장소(Works, Factory, Warehouse 등)에서 지정된 기간 내에 매수인(수입상)이 임의로 처분할 수 있는 상태(At the disposal of the buyer)에 적치함으로써 그 의무를 완수하게 되는 거래조건은 FCA이다. (×)

○ EXW(EX Works, 공장 인도 조건)이다.

매도인이 본인의 책임 하에 지정 목적지(The named place of destination)까지 물품을 운반한 후 도착된 운송수단으로부터 화물을 양하(Unloading)하여 수입통관을 하지 아니한 상태로 그 곳에 있는 지정된 장소에서 매수인이 임의로 처분할 수 있는 상태(At the disposal of the buyer)에 적치함으로써 그 의무를 완수하게 되는 거래 조건은 CIP이다. (×)

○ DPU(Delivered at Place unloaded, 도착지 양하 인도)이다.

매도인이 본인의 책임 하에 목적지까지 물품을 운반하여 수입통관 절차를 거친 후 지정된 목적지에서 운송수단으로부터 양하(Unloading)하지 않은 상태로 매수인이 임의로 처분할 수 있는 상태(At the disposal of the buyer)에 둠으로써 그 의무를 완수하게 되는 거래 조건은 DAP이다. (×)

○ DDP(Deliverd Duty Paid, 관세지급 인도 조건)이다.

해상 및 내수로 운송에만 사용되는 조건은 EXW, FCA, CIT, CPT, DAP, DPU, DDP이다. (×)

○ FAS, FOB, CFR, CIF이다.

적하보험을 매도인(수출상)이 부보하여야 하는 조건은 EXW, FCA, FAS, FOB, CFR, CPT 이다. (×)

○ CIF, CIP, DAP, DPU, DDP이다.

매도인(수출상)의 위험부담이 도착지(수입지)에서 종료되는 조건은 EXW, FCA, FAS, FOB, CFR, CPT, CIF, CIP이다. (×)

○ DAP, DPU, DDP이다.

무역결제 제Ⅲ부

제6장 환어음과 대금결제
제7장 신용장

학습포인트

▶ 제3부 무역결제 접근전략 및 기출트렌드

무역결제 파트도 무역계약 파트와 더불어 무역영어 시험에서 가장 많은 문제가 출제되는 부분이다. 무역거래 과정에서 구매자가 판매자에게 물품대금을 지급하는 수단과 방법에 대해 다루고 있는 부분이며, 특히 '신용장'방식에 의한 대금결제 부분이 중요하다. 신용장 결제방식을 비롯하여, 추심결제방식·팩토링방식·포페이팅방식 등의 개념과 더불어 각 결제방식에 따른 거래 절차도를 이해하는 것이 고득점의 비결이다. 또한, 신용장통일규칙인 UCP600의 영어 원문이 출제되기 때문에 원문도 함께 학습하여야 한다.

▶ 제3부 무역결제 출제빈도

단원	주제	학습중요도	출제비율
6장	환어음과 대금결제	◉◉◉	10%
7장	신용장	◉◉◉◉	10%

▶ 제3부 무역결제 체크리스트

체크리스트	기본서 상세페이지
[6장] 환어음의 개념 및 사용방식에 대해서 이해하고 있다.	188~198
[6장] 송금결제방식의 종류에 대해 알고 있다.	199~204
[6장] 추심결제방식의 종류에 대해 알고 있다.	204~208
[6장] 팩토링 및 포페이팅 방식의 차이점에 대해 알고 있다.	210~214
[7장] 신용장결제의 거래과정을 이해하고 있다.	224~225
[7장] 신용장 거래의 기본당사자 및 기타당사자를 구분 할 수 있다.	227~230
[7장] 신용장 샘플을 보고, 해당 내용을 해석 할 수 있다.	244
[7장] UCP600의 핵심조항(2,3,14,18조 등)을 학습하였다.	257~258

제6장 환어음과 대금결제

제1절 외국환결제의 수단

1 외국환과 환어음

1. 환(換)과 외국환의 의의

(1) Exchange(환)의 의미

격지자 간의 채권·채무, 즉 대차관계(貸借關係)를 결제함에 있어서 직접 현금을 수송하지 않고 제3자인 은행을 통하여 결제하는 방법이다.

(2) Foreign Exchange(외국환)의 의미

격지자가 외국에 있는 환을 말하며 국제간의 대차관계를 결제하는 수단 또는 자금이동 수단이다. 동일국 내에서 동일 화폐제도 하에서 행해지는 내국환의 대응어이다.

2. 환의 분류

환은 장소에 따라 내국환과 외국환, 자금이동의 방법에 따라 순환과 역환으로 나누어진다.

(1) 순환

송금환으로서 채무자가 은행에 대금을 지급하고 채권자나 수취인에게 송금하여 줄 것을 청구하는 것을 말한다. 송금환은 지급지시방법에 따라 송금환수표, 우편송금환, 전신송금환으로 나눌 수 있다. 송금환은 송금방식(remittance)에 이용된다.

① D/D(Demand Draft : 송금환수표)

수입업자가 현금을 은행에 불입하고 은행이 송금수표를 발행해주면 수입업자가 직접 수출업자에게 우송하고 수출업자가 수출국 소재 은행에 가서 송금환수표를 현금화하는 방식으로 진행된다. 우송 중의 분실위험은 수입업자가 지게 되므로 다소 위험하나 비용이 저렴하여 소액송금 시 사용된다.

② M/T(Mail Transfer : 우편송금환)

수입업자의 요청에 따라 송금은행이 지급은행에 일정 금액을 지급하여 줄 것을 위탁하는 지급지시서에 해당하는 우편환을 발행해 이를 지급은행 앞으로 직접 우편을 통해 우송하는 방식이다. 송금환수표보다는 안전하지만 시간이 오래 걸리므로 긴급하지 않은 송금이나 소액송금에 주로 이용된다.

③ T/T(Telegraphic Transfer : 전신환)

우편송금환과 같은 방식으로 우편 대신 전신을 통하여 송부되므로 빠르고 안전하나 비용부담이 크다.

(2) 역환

collection(추심환)으로서 채권자가 채무자에게 자금을 청구할 때 사용하는 환이다. 무역에서 쓰이는 추심환은 외국환으로서 지급지가 외국으로 되어 있는 어음이나 수표를 은행이 매입하거나 추심의뢰를 받아 외국지급은행에 그 대금지급을 청구, 결제받는다.

3. Bill of Exchange(Draft, 환어음)

(1) 의의

환어음이란 어음의 발행인(drawer)이 지급인(drawee)에 대하여 채권금액을 수취인(payee) 또는 그 지시인(order) 또는 소지인(bearer)에게 무조건 지불할 것을 위탁하는 요식 유가증권이자 유통증권을 말한다.

"A bill of exchange is an unconditional order in writing, addressed by one person to another, signed by the person giving it, requiring the person to whom it addressed to pay on demand or at fixed or determinable future time a sum certain in money to or to the order of a specified person, or to bearer."

(Bill of Exchange Act, 3조)

[표] 환어음과 약속어음, 수표의 비교

	Bill of Exchange(환어음)	Promissory Note(약속어음)	Cheque(수표)
발행자	채권자	채무자	채무자
당사자	발행인 / 지급인 / 수취인	발행인 / 수취인	발행인 / 지급인 / 수취인
성격	지급위탁증권 / 신용수단	지급약속증권 / 지급수단	지급위탁증권 / 지급수단

(2) 환어음의 당사자

① Drawer(발행인)

환어음을 발행하고 서명하는 자로 수출상이나 채권자가 된다. 환어음은 발행인의 기명날인이 있어야 유효하다.

② Drawee(지급인)

환어음의 지급을 위탁받은 채무자로서 신용장방식에서는 개설은행이, 추심방식에서는 수입업자가 지급인이 된다.

③ Payee(수취인)

환어음 금액을 지급받을 자로서 발행인 또는 발행인이 지정하는 제3자가 된다. 지급신용장에서는 발행인이 수취인이 되며 매입신용장의 경우 매입은행이 수취인이 된다.

※ Bona Fide Holder(선의의 소지인) : 환어음을 소지하고 있는 자를 소지인이라 하며 문면상 완전하고 합법적으로 환어음을 소지하는 경우를 선의의 소지인이라 한다 (≠mala fide holder).

(3) 환어음의 종류

① 운송서류첨부에 따른 분류

㉠ Documentary Bill of Exchange(화환어음) : 선하증권 등의 선적서류나 상업서류가 첨부된 어음으로 무역거래에 주로 이용된다.

㉡ Clean Bill of Exchange(무화환어음) : 선하증권 등의 선적서류나 상업서류가 첨부되지 않은 어음으로 서비스나 용역 등 물품의 이동이 수반되지 않은 거래의 결제 시 주로 이용된다.

② 지급만기일에 따른 분류

㉠ Sight Bill(일람불어음) : 환어음이 지급인에게 제시되면 즉시 결제가 이루어지는 어음을 말한다.

ⓒ Usance Bill(Time Draft : 기한부어음) : 환어음이 발행되거나 제시된 후 일정 기간이 지난 후에 지급되는 어음을 말한다.
  ⓐ after sight(일람후정기출급)
    at 90 days after sight(90 d/s) : 지급인에게 제시된 날로부터 90일이 경과된 날이 만기일
  ⓑ after date(일부후정기출급)
    at 90 days after date(90 d/d) : 어음의 발행일로부터 90일이 경과된 날이 만기일
  ⓒ on a fixed date(확정일출급) : 어음상에 확정된 날이 만기일
    on May 15

③ 환어음상의 지급인에 따른 분류
  ㉠ Bank Bill(은행어음) : 환어음상의 지급인이 은행으로 되어있는 환어음으로서 신용장에서는 보통 개설은행이 지급인이 된다.
  ㉡ Private Bill(개인어음) : 환어음상의 지급인이 개인이나 기업으로 되어있는 환어음으로서 추심거래에서는 보통 수입상이 지급인이 된다.
  ※ House Bill(House Paper) : 자회사가 발행한 환어음을 모회사가 인수하는 식으로, 발행인과 지급인이 같은 회사인 경우의 환어음을 말한다.

④ 상환청구가능여부에 따른 분류
  ㉠ With Recourse Bill(상환청구가능어음) : 환어음에 대한 지급거절이 있는 경우 환어음을 매입한 선의의 소지인이 어음발행인에게 대금상환청구를 할 수 있는 어음을 말한다. 우리나라에서는 상환청구가능어음만을 인정한다.
  ㉡ Without Recourse Bill(상환청구불능어음) : 환어음에 대한 지급거절이 있는 경우 환어음을 매입한 선의의 소지인이 어음발행인에게 대금상환청구를 할 수 없는 어음을 말한다.

⑤ 대금결제방식에 따른 분류
  ㉠ Documentary bill of exchange with letter of credit(신용장부화환어음) : 어음상의 지급인이 개설은행으로 되어 있는 은행어음으로 개설은행의 지급확약이 있는 어음이다.
  ㉡ Bill of documentary collection(화환추심어음) : 추심거래에서 사용되는 어음으로 어음상의 지급인이 수입상인 개인어음이다.

⑥ 기타

어음의 발행지와 지급지가 동일 국가 내에 있는 inland bill(내국환어음)과 다른 국가에 소재하는 foreign bill(외국환어음)이 있다.

(4) 환어음의 발행 및 Endorsement(배서)

① 환어음의 발행형식

환어음은 우송 중의 분실이나 연착에 의한 유통 장애를 방지하기 위하여 보통 first-bill of exchange(제1권)과 second-bill of exchange(제2권)의 Set bill(조 어음)으로 발행된다. first-bill of exchange에는 운송서류의 original (원본)을 첨부하고, second-bill of exchange에는 운송서류의 duplicate(부본)을 첨부하여 수입지 은행까지 다른 항공편으로 송부한다. 이 중 하나가 결제되면 나머지 하나는 자동으로 null and void(무효)가 된다.

② 환어음의 Endorsement(배서)

환어음은 배서에 의해 유통되는데 배서를 통하여 어음상의 권리가 이전되는 동시에 배서인은 피배서인, 기타 후자 전원에 대해 인수 및 지급해야 하는 것을 담보하게 된다.

㉠ 기명식 배서(Full Endorsement) : "Pay to A bank"
피배서인을 명시한 배서이다.

㉡ 지시식 배서(Order Endorsement) : "Pay to the order of A bank"
피배서인의 지시에 따라 지급하라는 배서이다.

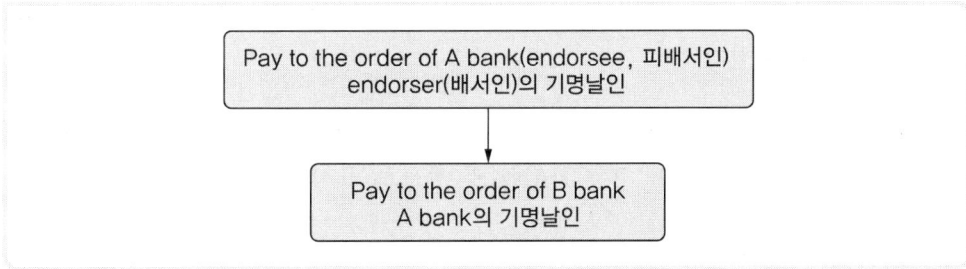

㉢ Blank Endorsement(백지식 배서) : "Pay to the order of(   )"
피배서인을 기재하지 않고 배서인이 단순히 배서문구만을 기재하고 기명날인한 배서이다.

㉣ 추심위임배서 : "Pay to the order of A bank for collection"
추심환어음에서 나타나는 배서로서 추심을 위한 위임을 표시한다. 따라서 피배서인은 어음의 권리자가 아니라 어음의 추심을 위임받은 자에 불과하다.

2 환어음의 기재사항

요식증권이므로 반드시 일정한 형식을 갖추어야 한다. 무인증권으로서 어음상의 권리도 추상적인 것이므로 다른 유가증권에 비하여 엄격한 형식이 요구되고 있다.

1. 필수기재사항

어음이 성립하는 데 반드시 기재되어야 할 사항으로 어느 하나라도 누락되면 어음으로서의 법적 효력이나 구속력을 갖지 못하게 된다.

(1) 환어음의 표시문구

① 의의
어음법에서 환어음임을 표시하는 문자의 기재를 요구하는 것으로 증권의 문언 중에 "환어음"이라는 것을 표시한 문구이다.

② 어음문구의 작성과 기재
어음문구는 증권의 작성에 사용하는 국어로 기재하여야 한다. 예컨대 영문에 의한 어음에는 "Bill of Exchange"라는 어음 문구를 기재하여야 한다.
이 문구는 어음 상부로서는 부족하며 반드시 증권의 본문 자체 중 또는 문장 중에 기재되어야 한다.

③ 환어음이 2부 이상 발행될 경우에는 각각 "FIRST BILL OF EXCHANGE", "SECOND BILL OF EXCHANGE" 등으로 표시하여 정·부본임을 구별한다.

(2) 일정금액의 무조건 지급위탁문언

① 의의
환어음은 지급위탁증권이므로 지급의 위탁문구는 환어음의 징표이고 그 법률관계의 중핵을 이루므로 법도 "일정한 금액을 지급할 뜻의 무조건의 위탁문언(unconditional order in writing)" 문구를 기재할 것을 요구하고 있다.

② 내용

일정금액을 지급한다는 뜻의 "Pay to ~ the sum of~"가 이에 해당되며 일정금액이란 US$ 100,000같이 단일화폐로 명기하는 것을 말한다.

③ 기재내용

"PAY TO…" 다음에는 수취인을, "THE SUM OF…" 다음에는 지급통화와 금액을 문자로 기재하며 이 금액을 지급함에 있어 어떠한 조건을 붙이거나 지급방법이 한정되어 있으면 이는 무조건의 지급지시가 될 수 없다.

(3) 지급인의 표시

① 의의

환어음은 지급위탁증권이므로 발행인 이외에 지급인(drawee)이 있어야 한다. 환어음 하단 좌측에 "TO…" 다음에 기재되는 자를 말한다.

② 신용장거래의 경우

지급인은 개설은행이나 개설은행의 환거래은행이 되며 신용장상의 "drawn on…" 다음에 나타난 당사자를 기재한다. 지급인은 개인이나 법인이 될 수도 있으며 법인인 경우에는 상호만 기재하는 것으로 족하다.

③ 유의점

신용장거래는 개설의뢰인 앞으로 환어음을 발행하는 행위를 규제하고 있다.

(4) 지급만기일의 표시

① 의의

maturity(만기)는 어음금액이 지급될 날로 어음상의 기재되는 일자이다. 만기일(date of maturity : due date)이라고도 하며, 실무계에서는 지급기일(date of payment)이라고도 한다. 어음의 'at ~'이 만기를 표시하는 문구이다. 필수기재사항이므로 그 기재가 없는 때에는 어음은 원칙상 무효이다.

② 만기의 종류

㉠ at sight(일람출급 환어음) : 지급인에게 제시되는 즉시 지급이라는 것으로 환어음상에 "AT xxx SIGHT"라고 표시한다. 환어음상에 일람출급 또는 기한부의 표시가 없는 경우에도 이를 일람출급 환어음으로 간주한다.

㉡ at ~ days after sight(일람후 정기출급) : 환어음이 지급인에게 제시된 후 일

정한 기간이 경과하면 지급하라는 것으로 이는 기한부 환어음의 일종이다.
환어음상에는 "AT xxx DAYS AFTER SIGHT"라고 날짜를 표시한다.
통상의 일자는 지급인(인수인)이 인수의 의사를 표시한 일자로부터 30, 60, 90일에 만기가 되는 경우이다.

ⓒ at ~ days after date(일부후 정기출급) : 환어음이나 선하증권의 발행일자로부터 일정한 기간이 경과하면 지급하라는 것으로 이 역시 기한부 환어음의 일종이다. 환어음상에는 "AT xxx DAYS AFTER THE DATE OF…"라고 만기일과 기준일을 표시한다. 예컨대, 발행일부로부터 3개월이라고 하는 것과 같은 만기가 그것이다.

ⓔ At ~ days after B/L date(확정일부출급) : 선하증권 발급일로부터 만기일을 정한다.

(5) Place of Payment(지급지)

① 의의

어음금액이 지급될 일정한 지역을 말한다.
지급지 내에 있어서 지급이 행해질 장소(지점)인 지급장소와 구별되어야 한다.
지급지는 실제로 존재하는 지역이어야 하며, 다만 지급지의 기재가 없는 경우에는 지급인의 명칭에 부기한 지역에서 발행한 것으로 본다.

② 기재

환어음의 지급인이 표기된 "TO…" 다음에 기재하는 지급인의 주소로 대신하며 영미법에서는 지급지의 표시는 임의 기재사항이다.

(6) Payee(수취인)의 표시

① 의의

어음에 지급 받을 사람으로 기재되어 있는 자를 말한다.

② 환어음상에 수취인을 표시하는 방법

㉠ 기명식 환어음 : "PAY TO…BANK, LTD."처럼 환어음 금액을 수취할 특정 은행명을 명기하여야 한다.

㉡ 지시식 환어음 : 확정된 장래의 특정일자에 지급하라는 의미로 "PAY TO…BANKS OR ORDER" 또는 "PAY TO THE ORDER OF…BANK"와 같이 기재된다. 신용장에서 요구되는 대부분의 환어음은 지시식으로 양도 가능한 유통성을 지니고 있으며 지시식 환어음은 환어음상의 배서와 인도에 의하여 양도된다.

ⓒ 지참인(bearer)식 또는 소지인식 환어음 : "PAY TO BEARER"와 같이 표시되고 환어음의 지참인이 지급청구권을 가짐. 즉, 지참인식 또는 백지식 배서가 있는 환어음을 점유하고 있는 이른바 지참인은 환어음의 단순한 인도에 의하여 이를 양도할 수 있다.

ⓓ 선택무기명식 환어음 : "PAY TO… BANK or BEARER"와 같이 표시된다.

우리나라 어음법은 기명식(예 Pay to Korea Exchange Bank)과 지시식(예 Pay to Korea Exchange Bank or Order : Pay to the Order of Korea Exchange Bank)에 의한 발행만을 인정하고 그 이외는 무효이나, 영미법에서는 이를 모두 인정하고 있다.

(7) 발행일 및 발행지의 표시

① 발행일 : 어음이 발행된 날로서 어음상에 기재된 일자이다.

반드시 어음이 발행된 일자일 필요는 없다. 발행한 일자보다 후의 일자를 기재할 수도 있고(선일자 어음), 혹은 이전의 일자를 발행일로 기재할 수도 있다(후일자 어음).

발행일을 필수기재사항으로 하는 것은 일부후 정기출급어음의 만기일을 정하기 위하여, 또 일람출급어음과 일람후 정기출급어음의 제시기간을 정하기 위하여 필요하기 때문이다.

발행일은 신용장의 유효기일 이내여야 한다.

② 발행지 : 어음이 발행된 장소로 어음에 기재된 곳을 말하는 것이나, 실제로 발행된 곳과 일치할 필요는 없다.

발행지의 표시는 어음법상 필수기재사항이므로 그 기재가 없는 때에는 원칙으로 어음은 무효이지만 그 구제규정을 두고 있다.

곧, 발행지의 기재가 없는 환어음은 발행인의 명칭에 부기한 곳을 발행지로 간주한다. 발행지의 표시는 어음법 적용의 근거가 된다.

(8) 발행인의 기명날인

어음은 행위지법에 따르도록 되어 있으므로 발행인의 기명과 날인이 있어야 하므로 환어음의 우측 하단에 그 발행인이 서명 또는 기명날인을 한다.

외국환어음인 경우에는 기명날인 대신에 영문으로 서명을 하며 환어음의 발행인이며 신용장의 수익자임을 의미한다.

2. 임의기재사항

기재하지 않아도 어음의 효력에 영향이 없는 사항

(1) 어음번호

특별한 의미는 없고 후일 참조할 필요가 발생할 경우 편리하게 확인하기 위해 기재한다.

(2) 복본번호에 관한 문언

① 환어음은 일반적으로 2통이 한 조로 발행되기 때문에 2통을 합하여 "set bill"이라고 하는데, 이러한 번호가 없으면 복본으로 발행되어 2통이 각각 독립적으로 유통될 가능성도 있다.

이를 방지하기 위하여 환어음에 "THIS FIRST BILL OF EXCHANGE(SECOND OF THE SAME TENOR AND DATE BEING UNPAID)"로 기재된다.

② 효력

복본으로 발행된 환어음은 각각이 법률적으로 동등한 효력을 갖고 있기 때문에, 이 중의 어느 1통에 의하여 지급이 완료되면 나머지 본은 자동적으로 효력이 소멸하게 된다.

(3) 복기금액

The Sum of ~ 이하에 표제금액을 문자로 복기한다.

표제금액(숫자금액)과 복기금액(문자금액)이 일치하여야 하지만, 만일 불일치할 경우에는 문자에 의한 금액이 우선한다.

(4) 대가수취 문언

"Value received and charge the same to account to…"의 문언으로 동 문언은 환어음 발행인이 어음의 대가를 영수하였으며 동 대가에 해당하는 어음금액을 ~계정으로부터 징수를 요한다는 뜻이다.

"account of…"의 공란에는 신용장 개설의뢰인의 명칭이 기재된다.

(5) Charge to Account of 문언

이것은 은행이 지급인에게 지시하는 내용으로서 당해 환어음의 지급인에 의하여 결제되면 동 자금은 account of ~ 이하에 기재되는 자로부터 차기하라는 의미이며 account of ~ 이하는 신용장상의 Accountee가 기재된다.

(6) 신용장에 관한 문언

신용장에 의하여 발행된 환어음인 경우에는 "Drawn under…L/C NO…dated…"로 기재되면, 이 난에는 관련 신용장의 종류, 번호, 발행일자 및 개설은행을 기재함으로써 당해 환어음이 특정신용장에 의하여 발행되었다는 것을 나타내게 된다.

3 환어음 작성 시 유의점

(1) 환어음의 복본 발행여부 및 어음발행일 확인

환어음을 복본으로 발행할 때에는 "First Bill of Exchange"와 "Second Bill of Exchange"의 표시를 확인하여야 하며 이러한 표시가 없으면 각각의 환어음은 독립된 것으로 간주한다.

(2) 어음금액은 신용장의 유효금액 범위 이내이며 상업송장 금액과의 일치여부

어음금액의 표시는 문자(wording)와 숫자로 병기하되 반드시 일치하여야 한다. 신용장에서 별도 명시가 있는 경우를 제외하고는 환어음의 금액은 미매입을 의뢰한 선대금액을 포함하여 신용장의 금액을 초과하지 않아야 하고 상업송장금액과 일치하여야 하는 표기통화명도 신용장의 통화명과 일치하여야 한다.

(3) 기타 기한부환어음인 경우 기간 또는 기한의 정확한 표시 또는 선정여부, 신용장발행 은행명·발행일자 및 지급인의 정확한 표시여부, 발행인의 기명날인이 은행에 제출된 서명감과 일치여부 등

⟨서식1⟩ 환어음

BILL OF EXCHANGE

⑧ No. 5321   ① Date May 15 Seoul, Korea

⑨ FOR US$100,000

  AT ② 90 DAYS AFTER SIGHT OF THIS ⑩ FIRST ③ BILL OF EXCHANGE (⑪ SECOND OF THE SAME TENOR AND DATE BEING UNPAID) ④ PAY TO ⑤THE ORDER OF SEOUL BANK THE SUM OF ⑫ U.S. DOLLARS ONE HUNDRED THOUSAND ONLY

      ⑬ VALUE RECEIVED AND CHARGE THE SAME TO ACCOUNT OF ⑭ A&B Inc., 350 Fifth Ave., New York, N.Y. 180, U.S.A.
⑮ DRAWN UNDER Bank of America, New York
L/C NO. 57745   Dated   MARCH 15

⑥ TO Bank of America   ⑦ Kanada Trading Co. Ltd
   New York   DY KIM
   U.S.A.   DY KIM
                                                   President

⟨필수기재사항⟩

① 발행일과 발행지   ② 지급기일
③ 환어음의 문언표시   ④ 무조건지급위탁문언
⑤ 수취인(payee)의 표시   ⑥ 지급인(drawee)과 지급지
⑦ 발행인의 기명날인

⟨임의기재사항⟩

⑧ 환어음번호   ⑨ 어음금액(숫자)
⑩ 복본표시   ⑪ 파훼문구
⑫ 어음금액(문자)   ⑬ 대가수취문언(Valuation Clause)
⑭ 계정결제인   ⑮ 신용장 개설은행, 번호, 발행일

제2절 송금결제방식

1 송금결제방식의 의의

수입업자가 상품의 인도 전·인도 후 또는 인도와 동시에 수출업자에게 물품대금 전액을 외화로 송금(remittance)하여 지불함으로써 결제를 완료하는 방법이다. 대금과 환의 이동방향이 모두 수입상으로부터 수출업자에게 같이 향한다고 하여 일명 "순환방식"이라고도 하며 결제자금의 금융적 편의와 안전성의 문제를 전혀 커버하지 못하는 가장 단순한 방식이다.

2 송금결제방식의 종류

1. 사전송금방식

(1) 사전송금방식의 의의

수입업자가 대금의 전액을 물품선적 전에 외화나 수표 등으로 수출업자에게 미리 송금하여 지불하고, 수출업자는 일정기간 내에 이에 상응하는 상품을 선적하는 방식이다. 송금수단으로 D/D(Demand Draft, 수표송금), M/T(Mail Transfer, 우편송금), T/T(Telegraphic Transfer, 전신송금), Banker's Check(은행수표) 및 Personal Check(개인수표)등이 이용된다.
대외무역법상에서는 단순송금방식(advance remittance : payment in advance)이라고도 하며 견본구매나 소액의 시험주문(trial order) 시에 주로 이용된다.

[그림] 단순송금결제의 흐름

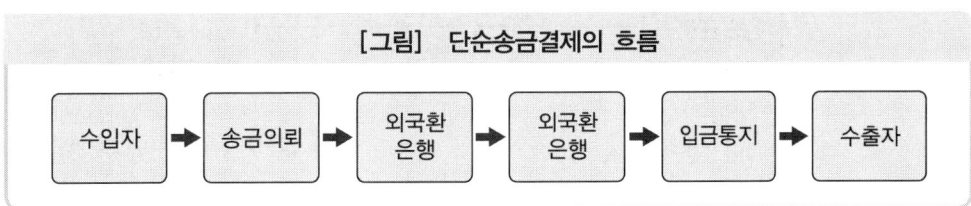

(2) 사전송금방식의 종류

① D/D(Demand Draft : 수표송금방식)
수입업자가 미리 물품대금에 상당한 현금을 은행에 불입하고 은행이 D/D(Demand

Draft : 송금수표)를 발행해 주면, 이를 수입업자가 수출업자 앞으로 직접 우송하여 결제하는 방식이다.

수입자가 결제대금에 해당하는 현금을 금융기관에 예치하고 수표를 교부받은 후 자기의 책임하에 우편으로 수출상(수령인)에게 보내는 방식이다.

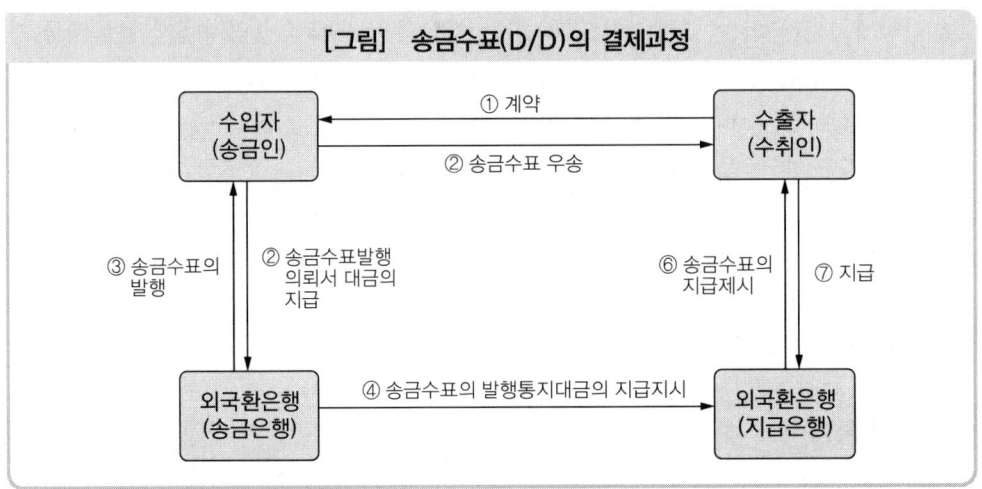

[그림] 송금수표(D/D)의 결제과정

② M/T(Mail Transfer : 우편송금)

수입업자의 요청에 따라 송금은행이 송금수표를 발행하는 대신에 지급은행에 대하여 일정한 금액을 지급하여 줄 것을 위탁하는 payment order(지급지시서)에 해당하는 M/T(Mail Transfer : 우편환)을 발행하여 이를 송금은행이 직접 지급은행 앞으로 우송하는 방식이다.

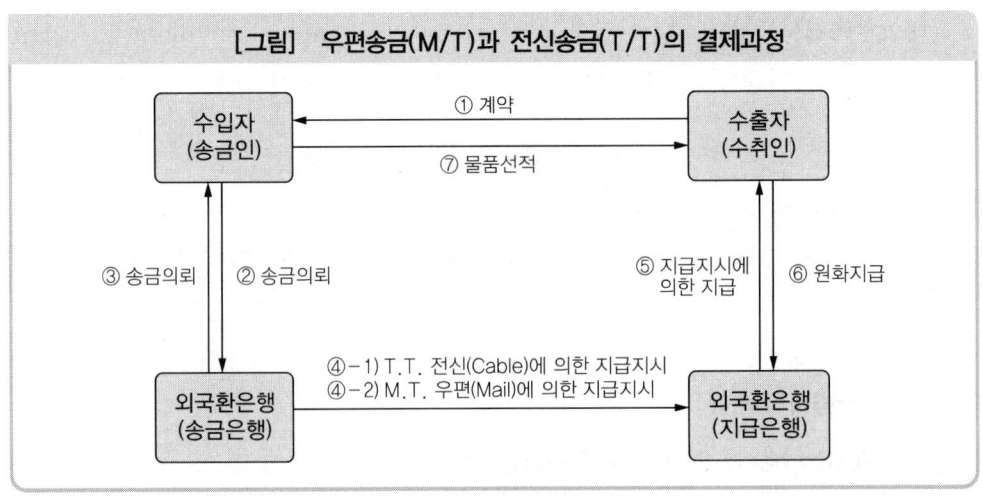

[그림] 우편송금(M/T)과 전신송금(T/T)의 결제과정

③ T/T(Telegraphic Transfer : 전신송금방식)

우편환송금방식과 같이 수입상의 요청에 따라 송금은행이 지급은행에 대하여 일정한 금액을 지급하여 줄 것을 위탁하는 지급지시서를 우편환으로 발행하는 대신에 T/T(telegraphic transfer : 전신환)의 형식으로 발행하여 이를 송금은행이 직접 지급은행 앞으로 송금하는 방식이다.

전신통지수단으로는 telex, cash connector, swift(Society for World-Wide Inter-bank Financial Telecommunication ; 국제은행간 자금결제 통신망)등을 활용한다. 실무적으로 T/T를 "wire transfer"라고도 하며 Telegraphic 은 지금까지 telex방식으로 이용해 왔는데 요즈음에는 SWIFT방식으로 대체되고 있다.

우편송금지급지시서

KOREA EXCHANGE BANK

C.P.O. BOX 2997 Seoul, Korea
Cable Address :   Seoul, Korea   PAYMENT
Telex number : K23321 / 5   ORDER

PAYING BANK	DATE	OUR NO
PLEASE FOLLOW THE INSTRUCTIONS MARKED "X" ☐ ADVISE AND PAY WITHOUT CHARGES TO US ☐ ADVISE AND CREDIT PAYEE'S ACCOUNT WITHOUT CHARGES TO US ☐ PAY ON APPLICATION	AMOUNT	
	IN WORDS	
	IN REIMBURSEMENT, ☐ PLEASE DEBIT THE ABOVE AMOUNT TO OUR ACCOUNT WITH YOU ☐ WE HAVE INSTRUCTED BY AIRMAIL THE BANK NAMED BELOW TO CREDIT YOUR ACCOUNT WITH THEM	
IN FAVOR OF		
BY ORDER OF		
MESSAGE	AUTHORIZED SIGNATURE	

우편송금차기지시서
KOREA EXCHANGE BANK

C.P.O. BOX 2997 Seoul, Korea
Cable Address :   Seoul, Korea   DEBIT
Telex number : K23321 / 5   AUTHORIZATION

PAYING BANK	DATE	OUR NO
REIMBURSEMENT REQUEST ONLY NOT A PAYMENT ORDER	AMOUNT	
	IN WORDS	
	PLEASE DEBIT THE ABOVE AMOUNT TO OUR ACCOUNT WITH YOU AND CREDIT OR PAY TO THE PAYING BANK NAMED AIRMAIL ADVICE TO US	
MESSAGE		
BY ORDER OF	AUTHORIZED SIGNATURE	
MESSAGE	AUTHORIZED SIGNATURE	

2. 대금상환도방식(COD, CAD)

(1) 의의

사전송금방식과는 달리 수입상이 물품 또는 서류가 인도될 당시 또는 그 인도된 후에 대금을 외화로 지급하는 것을 조건부로 수출입하는 방식이다. 대금상환도 조건부 수출입방식이라 하며 우리나라 대외무역법은 후송금방식(later remittance)이라 부른다.

(2) COD(Cash On Delivery ; 상품인도결제방식)

수출업자가 상품을 선적한 후 선적서류를 자신의 대리인(주로 수입업자의 국가에 소재함) 또는 지사에게 송부하여 상품이 목적지에 도착하면 수입업자가 품질이나 수량을 직접 검사 후에 상품을 인도받으면서 대금을 현금으로 결제하는 방식이며, 계약물품이 목적지에 도착할 때 매수인이 물품을 검사한 후 물품과 상환으로 대금을 지급하는 방식이다.

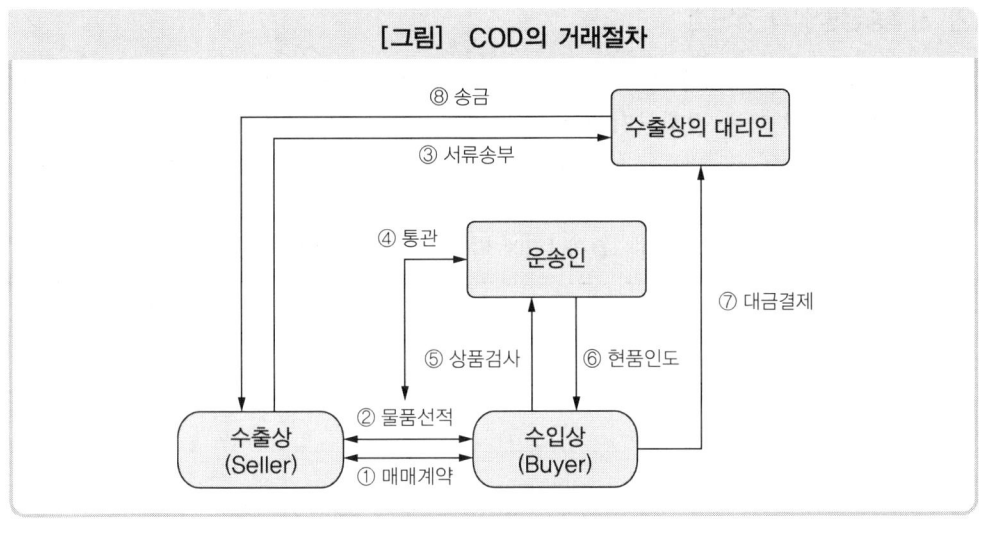

(3) CAD(Cash Against Documents ; 서류인도결제방식)

수출업자가 상품을 선적 후 이를 증명하는 선적서류를 수입업자의 대리인(주로 수출업자의 국가에 소재) 또는 거래은행에 제시하여 선적서류와 상환으로 대금을 결제하는 방식이다.

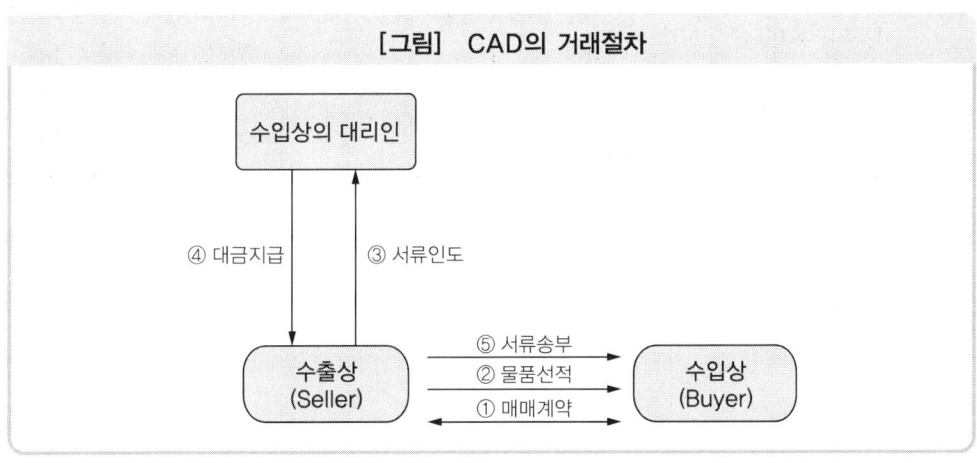

3. 사후송금방식

(1) 사후송금방식의 유형

① 전신환(T/T) 및 우편환(M/T)을 거래가 마무리된 후에 지급하는 송금방식
② 일정기간 대차거래가 있은 후에 잔액만 결제하는 청산계정(clearing account)

(2) 사후송금방식의 장단점

① 장점은 채권의 발생과 결제가 연계되는 여타 결제방식과 달리 여러 건의 거래를 상계한 후 차액을 결제하기 때문에 결제에 따른 부대비용이 크게 절감된다.

② 단점은 서로 믿을 만한 거래선이 아닌 경우에는 쉽게 채택할 수 없다는 점이다.

[표] 결제방식에 따른 당사자 간의 이해관계

결제방법	수출상의 입장	수입상의 입장
단순송금결제방식 (Advance Payment before Shipment)	위험 없음	경우에 따라 대금회수와 상품인수 불가능
서류인도결제방식 (Cash Against Documents)	대금의 영수가 보장 안 됨	선적된 것은 확인할 수 있지만 상품의 품질까지 확인할 수는 없음
상품인도결제방식 (Cash On Delivery)	대금영수와 상품회수가 모두 불확실함	위험 없음
지급인도조건결제방식 (Documents against Payment)	대금영수가 보장 안 됨	선적된 것은 확신하지만 품질 확인은 불가능
인수인도조건결제방식 (Documents against Acceptance)	대금영수 및 상품회수가 모두 보장 안 됨	유리하지만 만기일에 지급을 않으면 은행의 신용을 잃음
신용장결제방식 (Documentary Credit Basis)	대금영수가 확실함	화물의 인도를 보장 받음

제3절 추심결제방식

1 Collection

1. 추심의 의의

Collection(추심)은 은행이 접수된 지시에 따라 ① 지급 또는 인수를 받거나 ② 지급인도 또는 인수인도로 서류를 인도하거나 ③ 기타의 조건으로 서류를 인도하는 목적 등으로 금융서류 및 상업서류를 인도하는 목적으로 서류를 취급하는 것을 의미한다.

2. 추심의 목적

D/A·D/P방식 등에 의한 서류인도와 free of payment(무상거래)와 같은 기타조건의 서류를 수입자에게 인도하여 지급 또는 인수를 받는 것이다.

2 Collection Documents

1. Financial Documents(금융서류)

Bill of Exchange(환어음)·약속어음·수표 또는 기타 금전의 지급을 받기 위해 사용되는 증서이다.

2. Commercial Documents(상업서류)

상업송장·운송서류·documents of title(권리증서) 등으로 금융서류가 아닌 서류이다.

3. Collection Instruction(추심지시서)

추심의뢰은행이 추심의뢰인의 지시에 따라 추심의 조건을 나열한 서류로서 신용장거래의 Covering Letter에 해당하는 서류이다.

"Documents" means financial documents and / or commercial documents :
1. "Financial documents" means bills of exchange, promissory notes, cheques, or other similar instruments used for obtaining the payment of money :
2. "Commercial documents" means invoices, transport documents, documents of title or other similar documents, or any other documents whatsoever, not being financial documents.   (URC 2조)

3 추심의 종류

1. Clean Collection(무화환추심)

상업서류가 첨부되지 아니하고 금융서류만으로 이루어진 추심이며 용역거래의 추심에 이용된다.

2. Documentary Collection(화환추심)

상업서류가 첨부된 금융서류 또는 금융서류가 첨부되지 아니한 상업서류만의 추심이며 주로 무역거래의 추심에 이용된다.

4 추심결제방식의 종류

1. D/P(Documents against Payment) : 지급인도조건

수출상이 수입상과의 매매계약에 따라 물품을 자신의 책임 하에 선적한 후, 관련서류가 첨부된 일람불환어음(documentary sight bill)을 수입상을 지급인(drawee)으로 발행하여 자신의 거래은행인 추심의뢰은행(remitting bank)에 추심을 의뢰하면, 수출업자의 거래은행은 그러한 서류가 첨부된 환어음을 수입업자의 거래은행인 추심은행(collecting bank)으로 송부하여 추심을 의뢰한다.

그러면 수입업자의 거래은행인 추심은행은 그 환어음의 지급인인 수입상으로부터 대금을 지급받으면서 서류를 인도하고, 지급받은 대금은 추심을 의뢰하여 온 수출상의 거래은행인 추심의뢰은행으로 송금하여 결제하는 방법이다.

2. D/A(Documents Against Acceptance) : 인수인도조건

수출상이 수입상과의 매매계약에 따라 물품을 자신의 책임하에 선적한 후, 관련서류가 첨부된 기한부환어음(documentary usance bill or time bill)을 수입상을 지급인(drawee)으로 발행하여 자신의 거래은행인 추심의뢰은행(remitting bank)에 추심을 의뢰하면, 수출업자의 거래은행은 그러한 서류가 첨부된 환어음을 수입업자의 거래은행인 추심은행(collecting bank)으로 보내어 추심을 의뢰한다.

그러면 수입업자의 거래은행인 추심은행은 그 환어음의 지급인인 수입상으로부터 어음의 인수를 받으며 서류를 인도하고, 어음의 만기일에 대금을 지급받아 추심을 의뢰하여 온 수출상의 거래은행으로 송금하여 결제하는 방법이다.

3. D/P와 D/A 결제방식의 차이

(1) D/P거래에서는 수출상이 일람출급 환어음(sight bill)을 발행하는 데 비하여, D/A거래에서는 수출상이 기한부 환어음(usance bill)을 발행함으로써 수입업자에게 환어음의 결제기간만큼 D/P방식보다 더 오랜 기간 동안 신용을 공여한다.

(2) 수출상이 화환어음을 추심 의뢰할 때에는 선적서류의 인도방식이 D/P방식인지 D/A방식인지를 명시하여야 하는데, 그 지시가 불명확한 경우에는 이를 D/P방식의 추심 환어음으로 간주된다.

(3) **D/P조건과 D/A조건의 판별방법**

D/P조건
① Deliver documents against payment
② D/P at sight
③ sight
④ D/P day sight
⑤ At sight on arrival of vessel 등

D/A조건
① Deliver documents against acceptance
② xx days after arrival of the steamer(or cargo)
③ xx days after sight
④ xx days after B/L date
⑤ xx days after the date(of draft) 등

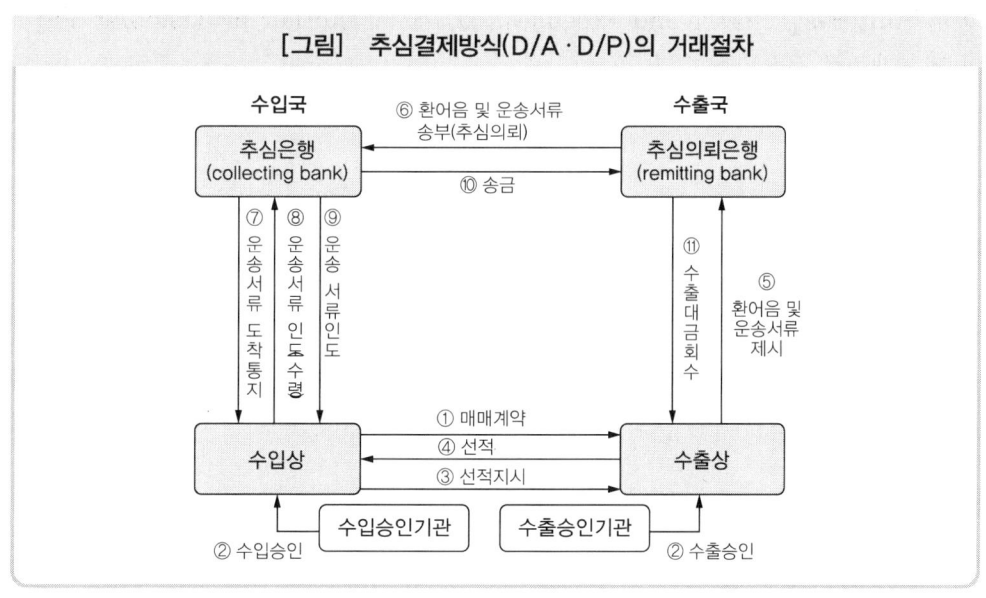

[그림] 추심결제방식(D/A · D/P)의 거래절차

5 추심에 관한 통일규칙

1. 추심통일규칙의 제정 필요성

신용장거래와는 달리 추심결제방식은 각국의 수출입업자 간의 신용을 바탕으로 이루어져야 하므로 범세계적으로 상관행의 통일을 기하여야할 필요가 있다.

2. 의의

신용장이 아니고 D/P·D/A같이 은행의 지급확약 없이 수출자가 일람출급환어음과 기한부환어음을 발행함으로써 거래자에게 어음의 결제기간만큼 신용을 공여하는 추심방식에 의한 대금결제 시에는 관계 당사자 간의 분쟁을 예방하기 위해 ICC가 (URC522 : Uniform Rules for Collections, 1995 Revision ICC Publication No.522) ; 추심에 관한 통일규칙을 제정 및 개정하였다.

3. 추심에 관한 통일규칙의 구성

개정된 현행의 통일규칙은 A. 총칙과 정의(general provisions and definitions), B. 추심의 형식 및 구성(form and structure of collections), C. 제시의 형식(form of presentation), D. 의무 및 책임(liabilities and responsibilities), E. 지급(payment), F. 이자, 수수료 및 비용(interest, charge and expenses), G. 기타규정(other provision)을 두어 제7장 및 제26개조로 구성되어 있다.

⟨서식⟩ D/P Contract

D/P CONTRACT

This D/P contract is made on February 25 by and between following parties concerned :

(1) KOREA Corporation, Seoul, Korea(Hereinafter called the Seller)
(2) Kendall Healthcare Products Company, Mansfield, USA(Hereinafter called the Buyer)

for the transaction of the following merchandise to be shipped during the period inaccordance with the terms and conditions described thereunder :

1. PAYMENT : The contract amount will be paid against following documents.

(1) Signed Commercial Invoice in 3 copies issued at the name of Kendall Healthcare Products Company 15 Hampshire Street, Manfield, MA 02048, U.S.A.
(2) Full set of Bills of Lading consigned to the order of Bank Muscat Al Ahli Al Omani P.O. Box 134, Ruwi 112, Oman, marked "Freight Prepaid" and showing notify as Waleed Pharmacy, P.O.Box 437, Muscat, Oman.
(3) Packing List in triplicate, which must indicate Weight(Net & Gross) and Measurement per each package
(4) Certificate of Origin in triplicate issued by Korea Chamber of Commerce & Industry.

2. COMMODITY : 1,071 Dozen of CREPE BANDAGES

CODE	SIZE	QUANTITY	CFR MUSCATA	MOUNT
8232	5cm	210 dz	U$ 3.83 / dz	U$ 804.30
8233	7.5cm	420 dz	U$ 5.19 / dz	U$2,179.80
8234	10cm	399 dz	U$ 6.91 / dz	U$2,757.09
8236	15cm	42 dz	U$ 9.73 / dz	U$ 408.66
Total		1,071 dz		U$6,149.85

3. SHIPMENT : Till April 15

4. VALIDITY : Till April 20

5. BUYER'S BANK : The Bank of New York, P.O. Box 11238, Church Street Station New York, N.Y 10286-1238, U.S.A.

This contract will be effected promptly after being signed by both parties concerned hereto.

Seller :   Buyer :

KOREA CORPORATION.   KENDALL HEALTHCARE PRODUCTS CO.

B. Y. Song   *Dy kim*

B. Y. Song   D. Y. KIM
Director, Trading Department   Vice President

제4절 기타 결제방식

1 Factoring 결제방식

1. 국제팩토링결제방식의 의의

팩토링이란 판매자(Client ; Supplier)가 구매자(Customer ; Debtor)에게 물품이나 서비스를 제공함에 따라 발생하는 외상매출채권(account receivable)과 관련하여 팩토링 회사(factor)가 판매자를 대신하여 구매자에 대한 신용조사·신용위험의 인수·매출채권의 기일관리·대금회수·전도금융의 제공·기타 회계처리 등의 업무를 대행해주는 금융서비스를 말한다. 기존의 del credere agent(지급보증 대리인)의 서비스와 유사한 방식인 국제 팩토링은 전세계 팩터의 회원망을 통해 수입상의 신용을 바탕으로 이루어지는 무신용장방식의 새로운 무역거래방법이며 기존의 신용장에 의한 거래에 비해 매우 간편한 방식이다.

"Factoring is the process in which the firm buys the outstanding invoices of manufacturer's customers', keeps the accounts, then obtains payment."

<u>The essence of international factoring</u>

"The essence of export factoring is that a financial house, called the factor, agrees to relieve the exporter of the financial burden, so that exporter can concentrate on his real business, the selling and marketing of his products. International factoring is of considerable importance in modern export trade. It helps to ease the cash flow of the exporter's business, an important consideration as most export transactions contain a credit element, and if it is on a non-recourse basis, it affords protection against bad debts."

(Schmitthoff Clive M., <u>Export Trade</u>, 9th ed., Stevens & Sons. 1990)

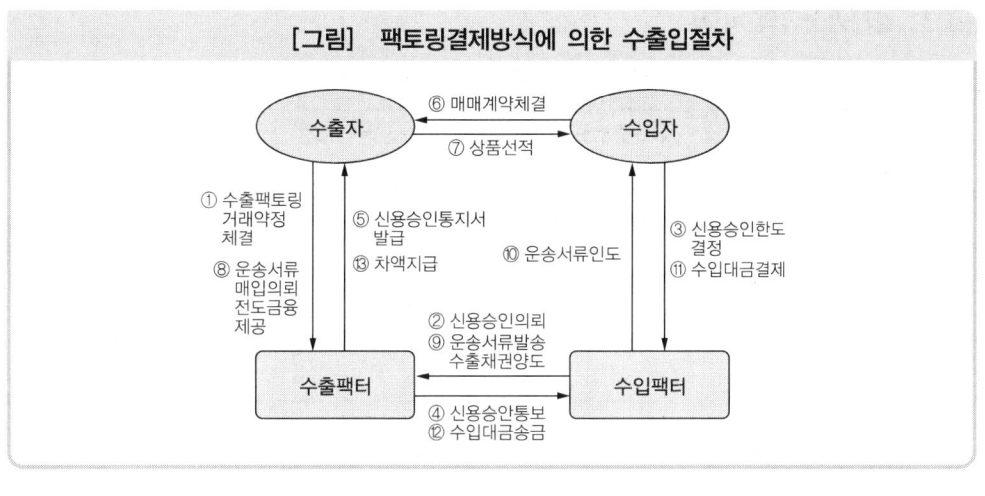

[그림] 팩토링결제방식에 의한 수출입절차

2. 국제팩토링결제방식의 효용성

[표] 국제팩토링결제방식에서 수출입업자의 효용성

수출업자의 효용성	수입업자의 효용성
매출규모의 확대	금리차익 기대
부실채권의 방지	물품의 품질확인
운영자금 조달용이	회계관리 대행
부대비용 절감	자금부담 경감

3. 국제팩토링결제방식과 기타결제방식의 비교

(1) 거래형태별 비교

[표] 기존방식과 국제팩토링결제방식의 거래형태별 비교

구분	비교 내용	신용장(L/C)	추심결제	송금환	국제팩토링
수출	거래의 근거 결제제공서류 대금회수방법 대금결제시기 지급보증기관 대금회수위험 자금의 회전	신용장수취 환어음/선적서류 어음매입 일람불/기한부 신용장개설은행 안전 용이	매매계약서 환어음/선적서류NEGO/추심 일람불/기한부 없음 불안전 제약	송금환 선적서류 선수금 일람불 은행/개인 안전 용이	매매계약서 선적서류 전도금융 일람불/기한부 수입팩터 안전 용이
수입	거래의 근거 수입자자금부담 수입자비용부담 대금의 지급 만기관리	신용장수취 가중 가중 은행 수입업자	매매계약서 없음 없음 수입업자 수입업자	송금환 가중 가중 은행/수입자 수입업자	매매계약서 없음 없음 팩터 팩터가 지원

(2) 타 결제방식과의 비교

[표] 국제팩토링과 타 결제방식과의 비교

구분	국제팩토링	수출어음보험	신용장
담보되는 금액	송장금액의 100%	어음금액의 90%	송장금액의 100%
담보되는 위험	해외수입업체의 신용위험 (지급지연, 지급불능)	수출업체가 자기의 책임이 없음을 입증 가능한 경우에 수입업체의 지급불능, 비상위험, 시장위험도 담보됨	선적서류가 신용장 조건과 일치할 경우 비상위험, 시장위험도 담보됨. 통상 사소한 문언상이를 이유로 부도가 많음
거래 가능한 기업 및 금액	해외팩터가 승인한 기업 및 금액	수출보험기관이 신용등급에 따라 승인한 기업 및 금액	신용장발행 수혜기업
신용공여 결정 소요 기간	해외수입팩터는 늦어도 14일 이내에 회신	수출보험기관의 신용공여는 상당한 기간(통상 1개월 이상) 요함	해외수입자의 소재국, 수입자의 신용도에 따라 상이함
수수료	송장금액의 1.2%	송장금액의 0.4~1.0%	은행이 정한 수수료
수입자 부도 시 대금 수령일자	송장 만기일 후 90일	수출보험기관의 보험금 지급 승인일	신용장의 만기일
부도대금 청구절차	없음	보험금 청구 수속	없음

2 Forfaiting결제방식

1. 포페이팅결제방식의 의의

무역거래에서 대금결제의 한 방법으로 사용되는 포페이팅은 현금을 대가로 채권을 포기 또는 양도한다는 뜻으로 무역거래 내에서 수출업자가 발행한 환어음이나 약속어음을 소구권 없이(without recourse) 할인·매입하여 현찰판매로 환원시키는 금융기법을 말한다.

"Forfaiting is a form of fixed rate trade finance which allows the exporter to obtain immediate payment for the goods by allowing the financier a discount for taking over the debt."

"Forfaiting is the purchase of a debt expressed in a negotiable instrument, such as a bill of exchange or a promissory note, from the creditor on a nonrecourse basis, i.e. the purchaser, known as the forfaiter, undertakes to waive — to forfeit — his right of recourse against the creditor if he cannot obtain satisfaction from the debtor. But the forfaiter will purchase the negotiable instrument only if he is given either in the form of an aval on the negotiable instrument itself or in the form of a separate bank guarantee guaranteeing due and punctual observance of all obligations under the negotiable instrument. The purchase of negotiable instrument by the forfaiter is, of course, at a discount. The forfaiter will be a bank, finance house or discount company."

2. 포페이팅결제방식의 특징

전통적인 무역금융(환어음할인금융)과 국제팩토링의 중간에 위치한 금융수단이다. 할인이라는 면에서는 환어음 할인금융과 비슷하나, 환어음 할인금융이 180일 이내의 단기금융인 데 반하여 포페이팅은 최장 10년까지의 중장기 금융이라는 점이 다르다.

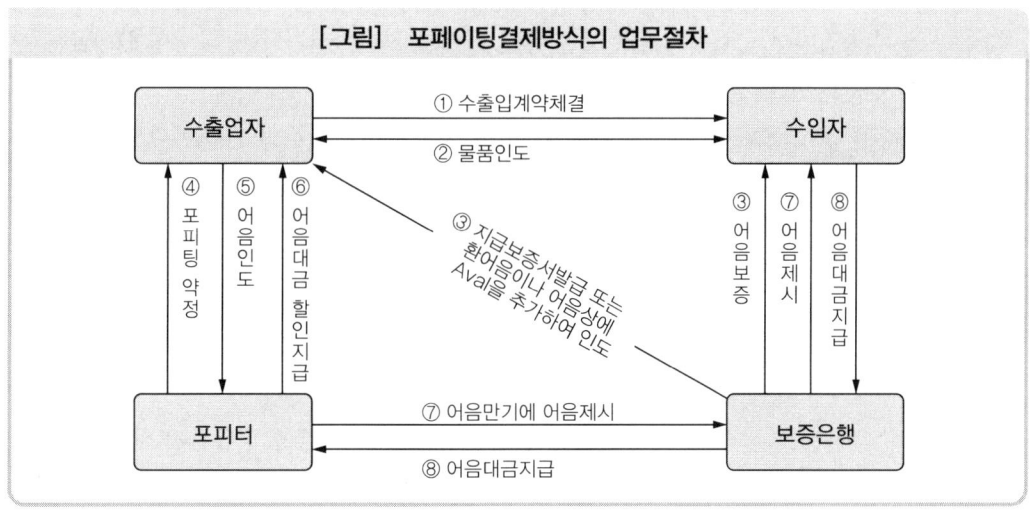

[그림] 포페이팅결제방식의 업무절차

3. 포페이팅결제방식과 팩토링결제방식의 비교

포페이팅과 팩토링, 두 가지 금융 모두에서 포페이터(또는 팩터)는 소구건 포기조건으로 채권서류를 매입하기에 수입자의 신용위험 등 거래의 제반 위험을 부담하게 된다.

[표] 포페이팅과 팩토링의 비교

구분	포페이팅	팩토링
주요대상	유통증권(negotiable instrument) 예) 약속어음, 환어음	비유통증권(non-negotiable instrument) 예) 외상매출권
대상채권의 성격	개별적으로 확정된 매출채권	현재뿐만 아니라 미래에 발생할 매출채권까지 포함한 포괄적이고 계속적인 채권의 매매
지원금액	계약금액의 100% 지원	계약금액의 80% 정도 지원
지원거래의 성격	중장기 국제무역거래(2~10년)	단기 국내 물품판매거래(30~120일)
업무의 수행범위	채권의 할인매입과 관련된 제한적인 업무수행	추심업무 등 부대서비스를 포함한 포괄적 업무수행
거래의 비밀성	포페이팅 관련 당사자들에 대한 정보를 비밀로 하는 것이 관례이므로 거래의 비밀성이 보장됨	팩터가 매출채권의 매입을 구매자(수입자)에게 통지하는 경우가 일반적이므로 거래의 비밀성이 보장되지 않음

3 O/A(Open Account ; 청산계정방식)에 의한 결제

나라 또는 수출입거래 당사자가 일정기간 동안 거래를 지속하다가 쌍방의 수출입대금을 상계하고 나머지 잔금만을 결제하기 위해 설정한 계정을 말한다.

국제결제의 관행이 점차 개방화되는 추세에 부응하여 EU회원국 내 무역거래에서 이용되고 있는 수단으로 물품대금을 장부상에서 상쇄하고 일정기간마다 차액만을 청산하는 장부에 의한 결제방식이다.

4 선적통지결제방식

수출상이 수출물품을 선적한 후 상업송장과 운송서류 등을 은행을 경유하지 않고 직접 수입상에게 발송하며 선적서류를 수취한 수입상은 계약서에 약정된 기간 내에 수입대금을 수출상에게 송금하는 사후송금방식 수출의 형태이다.

거래종류	수출채권 성립시기	선적서류 송부방법	환어음 발행여부	대금결제방법
O/A방식 거래	선적통지 시점	은행 미경유	미발행	수출상앞 송금
COD·CAD 거래	선적서류 또는 물품인도시점	은행 미경유	미발행	수출상앞 송금
D/P·D/A 거래	선적서류 인도	은행 경유	발행	추심은행앞 입금

5 TradeCard 결제방식

기존 신용장(L/C) 방식 무역의 비효율성을 개선하기 위해 WTCA가 주도적으로 개발해 온 전자무역 시스템이며 세계최초의 국제간 무역자동화서비스이다.

국내 무역업체가 인터넷을 통해 무역거래를 수행할 때 거래 한 건당 일정 수수료만 지불하면 기존 거래금융기관을 변경할 필요 없이 온라인에서 결제절차를 마칠 수 있는 솔루션이다.

향후 중소규모의 수출입거래에서 거래소요기간을 단축시키고 관련 부대비용을 획기적으로 절감하는 데 기여할 것으로 보인다.

제5절 서류심사와 처리

1 하자 있는 운송서류

1. Discrepancy(운송서류의 하자)의 의미

신용장조건이나 계약조건과 일치하지 않거나 또는 모순되는 것을 말하는데, 하자의 경우 은행으로부터 운송서류가 수리 거절되거나 매입환어음이 개설은행에 의하여 부도가 초래되어 매입대금을 상환받지 못하게 되는 결과가 나타난다.

2. 하자의 종류

수출대금의 회수과정에서 매입환어음이 부도 또는 인수거절이 되는 일반적인 하자의 종류는 다음과 같다.

① Dirty(foul) bills of lading, Charter party bill of lading.
② No evidence of goods actually "shipped on board", Goods shipped on deck.
③ Shipment made between ports other than those stated in the credit.
④ Bill of lading(transport document) does not evidence whether freight is paid or not.
⑤ Insurance risks covered not as specified In the credit, Under-insured.
⑥ Insurance not effected from the date on the transport document.
⑦ Documents inconsistent with each other, Weight differ between documents.

⑧ Description of goods on invoice differs from that in the credit.
⑨ The amounts shown on the Invoice and bill of exchange differ.
⑩ Marks and numbers differ between documents.
⑪ Absence of documents called for in the credit, Documents not presented in time.
⑫ Bill of exchange drawn on a wrong party or payable on an indeterminable date.
⑬ transport document, insurance document or bill of exchange not endorsed correctly.
⑭ Absence of signature, where required, on documents presented.
⑮ Credit amount exceeded, Credit expired.
⑯ Late shipment, Short shipment.

2 하자서류에 대한 조치

운송서류는 하자의 내용에 따라서 다음과 같이 2가지 예로 구분할 수 있다.

1. 수출지에서 정정이 가능한 하자

수출지인 우리나라에서 매입신청인(수출자)이나 서류발급기관이 정정할 수 있는 하자는 정정하도록 함. 정정 가능한 서류에는 수출자가 작성하는 어음, 상업송장, 포장명세서 및 기타 서류를 들 수 있다.

2. 수출지에서 정정이 불가능한 하자

단순한 착오가 아닌 정정이 불가능한 하자가 있는데, 이는 개설은행의 지급거절이 우려되므로 하자의 경중, 채권보전, 거래실적 또는 신용도에 따라 ① 보증부 매입, ② 전신조회매입, ③ 추심, ④ 신용장의 조건 변경 후 매입 등의 방법 중 한 가지를 선택하여 처리하게 된다.

3 하자서류의 처리방법

1. Collection Basis(추심방식)에 의한 방법

① 하자 있는 서류는 매입하지 않고 환어음을 추심한 후 입금된 것을 확인한 다음, 지급하는 방법

② 주로 신용장의 개설은행과 수익자의 신용도가 불확실하거나 부도가능성이 높은 경우에 취하는 방법

2. Cable Negotiation(전신조회매입)의 방법

① 신용장의 개설은행 앞으로 서류의 하자내용을 통고하여 매입의 허용여부를 전신으로 조회한 후 승낙을 받고 이를 매입하는 방법
② 전신료는 수익자가 부담하여야 하지만, 이것은 가장 확실한 방법
③ 개설은행은 하자서류를 수령한 후 제5은행영업일 내에 독자적으로 개설의뢰인에게 이에 대한 권리포기의 여부를 교섭할 수 있다. 즉, 개설은행은 서류의 하자 여부의 결정에 개설의뢰인과 협의할 의무는 없으나, 개설의뢰인의 권리포기만 있으면 수익자측과 협의없이 이를 수리할 수 있다. 그러나 개설은행은 하자서류에 대한 개설의뢰인의 권리포기를 원치 않을 때에는 이를 수리거절하고 송부한 당사자의 처분권한에 보유할 수 있다.

3. Amendment(조건변경)을 요청하여 매입하는 방법

① 신용장을 하자있는 서류에 맞도록 조건변경을 요청하여 매입하는 방법
② 안전한 방법이지만 시간이 많이 걸리고 잘못하면 유효기일이 경과할 가능성이 있다.

4. 조건부 매입방법

① 개설은행의 대금지급 거절 시 환불하겠다는 수익자의 보상장(letter of indemnity)이나 유보조건부(under reserve)로 운송서류를 매입하는 방법
② 수익자로부터 담보물을 확보한 후 부도 시 수익자에게 상환청구권을 행사한다는 조건을 전제로 매입하는 방법
③ 실무에서 가장 보편화된 방법
④ 유보조건부의 지급은 개설은행이 자신의 판단 또는 매수인의 지시에 따라 서류를 거절하게 되면, 수익자는 요구가 있는 대로 대금을 상환하여야 하는 조건부의 지급을 한다는 것을 의미
⑤ 매입은행이 보기에 수익자의 신용상태가 양호하고 문제가 생기면 매입대금을 반환받을 수 있다고 믿어질 때, 또는 불일치 내용이 사소하여 이를 이유로 개설은행이나 매수인이 서류를 거절할 것으로 생각되지 않을 때 주로 사용하는 방법

〈서식〉 수입화물 선취보증서

LETTER OF GUARANTEE

DATE :

	L/G NUMBER
SHIPPING COMPANY	NUMBER OF CREDIT / CONTRACT
SHIPPER	NUMBER OF BILL OF LADING
INVOICE VALUE	VESSEL NAME
	VOYAGE NUMBER
PORT OF LOADING	PORT OF DISCHARGE
NUMBERS & MARKS / PACKAGES	DESCRIPTION OF GOODS

    In consideration of your granting us delivery of the above mentioned cargo which we declare has been shipped to our consignment, but Bills of Lading of which have not been received, we hereby engage to deliver you the said Bills of Lading as soon as we receive them and we further guarantee to indemnify yourselves and / or the owners of the said vessel against any claims that may be made by other parties on account of the aforesaid cargo, and to pay to you on demand any freight or other charges that may be due here or that may have remained unpaid at the port of shipment in respect to the above-mentioned goods.

    In the event of the Bills of Lading for the cargo herein mentioned being hypothecated to any other bank, company, firm or person, we further guarantee to hold you harmless from all consequences whatsoever arising therefrom and furthermore undertake to inform you immediately in the event of the Bills of Lading being so hypothecated.

Yours faithfully,

_____

Party claiming right of delivery

    We hereby guarantee to surrender to you the corresponding bills of lading. Kindly be advised this guarantee shall be automatically made null and void, upon your issuing to us acknowledgement receipt of the corresponding bills of lading, which are to be endorsed and presented to you by us for the only purpose of the redemption of this letter of guarantee.

_____

Authorized Signature.

KOREA EXCHANGE BANK

* 본 L/G진위확인절차란

L/G발급 은행명 : 외환은행부(지점) 전화번호 : FAX번호 : 담당자 직위 :　　　　성 명 :　　　(인)	귀사에서 확인의뢰한 본L/G는 당행에서 발급한 L/G임을 확인함. 확인자 직위 :　　　　성 명 :　　　(인)

〈서식〉 수입화물선취보증 신청서

수입화물선취보증 신청서
(Application For Letter of Guarantee)

담 당	책임자

한국외환은행 앞　　　　　　　　　　　신청일자 :

	L/G 번호
선박회사명	신용장(계약서)번호
송하인	선하증권번호
상업송장금액	선박명
	항해번호
선적항	도착항
화물표시 및 번호 / 포장수	상품명세

　본인은 위 신용장 등에 의한 관계 선적서류가 귀행에 도착하기 전에 수입화물을 인도받기 위해 수입화물 선취보증을 신청하며 본인이 따로 제출한 수입화물선취보증서(LETTER OF GUARANTEE)에 귀행이 서명함에 있어 다음 사항에 따를 것을 확약합니다.

1. 귀행이 수입화물 선취보증서에 서명함으로써 발생하는 위험과 책임 및 비용은 모두 본인이 부담하겠습니다.
2. 본인은 위 수입화물에 대하여는 귀행에 소유권이 있음을 확인하며 귀행이 수입화물 선취보증서에 따른 보증채무를 이행하여야 할 것이 예상될 경우 또는 본인에 대하여 은행여신거래 기본약관 제7조 제1항, 제2항 각호의 사유가 발생한 경우에는 귀행의 청구를 받는 즉시 위 수입화물을 귀행에 인도하겠으며, 수입화물의 인도가 불가능할 경우에는 위 수입화물에 상당하는 대금으로 상환하겠습니다.
3. 본인은 위 수입화물에 대한 관계 선적서류를 제3자에게 담보로 제공하지 않았음을 확인하며, 또한 귀행의 서면동의 없이 이를 담보로 제공하지 않겠습니다.
4. 본인은 위 수입화물에 관한 관계 선적서류가 도착할 때는 신용장 조건과의 불일치 등 어떠한 흠에도 불구하고 이들 서류를 반드시 인수하겠습니다.

　　　　　　　　　　　　　　　　　　　　년　월　일

　　신청인　　　　　　　　　　　(인)　　　　| 인감대조 |
　　주 소

〈서식〉 수입화물선취보증서 회수서(Redemption)

KOREA EXCHANGE BANK

BR. / DEPT HEAD OFFICE
C.P.O.BOX 2924 SEOUL KOREA
CABLE ADDRESS : KOEXBANK
TELEX NO. : K23141－5
FAX NO. : 757－7897－8

REDEMPTION OF LETTER OF GUARANTEE

DATE :

Gentlemen :

Enclosed herewith please find the original Bill(s) of Lading endorsed by ourselves for redemption of Letter(s) of Guarantee specified below :

NUMBER OF L/C	NUMBER OF CREDIT	L/C AMOUNT	NUMBER OF B/L	VESSEL NAME

Kindly acknowledge receipt by signing and returning us the attached copy of this letter at your earliest convenience.

Very truly yours,

Authorized Signature

EP－C－FM－2(1 / 3).87.9제정(188X257)

제6장 환어음과 대금결제 X-File 문제

수표란 어음의 발행인(drawer)이 지급인(drawee)에 대하여 채권금액을 수취인(payee) 또는 그 지시인(order) 또는 소지인(bearer)에게 무조건 지불할 것을 위탁하는 요식 유가증권이자 유통증권을 말한다.

◐ 환어음(Bill of Exchange)을 의미한다.

환어음에 대해 대금을 지급하여야 하는 당사자를 Payee라고 한다.

◐ Drawee(지급인)이라고 하고, 신용장 거래에서는 일반적으로 개설은행이 지급인이 된다.

Clean Bill of Exchange(무화환어음)은 선하증권 등의 선적서류나 상업서류가 첨부된 어음으로 무역거래에 주로 이용된다.

◐ 선하증권 등의 선적서류나 상업서류가 첨부된 어음은 Documentary Bill of Exchange(화환어음)이다.

환어음의 배서와 관련하여, 피배서인을 명시한 배서는 지시식 배서(order Endoresement)라 한다.

◐ 기명식 배서(Full Endorsement)라 하고, "Pay to A bank"와 같이 표시된다.

수입상의 요청에 따라 송금은행이 지급은행에 대하여 일정한 금액을 지급하여 줄 것을 위탁하는 지급지시서를 전신환의 형식으로 발행하여 이를 송금은행이 직접 지급은행 앞으로 송금하는 방식을 M/T(Mail Transfer : 우편송금)방식이라 한다.

◐ T/T(Telegraphic Transfer : 전신송금방식)방식이라 한다.

수출업자가 상품을 선적한 후 선적서류를 자신의 대리인(주로 수입업자의 국가에 소재함) 또는 지사에게 송부하여 상품이 목적지에 도착하면 수입업자가 품질이나 수량을 직접 검사 후에 상품을 인도받으면서 대금을 현금으로 결제하는 방식을 CAD(Cash Against Documents ; 서류인도결제방식)이라 한다.

◐ 상품을 인도받으면서 대금을 결제하는 방식을 COD(Cash On Delivery ; 상품인도결제방식) 이라 한다.

사후송금방식은 여러 건의 결제를 상계한 후 차액을 결제하기 때문에 결제에 따른 부대비용이 크게 상승한다는 단점이 있다.

◐ 상계한 후 차액을 결제하기 때문에 결제에 따른 부대비용이 크게 절감된다. 단, 서로 믿을 만한 거래선이 아닌 경우에는 쉽게 채택할 수 없다는 것이 단점이다.

추심결제방식의 종류에는 크게 D/P와 D/B가 있다.

◐ D/P(Documents against Payment) : 지급인도조건과 D/A(Documents Against Acceptance) : 인수인도조건이 있다.

국제팩토링방식은 포페이팅방식에 비해 상대적으로 높은 금액의 결제를 그 대상으로 한다.

◐ 포페이팅방식이 더 높은 금액의 결제를 대상으로 한다.

기존 신용장(L/C) 방식 무역의 비효율성을 개선하기 위해 WTCA가 주도적으로 개발해 온 전자무역 시스템이며 세계최초의 국제간 무역자동화서비스를 O/A(Open Account : 청산계정방식)에 의한 결제라 한다.

◐ 이는 TradeCard 결제방식에 대한 설명이다.

제7장 신용장

제1절 신용장결제의 개념 및 특성

1 신용장(L/C ; Letter of Credit)의 개념

수입상의 요청과 지시에 의하여 신용장을 발행한 개설은행이 수출상인 수익자가 신용장에 명기된 제 조건을 일치시키고 요청된 서류를 제시하면 이와 상환(相換)으로 지급의 이행 또는 어음의 지급·인수를 하거나 타 은행에 지급의 이행 또는 어음의 지급·인수·매입을 하도록 수권(授權)한 약정서이다.

"In simple terms, a documentary credit is a conditional bank's undertaking of payment. Expressed more fully, it is a written undertaking by a bank (issuing bank) given to the seller(beneficiary) at the request, and on the instructions, of the buyer(applicant) to pay at sight or at a determinable future date up to a stated sum of money, within a prescribed time limit and against stipulated documents."

(ICC, Guide to documentary credit operations. Publication No. 415)

2 신용장의 성격

신용장은 은행의 확약이지만 그러한 확약은 개설은행이 무조건으로 지급을 약속하는 것은 아니고, ① 신용장의 조건이 충족되어 있고(terms and condition of the credit are complied with) ② 신용장에 기재된 서류의 제출(즉, 서류와 상환으로)이 전제된 조건부의 확약이다. 신용장상의 수출상은 그가 신용장의 모든 조건을 충족시켰을 때에만 지급을 요구할 권리를 가지게 된다.

3 신용장의 거래과정

① 매수인인 수입상(신용장개설의뢰인)은 외국의 수출상인 매도인과 매매계약을 체결하면서 일반거래조건협정서나 매매계약서에 대금결제방법으로서 신용장에 의한 대금지급이 이루어지도록 합의한다.
② 수입상은 외국환은행에 수입승인을 신청하여 수입승인서(I/L)를 받는다(해당되는 경우).
③ 수입상은 자기 거래은행을 통하여 매도인 앞으로 수입신용장을 발행해 주도록 의뢰하고, 이때 수입상은 발행될 신용장의 조건을 신용장발행신청서(Application for Irrevocable Documentary Credit)에 명확하게 기재하여야 한다.
④ 신용장발행을 의뢰받은 수입상 국가의 외국환은행(신용장 개설은행)은 개설의뢰인의 지시를 준수하여 수익자 앞으로 신용장을 발행하여 수출상이 소재하고 있는 외국의 환거래은행(통지은행)에 신용장을 송부하여 신용장의 통지를 요청한다.
⑤ 수익자 소재지의 수출지의 통지은행은 신용장의 외관상의 진정성(眞正性)을 확인하여 수출상에게 신용장 도착을 통지한다. 이 경우 통지은행이 개설은행으로부터 확인의 추가를 요청받은 경우에는 별도의 확약 문언을 기재한 통지은행 양식의 신용장을 통지한다.
⑥~⑨ 신용장을 수취한 수출상은 그 신용장 조건이 매매계약조건과 일치하는가를 반드시 확인하고, 해당되는 경우 이를 토대로 수출승인을 신청하여 수출승인서(E/L ; Export License)를 발급·신청하여 교부받는다.
　신용장을 받은 수출상은 물품을 제조하거나 집하(集荷)하여 선적한 후, 신용장에서 요구한 선적서류와 환어음을 준비하여 신용장에서 지정된 지급·인수 또는 매입은행 또는 개방매입신용장의 경우에는 자신에게 유리한 은행에 이를 제시한다.
⑩ 수출지의 매입은행은 환어음 및 제시서류와 교환으로 수출상에게 환어음 대금을 지급한다.
⑪ 매입은행은 수출상에게 지급한 환어음대금을 결제받기 위해 신용장 개설은행에 환어음 및 서류를 송부한다.
⑫ 매입은행은 환어음대금을 개설은행에 상환청구하여 수출대금을 상환받는다. 상환은행(결제은행)이 별도로 있을 경우에 매입은행은 선적서류를 개설은행 앞으로 송부하고 상환은행으로부터 수출대금을 상환받는다.
⑬ 개설은행은 매입은행으로부터 운송서류와 환어음이 도착하면 수입상에게 운송서류 도착을 통지한다.
⑭ 개설은행은 수입상으로부터 수입대금을 결제받고 운송서류를 인도. 만일 수입상이 개설은행에 대금을 불입하지 않고 선적서류를 먼저 인수하고자 한다면 개설은행에 수입담보

화물보관증의 성격을 가지고 있는 대도증서(T/R ; Trust Receipt)를 제공한다.
⑮ 선박회사는 화물이 도착하면 수입상에게 동 사실을 통지한다.
⑯ 화물 도착통지를 받고 선적서류를 인수한 수입상은 선박회사에 선하증권을 제시하고 화물을 수령한다. 이때 수입상은 물품이 계약과 일치하는지의 여부를 검사하여야 하며 만약 물품이 계약에 부적합할 때에는 계약서에서 약정한 기일 내에 클레임을 제기하여야 한다. 물품은 이미 도착하였으나 선적서류가 도착하지 않았을 경우에는 개설은행으로부터 수입화물선취보증장(L/G ; Letter of Guarantee)을 발급받아 운송인으로부터 미리 물품을 수령할 수 있다.

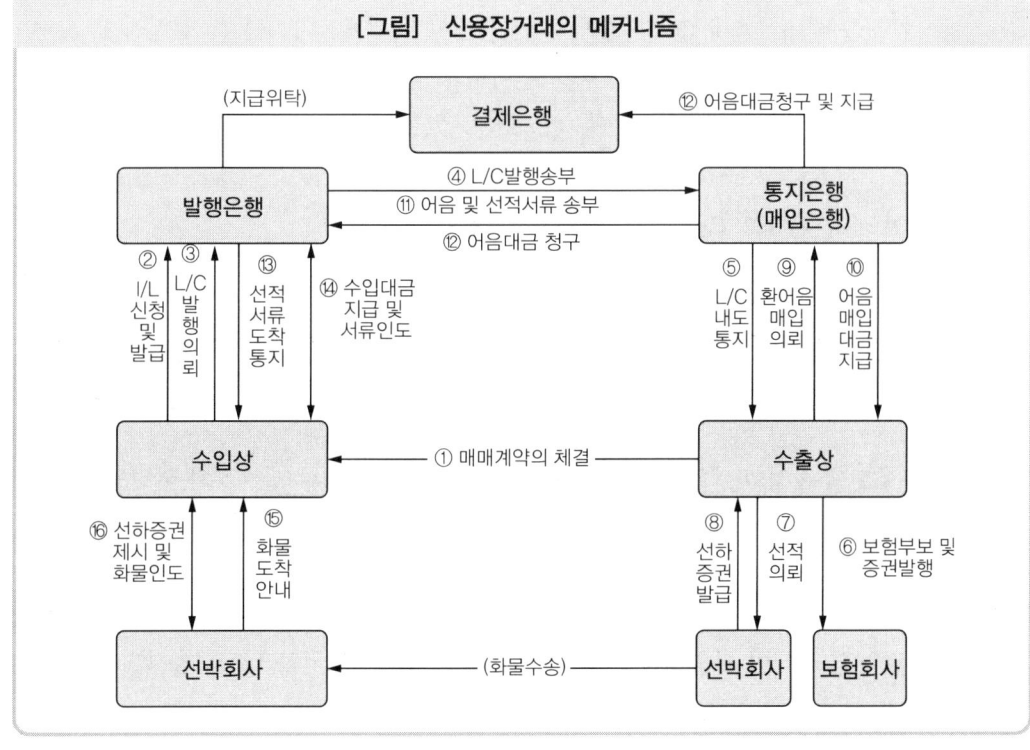

[그림] 신용장거래의 메커니즘

4 신용장의 기능

신용장은 수출상에게는 상품선적 즉시 대금회수를 가능케 하는 대금결제수단의 기능이 있고, 수입상에게는 상품의 도착과 더불어 대금의 지급을 가능케 하는 금융수단으로서 기능이 있다.

5 신용장거래의 특징

1. Principle of Independence(독립성의 원칙)

(1) 신용장이 일단 은행에 의하여 발행되면 그 신용장은 그 근거가 되었던 매매계약으로부터 완전히 독립되어 그 자체로서 별도의 법률관계를 형성하게 된다.

(2) 신용장이 그러한 계약에 관한 참조사항을 언급하고 있다 하더라도 신용장의 관계 당사자들은 그 계약의 조건에 하등의 영향이나 구속도 받지 않는다.

(3) 신용장거래를 매매계약에 연계시키게 되면 은행이 매매계약의 내용을 일일이 확인하여야 하는바, 이는 현실적으로 불가능하므로 이러한 구속으로부터 은행을 해방시켜 신용장거래가 원활하게 이루어지도록 함에 그 취지가 있음

2. Principle of Abstraction(추상성의 원칙)

(1) 신용장통일규칙 제5조에서는 "Banks deal with documents and not with goods, services or performance to which the documents may relate." 규정하여 제4조에서 규정한 독립성과 함께 신용장 거래의 또 하나의 특성인 추상성을 명확하게 규정하고 있다.
UCP 제5조 "추상성의 원칙" : 은행은 서류를 취급하는 것이며 그 서류와 관련될 수 있는 물품, 용역 또는 이행을 취급하는 것은 아니다.

(2) 모든 판단의 기준이 실제의 사실이 아닌 서류에 있다고 추상화함으로써 상품이나 기타 실질거래에 대한 지식이 불충분하고 경험이 부족한 은행이 적극적으로 신용장거래를 행할 수 있도록 보장하기 위함이다.

3. 신용장거래의 한계성

가장 진보된 결제방식인 신용장거래라 하더라도 수출입상인 양 당사자의 불법이나 위조 등이 개입하는 경우에는 수출입상 모두에게 100%의 계약물품의 입수보장과 대금회수에 대한 보장이 은행이라 하더라도 신용장 외의 계약위반 등을 조사하거나 책임질 의무가 없다는 한계성이 있다.

6 신용장거래의 원칙

1. The Doctrine of Strict Compliance(엄밀일치원칙)

은행이 신용장 조건에 엄밀히 일치하지 않는 서류를 거절할 수 있는 권리를 가지고 있다는 법률적 원칙으로 신용장거래가 상품거래가 아닌 서류거래이므로 서류만으로 지급여부를 결정하게 되는 까닭에 서류가 신용장 조건에 일치하여야 하는 것은 당연하다.

2. 실질일치원칙의 대두(상당일치원칙)

신용장통일규칙에서는 엄밀일치의 원칙을 다소 완화하여 서류가 내용상 신용장 조건과 상호 모순되는 내용이 아닌 한 어느 정도까지 일치하면 은행은 이를 지급할 의무가 있다고 하는 실질일치의 원칙을 나타낸 조항으로서, 동 조에서 규정한 바대로 그 내용상 상호 모순성이 없으면 서류를 인수하여야 한다는 것을 규정하고 있다.

3. 서류거래와 심사의 원칙

신용장통일규칙에서는 은행은 신용장에 약정된 모든 서류가 문면상 신용장조건에 일치하는가 아닌가의 여부를 확인하기 위하여 상당한 주의를 기울여 심사하여야 한다고 말하고 있다. 약정된 서류가 문면상 신용장조건에 일치하는가의 여부는 1) UCP600, 2) 신용장 조건, 3) 국제표준은행관행에 의해 결정된다.

제2절 신용장거래의 당사자 및 신용장 종류

1 Parties Concerned or Parties Thereto(신용장거래의 관계당사자)

1. 기본당사자

(1) Issuing Bank(Opening Bank ; Establishing Bank ; Grantor ; Credit Writing Bank ; 개설은행)

수입상의 거래은행으로서 개설의뢰인의 지시와 요청에 따라 수출상 앞으로 신용장을 개설하고 수출상이 발행하는 환어음에 대한 지급 등을 확약하는 은행으로서 대금지급에 관한 주 채무자를 말한다.

Issuing bank means the bank that issues a credit at the request of an applicant or on its own behalf.

(2) Confirming Bank(Confirmer ; 확인은행)

개설은행이 지급·인수 또는 매입을 확약한 취소불능 신용장에 대하여 개설은행의 수권이나 요청에 따라 추가로 수익자에게 지급·인수 또는 매입을 확약하는 은행을 말한다. 이러한 확인은행의 확인(Confirmation)은 개설은행의 그것과는 독립적(Independent, Separate)인 확약이자 개설은행에 대한 여신행위이다. 확인은행은 개설은행의 확인요구에 반드시 응해야 할 의무는 없으며 대부분의 확인신용장의 경우 통지은행이 확인은행을 겸한다.

Confirming bank means the bank that adds its confirmation to a credit upon the
issuing bank's authorization or request.

(3) Beneficiary(Seller : Exporter : Accounter : consignor : Drawer : Addresee : Accreditee ; 수익자)

신용장의 수혜를 받는 수출자를 말한다.

Beneficiary means the party in whose favour a credit is issued.

[표] 수출상과 수입상의 명칭비교

거래내용	수출상		수입상	
매매관계	Seller	매도인	Buyer	매수인
무역관계	Exporter	수출상	Importer	수입상
신용장관계	Beneficiary	수익자	Applicant	개설의뢰인
어음관계	Drawer	발행인	Drawee	지급인
계정관계	Accounter	대금수령인	Accountee	대금결제인
화물관계	Consignor	송하인	Consignee	수하인

2. 기타 당사자

(1) Applicant(Opener : Buyer : Accountee : Consignee : Importer : Customer ; 개설의뢰인)

매매계약의 당사자인 수입업자이며 자기 거래은행에 신용장을 개설할 것을 의뢰하는 자를 말한다.

Applicant means the party on whose request the credit is issued.

(2) Advising Bank(Notifying Bank : Transmitting Bank : Adviser ; 통지은행)

개설된 신용장을 수익자에게 통지해주는 은행으로서 수출국 내에 있는 개설은행의 본·지점이나 환거래은행인 경우가 많다. 개설은행으로부터 직접 신용장을 통지받는 경우 수익자는 그 진위여부를 판단하는 데 어려움이 있으므로 통지은행을 경유하게 되는 것이다.

Advising bank means the bank that advises the credit at the request of the issuing bank.

(3) Nominated Bank(지정은행)

지정은행이라 함은 신용장이 사용될 수 있는 은행 또는 모든 은행에서 사용될 수 있는 신용장의 경우에는 모든 은행을 말한다.

Nominated bank means the bank with which the credit is available or any bank in the case of a credit available with any bank.

(4) Paying Bank(지급은행)

개설은행과 예치환거래계약을 체결하여 자행에 개설은행 명의로 예금계정을 설치해 두고 신용장의 조건과 일치되는 서류가 제시될 때 또는 환어음이 자행을 지급인으로 하여 제시될 때 개설은행의 예금계정에서 차감하면서 지급을 이행하는 개설은행의 예치환은행(depositary correspondent bank)이다. 대금지급에 관한 최종책임은 개설은행이 진다.

(5) Deferred Paying Bank(연지급은행)

수익자가 신용장에서 요구하는 서류를 제시할 때 개설은행이나 확인은행의 지시에 따라 수익자에게 만기일을 기재한 연지급 확약서를 발급해주는 은행으로서 만기일에 환어음의 교부 없이 지급을 행하는 은행을 말한다. 유럽의 경우 고액의 인지세가 부과되기 때문에 연지급 신용장이 많이 사용된다.

(6) Accepting Bank(인수은행)

개설은행의 예치환거래은행으로 신용장의 조건과 일치하는 서류가 첨부된 기한부 환어음을 제시하면 당해 기한부 환어음을 인수하도록 수권된 은행을 말하며 인수은행의 인수 거절 시에는 개설은행이 최종적인 책임을 진다.

(7) Negotiating Bank(Discounting Bank ; 매입은행)

매입신용장이 발행된 경우 개설은행 앞으로 발행된 환어음이나 서류를 매입하도록 수권된 은행을 말한다. 매입 시 개설은행으로부터 상환 받을 수 있는 기간까지의 환가료(exchange commission)를 공제 후 수익자에게 지급한다. 어음매입 후 개설은행으로부터 상환거절시 수익자에 대해 소구권(Recourse)을 갖는다.

(8) Reimbursing Bank(Settling Bank ; 상환은행)

지급·인수·매입한 은행에 개설은행은 대금을 상환하여야 할 의무가 있다. 송금방식 등을 통하여 개설은행이 직접 상환키 어려운 경우 제3의 은행을 통하여 상환하게 되는데 이 은행을 상환은행이라고 하며 상환을 청구하는 은행을 상환청구은행(claiming bank)이라 한다.

2 신용장의 구분과 종류

1. 경제적 기능에 따른 분류

(1) Commercial Credit(상업신용장)

상거래로 인하여 발생한 대금의 결제를 위하여 발행되어 개설은행이 수익자에게 대금의 지급을 확약한 증서이다.

(2) Clean Credit(클린신용장)

① Traveller's Credit(여행자신용장)
여행자의 현금휴대의 위험을 없애고 편의를 위해서 여행자인 수익자가 발행한 어음을 매입하도록 개설은행이 자행의 본지점이나 환거래은행에 위임하고 이의 상환을 약속한 신용장이다.

② Stand-by Credit(보증신용장)
보증신용장은 각종의 보증금(bond), 즉 입찰보증금(bid bond), 계약이행보증금(performance bond) 등의 적립에 대신하여 사용되거나 차입금의 반환을 보증하는데 사용된다.

2. 운송서류의 첨부여부에 따른 분류

(1) Documentary Credit(화환신용장)

신용장의 제조건에 따라 수출상이 발행하는 환어음에 상업송장(commercial invoice), 선하증권(bill of lading) 및 보험증권(insurance policy) 등의 운송서류를 첨부할 것을 요구하는 신용장이다.

(2) Non-documentary L/C(무화환신용장)

수출상이 매입의뢰 시 객관적인 제3자가 발행한 운송서류가 아닌 수출상 또는 수입상이 개인 자격으로 발행한 환어음에 진술서(statement) 또는 확인서(certificate) 등의 단순 증명서류를 첨부하는 조건으로 그 어음의 지급·인수 또는 매입이 확약되는 신용장이다.

① Documentary Clean Credit(무담보신용장)

수출상이 신용장으로 매입의뢰 할 때 수출상이 매입은행에 제시하는 것은 수출상 자신이 발행한 환어음 한 가지뿐이며 부대 선적서류(선하증권, 보험증권, 상업송장 등)가 첨부되지 않는다.

② Stand-by Credit(보증신용장)

금융서비스나 채무이행의 보증(performance bond)을 목적으로 발행되는 신용장이다. 국내상사의 해외지사 운영자금 또는 국제입찰 참가에 수반되는 입찰보증(BidBond), 계약이행보증(P·Bond : Performance Bond), 선수금환급보증(AP·Bond : Advance Payment Bond), 하자보증금(retention money bond)에 필요한 자금 등의 채무를 보증할 목적으로 국내 외국환은행이 해외은행 앞으로 발행하는 신용장이다.

3. 타 은행의 확인유무에 따른 분류

(1) Confirmed Credit(확인신용장)

① 개설은행 이외의 제3은행이 수익자가 발행하는 환어음의 지급·인수·매입을 확약하고 있는 신용장을 말한다.

② 확인은행의 이러한 확약은 개설은행의 그것을 보증하는 것이 아니라 별개의 독립된 것이 된다.

(2) Unconfirmed Credit(무확인신용장)

신용장 개설은행 이외의 제3은행의 확약이 없는 오로지 개설은행의 지급확약으로만 구성되어 있는 대부분의 신용장이 해당된다.

4. 발행방법에 따른 분류

(1) Mail Credit(우편신용장)

신용장을 발행할 때 개설은행이 자행의 양식을 사용하여 서신형식으로 신용장을 작성하여 우편으로 발송하는 신용장이다.

(2) Cable Credit(전신신용장)

① 은행이 전보 또는 텔렉스 등의 전신을 이용하여 신용장을 발행하는 방법이다.
② 최근에는 FAX, SWIFT(국제은행 간 자금결제 전산망) 등의 방법으로 신용장을 발행하고 있다.
③ 전신신용장의 종류
　㉠ short cable(약식전보) : 개설은행이 신용장발행 사실을 수익자에게 신속하게 알려 선적준비를 서두르게 할 목적이 있을 때 신용장번호·금액·선적기일·유효기일 등 신용장의 주요내용을 먼저 약식전보(short cable) 로 알리고 나머지 신용장내용은 "details to follow"라는 문언으로 표시하며, 개설은행은 추후에 우편으로 통지은행을 통하여 신용장 원본을 송달하게 되는데 이 원본을 mail confirmation이라 한다. 수출상은 이 원본에 맞추어 선적 및 매입을 하여야 한다.
　　예 "Issued our L/C No. M-1811-109-NS-00018 for USD 500,000 favoring ABC Corp·N.Y, Accountee KFA Co., Seoul Covering Nylon Fabric Shipment Latest Nov 24. Expiry Dec. 05. Full details to follow."
　㉡ full cable(정식전보) : 개설은행이 신용장 내용 전부를 전신으로 통지은행에 보내면 통지은행이 이를 받아 통지은행의 신용장통지 양식을 정식전보 앞에 부착한 후 수출상에게 전달하는 방식이다.
　㉢ cypher(전신약어) : 정식전보와 같으나 전송방법이 암호로 전송되어 수익자에게 번역되어 전달되는 신용장이다.
　㉣ SWIFT : EDI방식에 의한 문서전달체제로 신용장을 암호(code)로 발행하는 방법과 비슷하게 신용장의 format이 표준화되고 code화되어 있다.

5. 상환청구권 유무에 따른 분류

(1) With Recourse Credit(상환청구가능신용장)

신용장상에 별도의 표시가 없거나 "With Recourse" 표시가 있는 신용장으로서 신용장에 의거하여 발행된 환어음의 매입은행이나 선의의 소지인(Bona Fide Holder)이 어음의 지급인으로부터 대금지급의 거절을 당한 경우 어음발행인에게 상환청구를 할 수 있는 어음을 말한다.

(2) Without Recourse Credit(상환청구불능신용장)

신용장에서 "without recourse"가 표시된 환어음을 요구할 경우의 신용장으로, 어음의 매입이 이루어진 후 매입은행 또는 선의의 소지인이 선지급한 대금을 수출상으로부터 되돌려 받을 수 없는 신용장으로서 우리나라에서는 인정하지 않지만 영미법계에서는 상환청구불능이라는 문구가 있는 경우 인정된다.

6. 대금결제방법의 간편도에 따른 분류

(1) Simple Credit(단순신용장)

① 수출지의 매입은행이 개설은행의 당좌구좌를 갖고 있는 예치환거래 은행인 경우 은행 간의 신용장대금의 결제는 개설은행이 자행에 예치된 매입은행의 구좌에 신용장대금을 입금시키고, 반대로 매입은행은 자행에 예치된 개설은행구좌에서 출금시키는 등 양 은행 간의 계정 정리만으로 간단히 끝내고 복잡한 절차를 거치지 않아도 되는 신용장이다.

② 예문
  ㉠ 매입은행 지정문언 : We hereby issue in your favour this documentary credit which is available by payment against documents.
  ㉡ 계정차기 허용문언 : Please pay the sum due to the debit of our account with you.

(2) Remittance Credit(송금신용장)

① 매입은행이 개설은행으로부터 대금결제를 받으려면 개설은행에 서류를 송부한 후에 개설은행과 매입은행이 합의하여 지정하는 특정은행에 개설은행이 신용장대금을 송금하게 되고 이 송금이 이루어진 후에야 매입은행이 수익자에게 대금을 지급하는 방식의 신용장이다.

② 예문
- ㉠ 환어음의 송부처 지정문언 : We hereby issue in your favour this documentary credit which is available by negotiation of your draft at sight drawn on ourselves-,
- ㉡ 송금방법 관련문언 : We shall make payment as per negotiating bank's instructions to be received.

(3) Reimbursement Credit(상환신용장)

① 신용장의 통화가 수출·수입 양국의 화폐가 아닌 제3국의 통화이거나, 수출지(도시기준)에 개설은행의 예치환거래은행이 없을 경우 매입은행은 신용장에 미리 지정되어 있는 개설은행이 지정하는 상환은행(reimbursing bank)에 수출상이 발행한 상환용 환어음을 제시하여 대금결제를 받게 된다.
이때 매입은행은 선적서류는 개설은행으로 송부하고 상환용 환어음은 지정된 상환은행에 제시하게 되는데, 상환은행은 개설은행의 상환수권 내용에 따라 신용장대금을 최종 결제하게 되는 원리의 신용장이다.

② 예문
- ㉠ 상환은행 지정문언 : which is available by negotiation of your draft at xx sight drawn on Citibank, New York, N.Y. U.S.A.
- ㉡ 서류송부방법 기재문언 : In reimbursement, the negotiation bank is authorized reimburse itself by sending beneficiary's draft to the above drawee bank.

7. 매입은행의 지정 여부에 따른 분류

(1) Open Credit(자유매입신용장, General Credit)

① 매입은행에 아무런 제한이나 지정이 없는 신용장으로, 보통신용장(general credit, open credit), 매입은행개방신용장(circular negotiation form) 혹은 자유매입신용장(freely negotiable L/C)이라 한다.

② 개설은행 지급확약문언
"We hereby agree with the drawer, endorser and bona-fide-holder of drafts drawn under and in compliance with the terms of this credit that such drafts shall be duly honored on presentation of the documents"

"We hereby ⋯that such drafts shall be duly honored on presentation and surrender of the documents."

③ 매입 시 주의사항 문언

"If the credit is available by negotiation, each presentation must be noted on the reverse of this advice by the bank where the credit is available."

(2) Restricted Credit(매입제한신용장, Special Credit)

신용장상에 매입은행이 특정은행으로 지정되어 있는 신용장으로서 신용장에 의해 지정된 은행만이 최종 매입에 응할 수 있다.

8. 매입허용 여부에 따른 분류

(1) Negotiation Credit(매입신용장)

① 수익자가 발행한 환어음이 매입될 것을 예상하여 개설은행이 수익자(drawer)뿐만 아니라 배서인(endorser) 및 선의의 소지인(bona-fide-holder)에게도 지급확약을 확대하고 있는 신용장

② 매입신용장이 발행될 때의 개설은행의 지급확약 문언

"We hereby agree with the drawers, endorsers and bona fide holders of drafts drawn under and in compliance with the terms of this credit that such drafts will be duly honored on due presentation and on delivery of documents as specified to the drawee bank."

③ 환어음의 매입을 위한 유효기일 문언

"Drafts must be presented for negotiation not later than November 30"
"Drafts must be negotiated on or before November 30"

(2) Straight Credit(지급신용장)

① 환어음의 배서인이나 선의의 소지인에 대한 약정은 없고 단지 수익자가 개설은행이나 그 지정은행에 직접 환어음을 제시하면 지급하겠다는 약정만 있는 신용장으로 실무적으로 서류의 매입은 매입제한 신용장에 준하여 처리한다.

② 실무에서 지급신용장이 발행될 때의 신용장상에 개설은행의 지급확약 문언
"We hereby agree with you(beneficiary) that all drafts drawn under and in compliance with the terms of this credit will be duly honored on due presentation and on delivery of documents as specified to the drawee bank."

9. 지급기간에 따른 분류

(1) Sight Credit(일람출급신용장, Sight Payment Credit)

환어음이 지급인에게 제시되면 즉시 지급이 이루어지고, 수출지에서 매입은행이 선적서류를 송부하면 개설은행은 서류상의 하자가 없는 즉시 신용장대금의 전액을 매입은행 구좌에 입금시켜 주는 형식의 현금거래 신용장을 말한다.

(2) Usance Credit(기한부신용장, Acceptance Credit)

① 발행된 환어음의 기간(tenor)이 기한부인 경우로서 서류 제시 후 일정기간이 경과한 후에 대금을 지급하는 신용장을 말한다.

② 일정기간에 대한 기간의 이익을 수입상이 향유하며 인수신용장, 연지급신용장, 기한부매입신용장이 이에 해당하고 일정기간에 대한 신용공여를 누가 하느냐에 따라 은행이 신용을 공여하는 "Banker's Usance"와 수출상 자신이 공여하는 "Shipper's Usance"로 분류된다.

③ 환어음의 발행을 요구하지 않고 서류만의 제시로 신용장 조건에 따라 결정되는 일자에 지급을 이행할 것을 확약하는 경우도 있는데, 그러한 신용장은 deferred payment credit라고 부른다.

④ usance 어음의 기일
  ㉠ 일람후정기출급(at xxx days after sight)
  ㉡ 일부후정기출급(at xxx days after date)
  ㉢ 확정일후정기출급(at xxx days after B/L date 또는 at xxx days after negotiation)

(3) Installment Payment Credit(할부지급신용장)

① 의의
선적 또는 대금결제기간이 일정한 시기로 나누어져 있는 신용장

기한부신용장의 한 종류로서 서류를 인도받을 때에는 착수금만 지급하고 잔액은 일정기간에 일정액으로 나누어 지급되는 신용장을 말한다. 플랜트 수출같이 금액이 거대하고 일시적 지불이 불능일 경우에 수입업자의 편익을 위해 이용된다.

② Instalment Shipment Credit(할부선적신용장)

수출자가 선적을 수회에 걸쳐서 일정한 기간별로 분할하도록 약정한 것이다.

"Shipment must be made in ten equal lots from January to October, partial shipments within instalments are not allowed."

③ Instalment Payment Credit(할부지급신용장)

수입상이 선적서류를 인도 받을 때는 착수금조로 대금의 일부만 지급하고 잔액은 일정 기간별로 나누어 상환토록 약정된 신용장을 말한다.

"Principal amount shall be available in six(6) equal instalment at 360, 540, 720, 900, 1080 and 1260 days respectively after the B/L date against beneficiary's drafts drawn on Korea Exchange Bank, Seoul."

10. 기한의 이용방법 여부에 따른 분류

(1) Acceptance Credit(인수신용장)

외상기간 동안 어음을 보유하고 있던 자(수출상·매입은행·어음할인기관)가 필요에 따라 동 어음을 금융시장에 할인하여 자금융통을 받을 수 있다. usance credit는 대부분 여기에 속한다.

(2) Deferred Credit(연지급신용장)

어음이 발행되지 않기 때문에 외상기간 중 수출상이 할인 등의 방법을 통하여 금융조달용으로 사용할 수 없고, 외상대금 결제은행(deferred bank)이 직권으로 발행한 지급확약서의 내용에 따라 지급업무를 수행한다.

11. 양도 허용 여부에 따른 분류

(1) Transferable Credit(양도가능신용장)

"transferable"이라는 문구가 명시적으로 들어가 있는 신용장으로서, 신용장 금액의 전부 또는 일부를 제3자에게 양도할 수 있도록 허용하고 있는 신용장이다.

(2) Non-Transferable Credit(양도불능신용장)

신용장에 "transferable"이라는 문구가 없는 신용장으로서 양도가 불가능하다.

12. 특수신용장

(1) Revolving Credit(회전신용장)

① 수출입업자 사이에 동종의 상품거래가 상당기간 계속해 이루어질 것이 예상된 경우 거래 시마다 신용장을 개설하는 불편과 부담을 덜기 위하여 일정기간 동안 신용장 금액이 자동 갱신되어 다시 사용할 수 있도록 하는 조건으로 개설된 신용장을 말한다.

"A revolving credit is one where, under the terms and conditions thereof, the amount is renewed or reinstated without specific amendment to the credit being needed."
(ICC, Guide to documentary credit operations. Publication No. 415)

② 갱신방법

갱신되기 전에 미사용 잔액이 있을 경우, 그대로 누적시키는 방법(cumulative method)과 미사용 잔액의 누적없이 갱신하는 방법(non-cumulative method)이 있다.

"We hereby issue in your favor this revolving documentary credit. The amount of drawing made under this credit become automatically reinstated on payment by us. Draft drawn under this credit must not be exceeded to US$ 3,000,000 in any calendar month."

(2) Packing Credit(선대신용장 = Red clause credit, Anticipatory Credit, Advanced payment Credit)

개설은행이 매입은행으로 하여금 수출상에게 선적 전에 일정한 조건으로 수출대금을 전대할 수 있도록 수권하는 문언을 신용장상에 기재하고 그 선수금의 상환을 확약한 신용장이다. 전대기간 중 이자는 수익자가 부담한다.

"A red clause credit :
- is a credit with a special clause incorporated into it that authorises the advising or confirming bank to make advances to the beneficiary before presentation of thedocuments. The clause is incorporated at the

specific request of the applicant and the wording is dependent upon his requirement.

• is so called because the clause was originally written in red ink to draw attention to the unique nature of this credit."

(ICC, Guide to Documentary Credit Operations, Publication No. 415)

(3) Cargo Receipt Credit

① 원양어선 등이 공해(公海)상에서 포획한 수산물을 직접 해외거래선에 인도할 경우에는, 선하증권 대신에 거래선으로부터 물품인수증(cargo receipt)이나 확인서 등을 받게 되며, 원양어선 선장으로부터 이러한 서류를 전달받은 본사는 환어음에 동 서류를 첨부하여 거래은행에 제출함으로써 매입의뢰를 하게 된다. 이와 같은 신용장을 cargo receipt credit라 한다.

② 신용장상 문언

"cargo receipt stating(certifying) that the applicant for the credit(or buyer) has duly received the under-mentioned merchandise"

(4) Back to Back Credit

① 외국에서 내도한 원수출신용장(master L/C)을 견질로 동 신용장의 수익자가 자기의 거래은행에 신용장의 발행을 요청하여 실제의 물품공급자를 수익자로 새롭게 발행한 신용장이다.

② back to back credit의 수익자가 국내에 있는 경우는 local L/C(내국신용장)이라고 부르고, 제3국에 있을 경우에는 sub L/C 또는 baby L/C라고도 부른다.

(5) Transit Credit(통과신용장)

수입국의 은행에서 신용장을 발행하는 것이 아니라 수입국과 수출국 간에 은행 환거래계약도 없고 양국이 사용하는 통화도 국제적인 결제통화가 아닌 경우 양국의 은행과 동시에 환거래계약을 맺고 있는 제3국 은행에서 제3국의 통화로 발행하고 대금결제도 제3국을 통하도록 한 신용장이다.

(6) Omnibus Credit(특혜신용장)

수출상이 물품을 선적하고 화환어음을 통하여 대금을 회수하도록 하는 것이 아니라 물품을 선적하기 전 창고에 입고시킨 뒤 창고증권에 환어음을 첨부하여 대금을 결제받을 수 있도록 수익자에게 특혜를 부여한 신용장을 말한다.

13. Counter Trade Credit(연계무역신용장)

(1) Back to Back Credit(동시개설신용장)

일국에서 일정액의 수입신용장을 발행할 경우 그 신용장은 수출국에서 동액 또는 그와 상응하는 일정액의 수입신용장을 발행하여 오는 경우에만 유효하다는 조건의 신용장이다.

"This Letter of credit shall not be available unless and until standard banker's irrevocable letter of credit in favor of Korea Trading Co., Ltd., for account of Toyota Trading Co., Ltd…"

(2) Escrow Credit(기탁신용장)

수출상이 선적 후 수입상은 물품대금의 일정액을 기탁계정에 기탁하여 두면, 수출상이 수입상으로부터 다른 물품을 수입할 때 그 결제대금으로 사용하도록 지정한 신용장이다.

(3) Tomas Credit(토마스신용장)

수출상이 선적 후 매입에 들어갈 때는 수입상 앞으로 "언제까지 Counter L/C를 발행하겠다"라는 내용의 보증서를 차입하도록 제한하고 있는 신용장이다.

14. 유사신용장

(1) Authority to Purchase(A/P ; 어음매입수권서)

수입상의 거래은행이 수입상의 요청에 따라 수출지에 있는 자행의 본·지점이나 환거래은행에 대하여 수출상이 일정한 조건을 갖춘 선적서류를 첨부하여 수입상 앞으로 발행한 환어음을 제시하면 이를 매입하도록 지시한 통지서

(2) Authority to Pay(A/P ; 어음지급수권서)

수입상의 거래은행이 수입상의 요청에 따라 수출지에 있는 자행의 본·지점이나 환거래은행에 대하여 수출상이 그 수권된 은행 앞으로 발행한 환어음을 지급하도록 지시한 통지서

⟨서식⟩ Irrevocable Credit

THE BANK OF KANSAI, LTD. INTERNATIONAL DEPARTMENT 7-21, SHINSAIBASHISUJI 2-CHOME, CHUO-KU, OSAKA, JAPAN Cable Address : BKKANSAI OSAKA SWIFT : KSBJ JPJS Place and date of Issue : FEB, 21	**IRREVOCABLE DOCUMENTARY CREDIT** CREDIT NUMBER : 14-21-00085 DATE AND PLACE OF EXPIRY MARCH 31, in SEOUL
ADVISING BANK KORAM BANK HANMIE BLDG, NO. 1 GONGPYUNG-DONG, CHONGRO-GU, SEOUL, KOREA	**APPLICANT** FISHERMAN CORP. C.P.O. BOX 1024 KOBE, JAPAN
BENEFICIARY SAMHAE CHEMICAL CO. NO. 761-8 DOHWA-DONG, NAM-GU INCHON KOREA	**AMOUNT** US$40,218.75(SAY US DOLLARS FORTY THOUSAND TWO HUNDRED EIGHTEEN AND CENTS SEVENTY FIVE ONLY)

PARTIAL SHIPMENTS	TRANSHIPMENT	
☒ allowed ☐ not allowed	☐ allowed ☒ not allowed	Credit available with ANY BANK by NEGOTIATION against presentation of the documents detailed herein and of beneficiary's draft(s) AT SIGHT for full invoice cost drawn on PHILADELPHIA INTERNATIONAL BANK, NEW YORK, USA
SHIPMENT / DESPATCH / TAKING IN CHARGE FROM / AT KOREAN PORT NOT LATER THAN MARCH 26 FOR TRANSPORTATION TO GENOA, ITALY		

DOCUMENTS REQUIRED :   A-4501-903-00185
- ☒ SIGNED COMMERCIAL INVOICE IN TRIPLICATE.
- ☒ FULL SET OF CLEAN ON BOARD OCEAN BILLS OF LADING MADE OUT TOORDER WITHOUT ENDORSEMENT MARKED FREIGHT COLLECT SHOWING SUDIMPORT ANGELORO SRL, VIA MARSALA 99-S, SEVERO, ITALY AS NOTIFY PARTY.
- ☒ PACKING LIST IN TRIPLICATE, WHICH MUST INDICATE WEIGHT(NET & GROSS) AND MEASUREMENT PER EACH PACKAGE.
- ☒ CERTIFICATE OF ORIGIN IN TRIPLICATE ISSUED BY KOREA CHAMBER OF COMMERCE AND INDUSTRY.
- ☒ G.S.P. CERTIFICATE OF ORIGIN FORM-A IN TRIPLICATE.
- ☒ INSURANCE IS TO BE EFFECTED BY BUYER.

COVERING : FISHING TACKLES(CHEMICAL LIGHTS)250,000 PACKS
      TRADE TERMS : F.O.B.

SPECIAL INSTRUCTIONS :
- SHIPPER'S NAME ON BILL OF LADING MUST BE : FISHERMAN CORP., KOBE, JAPAN.
- CONSIGNEE'S NAME ON CERTIFICATE OF ORIGIN MUST BE : SUDIMPORT ANGELORO SRL, VIA MARSALA 99-S. SEVERO, ITALY
- L/C NO. SHOULD NOT BE INDICATED ON BILL OF LADING AND CERTIFICATE OF ORIGIN
- DATE OF CERTIFICATE OF ORIGIN MUST BE PREVIOUS OR IDENTICAL TO THE B/L DATE
- TELEX OR FACSIMILE COPY TO APPLICANT INDICATING SHIPPING DATA AFTER SHIPMEN IS REQUIRED.
- COPIES OF EACH SHIPPING DOCUMENTS MUST BE SENT DIRECT TO APPLICANT IMMEDIATELY AFTER SHIPMENT AND BENEFICIARY'S CERTIFICATE TO THIS EFFECT IS REQUIRED.
- THE NEGOTIATING BANK MUST SEND ALL DOCUMENTS DIRECT TO US IN ONE LOT BYSPEED POST OR D.H.L.
- T.T. REIMBURSEMENT IS NOT ACCEPTABLE.

Unless otherwise expressly stated all banking commissions and charges outside issuing country are for account of beneficiary

Documents to be presented within 10 days after the date of issuance of the transport documents but within the validity of the credit

We hereby engage with the drawers, endorsers and bona fide holders of THE BANK OF KANSAI LTD.
drafts drawn under and in compliance with the terms of this credit that such INTERNATIONAL DEPARTMENT
drafts will be duly honored upon presentation to the drawee.
The amount of each drawing under this credit must be endorsed by the
negotiating bank on the reverse hereof.
It is Uniform Customs and Practice for Documentary Credits(1993 Revision),
International Chamber of Commerce. Paris, France, Publication No. 500   T. Sugibayashi Authorized signature

〈서식〉 Usance Credit

CBCSEL K23736
213934Z CBCH D

COMPUTER MESSAGE - PLEASE DO NOT INTERUPT

MESSAGE NO : 17439   TIME : 13 : 26

FROM : CHEMICAL BANK AG, HAMBURG

TO : CHEMICAL BANK SEOUL / KOREA
TEST : ON SEPT 8,99
TEST FOR : USD 150,000.OO.
TEXT NO. : 5671E

WE HEREBY OPEN OUR IRREVOCABLE CREDIT NO. H / IA021918 / 93 FOR AN AMOUNT OF USD 150,000.00 IN FAVOR OF : KEYRIN ELECTRONICS CO., LTD 544-2, GURO-DONG GORO-GU SEOUL / KOREA BY ORDER OF : HARMAN AUDIO LIMITED UNIT 2, BOREHAMWOOD INDUSTRIAL PARK ROWEY LANE BOREHAMWOOD HERTS, WD6 5PZ VALID UNTIL 1ST OCTOBER IN KOREA AND AVAILABLE AT OUR COUNTERS BY PAYMENT AT 90 DAYS AFTER BILL OF LADING DATE AGAINST PRESENTATION OF THE FOLLOWING DOCUMENTS :
1. SIGNED ORIGINAL AIRWAYBILL CONSIGNED TO HARMAN AUDIO LTD. UNIT 2, BOREHAMWOOD INDUSTRIAL PARK, ROWLEY LANE, BOREHAMWOOD, HERTS WD6 5PZ. MARKED "FREIGHT COLLECT" AND NOTIFY 1. HARMAN AUDIO LTD, UNIT 2. LUCAS ELECTRONICS LIMITED, COLLEGE ROAD, PERRY BARR, BIRMINGHAM B44 8DU, TEL.021-356-0351 ATTN.MR.JOHN BEARD.
2. SIGNED COMMERCIAL INVOICE IN DUPLICATE.
3. SIGNED PACKING LIST IN DUPLICATE.
4. COPY OF BENEFICIARY'S FAX TO HARMAN AUDIO LTD SHOWING DATE OF SHIPMENT, INVOICE DETAILS AND SHIPPING DETAILS

DOCUMENTS TO COVER SHIPMENT OF :
LOUDSPEAKERS AS PER HARMAN PURCHASE ORDER XX4708 OF 2ND SEPT. FOB KOREA
SHIPMENT MUST BE EFFECTED NOT LATER THAN 17TH SEPTEMBER
FROMKOREA TO ANY UK AIRPORT
PARTIAL SHIPMENT : NOT ALLOWED / TRANSHIPMENT : ALLOWED
ALL CHARGES OF BENEFICIARIES BANKERS INCLUDING ADVISING COMMISSION ARE FOR ACCOUNT OF THE BENEFICIARIES.
DOCUMENTS TO BE PRESENTED WITHIN 14 DAYS AFTER THE DATE OF ISSUANCE OF THE TRANSPORT DOCUMENT BUT WITHIN THE VALIDITY OF THE CREDIT.
WE HAVE BEEN INFORMED THAT INSURANCE WILL BE COVERED BY THE APPLICANTS.
REIMBURSEMENT INSTRUCTIONS :
UPON RECEIPT OF A FULL SET OF ABOVE MENTIONED DOCUMENTS WHICH ARE STRICTLY INCOMPLIANCE WITH THE L/C-TERMS WE HEREBY UNDERTAKE TO EFFECT PAYMENT AS PER YOUR INSTRUCTIONS VALUE 2 BANK WORKING DAYS AFTER MATURITY DATE.
PLEASE FORWARD DOCUMENTS TO CHEMICAL BANK AG, P. O. BOX 30 36 30, 20312 HAMBURG ORFEHLANDTSTR. 3, 20354 HAMBURG
THIS DOCUMENTARY CREDIT IS SUBJECT TO THE UCP PARIS, ICC. PUB. NO. 500 REVISION 1993.
THIS TELEX IS THE OPERATIVE INSTRUMENT AND NO MAIL CONFIRMATION WILL FOLLOW.

REGARDS,
CHEMICAL BANK AG
WSC

CHEMICAL BANK AG, HAMBURG BRANCH +++
213934Z CBCH D
♣
CBCSEL K23736

제3절 신용장의 구성과 조건해석

1 신용장의 구성과 기재내용

(1) 신용장 자체에 관한 사항

① 신용장 개설은행(Issuing Bank)
  신용장의 개설은행에 대한 사항으로 신용장의 상단에 개설은행의 은행명과 주소, 텔렉스번호, 전신약호 등이 인쇄되어 있는 경우가 통상적이다. 신용장에서 'We, our, us'는 신용장 개설은행을 말한다.

  "<u>We</u> hereby open(establish, issue)…"
  "<u>We</u> hereby authorize you to value on A Bank…"

② 개설일자 및 장소(Place and Date of Issuance)
  신용장의 개설일자와 장소를 기재하며, 개설일자는 신용장의 지급확약 개시일이 된다.

③ 신용장의 종류(Type of Credit)
  신용장의 상단에 "IRREVOCABLE DOCUMENTARY CREDIT"라고 표기. 아무런 언급이 없어도 취소불능신용장이다.

④ 신용장번호(Credit No.)
  각국이나 각 은행에 따라 달리 표기되며 우리나라의 경우 수입신용장의 번호는 모두 15단위까지로 구성된다.

⑤ 유효기일 및 장소(Date and Place of Credit Expiry)
  모든 신용장에는 선적을 위한 최종 기일 이외에 지급·인수 또는 매입을 위하여 서류가 제시되어야 하는 유효기일을 명시하여야 한다. 또한 자유매입신용장 이외에는 서류를 제시하여야 할 장소도 명시해야 한다. 서류제시장소가 통지은행(at the counter of advising bank)으로 되어 있으면 통지은행에 유효기일까지 제시하면 된다. 드물게 개설은행으로 되어 있는 경우가 있는데 이 경우는 유효기간 내에 외국에 있는 개설은행까지 서류가 도착되도록 해야 한다. 'with ourselves'는 개설은행을, 'with yourselves'는 통지은행인 매입은행이 된다.

Model Form 신용장(Letter of Credit)

KOREA EXCHANGE BANK ① (Head Office : 181, 2-ka, Ulchiro, Chung-ku, Seoul, Korea) Place and date of advice	IRREVOCABLE DOCUMENTARY CREDIT③
	Credit number④ M511-007SJ-00015	Place and date of issue② Seoul, May 15

Advice No.(Please quote this No. in communications with us)	Date and place of expiry⑤ July 10 at the counters of Advising Bank
Applicant⑥ Jangsa Co.,Ltd., C.P.O.Box 123 Seoul, Korea	Beneficiary⑦ Michico Co., Ltd., C.P.O Box 755 Tokyo, Japan
Advising bank⑧ Korea Exchange Bank Tokyo Branch	Amount⑨ US $10,000(US Dollars Ten Thousand Only)

Partial shipments㉖ ☐ allowed ☒ not allowed	Transhipment㉗ ☐ allowed ☒ not allowed	Credit available with⑩ by ☐ sight payment ☐ deferred payment ☐ acceptance ☒ negotiation
Loading on board / dispatch / taking in charge from / at Tokyo, Japan㉓ not later than June 30 ㉔ for transportation to Pusan, Korea㉕		against presentation of the document listed below, marked 'X' and ⑪⑫ of beneficiary's draft(s) in duplicate at sight for 100% of invoice value drawn on us

☒ Commercial invoice in triplicate⑬
☒ Full set of clean on board ocean bills of lading made out to the order of KOREA EXCHANGE BANK marked 'freight prepaid' and 'Notify Accountee'⑭.
☐ Air Waybill consigned to KOREA EXCHANGE BANK marked 'Freight' and 'Notify'
☒ Insurance policy or certificate in duplicate, endorsed in blank for 110% of the invoice value, expressly stipulating that claims are payable in Seoul, Korea and it must include : Institute Cargo Clauses(B)⑮
☒ Packing list in duplicate⑯
  Covering 5,000 pcs. of #8 plastic Zipper CIF Pusan as per P.O. NO. 25.㉒

Special conditions and other required documents(if any) : ⑳
Negotiations under this credit are Korea Exchange Bank Tokyo Branch㉘
This Credit is transferable㉙ Shipments must be effected by Korea Flag Vessel only㉚
Certificate of Origin in duplicate⑰
Inspection Certificate in duplicate⑱
Certificate of Weight and Measurement in duplicate⑲

Unless otherwise expressly stated, banking commissions and charges outside issuing country are for account of beneficiary ㉛

Documents to be presented within three days after the date of issuance of the transport documents but within the validity of the credit.㉑

All documents must be forwarded to issuing bank in two lot(s) by registered airmail㉞

We hereby issue this Documentary Credit in your favor. It is subject to the Uniform Customs and practice for Documentary Credits(1993 Revision) International Chamber of Commerce, publication No. 500㉜ and engages us in accordance with the terms thereof, and especially in accordance with the terms of article 9 thereof.㉝
The number and date of the credit and the name of our bank must be quoted on all drafts required. if the credit is available by negotiation, each presentation must be noted on the reverse of this advice by the bank where the credit is available.㉟

REIMBURSEMENT㊱ This document consists of signed page(s)	KOREA EXCHANGE BANK① Authorized Signature

① Expiry date xx xx place xxx
② Drafts must be negotiated not later than(on or before) …,
③ This credit expires in Korea on …,
⑧ This credit expires in Korea on … for negotiation 등으로 표기된다.

⑥ 개설의뢰인(Applicant)
신용장 개설의뢰인의 상호·주소가 기재된다. 개설의뢰인(applicant)은 'for account of' 뒤에 표시된다. 개설의뢰인은 최종적인 채무자(accountee)가 된다.

"<u>We</u> hereby authorize <u>you</u> to value on <u>A bank</u> for account of <u>ABC.</u>"
  ↓   ↓   ↓   ↓
개설은행   수익자(수출상)   지급인   개설의뢰인(수입상)

⑦ 수익자(Beneficiary)
수익자는 통상 수출상으로서 신용장의 addressee 즉 통지대상이므로 "To : "혹은 beneficiary 난을 별도로 두어 표시하기도 한다. 수익자는 "in favor of" 뒤에 온다.

"We open our irrevocable credit **in favor of you.**"

⑧ 통지은행(Advising Bank)
신용장을 통지하는 수출국의 은행명이 기재된다.

"This credit being **advised** by air mail **through B bank.**"

⑨ 신용장금액(Credit Amount)
신용장 금액은 통상 숫자(in figures)와 문자(in words)로 병기된다. 숫자 금액과 문자 금액이 불일치할 때는 문자 금액을 기준으로 한다.
up to an aggregate amount of… / for a sum or sums(to the extent of) not exceeding a total of… / for a maximum amount of…

⑩ 신용장의 사용방법(Method of Availability)
① 모든 신용장에는 그것이 일람출급, 연지급, 인수 또는 매입 중 어느 것으로 사용되는 것이라는 것이 명확하게 표시되도록 하고 있다.
② "This credit available by" 다음에 "(   ) sight payment", "(   ) deferred payment", "(   ) acceptance", "(   ) negotiation" 중 하나

가 표시되나 선택이 없는 경우에는 신용장은 지급에 의해서만 사용된다.

"This credit is available with the advising bank **by negotiation** against presentation of the documents listed below."

(2) 환어음에 관한 사항

⑪ 신용장의 종류에 따른 환어음의 발행

환어음은 인수, 매입 신용장에서는 요구되지만 연지급 신용장에서는 필요하지 않다. 지급 신용장도 대개 환어음의 요구가 없으나 지정된 지급은행을 지급인으로 하여 환어음의 발행을 요구할 수도 있기 때문에 신용장에서 요구하는 바를 따라야 한다.

⑫ 환어음 관련 문언

"ⓐ Beneficiary's drafts ⓑ in duplicate ⓒ at sight ⓓ for full invoice value ⓔ drawn on us"

ⓐ 발행인 : drawer는 신용장의 수익자(beneficiary)인 "you"가 된다.
ⓑ 발행통수 : 2통을 1조로 하는 조 어음(set bill)을 발행한다.
ⓒ 지급기한 : 일람불인지 기한부인지를 표시한다.
ⓓ 금액 : "for" 다음에 표시되는데 대개 상업송장금액과 동일하다.
ⓔ 지급인 : "drawn on" 다음에 표시된 개설은행이 지급인이 된다.
ⓕ 기타 : "Drafts drawn under documentary credit No. 555 issued by Seoul Bank" 등으로 대부분의 환어음은 어음상에 신용장에 관한 사항을 기재하도록 요구한다.

> (1) 신용장에 나타나는 일반적인 어음문구
> ① "Beneficiary's drafts at sight for full invoice value drawn on applicant."
> ② "Your drafts in duplicate for 95% of the invoice value drawn at 90 day safter sight on us." 등으로 표시된다.
> (2) 지급기일(tenor of draft)은 "and beneficiary's draft at … on …", "drawn … on …" 앞에 x표를 하고 "at" 다음에 어음의 만기, 즉 일람출급이면 "sight", 기한부이면 "90 days after sight"를 기입한다.

(3) 서류에 관한 사항

⑬ 상업송장(Commercial Invoice)

상업송장은 매도인이 작성하는 매수인에 대한 청구서, 거래명세서, 견적서에 해당하는 서류로서 대금 결제의 필수적 서류이다. 상업송장은 반드시 수익자에 의하여 발행되어야 하며 별도의 지시가 없는 한 서명은 필요하지 않다. 송장상의 화물의 명세(description)는 신용장의 것과 엄격하게 일치하여야 하며 보통 송장의 금액은 신용장 금액을 초과할 수 없다.

⑭ 운송서류(Transport Documents)
운송서류란 물품의 선적, 발송, 수탁을 명시하는 인도의 증거서류를 말한다. 운송서류에는 운송수단별로 Marine / Ocean Bill of Lading(B/L), Non-Negotiable Sea Waybill(SWB), Charter Party B/L, Multimodal Transport Document(MTD), Air Waybill(AWB), Road·Railway Transport Documents(RTD), Inland Waterway Documents, Courier and Post Receipts 등이 있다.

⑮ 보험서류(Insurance Documents)
당사자가 채택한 가격조건이 CIF, CIP 등인 경우에 보험증권(Insurance Policy)이나 보험증명서(Insurance Certificate)를 요구한다.

⑯~⑲ 기타서류(Other Documents)
포장명세서(Packing List), 원산지증명서(Certificate of Origin), 영사송장(Consular Invoice), 세관송장(Customs Invoice) 검사증명서(Inspection Certificate), 일반특혜관세용 원산지증명서(GSP C/O : Generalized System of Preference Certificate of Origin), 중량, 용적증명서 등이 요구되기도 한다.

⑳ 기타 특별서류와 조건
상기서류 이외에 첨부되어야 하는 특별서류나 서류에 부기할 특별조건을 표시한다.

㉑ 서류제시기간(Time Limit for Presentation)
신용장에는 신용장의 유효기일, 최종선적기한 이외에도 선적서류를 은행에 제시해야 하는 서류제시기간이 명시되어 있다. 만일 서류제시기간이 명시되어 있지 않은 경우에는 선적일 후 21일이 지난 운송서류는 수리되지 않는다(Stale B/L).

"Documents to be presented for negotiation within 3 days after the date of issuance of the transport documents but within the validity of the credit."

(4) 상품 명세에 관한 사항

㉒ 상품의 명세

상품에 관해서는 "covering shipment of" 또는 "Evidencing shipment of" 다음에 표시된다. 대개 상품명, 수량, 단가, 상품명세, 가격조건 등으로 구성되어 있다. 상품명세가 복잡하여 "Offer Sheet"를 이용할 경우에는 "Details are as per offer sheet No.123 issued by ABC, dated Nov.15"로 표시된다.

(5) 운송에 관한 사항

㉓ 선적항(Port of Loading)

해상운송으로 이루어진 경우는 당연히 선적항(shipping point, port of loading)이 기재되며 내륙운송을 포함하는 복합운송증권(combined transport document)의 경우에는 발송지(place of dispatch), 수탁지(place of taking in charge) 등이 기재된다.

㉔ 선적기일(Shipment Date)

"shipment not later than" 다음에 표시되며 신용장에 선적일자가 명시되지 않은 경우에는 신용장의 유효일자를 최종 선적기일로 간주하며, 유효일자가 은행 휴무일(休務日)인 경우 이후 최초 영업일(營業日)까지 연장되더라도 최종 선적기일은 연장되는 것으로는 해석되지 않는다.

㉕ 최종목적지(Place of Final Destination)

"shipment to" 다음에 표시되는데 복합운송에서는 양륙항(port of discharge)과 구별되어 표시된다.

㉖㉗ 분할선적(Partial Shipment)과 환적(Transhipment)

① 허용의 경우 : "allowed", "permitted" 또는 "authorized" 등으로 표시
② 금지의 경우 : "not allowed", "not permitted" 또는 "prohibited" 등으로 표시
③ 동일 항해의 동일 선박에 의한 각 선적은 본선 선적을 증명하는 각 선하증권이 비록 각각 다른 일자로 표시가 되어 있더라도 분할선적으로 간주되지 아니함
④ 신용장에 분할선적 또는 환적의 허용이나 금지의 표시가 없으면, 이를 허용하는 것으로 해석된다.

(6) 특별지시에 관한 사항

㉘ 매입은행의 지정

매입제한신용장에서는 매입을 위해 서류가 제시되어야 할 특정은행을 지정하고 있다.

㉙ 신용장양도의 허용

신용장을 양도하기 위해서는 신용장상에 "This credit is transferable."과 같은 문언이 반드시 있어야 한다.

㉚ 특정선박편의 지정

해운발전을 위하여 자국의 선박만을 이용하도록 하는 제도가 있는 나라가 있다.

(7) 기타 기재사항

㉛ 특수조건에 관한 사항

일반적으로 신용장을 발행한 국가 외에서 발생하는 모든 은행비용을 신용장의 수익자 부담으로 요구하는 경우가 많다.

통상 "all banking charge outside U.S.A are for account of beneficiary(or applicant)" 등으로 표시된다.

㉜ 신용장통일규칙 준거문언

준거문언이 신용장의 본문에 삽입되어 있는 한, 신용장은 신용장통일규칙의 적용을 받을 수 있으며, 이 통일규칙은 신용장의 모든 관계당사자를 구속한다.

The Uniform Customs and Practice for Documentary Credits, 2007 Revision, ICC Publication No. 600 ("UCP") are rules that apply to any documentary credit ("credit") (including, to the extent to which they may be applicable, any standby letter of credit) when the text of the credit expressly indicates that it is subject to these rules. They are binding on all parties thereto unless expressly modified or excluded by the credit.

㉝ 지급확약문언(engagement clause)

취소불능신용장은 신용장상에 보증확약 문언을 구체적으로 기입하지 않아도 신용장통일규칙에 준하는 이상 신용장 조건에 일치하는 서류나 어음에 대해서 개설은행은 지급, 인수 또는 매입을 하여야 한다.

"We hereby engage that **payment** will be duly made against documents presented in conformity with the conditions of this credit."(지급신용장)

"We engage with **you** that **draft(s) drawn** in conformity with the conditions of this credit will be duly honored by us."(인수신용장)

"We hereby agree with **the drawers, endorsers, and bona-fide holders** of draft(s) drawn under and in compliance with the terms of this credit that the same shall be duly honored on due presentation and on delivery of documents as specified if drawn and presented for negotiation on or before May 15."(매입신용장)

㉞~㉟ 매입은행에 대한 지시

환어음과 선적서류의 발송에 관하여 구체적인 지시사항이 명시되거나 사무착오 방지와 선의의 제3자를 보호하기 위하여 매입사실을 신용장 이면에 기재하도록 하는 지시 사항이 명시된다.

㊱ 상환지시

상환은행이 따로 있는 경우 이에 대한 지시사항이 명시된다.

 문언

㉠ "Please claim reimbursement on our account with xxx bank N.Y."
㉡ "Please claim reimbursement by drawing our account no 1234 with xxx bank."
㉢ "We will reimburse you as per your instruction upon receipt of documents by us."
㉣ "In reimbursement, we will remit the proceeds of the draft(s) to your designated bank on receipt of the shipping documents." 등

2 신용장의 조건해석

1. 신용장조건해석의 일반원칙

① 신용장통일규칙은 모호한 표현이나 애매한 용어의 사용을 가능한 한 금하도록 권유하고 있지만 신용장통일규칙의 구속력은 강행법규의 수준에 이르지 못하고 있으므로 만약 당사자가 특약에 의거하며 통일규칙에 위배되는 사항을 신용장상에 규정한다면 이 특약사항은 통일규칙에 우선하여 적용된다.

② 특약의 내용이 수출국 또는 수입국의 강행법규에 위배될 경우에는 강행법규의 규정이 우선 적용된다.
③ 신용장해석의 우선 순위는 ㉠ 당사국의 법규 ㉡ 특약 ㉢ 신용장통일규칙(UCP) 규정으로 정할 수 있다.

2. 취소불능의 원칙

신용장은 취소불능의 표시가 없는 경우에도 취소불능이다.
A credit is irrevocable even if there is no indication to that effect.

3. 제시되는 서류의 요건

(1) 서류는 수기, 모사서명, 천공서명, 스탬프, 상징 또는 기타 모든 기계적 또는 전자적 인증 방법에 의하여 서명될 수 있다.

A document may be signed by handwriting, facsimile signature, perforated signature, stamp, symbol or any other mechanical or electronic method of authentication.

(2) 공인, 사증, 증명된 또는 이와 유사한 서류의 요건은 그러한 요건을 충족하는 것으로 보이는 서류상의 모든 서명, 표시, 스탬프 또는 부전에 의하여 충족된다.

A requirement for a document to be legalized, visaed, certified or similar will be satisfied by any signature, mark, stamp or label on the document which appears to satisfy that requirement.

(3) 다른 국가에 있는 어떤 은행의 지점은 독립된 은행으로 본다.

Branches of a bank in different countries are considered to be separate banks.

(4) 서류의 발행인을 기술하기 위하여 사용되는 "일류의(first class)", "저명한(well known)", "자격있는(qualified)", "독립적인(independent)", "공인된(official)", "유능한(competent)" 또는 "국내의(local)"와 같은 용어는 수익자 이외의 모든 서류발행인이 서류를 발행하는 것을 허용한다.

Terms such as "first class", "well known", "qualified", "independent", "official", "competent" or "local" used to describe the issuer of a document allow any issuer except the beneficiary to issue that document.

4. 기간의 해석

① 서류에 사용될 것이 요구되지 아니하는 한, "신속한(prompt)", "즉시(immediately)" 또는 "가능한 한 빨리(as soon as possible)"와 같은 단어는 무시된다.

Unless required to be used in a document, words such as "prompt", "immediately" or "as soon as possible" will be disregarded.

② "~ 경에(on or about)" 또는 이와 유사한 표현은 시작일과 마지막 일을 포함하여 특정일 이전 5일부터 특정일 이후 5일까지의 기간 동안에 특정 사건이 일어나야 함을 규정한 것으로 해석한다.

The expression "on or about" or similar will be interpreted as a stipulation that an event is to occur during a period of five calendar days before until five calendar days after the specified date, both start and end dates included.

③ 선적기간을 결정하기 위하여 사용되는 "까지(to)", "까지(until)", "까지(till)", "부터(from)" 및 "사이(between)"라는 단어는 언급된 당해일자 또는 일자들을 포함하는 것으로, "이전(before)" 및 "이후(after)"라는 단어는 언급된 일자를 제외한다.

The words "to", "until", "till", "from" and "between" when used to determine a period of shipment include the date or dates mentioned, and the words "before" and "after" exclude the date mentioned.

④ "부터(from)" 및 "이후(after)"라는 단어가 만기일을 결정하기 위하여 사용된 경우, 언급된 일자를 제외한다.

The words "from" and "after" when used to determine a maturity date exclude the date mentioned.

⑤ 어느 월의 "전반(first half)", "후반(second half)"이라는 용어는 각각 해당 월의 1일부터 15일까지, 그리고 16일부터 말일까지로 하고, 양끝의 일자를 포함하는 것으로 해석된다.

The terms "first half" and "second half" of a month shall be construed respectively as the 1st to the 15th and the 16th to the last day of the month, all dates inclusive.

⑥ 어느 월의 "초순(beginning)", "중순(middle)" 및 "하순(end)"이라는 용어는 각각 해당 월의 1일부터 10일까지, 11일부터 20일까지, 그리고 21일부터 말일까지로 하고, 양끝의 일자를 포함하는 것으로 해석한다.

The terms "beginning", "middle" and "end" of a month shall be construed respectively as the 1st to the 10th, the 11th to the 20th and the 21st to the last day of the month, all dates inclusive.

3 신용장거래에서 악용되는 특별조건의 유형과 대책

1. 의의

신용장상의 특별지시사항은 매매계약 당시에 예견할 수 없는 상황에 대비하여 거래당사자 간의 합의에 따라 신용장의 조건으로 첨부함으로써 신속하고 융통성 있는 신용장거래의 운용을 도모하고 있다. 그러나 신용장상에 이행이 곤란하거나 복잡한 단서나 특약 등을 삽입하여 취소불능신용장의 본질을 변질시킴으로써 신용장조건을 충분히 이행했음에도 불구하고 물품대금을 회수하지 못하게 하는 경우가 있다.

2. 악용의 소지가 있는 특별조건의 유형

(1) 수입업자의 물품검사 후 대금잔액지급조항

"60% of invoice value available at sight and remainder to be negotiated upon receipt of notice from drawee that they satisfied with merchandise."

(2) 신용장의 핵심기능을 정지시키는 조항

① "Our acceptance for the documents could be cancelled if were a claim from the applicant after installation of the system."

② "We(신용장개설은행) will pay the proceeds upon receipt of the principal from the ultimate buyer / final applicant."

③ "This L/C becomes operative only after we have advised you that…" 등

(3) 수입업자와 개설은행의 조건충족을 지급조건으로 한 조항

① "L/C will be operative when the applicant obtain I/L from the authorities."
② "Payment under this Credit is subject to the presentation by the Applicant to the Issuing Bank of a certificate of approval by the Drug Control Authority, xxx Port, the People's Republic of China, certifying that the goods is fit for human consumption."

(4) 다른 건과 수출입절차연계 및 매매계약에 관한 특별조항

"Payment will be made only on realization of export proceed against L/C No.123."

(5) 신용장통일규칙에 규정된 권리와 상이한 조항

① "Any amendment shall become effective automatically unless the beneficiary's notice of rejection of the amendment has been received by the advising bank within seven days after the advice of such amendment."
② "Commercial Invoices must appear on their face to be signed by the Application or their agent."
③ "The invoice must be counter signed by the buyer's agent, xx Co." 또는 "The invoice must be counter-signed by the buyer's agent."

(6) 특정인의 서명을 지급조건으로 하는 조항

① "Payment under this Credit is subject to the presentation by the Beneficiary to the Issuing Bank of a Inspection Certificate signed by xxx in China apointed by Application."
② "Inspection Certificate approved and signed by buyer's agent required."

(7) 기타 선적, 매입, 선박명 등의 추가지시를 유보하는 조항

① "Shipment subject to further instruction"
② "Shipment must be affected by a vessel which will be advesed from buyerby cable before shipment."
③ "Negotiationis under this credit subject to further instruction"

3. 악용의 소지가 있는 특별조건에 대한 대응책

(1) 철저한 신용조사를 통한 거래처의 엄선

신용장에 기재되는 수입업자의 악의있는 특수조건의 오용으로부터 벗어나기 위해서는 신용장거래에서 특수조건의 본질과 유형을 철저히 분석하는 것과 아울러 무엇보다도 철저한 신용조사를 통해서 수입업자를 엄선하는 일이 가장 중요하다.

(2) 신용장조건의 철저한 점검

(3) 신용장의 조건변경 및 수정요청

수출업자가 철저하고 면밀한 신용장조건의 점검결과 만일 신용장의 문면에서 이행이 불가능하거나 악용될 소지가 있는 특별조건들을 발견했을 경우에는 통지은행에 조회하여 이를 확인하고 정정하여야 할 내용이 있으면 사안에 따라 수입업자에게 즉시 조건변경(L/C amend)이나 정정을 요구하거나 통지은행을 통하여 개설은행에게 정정을 요구하여야 한다.

(4) 확인신용장제도의 활용

제4절 신용장통일규칙(UCP)

(1) 의의

UCP(The Uniform Customs and Practice for Documentary Credits)는 화환신용장 통일규칙 및 관례로서 신용장 업무를 취급할 때 지켜야 할 제반 사항 및 해석의 기준을 규정한 국제규칙이다. 신용장을 이용한 대금결제는 무역거래에서 보편화되었지만 통일적인 해석기준이나 관행이 확립되어 있지 않아 분쟁이 빈발함에 따라 국제적인 준거규칙이 필요하였다.

(2) UCP의 제정 및 개정

국제상업회의소(International Chamber of Commerce)의 은행위원회는 국제적인 통일규칙의 제정 작업에 착수하여 1933년 ICC 제7차 총회에서 신용장통일규칙을 정식으로 채택하였다.

제정 이후 1951년, 1962년, 1974년, 1983년, 1993년, 2007년의 6차 개정을 거쳐 2007년 7월 1일부터 6차 개정판인 UCP 600이 적용된다. UCP는 통상 10여 년의 간격으로 개정되는데 일반적인 목적은 은행, 운송 및 보험 산업 등 현실에서의 발전과 변화를 수용하기 위한 것이며 각별히 실무 적용상 또는 해석상의 모순이나 혼란을 야기하는 조항을 수정, 변경, 삭제하거나 현실에 맞도록 추가·신설하는 데 있다.

UCP 500과 관련하여 서류 불일치율이 70%에 달하고 원본서류, 연지급신용장, 은행의 서류심사기준, 은행의 의무와 관련하여 잦은 법적 소송이 있어 왔으므로 이러한 문제점을 극복하는 데에 UCP 600의 주안점이 있다.

(3) UCP 600의 특징

① UCP 정의의 명확화

"The Uniform Customs and Practice for Documentary Credits(UCP)"는 "화환신용장 통일규칙 및 관례"로 번역, 약칭으로 신용장통일규칙으로 불리지만 정확한 의미는 '화환신용장에 관한 통일관습 및 관행'으로서 규칙이라는 표현이 없다. 그러나 UCP 600 제1조에서는 UCP가 화환신용장 및 보증신용장에 적용되는 규칙(rules)이라고 명시하여 그 의미를 명확히 하고 있다.

The Uniform Customs and Practice for Documentary Credits, 2007 Revision, ICC Publication No. 600("UCP") are rules that apply to any documentary credit("credit")(including, to the extent to which they may be applicable, any standby letter of credit) when the text of the credit expressly indicates that it is subject to these rules.

(UCP 600, 1조)

② 간결하고 정확한 표현의 사용

UCP에서 사용되는 용어들의 불필요한 반복을 피하기 위하여 용어정의조항을 신설하고(2조, Definitions), UCP 500에서 산재되어 있었던 해석들을 한 조항으로 변경 통합하였다.(3조, Interpretations) 또한 상당한 주의(reasonable care), 문면상(on their face), 상당한 기간(reasonable time), 지체없이(without delay)

등과 같은 모호하고 불명확한 표현을 삭제하거나 대폭 축소하였다.
- 상당한 주의(reasonable care) : UCP 500에서 통지은행의 외관상의 진정성 확인(UCP 500, 제7조 a항, take reasonable care)과 은행의 서류심사(UCP 500, 제13조 a항, with reasonable care)와 관련하여 사용되었던 "상당한 주의"라는 말을 삭제하였다.
- 문면상(on their face) : face가 전면에 대한 후면, 뒷면의 의미로 잘못 해석되고 서류심사 시 후면은 포함하지 않는다는 의미 등으로 혼란을 야기함에 따라 UCP 600에서는 14조 a항을 제외하고는 모두 삭제하였다.
- 상당한 기간(reasonable time) : 서류심사기간과 관련하여 "은행은 제7영업일을 초과하지 않는 범위 내에서 상당한 기간을 가진다"라는 UCP 500의 규정을 "5영업일 이내"로 변경하면서 "상당한 기간(reasonable time)"을 삭제하였다.
- 지체없이(without delay) : UCP 500의 9조, 7조, 11조 등에서 사용되던 "지체없이"라는 표현을 UCP 600의 16조 d항을 제외하고는 모두 삭제하였다.

③ ISBP의 반영

1993년 UCP 5차 개정 이후, 그 보충 규칙적 성격을 가지는 eUCP(Supplement to Uniform Customs and Practice for Electronic Presentation ; 전자적 제시를 위한 화환신용장 통일규칙의 추록)가 제정되었고 ISBP(International Standard Banking Practice for the Examination of Documents under documentary Credits ; 화환신용장 하에서의 서류심사를 위한 국제표준은행관행)가 2002년 정식으로 발간 배포되었다. 이들은 신용장 거래와 관련된 각종 문제점을 해결하고자 노력하였는데 UCP 600은 ISBP의 조항들을 적극적으로 반영하고 있다.

Complying presentation means a presentation that is in accordance with the terms and conditions of **the credit**, the applicable provisions of **these rules** and **international standard banking practice**.
일치하는 제시라 함은 신용장의 제 조건, 이 규칙 및 국제표준은행관행의 적용 가능한 규정에 따른 제시를 말한다. (2조)

Date in a document, when read in context with the credit, the document itself and **international standard banking practice**, need not be identical to, but must not conflict with, date in that document, any other stipulated document or the credit.

서류상의 자료가 신용장, 그 서류 자체 및 국제표준은행관행의 관점에서 검토되는 경우, 그 서류상의 자료나 기타 다른 명시된 서류 또는 신용장과 동일할 필요는 없지만 이와 상충되어서는 아니된다. (14조 d항)

- ~부터(from), ~이후(after)라는 단어가 환어음의 만기일과 관련하여 사용되는 경우 언급된 일자가 포함되지 않는다. (UCP 3조 _ ISBP 45항)
- 수익자 및 개설의뢰인의 주소는 신용장의 주소와 동일할 필요는 없으나 동일 국가 내에 있어야 한다. 양자의 주소의 일부로서 명기된 연락처명세(팩스, 전화번호, 전자우편)는 무시된다. 그러나 개설의뢰인의 주소 및 연락처명세가 운송서류상 수화인 또는 착화통지처의 일부로서 나타나는 경우에는 신용장에 명기된 대로 기재되어야 한다. (UCP 14조 j항 _ ISBP 60항)
- 신용장에서 요구하는 서류는 적어도 1통의 원본이 제시되어야 한다. (UCP 17조 _ ISBP 32항)
- 신용장에서 서류의 사본을 요구하는 경우, 원본이나 사본 중에서 하나를 제시하면 된다. (UCP 17조 _ ISBP 33항)
- 상업송장은 신용장과 동일한 통화로 작성되어야 한다.(UCP 18조 _ ISBP 64항)
- 용선계약선하증권의 경우 양륙항은 신용장에 명기된 대로 항구의 구역 또는 지리적 지역으로 표시될 수 있다. (UCP 22조 _ ISBP 106항)
- 신용장에서 무고장본선적재(clean on board)의 운송서류를 요구해도 운송서류상에는 무고장(clean)이라는 단어가 표시될 필요가 없다. (UCP 27조 _ ISBP 91항 등)
- 보험서류에 나타나야 하는 위험담보구간은 신용장에 명시된 수탁 또는 선적지에서 양륙 또는 최종 목적지 간이어야 한다. (UCP 28조 _ ISBP 188항)
- 동일한 운송방식에서 2이상의 운송수단이 동일 일자, 동일 목적지를 향하여 출항하는 경우 분할선적으로 본다. (UCP 31조 _ ISBP 89, 110항 등)

국제표준은행관행(ISBP : International Standard Banking Practice)

ICC 은행위원회가 2002년 10월 30일 승인하여 현재 전 세계적으로 사용되고 있는 ISBP는 신용장통일규칙을 어떻게 실무에서 적용하여야 하는가를 설명하는 것이다. UCP 500이 제정된 후 국제상업회의소 은행위원회에는 많은 질문이 들어와 이에 따른 opinion이 발표되고, 2000년 이후에는 600개 이상의 교육사례(educational queries)가 발표되었다. 그러나 여전히 서류를 작성하고 심사하는 데 기준이 되는 국제표준은행관행이 어떤 것인가에 대한 의문이 남아 있었다. 이러한 현상을 방치하는 것은 국제거래 대금결제에 신용장을 사용하였을 때 수출상을 보호하는 역할을 감소시키고 분쟁을 증가시켜 종국적으로는 신용장 사용을 감소시키게 할 위기까지 야기하였다. 이러한 위기감으로 2000년 5월 은행위원회 회의에서 ISBP를 제정하는 임무를 맡을 task force가 구성되었다. ISBP는 새로운 관행을 만들거나 개정하는 것이 아니라 기존 관행의 의미와 이것을 실무에 어떻게 적용할 것이냐를 결정하는 것이다. 테스크 포스팀은 UCP의 규정과 Opinion, Decision, Position Papers 그리고 적용 가능한 범위 내에서 DOCDEX decisions을 반영하여 ISBP를 제정하였다. 따라서 서류를 심사할 때 지금까지 발표된 Opinion 등을 일일이 찾아보지 않고 ISBP만 찾아보아도 대부분 의문점이 해소될 수 있게 되었다.

④ 서류심사기간 및 불일치서류 통지기간 변경

기존의 "7영업일을 초과하지 않는 범위에서 상당한 기간"에서 "최대 5영업일(a maximum of five banking days)"로 단축하였다(UCP 600, 14, 16조).

⑤ 주요 신설조항 및 규정
- 용어정의(2조)
- 해석(3조)
- 연지급신용장의 할인허용(7, 8, 12조)
- 제2통지은행의 개념(9조)
- 지정은행의 서류발송의무(15조 c항)
- 불일치서류의 거절통지는 1회로 한정(16조)
- 보관 중인 불일치 서류의 반송(16조)
- 보험서류발행자 및 서명권자로서 수임자(proxies) 추가(28조)
- 보험담보금액과 보험담보구간 명시(28조)
- 신용장 통지 전 통지비용의 수령금지(37조)

⑥ 주요 삭제 조항
- 신용장 발행 / 조건변경에 대한 완전하고 정확한 지시 관련 규정 삭제(UCP 500, 5조)
- 신용장의 취소불능성, 취소불능 신용장 관련 조항 삭제(UCP 500, 6조, 8조)
- 불완전하고 불명확한 지시에 관한 규정 삭제(UCP 500, 12조)
- 운송주선인발행 운송서류에 관한 규정 삭제(UCP 500, 30조)
- 중량인증서에 관한 규정 삭제(UCP 500, 38조)

(4) eUCP(Supplement to Uniform Customs and Practice for Electronic Presentation)

인터넷을 이용한 전자무역이 새로운 상관습으로 급속하게 발전함에 따라 국제상업회의소는 신용장 하에서 제시될 각종 서류가 전자문서로 제시되는 경우를 대비, 규율하기 위하여 UCP의 추록인 eUCP version 1.0을 제정, 2002년 4월 1일부터 발효시켰다. eUCP 1.0은 UCP600의 개정과 더불어 eUCP 1.1, 2.0을 거쳐, 현재 eUCP version 2.1(ICC Uniform Customs and Practice for Documentary Credits for Electronic Presentation)이 적용되고 있다.

[제7장 신용장 X-File 문제]

신용장은 수입자의 대금지급 확약이 있는 결제방식이다.

○ 개설은행(Issuing bank)의 대금지급 확약이 있는 결제방식이다.

신용장 관련 서류를 검토할 때, 모든 판단의 기준이 실제의 사실이 아닌 서류에 있다고 전제하여 상품이나 기타 실질거래에 대한 지식이 불충분하고 경험이 부족한 은행이 적극적으로 신용장거래를 행할 수 있도록 보장하기 위한 원칙은 Principle of Independence(독립성의 원칙)이다.

○ 은행은 서류만으로 심사한다는 내용을 담은 Principle of Abstraction(추상성의 원칙)에 대한 설명이다.

은행은 신용장 관련 제시된 서류를 심사할 때, 서류가 내용상 신용장 조건과 상호 모순되는 내용이 아닌 한 어느 정도까지 일치하면 은행은 이를 지급할 의무가 있다고 보는 원칙을 The Doctrine of Strict Compliance(엄밀일치원칙)이라 한다.

○ 이는 상당일치원칙에 대한 설명이고, 서류가 신용장 조건과 완벽하게 일치하여야 한다는 원칙이 엄밀일치원칙이다.

신용장의 기본당사자는 개설의뢰인(Applicant), 개설은행(Issuing Bank) 그리고 수익자(Beneficiary)이다.

◎ 개설의뢰인은 기본당사자가 아니며, 존재하는 경우 확인은행(Confirming Bank)가 기본당사자에 포함된다.

Stand-by Credit(보증신용장)은 신용장통일규칙(UCP600)의 적용을 받지 않는다.

◎ 적용가능한 범위 내에서 보증신용장도 UCP600의 적용을 받는다.

신용장상에 매입은행이 특정은행으로 지정되어 있는 신용장으로서 신용장에 의해 지정된 은행만이 최종 매입에 응할 수 있는 신용장을 Open Credit(자유매입신용장, General Credit)이라 한다.

◎ Restricted Credit(매입제한신용장, Special Credit)이라 한다.

신용장에 "Transmissible"이라는 표시가 있다면 양도가 가능하다.

◎ 신용장에 "Transferable"이라는 문구가 있어야 양도가 가능하다.

Back to Back Credit(동시개설신용장)은 중계무역에서 사용되는 신용장의 종류이다.

◎ 일국에서 일정액의 수입신용장을 발행할 경우 그 신용장은 수출국에서 동액 또는 그와 상응하는 일정액의 수입신용장을 발행하여 오는 경우에만 유효하다는 조건의 신용장으로 연계무역에서 사용되는 신용장이다.

신용장은 취소불능의 표시가 없는 경우라면 취소가 가능하다.

◎ 신용장은 취소불능의 표시가 없는 경우에도 취소불능이다.

다른 국가에 있는 어떤 은행의 지점은 동일한 은행으로 본다.

◎ 다른 국가에 있는 어떤 은행의 지점은 독립된 은행으로 본다.

선적기간을 결정하기 위하여 사용되는 "까지(to)", "까지(until)", "까지(till)", "부터(from)" 및 "사이(between)"라는 단어는 언급된 당해일자 또는 일자들을 제외한다.

◎ "까지(to)", "까지(until)", "까지(till)", "부터(from)" 및 "사이(between)"라는 단어는 언급된 당해일자 또는 일자들을 포함하고, "이전(before)" 및 "이후(after)"라는 단어는 언급된 일자를 제외한다.

신용장통일규칙의 약어는 URC이다.

◎ UCP(현재 UCP600 적용)이고, URC는 추심통일규칙(현재 URC522 적용)의 약어이다.

신용장 결제방식에서는 전자적인 방식으로 서류를 제시하는 것을 허용하지 않는다.

◎ 전자신용장통일규칙인 eUCP(Supplement to Uniform Customs and Practice for Electronic Presentation)를 통해 전자적인 방식으로 서류를 제시하는 것을 허용하고 있다.

제7장 신용장 **259**

●●●● 이패스 무역영어 합격예감

무역운송·보험 및 클레임

제IV부

- **제8장** 무역화물의 운송
- **제9장** 해상보험
- **제10장** 선적서류
- **제11장** 클레임제기와 분쟁해결

학습포인트

▶ 제4부 무역운송, 보험 및 클레임 접근전략 및 기출트렌드

무역운송파트는 일반적으로 해상운송 및 항공운송 등으로 구분할 수 있는데, 그 중 우리 시험에 많이 출제되는 부분은 해상운송부분이다. 해상운송의 정확한 개념과 종류 그리고 특징을 집중적으로 학습할 필요가 있다.

무역보험은 보험계약에서의 각 당사자의 역할, 보험계약 관련 거래 절차도 그리고 보험계약의 특징을 학습하는 것이 가장 기본이다. 이후에, 협회적하약관(신약관 위주) 등의 세부적인 내용을 학습하여야 한다.

클레임 파트에서 가장 중요한 것은, '중재'에 의한 클레임 해결방법이다. 우리 시험에서는 특히 '중재'에 의한 클레임 해결방법을 중요하게 다루고 있는데, 이에 따라 '중재'와 '소송'의 차이점에 대한 문제도 다수 출제되는 편이다.

▶ 제4부 무역운송, 보험 및 클레임 출제빈도

단원	주제	학습중요도	출제비율
8장	무역화물의 운송	◉◉	5%
9장	해상보험	◉◉◉◉	10%
10장	선적서류	◉◉◉◉	10%
11장	클레임제기와 분쟁해결	◉◉	5%

▶ 제4부 무역운송, 보험 및 클레임 체크리스트

체크리스트	기본서 상세페이지
[8장] 정기선 및 부정기선의 특징에 대해 알고 있다.	267, 274
[8장] 선하증권의 3가지 특징 및 종류에 대해 알고 있다.	278 ~ 285
[8장] 컨테이너화물의 운송형태 4가지를 알고 있다.	294 ~ 296
[8장] 복합운송인의 정의 및 책임체계에 대해 알고 있다.	301 ~ 302
[8장] 항공운송의 특징에 대해 알고 있다.	304
[9장] 해상보험의 기본원칙에 대해 알고 있다.	316 ~ 318
[9장] 보험계약용어에 대해 알고 있다.	320 ~ 321
[9장] 해상위험과 해상손해의 정의에 대해 알고 있다.	324 ~ 325
[9장] 해상보험증권 해석원칙에 대해 알고 있다.	336 ~ 339
[9장] 신협회적하약관의 담보 및 면책위험에 대해 알고 있다.	342 ~ 343
[10장] 기본 운송서류의 명칭과 용도를 알고 있다.	346 ~ 347
[10장] 보험증권, 보험증명서 등의 용도와 차이점을 알고 있다.	351 ~ 352
[10장] 상업송장의 종류 및 기재사항에 대해 알고 있다.	354 ~ 356
[10장] 원산지증명서, 포장명세서 등의 용도를 알고 있다.	359 ~ 361
[11장] 무역클레임의 매매당사자간 해결 방법 및 제3자 개입을 통한 해결 방법을 모두 알고 있다.	376 ~ 377

제8장 무역화물의 운송

제1절 해상운송

1 해상운송

1. 의의

해상운송(carriage by sea, ocean transportation)은 선박을 운송수단으로 하여 해상에서 이루어지는 운송을 뜻한다. 그 중에서 해상화물운송은 상선에 의해 이루어지는 국제간의 물품의 운송을 말한다. 해상운송은 항공운송, 육상운송과 비교하여 신속성, 편리성, 안전성, 정확성 등의 면에서 뒤떨어지지만 대량성, 저렴성, 장거리 운송에 적합하다는 장점을 가지고 있고 무역운송의 90% 이상을 점하고 있다.

2. 선박

(1) 선박의 종류

① Merchant Ship(상선)
- Passenger Ship(여객선)
- Cargo Ship(Freighter ; 화물선)
  - 일반화물선
  - 특수화물선 : 곡물, 자동차 등의 전용선 / 냉동선 / LASH선 / 유조선 / 가스탱크선
- Semi-Cargo Ship(화객선) : 여객과 화물을 함께 운송

② Special Purpose Ship(특수선)
Tug Boat(예인선), 쇄영선, 관측선, 검역선 등

③ Warship(군함)

(2) Tonnage(선박의 톤수)

선박의 크기는 선박자체의 중량이나 용적(vessel's tonnage)으로 표시하기도 하지만 화물선에 있어서는 그 선박에 적재할 수 있는 화물의 양이나 용적(loading capacity tonnage)으로 표시한다. 선박의 크기는 100 cubic feet를 1 ton으로 나타내며 화물의 양으로 나타낼 때는 40 cubic feet를 1 ton으로 한다.

① Space Tonnage(용적톤)
  ㉠ G/T(Gross Tonnage ; 총톤수) : 선박내부의 총 용적으로 상선이나 어선의 크기를 표시하고 각국의 해운력 비교의 자료가 되며 통계나 관세 등의 과세자료 근거가 된다. 선박의 안전과 위생항해에 이용되는 장소는 제외된다.
  ㉡ N/T(Net Tonnage ; 순톤수) : 총톤수에서 기관실, 선원실 등 선박의 운항과 관련된 장소의 용적을 제외한 것으로 순수하게 여객이나 화물의 수송에 사용되는 용적이다. 선주의 상행위와 관련된 용적이기 때문에 항세, 톤세, 운하통과료, 항만시설사용료 등의 제세와 수수료의 산출기준이 된다.
  ㉢ M/T(Measurement Tonnage ; 재화용적톤수) : 선박의 재화적재능력을 용적으로 표시한 것으로 1 ton은 40 cft를 기준으로 한다.

② Weight Tonnage(중량톤)
  ㉠ D/T(Displacement Tonnage ; 배수톤수) : 선박의 중량은 선체의 수면하의 부분인 배소용적에 상당하는 물의 중량과 같으며 이 물의 중량을 배수량 또는 배수톤수라 한다. 배수량은 화물의 적재상태에 따라 다르므로 배수톤수를 말할 때는 보통 만재상태에 있어서의 선체의 중량을 말한다.
  ㉡ DWT(Dead Weight Tonnage ; 재화중량톤수) : 가장 중요한 톤수로서 만재배수톤수와 경화배수톤수의 차이로 계산한다. 선박의 매매 및 용선료의 산출기준이 된다. 재화중량톤수에서 연료, 청수, 식량 및 선용품과 소지품 등을 제외한 중량을 순재화중량(Net Dead Weight)이라 하고 이것이 실제의 적재화물의 중량이 된다.

3. Waiver와 Flags of Convenience(편의치적)

Waiver 제도란 "국적선 불취항증명제도"로서 국적선이 취항하지 않는다는 증명이 없으면 외국국적의 선박에 선적하지 못하도록 하는 제도를 말한다. 해운산업의 육성과 외화절약을 위하여 시행된다. 편의치적선은 선주가 속한 국가의 엄격한 의무부과를 피하기 위하여 선박

국적을 임금이나 세금이 낮고 자국보다 더 많은 편의를 제공하여 주는 나라에 등록한 선박을 말한다.

4. 운송관련 서류

(1) MF(Manifest ; 적하목록)

외국무역선(혹은 항공기)이 적재하고 있는 화물의 일람표로서, 운송기관의 명칭이나, 선화증권번호, 도착지와 출항지, 송화인과 수화인, 화물의 품명 및 수량 등을 기재하여 세관은 이것에 따라 적재화물을 파악한다. 화물의 단속과 과세를 행하는 통관상의 필요 서류이다.

(2) D/O(Delivery Order ; 화물인도지시서)

수입업자가 자신의 화물을 인도받기 위해 은행으로부터 인수한 원본선화증권에 배서하여 이를 선박회사에 제출함으로써 취득하게 되는 화물인도의 지시서이다. 일반적으로 "Authority is hereby granted to release below shipments to consignee and / or his duly authorized agent : "라는 문언으로 표기되어 있다.

(3) D/R(Dock Receipt ; 부두수취증)

container 선적을 하기 위해 화물을 선박회사가 지정하는 장소(Dock : 부두)에 인도했을 경우 선박회사가 화물의 수취를 증명하는 화물수취증을 말하는데, 오늘날은 특히 컨테이너 수송화물을 CY나 CFS 등에서 선박회사에 인도했을 경우 재래선의 본선수취증(mate's receipt) 대신 이것을 작성한다. 화주에게 직접 교부되는 경우는 드물고 선박회사 내부에서 사용되는 서류이다.

2 Liner(정기선 운송)

1. 정기선 운송의 특징

정기선(Liner)운송은 엄격한 운송계획 하에 특정항로·항만을 규칙적으로 왕복 운항하는 선박에 의한 운송을 말한다. 운항일정(sailing schedule) 및 운임률표가 대외적으로 공시되며 주로 완제품, 반제품 등의 일반화물(general cargo), 다수화주의 소량화물, 컨테이너화물, 여객, 우편물을 그 대상으로 한다.

2. Contract of Affreightment in a General Ship(개품운송계약)

(1) 의의

개품운송계약은 선박회사가 소량의 화물을 다수의 화주로부터 개별적으로 인수·집화하여 운송하는 정기선운송에 의한 계약방식이다.

(2) 계약의 성립과 증거

개품운송계약은 특정한 계약서가 필요 없는 불요식 계약이며 부합계약의 일종이다. 계약의 증거로서 발행되는 B/L은 정식계약서는 아니나 계약의 증거이다.

(3) 재래선에 의한 운송절차

① 송하인(shipper, consignor) 또는 그의 대리인이 선박회사에 선복신청서(Shipping Request : S/R)를 제출한다.
② 선사가 송화인의 선복 신청을 받아들이게 되면 송화인에게 선복예약서(booking note)를 교부한다.
③ 실제 선적일이 다가오면 선사는 송화인에게 선적지시서(Shipping Order : S/O)를 교부한다.
④ 송화인은 선적지시서에 따라 물품을 본선에 인도한다. 본선 적재 시 검수인(tally man)에 의해 검수가 이루어지고 검수결과를 검수표(Tally Sheet)에 기재한다.
⑤ 화물이 본선에 반입되면 일등항해사(chief mate)는 선장을 대리하여 그리고 검수표를 토대로 화물수취의 증거로서 본선이 발행하는 본선수취증(Mate's Receipt : M/R)을 발급한다.
⑥ 송화인은 본선수취증과 운임을 선사에 제시하고 선하증권(B/L : Bill Of Lading)을 발급받는다.
⑦ 수출국의 선사는 선박의 출항 후 적하목록(manifest)을 작성하여 수입국의 대리점에 도착화물의 내용을 통지한다. 후에 목적항에서는 이러한 적하목록에 의해 화물인도지시서가 발행된다.
⑧ 목적항에 도착하게 되면 수입국 내에 있는 선사의 대리점은 수화인에게 화물의 도착을 알린 후(A/N : Arrival Notice) 화물의 인수를 요청한다.
⑨ 수화인은 화물의 도착 전에 은행으로부터 입수한 선하증권을 선사의 대리점에 제출하고 이와 상환으로 화물인도지시서(D/O : Delivery order)를 발급받는다.
⑩ 수화인은 화물인도지시서를 본선의 선장이나 책임자에게 제시 후 물품을 인수한다.

(4) 컨테이너에 의한 운송절차

① 송하인(Shipper, Consignor) 또는 그의 대리인이 선박회사에 선복신청서(S/R : Shipping Request)를 제출한다.

② 선사가 송화인의 선복 신청을 받아들이게 되면 송화인에게 선복예약서(Booking Note)를 교부한다.

③ FCL 화물

CY Operator는 Booking Note를 기초로 하여 공컨테이너를 대출해주고 송하인은 기기수도증(Equipment Receipt)을 쓴다. 공장이나 창고에서 화주 스스로 빌린 컨테이너에 적입하고 봉인하여 CY로 이동하여 CY Operator에게 인도한다.

④ LCL 화물

CFS Operator에게서 필요한 양의 공컨테이너를 대출받아 적입(Stuffing)에 대비한다.

CFS까지 소량화물을 화주가 반입하여 CFS operator에게 인도한다. CFS operator는 여러 화주의 화물을 1개의 컨테이너에 혼재(Consolidation)하고 Container Load Plan(CLP)를 작성하여 CY Operator에게 인도한다.

⑤ CY Operator는 화주에게 부두수령증(D/R ; Dock Receipt)을 교부한다.

⑥ 화주가 부두수령증과 운임(C, D Terms처럼 선지급인 경우)을 지불하면 선박회사는 B/L(Received B/L)을 화주에게 발급한다.

3. 운임

(1) 운임의 기준

① 화물의 중량기준(Weight Basis)

용적(부피)은 작지만 중량이 높은 화물, 예컨대 철강제품이나 화학제품 등은 중량을 기준으로 하여 운임이 책정된다. Long / Short / Metric Ton 중에서 실무상 Metric Ton이 보통 사용된다.

② 화물의 부피기준(Measurement Basis)

부피가 큰 화물은 당연히 부피가 운임산정의 기준이 된다. 부피(용적)를 재는 단위는 Cubic Meter(CBM)와 Cubic Feet(cft)가 있는데 이 중에서 Cubic Meter(CBM)

가 보편화되어 있다. 화물의 포장명세 등에 W/M이라고 표기되어 있는 것은 Weight / Measurement를 뜻하며, 중량과 용적의 두 가지 중 어느 쪽이든 높은 (큰)쪽의 톤수가 운임산정의 기준이 된다. 이때 운임산정의 기준이 된 톤수를 운임 톤(R/T : Freight Ton or Revenue Ton)이라고 한다.

③ 종가단위(Ad Valorem)

종가라는 말은, 가격에 따른다(according to price)는 뜻이다. 보석이나 예술품, 희귀품 등에 대해서는 보통 상품가격의 2~5% 정도의 일정비율을 할증·추가하여 운임으로 결정하는 경우가 있는데 이를 종가운임이라고 하며, 정기선 운임에서만 통용되는 계산기준이다. 종가단위가 적용되는 종가화물은 운송에 특별한 주의를 기울여야 하며, 운송사고가 발생하였을 때 운송인의 배상책임도 일반화물에 비해 훨씬 무겁다.

④ 박스 레이트(Box Rate)

화물의 종류가 다양해지고 무역운송의 양이 증가함에 따라 운송인은 화물의 종류에 따라 각기 다른 운임을 설정할 수 없게 된다. 특히, 컨테이너 운송으로 운임체계를 단순화시킬 필요가 있으므로 컨테이너 내부에 넣는 화물의 양(부피)에 상관없이 무조건 컨테이너 하나당 운임을 책정하여 실무에서 사용하게 되었는데 이것을 box rate라고 한다. box rate는 품목별 무차별 운임(commodity box rate)과 상품을 크게 몇 등급으로 분류하여 적용하는 class box rate가 있다.

(2) 운임의 종류

① 지급시기에 따른 분류

㉠ 선불운임(Freight Prepaid) : CIF 또는 CFR조건에 의한 수출의 경우, 수출업자가 선적지에서 운임을 지불하게 되는 것을 말한다.

㉡ 후불운임(Freight Collect) : FOB조건의 경우 수입업자가 화물의 도착지에서 운임을 지급하며, 이를 후불운임이라 한다.

② 부과방법에 따른 분류

㉠ 종가운임(Ad Valorem Freight) : 귀금속 등 고가물품의 운송에서 화물의 가격을 기초로 하여 이의 일정률을 운임으로 징수하는 경우의 운임이다.

㉡ 최저운임(Minimum All Kinds Rate) : 이 운임은 일정단위(CBM 또는 ton)를 기초로 부과되는데 화물의 용적과 중량이 일정기준 이하(예 1CBM)일 경우의

운임을 말한다.
ⓒ 무차별운임(Freight All Kinds Rate) : 품목여부를 가리지 않고 일률적으로 부과하는 운임으로 FAK rate라고 한다.
ⓔ 차별운임(Discrimination Rate) : 화물·장소·화주에 따라 운임을 차별적으로 부과하는 방식으로 해상운송에서 주로 이용되는 방식이다.

(3) 정기선운임의 구성요소

해상운송은 기본운임과 할증료 및 기타 추가요금으로 구성되는 것이 일반적이다.

① 기본운임(Basic Freight)

해상운임은 보통 화물의 중량(weight), 용적(measurement), 가격(price) 또는 박스(box)를 기초로 산정한다. 중량의 단위로는 주로 M/T(Metric Ton)이 사용되며 용적의 단위로는 주로 CBM(Cubic Meter)이 보편화되어 있다. 그러나 운임은 운송인에게 유리한 쪽으로 책정되므로 운송인은 화물의 중량이나 용적 중 운임이 높은 쪽을 부과하게 된다. 정기선운송의 기본운임에는 화물의 적재, 양하, 적입 비용이 포함되어 있다.

② 할증료(Surcharge)

공시된 운임률에도 불구하고 운임의 인상요인이 발생하였을 경우 화주에게 다음과 같은 할증료를 부과한다.

ⓐ 통화할증료(CAF : Currency Adjustment Factor) : 환율의 변화에 따라 운송인에게 환차손의 위험이 있는 경우 그 손해를 화주에게 부담시키기 위한 할증료이다.
ⓑ 유가할증료(BAF : Bunker Adjustment Factor) : 유류가격의 인상으로 인한 손실을 보전하기 위한 할증료이다.
ⓒ 체선할증료(Congestion Surcharge) : 도착항이 선박으로 복잡하여 바로 입항하지 못하고 지체되는 경우에 받는 할증료이다.
ⓓ 용적 및 장척할증료(Bulky / Lengthy Surcharge) : 특별히 부피가 크거나 길이가 긴 화물에 대해 부과하는 할증료이다.
ⓔ 중량할증료(Heavy Lift Surcharge) : 중량화물에 대해 부과하는 할증료이다.

③ 기타비용

ⓐ Wharfage : 부두사용료를 말한다.
ⓑ 터미널화물처리비(THC : Terminal Handling Charge) : 화물이 컨테이너

미널에 입고된 순간부터 본선의 선측까지, 반대로 본선 선측에서 CY의 게이트를 통과하기까지 화물의 이동에 따르는 비용을 말한다. 종전에는 선사가 해상운임에 포함하여 부과하였으나 1990년에 구주운임동맹(FEFC)이 분리하여 징수하면서 다른 항로에 확산되었다.

ⓒ CFS Charge : 컨테이너 하나의 분량이 되지 않는 소량화물(LCL : Less than Container Load)을 운송하는 경우, 선적지 및 도착지의 CFS(Container Freight Station)에서 화물의 혼재(적입) 또는 분류작업을 하게 되는데 이때 발생하는 비용을 말한다.

ⓔ 서류 발급비(Documentation Fee) : 선사가 선하증권(B/L)과 화물인도지시서(D/O) 발급 시 소요되는 비용을 보전하기 위한 비용을 말한다.

ⓜ 도착지화물인도비용(DDC : Destination Delivery Charge) : 북미수출의 경우 도착항에서의 하역 및 터미널 작업비용을 해상운임과는 별도로 징수하는 것을 말한다.

ⓑ Detention(지체료) : 하주가 허용된 시간(free time) 이내에 반출해간 컨테이너를 지정된 선사의 CY로 반환하지 않을 경우 지불하는 비용을 말한다.

ⓢ 컨테이너세(Container Tax) : 1992년부터 항만배후도로를 이용하는 컨테이너 차량에 대해 부산시가 20푸터(TEU) 컨테이너당 2만원씩 징수하는 지방세로 일종의 교통 유발금이다.

4. 해운동맹

(1) 의의

해운동맹(Shipping Conference)이란 특정항로에 참여하고 있는 두 개 이상의 정기선 선사가 상호 독립성을 유지하면서 과당경쟁을 방지하고 운송시장에서의 독점력을 확보하기 위하여 운임·배선·적재량 등의 운송조건에 대한 협정을 맺는 국제적인 해운카르텔을 말한다.

(2) 해운동맹의 유형

① 개방적 동맹(Open Conference)

해운동맹의 내부규칙에 의해 모든 선사는 누구나 자유롭게 가입·탈퇴할 수 있는 동맹이나 동맹원 간의 단결이 미약하고 항로가 불안정하다. 주로 북미항로의 동맹들이 여기에 해당한다.

② 폐쇄적 동맹(Closed Conference)

동맹가입선사의 기득권을 보호하기 위해 선사의 배선능력·내부규칙의 이행 등을 조건으로 신규가입이나 탈퇴가 어렵다. 영국을 중심으로 한 유럽식 동맹이 여기에 해당된다.

(3) 해운동맹의 운영

① 대내적 운영방법

각 해운동맹은 가맹선사들 간의 내부경쟁을 막기 위하여 다음과 같은 규제 방법을 사용하고 있다.

㉠ 공동계산협정(Pooling Agreement) : 특정(이익이 큰) 항로에 취항 중인 가맹선사들이 일정기간 동안의 운임수입 중 전부나 일부를 각출해서 공동기금을 형성한 후 미리 정한 비율에 따라 이를 각 사에 배분하는 방법이다.

㉡ 항해(배선)협정(Sailing Agreement) : 동맹이 일정항로상의 배선·선복량·항해빈도수 등 운항의 제 조건을 할당·제한·협정하여 과당 경쟁을 방지하기 위한 것을 말한다.

㉢ 운임협정(Rate Agreement) : 모든 해운동맹에 공통되는 기본적인 협정이다. 사전에 협정한 동일한 운임률을 사용하도록 하여 운임경쟁을 막기 위한 것으로 협정 운임률의 변경 시에는 가맹선사들의 동의가 필요하다.

② 대외적 운영방법(화주구속수단)

㉠ 계약(이중)운임제(Contract Rate System, Dual Rate System) : 계약운임제란 화주가 동맹선사에만 선적하기로 계약한 경우 공표 운임률보다 낮은 계약운임을 적용하는 이중운임제도로 만약 계약화주가 사전양해 없이 맹외 선박을 이용하게 되면 위약금을 물거나 계약거부 등의 제재조치가 따른다.

㉡ 운임연환급제(Deferred Rebate System ; 운임연할려제) : 운임연환급제란 화주가 일정기간 맹외 선박에 일체 선적하지 않았을 때에 그 기한내의 지급운임의 일정부분을 환급받을 자격을 얻게 되고, 다음 일정기간도 동맹선만 이용하면 그 금액을 환급해 주는 제도이다. 가장 가혹한 화주구속수단이다.

㉢ 충실보상제(Fidelity Rebate System ; 운임할려제) : 충실보상제란 일정기간 화물을 동맹선에만 선적한 화주에 대해 그 기간 동안 선박회사가 받은 운임의 일정 비율을 통상 4개월이 지나면 환급해 주는 제도로서 운임연환급제와는 달리 유보기간이 없다.

③ 투쟁선(Fighting Ship : 맹외 대항선)

자신들이 취항하고 있는 노선에 맹외선사의 선박이 운항 중일 경우 이를 축출하기 위하여 사용되는 선박이다. 즉 가맹선사의 특정선박을 선정하여 채산성을 고려치 않은 저운임으로 해당 맹외선의 스케줄과 똑같은 항로에 취항하게 된다. 이때 발생하는 손실은 가맹선사가 공동으로 부담한다.

3 Tramper(부정기선 운송)

1. 부정기선의 특징

부정기선은 일정한 항로나 하주를 한정하지 않고 화물이 있을 때마다 또는 선복의 수요가 있을 때마다 또는 하주가 요구하는 시기와 항로에 따라 화물을 불규칙적으로 운송하는 선박의 형태를 말한다. 운송의 주 대상은 곡물·광물을 비롯한 일반원료 등으로, 주로 bulk cargo 등에 이용된다. 부정기선 운송에서의 운임책정은 공통 운임률표에 의하지 않고 수요와 공급에 따라 수시로 변동하며, 운송계약 시에는 용선계약에 의하는 경우가 많다.

2. Contract of Affreightment by Charter Party(용선운송계약)

(1) 의의

송화인이 선박회사나 선주로부터 선복의 전부 또는 일부를 빌려 화물을 운송하는 경우에 체결하는 계약으로 주로 bulk cargo의 운송에 이용되며, tramper(부정기선)운송이 이용된다. 용선계약 시에는 개품운송과는 달리 표준화된 용선계약서(Charter Party)가 작성된다.

(2) 용선계약의 종류

① 선복에 따른 분류
  ㉠ Whole Charter(전부용선) : 전부용선계약이란 용선계약 시 선복의 전체를 빌리는 계약을 의미한다.
  ㉡ Partial Charter(일부용선) : 용선운송계약 시 선복의 전부를 빌리는 것이 아니고 일부만 빌리는 경우 체결되는 계약이다.

② 용선형태에 따른 분류
  ㉠ Bareboat Charter(나용선) : 용선자가 선박을 제외한 선원·장비·소모품 일체에 관한 책임을 지며 선주는 단지 선체만 빌려주는 용선계약을 말한다. 우리나라

의 경우 선박 부족으로 외국선박을 나용선해서 선원, 장비를 갖추어 sub-charter(재용선)하고 있다. 통상 장기간에 걸쳐 체결되고 계약이 만료되면 소유권이 선주로부터 용선인에게 이전된다 하여 demise charter라고도 한다.
- ⓒ Time Charter(기간용선) : 기간 혹은 정기용선계약은 선박을 일정한 기간을 정하여 용선하는 계약으로, 선주는 일체의 선박부속용구를 갖추고 선원을 승선시키는 등 선박의 운항상태를 갖추어 선박을 항구에서 용선자에게 인도하므로 전부용선이 된다.
- ⓒ Voyage Charter(Trip Charter ; 항해용선계약) : 어느 항구에서 어느 항구까지 화물의 운송을 의뢰하는 화주와 선박회사 간에 체결하는 운송계약이다. 이 계약에서 운임계산은 실제 선적량을 기준으로 하는 것이나, 그 변형된 계약으로서 lump sum charter(선복용선)과 daily charter(일대용선)이 있다.
  - Lump Sum Charter(선복용선계약) : 운송보수의 결정을 적화 톤수에 따르지 않고 한 항해당 포괄운임(선복운임)을 적용하여 용선하는 계약
  - Daily Charter(일대용선계약) : 본선의 적재일부터 양륙항에서 화물인도 완료 시까지 1일당 용선요율을 정하여 선복을 임대하는 계약이다.

3. 항해용선계약의 운임

(1) 운임의 결정기준

① 용적 중량 개수 기준
가장 기본이 되는 운임결정방법이다. 정기선과는 달리 수요와 공급에 의해 선주와 용선자 사이에 자유롭게 결정된다.

② Lump Sum Freight(선복운임)
적재화물의 중량이나 용적과는 관계없이 선복(ship's space) 또는 항해를 단위로 하여 포괄적으로 지급되는 경우의 운임을 말한다.

③ Daily Charter Rate(일대용선운임)
용선료를 화물의 적재량이나 선복의 크기로 정하는 것이 아니라 1일(24시간)당 얼마로 정하는 방식이다.

④ Dead Freight(부적운임)
부적운임 또는 공적운임(dead freight)은 용선할 때 일정량의 운송화물을 계약하였는데 하주가 그 계약수량을 선적하지 못하였을 때, 선적하지 않은 화물량에 대해 지급하는 운임으로 일종의 위약배상금이다.

제8장 무역화물의 운송

⑤ Pro Rate Freight(비율운임)

pro rate freight(비율운임)은 선박이 항해 중 불가항력, 기타 원인에 의하여 항해의 계속이 불가능하게 되어 운송계약의 일부만을 이행하고 화물을 인도한 경우에 특히 그때까지 행한 운송의 비율에 따라 선주가 취득하는 운임으로, distance freight(항로상당액운임)이라고도 부른다.

(2) 하역비 결정

하역비란 운송화물을 선적하거나 양륙하는 데 소요되는 비용을 말한다. 정기선운송의 경우는 이러한 하역비용을 포함하여 운임이 결정되기 때문에 하역비에 대한 약정이 필요 없으나 용선은 주로 하역비용이 많이 드는 대량화물을 대상으로 하기 때문에 선적비와 하역비를 누가 부담할 것인가를 약정해야 하며 특히 항해용선 계약에서 중요하다.

① Berth Term(Liner Term)

정기선처럼, 선적 시 및 양륙 시의 하역비를 모두 선주가 부담하는 조건이다.

② FI(Free In)

선적항에서의 선적 시에 그 하역비를 화주가 부담하는 조건으로 양륙 시에는 선주가 부담한다.

③ FO(Free Out)

선적항에서 선적 시에 하역비를 선주가 부담하고 도착항에서 양륙 시에는 화주가 부담하는 하역조건을 말한다.

④ FIO(Free In & Out)

선적 및 양하 시의 하역비를 모두 화주가 부담하는 조건이다.

(3) Layday(Laytime ; 정박기간)의 표시

용선계약에서 화주가 계약화물의 전량을 선적 또는 양륙하기 위해서 본선을 선적항 또는 양륙항에 정박시킬 수 있는 기간으로 기간 초과 시 화주가 체선료를 지급하고, 기간 단축 시 선주가 조출료를 지급하게 된다. 정박기간은 화물의 종류·항구상황·상관습 등을 고려하여 C.Q.D, Running Laydays, W.W.D와 같은 방법으로 계산한다.

① C.Q.D.(Customary Quick Dispatch : 관습적 조속하역)

관습적 하역방법 및 하역능력에 따라 가능한 한 빨리 적·양하역을 하는 조건으로 불가항력에 의한 하역불능은 기간에 산입되지 않으며 일·공휴일 및 야간작업일의 산입여부는 특약이 없는 한 그 항구의 관습에 따른다.

② Running Laydays(지속기간)

하역 개시일부터 종료 시까지 경과일수를 계산하는 방법으로 우천·파업·기타 불가항력 등 어떤 원인에도 관계없이 하역개시 이후 종료 시까지의 일수를 모두 정박기간에 계산하는 방법이다. 일·공휴일도 특약이 없는 한 정박기간에 포함시킨다.

③ W.W.D.(Weather Working Days ; 호천하역일)

하역 가능한 좋은 일기 상태의 날만 정박기간에 산입하는 방법으로 가장 많이 사용된다. 하역 가능한 상태여부는 화물의 종류에 따라 차이가 있으며, 선장과 화주가 그때마다 협의하여 결정한다.

WWDSHEX(Weather Working Days Sundays and Holidays Excepted) : 일요일과 공휴일은 정박기간에서 제외

WWDSHEXUU(Weather Working Days Sundays and Holidays Excepted Unless Used) : 일요일과 공휴일에 한 작업은 정박기간에 포함

WWDSHEXEIU(Weather Working Days Sundays and Holidays Excepted even If Used) : 일요일과 공휴일에 작업을 하였더라도 정박기간에서 제외

(4) 기타 비용

① Demurrage(체선료)

약정기일 내에 작업을 끝내지 못한 경우 초과된 정박기간에 대해 화주가 선주에게 지불해야 하는 위약금조의 금액이다. 허용된 체선기간까지 경과된 경우에는 화주는 선주가 입은 실 손해액을 전부 지급해야 한다.

② Dispatch Money(조출료)

약정정박기일 이전에 작업이 완료된 경우 선주가 화주에게 지급하는 금액으로 통상 체선료의 1/2이다.

4. 용선계약서

(1) 서식

항해용선계약서는 발틱국제해운동맹(BIMCO : The Baltic and International Maritime Conference)이 제정한 Gencon(1976)과, 미국의 전시해운관리국(War Shipping

Aadministration)이 제정한 warshipvoy이 많이 사용된다. 정기용선계약의 표준서식은 역시 BIMCO가 1974년에 개정한 Baltime(The Baltic and International Maritime Conference Uniform Time Charter)과 뉴욕상품거래서가 제정한 produce form(The New York Produce Exchange Charter) 양식이 사용된다.

(2) Charter Party B/L

용선계약부 선하증권은 용선계약(charter party)을 바탕으로 발행된 선하증권을 말한다. 용선계약부 선하증권은 은행이 우선적으로 거절하는 서류였으나 UCP 600에서는 신용장에서 요구하거나 허용하는 경우에는 수리하도록 규정하고 있다.

제2절 선하증권

1 선하증권의 이해

1. 의의 및 기능

(1) 의의

선하증권(bill of lading)이란 화주와 선박 회사 간 해상운송계약에 의해 선박회사가 발행하는 것으로서 선박회사가 화주로부터 위탁받는 화물을 선적 또는 선적을 목적으로 수탁한 사실과 화물을 지정된 목적지까지 운송하여 증권의 소지자에게 증권과 상환으로 운송화물을 인도할 것을 약속한 수취증권이자 유가증권이다.

"Bill of lading means a document which evidences a contract of carriage by sea and the taking over or loading of the goods by the carrier, and by which the carrier undertakes to deliver the goods against surrender of the documents. A provision in the document that the goods are to be delivered to the order of a named person, or to order, or to bearer, constitutes such an undertaking."

(UN 해상화물운송규칙, Hamburg Rules, 1조 7항)

(2) 기능

① 화물수령증(Receipt of Goods)
  선장 또는 선주의 대리인으로서 정당한 권한을 부여받은 자가 서명한 화물수취증

② 운송계약의 증거(Evidence of Contract)
  송하인과 운송인(선주) 사이에서 협정된 운송계약을 나타내는 증거서류

③ Document of Title(권리증권)
  선하증권에 기재된 물품을 대표하는 권리증권으로서 증권의 소유자나 배서인은 선하증권의 양도나 배서에 의해 물품을 타인에게 처분할 수 있다.

2. 선하증권의 법적 성질

(1) 채권증권
선하증권의 소지인은 선하증권과 상환으로 물건의 인도를 청구할 수 있다.

(2) 요식증권
기재사항이 법으로 정해진 유가증권이다.

(3) 문언증권
운송인은 선하증권의 선의의 소지인에 대하여 증권의 기재 문언에 관하여 책임을 진다.

(4) 요인증권
운송인 또는 그 대리인이 물건을 선적 또는 선적을 위하여 수취하였다는 요인이 있어야 비로소 발행된다.

(5) 인도증권
증권의 정당한 소지인에게 물건을 인도하며 인도는 증권기재의 물건 자체를 인도한 것과 동일한 효력을 갖게 한다.

(6) 제시증권
수하인은 어떤 다른 방법으로 자기가 운송품의 정당한 인취권자라는 것을 증명하여도 선하증권을 제시하지 않으면 화물을 수취할 수 없다.

(7) 수령증권

증권과 바꾸지 않으면 채무자가 증권상의 채무를 갚지 않아도 되는 유가증권이다.

(8) 처분증권

증권에 표시된 물건에 관한 처분(양도 등)을 하는 데는 그 증권으로 해야 한다.

(9) 지시증권

증권에 지정된 자 또는 지정된 자가 다시 증권에 지정하는 자를 증권이 나타내는 권리의 정당한 행사 주체로 하는 유가증권이다.

2 선하증권의 종류

1. 적재여부에 따라

(1) Shipped 또는 On Board B/L(선적선하증권)

증권면에 Shipped 혹은 Shipped on Board와 같이 실질적으로 화물의 선적완료를 표시한 선하증권이다. 증권의 발행일자가 곧 본선적재일자가 된다.

(2) Received B/L(수취선하증권)

화물이 선적을 위하여 수취되었다는 취지가 기재된 선하증권으로 수취선하증권 발행 후 선적이 실제로 이루어진 날을 기입하여 선박회사 또는 그의 대리인이 서명하면(On Board Notation : 본선적재부기) 선적선하증권과 동일한 효력을 가진다. 수취 선하증권에는 port B/L과 custody B/L 등이 있다.

① Port B/L
선적될 화물은 부두상에서 운송인의 보관 하에 있고 지정된 선박이 입항은 되었으나 화물이 본선상에 아직 적재되지 않는 경우에 발행된다.

② Custody B/L
화물이 운송인에게 인도되었으나 지정된 선박이 아직 항구에 도착하지 않았을 때 발행된다.

2. Remarks의 유무에 따른 분류

(1) Clean B/L(무사고 선하증권)

계약화물이 본선에 양호한 상태로, 신청수량대로 적재되어 B/L의 remarks(비고란)에 화물의 고장 문언이 기재되지 않고 발행된 선하증권을 말한다. 증권면에 "shipped on board in apparent good order and condition"이라고 표시된 선하증권이다.

(2) Foul B/L ; Dirty B/L ; Claused B/L(사고부 선하증권)

선적된 물품의 포장상태가 불완전하거나 수량이 부족한 내용 등(예 '5 bags torn')이 증권상의 비고란에 기재된 선하증권을 말한다. 이러한 선하증권은 매입은행이 이를 거절할 수 있기 때문에 송하인은 파손화물보상장(L/I)을 선박회사에 제출하고 무사고 선하증권을 교부 받을 수 있다.

3. 수하인 표시방법에 따른 분류

(1) Straight B/L(기명식 선하증권)

화물의 수취인을 수하인 칸에 기재한 선하증권이다. 원칙적으로 유통이 불가능하기 때문에 무역화물에는 거의 이용되지 않고 이삿짐 또는 개인이 물품을 발송하는 경우에 많이 이용된다.

(2) Order B/L(지시식 선하증권)

수하인의 지시에 따른다는 표시의 "Order", "Order of A", "Order of bank"라고 수하인 란에 표시한다. 유통을 목적으로 하는 선하증권이며 국제거래에서는 대부분 Order B/L을 사용한다. 수입자의 이름과 주소는 아니고 Notify party(착화 통지처)란에 기재된다.

(3) Bearer B/L(백지식 혹은 지참인식 선하증권)

수하인 칸에 특정인이나 그의 지시에 따른다는 표시가 없는 선하증권이다. 분실 시 매우 위험하기 때문에 우리나라에서는 금지되어 있다.

4. 운송지역에 따른 분류

(1) Ocean B/L(해양선하증권)

부산과 New York같이 국외 해상운송의 경우에 발행되는 선하증권이다.

(2) Local B/L(내국선하증권)

부산과 인천같이 국내해상운송에서 발행되는 선하증권이다.

5. 유통가능여부에 따른 분류

(1) Negotiable B/L(유통가능선하증권)

선하증권은 주로 원본 3통이 한 세트로 발행된다. 유통가능선하증권이란 화물을 찾을 수 있고 은행에 제출할 수 있는 선하증권을 말하는데 "Negotiable" 또는 "Original"이라는 표시가 있다.

(2) Non-negotiable B/L(유통불능선하증권)

선박회사가 발급하는 원본 이외의 모든 선하증권에는 발급될 때 이미 "Non-Negotiable" 또는 "Copy"가 표시되어 발급되기 때문에 이들 사본으로는 은행에서 nego가 되지 않는다.

6. Master B/L(Groupage B/L)과 House B/L

(1) Master B/L(집단선하증권)

운송화물이 LCL화물이거나 소량이면 운송회사가 같은 목적지로 가는 화물을 모아서 하나의 그룹으로 모아 선박회사에 인도하는데 이때 선박회사가 운송중개업자에게 발행하는 선하증권을 말한다.

(2) House B/L(혼재선하증권)

운송업자가 선사로부터 집단선하증권을 발급받고 이러한 집단선하증권에 기초하여 운송업자 자신이 개개의 화주에게 발행하는 선하증권으로서 수입상은 이 서류로 화물을 수령한다.

7. 복합운송에 이용되는 B/L

Combined Transport B/L(복합운송선하증권)

수출국의 화물인수 장소로부터 수입국의 인도장소까지 해상·육상·항공 중 적어도 두 가지 이상의 운송기관을 이용하여 운송되는 경우에 발행하는 운송증권으로서 combined transport operator(복합운송인)에 의하여 발행된다.

8. Container B/L, FCL B/L, LCL B/L

(1) Container B/L(컨테이너 선하증권)

컨테이너 적재 설비를 갖추고 있는 선박에 선적한 경우에 발행되는 선하증권으로 컨테이너에 의한 운송의 경우 하주는 생산공장 또는 창고에서 container yard까지 자기 책임으로 운송하여 선박회사에 인도한다. 따라서 선박회사는 인수받은 화물이 하주가 포장하고 봉인한 것이기 때문에 그 내용을 알 수 없다는 뜻으로 "shipper's load and count" 또는 "said by shipper to contain"이라는 문언을 container B/L상에 기재하고 있다.

(2) FCL B/L

컨테이너에 화주 자신의 화물만 선적하여 발행된 B/L이며 이때 운송회사는 화물의 stuffing 작업 시 물품을 확인하지 않으므로 차후의 문제에 대비하여 부지조항(unknown clause)을 B/L상에 삽입한다.

(Unknown Clause) "Any reference on the face hereof to marks, numbers, description, quality, quantity, gauge, weight, measure, nature, kind, value and any other particulars of the Goods is as furnished by the Merchant, and the Carrier shall not be responsible for the accuracy thereof. The Merchant warrants to the Carrier that the particulars furnished by him are correct and shall indemnify the carrier against all loss, damage, expense, liability, penalties and fines arising or resulting from inaccuracy thereof."

(3) LCL B/L

여러 화주의 화물과 혼재하게 되므로 화물이 "part of 40feet"와 같이 표시되는 B/L이다.

9. 기타

(1) Short Form B/L(약식선하증권)

절차의 간소화를 위해 선하증권상에 기재된 장문의 약관을 생략한 것으로서 분쟁이 발생하면 long form B/L의 약관에 따른다는 문언이 기재되어 있다.

(2) Stale B/L(기간경과 선하증권)

신용장에 명시된 은행에 서류를 제시하여야 하는 기간을 넘긴 선하증권으로 제시기간이 명시되어 있지 않은 경우에는 선적일 후 21일이 지나면 stale B/L로 간주한다. 특별히 "Stale B/L Acceptable"이라는 명시적인 조항이 없는 한 은행은 이러한 선하증권을 수리하지 않는다.

(3) Third-Party B/L(제3자 선하증권)

B/L상의 송하인이 신용장상의 수익자가 아닌 제3자로 기재된 선하증권이다. 중계무역 등에서 사용된다.

(4) Red B/L(적색선하증권)

선하증권과 보험증권을 결합시킨 선하증권으로서 증권에 기재된 화물이 항해 중 사고가 발생하면 선박회사가 보상해 주는 선하증권이다. 선박회사는 해당보험료를 운임에 포함시켜 화주에게 부담시키게 된다.

(5) Through B/L(통과선하증권)

운송화물이 목적지에 도착할 때까지 다른 선박 또는 육상수단을 이용할 경우 최초 운송인인 선주가 전 구간의 운송에 대하여 책임을 지고 발행한 선하증권이다.

(6) Countersign B/L(부서부 선하증권)

선하증권상의 운임이 도착지 지급으로 되어 있거나 이 밖에 다른 채무가 부수되어 있는 경우 수하인은 운임과 다른 채무를 선사에 지급하고 화물을 인수한다. 이때 선사가 결제를 증명하기 위해 선하증권에 이서하고 서명하는데 이와 같은 부서가 있는 선하증권을 말한다.

(7) Charter Party B/L(용선계약부 선하증권)

부정기선에 의한 화물운송 시 화주가 화물을 대량으로 운송하기 위해 선박을 용선하는 경우, 화주와 선박회사 사이에 체결하는 용선계약에 의해 발행되는 선하증권이다.

(8) Transhipment B/L(환적 선하증권)

운송경로의 표시에서 운송 도중 환적이 가능함을 증권 면에 기재한 선하증권으로 신용장에 환적금지 문언이 없는 한 환적은 허용되는 것으로 본다.

(9) Unit Cargo B/L(단위화물 선하증권)

화물이 화물단위인 컨테이너나 팰릿에 적입되어 운송하는 것을 증명하는 선하증권을 말한다.

(10) Freight Forwarder's B/L(운송중개인 선하증권)

운송주선인에 의해 발행되는 선하증권으로서 신용장상에서 허용하지 않는 한 선하증권은 자동수리 되지 않는다.

(11) Switch B/L

선하증권 상에 "Switch"라는 문구가 있는 선하증권으로서 중개무역과 중계무역 등에 주로 사용되는 선하증권이다.

(12) Electronic Bill of Lading(전자식 선하증권)

전자식 선하증권은 기존의 종이 선하증권을 발행하지 않고, 선하증권의 내용을 구성하는 정보를 전자적 방법에 의해 운송인의 컴퓨터에 보관하고, 운송인이 부여한 '개인 키(private key ; 비밀번호)를 사용함으로써 물품에 대한 지배권 및 처분권의 권리를 그 권리자의 지시에 따라 수하인에게 그 정보를 전송하는 형식의 선하증권을 말한다.

(13) Surrendered B/L

원칙적으로 운송회사는 original B/L을 발급하고 수입상은 개설은행을 통하여 original B/L을 건네받아 물품을 찾아야 하지만 수입을 하다보면 시간이 촉박하여 그렇게 진행하지 못할 상황이 발생하기도 한다. 이때 운송회사가 original B/L을 발급하여 화주에게 주지 않고 "non-negotiable copy"에 자신의 sign방을 찍어 이것으로 수입상이 물품을 찾을 수 있도록 권리를 양도하는 B/L이 Surrendered B/L이다.

3 선하증권에 관한 국제규칙

1. 선하증권에 관한 신용장 조건

FULL SET OF CLEAN ON BOARD OCEAN BILL(S) OF LADING MADE OUT TO THE ORDER OF*** BANK, MARKED FREIGHT PREPAID / COLLECT NOTIFY ACCOUNTEE.

① Full Set
모든 선하증권은 일반적으로 원본3통이 1조로 발행되는데, 선하증권 각 통은 독립적 효력을 가지므로 담보권 확보차원에서 신용장 취급은행은 전통의 선하증권을 요구한다.

② Clean B/L
아무런 부기사항이나 비고가 없는 완전한 무사고 선하증권을 말한다.

③ On Board B/L
선적선하증권을 요구하는 것이며 수취선하증권의 경우 본선적재부기를 추가로 부가하여 선적되었음을 확인받아야 한다.

④ Ocean B/L
국내항구 간 운송 시 발행되는 local B/L이나 inland waterway B/L이 아닌 대양항해 선박을 이용한 운송 시 발행되는 선하증권만을 말한다.

⑤ Order B/L
기명식 선하증권은 유통에 제한이 따르므로 유통이 가능한 송하인·개설은행 지시식으로 발급되는 것이 보통인데, 지시인의 백지배서나 지시배서로 유통된다.

⑥ Consignee(수하인)
지시식 선하증권에서는 "to the order of" 다음에 수하인의 이름이 기재되는데 대부분 은행지시식으로 발행되고 실제 수입상은 "notify party"란에 표기된다.

⑦ Freight
일반적으로 C조건은 매도인이 해상운임을 선급하는 조건에 해당하는 것으로 "freight prepaid"로 표시하고 F조건은 "freight collect"로 표시한다.

⑧ Notify Party
서류상의 수하인이 수입업자인 경우에는 수입업자 또는 그 대리인의 통지처가 되고 서류상 수하인이 신용장 개설은행인 경우 통지처는 수입업체가 된다.

2. 선하증권에 관한 국제통일조약

물품이 해상을 통하여 운송될 경우, 특히 선하증권의 해석은 Hague Rules, Hague-Visby Rules, Hamburg Rules 등에 의하여 규율된다.

① Hague Rules(헤이그 규칙) : 1924년 제정

② Hague-Visby Rules(헤이그-비스비 규칙)

정식명칭은 "1924년 선하증권 통일조약을 개정하기 위한 의정서(protocol to amend the international convention for the unification of certain rules of law relating to bills of lading)"이고, 약칭은 Hague-Visby Rules 또는 Visby Protocol이다.

③ Hamburg Rules(함부르크 규칙)

선진 해운국 중심의 헤이그 규칙 내지 헤이그-비스비 규칙을 폐지하고 하주국인 개발도상국의 이익을 충분히 반영하는 새로운 법질서를 창출하려는 의도에서, 국제연합무역개발회가 중심으로 성립되어 1992년 11월 1일에 발효되었다.

Hague-Visby Rules는 Hague Rules의 결함을 보완하고 시대에 적합하도록 개정한 것이지만, Hamburg Rules는 Hague Rules 원칙을 근본적으로 바꾸고 새로운 질서를 수립하기 위한 조약이다.

4 선하증권의 발행 및 유통

1. 선하증권의 발행형식

(1) 기명식

수하인 란에 특정인의 상호·주소를 기입하는 방식으로서 통상적으로 유통이 불가능하다.

(2) 지시식

수하인 란에 일정한 지시 문언이 기재된 선하증권으로 배서로 양도될 수 있다.

① 단순지시식 : 수하인 란에 "To order"로 표기
② 기명지시식 : 수하인 란에 "To order of ABC"로 표기

③ 선택지시식 : 수하인 란에 "ABC or To order"로 표기

(3) 소지인식

수하인 란에 "Bearer"로 표시한 것으로서 단순소지인식과 선택소지인식이 있다.

(4) 무기명식

수하인 란을 공란으로 두는 것을 말하며 이 경우 선하증권은 소지인식처럼 취급된다. 소지인식과 무기명식은 분실 시 위험하므로 잘 사용되지 않는다.

2. 선하증권의 유통방식

(1) 선하증권이 인도에 의하여 유통되는 경우

선하증권은 지참인식으로 발행되거나 또는 특정인의 지시식으로 발행되어도 그 자가 백지배서 또는 지참인식의 배서를 한 경우에는 인도만으로 유통한다. 하지만 분실할 경우 위험하기 때문에, 실제로 지참인식으로 선하증권이 발행되는 경우는 거의 없다.

(2) 선하증권이 배서에 의하여 유통되는 경우

① 특정인의 지시식으로 발행되는 경우, 그 자의 배서에 의하여 유통될 수 있다.
② 배서에는 백지배서, 지참인의 배서, 특정인의 배서가 있다.
③ 백지배서 및 지참인의 배서의 경우에는 증권의 인도만으로 유통하지만, 특정인에의 배서의 경우에는 배서를 받은 특정인이 다시 배서함으로써 유통된다.

(3) 선하증권 endorsement(배서)의 종류

① Full Endorsement(정식배서)
배서의 의무자는 선하증권의 양도인이며 양도인이 자신의 명칭뿐만 아니라 양수인의 명칭까지 증서의 이면에 기재하는 방식의 배서를 의미한다.

② Blank Endorsement(백지배서)
신용장에 "endorsed in blank" 또는 "blank endorsed"로 표시되어있는 경우에 환어음(bill of exchange), B/L 또는 보험서류에 피배서인을 지정함 없이 양도인의 명칭만 표시하여 배서하는 방식이다.

3. 선하증권의 배서형식

(1) Full Endorsement, Special Endorsement(기명식 배서)

이 방식은 endorsee(피배서인)의 성명을 명기하고 endorser(배서인)이 서명하는 방식이다.

deliver to xx Co.,(endorsee)
Korea Trading Co.,(endorser)
(signed)
Manager

(2) Order Endorsement(지시식 배서)

피배서인으로 "to the order of xx"라고 기재하고 배서인이 서명하는 방식이다.

deliver to the order of xx Co.,
Korea Trading Co.,
(signed)
Manager

(3) Blank Endorsement(백지식·무기명식 배서)

피배서인에 대하여서는 기재하지 않고 배서인이 서명만 하는 방식이다.

Korea Trading Co.,
(signed)
Manager

(4) 선택 무기명식 배서

특정의 "피배서인 또는 본권 지참인(…or bearer)"이라고 기입하고 배서인이 서명하는 형식이다.

5 선하증권의 보완 거래

1. L/I(Letter of Indemnity : 파손화물보상장)

수출업자가 화물 또는 포장의 손상 시에 무사고 선하증권을 발급받기 위해 선박회사에 제출하는 각서로서 무사고 선하증권을 발급함으로써 발생하는 클레임이나 손해에 대해 선박회사에 보상하겠다는 내용이다.

"We herby undertake and agree to pay on demand any claim that thus arise on the said shipment and / or the cost of any subsequent reconditioning and generally to indemnify yourselves and / or agents and / or the owners of the said vessel against all consequences that may arise from your action."

2. L/G(Letter of Guarantee : 수입화물 선취보증서)

수입화물은 도착하였으나 B/L이 도착하지 않은 경우 선하증권 없이 화물을 인도받기 위해서 수입상이 개설은행에 신청하여 발급받는 보증서이다. 수입상은 은행으로부터 L/G를 발급받아 선박회사에 제출하면 선박회사에서는 이와 상환하여 D/O(Deliver Order; 화물인도지시서)를 화주에게 교부하며, 화주는 동 지시서에 의거, 본선 또는 창고로부터 화물을 인수하게 된다.

L/G는 개설은행이 선박회사에 선하증권 원본을 도착 즉시 선사에 제출하겠다는 것과 L/G 발급으로 인한 모든 손해와 비용은 일체 은행이 부담하고 선사에는 하등의 책임도 묻지 않겠다는 내용으로 되어 있다.

"L/G is a guarantee which is issued by the issuing bank at the request of importer in order to take delivery of goods from shipping company before the importer obtain B/L. The importer can clear the goods for import through the customs by tendering the L/G instead of B/L."

3. T/R(Trust Receipt ; 수입화물대도)

수입화물대도란 개설은행은 그 화물에 대하여 담보권을 유보한 상태에서, 수입상이 어음대금을 결제하기 전이라도 수입화물을 처분할 수 있도록 하여, 물품을 처분한 대금으로 수입대금을 개설은행에 지불하도록 편의를 제공하는 제도이다.

"T/R is a declaration by a client to a bank that ownership in goods released by the bank are retained by the bank, and the client has received the goods in trust only."

[그림] 선하증권

BILL OF LADING

① Shipper / Exporter EUN SUNG CORPORATION 1410-3, SHINRIM-DONG, KWANAK-KU, SEOUL, KOREA	⑩ B/L No. PCSLBOL103960122
	PEGASUS CONTAINER SERVICE **DAE WOO SHIPPING CO., LTD**
② Consignee TO ORDER	Received by the Carier from the Shipper in apparent good order and condition unless otherwise indicated herein the Goods, or the container(s) or package(s) said to contain the cargo herein mentioned, to be carried subject to all terms and conditions provided for on the face and back of this Bill of Lading by the vessel named herein or any substitute at the Carrier's option and / or other means of transport. from the place of receipt or the port of loading to the port of discharge or the place of delivery shown herein and there to be delivered unto order of assigns. If required by the Carrier, this Bill of Lading duly endorsed must be surrendered in exchange for the Goods or delivery order. In accepting this bill of Lading, the Merchant(as defined by Article 1 on the back hereof) agrees to be bound by all the stipulations, exceptions, terms and conditions on the face and back hereof, whether written, typed, stamped or printed, as fully as if signed by the Merchant, any local custom or privilege to the contrary notwithstanding, and agrees that all agreements or freight engagements for and in connection with the carriage of the Goods are superseded by this Bill of Lading.
③ Notify Party SHIGEMATSU CO., LTD. 1-2-8, HIGASHI-NAKAHAMA JYOTO-KU, OSAKA, JAPAN	
④ Pre-carriage by ⑦ Place of Receipt BUSAN CFS	

⑤ Ocean Vessel MINT QUICK	⑧ Voyage No 602E	⑪ Flag KOREA	⑬ Place of Delivery OSAKA CFS
⑥ Port of Loading BUSAN, KOREA	⑨ Port of Discharge OSAKA JAPAN	⑫ Final Destination	

⑭ Container No.	⑮ Seal No. Marks & Nos.	⑯ No. of Containers or Pkgs	⑰ Description of Goods	⑱ Gross Weight	⑲ Measurement
	FRONT & BACK S.T(IN DIA) OSAKA ITEM NO : Q'TY : 12 IN BOX C/T NO : 107-146 MAKE IN KOREA BOTH SIDE USE NO HOOKS SIDE UP HANDLE WITH CARE	788.00KGS 14.085CBM 40 CTNS SAID TO CONTAIN; 5,760PCS(480DOZ) OF HAT L/C NO. : 03-21-02690 FREIGHT COLLECT			

⑳ Total Number of Containers or Packages(in words)   SAY ; FORTY(40) CARTONS ONLY.

㉑ Freight & Charges	㉒ Revenue Tons		㉓ Rate	㉔ Per	㉕ Prepaid	㉖ Collect
O / FREIGHT			24.75			USD 348.60
C.A.F.	14.085	CBM	348.60			USD 103.18
C.F.S.	29.60	(%)	4,500		won63,382	
C.F.S.	14.085	CBM	3,800.00			JYE 53,523.00
C.H.C.	14.085	CBM	3,500			
C.H.C.	14.085	CBM	600.00		won49,297	JYE 8,451.00
	14.085	CBM				USD451.78
					TOTAL :	

㉗ Freight Prepaid at	㉙ Freight Payable at DESTINATION	㉛ Place of Issue SEOUL, KOREA
㉘ Total Prepaid	㉚ No. of Original B/L THREE(3)	㉜ Date of Issue JAN. 22
㉝ Laden on Board the Vessel Date JAN. 22	㉞ By ㉟ DAE WOO SHIPPING CO., LTD.	

제3절 컨테이너 운송

1 컨테이너의 정의와 분류

1. Container의 정의

   컨테이너란 화물의 운송·하역 및 보관을 효율적으로 이행하고 육·해·공을 연합하여 운송의 경제성·수익성·안정성을 최대한 충족시키며 수송 도중 이적 없이 일관수송이 가능하도록 고안된 혁신적인 운송도구를 말한다.

2. 컨테이너 운송과 관련된 국제조약

(1) CCC협약(Customs Convention on Container)

   일시적으로 수입된 컨테이너 자체를 적재수출조건으로 면세하고, 국제보세운송에서 체약국 정부의 세관의 봉인을 존중하는 것을 규정하고 있다.

(2) TIR통관협약(Customs Convention on the International Transport of Goods under cover to TIR Carnets)

   컨테이너 속에 내장된 화물이 특정국가를 통하여 도로운송차량으로 목적지까지 수송함에 따른 관세법상의 특례를 규정하고 있다.

(3) ITI협약(Custom Convention on the International Transit of Goods)

   TIR협약이 컨테이너 도로운송에만 적용되는 데 비하여 이 협약은 육·해·공의 모든 수송수단을 포함하고 있다.

(4) CSC(International Convention for Safe Containers ; 컨테이너안전협약)

   컨테이너의 취급과 수송에서 컨테이너의 구조상의 안전요건을 국제적으로 통일화하는 것이 목적이다.

3. Container 규격 – ISO(International Standardization Organization)

① 20feet container
   (D)5.89m × (W) 2.34 × (H) 2.38(17ton max) − 32.80CBM

20feet container의 Stuffing CBM : 27~28

② 40feet container
(D)12m × (W) 2.34 × (H) 2.38(27ton max) − 66.83CBM
40feet container의 Stuffing CBM : 58~60

4. 구조 및 사용목적에 의한 분류

① Dry Container
온도조절이 필요 없는 일반 잡화수송에 많이 이용되는 대표적인 container이다.

② Reefer Container
과일, 야채, 육류같이 보냉 및 보열이 필요한 화물을 수송하기 위한 컨테이너. 온도는 +26℃에서 −28℃까지 유지된다.

③ Solid Bulk Container
소맥분 등의 수송에 적합하게 만든 것으로 천장에 세 개씩 맨홀이 있다.

④ Open Top Container
dry container의 지붕과 옆면의 윗 부분이 열려 있어 윗 부분에서의 하역이 가능하다. 주로 중량물이나 장척물(長尺物)을 적입한다.

⑤ Flat Rack Container
dry container의 지붕 및 벽을 제거한 네 개의 기둥만 있으며 기계류, 목재 등의 중량화물을 적입한다.

⑥ Tank Container
액체상의 화물, 즉 유류, 주류 등을 수송하기 위한 Container이다.

⑦ Ventilated(Pen) Container
살아있는 동물을 운반하기 위한 Container이다.

⑧ Flatform Container
평평한 바닥만이 있는 컨테이너로서 부피가 큰 화물의 운송에 적합하다.

5. 컨테이너선의 분류

(1) 선형에 의한 분류

① Full-Container Ship(전용형)
갑판 및 선창이 컨테이너만을 적재하도록 설계된 선박이다.

② Semi-Container Ship(분재형)
재래선 선창(船艙)의 중앙 또는 갑판에 컨테이너 전용장치를 설치한 선박이다.

③ Conventional Ship(혼재형)
재래선에 일반잡화와 함께 혼재하는 선박이며 컨테이너 전용선이 아니다.

(2) 하역방식에 의한 분류

① LO/LO(Lift on / Lift off)
컨테이너를 크레인 등을 사용하여 상하로 올리고 내리게 하는 방식의 선박이다.

② RO/RO(Roll on / Roll off)
RO/RO선은 선미 및 현측에 ramp가 설치되어 있어, 육상이나 본선상에 하역설비가 없어도 트레일러(trailer), Forklift 등을 사용하여 하역이 가능하다. 컨테이너는 이 램프를 통해서 트렉터 또는 forklift 등에 의해서 하역된다.

③ FO/FO(Float on / Float off) : LASH
barge(부선)에 컨테이너 또는 일반화물을 적재하고 barge에 설치되어 있는 크레인 또는 엘리베이터에 의해서 하역된다. 대표적인 예가 LASH선이다.

2 컨테이너 운송의 특징

1. 컨테이너화물의 운송형태

(1) CY/CY운송(Door to Door : FCL/FCL)

단일의 송하인과 단일의 수하인 사이에서 나타나는 방식으로 송하인의 창고(공장)에서 FCL(Full Container Load) 화물이 컨테이너에 적입되어 수하인의 창고(공장)까지 FCL상태 그대로 일괄 수송되는 형태이다. door to door의 서비스로 컨테이너운송의 장점을 최대한으로 이용한 형태이다. 이를 CY(Container Yard) cargo라 한다.

(2) CFS / CFS(Pier to Pier : LCL / LCL)

① 다수의 송하인과 다수의 수하인의 사이에서 나타나는 방식으로 선적항의 CFS에서 다수의 송하인의 LCL(Less than Container Load)화물을 consolidation(혼재)하여 목적항에서도 역시 다수의 수하인에게 인도하기 위하여 수입항 CFS에서 해체되는 형태이다.

② CFS(Container Freight Station) 또는 ICD(Inland Container / Clearance Depot)에서 컨테이너에 stuffing(적입)되고 목적지에서도 수출지에서와 마찬가지로 CFS / ICD에서 devanning(적출)되어 수입업자에게 분배된다. 이런 업무는 프레이트 포워더들이 행하는데 이를 forwarder's consolidation라 한다.

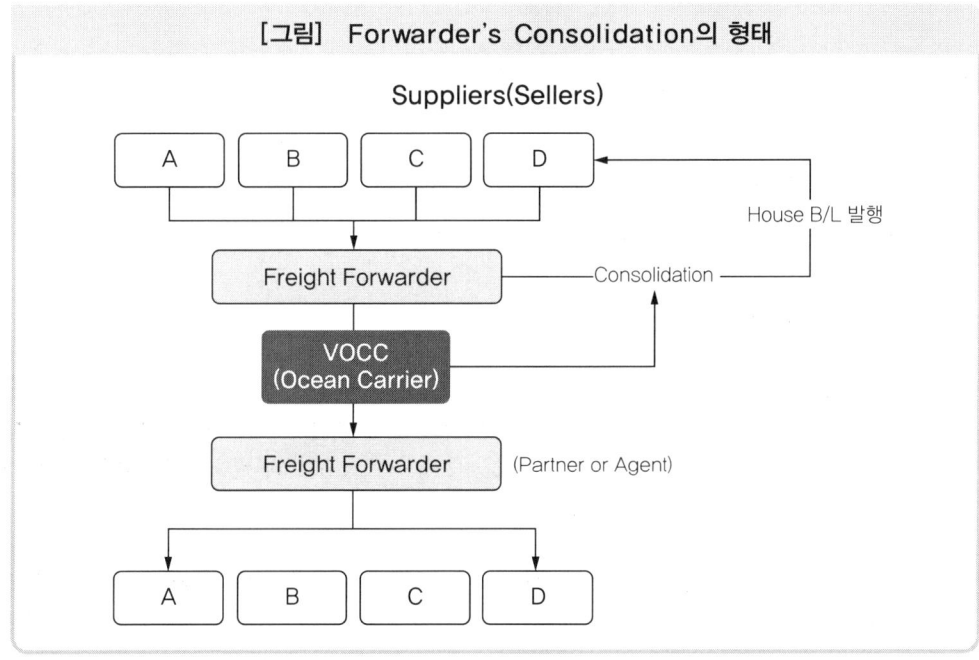

[그림] Forwarder's Consolidation의 형태

(3) CFS / CY(Pier to Door : LCL / FCL)

다수의 송하인과 단일의 수하인 사이에서 나타나는 방식으로 선적항에서 다수인 송하인의 화물을 CFS에서 혼재·적입하여 목적지의 수하인의 창고까지 운송하는 형태이다. 이를 Buyer's Consolidation이라 한다.

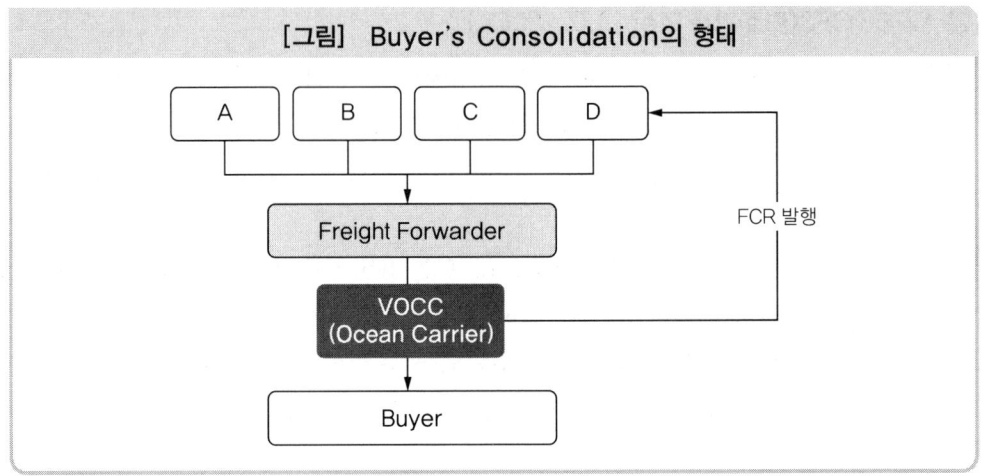

(4) CY / CFS(Door to Pier : FCL / LCL)

단일의 송하인과 다수의 수하인 사이에서 나타나는 방식으로 단일의 송하인에 의해 FCL상태로 적재되며 목적항에서는 여러 수하인에게 전달되기 위하여 CFS에서 해체되어 수하인에게 인도된다. 그래서 이를 Forwarder's Consolidation이라 한다.

 용어설명

1. FCL화물과 LCL화물
   FCL(Full Container Load)화물이란 하나의 컨테이너를 가득 채울 수 있는 분량의 화물을 말하며, 반대로 LCL(Less Than Container Load)화물이란 하나의 컨테이너를 가득 채울 수 없는 분량의 화물을 말한다.
2. CY와 CFS
   CY(Container Yard)란 컨테이너의 인수와 인도 및 보관을 하는 야적장으로 FCL화물의 인도와 인수는 이곳에서 이루어진다. 반면 CFS(Container Freight Station)란 선박회사 또는 그 대리점이 선적할 화물을 하주로부터 인수하거나 양하된 화물을 하주에게 인도하기 위하여 지정한 장소를 말하는데 LCL화물은 이곳에서 혼적작업(consolidation)을 거치게 된다.
3. ICD(Inland Container / Clearance Depot)
   내륙컨테이너 기지, 즉 내륙에서 소량화물(LCL)을 모아 행선지별로 컨테이너에 혼재하는 장소를 말한다.

2. 컨테이너화물의 운송방식

(1) Piggy Back

초기 TOFC(Trailer On Flat Car) 또는 COFC(Cargo On Flat Car)의 형태에서 발달된 것으로 철도와 트럭의 장점을 활용하여, 화물을 적치한 트레일러나 컨테이너를 무개화차에 그대로 적재하는 방식이다.

(2) Fishy Back

도로운송과 해상운송의 장점을 활용한 트럭과 선박의 혼합이용 운송방법으로서 운송비 절감, 운송시간 단축, 운송능률 증대 등의 이익이 있다.

(3) Birdy Back

도로운송과 항공운송을 활용한 트럭과 항공기의 혼합운송방식이다.

3 컨테이너 터미널

1. 컨테이너 터미널의 의의

컨테이너운송에서 해상 및 육상운송의 접점인 부두에 위치하고 본선하역, 화물보관, 육상운송기관에의 컨테이너 및 컨테이너화물의 인수, 인도를 행하는 장소로 CY 및 CFS가 여기에 속한다.

2. 컨테이너 터미널의 구조

① Container Berth
컨테이너선이 안전하게 부상하고 와서 닿을 수 있는 계안선이다.

② Apron(Wharf Surface, Quay Surface)
부두 여러 부분 중에서 바다와 가장 가까이 접해 있고 quay line(암벽)에 따라 포장된 부분이다. 컨테이너전용 gantry crane이 quay line 전체에 걸쳐서 활용할 수 있도록 컨테이너용 rail이 설치되는 경우가 많다.

③ Marshaling Yard
컨테이너선에 직접 적재와 하역을 하는 컨테이너를 정렬해 두는 넓은 장소로 apron과 인

접하여 배치되어 있다. marshalling yard에는 컨테이너의 크기에 알맞게 미리 구획선이 그어져 있는데 이를 slot이라 한다.

④ CY(Container Yard)
컨테이너의 인수나 인도 및 보관을 하는 야적장으로 Full Container Load(FCL ; 만재화물)의 인도와 인수가 이루어지는 곳으로 해상운송인으로서의 책임은 여기에서 시작되고 종료된다.

⑤ CFS(Container Freight Station)
컨테이너 1개를 채울 수 없는 소량화물의 인수, 인도, 보관, 또는 LCL 화물을 컨테이너 안에 적입(stuffing, vanning)하거나 끄집어내는(unstuffing, devanning) 장치작업을 하는 장소이다.

⑥ Control Tower
Control Center라고도 부르며 Container Yard 전체를 내려다 볼 수 있는 위치에 설치되어 CY전체의 작업을 총괄하는 곳이다.

⑦ Maintenance Shop
CY에 있는 하역 기기나 운송 관련 기기를 점검, 수리, 정비하는 곳이다.

⑧ CY Gate
컨테이너나 컨테이너화물의 인수와 인도를 하는 장소로 gate통과 시의 컨테이너 이상 유무 등의 현상확인, 통관봉인(seal)의 유무, 컨테이너 중량의 측정, 컨테이너 화물의 인수에 필요한 서류의 확인 등이 행해진다.

⑨ Administration Office
Container Yard의 행정사무를 수행하는 곳이다.

3. 컨테이너 터미널 기기

① Gantry Crane(Wharf Crane)
컨테이너 터미널에서 컨테이너선에 컨테이너를 선적하거나 양륙하기 위한 전용크레인으로, apron에 부설된 철도 위를 이동하여 컨테이너를 선적 및 양하하는 데 사용하는 대형 기중기이다.

② Straddle Carrier

컨테이너 야적장에서 컨테이너를 양각(兩脚) 사이에 끼우고 운반하는 차량으로서 기동성이 좋은 대형 하역기계이다.

③ Chassis

"컨테이너 섀시"라고 부르며 컨테이너를 탑재하는 차대(車坮)를 말하고 tractor에 연결되어 이동. 이 chassis를 끄는 트럭을 Tractor라 한다.

④ Winch Crane

컨테이너를 chassis나 트럭에 적재·양하할 때 사용하는 기중기이다.

⑤ Fork lifter

컨테이너 터미널에서 컨테이너화물을 트럭에 적재하거나 또는 트럭에서 양하할 때 사용하는 기중기로서 대형과 소형 두 가지가 있다.

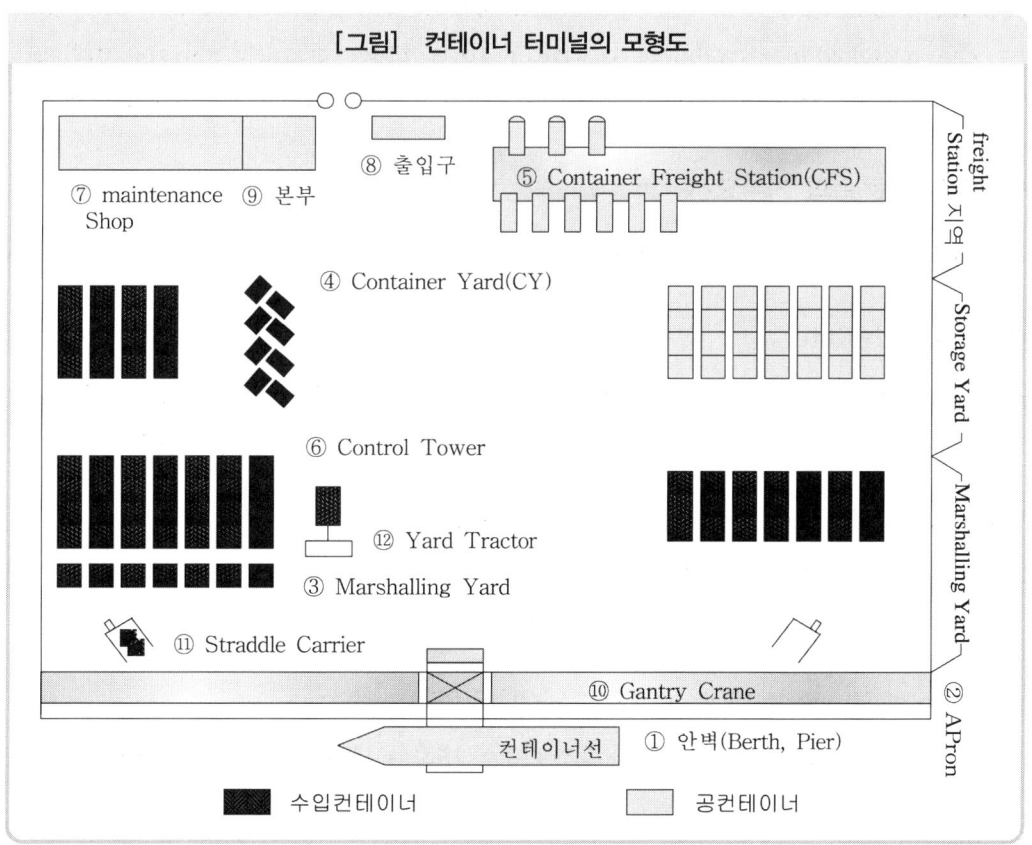

[그림] 컨테이너 터미널의 모형도

제4절 복합운송

1 의의 및 특징

1. 의의

복합운송(international multimodal transport)이란 적어도 2가지 이상의 상이한 운송수단에 의해 단일의 복합운송인이 복합운송증권을 발행하여 물품을 인수한 시점부터 인도한 시점까지 전 운송구간에 대해 단일계약·단일운임·단일책임 하에 일괄적으로 이루어지는 물품운송을 말한다.

"International multimodal transport means the carriage of goods by at least two different modes of transport on the basis of a multimodal transport contract from a place in one country at which the goods are taken in charge by the multimodal transport operator to a place designated for delivery situated in a different country." (UN복합운송규칙, 1조 1항)

2. 국제복합운송의 기본요건

복합운송계약, 국제간의 운송 및 운송수단의 이종복수를 요건으로 한다.

(1) Through Rate

single-factor rates on through Routes(일관운임)의 제시가 있어야 하며, 운임은 전 구간을 묶어서 하나의 through rate(일관통운임)을 설정하고 있다.

(2) MTD : Multimodal Transport Document

복합운송인은 전 운송구간을 한 장의 선하증권으로 발행하는데, 이것을 복합운송증권(MTD : Multimodal Transport Document)이라 한다.

(3) Single Carrier's Liability(단일운송인책임제도)

전 운송구간 내지 전 운송기간에 걸쳐 화주에 대하여 책임을 지는, 전 구간 단일운송책임을 원칙으로 한다.

3. 국제복합증권에 관한 국제조약과 규칙

(1) UN 국제물품복합운송조약(United Nation convention On International Multimodal Transport of Goods, 1980)

조약의 체계가 화주 중심으로 되어 있으며 복합운송인에 대해 엄격한 책임원칙을 정하고 있다. MTD(Multimodal Transport Document)을 창안하였다.

(2) ICC복합운송서류통일규칙

유통 가능한 증권과 유통불능인 증권이 발행되며, 화주에 대해 단일책임원칙을 채택하고 있는 CTD(Combined Transport Document)를 규정하고 있다.

(3) 복합운송서류에 관한 UNCTAD / ICC규칙

Hague-Rules과 Hague-Visby Rules를 기초로 작성하여 UN복합운송조약같이 과실책임원칙을 적용하고 있다.

2 복합운송인

1. 복합운송인의 정의

복합운송인이란 자신 스스로 또는 자신을 대리한 타인을 통해서 복합운송계약을 체결하고 송화인이나 복합운송작업에 관여한 운송인의 대리인으로서가 아닌 주체로서 행동하고, 그 계약의 불이행에 관한 채무를 부담하는 자를 말한다.

"Multimodal transport operator means any person who on his own behalf or through another person acting on his behalf concludes a multimodal transport contract and who acts as a principal, not as an agent or on behalf of the consignor or of the carriers participating in the multimodal transport operations, and who assumes responsibility for the performance of the contract." (UN복합운송규칙 1조 3항)

2. 복합운송인의 책임체계

(1) Network Liability System(이종책임체계)

서로 다른 운송수단에 의한 복합운송 시 손해가 발생할 경우 그 손해발생 운송구간에 해당하는 국제규칙이나 국제법을 적용하는 것으로 통상적으로 실무에서 이용된다.

(2) Uniform Liability System(단일책임체계)

전 운송구간을 동일의 책임체계에 따라 복합운송인의 책임이 정해지는 것이다.

(3) Modified Uniform Liability System(수정단일책임체계)

복합운송인은 원칙적으로 손해발생구간의 확인여부와 관계없이 동일한 책임규정을 적용하나, 책임의 정도와 한계는 손상이 발생한 구간의 규칙에 따른다.

3 국제복합운송의 주요경로

1. 해·육복합운송

(1) American Land Bridge(ALB)

극동의 주요 항구로부터 북미서안의 주요 항구까지 해상으로 운송한 다음, 내륙운송(육상운송)을 철도에 연결하고, 북미 동남부항에서 다시 해상운송으로 유럽지역 항구 또는 유럽내륙까지의 일관수송을 말한다.

(2) Canadian Land Bridge(CLB)

밴쿠버 또는 시애틀까지 해상으로 운송하고, 그곳에서 캐나다의 철도를 이용하고, 몬트리올에서 대서양의 해상운송에 접속하여 유럽 각 항구로 수송하는 복합운송 경로이다.

(3) Mini Land Bridge(MLB)

미국 서안에서 철도 등의 내륙운송을 거쳐 미 동안(대서양 안) 또는 걸프지역 항만까지 수송하는 해륙복합운송이다. 극동-미 서해안항까지 해상운송을 한 다음 그곳에서 철도나 철도-도로운송으로 미동해안, 걸프지역까지 내륙운송하여 파나마운하의 해상운송보다 수송시간을 단축할 수 있다.

(4) Interior Point Intermodal(IPI)

록키산맥 동부의 내륙기점까지 수송하는 것으로 시카고나 주요 수송거점까지 철도운송하고 하주 문전까지 도로로 운송하는 운송시스템으로 선사의 책임으로 통운임과 통선하증권을 발행하여 주요 수송거점으로부터 2~3일 내에 문전 수송서비스가 이루어진다.

(5) Siberian Land Bridge(SLB)

극동지역에서 유럽과 중동의 화물을 러시아의 극동항구인 보스토치니항으로 수송한 다음, 시베리아의 서부국경에서 유럽지역이나 반대 루트로 운송하는 시스템이다. 시베리아 철도를 이용한다고 하여 TSR이라 한다.

(6) Trans China Railway(TCR)

중국 연안항에서 시작하여 구소련 접경지역인 아라산쿠 경유 소련을 통과하여 로테르담까지 연결하는 철도로서 CLB(China Land Bridge)라고 한다.

2. 해·공(Sea & Air) 복합운송

해상운송의 저렴함과 항공운송의 신속성이라는 양자의 장점을 결합한 운송방식으로 항공운송보다는 싸게, 해상운송보다는 빠르게 운송된다는 관점에서 경제적인 운송방식이다.

4 복합운송증권

1. 의의

복합운송증권이란 송하인과 운송인이 적어도 2가지 이상의 운송수단을 사용하여 물품을 수하인에게 인도하기로 운송계약을 체결하는 경우 물품인수 및 계약내용대로의 물품 인도를 약속한 복합운송인이 발행한 운송서류를 말한다.

2. 복합운송증권의 특성

① 운송이 상이한 운송인에 의해 이루어지더라도 전 운송구간을 하나의 증권으로 포괄한다.
② 화주에 대해 단일책임을 지는 것을 명시하고 있다.
③ 본선적재 전에 복합운송인이 수탁 또는 수취한 상태에서 발행된다.
④ 선하증권과는 달리 운송인뿐만 아니라 운송주선인에 의해서도 발행된다.

제5절 항공운송

1 항공운송의 의의와 특성

1. 항공운송(Air Transportation)의 의의

항공기의 항복에 여객과 화물을 탑재하고 국내외의 공항(air port)에서 공로로 다른 공항까지 운항하는 최근대식 운송시스템이다.

2. 항공운송의 특성

긴급 또는 특별한 경우에만 이용하는 운송수단으로 간주되어 왔던 항공화물운송이 오늘날 상업적으로도 그 이용이 크게 높아지고 있다.

(1) 장점

① 해상운송에 비해 수송기간이 현저하게 짧고 정시 수송에 따른 화물의 적기인도가 가능하므로 재고비용과 자본비용을 절감
② 충격에 의한 화물의 damage 및 장기수송에 의한 변질 가능성이 적어 화물을 안전하게 상대 하주에게 인도할 수 있다는 장점

(2) 단점

경제적인 측면에서는 total cost(포장비, 보험료, 부대비용, 기회비용, 운임)로 비교하였을 때 해상운송보다 일부 경쟁력이 있는 화물이 있음에도 불구하고, 대체로 항공운임이 해상운임에 비해 상당히 높다.

2 항공운송의 운임과 요율

1. 운임결정의 일반원칙

우리나라는 IATA의 [The Air Cargo Tariff Ⅰ&Ⅱ] 및 Tariff Co-ordinating Conference Regulation에 따라 항공화물의 운임을 산출한다.

2. 요율의 종류

(1) GCR(General Commodity Rate)

① 일반화물요율로서 모든 항공화물 운송요금의 산정 시 기본이 되며 SCR요율 및 class rate의 적용을 받지 않는 모든 화물운송에 적용되는 요율이다. 최저운임, 기본요율, 중량단계별 할인요율 등으로 분류된다.

② 운임산출의 기본이 되는 화물중량의 결정방법은 실제중량에 의한 방법과 용적중량에 의한 방법, 그리고 높은 중량단계에서의 낮은 운임 적용 규정에 의한 방법이 있다.

(2) SCR(Special Commodity Rate)

화물운송의 유형상, 특정구간에서의 동종품목의 반복적 운송에 대하여 수요제고를 목적으로 코드로 분류된 특정품목에 GCR보다 낮은 요율을 설정한 요율로 CORATE라고도 부른다.

(3) Class Rate(Commodity Classification Rates)

class rates가 적용되는 품목은 6가지 종류가 있으며 그 중 화물로 수송되는 수하물 및 신문, 잡지 등은 기본요율(normal rates)에서 할인된 요율이 적용되고 귀중화물 및 생동물, 시체와 자동차는 일반화물 요율에 할증된 요율을 적용한다.

(4) Valuation Charge(종가운임)

항공운송장(AWB)에 화물의 실제가격을 신고하면 화물운송 시 사고가 발생하였을 경우 손해배상을 받을 수 있다.

(5) BUC(Bulk Unitization Charge ; 단위탑재용기요금)

단위탑재용기(ULD : Unit Load Device)별로 중량을 기준으로 요금을 미리 정해놓고 판매하는 방식으로, 주로 우리나라에서 미주행 항공화물에 적용되는 요금체계이다.

3. 기타요금

(1) Disbursement Fee(입체지불 수수료)

① Disbursements or Disbursement Amount(입체지불금)
송하인의 요구에 따라 항공사, 송하인 또는 그 대리인이 선불한 비용을 수하인으로부터 징수하는 금액이다. 항공사는 이러한 서비스에 대한 대가로서 입체지불금에 일

정한 요율을 곱하여 산출된 금액을 입체지불수수료로 징수하고 있다. 이는 운임과 종가요금 이외에 기타요금에 대하여도 착지불로 운송되는 것을 억제하기 위함이다.

② 입체지불금의 종류
- 항공사가 선불한 비용 : 항공화물 화주보험료
- 송하인이 선불한 비용 : trucking charge(surface charge), pick-up charge, handling charge, AWB작성수수료, 기타 송하인이 요청한 금액

(2) Charges Collect Fee

① 착지불화물에 대하여 운임과 종가요금을 합한 금액에 일정률에 해당하는 금액을 착지불수수료로 징수하고 있음
② 항공사가 착지불수수료를 징수하는 목적은 운송료를 송하인으로부터 화물인수 시 징수하지 않고 목적지에서 수하인에게 징수하는 것에 대한 Risk를 방지하고 운송료를 타국통화로 징수하여 자국으로 송금하는 데 대한 환차손 보전 및 송금업무에 대한 대가, 그리고 착지불운송의 억제에 있다.

4. 부대비용

화물취급수수료(handling charge), pick-up service charge, AWB fee 등이 있으며, 위험품인 경우에는 위험품취급수수료가 있음

3 Air Waybill(AWB ; 항공운송운송서류)

1. 항공화물운송장의 의의

송하인과 운송인(혼재업자도 계약운송인에 포함됨)과의 사이에 항공화물의 운송계약이 체결되었다는 것을 나타내는 증거서류이다. 항공회사가 혼재화물을 커버하기 위해 발행하는 운송장을 master air waybill이라 하며, 혼재업자가 개별 송하인의 화물에 대해서 발행하는 air bill은 house air waybill 또는 house waybill이라고 부른다.

2. 항공화물운송장의 성질

(1) B/L과는 달리 단순한 화물운송장이지 유가증권은 아니다.

(2) 수취식이고 원칙적으로 기명식이며 비유통성(비양도성)이다.

운송인이 항공운송을 하기 위하여 운송품을 수취하였을 때 발행하는 화물수취증이지만 유가증권은 아니고, 수취식으로서 원칙적으로 기명식이고 비유통성이다.

[표] Air Waybill과 Bill of Lading의 차이

항공화물운송장(Air Waybill)	선하증권(Bill of Lading)
• 유가증권이 아닌 단순한 화물수취증	• 유가증권
• 비유통성(Non-Negotiable)	• 유통성(Negotiable)
• 기명식	• 지시식(무기명식)
• 수취식(창고에서 수취하고 AWB발행)	• 선적식(본선 선적 후 B/L발행)
• 수령증권이 아님	• 수령증권
• 송하인이 작성	• 운송인(선사)이 작성

제6절 국제육상운송 및 국제특송

1 국제육상운송의 의의와 운송서류

1. 국제육상운송(International Road Transport)의 의의

철도나 자동차에 의한 육로운송을 말한다.

2. 국제육상운송서류

(1) 국제육상운송서류의 종류

① consignment note(화물수탁증)
② railway consignment note(철도화물수탁증)

(2) 국제육상운송서류의 특징

육상운송에 사용되는 국제적으로 인정된 운송증권으로서, 운송계약체결과 화물수령의 추정적 증거가 된다. 비유통증권으로 권리증권은 아니므로, 발급되지 않았거나 분실된 경우라도 운송계약의 효력에 영향을 미치지 못한다.

2 국제육상운송에 관한 국제규칙

1. 국제철도에 관한 무역규칙

CIM조약[international convention concerning the carriage of goods by rail : CIM(1970)]이 있다.

2. 자동차화물운송에 적용되는 조약

CMR조약(convention relative au contract de transport international de merchandise par route)이 있다.

3. 운송인의 책임에 있어서 CMR조약과 CIM조약(1970)은 엄격 책임주의(strictliability)를 채택하고 있다.

3 국제우편과 국제특송

1. 국제우편

국제우편은 우체국을 통하여 서류나 소화물을 우편으로 외국으로 발송하는 형태이다. 우편수령증은 소화물을 소포우편으로 외국에 발송하는 경우 우체국에서 발행하는 것으로, 우송증명서(certificate of posting) 또는 우편소포수령증(parcel post receipt)이라고도 한다.

2. 국제특송

국제특송은 서류나 물품을 door to door로 운송하며 신속한 인도를 목적으로 하기 때문에 항공기가 주로 이용된다. 특사수령증은 서류 및 소형의 경량물품을 항공기를 이용하여 문전에서 문전까지 수령·배달하여 주는 송·배달업자의 수령증이다.

[그림] 선복신청서(Shipping Request)

Shipper KOREA Trading Co., Ltd. 160, Chungdam-Dong, KOREA-Gu Seoul, Korea	**PAN OCEAN BULK CARRIERS, LTD.** Telex 23511, 23512.　Fax 777-7890
Consignee To Order	SEOUL : 777-8981~5, 778-6811~9, 777-4826 BUSAN : 445-1591~5, 444-4455~8 INCHON : 772-5246~8, 773-7733~7 KUNSAN : 472-3535~8
Notify Party XYZ Trading Inc. 64 Biaoshan Road, Qindao China.	S/O No.　　　　　B/L No.

Vessel R. MARINER	Voyage No. V-211W	Shipment expiring date on L/C AUG 29
Port of Loading BUSAN, KOREA	Port of Discharge QUINGDAO	Final destination QUINDAO, CHINA
B/L to be issued at	Bill of lading required : original copy	

Marks and Numbers	No.of Pkgs.	Description of Goods	Gross Weight	Measurement
HJCU2122594 / K163256 KSCU 2 ◇ NEWMARK C/NO. : 1-690 MADE IN KOREA	1 × 20' CNTR	"FREIGHT PREPAID" "SHIPPER'S LOAD AND COUNT, SEAL" SAID TO CONTAIN : 690 CTNS(25,376 PCS) of PARTS FOR DOLLY & ETC. AND NON SELF-PROPELLED VEHICLE COMPONENTS FOR HAND TRUCK	16,300KGS	17.000CBM

Freight & Charges	Revenue Tons	Rate Per	Prepaid	Collect

Accepted	Please arrange to ship cargoes as described above :
	Applicant Add : 서울시 강남구 청담동 190 Tel : 455-3456~9 Name : KOREA Trading Co., Ltd.
PAN OCEAN BULK CARRIERS, LTD. By :	Forwarder at the port of loading Add : Tel : Name :

[그림] 선적지시서(Shipping Order)

① Shipper	PAN OCEAN BULK CARRIERS, LTD.
② Consignee	Telex 23511, 23512.Fax 777-7890
③ Notify Party	SEOUL : 777-8981~5, 778-6811~9, 777-4826 BUSAN : 445-1591~5, 444-4455~8 INCHON : 772-5246~8, 773-7733~7 KUNSAN : 472-3535~8

④ Vessel	⑥ Voyage No.	⑧ S/O No.	⑨ B/L No
⑤ Port of Loading	⑦ Port of Discharge	⑩ Final destination	

The under-mentioned cargo in apparent good order and condition unless otherwise noted below

⑪ Marks and Numbers	⑫ No. of Pkgs.	⑬ Description of Goods	⑭ Gross Weight	⑮ Measurement

Remark

This receipt is given subject to all the condition.

Please receive on board the above mentioned goods.

RECEIVED ON BOARD
By :

No. of packages	PAN OCEAN BULK CARRIERS, LTD.
Stowed in hatch No.	
Date	By
	Chief Officer

[그림] 본선수취증(Mate's Receipt)

① Shipper	PAN OCEAN BULK CARRIERS, LTD.
② Consignee	Telex 23511, 23512. Fax 777-7890
③ Notify Party	SEOUL : 777-8981~5, 778-6811~9, 777-4826 BUSAN : 445-1591~5, 444-4455~8 INCHON : 772-5246~8, 773-7733~7 KUNSAN : 472-3535~8

④ Vessel	⑥ Voyage No.	⑧ S/O No.	⑨ B/L No
⑤ Port of Loading	⑦ Port of Discharge	⑩ Final destination	

The under-mentioned cargo in apparent good order and condition unless otherwise noted below

⑪ Marks and Numbers	⑫ No. of Pkgs.	⑬ Description of Goods	⑭ Gross Weight	⑮ Measurement

Remark

This receipt is given subject to all the condition.

Please receive on board the above mentioned goods.

RECEIVED ON BOARD
By :

No. of packages

Stowed in hatch No.   PAN OCEAN BULK CARRIERS, LTD.

Date   By

                             Chief Officer

[그림] Cargo Delivery Order(D/O)

EASTERN SHIPPING COMPANY, LTD. AGENTS

CARGO DELIVERY ORDER

(COPY)   D/O NO. 90/238

To : DOO SUNG CO., LTD PORT OF PUSAN, KOREA DATE : <u>NOV. 22</u>
AUTHORITY IS HEREBY GRANTED TO RELEASE BELOW-LISTED SHIPMENTS
TO CONSIGNEE AND OR HIS DULY AUTHORIZED AGENTS :

S.S "NEDLLOYD COLOMBO" VOY. V-5033 FROM DURBAN, SOUTH AFRICA
(TRANSSHIPMENT CARGO : IST CARRIERVOY.FORM)

B/L NO.	MARK	NO.PKGS.	DESCRIPTION OF CARGO	WEIGHT(#)	CUBIC(FT)
DB 7	MSC C/O. ON ORS.261 C/NO. : 1-120	120CTNS	120 CTNS OF ASBESTOS	16,41KGS	21,024CBM

SHIPPER : AROMA JUNE ASBESTOS S.(PTY) LTD.
NOTIFY PARTY : KOREA TRADING CO., Ltd.
RECEIVED ABOVE CARGO BY
DOO SUNG CO., LTD. SEOUL, KOREA   Consignee or duly authorized agents

Note : All charges beyond end of ship's tackle INCLUDING STORAGE for account of cargo. Vessel or Agents assume no responsibility for security, delivery of damage to cargo after delivery to receiving agent.

EASTERN SHIPPING CO., LTD AGENTS

SEOUL	PUSAN	INCHEON	YOSU
777-7911	44-0045-8	72-0218	2-4108
777-8681	44-2877	72-0220	
22-2333	23-9374		
23-9375			

수입화물선취보증서(Letter of Guarantee)

LETTER OF GUARANTEE

(Bank No.   )

To : Cho Yang Line
M/V "KOREAN MASTER(Korean flag) Voy No. G10 Arrived at Pusan, Korea from Yokohama, Japan On April 10

B/L No. & Shipping Marks	Quantity & Description of Goods
B/L No. 2235 ◇HANSUNG◇ PUSAN C/NO. 1−50 MADE IN JAPAN	Compressor Parts "SAY FIVE HUNDRED(500) SETS ONLY" Invoice Value US$69,500
Shipper's Name & Address	Shinkawa Ltd 2−51−2 Inadalra Tokyo 190−12, Japan
Number of Packages(in words) :	FIVE HUNDRED(500) SETS ONLY

In consideration of your granting us delivery of the above−mentioned cargo which we declare to have been shipped to our consignment without production of Bill(s) of Lading which has / have not yet come to our hand, we hereby engage to hand you the said Bill(s) of Lading immediately upon receipt and further guarantee to indemnify yourselves and / or the owner(s) of the said vessel against any claims that may be made by other parties, and to pay to you on demand any freight or other charges that may be due here or that may have remained unpaid at the port of shipment in respect to the above−mentioned goods.

We hereby certify that the Bill(s) of Lading covering the above consignment is / are not hypothecated to any other Bank, Company, Firm or Person. In the event of the said Bill(s) of Lading being hypothecated to any other Bank, Company, Firm or Person, we further guarantee to hold you harmless from all consequences whatsoever arising therefrom and furthermore undertake to inform you immediately in the event of Bill(s) of Lading being so hypothecated.

Yours faithfully,
Party Claiming the Right of Delivery

We, the undersigned, hereby join in the above indemnity and jointly and severally guarantee due performance of the contract and accept all the liabilities expressed therein.
Executed this ....day of ....19 ....
This guarantee shall be deemed null and void upon your receipt of the corresponding Bill(s) of Lading duly endorsed by us to be surrendered for only purpose of redemption of this guarantee.

Authorized Signature
Foreign Department
Bank of Seoul, Lt

[제8장 무역화물의 운송 X-File 문제]

항해용선계약에서 Gross Terms Character는 용선료에 정기선에서 적용하는 운임을 기준으로 용선 계약하는 경우를 말한다. (×)

◉ Gross Terms는 선주가 항해비용을 포함해서 항만비용, 하역비용 등을 책임지는 것으로 용선료에 모든 비용이 포함되는 경우임.

정해진 기항항(寄港港) 사이를 정해진 운항일정에 따라 항해하며 주로 완제품이나 반제품 등의 일반화물(General cargo)을 운송하는 것을 비정기선이라고 한다. (×)

◉ 정기선이라고 한다.

운송화물을 선적하거나 양륙하는데 소요되는 비용을 용역비라고 한다. (×)

◉ 하역비라고 한다.

Over Storage는 컨테이너를 Free time을 초과하여 CY에 장치하는 경우 CY업자가 선사에게 부과하는 비용으로 화주와 직접적인 관련은 없으나 선사가 화주에게 부과하는 dispatch money의 근거가 된다. (×)

◉ 이 설명은 선사가 화주에게 부과하는 Demurrage Charge에 관한 내용이다.

FI(Free In)는 선적항에서 선적시에 하역비를 선주가 부담하고 도착항에서 양륙 시에는 화주가 부담하는 하역조건을 말한다. (×)

◉ FO(Free Out)라고 한다.

선박 내에서 직접 상행위에 사용되는 장소를 합한 톤수로서 톤세, 항만시설사용료, 운하통과료의 부과기준이 되는 것으로서 선장실, 선용품실 등을 무게를 제외 하는 선박의 톤수는 G/T : Gross Tonnage이다. (×)

◉ N/T : Net Tonnage(순톤수)라고 한다.

화물이 CY에 이고된 순간부터 본선의 선측까지, 반대로 본선의 선측에서 CY의 게이트를 통과하기까지 화물이동에 수반되는 부대비용을 DDC(도착지화물인도비용)라고 한다. (×)

◉ THC : Terminal Handling Charge(터미널화물처리비)라고 한다.

둘 이상의 정기선 운항업자가 특정항로에서 상호간에 기업적 독립성을 존중하면서 과당경쟁을 피하고 상호간 이익의 유지 및 증진을 위하여 운임, 적취량, 배선, 기타 운송조건에 관해 협정 또는 계약을 체결한 국제 해운카르텔(Cartel)을 open rate이라고 한다. (×)

◉ 해운동맹이라고 한다.

일반 건화물 수송용의 대표적인 표준 컨테이너로 문은 위, 뒤, 옆의 세 방향 중의 하나로 여닫을 수 있도록 되어 있는 것을 Open Top Container라고 한다. (×)

◎ Dry Cargo Container라고 한다.

화물이 송하인의 창고 또는 공장에서 컨테이너에 적재되어 목적항의 CFS까지 운송된다. 즉 한 사람의 송하인과 여러 사람의 수하인으로 구성하는 운송형태를 CY/CY : FCL/FCL : Door to Door 운송라고 한다. (×)

◎ CY/CFS : FCL/LCL : Door to Pier 운송라고 한다.

한 사람의 화주가 한 개의 컨테이너를 채울 수 없는 양의 화물(L.C.L cargo)을 여러 화주로부터 받아 목적항 별로 선별하여 컨테이너에 적재하거나 한 컨테이너로부터 반출된 여러 화주의 화물을 각 화주에게 인도해 주는 장소를 Container Yard(C.Y.)라고 한다. (×)

◎ Container Freight Station(C.F.S)라고 한다.

제9장 해상보험

제1절 해상보험의 이해

1 해상보험의 의의

해상보험이란 해상운송 도중에 일어난 사고에 대하여 보험자가 손해를 보상하여 줄 것을 약속하고 피보험자는 그 대가로서 보험료를 지불할 것을 약속하는 손해보험의 일종이다. 해상보험계약이란 보험자가 피보험자에 대해 그 계약에 의해 합의한 방법 및 범위 내에서 해상손해, 즉 해상위험에 수반하는 손해를 보상할 것을 약속하는 계약이다.

"A contract of marine insurance is a contract whereby the insurer undertakes to indemnify the assured, in manner and to the extent thereby agreed, against marine losses, that is to say, the losses incident to marine adventure."

(Marine Insurance Act, 1조)

2 해상보험의 기본원칙

1. Principle of Utmost Good Faith(최대 선의의 원칙)

해상보험은 당사자가 최대 선의에 의거해서 계약을 체결해야 한다는 원칙을 말한다.

"A contract of marine insurance is a contract based upon the utmost good faith, and, if the utmost good faith be not observed by either party, the contract may be avoided by the other party."

(Marine Insurance Act, 17조)

해상보험계약은 최대 선의를 기초로 한 계약이며, 따라서 당사자 일방이 최대 선의를 지키지 않으면 타방은 그 계약을 해제할 수 있다.

"Every contract of marine insurance by way of gaming or wagering is void."
(Marine Insurance Act, 4조)

사행 또는 도박을 목적으로 하는 모든 해상보험계약은 무효이다.

2. Disclosure by Assured(피보험자의 고지)

"Subject to the provisions of this section, the assured must disclose to the insurer, before the contract is concluded, every material circumstance which is known to the assured, and the assured is deemed to know every circumstance which, in the ordinary course of business, ought to be known by him. If the assured fails to make such disclosure, the insurer may avoid the contract."
(Marine Insurance Act, 18조)

본 조의 규정에 따라서, 피보험자는 자기가 알고 있는 모든 중요사항을 계약이 성립되기 전에 보험자에게 고지하여야 하며, 피보험자는 통상의 업무상 마땅히 알아야 하는 모든 사항을 알고 있는 것으로 간주한다. 피보험자가 그러한 고지를 하지 않은 경우에는 보험자는 계약을 해제할 수 있다.

3. Principle of Indemnity(손해배상의 원칙)

해상보험계약에서의 보상은 손해발생 시 손해금액을 한도로 지급되어야 하며 보험으로 이익을 얻어서는 안 된다는 원칙이다. 실손 보상의 원칙, 부당이득금지의 원칙이라고도 한다.

4. Doctrine of Proximate Cause(근인주의)

보험자는 피보험위험에 근인으로 일어나는 모든 손해에 대하여만 보상책임을 진다는 원칙으로, 여러 조건 중에서 손해발생에 직접적 효력을 갖는 효과적 근인(proximate cause in effect)을 판단기준으로 해석한다.

Included and excluded losses(보상손해와 면책손해)
"Subject to the provisions of this Act, and unless the policy otherwise provides, the insurer is liable for any loss proximately caused by a peril insured against, but, subject as aforesaid, he is not liable for any loss which is not proximately caused by a peril insured against."
(Marine Insurance Act, 55조)

본 법에 규정이 있는 경우를 제외하고 그리고 보험증권에 별도로 규정하지 않는 한, 보험자는 피보험위험에 근인하여 발생하는 모든 손해에 대하여 책임이 있다. 그러나 전술한 경우를 제외하고, 보험자는 피보험위험에 근인하여 발생하지 않는 모든 손해에 대하여는 책임이 없다.

5. Warranty(담보)

① 보험에서의 담보란 특정조건의 준수를 보증하는 피보험자에 의한 약속을 말한다. 즉 담보는 피보험자가 지켜야 할 약속으로서 피보험자가 담보를 위반할 경우에는 보험자는 보험계약을 해제할 선택권을 갖는다.

② Express Warranty(명시 담보)
증권의 표면에 기재되거나 첨부된 약정이다. 영국해상보험법에 의하면 명시담보는 warranty of neutrality(중립담보)와 warranty of safety(안전담보)가 있다.

③ Implied Warranty(묵시담보)
일체의 해상보험계약에서 기본적인 조건이라 할 수 있다. 영국해상보험법에 의하면 묵시담보는 Warranty of Seaworthiness(내항성담보)와 Warranty of Legality(적법성담보)를 규정하고 있다.

A warranty may be express or implied.
담보는 명시담보일 수도 있고, 또는 묵시담보일 수도 있다.

A warranty, as above defined, is a condition which must be exactly complied with, whether it be material to in the risk or not. If it be not so complied with, then, subject to any express provision in the policy, the insurer is discharged from liability as from the date of the breach of warranty, but without prejudice to any liability incurred by him before that date. (Marine Insurance Act, 33조)

위에서 정의한 담보는 그것이 위험에 대하여 중요한 것이든 아니든 관계없이, 반드시 정확하게 충족되어야 하는 조건이다. 만약 그것이 정확히 충족되지 않으면, 보험증권에 명시적인 규정이 있는 경우를 제외하고, 보험자는 담보위반일로부터 책임이 해제된다. 그러나 담보위반일 이전에 보험자에게 발생한 책임에는 영향을 미치지 아니한다.

제2절 해상보험계약

1 해상보험계약의 성립

1. 보험계약의 특성

보험계약은 일종의 낙성계약이기 때문에 당사자 간의 합의 즉, 계약자가 보험의 청약을 하고 보험자가 인수의 승낙을 했을 때에 성립한다. 따라서 일반적인 계약의 특성인 consensual contract(낙성계약), informal contract(불요식계약), contract for consideration(유상계약), bilateral contract(쌍무계약), adhesion contract(부합계약), causal contract(유인계약), utmost good faith(최대선의)의 계약의 특성을 갖는다.

2. 보험계약이 성립된 것으로 간주되는 시기

"A contract of marine insurance is deemed to be concluded when the proposal of the assured is accepted by the insurer, whether the policy be then issued or not; and, for the purpose of showing when the proposal was accepted, reference may be made to the slip or covering note or other customary of the contract." (Marine Insurance Act, 21조)

해상보험계약은, 보험증권의 발행여부에 관계없이, 피보험자의 청약이 보험자에 의해 승낙된 때 성립한 것으로 간주한다. 그리고 청약이 승낙된 때를 증명하기 위해서 슬립이나 보험인수증서 또는 기타 관례적인 계약서를 참조할 수 있다.

2 보험계약의 당사자

1. Insurer, Assurer, Underwriter(보험자)

보험계약을 인수한 자로서 보험사고 발생 시 그 손해를 보상해주는, 즉 보험금을 지급할 의무를 지는 자를 말한다.

2. Policy Holder(보험계약자)

자기 명의로 보험자와 보험계약을 체결하고 보험료를 지불할 의무가 있는 당사자이다. 보험계약자와 피보험자는 매매계약 형태에 따라 동일인이 될 수도 있고 다른 사람이 될 수도 있는데 CIF, CIP계약에서 보험계약자는 매도인이 되며 매수인은 피보험자가 되므로 보험계약자와 피보험자는 서로 다른 사람이 될 수 있다. 반면 FOB, FCA계약에서는 매수인이 보험계약자이며 동시에 피보험자가 된다.

3. Insured, Assured(피보험자)

보험목적물에 대해 경제적 이해관계 즉 피보험이익(insurable interest)을 갖고 피보험 재산에 대해 손해가 발생하면 보험자로부터 보상을 받는 자를 말한다.

4. 기타

(1) Insurance Agent(보험대리점)

우리나라에서는 발달하지 않은 제도로 보험자를 위하여 보험계약체결의 대리 또는 중개를 업으로 하는 자를 말한다.

(2) Insurance Broker(보험중개인)

독립적으로 보험계약 체결의 중개사업을 영위하는 자로서 우리나라에는 없고 유럽에서 발달되어 있다.

3 보험계약용어

(1) Subject-Matter Insured(피보험 목적물)

특정보험에 의해 보호받게 되는 대상

(2) Insurable Interest(피보험이익)

보험의 목적물이 멸실 또는 손상됨으로써 경제적 손실을 입게 되는 특정인과 그 보험의 목적물 사이에 존재하는 이해관계

(3) Insurable Value(보험가액)

피보험목적물의 평가액

(4) Insured Amount(보험금액)

보험자가 보상해야 할 최고한도액

(5) Claim(보험금)

보험증권상에 담보되는 위험으로 인하여 경제적 손해가 발생했을 경우 손해보상금의 명목으로 지급되는 금액

(6) Premium(보험료)

보험자가 위험을 담보해 주고 그 반대급부로서 보험계약자가 보험자에게 지불하는 금전

(7) Duration of Insurance Risk(보험기간)

보험의 혜택을 받을 수 있는 시간적 한계의 개념

(8) Duration of Policy(보험계약기간)

담보기간의 개시여부에 관계없이 보험계약이 유효하게 존속되는 기간

4 Insured Amount(보험금액)의 범위

1. 부보의 범위

계약에 따라 물품운송의 책임을 지는 당사자가 보험자와 보험계약을 체결하는 경우에 그 보험금액과 부보의 범위를 결정하면 된다. CIF조건의 경우 "110 percent of the CIF invoice value"와 같이 insurance amount(보험금액)를 약정한다. 송장금액에 10%를 가산한 금액(110%)이 최소 부보금액이 된다.

2. 부보의 범위에 따른 보험의 종류

① Full Insurance(전부보험)
　보험가액과 보험금액이 동일한 경우로서 피보험자는 실손해보상을 받을 수 있다.

② Under Insurance(일부보험)
　보험가액보다 보험금액이 적은 경우로서(보험가액 > 보험금액) 손해발생 시 피보험자는 비례보상방식에 의해 지급받게 된다.

③ Over Insurance(초과보험)
보험가액보다 보험금액이 큰 경우(보험가액〈보험금액)로서 실손보상방식에 따라 지급되므로 초과되는 부분의 보험계약은 무효가 된다.

④ Double Insurance(중복보험)
동일한 보험계약의 목적에 대해 보험기간을 공통으로 하는 두 개 이상의 보험계약이 존재하고 이 보험금액의 합계액이 보험가액을 초과하는 경우를 말한다. 피보험자는 각 보험자에게 금액의 비율에 따라 비례적으로 보상받으나 이 경우에도 보험금액의 합계는 보험가액을 초과할 수 없다.

"Where two or more policies are effected by or on behalf of the assured on the same adventure and interest or any part therefore, and the sums insured exceed the indemnity allowed by this Act, the assured is said to be over-insured by double insurance."

(Marine Insurance Act, 32조)

동일한 해상사업과 이익 또는 그 일부에 관하여 둘 이상의 보험계약이 피보험자에 의해서 또는 피보험자를 대리하여 체결되고, 보험금액이 본법에서 허용된 손해보상액을 초과하는 경우, 피보험자는 중복보험에 의해 초과보험 되었다고 말한다.

⑤ Co-Insurance(공동보험)
동일한 보험계약의 목적에 대해 2인 이상의 보험자가 담보하는 경우로서 보험금액의 합계는 보험가액과 동일하게 된다.

⑥ Re-insurance(재보험)
보험자가 자기가 인수한 보험에 대해 다시 다른 보험자에게 부보하는 것을 말한다.

"The insurer under a contract of marine insurance has an insurable interest in his risk, and may re-insure in respect of it. Unless the policy otherwise provides, the original has no right or interest in respect of such re-insurance. (Marine Insurance Act, 9조)

해상보험계약의 보험자는 자기의 위험에 대한 피보험이익을 가지며, 그 이익에 관하여 재보험에 가입할 수 있다. 보험증권에 별도로 규정하지 않는 한, 원 보험의 피보험자는 그러한 재보험에 관하여 어떤 권리 또는 이익을 갖지 않는다.

5 보험증권 및 약관

1. Insurance Policy(보험증권)

보험계약 성립내용을 명확히 하고 그 내용을 증명하기 위해 보험자가 발행하는 증권으로, 담보조건, 피보험자, 보험계약자, 피보험 목적물 등이 명시되고 많은 약관들로 구성된다.

2. Insurance Clause(보험약관)

보험계약에 공통된 표준적 사항을 보험자가 미리 인쇄하여 둔 보험증권상의 각종 약속이나 규정을 말한다. 종류에는 보통약관과 특별약관이 있다.

보통약관(common, general clause)은 약관 가운데 표준적인 것으로 ICC(A)(B)(C) 등이며 특별약관(special, additional clause)은 약관 가운데 특별한 것으로 갑판적(on-deck clause), 도난, 발하, 불착약관 등이다.

6 보험계약과 Duty of Disclosure(고지의무)

1. 의의

보험계약체결 시 보험계약자 혹은 중개인은 보험자에게 보험계약의 인수여부 또는 계약내용결정에 영향을 줄 수 있는 모든 중요한 사실을 고지하여야 할 의무가 있다.

2. 고지의 대상이 되는 것

신중한 보험자가 보험계약체결 당시에 보험료를 확정하거나 계약의 인수여부를 결정함에 영향을 줄 수 있는 중요한 모든 사항 중 보험계약자가 알고 있는 사항이다.

3. 고지 불필요사항

① 보험자의 위험이 줄어들 사항
② 보험자가 알고 있거나 알고 있는 것으로 추정되는 사항
③ 보험자에 의하여 면제된 사항, 즉 보험자가 스스로 통지권리를 포기한 경우
④ 피보험자가 보험자에게 지켜야 할 약속인 담보(warranty)에 의하여 불필요한 사항

제3절 해상위험과 해상손해

1 Marine Perils : Marine Risks(해상위험)

1. 의의

항해에 기인하여 발생하는 사고를 Marine Perils, Marine Risks(해상위험)라 한다.

"Maritime perils" means the perils consequent on, or incidental to, the navigation of the sea, that is to say, perils of the seas, fire, war perils, pirates, rovers, thieves, captures, seizures, restraints, and detainment's of princes and peoples, jettisons, barratry, and any other perils, either of the like kind or which may be designated by the policy.

(Marine Insurance Act, 3조)

"해상위험"은 바다의 항해에 기인하거나 부수하는 위험을 의미하며, 즉 해상의 위험·화재·전쟁위험·해적·강도·절도·포획·나포·군주와 국민의 억류 및 억지·투하·선원의 악행 및 이와 동종 또는 보험증권에 기재되는 일체의 기타 위험을 말한다.

2. Perils Covered, Perils Insured(담보위험) vs Risks Excluded(면책위험)

(1) Perils Covered, Perils Insured(담보위험)

보험자가 그 위험에 의해서 발생한 손해를 보상할 것을 약속한 위험이며, 보험자가 보상책임을 지기 위해서는 손해가 담보위험에 의해 발생된 것임을 요한다. 이러한 담보위험은 보통약관으로 담보되는 위험과 특별약관으로 담보되는 위험이 있다.

(2) Risks Excluded(면책위험)

보험자의 보상책임이 면제됨을 특별히 명시하고 있는 위험을 말한다. 또한 담보나 면책 여부를 특별히 밝히고 있지 않은 부담보위험(Risks Uncovered)도 보험에 의해 보호되지 않는다.

3. 위험의 요건

① 보험자는 담보위험에 의한 손해만을 보상하므로 손해는 담보위험에 기인하고 야기되어야 한다.
② 위험의 발생은 우연적인 것이어야 하며 고의적인 것이어서는 안 된다.
③ 반드시 불가항력적인 위험일 필요는 없다.

4. 위험의 범위

(1) Perils of the Sea(해상고유의 위험)

바다의 작용을 원인으로 하는 위험을 말한다.
① S.S.C. 위험 : sinking(침몰), stranding(좌초), collision(충돌)
② grounding(교사)
③ extraordinary actions of winds and waves(풍파의 이례적인 작용)
④ heavy weather(악천후)

(2) Perils on the Sea(해상위험)

① fire(화재)
② jettison(투하)
③ barratry of master or mariner(선장 또는 선원의 악행)
④ pirates(해적행위)나 rovers(표도), thieves(강도)

(3) War Perils(전쟁위험)

전쟁약관특약에 의해 담보되는 위험이다.
① men of war(군함)
② enemies(외적)
③ surprisals and taking at sea(습격 및 해상탈취)
④ arrest, restraints and detainment of king, princes and people(군왕, 군주, 인민의 억지와 억류)
⑤ seizure(나포)

(4) All Other Perils(기타 일체의 위험)

동종제한의 원칙에 따라 이와 유사한 기타의 위험들이 포함된다.

2 Maritime Loss(해상손해)

1. 의의

maritime loss(해상손해)란 marine adventure(항해사업)에 관련된 적화·선박 기타의 보험목적물이 해상위험으로 인하여 피보험이익의 전부 또는 일부가 멸실 또는 손상되어 피보험자가 입게 되는 재산상의 불이익이나 경제상의 부담을 말한다. maritime loss는 일반적으로 physical loss(물적손해), expense loss(비용손해), liability loss(배상책임손해)로 나눌 수 있다.

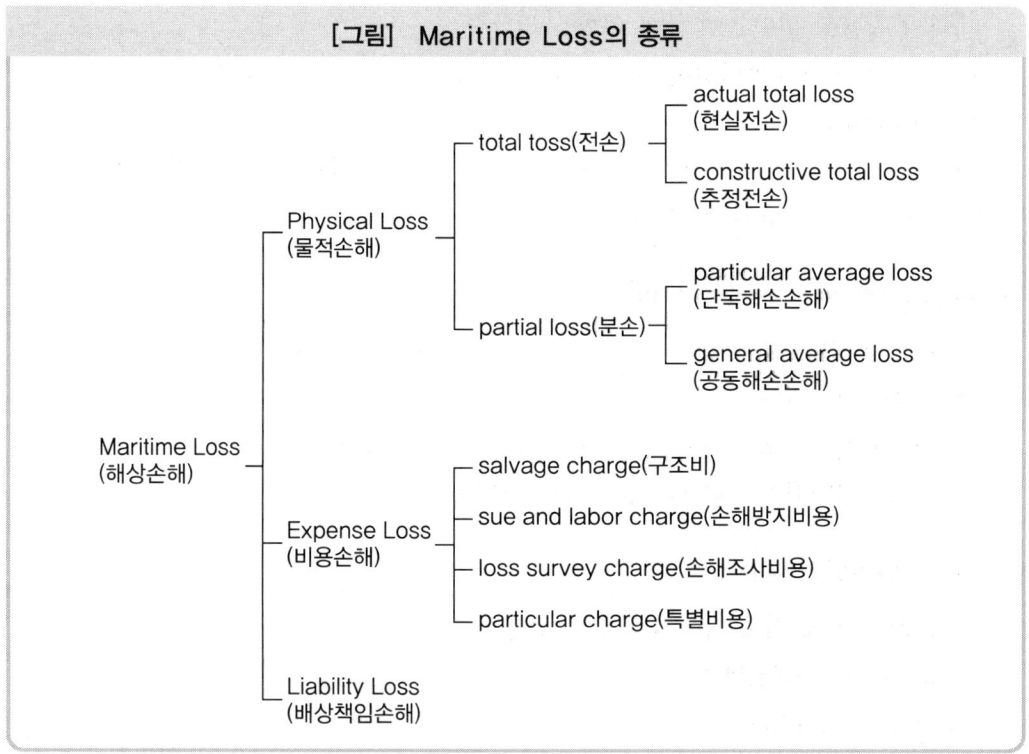

[그림] Maritime Loss의 종류

2. Physical Loss(물적 손해)

Partial and total loss

A loss may be either total or partial. Any loss other than a total loss, as hereinafter defined, is a partial loss. A total loss may be either an actual total loss, or a constructive total loss. Unless a different intention appears from the terms of the policy, an insurance against total loss includes a constructive, as well as an actual total loss. (Marine Insurance Act, 56조)

(분손과 전손)

손해는 전손이거나 또는 분손인 경우도 있다. 다음에 정의하고 있는 전손을 제외한 일체의 손해는 분손이다. 전손은 현실전손이거나 또는 추정전손인 경우도 있다. 보험증권의 문언에서 다른 의도가 나타나 있지 않는 한, 전손에 대한 보험은 현실전손은 물론 추정전손을 포함한다.

(1) Total Loss(전손)

피보험목적물 전부가 담보위험에 의해서 멸실되거나 손상정도가 심해서 구조나 수리비용이 부보된 금액보다 많은 경우로, 피보험자는 보험금 전액을 회수할 수 있다. 전손은 발생형태에 따라 현실전손과 추정전손으로 구분한다.

① Actual Total Loss(ATL : 현실전손)

MIA에 의하면, 보험의 목적물이 파괴되거나 또는 부보된 종류의 물건으로 존재할 수 없을 정도로 심한 손상을 받은 경우, 또는 피보험자가 보험의 목적물을 박탈당하여 회복할 수 없는 경우에는 현실전손이 존재한다. 따라서 현실전손의 구체적인 형태로는 실질적인 멸실(physical destruction), 성질의 상실(alteration of species). 회복전망이 없는 박탈(irretrievable deprivation), 선박의 행방불명(missing ship) 등이 있다.

Actual total loss

Where the subject-matter insured is destroyed, or so damaged as to cease to be a thing of the kind insured, or where the assured is irretrievably deprived thereof, there is an actual total loss. In the case of an actual total loss no notice of abandonment need be given.

(Marine Insurance Act, 57조)

(현실전손)

보험의 목적이 파괴되거나 또는 보험에 가입된 종류의 물건으로서 존재할 수 없을 정도로 손상을 입은 경우, 또는 피보험자가 회복할 수 없도록 보험의 목적의 점유를 박탈당하는 경우에, 현실전손이 있다. 현실전손의 경우에는 위부의 통지가 필요없다.

Missing ship

Where the ship concerned in the adventure is missing, and after the lapse of a reasonable time no news of her has been received, an actual total loss may be presumed.　　(Marine Insurance Act, 58조)

(행방불명선박)

해상사업에 종사하는 선박이 행방불명되고, 상당한 기간이 경과한 후에도 그 선박에 대한 소식을 수취하지 못하는 경우에는, 현실전손으로 추정할 수 있다.

② Constructive Total Loss(CTL : 추정전손)

추정전손이란 현실적으로 전멸한 것은 아니지만 그 손해 정도가 심하여, 본래 그 목적물이 가진 용도에 사용할 수 없게 되었을 때의, 그 수선 및 수리비가 수리 후 보험목적물이 갖는 시가보다 클 경우를 말하며, 추정전손으로 처리되기 위해서는 위부(abandonment)행위가 따라야 한다.

Constructive total loss defined

(1) Subject to any express provision in the policy, there is a constructive total loss where the subject-matter insured is reasonably abandoned on account of its actual total loss appearing to be unavoidable, or because it could not be preserved from actual total loss without an expenditure which would exceed its value when the expenditure had been incurred.

(2) In particular, there is a constructive total loss

(ⅰ) Where the assured is deprived of the possession of his ship or goods by a peril insured against, and

(a) it is unlikely that he can recover the ship or goods, as the case may be, or

(b) the cost of recovering the ship or goods, as the case may be, would exceed their value when recovered; or

(ⅱ) In the case of damage to a ship, where she is so damaged by a peril insured against that the cost of repairing the damage would exceed the value of the ship when repaired. In estimating the cost of repairs, no deduction is to be made in respect of general average contributions to those repairs payable by other interests, but account is to be taken of the expense of future salvage operations and of any future general average contributions to which the ship would be liable if repaired; or

(iii) In the case of damage to goods, where the cost of repairing the damage and forwarding the goods to their destination would exceed their value on arrival.

(Marine insurance Act, 60조)

(추정전손의 정의)
(1) 보험증권에 명시규정이 있는 경우를 제외하고, 보험의 목적의 현실전손이 불가피한 것으로 생각되기 때문에, 모든 비용이 지출되었을 때에는 보험의 목적 가액을 초과할 비용의 지출 없이는 현실전손으로부터 보험의 목적이 보존될 수 없기 때문에, 보험의 목적이 합리적으로 포기된 경우에, 추정전손이 있다.
(2) 특히, 다음의 경우에는 추정전손이 있다.
　(ⅰ) 피보험자가 피보험위험으로 인하여 자기의 선박 또는 화물의 점유를 박탈당하고,
　　(a) 피보험자가 경우에 따라서 선박 또는 화물을 회복할 수 있는 가능성이 없는 경우, 또는
　　(b) 경우에 따라 선박 또는 화물을 회복하는 비용이 회복되었을 때의 그들 가액을 초과할 경우, 또는
　(ⅱ) 선박의 손상의 경우에는, 선박이 피보험위험으로 인하여 손상을 입은 결과로 손상의 수리비용이 수리되었을 때의 선박의 가액을 초과할 경우, 수리비를 견적함에 있어서, 그러한 수리비에 대하여 다른 이해관계자가 지불할 공동해손분담금이 수리비에서 공제되지 않아야 한다. 그러나 장래의 구조작업의 비용과 선박이 수리된다면 책임을 부담하게 될 일체의 장래의 공동해손분담금은 수리비에 가산되어야 한다. 또는
　(ⅲ) 화물의 손상의 경우에는, 그 손상을 수리하는 비용과 그 화물을 목적지까지 계속 운송하는 비용이 도착 시 화물의 가액을 초과할 경우

(2) Partial Loss(분손)

분손이란 피보험목적물의 일부분이 손상을 입는 것을 말하며, 전손이 아닌 손해는 모두

분손으로 간주한다. 이는 손해를 단독으로 부담하는가 또는 이해관계자가 공동 부담하는 가에 따라 단독해손과 공동해손으로 구분된다.

① Particular Average(P/A : 단독해손)

피보험이익의 일부가 멸실 또는 손상된 손해 중에서 공동해손을 제외한 손해를 말한다. 예를 들어 선박화재로 인한 화물의 일부 멸실이나 해수유입으로 인한 화물의 파손 등이다.

Particular average loss

A particular average loss is a partial loss of the subject-matter insured, caused by a peril insured against, and which is not a general average loss. (Marine Insurance Act, 64조 1항)

(단독해손손해)

단독해손손해는 피보험위험으로 인하여 발생한 보험의 목적의 분손이며, 공동해손 손해가 아닌 분손이다.

② General Average(G/A : 공동해손)

보험목적물이 공동의 안전을 위하여 희생되었을 때 이해관계자가 공동으로 그 손해액을 분담하는 손해를 말한다.

There is general average act when, and only when, any extraordinary sacrifice or expenditure is intentionally and reasonably made or incurred for the common safety for the purpose of preserving from peril the property involved in a common maritime adventure.

(The York-Antwerp Rules, 1994)

공동해손행위는 공동의 항해사업에 관련된 재산을 위험으로부터 보존할 목적으로 공동의 안전을 위하여 고의적이고 합리적으로 이례적인 희생 또는 비용을 행하거나 지출한 경우에 한하여 성립한다.

General average loss

(1) A general average loss is a loss caused by or directly consequential on a general average act. It includes a general average expenditure as well as a general average sacrifice.

(2) There is a general average act where any extraordinary sacrifice or expenditure is voluntarily and reasonably made or incurred in time of peril for the purpose of preserving the property imperilled in the common adventure.

(3) Where there is a general average loss, the party on whom it falls is entitled, subject to the conditions imposed by maritime law, to a rateable contribution from the other parties interested, and such contribution is called a general average contribution,

(The Marine Insurance Act, 66조)

(공동해손손해)

공동해손손해는 공동해손행위로 인한 손해 또는 공동해손행위의 직접적인 결과로서 발생하는 손해이다. 공동해손손해는 공동해손비용은 물론 공동해손희생을 포함한다.

공동의 해상사업에 있어서 위험에 직면한 재산을 보존할 목적으로 위험의 시기에 어떠한 이례적인 희생 또는 비용이 임의로 그리고 합리적으로 초래되거나 지출되는 경우에, 공동해손행위가 있다.

공동해손손해가 존재하는 경우에, 그 손해를 입은 경우에, 그 손해를 입은 당사자는 해상법에 의해 부과되는 조건에 따라 다른 이해관계자들에 대하여 비례적인 분담금을 청구할 수 있는 권리가 있으며, 그러한 분담금을 공동해손분담금이라고 한다.

3. Expense Loss(비용손해)

(1) Salvage Charge(구조비)

구조계약에 의하지 않고 임의로 구조한 자가 해상법상 회수할 수 있는 비용을 말한다.

Salvage charges

(1) Subject to any express provision in policy, salvage charges incurred in preventing a loss by perils insured against may be recovered as a loss by those perils.

(2) 'Salvage charges' means the charges recoverable under maritime law by a salvor independently of contract, They do not include the expenses of services in the nature of salvage rendered by the assured or his agents, or any person employed for hire by them, for the

purpose of averting a peril insured against. Such expenses, where properly incurred, may be recovered as particular charges or as a general average loss, according to the circumstances under which they were incurred. (Marine Insurance Act, 65조)

(구조비)

보험증권에 명시적인 규정이 있는 경우를 제외하고, 피보험위험에 의한 손해를 방지하기 위해 지출한 구조비용은 그러한 위험에 의한 손해로서 보상될 수 있다.

"구조비"는 계약과 관계없이 해상법상 구조자가 보상받을 수 있는 비용을 의미한다. 구조비용에는 피보험위험을 피하기 위하여 피보험자나 그 대리인 또는 보수를 받고 그들에 의해 고용된 자가 행하는 구조의 성격을 띤 서비스의 비용은 포함하지 아니한다. 그와 같은 비용은, 정당하게 지출된 경우에, 지출되는 상황에 따라서 특별비용 또는 공동해손손해로서 보상될 수 있다.

(2) Sue & Labour Charge(손해방지비용)

보험목적물에 해상위험이 발생한 경우 피보험자의 손해방지행위의 결과로 인해 발생한 비용으로서, 보험자는 특약이 없어도 손해방지비용을 부담하고, 또한 다른 손해에 대한 보상액과 손해방지비용의 합계액이 보험금액을 초과해도 부담한다. 피보험자의 손해방지의무에 대한 형평성과 피보험자의 적극적인 손해방지행위의 유인을 위한 것이라 할 수 있다.

(3) Loss survey charges(손해조사비용)

손해가 발생하였을 경우 손해액 사정인에 의해서 손해의 원인 및 정도를 조사하는 데 소요되는 비용으로 손해가 보험자에 의해 부담될 성질의 손해인 경우에 한하여 보험자가 보상한다.

(4) Particular Charge(특별비용)

보험 목적물의 안전이나 보존을 위하여 피보험자에 의해서 또는 피보험자의 대리인에 의해서 지출된 비용이다.

Expenses incurred by or on behalf of the assured for the safety or preservation of the subject-matter insured, other than general average and salvage charges, are called particular charges. Particular charges are not included in particular average.

(The Marine Insurance Act, 64조 제2항)

보험의 목적의 안전이나 보존을 위해 피보험자에 의하여 또는 피보험자를 대리하여 지출한 비용으로서 공동해손과 구조비용이 아닌 비용은 특별비용이라고 부른다. 특별비용은 단독해손에 포함되지 아니한다.

4. 배상책임손해(Liability Loss)

해상보험은 담보위험으로 인한 피보험목적물의 물적 손해나 비용손해 이외에, 피보험선박이 타선과 충돌함으로써 발생하는 피보험선박 자체가 입게 된 물적 손해는 물론 그 충돌로 인한 상대선박의 선주 및 그 화물의 화주에 대하여 피보험자가 책임져야 하는 손해까지 보험자가 보상해주고 있는데 이를 충돌배상책임손해라 하며, 이는 ICC 제3조 쌍방과실충돌약관(Both to Blame Collision Clause) 등에서 규정하고 있다.

3 해상보험에서 Abandonment(위부)와 Subrogation(대위)

1. 추정전손과 Abandonment(위부)

(1) Abandonment(위부)의 의의

위부란 추정전손의 사유로 전손에 대한 보험금을 청구하기 위하여 피보험자가 보험목적물에 대해 갖는 일체의 권리, 즉 잔존화물의 소유권 및 잔존가액, 기타 권리 등을 보험자에게 양도하는 것을 말한다.

(2) 위부의 효과

유효한 위부가 있는 경우에는 보험자는 보험의 목적에 남아 있을 수 있는 모든 권리를 양도받는다.

① Effect of constructive total loss

Where there is a constructive total loss the assured may either treat the loss as a partial loss, or abandon the subject-matter insured to the insurer and treat the loss as if it were an actual total loss.

(MIA 61조)

(추정전손의 효과)
추정전손이 존재하는 경우에, 피보험자는 그 손해를 분손으로 처리할 수도 있고, 보험의 목적을 보험자에게 위부하고 그 손해를 현실전손의 경우에 준하여 처리할 수도 있다.

② Notice of abandonment
Subject to the provisions of this section, where the assured elects to abandon the subject-matter insured to the insurer, he must give notice of abandonment. If he fails to do so the loss can only be treated as a partial loss.

(위부의 통지)
본 조의 규정이 있는 경우를 제외하고, 피보험자가 보험의 목적을 보험자에게 위부할 것을 선택하는 경우에, 피보험자는 위부의 통지를 하여야 한다. 만약 피보험자가 위부의 통지를 하지 못하면, 그 손해는 오로지 분손으로만 처리될 수 있다.

Notice of abandonment may be given in writing, or by word of mouth, or partly in writing and partly by word of mouth, and may be given in any terms which indicate the intention of the assured to abandon his insured interest in the subject-matter insured unconditionally to the insurer.

위부의 통지는 서면으로 하거나, 구두로도 할 수 있고, 또는 일부는 서면으로 일부는 구두로 할 수 있으며, 보험의 목적에 대한 피보험자의 보험이익을 보험자에게 무조건 위부한다는 피보험자의 의사를 나타내는 것이면 어떠한 용어로도 할 수 있다.

The acceptance of an abandonment may be either express or implied from the conduct of the insurer. The mere silence of the insurer after notice is not acceptance.

위부의 승낙은 보험자의 행위에 의해 명시적 또는 묵시적으로 할 수 있다. 위부의 통지 후 보험자의 단순한 침묵은 승낙이 아니다.

Where notice of abandonment is accepted the abandonment is irrevocable. The acceptance of the notice conclusively admits liability for the loss and the sufficiency of the notice.

위부의 통지가 승낙되는 경우에는, 위부는 철회할 수 없다. 통지의 승낙은 손해에 대한 책임과 충분한 요건을 갖춘 통지임을 결정적으로 인정하는 것이다.(MIA 62조)

③ Effect of abandonment

Where there is a valid abandonment the insurer is entitled to take over the interest of the assured in whatever may remain of the subject-matter insured, and all proprietary rights incidental thereto.

(위부의 효과)

유효한 위부가 있는 경우에는, 보험자는 보험의 목적에 남아 있을 수 있는 것은 무엇이든 그것에 대한 피보험자의 이익과 그에 부수되는 소유권에 속하는 모든 권리를 양도받을 수 있는 권리가 있다. (MIA 63조)

2. Subrogation(대위)

(1) 의의

보험자가 피보험자에게 보험금을 지급한 경우 피보험목적물에 대한 일체의 권리와 손해 발생에 과실이 있는 제3자에 대한 구상권 등을 승계하는 것을 말한다. 보험은 부당이득 금지의 원칙이 적용되기 때문에 보험을 통하여 이중, 실손해 이상으로 지급받는 것을 방지하기 위함이다.

(2) 종류

① 잔존물 대위

보험자가 보험금 전액을 지급하였을 경우 잔존물에 대해 피보험자의 모든 권리를 취득하는 것을 말한다.

② 구상권 대위

피보험자에게 지급한 보험금 한도 내에서 보험사고에 대해 책임있는 제3자에 대해 피보험자가 갖는 권리를 보험자가 승계하는 것을 말한다. 전손이나 분손의 경우 모두 가능하다.

(3) 대위의 효력

위부가 통지를 통하여 전손을 완성하며 전손 보험금을 청구할 수 있는 권리를 발생시키는데 비해 대위는 보험금을 지급한 보험자에게 자동으로 승계, 취득되는 권리를 말한다.

Right of subrogation

Where the insurer pays for a total loss, either of the whole, or in the case of goods of any apportionable part, of the subject-matter insured, he thereupon becomes entitled to take over the interest of the assured in whatever may remain of the subject-matter so paid for, and he is thereby subrogated to all the rights and remedies of the assured in and in respect of that subject-matter as from the time of the casualty causing the loss.   (MIA, 79조)

(대위권)

보험자가 보험 목적의 전부의 전손 또는 화물의 경우에 가분할 수 있는 일부분의 전손에 대해 보험금을 지급한 경우에, 그 결과 보험자는 전손보험금이 지급된 보험 목적의 잔존물에 대한 피보험자의 이익을 승계할 수 있는 권리를 갖게 된다. 그리고 전손보험금의 지급에 의해 보험자는 손해를 야기한 재난의 발생 시부터 보험의 목적에 대한, 그리고 보험의 목적과 관련한 피보험자의 모든 권리와 구제수단을 대위한다.

제4절 해상보험증권

1 의의

보험증권은 보험계약 성립의 증거로서 보험자가 피보험자의 청구에 따라 발급하는 것으로 계약서는 아니고 단지 증거증권에 지나지 않는다. 보통 배서(endorse) 및 인도에 의해서 양도되며 환어음의 결제상 보통 2통 이상 작성된다.

2 양식

오늘날 세계 각국에서 사용하고 있는 보험증권은 1779년에 영국의 로이즈(Lloyd's)에서 공식적으로 처음 사용한 보험증권(The S. G Form)을 그대로 사용하거나, S. G. Form 보험증권의 일부를 수정하거나 첨가하여 사용하고 있다.

1. 현행 보험증권양식

① Standard S. G. Policy Form, Hull(of Freight) and Cargo
 [표준 S. G. Form 보험증권, 선박(혹은 운임) 및 적하]
② The Institute of London Underwriters, Companies Combined Policy Hull and Cargo(ILU 회사용 보험증권, 선박 및 적하)

2. 신 ILU 및 Lloyd's의 해상보험증권 양식

① New ILU Marine Policy Form
② New Lloyd's Marine Policy Form

신해상보험증권은 런던보험자협회(ILU)와 Lloyd's 보험업자가 UNCTAD의 보고서에 따라 1981년 7월에 작성한 표준증권으로, 영국은 1983년 4월부터 보험계약에 사용하기로 결정했고, 우리나라도 1983년 3월부터 사용하고 있다.

3 해석원칙

1. 수기문언의 우선원칙

해상보험증권의 구성은 본문약관, 난외약관, 이탤릭서체약관, 협회특별약관, 스탬프약관, 수기문언 등으로 구성되어 있으나 수기문언원칙은 수기문언(handwritten wording)을 가장 우선한다는 원칙이다.

2. 당사자 의사 및 판례의 존중원칙

보험증권의 해석은 계약당사자의 본뜻이나 의도하는 바가 무엇인가를 가려내어, 그 의도에 따라 해석하도록 하는 것이 가장 기본적인 원칙이다.

3. POP의 원칙

보험증권상의 각 약관이나 문언은 학문, 이론적이 아니라 평이한 방법(plain method), 통상적인 방법(ordinary method), 통속적인 방법(popular method)으로 해석하여야 한다.

4. 동종제한의 원칙

동종제한의 원칙(principle of the like or some kind)은 특정한 문언에 접속되는 일반적인 문언은 그 특정한 의미와 동종인 것으로 간주된다는 원칙이다.

5. 문서작성자 불이익의 원칙

보험증권은 보험자가 일방적으로 작성하여 서명·교부하기 때문에, 그중 애매모호한 문언이 있어 보험계약자에게 불리한 영향을 미치게 될 때, 보험증권 작성자인 보험자가 불이익을 받도록 해석하여야 한다는 원칙이다.

6. 합리적 해석의 원칙

증권의 해석은 합리적이어야 하며, 일방당사자에게 불리하게 해석되어 불리한 결과를 불러일으켜서는 안 된다는 원칙이다.

4 기재사항

일반적으로 보험증권에는 다음과 같은 사항들이 기재되어 있다.
① Assured → 피보험자
② Policy No. → 증권번호
③ Claim, if any, payable at/in → 보험금 지급지
④ Survey should be approved by → 승인검정인
⑤ Local vessel or conveyance → 국내선박, 운송용구
⑥ from → 출발지(적재하는 항구나 지점)
⑦ ship or vessel → 선박명
⑧ sailing on or about → 출항예정일
⑨ at and from → 출항지점
⑩ transshipped at → 환적지
⑪ arrival at → 도착지
⑫ thence to → 목적지
⑬ subject-matter insured → 보험목적물
⑭ Ref. No → 참조번호

⑮ amount insured hereunder → 부보금액
⑯ conditions and warranties → 조건과 담보
⑰ subject to the following clauses as per back hereof institute cargo clausesspecified above institute replacement clauses(applying to machinery) on-deck clause → 이면의 내용과 같은 다음 조건에 따름 상기 협회적하약관 협회대체약관(기계에 적용) 갑판적약관
⑱ masks and number as per invoice No. specified above → 상기 상업송장내용의 확인 및 개수
⑲ place and date signed in → 서명장소 및 일자
⑳ number of policies issued → 증권발행부수

신 해상적하보험증권

THE KORYO FIRE & MARINE INSURANCE CO., LTD.

Address : 145, Naesoo－Dong, Chongro－Ku, Seoul, Korea.　K.P.O. BOX 295
Telephone : 722－4254~9, 725－0385~9　Cable : PRFIRE SEOUL　Telex : K28320

MARINE CARGO INSURANCE POLICY

Policy No. 301HAA85110420	Assured(s), etc. WOO YANG ELECTRONICS COMPANY
Claim, if any, payable at / in CALEB BRETT(H.K) LTD. 1004 MONGKOK COMMERCIAL CENTER 16 ARGYLE ST. KOWLOON, HONGKONG TEL : 3－941573 IN U. S.CURRENCY	Ref. NoINVOICE NO. WY－2K1109 L/C NO. IL7265
	Amount insured hereunder US$1,665.22 ($1,513.84 × 110%)
Survey should be approved by THE SAME AS ABOVE	Conditions and Warranties INSTITUTE CARGO CLAUSE(A), INSTITUTE WAR CLAUSE(CARGO), INSTITUTE STRIKES CLAUSE(CARGO) AS ATTACHED. CLAIMS PAYABLE IN HONGKONG IN CURRENCY OF THE DRAFTS. Subject to the following clauses as per back hereof Institute Cargo Clauses specified above On－Deck Clause Institute Replacement Clause(applying to machinery) Institute Classification Clause
Local Vessel or Conveyance	Form(interior port or place of loading)
Ship or Vessel "HAPPY STAR V－23"	Sailing on or about NOV. 14
at and from PUSAN, KOREA	transhipped at
arrived at HONGKONG	thence to
Subject－matter Insured 66,500 PCS OF MYLAR CAPACITOR Marks and Numbers as per Invoice No. specified above	
Place and Date singed in Numbers of Policies issued SEOUL, KOREA, NOV. 13, IMPORTANT	

PROCEDURE IN THE EVENT OF LOSS OR DAMAGE FOR WHICH UNDERWRITERS MAY BE LIABLE LIABILITY OF CARRIERS, BAILEES OR OTHER THIRD PARTIES
It is the duty of the Assured their Agents, in all cases, to take such measures as may be reasonable for the purpose of averting or minimizing a loss and to ensure that all rights against Carriers, Bailees or other third parties are properly preserved and exercised. In particular, the Assured or their Agents are required :
1. To claim immediately on the Carriers, Port Autho－rities or other Bailees for any missing packages.
2. In no circumstances, except under written protest, to give clean receipts where goods are in doubtful condition.
3. When delivery is made by Container, to ensure that the Container and its seals are examined immediately by their responsible official.
If the Container is delivered damaged or with seals broken or missing or with seals other than as stated in the shipping documents, to clause the delivery receipt accordingly and retain all defective or irregular seals for subsequent identification.
4. To apply immediately for survey by Carriers' or other Bailees' Representatives if any loss or damage be apparent and claim on theCarriers or other Bailees for any actual loss or damage found at such survey.
5. To give notice in writing to the Carriers or other Bailees within 3 days of delivery if the loss or damage was not apparent at the time of taking delivery.
NOTE : The Consignees or their Agents are recommended to make themselves familiar with the Regulations of the Port Authorities at the port of discharge.
INSTRUCTIONS FOR SURVEY
In the event of loss or damage which may involve a claim under this insurance, immediate notice of such loss or damage should be given to and a Survey Report obtained from this Company's Office or Agents Specified in this Policy or Certificate.

DOCUMENTATION OF CLAIMS
To enable claims to be dealt with promptly, the Assured or their Agents are advised to submit all available supporting documents without delay, including when applicable :
1. Original policy or certificate of insurance.
2. Original or certified copy of shipping invoices, together with shipping specification and / or weight notes.
3. Original or certified copy of Bill of Lading and / or other contract of carriage.
4. Survey report or other documentary evidence to show the extent of the loss or damage.
5. Landing account and weight notes at of discharge and final destination.
6. Correspondence exchanged with the Carriers and other Parties regarding their liability of the loss or damage.

☞ In the event of loss or damage arising under this Policy, no claims will be admitted unless a survey has been held with the approval of this Company's office or Agents specified in this policy

Notwithstanding anything contained herein or attached hereto to the contrary, this insurance is understood and agreed to be subject to English law and practice only as to liability for and settlement of any and all claims.
This insurance does not cover any loss or damage to the property which at the time of the happening of such loss or damage in insured by or would but for the existence of this Policy be insured by any fire or other insurance policy or policies except in respect of any excess beyond the amount which would have been payable under the fire or other insurance policy or policies had this insurance not been effected.
We, THE KORYO FIRE & MARINE INSURANCE CO., LTD hereby agree, in consideration of the payment to us by or on behalf of the Assured of the premium as arranged, to insure against loss damage liability or expense to the extent and in the manner herein provided.
In witness whereof, I the Under－signed of THE KORYO FIRE $ MARINE INSURANCE CO., LTD on behalf of the said Company have subscribed My Name in the place specified as above to the policies, the issued numbers thereof being specified as above, of the same tenor and date, one of which being accomplished, the others to be void, as of the date specified as above.

For THE KORYO FIRE & MARINE INSURANCE CO.,LTD.

AUTHORIZED SIGNATORY

제5절 협회적하약관

1 의의

협회적하약관은 1912년 원래 Lloyd's S.G. Policy Form에 첨부하여 사용하기 위해 런던보험업자가 제정한 특별약관에서부터 시작된 것으로, 해상적하보험의 보상범위에 관한 보험조건을 규정한 것이다. 이 약관은 구협회약관에서 신협회약관으로 발전·변모되어 왔으며 1982년부터 신약관이 사용되고 있다.(현재는 2009년 개정 버전 유효)

2 구협회적하약관

1. 기본조건의 종류

(1) FPA(Free From Particular Average : 분손부담보조건)

분손(단독해손)은 원칙적으로 담보하지 않는 조건이다.

(2) WA(With Average : 분손담보조건)

전손 및 분손 모두를 보험자가 담보하는 조건이다.

(3) A/R(All Risks : 전위험담보조건)

전위험 담보조건으로 불리우지만 항해의 지연이나 화물 고유의 하자 등에 기인한 손해는 보상하지 아니한다.

2. WA 3%와 WAIOP(With Average Irrespective of Percentage)

WA 3%에서 3%는 기본면책비율(Franchise)로 3% 미만의 손해가 발생하면 보험회사는 보상하지 않고 3% 이상 손해가 발생하였을 때 전부 보상하여 준다는 내용이다. 단 Excess나 Deductible 이라는 문구가 있었을 경우에는 3% 이상의 손해 발생 시 기본 면책비율인 3%를 공제한 차액만 보상해준다. 면책비율을 적용받지 않고 어떠한 소손해도 전부 보상받고 싶으면 WAIOP(With Average Irrespective of Percentage)조건의 보험을 부보하여야 한다.

3 신협회적하약관

1. ICC(A) : A Clause(A/R조건과 유사)

2. ICC(B) : B Clause(WA조건과 유사)

3. ICC(C) : C Clause(FPA조건과 유사)

8개의 그룹약관과 19개의 개별약관으로 구성되어 있으며 담보위험을 명기하는 제1조 위험약관(risks clause)만 다르고 기타조항은 내용이 동일하다.

[표] 신·구 ICC약관의 비교

구분	약관번호	I.C.C.(A)(신약관) 약관명	I.C.C.(A/R)(구약관) 약관번호	동일표현	표현변경	신설
Risks Covered (담보위험)	1	Risks Clause(위험약관)	5		O	
	2	General Average Clause(공동해손조항)	5		O	
	3	"Both to Blame Collision" Clause(쌍방과실충돌조항)	11	O		
Exclusions (면책위험)	4	General Exclusion Clause(일반면책약관)	5		O	
	5	Unseaworthiness & Unifitness Exclusion Clause (불내항성, 부적합성 면책약관)	8		O	
	6	War Exclusion Clause(전쟁면책약관)	12		O	
	7	Strikes Exclusion Clause(동맹파업면책약관)	13		O	
Duration (보험기간)	8	Transit Clause(운송약관)	1	O		
	9	Termination of Contract of Carriage Clause (운송계약종료약관)	2		O	
	10	Change of Voyage clause(항해변경약관)	4		O	
Claims (손해사정)	11	Insurable Interest Clause(피보험이익약관)				O
	12	Forwarding Charges Clause(계반비용약관)				O
	13	Constructive Total Loss Clause(추정전손약관)	6	O		
	14	Increased Value Clause(증액약관)				O
Benefit of Insurance (보험이익)	15	Not Insure Clause(보험이익불공여약관)	10	O		
Minimising Losses (손해경감)	16	Duty to Assured Clause(피보험자의무약관)	9		O	
	17	Waiver Clause(포기약관)				O

Avoidance of Delay (지연방지)	18	Reasonable Despatch Clause(신속조치약관)	14	○	
Law and Practice (법률 및 관습)	19	English Law & Practice(영국법률 및 관례약관)			○

4 Risk Covered(신협회적하약관에서 위험약관)

[표] 신 약관상의 담보위험

약관조항	담보위험	A	B	C	비고
제1조	1. 화재·폭발	○	○	○	좌기의 사유에 상당 인과관계가 있는 멸실·손상
	2. 선박·부선의 좌초·교사·침몰·전복	○	○	○	
	3. 육상운송용구의 전복·탈선	○	○	○	
	4. 선박·부선·운송용구의 타물과의 충돌·접촉	○	○	○	
	5. 조난항에서의 화물의 양화	○	○	○	
	6. 지진·분화·낙뢰	○	○	×	
	7. 공동해손의 희생	○	○	○	좌기 사유로 인한 멸실·손상
	8. 투하	○	○	○	
	9. 갑판유실	○	○	×	
	10. 해수·조수·하천수의 운송용구·컨테이너·지게자동차·보관장소에의 침수	○	○	×	
	11. 적재·양화 중의 수몰·낙하에 의한 짐꾸림 1개당의 전손	○	○	×	
	12. 상기 이외의 일체의 위험	○	×	×	
제2조	공동해손조항	○	○	○	
제3조	쌍방과실충돌조항	○	○	○	

※ ○는 보상되는 담보위험, ×는 보상되지 않는 담보위험의 표시임.

5 Exclusions(신협회적하약관에서 면책약관)

[표] 신 협회적하약관상의 면책위험

약관 조항	면책위험	A	B	C
제4조	1. 피보험자의 고의적인 불법행위	×	×	×
	2. 통상의 누손, 중량 또는 용적의 통상의 감소, 자연소모	×	×	×
	3. 포장 또는 포장준비의 불완전·부적합	×	×	×
	4. 물품고유의 하자·성질	×	×	×
	5. 지연	×	×	×
	6. 선박소유자·관리자·용선자 또는 운항자의 지급불능 또는 채무불이행	×	×	×
	7. 어떤 자의 불법행위에 의한 의도적인 손상 또는 파괴	O	×	×
	8. 원자핵무기에 의한 손해	×	×	×
제5조	9. 피보험자 또는 그 사용인이 인지하는 선박의 내항성 결여·부적합	×	×	×
제6조	10. 전쟁위험(War Exclusion)	×	×	×
제7조	11. 동맹파업(SRCC)	×	×	×

[제9장 해상보험 X-File 문제]

보험자는 담보위험으로 인하여 생긴 손해에 대해서만 보상책임을 지며, 면책위험에 기인하여 발생된 손해에 대해서는 보상할 책임이 없다는 해상보험의 기본원리를 최대선의 원칙(Utmost good faith)라고 한다. (×)

◐ 책임손해라고 한다.

담보의 내용이 보험증권에 기재되거나 또는 이것을 기재한 서면이 보험증권상의 문언에 의하여 보험증권에 결합된 계약의 조건을 묵시담보라고 한다. (×)

◐ Express Warranty(명시담보)라고 한다.

보험자가 보험료를 산정함에 있어 또는 위험을 인수할 것인지의 여부를 결정함에 있어 판단에 영향을 미칠 수 있는 사항으로 반드시 고지해야 사항으로는 갑판적재, 화물이 보험자의 책임개시 전에 이미 손상을 입을 가능성이 있는 사실, 위험을 감소시키는 사항, 보험자가 알고 있거나 알고 있는 것으로 추정되는 사항 등이다. (×)

◐ 위험을 감소시키는 사항, 보험자가 알고 있거나 알고 있는 것으로 추정되는 사항은 고지할 필요가 없다.

일정한 보험자를 위하여 계속적으로 보험계약의 체결을 대리하거나 매개하는 자를 Insurance broker(보험중개인)이라고 한다. (×)

◐ Insurance agent(보험대리점)이라고 한다.

피보험자는 최소한 보험계약체결 시에는 반드시 피보험이익이 존재하여야 한다. (×)

◐ 피보험이익은 최소한 보험사고가 발생할 때까지 확정하거나 확정될 수 있어야 함.

Sum Insured(Insured amount : 보험금액)이란 피보험이익을 금전으로 평가한 가액으로 사고가 발생한 경우에 피보험자가 입게 되는 손해액의 최고한도액을 말한다. (×)

◐ Insurable Value(보험가액)이라고 한다.

피보험이익의 요건으로는 적법성, 미확정성, 경제성등이 있다. (×)

◐ 피보험이익은 확실해야 한다. 피보험이익은 보험사고발생시까지는 보험계약의 요소로서 확정하거나 확정할 수 있는 것이어야 한다. 즉 보험사고시 피보험이익의 존재가 인식되어야 하고 그 이익의 귀속주체가 확정되어야 한다.

피보험이익이 없어도 보험계약은 유효하다. (×)

◐ 피보험이익이 없으면 보험계약은 무효임. No interest, no insurance

하나의 위험이 복수의 보험자에 의해 각기 위험의 일부분씩 인수되는 경우 이를 중복보험이라 한다. (×)

◐ 공동보험이라고 한다.

계약이 유효하게 성립하기 위해 피보험이익은 적법성, 경제성, 유동성의 요건을 갖추어야 한다. (×)

◐ 피보험이익의 요건은 적법성, 경제성, 확정성이다.

보험계약자의 의사에 따라서 출발지 또는 목적지가 변경 될 경우 보험계약의 효력여부를 선택해야 한다. (×)

◐ 출발지 또는 목적지의 변경의 경우 보험계약자의 의사 유무를 불문하고 출발지 또는 목적지가 변경되면 보험계약의 효력이 개시되지 않는다.

추정전손의 사유로 전손에 대한 보험금을 청구하기 위하여 피보험자가 보험목적물에 대해 갖는 일체의 권리를 대위라고 한다. (×)

◐ 위부라고 한다.

보험계약을 체결할 당시에 보험증권에 기재할 보험계약내용의 일부(예컨대, 적재선박 이나 보험금액)가 확정되어 있지 않은 보험계약을 금액미상보험이라고 한다. (×)

◐ 예정보험이라고 한다.

제9장 해상보험 343

제10장 선적서류

제1절 운송서류

1 운송서류의 구성

운송을 의뢰하게 되면, 운송서류가 발행된다.
① 보통 각 서류마다 여러 통으로 구성된다.
② 대개의 경우 계약서 또는 신용장에 그 필요한 서류의 종류와 통수가 명시된다.
③ 계약서 또는 신용장에 명시가 없을 때에는 3통이 1조가 되는 선하증권을 제외하고는 통상 각 2통이 정본(正本)으로 필요하다.

2 운송서류의 구분

1. 기본서류와 기타서류

(1) 기본서류

① 상업송장(commercial invoice), ② 선하증권(bill of lading), ③ 보험증권(insurance policy)

계약조건이 FOB인가 혹은 CIF인가에 따라 달라지게 되는데, CIF조건에서는 기본서류로 운송서류와 보험서류·상업송장으로 구성되며, FOB조건에서는 매수인이 보험에 부보해야 하기 때문에 선하증권을 포함한 운송서류와 상업송장만으로 충분하다.

(2) 기타서류

① 포장명세서(packing list)
② 영사송장(consular invoice)
③ 세관송장(customs invoice)
④ 검사증명서(certificate of inspection)

⑤ 중량증명서(certificate of weight)
⑥ 품질증명서(certificate of quality) 등

기타서류는 모든 거래에 반드시 필요한 서류는 아니기 때문에 매수인이 계약서 또는 신용장상에 요구하고 있는 경우에만 이를 준비하면 된다.

2. 운송서류의 작성자에 따른 구분

(1) 수출상 자신이 직접 작성해야 하는 것

상업송장, 환어음, 포장명세서 등

(2) 관련기관(선박회사, 보험회사, 기타의 관련기관 등)에서 작성 발행하는 것

선하증권, 보험증권, 원산지증명서, 세관송장, 영사송장, 검사증명서, 용적중량증명서 등

3 운송서류의 종류

1. 운송서류의 발행

운송방식의 종류에 따라 다양하나 가장 많이 이용되고 있는 방식은 선박을 이용한 해상을 통한 화물운송이다.

2. 종류

① 해상선하증권(ocean bill of lading)
② 비유통성 해상화물운송장(non-negotiable sea waybill)
③ 용선계약부선하증권(charter party document)
④ 복합운송서류(multimodal transport document)
⑤ 항공운송서류(air waybill)
⑥ 도로/철도/내수로 운송서류(road, rail or inland water-way transport documents)
⑦ 우편수령증(post receipt) / 우편발송증명서(certificate of posting)
⑧ 특사수령증(certificate of courier) 등

4 운송형태별 운송서류의 수리요건

1. Marine Bill of Lading(해상선하증권)의 수리요건

신용장이 해상 또는 해양선하증권(marine or ocean bill of lading)을 요구한 경우, 은행은 그 명칭에 관계없이 다음과 같이 서류를 수리하도록 하고 있다.

① 운송인의 명의와 운송인, 선장, 그 대리인이 서명하거나 기타의 방법으로 인증한 운송서류
② 물품이 본선적재 또는 선적되었음을 명시한 운송서류
③ 선적항과 수탁지 또는 양륙항과 최종목적지가 다르거나, 또는 지정된 선적항과 양륙항을 명시하면서 "예정된(intended)" 선적항이나 양륙항을 명시한 경우에도, 신용장에 지정된 선적항과 양륙항을 명시한 운송서류
④ 단일의 원본이나 여러 통의 원본으로 발행된 경우 전통의 운송서류
⑤ 운송에 관한 배면약관이 있거나 또는 그 약관이 없는 약식의 운송서류
⑥ 용선계약에 의한 운송이라는 어떠한 명시도 없는 운송서류
⑦ 기타 신용장에 있는 규정을 충족한 운송서류

2. Multimodal Transport Document(복합운송서류)의 수리요건

신용장이 복합운송서류를 요구한 경우, 은행은 그 명칭에 관계없이 다음과 같은 서류를 수리하도록 하고 있다.

① 운송인이나 복합운송인의 명의와 함께 운송인이나 복합운송인, 선장 또는 그 대리인이 서명하거나 기타의 방법으로 인증한 운송서류
② 물품이 발송(dispatch), 수탁(taking in charge) 또는 본선적재(loading on board)되었음을 명시하고 있는 운송서류
③ 선적항과 수탁지 또는 양륙항과 최종목적지가 다른 서류, 또는 "예정된" 선박, 선적항 또적는 양륙항만을 명시한 운송서류
④ 단일의 원본서류나 수통의 원본으로 발행된 전통으로 구성된 운송서류
⑤ 운송에 관한 배면약관이 있거나 그 약관이 없는 약식의 운송서류
⑥ 용선계약 또는 범선만에 의한 운송의 어떠한 명시도 없는 운송서류
⑦ 기타 신용장에 있는 모든 규정을 충족한 운송서류

3. Air Waybill(항공화물운송장)의 수리요건

(1) 의의

항공회사에서 화물을 인수하는 시점에서 발급하는 서류로 단순한 탁송증거로서의 역할만 할 뿐 유가증권으로서의 성질을 가지지 못하기 때문에 기명식, 수취식으로만 발행된다.

(2) 항공화물운송장의 수하인난의 기재

"consigned to the xx bank" 또는 "Clean Air Waybill consigned to xx Bank, marked 'Freight Collect' and 'notify accountee' …" 등으로 기술하는 기명식이 일반적이다. 이는 유통성이 인정되지 않는 단순 탁송증거서류에 불과하기 때문이다.

 〈참조〉 선하증권의 수하인난의 기재

consignee(수하인) 난에 "to order of xx bank" 혹은 "to order"로 기재되는 지시식이 일반적이다.

(3) 수리요건

신용장이 항공운송서류(Air Transport Document)를 요구한 경우, 은행은 그 명칭에 관계없이 다음서류를 수리하도록 규정하고 있다.

① 운송인의 명의와 함께 운송인이나 그 대리인이 서명하거나 기타 방법으로 인증한 운송서류
② 물품이 운송을 위하여 인수되었음을 명시한 운송서류
③ 실제의 발송일이 요구된 경우에는 그 발행일을 별도로 명시한 운송서류
④ 지정된 출발공항과 목적공항을 명시한 운송서류
⑤ 탁송인·송하인 앞으로 발행된 원본으로 구성된 운송서류
⑥ 운송에 관한 배면약관이 있거나 또는 그 약관이 없는 약식의 운송서류
⑦ 기타 신용장에 있는 모든 규정을 충족한 운송서류

4. Road, Rail or Inland Waterway Transport Document(도로, 철도, 내수로운송서류)의 수리요건

신용장에서 도로·철로·내수로 운송서류를 요구한 경우, 은행은 각각 그 명칭에 관계없이 다음 요건을 갖춘 운송서류는 수리한다.

① 증명서에 운송인, 운송인의 대리인 자격을 표방한 Agent의 성명 및 서명이 있는 운송서류
② 운송일시 및 운송구간(출발지, 도착지)이 스탬프 등으로 명확히 표시되어있는 운송서류
③ 선적 또는 적재를 위하여 화물이 수취되었다는 표시가 있는 운송서류. 단, on board 확인이 없어도 됨
④ 발급된 운송서류는 원본 전통이 제시된 운송서류

단, 신용장에 운송서류의 발행부수에 관한 언급이 없을 경우 은행은 수출상이 제시하는 대로 서류를 수령하며, 운송서류에 원본표시가 없더라도 은행은 이 서류를 원본으로 인정하여 수리한다.

5. Courier and Post Receipt(특사배달 및 우편수취증)의 수리요건

(1) 의의

수출상이 수입상에게 소포로 부치고 배달기관으로부터 운송증명으로 받은 영수증이다. 견본 등 소액의 물품에 대하여 신용장을 발행했을 경우나 신용장관련 서류를 매입은행에서 개설은행으로 송부할 경우에 활용된다. 최근에는 국제운송시장에서는 신속하고 정확한 배달방법으로 활용되고 있는 특사(courier)나 속달업자에 의한 운송관습이 확대되고 있다.

(2) 우편수령증 요구 시(신용장)

신용장이 우편수령증(post receipt)이나 우송증명서를 요구한 경우 다음의 서류를 수리하도록 규정하였다.
① 스탬프 등으로 접수일자나 장소를 명확하게 표시하고 있는 서류
② 선적을 위하여 화물이 수취되었다는 사실을 문자로 표시하고 있는 서류
③ 기타 신용장이 요구하고 있는 사항을 충족하고 있는 서류

(3) 수령증 요구 시(신용장)

특사나 속달업자가 발행한 물품의 수령증(courier receipt)을 요구한 경우, 은행은 그 명칭에 관계없이 다음 서류를 수리하도록 규정함
① 지정된 특사나 속달업자가 타인, 서명 또는 기타의 방법으로 인증한 운송서류
② 접수일이나 수령일을 명시한 운송서류
③ 기타 신용장에 있는 모든 규정을 충족한 운송서류

다만, 만약 특사나 속달업자가 지정되지 아니한 때에는, 은행은 어떤 특사가 발행한 서류라도 제시된 대로 이를 수리하여야 함

제2절 보험서류

1 보험서류의 의의

(1) 보험서류의 제시

무역조건이 CIF나 CIP 등의 경우는 매도인이 보험에 부보하여야 하기 때문에, 보험서류는 필수적으로 구비하여야 하는 신용장의 기본서류가 된다. 보험서류의 종류와 담보위험은 매매당사자 간의 합의에 따라 신용장에 명시된다.

(2) 신용장에 규정된 예

> 예 1) Insurance policy or certificate in duplicate endorsed in blank for 110% of Invoice value.
> 2) Insurance policy or certificates must expressly stipulate that claims are payable in the currency of draft and must also indicate a claim settling agent in Korea.
> 3) Insurance must include institute cargo clause(A/R), Institute war clause and institute S.R.C.C Clauses.

2 보험서류의 종류

1. Insurance Policy(보험증권)

보험계약성립의 증거로서 보험자가 피보험자의 청구에 의하여 발급하는 보험계약증명서류로 계약서는 아니지만 유가증권의 성격을 가지며 통상 배서나 인도에 의하여 양도된다.

2. Insurance Certificate(보험증명서)

일정기간 동안(6개월, 1년)의 보험가입 예상 물동량을 추출하여 보험회사의 포괄계약을 체

결한 후, 실제로 보험가입 필요가 발생할 때마다 보험회사로부터 보험계약체결의 증거로 발행받는 보험서류이다. 보험증권과 같이 유효한 보험서류로 인정된다.

3. Insurance Cover Note(보험승인서)

보험가입자가 보험중개업자(insurance broker)를 통하여 보험에 부보할 경우 보험중개업자가 발급해 주는 보험승낙을 증명하는 서류이다. 보험자로서의 정당한 자격이 없는 보험중개인이 발급한 것이기 때문에, 은행은 특별한 약정이 없는 한, 이러한 종류의 보험서류는 원칙적으로 수리하지 않으며 부보각서라고도 한다.

3 신용장에서 요구하는 보험서류

1. 보험서류의 종류

유효한 보험서류에는 보험증권과 보험증명서가 있는데, 이는 각기 문면상 반드시 보험회사(insurance company), 보험업자(underwriter) 또는 그 대리인이 발행하고 서명한 것이어야 한다.

2. 보험서류의 통수

일반적으로 2통의 원본으로 발행되는데, 그 가운데 1통으로 보험채무가 이행되면 나머지 것은 무효가 된다.

3. 보험서류의 발급일자

은행은 신용장에 별도의 명시가 없는 한, 물품을 본선적재(loading on board), 발송(dispatch), 또는 수탁(taking in charge)한 선적일자보다 늦은 일자의 보험서류는 거절하여야 한다.

4. 부보금액

유효한 보험서류는 부보금액을 상업송장금액의 110%[110% of invoice value(amount, cost)]로 부보할 것을 명시하고 있다. 그러나 서류상으로 CIF나 CIP 가액을 결정할 수 없을 경우에는, 신용장에 따른 환어음의 청구금액과 송장금액 가운데서 보다 큰 금액의 110%를 최저 부보금액으로 한다.

[서식] 신 해상적하보험증권

THE KORYO FIRE & MARINE INSURANCE CO., LTD.

Address : 145, Naesoo-Dong, Chongro-Ku, Seoul, Korea. K.P.O. BOX 295
Telephone : 722-4254~9, 725-0385~9 Cable : PRFIRE SEOUL Telex : K28320

MARINE CARGO INSURANCE POLICY

Policy No. 301HAA85110420	Assured(s), etc. WOO YANG ELECTRONICS COMPANY

Claim, if any, payable at / in CALEB BRETT(H.K) LTD. 1004 MONGKOK COMMERCIAL CENTER 16 ARGYLE ST. KOWLOON, HONGKONG TEL : 3-941573 IN U. S.C URRENCY	Ref. NoINVOICE NO. WY-2K11009 L/C NO. IL7265
	Amount insured hereunder US$1,665.22 ($1,513.84 × 110%)

Survey should be approved by THE SAME AS ABOVE		
Local Vessel or Conveyance	Form(interior port or place of loading)	Conditions and Warranties INSTITUTE CARGO CLAUSE(A), INSTITUTE WAR CLAUSE(CARGO), INSTITUTE STRIKES CLAUSE(CARGO) AS ATTACHED. CLAIMS PAYABLE IN HONGKONG IN CURRENCY OF THE DRAFTS.
Ship or Vessel "HAPPY STAR V-23"	Sailing on or about NOV. 14	
at and from PUSAN, KOREA	transhipped at	
arrived at HONGKONG	thence to	Subject to the following clauses as per back hereof Institute Cargo Clauses specified above On-Deck Clause Institute Replacement Clause(applying to machinery) Institute Classification Clause
Subject-matter Insured 66,500 PCS OF MYLAR CAPACITOR Marks and Numbers as per Invoice No. specified above		

Place and Date singed in Numbers of Policies issued
SEOUL, KOREA, NOV. 13 IMPORTANT

PROCEDURE IN THE EVENT OF LOSS OR DAMAGE FOR WHICH UNDERWRITERS MAY BE LIABLE LIABILITY OF CARRIERS, BAILEES OR OTHER THIRD PARTIES
It is the duty of the Assured their Agents, in all cases, to take such measures as may be reasonable for the purpose of averting or minimizing a loss and to ensure that all rights against Carriers, Bailees or other third parties are properly preserved and exercised.
In particular, the Assured or their Agents are required :
1. To claim immediately on the Carriers, Port Autho-rities or other Bailees for any missing packages.
2. In no circumstances, except under written protest, to give clean receipts where goods are in doubtful condition.
3. When delivery is made by Container, to ensure that the Container and its seals are examined immediately by their responsible official.
If the Container is delivered damaged or with seals broken or missing or with seals other than as stated in the shipping documents, to clause the delivery receipt accordingly and retain all defective or irregular seals for subsequent identification.
4. To apply immediately for survey by Carriers' or other Bailees' Representatives if any loss or damage be apparent and claim on the Carriers or other Bailees for any actual loss or damage found at such survey.
5. To give notice in writing to the Carriers or other Bailees within 3 days of delivery if the loss or damage was not apparent at the time of taking delivery.
NOTE : The Consignees or their Agents are recommended to make themselves familiar with the Regulations of the Port Authorities at the port of discharge.
INSTRUCTIONS FOR SURVEY
In the event of loss or damage which may involve a claim under this insurance, immediate notice of such loss or damage should be given to and a Survey Report obtained from this Company's Office or Agents Specified in this Policy or Certificate.
DOCUMENTATION OF CLAIMS
To enable claims to be dealt with promptly, the Assured or their Agents are advised to submit all available supporting documents without delay, including when applicable :
1. Original policy or certificate of insurance.
2. Original or certified copy of shipping invoices, together with shipping specification and / or weight notes.
3. Original or certified copy of Bill of Lading and / or other contract of carriage.
4. Survey report or other documentary evidence to show the extent of the loss or damage.
5. Landing account and weight notes at of discharge and final destination.
6. Correspondence exchanged with the Carriers and other Parties regarding their liability of the loss or damage.

☞ In the event of loss or damage arising under this Policy, no claims will be admitted unless a survey has been held with the approval of this Company's office or Agents specified in this policy

Notwithstanding anything contained herein or attached hereto to the contrary, this insurance is understood and agreed to be subject to English law and practice only as to liability for and settlement of any and all claims.
This insurance does not cover any loss or damage to the property which at the time of the happening of such loss or damage in insured by or would but for the existence of this Policy be insured by any fire or other insurance policy or policies except in respect of any excess beyond the amount which would have been payable under the fire or other insurance policy or policies had this insurance not been effected.
We, THE KORYO FIRE & MARINE INSURANCE CO., LTD hereby agree, in consideration of the payment to us by or on behalf of the Assured of the premium as arranged, to insure against loss damage liability or expense to the extent and in the manner herein provided.
In witness whereof, I the Under-signed of THE KORYO FIRE $ MARINE INSURANCE CO., LTD on behalf of the said Company have subscribed My Name in the place specified as above to the policies, the issued numbers thereof being specified as above, of the same tenor and date, one of which being accomplished, the others to be void, as of the date specified as above.

For THE KORYO FIRE & MARINE INSURANCE CO., LTD.

AUTHORIZED SIGNATORY

제3절 상업송장

1 Commercial Invoice(상업송장)의 이해

1. 상업송장의 의의

상품의 출하안내서 및 가격계산서의 역할을 하는 것으로서, 상품의 명칭 및 규격과 단가, 금액 등이 동일한 용지에 함께 표기된다. 환어음과 같이 수출업자가 직접 작성하는 서류로서, 신용장 거래에는 필수구비서류로 취급된다.

2. 상업송장의 용도

① 상품의 적요서
② 선하증권 및 보험증권이 계약과 일치되었음을 증명하는 서류의 역할
③ 매매계약서 및 대금청구서의 역할
④ 수입통관 시의 과세자료의 역할 등

2 Invoice의 종류

1. Commercial Invoice(상업송장)

(1) Shipping Invoice(선적송장)

실제 선적된 화물의 내용과 가격을 명시한 서류이다.

① export invoice(수출송장) - FOB invoice, CIF invoice
② consignment invoice(위탁판매송장) - CIF & C가격조건의 송장
③ indent invoice(위탁매입송장) - 수출업자에게 상품매매를 위탁하는 경우에, 수출업자가 수입업자의 매입대리인으로서 선적 시 작성하는 서류이다.

(2) Pro-forma Invoice(견적송장 혹은 가송장)

수입상이 수입허가나, 외환배정 등을 받기 위하여 요청하면, 수출상은 장차 수출할 물품에 대해서 시산적으로 작성하여 발송하는 송장이다. 일종의 free offer로, 송장에 표시된 물품가격 등에 대해 법적 구속력이 없다.

2. Official Invoice(공용송장)

(1) Customs Invoice(세관송장)

수입지 세관이 수입화물에 대한 ① 관세가격의 기준을 결정할 목적 ② 덤핑유무를 확인하기 위한 목적 ③ 쿼터품목의 통상기준량 계산목적 ④ 수입통계의 목적 등으로 사용되는 송장으로 국가별 세관에서 요구하는 양식이 상이하므로 소정의 양식에 따라 작성하여야 한다.

(2) Consular Invoice(영사송장)

수입상품가격을 높게 책정하는 데 따르는 외화도피나 낮게 책정하는 데 따른 관세포탈을 규제하기 위하여 수출국에 주재하고 있는 수입국영사의 확인을 받아야 하는 송장이다.

3 상업송장의 기재사항

(1) 당사자에 관한 사항

송하인이나 수하인 및 통지처가 기재

(2) 일자에 관한 사항

선적예정일, 송장작성일, 신용장발행일이 기재

(3) 관련서류에 관한 사항

신용장번호 등이 기재

(4) 지명에 관한 사항

선적지나 도착지 및 어음 지급지 등이 기재

(5) 상품에 관한 사항

하인, 품명, 규격, 단가, 수량, 금액 등이 기재

(6) 기타사항

선박명이나 가격조건이 기재

4 상업송장 작성 시의 유의사항

① 신용장 수익자 본인이 수입업자 앞으로 작성하여야 한다.
② 수익자가 환어음을 발행할 때 발행금액의 기준으로 송장금액의 전액(full invoicevalue)을 명기하여야 하므로 상업송장금액은 신용장금액을 초과할 수 있다.
③ 상업송장상의 물품 명세는 신용장상의 상품명세와 문면상 엄밀하게 일치해야 한다.
④ 환어음 금액과 상업송장 금액은 다를 수 있다.
⑤ 신용장에서 여러 통의 상업송장을 요구한 경우에는 원본 1매에 나머지는 사본으로 충당해도 괜찮다.

[그림] Commercial Invoice

① Shipper / Exporter KANADA CORPORATION 1410-3, SHINRIM-DONG KWANAK-KU, SEOUL, KOREA	⑧ No. & Date of Invoice 2K-E008 / 11 JAN, 19
	⑨ No. & Date of L/C 03-21-02690AUG. 10
② For Account & Risk of Messrs. To ORDER	⑩ L/C Issuing Bank THE BANK OF KOCHI, LTD TOKYO6
③ Notify Party SHIGEMATSU CO., LTD 1-2-8, HIGASHI-NAKAHAMA JYOTO-KU, OSAKA, JAPAN	⑪ Remarks :
④ Port of Loading BUSAN, KOREA	⑤ Final Destination OSAKA, JAPAN	
⑥ Carrier MINT QUICKV-602E	⑦ Sailing on / or About JAN. 22	

⑫ Marks and Numbers of PKAGS	⑬ Description of Goods	⑭ Quantity / Unit	⑮ Unit-price	⑯ Amount
FRONT & BACK S.T ◇ OSAKA	HAT #930609 (360DOZ) #3106706 (60DOZ) #3106104 (60DOZ) ---------------------------- TOTAL : (480DOZ)	 4,320PCS 720PCS 720PCS 5,760PCS	FOB KOREA / PC @$3.30 @$3.50 @$3.50	 US$14,256.- US$2,520.- US$2,520.- US$19,296.-

ITEM NO :
Q'TY : 12 IN BOX
C/T NO : 107-146
MAKE IN KOREA
BOTH SIDE
USE NO HOOKS
SIDE UP
HANDLE WITH CARE
DO NOT STEP ON

KANADA CORPORATION

⑰ C.P.O.BOX :
Cable Address :   ⑱ Signed by --------------------------------
Telex Code :   J. H. LEE PRESIDENT
Telephone No :

[표] 견적송장(Pro-forma Invoice)

KANADA CORPORATION

456-17 SHIMGOK-2 DONG, WONMI-KU, BUCHUN-SI,
KYUNGKI-DO, KOREA
TEL : (032) 653-6965 FAX : (032)665-9424

PROFORMA INVOICE

MESSRS : J & H TRAIDING C.C OUR REF : SR - 2K000922
     P.O BOX 2076 ISSUE DATE : 22TH SEP,
     JOHANNESBURG 999 R.S.A

WE ARE PLEASED TO OFFER THE UNDER-MENTIONED ARTICLES AS PER CONDITIONS AND DETALS DESCRIBED AS FOLLOWS :

MODEL NO	COMMODITY & DESCRIPTION	UNIT	QTY	U/P	AMOUNT
CAR SPEAKERS					
TED 1350	5" DUAL CONE SPEAKER	PAIR	1010	5.40	5,454.00
RED 1650	6.5" DUAL CONE / SLIM TYPE	PAIR	1010	7.20	7,272.00
TED 1040	4" DUAL CONE SPEAKER	PAIR	1010	5.10	5,151.00
SP-80	6.5" DUAL CONE SPEAKER	PAIR	505	8.45	4,267.25
SP-100	6.5" 2-WAY SPEAKER	PAIR	505	12.70	6,413.50
SP-150	6.5" 3-WAY SPEAKER	PAIR	505	15.20	7,676.00
SP-215	6×9" 4-WAY SPEAKER P/P CONE	PAIR	505	22.60	11,413.00
	TOTAL 5,050 PAIRS			US$ FOB	47,646.75

ORIGIN   : REPUBLIC OF KOREA
PACKING   : EXPORT-STANDARD PACKING
SHIPMENT   : WITHIN 30TH NOV
SHIPMENT PORT : BUSAN, KOREA
INSPECTION   : OUR'S TO BE FINAL
DESTINATION   : JOHANNESBURG, SOUTH AFRICA
PAYMENT   : L/C AMOUNT US$ 18,296.15
                       T/T AMOUNT US$ 29,350.60
VALIDITY   : 30TH NOV
REMARK   :
ADVISINGBANK : INDUSTRIAL BANK OF KOREA / HEAD OFFICE.
                       ACCOUNT NO : 107-01-0173-001
                       LOOKING FORWARD TO YOUR VALUED ORDER FOR THE ABOVE OFFER.
                       WE ARE YOUR FAITHFULLY,

    J & H TRADING C.C   KANADA CORP.
     P. O. BOX 2076   456-17, SHIMGOK-2DONG
       JOHANNESBURG 2020   BICHUN-SI, KYUNGKI-DO
       R. S. A.   KOREA

제4절 기타서류

1 Certificate of Origin(원산지증명서)

1. 원산지증명서의 의의와 목적

수출상품의 원산지국가를 증명하는 성격을 가진 서류로서 화환어음의 부대서류로 생산국 등을 판별하고자 하는 목적이나 외환관리 및 덤핑방지 등 수입정책상의 목적으로 이용된다.

2. 원산지증명서의 종류

(1) 일반용 원산지증명서

상공회의소가 발급하는 원산지증명서 Form No. KCCI-1형식으로 일반적으로 원산지 증명서라 하면 이 증명서를 의미한다.

(2) GSP C/O Form A(일반특혜관세 원산지증명서)

GATT의 규정에 따라 선진국이 저개발국 물품을 수입할 때 관세감면의 혜택을 주는 것을 일반특혜관세제도(Generalized System of Preference)라 하는데, GSP혜택을 받고자 하면 수입통관 시 그 물품이 GSP 대상국가에서 생산된 것임을 증명해야 하며 그 방법은 GSP용 원산지 증명서를 제출하는 것으로 이를 "Form A"라고도 한다.

(3) GSTP C/O

개도국 간의 실효성 있는 무역체제의 확립을 모색한 최초의 개도국만의 국제무역체계인 개도국 간 특혜무역제도(GSTP : Global System of Trade Preferences among Developing Countries)협정에 서명한 48개국의 개도국 간에 1,550개 품목의 수출입 거래 시 필요한 서류이다.

2 Packing List(포장명세서)

포장 속에 들어있는 상품의 목록을 기술한 서류이며 각 화물마다 포장되어 있는 내재품의 명세로서, 선적화물의 포장 및 포장단위별 순중량, 총중량 그리고 하인 및 포장의 일련번호 등을 기재함으로써 포장과 운송, 통관상의 편의를 위해서 사용된다.

3 Beneficiary's Certificate(수익자증명서)

수입업자가 요구하는 사항 등을 수출업자가 이행했음을 입증하는 서류로서, 수출업자 자신이 발행하며, 정해진 특별한 양식은 없다.

4 Inspection Certificate(검사증명서)

1. 의의

수출품의 품질에 하자가 없음을 증명하는 서류로서, 수입업자가 확실한 품질의 상품을 수입하고자 할 때 요구하는 서류이다. 검사의 공정성을 확립하기 위하여 수입업자가 지정한 수출검사인(inspector)이나 전문검사기관의 검사증을 첨부하도록 요구된다.

2. 종류

① 농산물검사소 또는 수산물검사소의 검사증명서
② certificate of measurement(내용증명서)
③ certificate of quantity(수량증명서)
④ 기타 품질증명서나 분석증명서 등

5 Certificate of Weight / Measurement(중량 및 용적증명서)

상업송장상의 기재내용을 확인할 목적으로 요구하는 보충서류로 수출화물이 선적업자의 집하장소에서 세관보세구역에 반입되면 등록검량업자에 의하여 화물의 용적과 중량에 대한 검사를 받아 발급하는 증명서이다. 선적지시서, 선하증권 등에 그 수량이 기재되어 운임과 기타 제비용의 산출 근거가 되는 서류이다.

6 Certificate of Health(위생증명서)와 Certificate of Quarantine(검역증)

식료품, 약품류, 육류, 화장품 등을 수출할 경우 국가가 정한 기준에 합치된다는 증명서이다. 식료품, 약품류, 육류 등 동물의 부산물에는 무해함을 입증하는 위생증명서를 세관송장에 첨부할 것을 요구하고 있기도 하다.

7 Certificate of Quality(품질증명서)

주로 농수산물과 같은 자연의 소산물의 경우, 같은 종류라도 규격이나 무게, 즉 그 품질이 각기 다를 수 있기 때문에, 이들의 등급을 매겨 A등급, B등급, C등급으로 구분할 필요가 있는 경우에 사용된다. 품질증명서는 그 계통의 공인검사관(official grander)의 판정결과에 따라 발급된다. 통상적인 무역거래에서는 선적품질조건의 경우에는 수출업자가, 양륙품질조건의 경우에는 수입업자가 물품증명서를 제공한다.

8 Certificate of Analysis(분석 혹은 성분증명서)

선적된 광산물의 품위가 어느 정도의 순도냐 하는 함유성분의 분석증명이 필요하거나 의약품일 경우에는 어떤 약의 구성원소를 분석한 분석표가 요구될 때 발행되는 서류이다. 해당분야의 권위자나 신빙성이 있는 전문기관이 발급한다.

9 VISA

VISA서류는 quota품목에 한하여 quota를 보유하고 있는 회사가 관련 협회로부터 발급받는 서류로, quota를 보유하고 있다는 일종의 증서이다. 즉, 자신이 보유한 혹은 양수 받아 확보한 quota범위 내에서 VISA를 발급 받으므로 quota가 있음을 확증하는 서류이다.

[그림] 원산지증명서

① Seller M/S. ABC LEATHER CO., LTD. 8 / FL, HONGWOO BLDG., NO.834-34, YUKSAM-DONG, KOREA-KU SEOUL, KOREA	CERTIFICATE OF ORIGIN issued by THE KOREA CHAMBER OF COMMERCE & INDUSTRY SEOUL, REPUBLIC OF KOREA 원 산 지 증 명 서 대 한 상 공 회 의 소
② Consignee TO ORDER	④ Buyer(if other than consignee) FARIDA CLASSIC SHOES LIMITED. 936 EVR HIGH ROAD, MADRAS 600 084

③ Particulars of Transport(where required)
  TO : CHENNAI, INDIA
  FM : BUSAN, KOREA
  BY : HANJIN BEIJING 0016W
  ON : MAY 17
	⑤ Country of Origin
	The Republic of Korea

	⑥ Invoices Number and Date CK-5-15 MAY 14,

⑦ Shipping Marks	⑧ Number and Kind of Packages : Description	⑨ Quantity Gross Weight or Measurement
FARIDA(IN DIAMOND) MADRAS C / NO. 1-185 COLOR MADE IN KOREA	65,000 SQFT OF COW DYED CRUST LEATHER ITEM - NBK THICKNESS - 1.2-1.4MM COLOR - BROWN TOTAL :	 65,000 SQFT

⑩ Other Information   The Korea Chamber of Commerce & Industry hereby certifies, on the relevant invoice and other documents. that the above mentioned goods originate in the the country shown in column 5.

THE KOREA CHAMBER OF COMMERCE & INDUSTRY

[그림] 특혜관세용 원산지증명서

1. Goods consigned from(exporter's business name, address, country) KANADA CORPORATION 1410-3, SHINRIM-DONG KWANAK-KU, SEOUL, KOREA	Reference no. 01 4198 GENERALIZED SYSTEM OF PREFERENCES CERTIFICATE OF ORIGIN (COMBINED DECLARATION AND CERTIFICATE) FORM A
2. Goods consigned to(consignee's name, address, country) Chahang CO., LTD Shanghai east road Taicang city, Jiangzu Province China	ISSUED IN REPUBLIC OF KOREA (COUNTRY) See notes overleaf
3. Means of transport and route(as far as known) BY SEA FROM : BUSAN, KOREA TO : SHANGHAI, CHINA	4. For official use BLANK

5. Item number	6. Marks and numbers of packages	7. Number and kind of packages, description of goods	8. Origin criterion (see notes overleaf)	9. Gross weight or other quantity	10. Number and date of Invoices
3	FRONT & BACK S.T OSAKA ITEM NO : Q'TY : 12 IN BOX C/T NO : 107-146 MAKE IN KOREA BOTH SIDE USE NO HOOKS SIDE UP HANDLE WITH CARE DO NOT STEP ON	HAT #930609 (360DOZ) #3106706 (60DOZ) #3106104 (60DOZ) ------------------------------ ------------------------------ TOTAL : (480DOZ) *L/C NO : 03-21-02690 ////////////////////////////////	"w" 6505 ////////////	40C / TS 4,320PCS 720PCS 720PCS ------------- ------------- 5,760PCS ////////////	2K-E008 / 11 JAN.19

11. Certification It is hereby certified, on the basis of control carried out, that the declaration by the exporter is correct. SEOUL DATE JAN. 22 MINISTRY OF TRADE, INDUSTRY AND ENERGY FOR MINISTER -- Place and date, signature and stamp of certifying authority	12. Declaration by the exporter The undersigned hereby declares that the above details and statements are correct ; that all the goods were produced in REPUBLIC OF KOREA (COUNTRY) and that they comply with the origin requirements specified for those goods in the generalized system of preferences for goods exported to JAPAN (importing country) SEOUL, KOREA JAN.22 -- Place and date, signature of authorized signatory

[그림] 포장명세서 Packing List

① Shipper / Exporter KANADA CORPORATION 1410-3, SHINRIM-DONG KWANAK-KU, SEOUL, KOREA	⑧ No. & Date of Invoice 2K-E008 / 11 JAN. 19
② For Account & Risk of Messrs. To ORDER	⑪ Remarks : L/C NO : 03-21-02690
③ Notify Party SHIGEMATSU CO., LTD 1-2-8, HIGASHI-NAKAHAMA JYOTO-KU, OSAKA, JAPAN	

④ Port of Loading BUSAN, KOREA	⑤ Final Destination OSAKA, JAPAN
⑥ Carrier MINT QUICKV-602E	⑦ Sailing on / or about JAN. 22

⑫ Marks and Numbers of PKAGS	⑬ Description of Goods	⑫ Quantity	⑬ Net-weight	⑭ Gross-weight	⑮ Meas-urement
FRONT & BACK	C/T No HAT	STYLE NO	COLOR	SIZE	Q'TY (@144PCS)
S.T ◇ OSAKA	107-136 137-141 142-146	#930609 #3106706 #3106104	NAVY ASST ASST	FREE ASST ASST	4,320PCS 720PCS 720PCS
ITEM NO : Q'TY : 12 IN BOX C/T NO : 107-146 MAKE IN KOREA BOTH SIDE USE NO HOOKS SIDE UP HANDLE WITH CARE DO NOT STEP ON	TOTAL :	40C / TS,	5,760PCS, (480DOZ)	473KGS,	14.085CBM

⑰ C.P.O.BOX : Cable Address : Telex Code : Telephone No :	KANADA CORPOTATION ⑱ Signed by J. H. LEE, PRESIDENT

[그림] 특별세관송장

DEPARTMENT OF THE TREASURY UNITED STATES CUSTOMS 19U.S.C. 1481, 1482, 1484	SPECIAL CUSTOMS INVOICE (Use seprate invoice for purchased and non-purchased goods.)		Form Approved. O.M.B. No. 48-RO342
1. SELLER KANADA Trading Co., Ltd Seoul, Korea	2. DOCUMENT NO. TU-1369*		3. INVOICE NO. AND DATE 8519, Jun 19
	4. REFERENCES* RO No. 1234		
5. CONSIGNEE Brown Toy Co., Ltd. 32 Union Square East, New York NY 10005 U.S.A.	6. BUYER(if other than consignee) Brown Toy Co., Ltd. 32 Union Square East, New York NY 10005 U.S.A.		
	7. ORIGIN OF GOODS Republic of Korea		
8. NOTIFY PARTY* Same as above(5)	9. TERMS OF SALE, PAYMENT, AND DISCOUNT 30 days at sight CIF New York		
10. ADDITIONAL TRANSPORTATION* INFORMATION By sea to New York port, NY	11. CURRENCY USED U.S. Dollars	12. EXCH. RATE if fixed or agreed US $ 1 = ₩750	13. DATE ORDER ACCEPTED Nov 23

14. MARKS AND NUMBERS ON SHIPPING PACKAGES	15. NUMBER OF PACKAGES	16. FULL DESCRIPTION OF GOODS	17. QUANTITY	UNIT PRICE		20. INVOICE TOTALS
				18. HOME MARKET	19. INVOICE	
DG 1 to 10 Made in Korea DG 11 to 20 Made in Korea	10 Cartons 10 Cartons	Animated Stuffed Toy of Textiles(Nylon) Carton No.1 to 4 : S-Size Carton No.5 to 8 : M-Size Carton No.9 to 10 : L-Size Inanimated Stuffed Toy of Textiles(Nylon) Carton No.11 to 15 : S-Size Carton No.16 to 20 : M-Size	 40pcs 40pcs 20pcs 50pcs 50pcs	 ₩10,000 each ₩15,000 each ₩20,000 each ₩10,000 each ₩15,000 each	 US $ 15.00each US $ 25.00each US $ 30.00each US $ 15.00each US $ 25.00each	 US $ 600.00 US $ 1,000.00 US $ 600.00 US $ 750.00 US $ 1,200.00
21. ☐ if the production of these goods involved furnishing goods or services to the seller(e.g., assists such as dies, molds, tools, engineering work) and the value is not included in the invoice price, check box(21) and explain below.				22. PACKING COSTS		US $ 200
27. DECLARATION OF SELLER / SHIPPER(OR AGENT) I declare : (A) ☐ If there are any rebates, drawbacks or bounties allowed upon the exportation of goods, I have checked box (A) and itemized separately below. I further declare that there is no other invoice differing from this one(unless otherwise described below) and that all statements contained in this invoice and declaration are true and correct.			(B) ☐ If the goods were not sold or agreed to be sold, I have checked box (B) and have indicated in column 19 the price I would be willing to receive. (C) SIGNATURE OF SELLER / SHIPPER(OR AGENT) :	23. OCEAN OR INTERNATIONAL FREIGHT		US $ 300
				24. DOMESTIC FREIGHT CHARGES		US $ 100
				25. INSURANCE COSTS		US $ 87
				26. OTHER COSTS (Specify Below)		None
28. THIS SPACE FOR CONTIUING ANSWERS						

THIS FORM OF INVOICE REQUIRED GENERALLY IF RATE OF DUTY BASED UPON OR REGULATED BY VALUE OF GOODS AND PURCHASE PRICE OR VALUE OF SHIPMENT EXCEEDS $ 500 OTHERWISE USE COMMERCIAL INVOICE

* Not necessary for U. S. Customs purposes. Customs Form 5515(12-20-76)

[그림] 검사증명서

INSPECTION CERTIFICATE

Dear Sirs,

CERTIFICATE OF INSPECTION

As per P/O No.	DHHK-115/85	Cat. NO._____
shipped by	ROYAL STAR V-4	
of	7,000 YDS OF PW PIGSKIN LEATHER	
To	ABC HOUSE(HK) LTD	

This is to certify that our Quality Controller attended for inspection of the captioned shipment at

on_____

and samples taken at random from this shipment were inspected and appeared to be such as to warrant the issue of this Authorization.

The issue of this Certificate of Inspection to ship these goods does not simply that the goods are in accordance with the contract and does not in anyway relieve the sellers of their. responsibility to supply the goods to be shipped herewith in entire accordance with the contract

Yours very truly,

Merchandise inspected by :

ABC HOUSE(H.K.) LTD.
controller

Quality

_____
Authorized signature

[그림] 수익자증명서

BENEFICIARY'S CERTIFICATE

KANADA INDUSTRIAL CO., LTD

MANUFACTURERS, EXPORTERS & IMPORTERS
146-1, SOOSONG-DONG, CHONGRO-KU
SEOUL, KOREA

C.P.O.BOX. 7917 SEOUL　　　　　　　　　　TEL : 735 / 5671(REP.)
CABLE : FONECA SEOUL　　　　　　　　　　　　　733 / 8194
TELEX : DESCO K24416
FAX : 739-9731

Your Ref :　　　　　　　　　　　　　　Seoul : _____

BENEFICIARY'S CERTIFICATE

1. L/C NO	:	LOC232 / 803486
2. COMMODITY	:	AUTOMOBILE TUBES
3. QUANTITY	:	16,000 PCS
4. AMOUNT	:	US$ 38,670.00
5. DESTINATION	:	YOKOHAMA, JAPAN
6. NAME OF VESSEL	:	SUNNY ROSE 803E
7. ON BOARD DATE	:	JULY 23

　WE HEREBY CERTIFY THAT ONE ORIGINAL CERTIFICATE OF ORIGIN FORM "A" AND TWO COPIES OF NON-NEGOTIABLE B/L. INVOICE AND PACKING LIST HAVE BEEN SENT DIRECTLY TO APPLICANT(OKAMOTO INDUSTRIES INC. NO. 27-12 3-CHOME HONGO BUNKYO-KU TOKYO, JAPAN) BY COURIER SERVICE.

Faithfully yours,

_____
KANADA Ind. Co

[그림] 품질 / 수량 / 용적 / 분석증명서

TO WHOM IT MAY CONCERN   JULY 08

CERTIFICATE OF
QUALITY & QUANTITY / WEIGHT / ANALYSIS

　WE, THE MANUFACTURER, MISTUBISH CHEMICAL CORPORATION IN JAPAN HEREBY CERTIFY THAT QUALITY & QUANTITY MENTION BELOW ARE IN GOOD CONDITION AFTER ARE FULLY INSPECTED AT OUR FACTORY.

L/C NO.　　　: M-0642-005-NS-00720
INVOICE NO. : SAP 99-532(R)-2
COMMODITY　: ALPOLIC - ALUMINIUM COMPOSITE MATERIALS-
　　　　　　　　RED GRANITE GLOSS 80PCT

(C / NO.)		(PCS)	(NET KG)	(GROSS KG)	(MS)
18-22	1220 × 1900 × 4MM	510	6410	7430	8.700
23	1220 × 2440 × 4MM	110	1775	2035	2.317

QUALITY :

INSPECTION	SPEC	JUDGMENT	REMARKS
ADHESION STRENGTH (KG / INCH)	>10	OK	
THICKNESS(MM)	±0.2 FOR 3&4 mm thick ±0.3 FOR 6mm thick	OK	
WIDE(MM)	±2.0	OK	
LENGTH(MM)	±4.0	OK	
SQUARENESS(MM)	max. 5.0	OK	
BOW(MM / M)	max. 0.5%	OK	

QUANTITY : 1,511.00 M2

MITUBISH CHEMICAL CORPORATION
COMPOSITE MARTRIALS DEPARTMENT

HIROSHI TANAKA
GENERAL MANAGER

[제10장 선적서류 X-File 문제]

상업송장은 수입자가 작성하는 서류이다.

◐ 상업송장은 수출자가 직접 작성하는 서류이다.

선하증권은 권리증권성을 가지고 있지 않다.

◐ 선하증권은 권리증권성을 가지고 있으며, 해상화물운송장은 권리증권성이 없다.

INCOTERMS 조건이 CIF나 CIP의 경우라면 매수인이 보험에 부보하여야 하기 때문에, 보험서류는 필수적으로 구비하여야 하는 신용장의 기본서류가 된다.

◐ INCOTERMS 조건이 CIF나 CIP의 경우라면 매도인이 보험에 부보하여야 하기 때문에, 보험서류는 필수적으로 구비하여야 하는 신용장의 기본서류가 된다.

신용장에서 보험증권을 요구하는 경우에는 보험증명서를 제시해도 무방하다.

◐ 보험증권을 요구하는 경우에는 보험증권만 제시가 가능하다.

수입상이 수입허가나, 외환배정 등을 받기 위하여 요청하면, 수출상은 장차 수출할 물품에 대해서 시험적으로 작성하여 발송하는 송장을 세관송장(Customs invoice)이라 한다.

◐ 견적송장(Proforma invoice)이라 한다.

수출상품의 원산지국가를 증명하는 성격을 가진 서류로서 화환어음의 부대서류로 생산국 등을 판별하고자 하는 목적이나 외환관리 및 덤핑방지 등 수입정책상의 목적으로 이용되는 서류를 포장명세서라 한다.

◐ 원산지증명서라 한다.

Beneficiary's Certificate(수익자증명서)의 발행자는 수입자이다.

◐ 수입업자가 요구하는 사항 등을 수출업자가 이행했음을 입증하는 서류로서, 수출업자가 발행한다.

제11장 클레임제기와 분쟁해결

제1절 무역클레임의 발생원인

1 무역계약종료의 기초

1. 무역계약종료

① discharge by performance(이행에 의한 종료)
② discharge by agreement(당사자의 합의에 의한 종료)
③ 기간의 만료에 의한 종료
④ discharge by frustration or impossibility(이행불능에 의한 종료)
⑤ discharge by breach(계약위반에 의한 종료)

2. 무역계약의 종료효과

무역계약이 종료되면 당사자는 계약관계로부터 벗어나게 되나 모든 채무와 채권관계까지도 면제해주는 것은 결코 아니다. 따라서 책임 있는 사유로 상대방에게 손해를 가한 당사자는 이에 대한 손해배상의 의무를 부담하여야 한다.

2 Breach of Contract(계약위반)

1. 무역계약위반의 의의

breach of contract(계약위반)이란 채무자가 채무의 내용에 적합한 급부를 하지 않은 것으로 이행이 가능함에도 불구하고 계약기간을 경과하여 이행하지 않은 것이다. non-performance or non-fulfillment of contract(채무불이행 혹은 계약불이행)이라 한다.

2. 무역계약위반의 기본형태

(1) 이행거절(Renunciation or Repudiation)

(2) 이행태만 – Actual or Present Breach of Contract(현실적 계약위반)

(3) 이행불능(Frustration)

① 이행불능의 종류
  ㉠ existing or initial frustration(원시적 이행불능) : 계약성립 당시 이미 실질상 또는 법률상으로 이행이 불능인 것으로 계약의 효력이 처음부터 발생하지 않은 것이 되므로 양 당사자는 법률상의 어떠한 의무를 부담하지 않게 된다. 따라서 계약은 무효가 된다.
  ㉡ subsequent frustration(후발적 이행불능) : 채무자의 귀책사유가 없는 이유로 후발적으로 불능이 되는 것을 말한다.

② 일반적 이행불능의 효과
당사자 사이에 계약이 성립된 후에 당사자 자신의 귀책사유 없이 계약성립의 기초가 되었던 상황이 후발적으로 현저히 변경됨으로써 계약상의 이행을 수행할 수 없게 된 경우에 계약이 자동적으로 소멸하게 된다.

③ 이행불능의 성립요건
  ㉠ 후발적 이행불능
    • 계약목적물이 멸실하는 경우
    • 계약목적상의 이행불능
  ㉡ subsequent illegality(후발적 위법)
    • 새로운 법률의 제정이나 개정 등을 통한 법률의 변경
    • outbreak of war(전쟁의 발발)
    • 수출입의 금지조치
    • 수출입허가 및 수량제한 등 수출입에 관한 규제조치
  ㉢ fundamental change in circumstance(계약의 주변사정의 본질적 변화)

3 무역계약 시 당사자 구제방법

① Tort Action(불법행위책임청구)
② Specific Performance(특정이행)
③ Termination(계약해제)
④ Restitution(원상회복)
⑤ Claim(손해배상청구)

제2절 무역클레임의 제기

1 무역클레임의 제기

1. 무역클레임의 제기절차

① 클레임 당사자를 확정한다.
② 물품을 검사한 후 클레임을 통지한다. 물품검사는 일반적으로 선적전검사(PSI : Pre-Shipment Inspection)를 의미하며 선적전검사는 수입자의 비용으로 선적 전에 실시한다.
③ 검사보고서(Surveyor's Report) 그리고 거래사실을 입증할 수 있는 계약서, L/C, B/L 등 상세한 증빙자료를 갖추어 정식으로 클레임을 제기한다.

2. 무역클레임의 제기기간

(1) 계약서에 약정한 기간이 있는 경우

　① 약정기한 내에 제기하여야 한다.

　② 제기내용은 하자통지(클레임 통지) 및 입증자료 제출기간의 설정, 동 기간 내에 클레임을 제기하지 않으면 클레임 제기권리를 포기한 것으로 본다든지 아니면 동 기간이 경과한 후에 제기되는 클레임은 수락할 수 없다는 등의 면책사항을 명시하고 있어야 한다.

③ 클레임제기기한이 설정된 계약서의 예

"Any claim by buyer shall be notified by buyer to seller within thirty(30) days after the arrival of the goods at the destination stipulated on the face here of. Unless such notice accompanied by proof certified by an authorized surveyor, is sent by buyer during such abovementioned period, buyer shall be deemed to have waived any such claim."

"Any claims of whatever nature arising under this contract shall be notified to seller by cable within thirty(30) days after arrival of the goods at the destination specified in the bills of lading. Full particulars of such claim, together with sworn surveyor's report shall be made in writing and forwarded by registered airmail within fifteen(15) days after cabling. Such claim shall be settled amicably as far as possible, and subject to an official approval of Korean Government Authorities."

(2) 계약서에 약정한 기간이 없는 경우

① 한국 상법

상인 간의 매매에서 매수인이 목적물을 수령한 때에는 지체 없이 이를 검사하여야 하며 하자 또는 수량의 부족을 발견한 경우에는, 즉시 매도인에게 그 통지를 발송하지 아니하면 이로 인한 계약해제, 대금감액 또는 손해배상을 청구하지 못한다.

② 일본 상법

즉시 검사하여 이를 곧 통지하도록 하고 있다.

③ Warsaw Oxford Rules for CIF Contract, 1932.

제19조에는 [Rights of Buyer as to Inspection of Goods]에서 "The buyer shall not be deemed to have accepted the goods unless and until he shall have been given a reasonable opportunity of inspecting them."으로 규정되어 있다.

④ 미국 통일상법전(UCC 제2-606조)과 영국 물품매매법
   미국통일상법전 제2-606조에서는 합리적인 기간 내(within a reasonable time)에 제기할 것을 규정하고 영국의 물품매매법 제34조와 제35조는 합리적 검사기회와 합리적 기간의 경과 이전에 검사할 권리와 통지할 의무를 규정하고 있다.

⑤ UN Convention on International Contract of Sale of Goods : Vienna Convention(비엔나협약)
   단기간 내에 인도물품을 검사하고, 합리적인 기간 내에 검사결과를 통지하도록 하고 있으며 어떠한 경우에도 제척(除斥)기간은 2년 이내로 하고 있다.

[표] 무역클레임의 제기기한

입법	제기기한
우리나라 상법	• 하자사항 발견 즉시 통지 • 발견할 수 없는 하자 6개월 이내
영국물품매매법	• 합리적인 기간 내
CIF에 관한 Warsaw-Oxford 규칙	• 인도물품 도착 후 3일 이내
비엔나협약	• 합리적인 기간 내

3. 무역클레임제기의 구비서류

① 클레임 사실진술서
② 청구액에 대한 손해명세서
③ 검사보고서(survey report)
④ 기타 거래사실을 입증할 수 있는 계약서나 선하증권 그리고 신용장 등

2 무역클레임의 서신의 작성요령

① 서두에서 불만사항의 통보에 대한 감사의 뜻 또는 사죄, 유감의 뜻을 나타냄으로써 독자의 심경을 쾌적하게 해준다.
② 불평의 사실 또는 원인은 그 발생순서에 따라 기재한다.
③ 요구를 거부하는 경우에는 그에 대한 설명·해명을 한다.
④ 맺는말에서, 보다 나은 서비스를 보증해 줌으로써 고객과의 거래관계를 지속하고자 하는 뜻을 밝혀준다.

3 무역클레임의 내용

(1) 품질에 관한 클레임

품질불량(inferior quality), 품질상위, 변질, 변색(discoloration) 등.
무역클레임의 가장 기본적이고 가장 많은 건수를 차지하는 클레임이다.

(2) 수량에 관한 클레임

수량감소(diminution)나 감량(light weight, short weight) 등

(3) 포장 및 하인에 관한 클레임

포장불량(wrong packing), 하인누락(no mark) 등

(4) 선적에 관한 클레임

지연선적(delayed shipment) 혹은 부적(non-delivery) 등

(5) 운송에 관한 클레임

환적, 취급불량(bad handling), 분실(missing), 도난(pilferage) 등

(6) 보험에 관한 클레임

부보태만(negligence in effecting insurance) 등

(7) 결제에 관한 클레임

대금미지급(non-payment)이나 부정송장(error in invoice) 등

제3절 무역클레임의 해결방법

1 매매당사자 간의 해결

1. Waiver of Claim(청구권의 포기)

경미한 클레임에 대해서는 클레임을 포기하고 단순경고(warning)를 함으로써 앞으로의 주의를 촉구하는 방법이다.

2. Compromise, Accord, Concord and Amicable Settlement(타협이나 화해)

당사자 간의 직접교섭 즉, 쌍방의 타협으로 원만하게 클레임을 해결하는 방법으로 거의 대부분의 클레임은 이 방법에 의하여 해결되고 있다.

우리 민법상 화해는 당사자가 서로 양보할 것, 분쟁을 종결할 것, 그리고 그 뜻을 약정할 것 등 3가지를 요건으로 하고 있다.

2 제3자의 개입을 통한 해결

1. Intercession(Recommendation ; 알선)

상공회의소나 상사중재원과 같은 공정한 제3자적 기관이 당사자의 일방 또는 쌍방의 요청에 의하여 사건에 개입, 원만한 타협이 이루어지도록 협조하는 방법이다. 중재와 다른 점은 비형식적이며, 화해결과가 특별한 법적 보호를 받지 못한다는 점이다.

2. Conciliation(Mediation ; 조정)

당사자쌍방이 타협에 의하여 완전하게 해결을 할 수 없는 경우에, 양당사자가 공정한 제3자를 조정인으로 선임하고 조정인(conciliator, mediator)이 제시하는 해결안(조정안)에 양 당사자가 자주적으로 합의함으로써 분쟁을 해결하는 방법이다.

3. Arbitration(중재)

(1) 의의

당사자 간의 합의로 사법상의 법률관계를 법원의 소송절차에 의하지 아니하고 제3자인 중재인을 선임하여 그 분쟁을 중재인에게 맡겨 중재인의 판단에 양 당사자가 절대 복종함으로써 최종적으로 해결하는 방법이다.

(2) 특징

당사자 간 중재합의에 의하여야 하고 중재인의 판정에 절대 복종하여야 하며 그 결과는 강제성을 가지고 그 효력도 당사자 간에는 법원의 확정판결과 동일하다.

국제적 효력으로 뉴욕에서 채택된 외국중재판정의 승인 및 집행에 관한 유엔협약, 즉 뉴욕협약에 가입한 외국에서도 그 집행을 보장해주고 승인해 주므로 소송보다도 더 큰 효력이 있다.

 중재의 장점

① 분쟁의 신속, 공정한 해결
② 저렴한 비용
③ 절차의 비공개
④ 단심제
⑤ 거래실정에 밝은 중재인이 판정
⑥ 법원확정판결과 동일한 효력
⑦ 외국에서도 중재판정에 대한 집행보장

4. Litigation(Suit ; 소송)

국가공권력 혹은 사법재판에 의한 클레임을 강제적으로 해결하는 분쟁해결방법이다. 외국과의 사법협정이 체결되어 있지 않기 때문에 그 판결은 외국에서 승인 및 집행이 보장되지 않는다는 단점이 있다.

[표] 소송과 중재의 비교

소송	중재
• 상대방 합의 없이 제소가능	• 당사자의 중재합의 필요
• 항소 및 상고가능	• 단심
• 해결에 많은 시간과 비용소요	• 신속·경제적인 해결가능
• 공권력에 의한 해결	• 제3자 중재인에 의한 해결
• 공개로 비밀유지 불가능	• 비공개로 비밀유지 가능

제4절 국제상사중재제도

1 상사중재의 특징

(1) Voluntary Reference[자유합의에 의한 (분쟁해결)의 부탁]
(2) Peaceful Atmosphere(평화적 분위기)
(3) Informal Procedure(비공식적인 절차)
(4) Speediness(신속성)
(5) Expertness of Arbitrators(중재인의 전문성)
(6) Law Costs(저렴한 비용)
(7) Closed Proceeding(심문절차의 비공개)
(8) 외국판정의 승인 및 집행의 보장

2 상사중재의 약점

1. 법률문제(Matter of Law = Question of Law)

중재인은 사실과 실무문제에는 전문가이므로 분쟁내용을 신속 정확하게 판정한다. 그러나 중요한 법률문제의 개입에는 판단능력이 미흡하다.

2. 중재판정결과에 대한 예견가능성(객관성)과 법적 안정성이 결여

중재인의 판정은 법률보다는 상관습이나, 과거의 경험, 실무지식에 의해 판단하므로 판정기준의 객관성 결여로 중재판정에 대한 예견가능성이 결여될 수 있다. 또한 중재는 동종의 사건도 중재인에 따라 다른 판정가능성이 존재하므로 법적 안정성이 결여될 수 있다.

3. 상소제도의 결여

중재는 판정을 취소할 만한 중대한 결함이 없는 한 판정에 대한 불복종신청이 인정되지 않는다. 따라서 패소한 당사자의 정당한 요구에 응하여 중재판정의 신뢰를 확보하기 위한 장치가 없다는 점이 단점이다.

4. 절충주의에 입각한 판정

중재인은 양 당사자의 주장을 안일한 절충주의에 입각해 판정을 내린다. 그것은 법관과 같이 강제처분권이 없으며 판정기한이 짧기 때문이다.

[제11장 클레임제기와 분쟁해결 X-File 문제]

무역계약은 반드시 이행에 의해서만 종료가 되고, 합의나 다른 이유에 의해서는 종료될 수 없다.
- 무역계약은 이행, 당사자의 합의, 계약위반 등에 의하여 종료가 된다.

계약성립 당시 이미 실질상 또는 법률상으로 이행이 불능한 상태로 계약이 체결되는 경우에는 해당 계약의 효력이 처음부터 발생하지 않은 것이 되므로 양 당사자는 법률상 의무를 부담하지 않고 계약이 무효가 되는 상황을 후발적 이행불능(subsequent frustration)이라고 한다.
- 계약 당시 효력이 처음부터 발생하지 않은 상태의 이행불능은 원시적 이행불능(existing or initial frustration)으로 분류한다.

CISG에 따르면, 다른구제 수단을 청구하는 경우 손해배상 청구는 중복해서 청구할 수 없다.
- CISG에서는 손해배상 청구는 다른 구제 수단과 중복으로 청구할 수 있는 유일한 구제수단이다.

일반적으로 클레임 제기 시, 검사보고서(Surveyor's Report) 등은 필요하지 않다.
- 검사보고서를 포함하여 거래사실을 입증할 수 있는 계약서, L/C, B/L 등 상세한 증빙자료를 갖추어 클레임을 제기하여야 한다.

계약수량과 상이한 수량의 상품이 도착하였을 때, 매수인은 포장에 관한 클레임을 제기하면 된다.
- 수량감소(diminution)나 감량(light weight, short weight) 등이 있는 경우에는 수량에 관한 클레임을 제기하면 된다.

당사자 간의 합의로 사법상의 법률관계를 법원의 소송절차에 의하지 아니하고 제3자인 중재인을 선임하여 그 분쟁을 중재인에게 맡겨 중재인의 판단에 양 당사자가 절대 복종함으로써 최종적으로 해결하는 방법을 알선(Intercession)이라 한다.
- 중재인에 의하여 최종적으로 분쟁을 해결하는 절차는 중재(Arbitration)이다.

중재(Arbitration)는 구두에 의한 합의만 있다면 절차를 진행할 수 있다.
- 중재는 사전 또는 사후에 반드시 서면에 의한 합의가 있어야 진행할 수 있다.

이패스 무역영어 합격예감

무역정책 및 무역관리   제 V 부

제12장 무역정책

제13장 무역관리 및 외국환관리

학습포인트

▶ 제5부 무역정책 및 무역관리 접근전략 및 기출트렌드

국가에서 실시하는 무역정채 및 무역관리 방안에 대한 내용으로, 출제빈도는 높지 않다. 다만, 무역관리의 방안 파트의 경우에는 수출입 규제에 대한 내용이 포함 되어 있으므로, 무역 전반적인 내용을 이해하는데 있어서, 기본적으로 학습이 필요한 부분이다.

▶ 제5부 무역정책 및 무역관리 출제빈도

단원	주제	학습중요도	출제비율
12장	무역정책	◉◉	2%
13장	무역관리 및 외국환관리	◉◉	3%

▶ 제5부 무역정책 및 무역관리체크리스트

체크리스트	기본서 상세페이지
[12장] 비관세장벽의 정의 및 종류에 대해 알고 있다.	386
[13장] 관리무역의 방법에 대해 알고 있다.	388~391

제12장 무역정책

제1절 무역정책의 특성과 기조

1 무역정책

대외거래의 모순을 해결하기 위해 무역거래에 개입함으로써 국민경제발전을 위하여 정부가 시행하는 경제정책의 일부

2 무역정책 특성

① 국외로까지 효과와 영향 확산
② 국내경제정책을 반영하는 종합적인 성격

3 역사상 무역정책의 기조의 변화

① 유치산업보호위해 보호주의 채택
② 국가탄생, 불경기, 전쟁 등 ⇨ 보호주의
③ 세계경제 주도 국가들은 무역자유화를 통해 이익을 추구(19C중반 영국, 2차 대전 이후 미국)

제2절 관세정책

1 관세정책의 의의

① 관세정책의 개념
일정한 정책목표 달성을 위해 수출 또는 수입되는 재화에 부과·징수할 관세의 적용기준과 범위를 정하는 일련의 방침 또는 계획을 의미. 광의의 개념으로는 수출입통관절차에 관한 제도도 관세정책에 포함되지만, 관세정책의 중심은 관세

② 관세정책의 핵심
종가세나 종량세로서 부과되는 관세를 정책목표에 따라 어디에, 얼마만큼, 어떻게 부과할 것인가를 결정하는 것

③ 관세정책의 목적
재정수입, 산업보호, 물가안정, 소비억제, 무역의 촉진 또는 억제, 통상협력, 국제관례의 존중 등 다양한 목적으로 운용

2 관세정책의 결정

① 관세부과의 대상
무엇에 관세를 부과할 것인가

② 관세의 수준
어느 정도의 관세를 부과할 것인가

③ 관세의 구조
관세부과 대상별로 관세율에 어떤 차이를 둘 것인가

④ 관세부과방법
종량세와 종가세, 기본관세와 탄력관세, 그리고 보세, 감면, 환급 등의 여타 보조적 정책수단을 어떻게 운용할 것인가

3 관세정책이론

① 유치산업보호론
관세정책의 유력한 이론적 근거이론. 어떤 산업이 비록 현재는 미발전 상태여서 국내에서 생산하는 것보다 수입하는 것이 후생면에서 유리하지만 일정 기간 그 산업에 대한 적정한 보호정책을 펄 경우, 예측 가능한 장래에 비교우위산업이 되어 국민경제발전에 공헌할 가능성이 클 경우 국가는 보호무역으로 인한 후생저하라는 단기적 비용에도 불구하고 그러한 잠재적 비교우위산업을 보호·육성해야 한다는 주장. 해밀턴(A.Hamilton)의 산업분화론(공업보호론)으로 제시, 리스트(F. List)에 의해 체계화.

② 최적관세론(Optimum tariff)

일정한 경제규모를 가진 대국이 시장지배력을 가진 상품의 경우 관세부과를 통해 자국이 교역조건을 개선시킴으로써 그 나라의 후생이 오히려 증가 될 수 있다는 주장. 교역조건 개선을 통해 관세부과국의 국민후생을 극대화시켜주는 관세가 최적관세이고 그때의 관세율이 최적관세율.

③ 스톨퍼-사무엘슨 정리(Stolper-Samuelson Theorem)

국제무역의 요소가격 및 국내소득분배효과를 설명하는 헥셔-오린 모델을 전제로 자유무역은 자본풍부국인 미국 노동자들의 실질임금을 저하시킬 우려가 있으므로 이를 방지하기 위해 저임금 국으로부터 수입되는 재화에 관세를 부과할 필요가 있다는 주장이다. 자유무역으로 인한 소득분배 악화를 개선하고 이로 인해 피해를 보는 집단의 손실을 방지하기 위해 관세부과가 필요하다는 것으로써 오늘날까지 관세정책을 뒷받침하는 하나의 논거가 되고 있다.

④ 공정무역론

국제교역조건에서 불리한 입장에 있는 개도국이 국제무역에 있어 공정한 점유율을 보장해야 한다는 논리. 1950년 후반부터 1970년대에 개도국들이 선진국들을 공격하는 논리로 활용. 이는 각국 정부가 내 외국기업을 차별하지 않고 경쟁을 촉진시켜야 할 것과 만일 자국 기업만을 우대할 때는 그 국가로부터 수출된 물품은 불공정한 무역을 하는 것으로 보아 제재를 가함으로써 공정한 경쟁여건을 마련해야 한다는 주장.

⑤ 실효보호율이론

수입물품에 대한 관세의 징수는 재정수입 확보라는 측면과 함께 산업보호가 주요 이유. 보호의 개념은 대개 국산품과 경쟁관계에 있는 외국상품의 수입을 어렵게 함으로써 국내 상품의 외국상품과의 경쟁에서 피해를 입지 않도록 해 준다는 의미. 실효보호율이론은 수입물품에 과해지는 하나의 보호체계, 즉 관세 혹은 비관세장벽으로 수입을 제한하는 보호의 체계가 각 산업에 미치는 순효과가 무엇인가를 밝히는 이론.

제3절 비관세장벽(Non Tariff Barriers)

1 비관세장벽의 성격

① 효과측정의 난이성
② 복잡성
③ 불확실성
④ 차별성
⑤ 협상곤란성

2 비관세장벽의 종류

(1) 수입할당제

　　① 자주적/협정 할당제
　　② 관세/혼합 할당제

(2) 수입예치금

(3) 수출보조금

(4) 덤핑

(5) 기타

　　① 수입절차
　　② 기술규제
　　③ 정부구매

[제12장 무역정책 X-File 문제]

과거의 무역정책은 자유주의였으나, 현대에는 보호주의 기조를 띄고 있다.

🔾 과거는 보호주의, 현재는 무역자유화를 통해 이익을 추구한다.

일정한 경제규모를 가진 대국이 시장지배력을 가진 상품의 경우 관세부과를 통해 자국이 교역조건을 개선시킴으로써 그 나라의 후생이 오히려 증가 될 수 있다는 주장은 유치산업보호론이다.

🔾 최적관세론(Optimum tariff)에 대한 설명이다.

관세장벽의 종류에는 수입할당제, 수입예치금, 수출보조금 등이 있다.

🔾 비관세장벽에 대한 설명이다.

제13장 무역관리 및 외국환관리

제1절 무역관리의 의의와 일반형태

1 무역관리(trade control)의 개념

국제간에 이루어지는 무역거래에 대하여 정부가 간섭함으로써 수출입의 촉진 또는 제한, 무역거래 질서유지 등의 산업정책을 실현하는 국가의 작용을 말한다.

2 무역관리의 일반형태(수단)

1. 직접적 관리

(1) 국가무역(state trade)

국가가 직접 무역거래를 하거나 국영기업을 통해서만 무역을 허용하는 제도이다. 이는 국가전매(專賣)제도의 일종으로서 특정물품 또는 특정국가에 대한 수출입의 제한, 국가의 수입증대 목적으로 사용되어지기도 한다. 경제개발초기단계에 있는 개도국에서 경제발전을 위해 수출입을 효율적으로 관리하기 위한 수단으로도 사용된다.

(2) 수출입의 금지 또는 제한

국내산업의 보호, 국제수지개선 또는 정치적 이유에서 특정물품 또는 특정국가에 대한 수출입을 제한하는 것을 말한다. 수입금지 또는 제한은 극단적인 무역억압수단으로서 국방상 이유, 국민의 건강상 이유, 동식물 보호와 방역상 필요, 기타 지적소유권과 관련된 권리의 보호 등 비경제적 이유에 의해서 행해지는 것이 보통이다. 수입금지 또는 제한의 목적은 수입허가제, 수입할당제 등의 방법에 의해서도 충분히 실현될 수 있기 때문이다.

수출입 공고에 의한 수출입의 금지 또는 제한, 독극물 및 마약류의 수입금지 등의 조치가 이에 해당한다.

(3) 수량제한(quantitative restriction)

수출 또는 수입물품의 수량을 일정한 기준에 따라 국가별 또는 품목별로 일정한 한도(quota)를 설정하고 그 한도 내에서만 수출 또는 수입을 허용하는 제도이다. 이는 보호무역주의의 가장 강력한 수단의 하나이다. 주로 수입 금지 또는 제한의 수단으로서 사용되기 때문에 GATT에서는 원칙적으로 금지하고 있다. 그러나 미국 등 많은 나라에서 섬유류 등의 수입에 대해 이 방법을 사용하고 있다.

(4) 수출입 허가(승인)제도(export licence, import licence)

특정한 상품을 수입할 때에 당국의 허가나 승인을 받게 하는 제도이다. 허가나 승인을 받지 아니하면 수입은 금지된다. 운용 면에 있어서는 일반포괄수출허가제도, 개별적 허가제도 등으로 나누어 질 수 있다. 현재에도 특정한 물품에 한하여 수출입 허가(승인)제도를 운용하고 있는 나라는 많다.

(5) 수출입 링크 제도(export-import link system)

수출과 수입을 연계(link)시켜서 수출 또는 수입을 허용하는 제도이다. 연계시키는 방법에 따라서 수입시 수출의무를 부과하는 방법과 수출실적에 따라 수입을 허용하는 방법으로 운용되어진다. 그리고 이 제도는 지역별 수출입링크제도와 상품별 수출입링크제도로 구분할 수 있다. 지역별 수출입링크제도는 어느 특정한 국가와의 수출의 범위 안에서 수입을 허용하여 전반적으로 수출입 균형을 유지하는 것을 말한다. 상품별 수출입링크제도는 특정한 상품(인기가 있어 잘 팔리는 상품)을 수입하려면 다른 특정한 상품을 수출하도록 하여 수출을 증대시키는 제도.

(6) 연계무역제도

어느 한 국가가 수출을 하고, 상대방 국가로부터 이에 상응하는 수입을 하는 방식으로 두 국가 사이의 무역균형을 이루게 하는 방법이다. 이렇게 수출과 수입이 연계된 무역거래를 연계무역이라 한다. 대외무역관리규정에서는 물물교환(barter trade), 구상무역(compensation trade), 대응구매(conter purchase), 제품환매(product buy-back)의 형태에 의하여 이루어지는 거래형태를 연계무역이라 하여 관리하고 있다.

(7) 수입담보금 제도(import deposits)

물품을 수입하고자 하는 자는 수입대금을 결제하기 이전에 일정한 수입담보금을 외국환은행에 적립하게 하는 제도이다. 이는 수입의 실행을 담보하기 위한 것이나 이보다는 오히려 수입업자의 자금부담을 과중하게 함으로써 수입을 억제하는 방법으로 사용되기도 한다.

(8) 수출장려금 제도(export deposits)

무역을 진흥하는 제도라고 볼 수 있다. 수출되는 자국의 상품에 대해서 장려금을 지급함으로서 가격경쟁력을 강화시켜서 해외시장을 개척하고, 수출을 증대시키기 위해 실시되고 있다. 현재에는 보조금(subsidy)이나 세금환급(draw-back) 등의 형태로 운용되고 있는데 이는 불공정 무역의 하나이다. 따라서 이러한 제도는 상대방 국가의 대항조치를 유발시키게 되며 그래서 오히려 수출에 악영향을 미칠 수도 있으므로 바람직한 수출진흥제도라고는 볼 수 없다.

(9) 수출자율규제(voluntary export restriction)

수출국 스스로 특정 물품의 수출을 자제함으로써 수입국의 수입제한조치를 사전에 방지하기 위한 것이다.

2. 외국환 관리(foreign exchange control)에 의한 관리

이는 대금결제수단인 외국환의 자유로운 유통을 제한·통제하는 것으로 직접적 무역관리의 하나이다. 주로 외국환을 국가의 중앙은행에 집중시키고 수출입 대금 결제 등에 있어 외국환의 수요와 공급을 적절히 조정함으로써 무역을 관리하는 것.

3. 조세 및 금융제도에 의한 관리

조세 및 금융제도에 의한 관리는 시장의 가격구조를 통해서 간접적으로 이루어지고 있으므로 시장구조나 생산구조에 미치는 영향은 작다. 따라서 이는 간접적 무역관리라 할 수 있다. 현재의 국제상거래의 구조가 무역자유화로 선회함에 따라 무역관리는 상대적으로 약화되기 마련이다. 이렇게 무역관리가 약화될수록 조세 및 금융제도에 의한 관리는 더더욱 중요한 위치를 차지하게 된다.

(1) 수입관세

관세(customs duty, tariff)란 물품이 한 나라의 관세영역을 출입할 때 부과되는 조세. 관세영역이란 한 나라의 경제적 경계인 관세선(customs line)의 안쪽 영역.
관세는 부과 목적에 따라 재정관세와 보호관세로 구분.
- 재정관세 : 국가의 재정수입을 주목적으로 부과하는 것.
- 보호관세 : 국내의 유치산업 보호·육성, 기존산업의 유지를 목적.

(2) 수입부가세(import surcharge)

수입시 부과되는 관세이외에 조세. 이는 특수한 경제사정상 긴급히 수입을 억제하려고 할 때 부과

(3) 수입과징금 제도(import surtax)

수입과징금은 수입품에 부과되는 관세이외의 조세이다. 수입과징금을 부과함으로써 수입품의 가격경쟁력을 약화시켜서 수입을 억제하는 수단으로 이용되는 제도이다. 이는 관세제도와 유사한 제도이지만 관세인상에 따른 WTO협정 위반을 회피하기 위해 사용되어진다. 수입과징금은 고정수입과징금과 가변수입과징금으로 구분

(4) 수출세(export duty)

국내물품을 수출할 때 부과되는 조세. 주로 재정 수입 증대 목적으로 부과되며 국내에서 물품을 확보하거나 국내물가의 급등을 억제하는 등 국내물자 수급 조절 상 부과되는 것이나, 현재 대한민국에서뿐만 아니라 거의 모든 국가에서 수출세는 부과되지 않고 있음

(5) 기타 간접 무역관리방식

무역금융제도, 수출보험 등 수출촉진에 의한 제도, 기타 무역진흥을 위한 세제상 지원제도를 통해 무역진흥 도모

제2절 무역거래에 관한 법적 규제

1 무역거래에 대한 사법적 규제

사법은 "계약자유의 원칙"을 기반으로 존재한다. 따라서 무역거래에 대한 사법적 규제는 당사자간의 계약을 존중하며 이를 방해할 수 없다는 것이 원칙. 이러한 원칙 하에서 무역거래자는 스스로의 판단에 의해서 자유로운 무역거래 가능

1. 국제사법에 의한 규제

(1) 준거법 규정

"계약자유의 원칙"하에서는 당사자간의 합의 내지 계약에 의해서 법률관계가 규율되는 것이 보통이다. 따라서 거래당사자들의 계약을 할 때 법률관계를 계약 속에 규율함으로

서, 혹시 발생할지도 모르는 계약위반 등에 따른 분쟁을 보다 효과적으로 대처할 수 있다. 이를 준거법 규정이라 한다.

(2) 국제사법의 적용

계약당사자들이 준거법을 규정하지 아니하였거나 불명확할 때에는 국제사법에 의한다. 그런데 아직까지는 통일된 국제사법이 없고 특정국가의 국내법이 적용되는 경우가 많기 때문에 무역거래에 있어서 많은 불안요인이 되고 있다.

2. 국제상관습에 의한 규제

국제상관습을 체계적으로 마련해놓고, 무역거래당사자들이 이를 계약에 반영시킴으로서 계약의 실효성을 확보하고 그 내용을 확장할 수 있도록 하고 있다. 국제상업회의소(ICC ; Internatonal Chamber of Commerce) 등의 단체가 각종의 국제상관습을 정리해 발표하고 있다.

2 무역거래에 대한 공법적 규제

계약자유원칙 ⇨ 계약공정의 원칙 ; 공법상 특별입법에 의하여 공정하지 않은 계약내용을 제한하거나 계약당시 일정한 형식을 사용하도록 강제함으로서 계약자유원칙을 수정·보완하고 있다.

1. 각국의 공권력에 의한 관리

① 국내산업 보호, 수출의 진흥을 위한 관리
② 관세 등의 부과를 통한 재정 수입 확보를 위한 관리
③ 전쟁 등 특수 상황을 대비한 통제 필요에 의한 관리
④ 공정무역을 위한 관리
⑤ 각국의 사회질서와 미풍양속을 유지하기 위한 관리
⑥ 학술 및 문화재보호 등의 필요에 의한 관리

2. 국제법에 의한 규제

① 각국 상호간의 통상 조약(18세기 이후)
② 각국 정부 상호간 협정(제1차 세계대전 이후)
③ 다자간 회의에 의한 협정
   IMF, GATT, WTO 등

제3절 무역관리와 국제기구

1 국제통화기금(IMF ; International Monetary Fund)

IMF는 1944년 7월 브레튼우즈 협정에 의하여 설립된 국제금융기구. IMF는 기금(Pool)을 조성해서 국제간 통화의 유동성을 확보함으로써 환율의 안정을 달성하는 것을 목적으로 하고 있다.

IMF선언문에는 "IMF가 정당성을 인정하는 경우를 제외하고 각국은 국제수지를 개선할 목적으로 무역 및 기타 경상거래상의 제한조치를 새로이 도입하거나 강화시키지 않도록 자율적으로 규제하여야 한다."고 명시함으로서 국제간의 통화의 거래에 있어서의 자유화를 추구하고 있다.

IMF의 승인을 받지 않고서는 경상적 국제거래를 위한 지급에 대하여 제한을 가하지 않을 것을 IMF협정 제8조에서 명시하고 있다. 그리고 IMF협정 제14조에서는 전후 복구 또는 경제개발을 위하여 필요한 경우 잠정적으로만 외환에 대한 제한을 실시하도록 하고 있다.

2 관세와 무역에 관한 일반 협정(GATT ; General Agreement on Tariffs and Trade)

GATT는 세계무역증진을 위하여 1948년 발효된 국제기구이다. GATT는 우선 비관세장벽 등 무역의 양적 제한조치 철폐, 무역에 있어서의 차별대우 철폐, 협상을 통한 무역상의 분쟁해결을 목표(GATT의 3대목표)로 창설되었다.

1. 비관세장벽 철폐

① 수량제한 철폐
　보호무역주의의 전형적인 예로서 GATT에서는 이를 원칙적으로 금지

② 불공정무역 철폐
　덤핑방지관세, 수출보조금은 원칙적으로 폐지하여야 한다.

③ 국가무역 불인정
　정부나 국영기업체가 무역을 전담하는 것

2. 관세의 인하

　비관세장벽을 제거 ⇨ 관세화 ⇨ 관세인하 ⇨ 국제무역의 자유화
　미국의 케네디 행정부가 주도(Kennedy Round)하여 교섭을 시작한 이래 1973년 동경에서 개최된 동경협상(Tokyo Round)까지 각각 36%(Kennedy Round), 30%(Tokyo Round)의 관세인하에 성공하였다.

3. 협상을 통한 문제해결 노력

　GATT는 1993년 12월 15일 마라케시에서 우루과이 라운드 협상이 최종 타결됨으로서 1995년에 출범한 WTO에 흡수되었다.

3 경제협력개발기구
(OECD ; Organization for Economic Cooperation Development)

1. OECD는 선진국간의 경제협력기구로 1961년 설립
　상호 정책조정 및 정책협력을 통해 회원각국의 경제사회발전을 공동으로 모색하고 나아가 세계경제문제에 공동으로 대처하기 위한 정부간 정책연구 및 협력의 역할을 담당하는 기구이다. 우리나라는 1996년 12월에 29번째 회원국으로 가입하였다.

2. 설립목적
　경제성장, 저개발국원조 및 통상확대

3. OECD 선언문

일방적인 수입 제한 조치를 철폐하고 수출 및 기타 경상거래 촉진을 위한 조치를 하지 않으며, 특히 공적인 수출신용공여 경쟁을 자제하여야 한다. 그리고 개발도상국의 현실도 충분히 고려하여야 한다.

4 유엔통상개발회의(UNCTAD ; UN Conference Trade and Development)

개발도상국에 대한 선진국의 원조보다는 개발도상국의 수출품에 대한 관세면에서의 우대조치를 함으로써 개발도상국의 경제개발에 더 도움을 주도록 하기 위한 것이다. 기존의 호혜의 원칙에 따른 무역에 있어서는 개발도상국은 1차산품만 수출하고 경제개발에 도움을 주는 2차산품은 선진국의 수출을 독점하게 된다. 따라서 선진국과 개발도상국 간의 무역을 제고하고 개발도상국의 경제개발에 도움을 주기 위해서는 관세면에서의 우대조치 등 일방적 특혜를 부여해야 하는 것이다. 이러한 호혜원칙을 "실질적 호혜"라 한다.

이러한 취지에 따라 UNCTAD는 UNCTAD가맹국인 선진국이 개발도상국으로부터 수입을 하는 경우 일정한 품목을 정해서 타국으로부터 수입하는 물품보다 낮은 관세율을 적용하도록 하였다. 이를 일반특혜관세(Generalized System of Preference ; GSP)제도라 한다. GSP는 1971년에 일본과 EC가 채택하였고 1976년에 미국이 채택하였다. 그러나 최근에 와서 신보호무역주의가 대두되면서 GSP의 혜택은 축소되고 있는 형편이다.

5 세계무역기구(WTO)

WTO(World Trade Organization)는 GATT의 우루과이 라운드 협상의 결과로 1995년 1월에 새로운 다자간 경제무역기구로서 창설되었다. 집행기구는 없고 협정만이 존재하는 GATT의 한계를 벗어나 WTO는 집행기구로서 강력한 국제법적 강제력을 갖게 되었다.

1. WTO의 조직

WTO의 조직은 2년에 1회씩 정기총회를 갖는 각료회의(최고의결기구)가 있으며, 그 밑에 일반이사회가 있어 연중 수시로 회의를 갖고 결정을 내릴 수 있다. 업무를 총괄하는 사무국은 제네바에 설치되어 있다. WTO는 법적 강제력을 가지고 운용하기 위하여 산하에 분쟁해결기구(DSB ; Dispute Settlement Body)를 별도로 두고 있다. 또한 WTO의 무역정책검토기구에서는 WTO협정과 다른 제도를 운영하고 있는 국가의 무역정책을 검토하여 그 시정을 요구하기도 한다.

2. WTO 협정

WTO는 대략 26개의 협정으로 구성되는데 GATT도 그 중의 하나이다. WTO의 3대협정으로는 다음과 같은 것을 들 수 있다.

① 상품에 있어서의 관세 및 무역에 관한 일반협정(GATT, 1994)
② 서비스에 있어서의 서비스무역에 관한 일반협정(GATS ; General Agreement on Trade in Service)
③ 지적재산권에서의 무역관련 지적재산권 협정(TRIPS ; Agreement on Trade-Related Aspects of Intellectual Property Rights)이 있다.

3. WTO의 4가지 기본원칙

① 최혜국대우의 원칙
② 내국인 대우원칙
③ 시장접근보호의 원칙
④ 투명성 원칙

4. 우리나라 가입

① 우리나라는 1994년 12월 17일 WTO 비준안이 국회에서 통과됨으로써 정식 가입하게 되었는데, WTO 협정이행으로 발생할 피해를 최소화하기 위해 세계무역기구(WTO)협정이행에 관한 특별법을 제정하였다.
② 우리나라의 '세계무역기구(WTO)협정이행에 관한 특별법' 제2조에서는 "WTO협정의 어느 조항도 우리나라의 정당한 경제적 권익을 침해하는 것을 용인하는 것으로 해석될 수 없다"고 규정하고 있다.

6 FTA(Free Trade Agreement)

1. 규율대상 및 구성

(1) 상품무역분야 규율대상

① 내국민대우
국내제조상품과 동종 수입상품간 차별 금지

② 관세철폐
관세의 동결, 단계적 철폐

③ 기술규정 및 표준
무역장벽이 되지 않도록 다양한 의무와 제한 부과

④ 위생 및 검역조치
SPS(위생 및 검역조치에 관한 협정 ; Agreement on Sanitary and Phytosanitary Measures)를 따르도록 함.

⑤ 세이프가드조치
특정상품의 수입증가로 국내산업보호 필요성이 있는 경우 발동

⑥ 반덤핑조치
정상가격 이하로 수입되는 외국 상품에 대해, 국내산업을 보호하기 위하여 부과

⑦ 상계조치
수출국 정부로부터 보조금 등을 수령하여, 수입되는 외국 상품에 대해, 국내산업을 보호하기 위하여 부과

⑧ 특정상품의 규율
수입자유화에 민감한 농축수산품의 보호 등

(2) 서비스무역 및 투자분야

① 서비스무역 자유화

negative list(한-칠레 FTA, 칠레-멕시코 FTA / positive list (일본-싱가포르 EPA, EFTA-싱가포르 FTA, 미국-요르단 FTA)

② 투자자유화

기존 투자협정상 규율사항 거의 수용

(3) 기타 실재적 규율분야

① 지적재산권분야
② 정부조달분야
③ 그 밖의 특정사항 분야

2. 원산지 판정기준

(1) 완전생산기준

수입물품의 전부가 하나의 국가에서 채취 또는 생산된 물품(이하 "완전생산물품"이라 한다)인 경우에는 그 국가를 당해 물품의 원산지로 할 것

(2) 실질적 변형 기준

수입물품의 생산·제조·가공과정에 2이상의 국가가 관련된 경우에는 최종적으로 실질적 변형을 행하여 그 물품의 본질적 특성을 부여하는 활동(이하 "실질적 변형"이라 한다)을 수행한 국가를 당해 물품의 원산지로 할 것

① 세번변경기준

제조가공과정을 통하여 원재료의 세번과 상이한 세번(HS 6단위기준)의 제품을 생산하는 경우 "실질적인 변형"으로 봄.

② 부가가치기준

당해물품의 제조사용된 원료 및 구성품의 일정수준의 부가가치를 생산 또는 최초로 공급한 국가를 원산지로 하는 것이며, 이 부가가치는 협정별, 품목별로 상이하다.

③ 특정공정기준

주요부품을 생산한 국가 또는 주요공정이 이루어진 국가

(3) 최소가공 제외

수입물품의 생산·제조·가공과정에 2 이상의 국가가 관련된 경우 최소한의 가공활동(이하 "최소가공"이라 한다)을 수행하는 국가를 원산지로 하지 아니할 것

3. FTA 내용

(1) 상품무역

상품부분은 협정 당사국간 상품에 대한 내국민 대우 및 시장 접근 원칙을 규정하기 위한 것으로 관세철폐 조항 및 관세양허표 외 통상 비관세조치, 제도 규정 등으로 구성

(2) 서비스

서비스 부분은 서비스 자유화 관련 원칙·의무를 규정한 협정문과 자유화 방식에 따라 양허 또는 유보 리스트를 열거한 부속서로 구성되며, 협정 당사국은 서비스 분야의 자유화 규모 및 폭을 결정, 이에 대한 약속을 반영한다. 금융, 통신, 자연인 이동 분야의 경우 특수성과 전문성을 고려하여 별도 챕터 또는 부속서로 구성

(3) 투자

투자부분은 투자 자유화 및 투자 보호를 목적으로 하며, 협정문에는 투자와 관련된 원칙을 규정하고, 부속서는 외국인 투자 허용 분야를 열거한 유보 또는 양허 리스트로 구성

(4) 무역구제

무역구제 부분은 협정 당사국간 교역으로 인하여 국내 산업이 피해를 입은 경우 관세 인상 등의 조치를 통해 구제하는 제도를 마련하기 위한 것으로, 통상 반덤핑, 상계관세, 세이프가드 제도 등으로 구성

(5) 원산지규정

원산지규정 부분은 특혜관세 적용을 받기 위해서 당사국이 자국 원산지임을 인정받기 위해 충족해야 하는 기준을 정한 것으로, 협정문과 함께 HS코드 별로 품목별 원산지기준을 규정한 부속서로 구성

(6) 원산지 절차 및 통관

원산지 절차와 관세행정 관련 부분으로 이루어지며, 주로 협정 당사국 간 특혜 관세 신청을 위한 원산지 증명 방식, 사전판정, 기록유지 의무 및 검증, 수출 관련 의무, 특송 화물

과 관세협력 등 세관에서 이루어지는 일련의 통관과 무역원활화 관련된 규정을 명시

(7) TBT : Technical Barriers to Trade, 무역기술장벽

TBT 부분은 양국의 표준, 기술규정 및 적합성평가절차가 협정 당사국 사이의 상품교역에 불필요한 장애를 초래하지 않도록 하기 위한 것이며 WTO TBT협정의 내용을 기반으로 투명성, 공동협력, 협의채널, 정보교환 등의 조항으로 구성

(8) SPS

위생 및 식물검역(SPS) 조치는 각국이 자국민, 동식물의 건강과 생명보호를 위해 시행하는 조치로서, 일반적으로 무역을 제한하는 효과를 가져오게 된다. FTA에서는 무역자유화 촉진이라는 FTA 체결의 기본취지에 따라, SPS 조치 관련 WTO SPS 협정상의 권리의무를 기초로 하여, 양국관계의 맥락에서 SPS 조치가 무역제한적으로 기능하는 것을 방지하기 위한 규정들이 포함

(9) 지식재산권

저작권, 상표, 특허, 디자인 등 실체적 권리의 보호수준과 권리에 대한 행정·민사·형사적 집행에 관한 협정 당사국간 제도를 조화하고 지식재산권 관련 협력을 제고하는 데 기여한다. 충실하게 구성된 지재권 챕터는 권리자와 이용자에게 법적 확실성을 제공하여 무역과 투자를 증진할 수 있는 기반이 된다.

(10) 정부조달

정부조달은 세계 각국 GDP의 약 10~15%를 차지하는 큰 시장. 이러한 정부조달 시장의 상호개방은 신규시장 개척 효과를 가져오게 되며, FTA에서의 정부조달 협정은 이러한 시장개방에 대한 조건과 규칙들을 규정하기 위한 협상 분야이다. 정부조달 협정은 보통 입찰 및 낙찰과정에서의 준수의무를 다루는 협정문 부분과 시장개방 대상과 개방 하한금액을 명시하는 양허표로 구성

(11) 전자상거래

전자상거래 챕터는 전자거래 활성화를 위해 당사국간 전자적으로 전송되는 디지털제품(예 동영상, 이미지 등)에 대한 무관세·비차별대우, 전자인증 및 전자서명, 소비자 보호 관련 규정 등을 명시

(12) 경쟁

세계 경제의 의존성 증가로 인해 한 국가의 경쟁정책이 시장개방, 관세인하 등 FTA의 체결효과를 훼손할 수 있다는 인식 하에, 이를 방지하기 위한 의무들을 규정하기 위한 협상분야이다. 일반적으로 경쟁법 집행시 준수해야 할 의무, 공기업 및 독점관련 의무, 경쟁당국간 협력 등의 요소들이 포함

(13) 노동

노동 챕터는 협정 당사국 노동자의 권리를 보호하기 위한 것으로, 국제노동기준에 명시된 기본 노동권의 준수, 기본 노동권을 포함한 노동법의 효과적인 집행, 이해관계자의 절차적 권리 보장, 공중의견제출제도의 도입 및 운영, 노동협력메커니즘, 노무협의회 등으로 구성된다.

(14) 환경

환경챕터는 협정 당사국의 환경보호를 위한 것으로, 환경법 및 정책이 높은 수준의 환경보호를 제공할 의무, 다자간 환경협정의 의무 이행, 환경법의 효과적인 적용 및 집행, 환경협의회 설치, 대중참여 확대, 환경협력 확대 등으로 구성

(15) 경제협력

경제협력 챕터는 FTA 협정 당사국간의 경제협력 증진을 위한 것으로 우리나라의 경우 주로 개도국과의 FTA에서 경제협력 챕터를 별도로 두어 경제협력의 범위·방법 및 이행 메커니즘을 규정하고 있다. 통상 경제협력 챕터에는 FTA 분쟁해결절차의 적용이 배제

(16) 분쟁해결

분쟁해결은 협정 당사국 사이의 분쟁을 신속하게 해결하고 협정상 의무를 위반한 국가에 대하여 의무 이행을 확보하기 위한 것으로, 통상 당사국간 협의, 패널 판정, 판정 이행의 순서로 구성

(17) 총칙 : 최초조항 / 최종조항 / 제도조항 / 투명성 / 예외

협정 전체에 관련된 포괄적인 내용을 규정한 부분으로서, 통상 최초조항 챕터는 목적·다른 협정과의 관계·정의, 최종조항 챕터는 개정·발효·탈퇴 및 해지, 제도조항 챕터는 협정 이행을 위한 위원회의 역할, 투명성 챕터는 공표·정보교환·행정절차, 예외 챕터는 일반예외·안보예외·과세예외 등의 조항으로 구성.

[제13장 무역관리 및 외국환관리 X-File 문제]

무역관리의 형태 중 수출 또는 수입물품의 수량을 일정한 기준에 따라 국가별 또는 품목별로 일정한 한도(quota)를 설정하고 그 한도 내에서만 수출 또는 수입을 허용하는 제도를 수출입 허가제도라 한다.

◐ 한도를 설정하여 수량을 제한하는 제도를 수량제한(quantitative restriction)이라 한다.

수입관세나 수출관세 등을 부과하여 무역을 관리하는 방식을 외국환 관리에 의한 관리라 한다.

◐ 조세를 이용하여 무역을 관리하는 방식을 조세 및 금융제도에 의한 관리라 한다.

각국에서는 불공정한 무역거래를 목표로 규제할 수 있다.

◐ 각국은 공권력을 통해 공정무역을 위한 관리, 국내산업 보호 등을 위하여 규제할 수 있다.

수출입법규 및 통관제도

제VI부

제14장 수출입관련 법규
제15장 수출입통관제도

학습포인트

▶ 제6부 수출입법규 및 통관제도 접근전략 및 기출트렌드

'무역'이라는 관점에서는 중요한 부분이지만, 우리 시험에서 출제 빈도는 높지 않은 부분이다. '대외무역법' 및 '관세법'에 기재된 내용이므로, 다른 파트에 비해 난이도가 높다. 전문용어가 많이 등장하므로, 용어에 대한 정의 위주로 학습하는 것을 추천한다. 특히 '대외무역법'과 '관세법'에서 서로 다르게 정의하는 부분이 있으므로, 해당 내용은 주의 깊게 학습하여야 한다. 다만, 앞서 언급했듯, 출제빈도가 높지는 않으므로 선택적 학습이 필요하다.

▶ 제6부 수출입법규 및 통관제도 출제빈도

단원	주제	학습중요도	출제비율
14장	수출입관련 법규	◉◉	2%
15장	수출입통관제도	◉◉	3%

▶ 제6부 수출입법규 및 통관제도 체크리스트

체크리스트	기본서 상세페이지
[14장] 대외무역법에서의 수출 및 수입의 정의를 알고 있다.	409 ~ 411
[14장] 수출입실적의 인정범위 및 인정금액에 대해 알고 있다.	411 ~ 414
[14장] 관세율의 종류에 대해 알고 있다.	424 ~ 427
[15장] 원칙적·예외적 수입신고 시기에 대해 알고 있다.	434 ~ 435
[15장] 관세환급의 정의에 대해 알고 있다.	442 ~ 443
[15장] 기초원재료납세증명서·분할납부증명서에 대해 알고 있다.	447 ~ 448

제14장 수출입관련 법규

제1절 대외무역법

1 대외무역법의 개요

수출입거래를 관리하는 기본법으로써, 1957년 최초로 무역법으로 제정되어 1967년 1월부터 무역거래법으로 명칭이 변경된 후, 1986년 12월 현재의 대외무역법이 제정, 1987년 공포, 1997년 2월 전문개정, 2009년 6월 30일 일부 시행의 개정이 있었고, 대외무역관리규정은 1987년 공고 이후 2009년 4월 3일 시행의 일부 개정과정이 있었다. 대외무역법은 외국환거래법, 관세법과 함께 무역에 관한 3대 기본법이며 대외무역법의 최고관리기관은 산업통상자원부장관이다.

2 대외무역법의 목적

"수출진흥 및 수입조정~"이라는 관리무역체제를 표방하던 종전의 무역거래법과는 달리, 현행의 대외무역법은 "대외무역을 진흥하고 공정한 거래질서를 확립하여 국제수지의 균형과 통상의 확대를 도모함으로써 국민경제의 발전에 이바지"함을 목적으로 한다고 규정하는 자유무역체제를 표방하고 있다.

3 대외무역법의 특성

1. 수출입관리를 위한 기본법

민간주도의 자율성과 대외신용의 제고를 위해 규제를 최소화, 세부사항은 하위 법령에 위임

2. 국제성 및 무역에 관한 규제 최소화

대외무역법은 대외무역거래를 관리하는 법이므로 국제성을 인정하여 국제 상관습이나 국제조약을 준수하되, 국제법규나 협정에서 무역에 관한 제한규정을 두고 있는 경우 이를 최소한 범위 내에서 운영

3. 위임 및 입법적 성격

대외무역법에서는 원칙적인 사항만 규정, 시행에 관한 세부사항은 대외무역법시행령과 대외무역관리규정에 위임

4 대외무역법의 관리체계

1. 인적관리

① 무역업 고유번호 부여

2. 행위 및 대상의 관리

② 전자적 무체물의 인정
③ 수출입승인
④ 수출입공고 및 통합공고
⑤ 원산지기준 및 판정
⑥ 특정거래형태의 수출입인정
⑦ 산업설비수출
⑧ 외화획득용 원기재의 수입

3. 수출입정책의 관리

① 수출입질서유지
② 각종 벌칙

5 대외무역법의 내용

1. 무역의 주체

(1) 무역업

- 무역을 업으로 영위하는 것. 즉, 영리를 목적으로 자기명의로 수출과 수입행위를 계속적으로 반복하여 행하는 것으로서 "자기 명의로 자기 책임 하에 수출입업무를 영위하는 것"
- 대외무역법에서는 무역의 주체를 「무역업」과 「무역대리업」으로 구분하고 있었으나, 현재는 이러한 구분이 없고 무역업을 영위하면 무역대리업도 겸업 가능

(2) 무역업자

- 영리를 목적으로 수출과 수입행위를 계속적으로 반복하여 행하는 것으로써 자기명의로 자기 책임 하에 소유권 이전을 전제로 한 수출입업무를 영위하는 자
- 무역업자는 본인 대 본인(principal to principal) 관계로 수출입 본 계약을 체결하며, 수출입거래에 따른 제반사항 및 거래의 이행에 대하여 책임
- 대외무역법에서의 수출업의 영업형태는 고유수출상, 전문 무역상사, 수출중개상이며, 수입업의 영업형태는 offer sale, 대행수입 또는 선매수입, 재고판매(stock sale) 수입, 자가 사용수입이 이에 해당

(3) 무역대리업자

- 외국의 수입업자 또는 수출업자의 위임을 받은 대리인(외국의 수입업자는 수출업자의 지사 또는 대리점을 포함한다)의 자격으로 국내에서 판매계약(offer sheet 발행)이나 구매계약(order sheet 발행)을 체결하고 이에 부대되는 행위를 업으로 영위하는 자
- 외국 무역업자의 국내 판매 대리인 또는 구매대리인으로서 자기명의·자기책임 하에 소유권이전을 전제로 하는 수출입 계약을 체결할 수 없고, 외국의 무역업자를 위해 대리인으로서 대리권만 행사하므로 무역업자와 구별

2. 무역업고유번호의 부여

(1) 무역업고유번호의 신청

무역을 업으로 하는 자는 한국무역협회장에게 무역업고유번호의 부여를 신청할 수 있다.

(2) 무역업고유번호 부여의 목적

〈무역업신고제〉 폐지 이후, 이로 인한 무역통계작성의 불능, 쿼터관리 및 수출실적 확인 불능 등의 문제점을 방지하고 업종별, 산업별 무역통계를 통한 산업피해조사 및 통상마찰에 대한 대응을 위한 무역정책 및 산업정책 수립을 위한 통계를 목적으로 부여

3. 수출입 대상

수출입 대상 중 일부 상품은 승인을 받아야 수출입이 가능하다.

(1) 무역

물품, 대통령령으로 정하는 용역 또는 대통령령으로 정하는 전자적 형태의 무체물 중 하나에 해당하는 수출과 수입

(2) 물품

외국환거래법에서 정하는 지급수단, 증권 및 채권을 화체화한 서류(증권, 금액을 나타내는 서류 등으로 물권의 권리를 나타낸 것) 이외의 동산

(3) 대통령령으로 정하는 용역

경영상담업, 법무관련 서비스업, 회계 및 세무관련 서비스업, 엔지니어링 서비스업, 디자인, 컴퓨터시스템 설계 및 자문업, 문화산업에 해당하는 업종, 기타 지식기반용역 등 수출유망 산업으로서 산업통상산업부장관이 정하여 고시하는 업종의 사업을 영위하는 자가 제공하는 용역

(4) 전자적 형태의 무체물

- 소프트웨어산업진흥법에 따른 소프트웨어나 부호, 문자, 음성, 음향, 이미지, 영상 등을 디지털 방식으로 제작하거나 처리한 자료 또는 정보 등으로서 산업통상자원부장관이 정하여 고시하는 것
- 영화, 게임, 애니메이션, 만화, 캐릭터를 포함한 영상물, 음향, 음성물, 전자서적, 데이타베이스
- 소프트웨어 등과 같은 전자적 형태의 무체물이 CD, 디스켓, 음반 등의 형태로 거래되는 경우에는 전자적형태의 무체물이 아니라 물품에 해당하는 것으로 간주
- 물품의 수출보다는 법률, 교육, 소프트웨어 프로그램 등으로 이용토록 하고, 이에 대한 대가를 받는 순수한 서비스공급에 해당하는 행위는 대외무역법령상의 물품 등의 범위에 포함되지 않는 것으로 간주

4. 수출의 정의

(1) 물품의 수출

① 국내(대한민국의 주권이 미치는 지역)에서 국외(국내이외의 지역, 즉 대한민국의 주권이 미치지 않는 지역)로의 물품의 이동
② 수출을 매매, 교환, 임대차의 유상수출과 사용대차, 증여 등의 무상수출로 분류하여 규정
③ 우리나라 선박의 공해상 원양어로에서 채취 또는 포획한 수산물 등의 현지직접매도 또한 수출의 범주에 포함. 그 이유는 물품이 현지(공해 혹은 외국)에 있을지라도 우리나라 물품이고 매매의 원인에 의해서 현지에서 인도하는 것이기 때문에 비록 물품이 국내에서 외국으로 이동하는 것은 아니지만 수출범주에 포함
④ 유상으로 외국에서 외국으로 물품을 인도하는 것으로서 산업통상부장관이 정하여 고시하는 기준에 해당되는 것(중계무역, 외국인도수출, 무환수출)은 수출의 범위에 포함 (여기서 유상이란 물품을 인도함으로써 그에 상응하는 반대급부로서 외화 또는 물품을 수취하는 것을 말하고, "외국에서 외국으로"라는 것은 국내 이외의 지역간에 이루어지는 거래).

(2) 용역의 수출

외국환거래법상 규정하는 거주자가 비거주자에게 "산업통상부장관이 정하여 고시하는 방법으로 용역을 제공하는 것"으로 규정하고 있다. 여기에는 용역의 국경을 넘은 이동에 의한 제공, 비거주자의 국내에서의 소비에 의한 제공, 거주자의 사업적 해외주재에 의한 제공 그리고 거주자의 외국으로의 이동에 의한 제공 등의 방법에 의하여 공급하는 것이 있다.

(3) 전자적 형태의 무체물의 수출

외국환거래법상 규정하고 있는 거주자가 비거주자에게 정보통신망을 통한 전송과 그밖에 산업통상자원부장관이 정하여 고시하는 방법으로 전자적 형태의 무체물을 인도하는 것으로써 여기에 해당하는 것은 컴퓨터 등 정보처리능력을 가진 장치에 저장한 상태로 반출·반입한 후 인도·인수하는 것이 있다.

5. 수입의 정의

(1) 물품의 수입

① 대외무역법상, 수입이란 매매, 교환, 임대차, 사용대차, 증여 등을 원인으로 외국으로부터 국내로 물품이 이동하는 것으로 규정
② 유상으로 외국에서 외국으로 물품을 인수하는 것으로써 산업통상자원부장관이 정하여 고시하는 기준에 해당하는 것

(2) 용역의 수입

외국환거래법에서 규정하고 있는 비거주자가 거주자에게 산업통상자원부장관이 정하여 고시하는 방법으로 용역을 제공하는 것

(3) 전자적 형태의 무체물의 수입

외국환거래법에서 규정하고 있는 비거주자가 거주자에게 정보통신망을 통한 전송과 그 밖에 산업통상자원부장관이 정하여 고시하는 방법으로 전자적 형태의 무체물을 인도하는 것

6 수출입 승인제도

1. 수출입 승인제도의 의의

① 예외적으로 제한하는 품목에 대해 승인절차라는 방법으로 그 품목의 수출입이 가능하도록 해 주는 제도
② 수출입이 제한되는 품목은 사전에 수출입 승인기관의 승인을 얻어야만 정상적인 수출입이 가능하도록 하고 그 이외의 품목에 대하여는 자유롭게 수출입을 허용하는 제도
③ 수출입대상물품의 선정방법은 원칙자유·예외제한의 Negative System으로 운영되고 긴급을 요하는 물품 기타 수출입의 절차 간소화를 위하여 필요한 물품의 경우에는 승인면제제도를 운용함으로써 예외적 승인제를 더욱 완화

2. 수출입승인의 대상물품

① 헌법에 따라 체결·공포된 조약이나 일반적으로 승인된 국제법규에 따른 의무를 이행하기 위하여 지정·고시하는 물품

② 생물자원을 보호하기 위하여 산업통상자원부장관이 지정·고시하는 물품, 교역상대국과의 경제협력을 증진하기 위하여 산업통상자원부장관이 지정·고시하는 물품
③ 방위산업용 원료, 기재, 항공기 및 그 부분품, 그밖에 원활한 물자 수급과 과학기술의 발전 및 통상·산업정책상 필요하다고 인정하여 산업통상자원부장관이 해당 품목을 관장하는 관계 행정기관의 장과 협의를 거쳐 지정·고시하는 물품
④ 기타의 수출입 승인대상물품은 구체적으로 수출입공고에서 정한 물품 등 의미(단, 중계무역물품, 외국인수수입 물품, 외국인도수출 물품, 선용품은 제외).
⑤ 산업설비수출 승인물품 및 전략물자수출입고시 대상물품은 승인으로 간주처리하고 별도 관리하며, 특정거래형태의 수출입은 승인과 별도로 인정제도를 도입하여 별도 관리

3. 수출입승인의 유효기간

유효기간은 1년. 단, 산업통상자원부장관이 국내의 물가안정, 수급조정, 물품의 인도조건 등 기타 거래상 특성에 따라 필요하다고 인정되는 경우는 유효기간을 단축 또는 초과하여 설정 가능

4. 수출입승인의 변경

① 승인사항: 중요한 사항을 변경하고자 하는 경우, 당초 수출입승인기관으로부터 변경승인을 받아야 한다. 여기서 중요한 사항이란, 수출 또는 수입의 당사자(당사자의 변경은 파산 등 불가피한 경우), 승인수량, 가격 및 승인의 유효기간 등을 의미.
② 신고사항: 원산지 도착항(수출의 경우), 규격, 수출입물품의 용도(용도가 지정된 경우), 승인조건 등이 변경된 경우에는 당해 승인기관이 장에게 변경신고. 그외의 경미한 사항의 변경 시, 통관지 세관장에게 신고만 함.

7 수출입 실적

1. 수출입실적의 개념

수출입실적은 무역업자가 일정기간 동안 법령에서 정하는 범위 내에서 수출입을 이행한 결과 나타나는 금액의 누적. 수출실적이란, 산업통상자원부장관이 정하여 고시하는 기준에 해당하는 수출통관액(일반수출의 경우 FOB기준), 입금액(외국인도수출의 경우), 가득액(중계무역의 경우에는 수출금액(FOB) − 수입금액(CIF)과 수출에 제공되는 외화획득용원료·기재

의 국내공급액(내국신용장, 구매확인서의 경우)을 말한다. 수입실적이란 수입통관액 및 지급액을 말하며 수입실적의 인정범위는 수입의 정의 중 유상으로 거래되는 수입으로 한다.

2. 수출실적의 인정범위

① 대북한 유상반출을 포함한 유상거래의 수출
② 외국개최 박람회, 전람회, 영화제 등에 출품하기 위해 무상으로 반출하는 물품 등의 수출로서 현지에서 매각된 것과 해외에서 투자, 건설, 용역, 산업설비수출, 그밖에 이에 준하는 사업에 종사하고 있는 우리나라 업자에게 무상으로 송부하기 위하여 반출하는 시설기재, 원료, 근로자용 생활필수품 및 그 밖에 그 사업에 관련하여 사용하는 물품으로서 주무부장관이나 주무부장관이 지정한 기관의 장이 확인하는 물품 등의 수출 중 해외건설공사에 직접 공하여지는 원료·기재, 공사용 장비 또는 기계류의 수출 등, 수출승인이 면제되는 수출중 하나에 해당하는 수출
③ 수출자 또는 수출물품등의 제조업자에 대한 외화획득용 원료 또는 물품 등의 공급 중 수출에 공하여지는 것으로서, 내국신용장(Local L/C)에 의한 공급, 구매확인서에 의한 공급, 산업통상자원부장관이 지정하는 생산자의 수출물품 포장용 골판지 상자의 공급, 넷째, 외국인으로부터 외화를 영수하고 외화획득용 시설기재를 외국인과 임대차 계약을 맺은 국내업체에 인도하는 경우 등이다.

3. 수출실적의 인정금액

① 외국인수수입의 경우는 외국환은행의 장
② 중계무역에 의한 수출의 경우에는 수출금액(FOB가격)에서 수입금액(CIF가격)을 공제한 가득액
③ 외국인도수출의 경우에는 외국환은행의 입금액(다만, 위탁가공된 물품을 외국에 판매하는 경우에는 판매액에서 원자재 수출금액 및 가공임을 공제한 가득액)
④ 외국에서 개최되는 박람회, 전람회, 견본시, 영화제 등에 출품하기 위하여 무상으로 반출하는 물품은 외국환은행의 입금액
⑤ 원양어로에 의한 수출 중 현지경비사용분은 외국환은행의 확인분
⑥ 용역 수출의 경우에는 수출입확인서 발급기관의 장이 발급한 수출입확인서에 의해 외국환은행이 입금확인한 금액
⑦ 전자적 형태의 무체물의 수출의 경우에는 한국무역협회장 또는 한국소프트웨어산업협회장이 발급한 수출입확인서에 의해 외국환은행이 입금확인한 금액

⑧ 수출자 또는 수출물품등의 제조업자에 대한 외화획득용 원료 또는 물품등의 공급수출에 의한 외국환은행 결제액 또는 확인액
⑨ 외국인으로부터 외화영수 후 물품 국내 공급에 대한 외국환은행 입금액
⑩ 외국인수수입의 외국환은행 입금액
(다만, 당사자간에 대금을 결제한 경우에는 그 구매확인서를 발급한 외국환은행의 장 또는 전자무역기반사업자로 하며, 이 경우 외국환은행의 장 또는 전자무역기반사업자는 당사자간에 대금 결제가 이루어졌음을 증명하는 서류를 확인하여야 한다.)
⑪ 한국무역협회장 : 은행장 확인대상 이외의 경우
⑫ 수출입실적의 확인 및 증명발급기관은 한국무역협회장 또는 산업통상자원부장관이 지정하는 기관의 장이 행한다.

4. 수출실적의 인정시점

(1) 수출신고 수리일 기준

- 유상거래 수출
- 해외에서 투자, 건설, 용역, 산업설비수출, 그 밖에 이에 준하는 사업에 종사하고 있는 우리나라 업자에게 무상으로 송부하기 위하여 반출하는 시설기재, 원료, 근로자용 생활필수품 및 그밖에 그 사업에 관련하여 사용하는 물품으로서 해외건설공사에 직접 공하여지는 원료·기재, 공사용 장비 또는 기계류의 수출.

(2) 입금일 기준

- 유상 거래 수출 중에서 용역 또는 전자적 형태의 무체물의 수출
- 외국에서 개최되는 박람회, 전람회, 견본시, 영화제 등에 출품하기 위해 무상으로 반출하는 물품 등의 수출로서 현지에서 매각된 것
- 중계무역 및 외국인도수출 그리고 외국인으로부터 외화를 영수하고 외화획득용 시설기재를 외국인과 임대차 계약을 맺은 국내업체에 인도하는 경우
- 외국인으로부터 외화를 영수하고 「자유무역지역의 지정 및 운영에 관한 법률」 제2조의 자유무역지역으로 반입신고한 물품 등을 공급하는 경우이다.

(3) 외국환을 통한 대금결제일 기준

- 수출자 또는 수출물품등의 제조업자에 대한 외화획득용 원료 또는 물품 등의 공급 중 수출에 공하여지는 것
- 내국신용장(Local L/C)에 의한 공급, 구매확인서에 의한 공급

- 산업통상자원부장관이 지정하는 생산자의 수출물품 포장용 골판지 상자의 공급에 의한 수출
- 단, 외국환은행을 통하여 대금을 결제하지 아니한 경우에는 당사자간의 대금 결제일이 인정시점이다.

5. 수입실적의 인정금액 및 인정시점

① 수입실적의 인정금액은 수입통관액(CIF 가격기준)으로 한다. 다만, 외국인수수입과 전자적 형태의 무체물의 수입의 경우에는 외국환은행의 지급액으로 한다(관리규정 제26조 4항).
② 수입실적의 인정시점은 수입신고수리일로 한다. 다만, 외국인수수입의 경우에는 지급일로 한다. 외국인수수입과 용역 또는 전자적형태의 무체물의 수입의 경우에는 지급일로 한다(관리규정 제27조 3항).

6. 수출입 실적의 확인 및 증명의 발급

① 통상적으로 한국무역협회장 또는 산업통상자원부장관이 지정하는 기관의 장이 행한다.
② 다음의 경우에는 외국환은행의 장이 수출입실적을 확인하고 증명을 발급한다.
- 중계무역에 의한 수출
- 외국인도수출, 외국에서 개최되는 박람회, 전람회, 영화제 등에 출품하기 위해 무상 반출물품 등의 수출로서 현지에서 매각된 경우.
- 원양어로에 의한 수출 중 현지경비 사용분, 용역수출과 전자적 형태의 무체물의 수출.
- 무역업자 또는 수출물품 제조업자에 대한 외화획득용 원료 또는 물품의 공급 중 수출에 공하여지는 것으로 아래의 어느 하나에 해당하는 경우
  - 가. 내국신용장에 의한 공급
  - 나. 구매확인서에 의한 공급
  - 다. 산업통상자원부장관이 지정하는 생산자의 수출물품 포장용 골판지 상자의 공급의 경우.
- 외국인으로부터 외화를 영수하고 외화획득용 시설기재를 외국인과 임대차계약을 맺은 국내업체에 인도하는 경우.
- 외국인으로부터 외화를 영수하고「자유무역지역의 지정 및 운영에 관한 법률」제2조의 자유무역지역으로 반입신고한 물품 등을 공겁하는 경우, 그리고 외국인수수입의 경우.

8 수출입품목관리제도

1. 수출입공고

(1) 수출입공고의 개념

수출입품목을 관리하기 위한 기본공고로서 우리나라의 수출입품목관리를 위한 기본원칙을 정하고 있다. 산업통상자원부장관이 수출입 물품에 대한 직접적인 관리를 위하여 물품의 수출 또는 수입에 관한 승인품목, 허가품목, 금지품목 등의 구분에 관한 사항 및 물품의 종류별 수량, 금액의 한도, 규격 또는 수출입 지역 등의 제한에 따른 추천 또는 확인절차 등에 관한 사항을 종합적으로 책정하여 공고한 것이다. 이러한 규정에 따라 산업통상자원부장관 고시의 형태로 수출입 물품에 대한 제한여부에 관해 공고한 것이 수출입 공고이다. 이는 수출입 품목관리를 위한 기본공고라 할 수 있다.

(2) 품목관리의 원칙

우리나라는 GATT에 가입하면서 1967년 7월 25일부터 수출입품목관리체계를 Positive List System에서 Negative List System으로 전환하였다. 이것은, 품목별로 수출입을 금지하거나 제한하고 있지 않으면 자유롭게 수출입이 가능한 체제이며 실시간의 제한없이 수시로 변경된다. 국내에서 유통, 소비가 이루어지지 않는 물품의 경우에는 수출입공고 등의 적용이 필요없다. 즉, 선용품, 외국인수수입, 외국인도수출물품, 중계무역물품은 수출입공고등의 적용이 배제된다.

2. 통합공고

(1) 통합공고의 개념

① 통합공고는 대외무역법 이외의 약사법 등 개별법에 의한 품목별 수출입 제한내용을 각각의 주무부서별로 다른 개별법령 및 품목, 수출입의 요건 및 절차 등을 모두 통합하여 산업통상자원부장관이 이를 일괄적으로 발표하는 고시.
② 통합공고함으로써 무역거래자로 하여금 수출입요령의 변동내용을 쉽게 이해하도록 산업통상자원부에서 통합하여 공고하는 제도.
③ 대외무역법에 의한 수출입공고와의 차이점은 대외무역법에 의한 수출입공고는 경제정책목표달성을 위한 규제이지만, 통합공고는 공중도덕, 국민보건, 안전보호, 사회질서유지, 문화재보호, 자연환경보호 등 경제외적 목적을 달성하기 위한 공고체계이기 때문에 수출입공고에서 수출입을 제한하고 있지 않더라도 해당품목을 관장하는

개별법에서 수출입을 제한하고 있는 경우에는 동 개별법상의 제한요건을 충족해야만 수출입이 가능.

(2) 품목별 수출입요령

① 마약류(마약, 향정신성 의약품, 대마)의 경우, 마약류 취급 학술 연구자 및 마약류 수출입업자에 한해 수출입이 가능하며 매 품목마다 식품의약품안전처장의 허가를 받아 수입가능.

② 식품류의 경우, 부패, 변질, 미숙한 것, 유독, 유해물질 함유, 부착된 것 등에 대하여 수출입할 수 없는 식품류로 지정하고 있으며, 식품첨가물, 식품용 기구, 용기, 포장류에 대해서도 적용.

③ 동식물 및 생산품의 경우, 검역증명서의 제출이 의무화되어 있거나 검역을 받아야 하며, 수입 장소 별도 지정.

④ 통관제한물품의 경우
- 수입할 수 없는 경우로 지정
- 국헌문란, 풍속을 해할 서적, 간행물, 영화, 음반 등
- 정부기밀 누설, 첩보물품
- 화폐 및 유가증권 등의 위조품, 모조품, 변조품 등과 같은 경우.

3. 전략물자·기술 수출입 통합고시

(1) 전략물자 수출입공고의 개념

국제평화 및 안전유지, 국가안보를 위하여 필요하다고 인정하여 별도로 정하여 공고하는 물품인 전략물자에 대해 관계중앙행정기관의 장(주로 국방부나 과학기술부장관 등)과 협의하여 이들 수출입의 제한에 필요한 사항을 공고한 물품품목 및 규격, 수출이 제한되는 지역, 수출허가 및 수입증명서의 발급에 관한 절차, 기타 수출 및 수입에 관한 사항 등 전략물자의 수출제한 및 수입증명서 발급에 관하여 필요한 사항을 산업통상자원부장관이 이를 정하여 공고하는 제도.

(2) 전략물자의 품목분류

① 전략물자의 품목분류는 일반수출입물품처럼 HS에 의하지 않고 별도의 통계부호를 사용하여 분류

② 주로 무기와 군수품 등의 방산물자 등이 이에 해당된다. 전략물자의 수출입은 공히 전략물자 수출허가와 수입증명서가 있어야 가능
③ 바세나르체제에 의해 통제되어지는 일반산업물품, S/W, 기술, 방산물자는 수출입이 제한
④ 전략물자의 수출허가를 받은 경우에는 수출승인을 얻은 것으로 간주

4. 수출입공고의 예외

국내에서 유통 및 소비가 이루어지지 않는 물품의 경우, 수출입공고 등을 적용할 필요가 없다. 따라서, 선용품, 외국인수수입, 외국인도수출물품, 중계무역물품은 수출입공고 등의 적용에서 배제.

9 원산지관리제도(Origin Marks)

1. 원산지규정

(1) 원산지규정의 의의

원산지(orgin of goods)란, 특정 물품이 성장(growth), 생산(production), 제조(manufactre) 또는 가공(processing)된 지역이나 국가 또는 물품의 국적으로서 원칙적으로 정치적 실체를 지닌 한 국가를 의미한다. 원산지규정(rules of origin)은 수입국이 각종 정책목적상 수입 등의 원산지를 판정할 필요가 있을 때 특정제품의 생산·제조국을 결정하기 위해 적용하는 제반법규 및 행정적 절차를 말하는데, 원산지를 소비자에게 물품의 생산지에 관한 정확한 정보를 알려줌으로써 소비자가 원하는 상품을 선택할 수 있도록 하는 소비자보호를 위한 제도이며, 또한 국내 산업보호 및 관세편익 제공 등의 중요한 무역정책수단으로 활용되고 있다. 원산지 표시대상물품은 소비자가 직접 구매하여 사용하는 품목으로서 HS4단위를 기준으로 전체품목의 약 50~60%정도이다.

(2) 원산지규정의 구분

원산지규정은 관세상의 특혜를 부여하기 위해 운영되는 특혜원산지규정(preferential rules of origin)과, 원산지표시, 수입제한·반덤핑관세·상계관세 등의 무역조치를 취하거나 통계목적에 이용하기 위하여 운영되는 비특혜관세원산지규정(non-preferential rules of origin)로 구분되어진다.

전자의 경우는 현재 대외무역법, 관세법 등에 규정되어 있으며, 후자의 경우는 대외무역법에 원산지판정, 원산지표시 등을 규정하고 있다.

(3) 대외무역법상 물품의 원산지관리 3대 요소는 원산지 판정, 원산지표시, 원산지확인의 3가지이다. 원산지표시는 최종소비자를 보호하기 위하여 수출입물품에 원산지를 표시하도록 하는 것이고, 원산지확인은 특정 물품의 수입지역을 제한하거나 원산지 허위표시 등을 방지하기 위해 무역정책적 측면에서 시행되고 있다.

2. 원산지증명서의 제출 면제 대상물품

① 과세가격이 15만원 이하인 물품
② 우편물(수입신고를 하여야 하는 것은 제외)
③ 개인에게 무상 송부된 탁송품·별송품 또는 여행자의 휴대품
④ 재수출조건부 면세대상물품 등 일시 수입물품
⑤ 보세운송, 환적 등에 의하여 우리나라를 단순 경유하는 통과물품
⑥ 물품의 종류, 성질, 형상 또는 그 상품, 생산국명, 제조자 등에 의하여 원산지가 인정되는 물품

3. 원산지표시 면제 대상물품

① 외화획득용 원료 및 시설기재로 수입되는 물품
② 개인에게 무상 송부된 탁송품별송품 또는 여행자 휴대품
③ 수입 후 제조공정에 투입되는 부품 및 원재료로서 실수요자가 직접 수입하는 경우(실수요자를 위하여 수입을 대행하는 경우 포함)
④ 판매 또는 임대목적이 아닌 물품제조에 사용할 목적으로 수입되는 제조용 시설 및 기자재(부분품 및 예비 부품을 포함)로서 실수요자가 직접 수입하는 경우(실수요자를 위하여 수입을 대행하는 경우 포함)
⑤ 연구개발용품으로서 실수요자가 수입하는 경우(실수요자를 위하여 수입을 대행하는 경우를 포함)
⑥ 견본품(진열·판매용이 아닌 것에 한함) 및 수입된 물품의 하자 보수용 물품
⑦ 보세운송·환적 등에 의하여 우리나라를 단순히 경유하여 통과하는 물품
⑧ 재수출조건부 면세대상물품 등 일시 수입물품
⑨ 우리나라에서 수출된 후 재수입되는 물품
⑩ 외교관 면세 대상 물품

4. 원산지 판정

① 완전생산기준

　수입물품의 전부가 하나의 국가에서 채취 또는 생산된 물품(이하 "완전생산물품"이라 한다)인 경우에는 그 국가를 당해 물품의 원산지로 할 것

② 실질적 변형기준

　수입물품의 생산·제조·가공과정에 2국 이상의 국가가 관련된 경우에는 최종적으로 실질적 변형을 행하여 그 물품의 본질적 특성을 부여하는 활동(이하 "실질적 변형"이라 한다)을 수행한 국가를 당해 물품의 원산지로 할 것

- 세번변경기준 : 제조·가공과정을 통하여 원재료의 세번과 상이한 세번(HS 6단위기준)의 제품을 생산하는 경우 "실질적인 변형"으로 본다.
- 부가가치기준 : 당해물품의 제조·사용된 원료 및 구성품의 일정수준의 부가가치를 생산 또는 최초로 공급한 국가를 원산지로 하는 것이며, 이 부가가치기준은 해당 협정별, 품목별로 상이하다.
- 특정공정기준 : 주요부품을 생산한 국가 또는 주요공정이 이루어진 국가

③ 최소가공 제외

　수입물품의 생산·제조·가공과정에 2국 이상의 국가가 관련된 경우 최소한의 가공활동(이하 "최소가공"이라 한다)을 수행하는 국가를 원산지로 하지 아니할 것

10 외화획득용원료·기재

1. 외화획득용원료의 규정

　대외무역법에서 규정한 「외화획득용원료」라 함은 외화획득에 제공되는 물품을 생산(물품의 제조·가공·조립·수리·재생 또는 개조하는 것을 말한다)하는데 필요한 원자재·부자재·부품 및 구성품을 말한다.

2. 외화획득용원료의 범위

① 수출실적으로 인정되는 수출물품등을 생산하는데 소요되는 원료(포장재포함)
② 외화가득율이 30% 이상인 군납용 물품을 생산하는데 소요되는 원료(외화가득이란, 외화획득액에서 외화획득용원료의 수입금액을 공제한 금액이 외화획득액에서 차지하는 비율)

③ 해외에서의 건설 및 용역사업용 원료
④ 외화획득이 완료된 물품 등의 하자 및 유지보수용

3. 외화획득용원료·기재에 대한 특혜

① 수출입공고 등에서 수입제한품목이라도 제한요건을 충족하지 않은 경우에도 수입허용
② 수량제한이 없고, 수입부담금 면제
③ 연지급수입대상품목 및 연지급기간의 차등적용
④ 무역금융의 지원, 관세환급 등의 금융·세제상의 우대
⑤ 신용장개설시 수수료할인 및 수입시 원산지표시 면제

4. 외화획득의 범위

① 수출
② 국제연합군 기타 외국군 기관에 대한 물품의 매도
③ 관광
④ 용역 및 건설의 해외진출
⑤ 국내에서 물품을 매도하는 것으로서 산업통상자원부장관이 정하여 고시하는 기준에 해당하는 것.
- 외국인으로부터 외화를 받고 국내의 보세지역에 물품을 공급하는 경우
- 외국인으로부터 외화를 받고 공장건설에 필요한 물품을 국내에서 공급하는 경우
- 정부, 지방자치단체 또는 정부투자지관이 외국으로부터 받은 차관자금에 의한 국제경쟁입찰에 의해 국내에서 유상으로 물품을 공급하는 경우(대금결제통화의 종류 불문)
- 외화를 받고 외항선박(항공기)에 선(기)용품을 공급하거나 급유하는 경우
- 절충교역거래(OFF-SET)의 보완거래로서 외국으로부터 외화를 받고 국내에서 제조된 물품을 국가기관에서 공급하는 경우
- 무역거래업자가 외국의 수입업자로부터 수수료를 받고 행한 수출알선은 외화획득행위에 준하는 외화획득행위로 본다.

5. 외화획득용제품의 수입

「외화획득용제품」이라 함은 수입한 후 생산과정을 거치지 아니하는 상태로 외화획득에 제공되는 물품을 말하며, 그 범위는 다음과 같다.

① 한국관광용품센타가 수입하는 식자재 및 부대용품, 즉 관광호텔용 물품(승인기관 : 문화체육관광부장관)
② 수입물품업자가 수입하는 선용품
③ 군납업자가 수입하는 군납용물품

제2절 관세법

1 관세(customs duties, tariff)의 개념

관세영역(customs frontier)나 관세선(customs line)을 통과하는 물품에 부과하는 세금으로서, 수출세, 수입세, 통과세로 구분된다. 우리나라의 경우에는 관세법상 관세의 과세물건은 수입물품임을 규정함으로써 수입세만을 부과하여 징수하고 있다.

2 관세의 성격

1. 조세적 성격

① 소비자가 최종 소비를 목적으로 구매하는 물품에 부과하는 세금
② 관세징수의 주체는 국가임
③ 관세는 강제적으로 징수
④ 관세에는 반대급부가 없음
⑤ 관세는 재정수입을 목적으로 함
⑥ 관세는 법률 또는 조약에 의해 부과·징수

2. 소비세적 성격

수입시에는 장래소비를 예상하여 과세하므로 간접소비세의 일종이며 소비이전의 단계에서 부과된 조세가 타인에게 전가된다.

(1) 관세의 궁극적인 대상은 소비임

(2) 관세는 전가됨

(3) 관세는 생필품보다는 사치품에 중과되는 것이 원칙임(사치품에 중과세, 생필품에는 경과세, 원료품에 경과세, 완제품에 중과세 원칙 적용.)

3. 특수성격

관세는 수입물품에 대하여 부과됨

① 관세는 관세영역을 전제로 함
② 관세는 자유무역의 장벽임
③ 관세는 대물세이며 수시세임

3 관세의 종류

1. 관세부과 기회에 따른 분류

(1) 수입세

수입상품에 대하여 부과하는 관세이며 오늘날 관세의 보편적인 유형으로, 관세라 하면 일반적으로 수입세를 의미

(2) 수출세

수출상품에 부과하는 관세이며, 그 예로는 브라질의 커피, 태국의 쌀, 쿠바의 담배 등 독점상품이며, 판로에 지장이 없는 물품임

(3) 통과세

한 나라 또는 한 관세구역을 통과하여 다른 나라로 송부하는 화물에 부과(중상주의 시대에 부과)하는 형태이나 오늘날에는 부과하고 있지 아니함

2. 관세부과 목적에 따른 분류

(1) 재정관세(Revenue Duties)

국가의 재정수입 확보를 목적으로 부과하는 관세

(2) 보호관세(Protective Duties)

국내의 유치산업 보호육성 및 기존산업의 유지 등을 위하여 부과하는 관세

3. 과세표준에 따른 분류

(1) 종가세(Ad Valorem Duties)

수입물품의 가격이 과세액산정의 기초. 「물품가격×세율 = 세액」 우리나라는 대부분 종가세
- 장점 : 관세의 부담이 종량세에 비해 균등, 공평함. 시장가격의 등락에도 과세부담 균형유지(인플레하에서 효과)
- 단점 : 과세가격 산출이 어려움(평가), 수출국에 따라 관세의 부과차이

(2) 종량세(Specific Duties)

수입물량의 수량이 과세표준의 기초. 「수량 × 단위수량당 세액 = 세액」
예 영화용 필름, 비디오테이프
- 장점 : 과세방법간단, 행정상 편리, 산업보호 효과 강함
- 단점 : 물가변동에 따른 세율의 적용이 불가능, 중량산정, 계량단위 통일하는데 어려움, 관세부담 공평성 상실, 인플레하에서 재정수입 확보 곤란

(3) 혼합세(Mixed Duties)

① 선택세

종량세와 종가세를 정해놓고 그중 세액이 높은 쪽에 관세부과. 수입을 억제하는데는 가격하락시 종량세를, 상승시에는 종가세를 부과하는 것이 효과적임

② 복합세

종가세와 종량세를 동시에 산출하여 합산한 세액, 우리나라에는 없음

4. 세율결정근거에 의한 분류

(1) 국정관세(National Duties)

한 나라의 법률에 의해 자주적으로 정하는 관세율로서 자주관세라고도 하며, 기본세율, 잠정세율, 탄력관세율 등이 있음

(2) 협정관세(Conventional Duties)

한나라가 다른 나라와의 조약에 의거 특정상품의 세율을 정함. 일반적으로 낮은 세율이며 우선 적용되는 특성이 있음. 외국과의 조약 또는 협정에 의해 관세율을 협정하고 그 조약의 유효기간 중에는 그 세율을 변경하지 아니할 의무를 지니므로 상호주의원칙에 의해 설정되었으므로 일방적 개정 및 폐기가 불가능.

① 다자협력

WTO협정 양허관세, WTO협정 개도국간의 관세양허, ESCAP개도국간 무역협정(방콕협정) 양허관세, UNCTAD 개도국 특혜무역제도에 관한 협정관세

② 양자협력

FTA 협정관세, 특정국과의 협정에 의한 양허관세

5. 적용관세율수에 따른 분류

① 단일세(고정세)

동일상품에 일정세율을 부과

② 다중세(다수세)

두 가지 이상의 관세율 적용, 자국상품의 불리 또는 유리한 경우 적정하게 대비하기 위함

6. 관세법에 규정된 관세

(1) 덤핑방지관세

외국업체의 덤핑행위로 인한 국내산업의 피해를 막기 위해 부과하는 관세. 덤핑(dumping)이란, 외국상품이 해당 물품의 공급국에서 소비되는 동종물품의 통상적인 거래가격을 의미하는 정상가격이하로 수입되는 것. 덤핑 시 단기적으로는 소비자가 싼 가격에 물품을 소비할 수 있어서 유리하게 보일 수 있으나, 해당상품과 경쟁관계에 있는 국내산업은 피해를 입게 되며 나아가 궁극적으로 소비자피해로 귀착될 수 있다는 점에서 WTO협정은 덤핑행위를 불공정한 무역행위로 간주하여 규제하도록 함. 덤핑방지관세부과를 위해서는 덤핑사실과 실질적 피해 등에 대한 사실조사가 이루어지고 조사결과 그러한 사실이 있다고 판정되어야 하는데 이러한 조사는 산업통상자원부소속의 무역위원회가 실시한다.

(2) 상계관세

보조금을 받은 물품의 수입을 억제하기 위한 관세다. 이는 외국에서 제조·생산 또는 수출에 관해 직·간접으로 보조금 등을 받은 물품의 수입에 대해 부과될 수 있다(관세법상의 동 규정은 WTO의 "보조금 및 상계조치에 관한 협정"을 반영한 것).

(3) 보복관세

교역상대국이 우리나라의 수출물품 등에 대해 관세 또는 무역에 관한 국제협정이나 양자 간의 협정 등에 규정된 우리나라의 권익을 부인하거나 제한하는 행위, 기타 우리나라에 대해 부당 또는 차별적인 조치를 취하는 행위를 함으로써 우리나라의 무역이익이 침해된 때 대통령령으로서 부과될 수 있다. 보복관세는 또 다른 보복을 초래해 결과적으로 국제무역질서를 붕괴시킬 우려가 있으므로 적용에 신중을 요한다(관세법상의 보복관세규정은 WTO의 "긴급수입제한조치에 관한 협정"을 반영).

(4) 긴급관세

수입증가로 인한 피해를 이유로 부과될 수 있는 관세. 특정물품의 수입증가로 인해 동종물품 또는 직접적인 경쟁관계에 있는 물품을 생산하는 국내산업이 심각한 피해를 받거나 받을 우려가 있고, 해당 국내산업을 보호할 필요가 있다고 인정될 때 부과될 수 있다(관세법 제65조 내지 제67조).

(5) 국제협력관세

대외무역의 증진을 위해 필요하다고 인정되는 때 국제기구를 통한 다자간협상 또는 특정 국가와 양자간협상을 하여 관세율을 양허함으로써 설정된 관세율로써 양허세율이라고도 한다(관세법 제73조).

(6) 특혜관세

특정국가에서 특정수입물품이 수입될 경우에 한하여 할인관세를 공여.

① 기존특혜(지역특혜)
구 식민지와 종주국간 거래물품에 대하여 타국보다 낮은 관세율(영연방) 적용

② 일반특혜관세(GSP: Generalized System of Preferences)
UNCTAD에서 결의하여 1971년부터 실시. 선진국이 어떠한 대가도 받지 않고 개도국의 일정한 상품에 일방적으로 공여. 특정 개도국을 원산지로 하는 물품 가운데 특정 물품에 대해 기본세율보다 낮은 특혜세율의 관세를 부과하는 것(관세법 제76조 및 제77조).

(7) 차별관세

모든 국가의 상품에 대하여 동등한 관세를 부과하는 것이 원칙이나 특정국가 또는 특정 상품에 대해 다른 상품보다 세율을 달리 부과(할인세율, 할증세율)

① 국기할증관세

자국의 국기를 달지 않고 외국국기를 단 선박으로 수입되는 물품에 대하여는 높은 관세 부과

② 해운장려관세

육로에 의한 수입보다 해로에 의한 수입의 경우 낮은 관세 부과

③ 간접할증관세

원산국 이외 나라로부터 간접적으로 수입되는 물품에 대하여 무거운 관세부과

(8) 할당관세

특정상품 수입 시 일정수량까지는 낮은 관세율을, 그 이상 수량은 높은 관세율을 부과하는 관세. 원활한 물자수급 또는 산업의 경쟁력 강화를 위해 특정 물품의 수입을 촉진할 필요가 있는 경우, 수입가격이 급등한 물품 또는 이른 원재료로 한 제품의 국내가격을 안정시키기 위하여 필요한 경우, 유사물품 간의 세율이 현저히 불균형하여 이를 시정할 필요가 있는 경우에 일정 세율을 기본세율에서 감하거나 추가해 부과하는 관세다(관세법 제71조).

(9) 조정관세

산업구조의 변동 등으로 물품 간의 세율이 현저히 불균형하여 이를 시정할 필요가 있는 경우, 국민보건·환경보전·소비자보호 등을 위해 필요한 경우, 국내에서 개발된 물품을 일정 기간 보호가 필요한 경우, 농림축수산물 등 국제경쟁력이 취약한 물품의 수입증가로 인하여 국내시장이 교란되거나 산업기반을 붕괴시킬 우려가 있어 이를 시정하거나 방지할 필요가 있는 경우 기본관세율을 인상하는 것으로 운용된다(관세법 제69조 및 제70조).

(10) 계절관세

계절별로 차등적인 관세율을 적용하는 것으로써 1년 중 수입되는 시기에 따라 세율을 달리 적용, 출하기에 경합되는 경우 수입품에 높은 관세율 적용 – 주로 농산물 한정한다. 계절관세는 계절에 따라 현저하게 가격차이가 발생하는 물품으로써 동종상품, 유사

물품 또는 대체물량의 수입으로 국내시장이 교란되거나 생산기반이 붕괴될 우려가 있을 때에 기획재정부령으로 계절구분에 따라 해당 물품의 국내외가격차에 상당한 율의 범위 안에서 기본세율보다 높거나 낮춰서 부과하는 관세이다(관세법 제72조).

(11) 편익관세(Beneficiary Duties)

조약을 체결하지 않은 국가에 대해 정치·경제적 목적에 의해 일방적으로 최혜국대우에 의한 편익을 부과하는 관세. 즉 관세에 관한 조약에 의한 편익을 받지 아니하는 나라의 생산물로서 우리나라에 수입되는 물품에 대해 이미 체결된 양허세율 한도내에서 편익을 부여하는 관세이다(관세법 제74조 및 제75조).

4 관세법상 용어의 정의

1. 수입

관세법상 수입이란, 외국물품을 우리나라에 반입(보세구역을 경유하는 것은 보세구역으로부터 반입하는 것을 말함)하거나 우리나라에서 소비 또는 사용하는 것(우리나라의 운송수단 안에서의 소비 또는 사용을 포함하며, 관세법 제239조 각호의 어느 하나에 해당하여 이를 수입으로 보지 않는 소비 또는 사용을 제외한다)을 말한다.

2. 수출

관세법상 수출은, 내국물품을 외국으로 반출하는 것

3. 외국물품

① 외국으로부터 우리나라에 도착된 물품(외국의 선박 등에 의해 영해가 아닌 경제수역이나 공해에서 채집하거나 포획된 수산물 등을 포함)으로서 수입신고가 수리되기 전의 것
② 수출신고가 수리된 물품

4. 반입

반입은 수출에서 반출과 반대로 물품의 이동이 이루어지는 일련의 과정을 의미하며, 물품을 우리나라에 들여오는 것이다. 구체적 반입시기는 수입신고가 수리된 시점, 즉 외국물품이 관세법상의 구속으로부터 벗어나 내국물품이 되거나, 사실상 자유로운 유통상태에 놓여지는

때를 의미한다. 밀수입품은 우리나라에 반입하였으므로 수입은 된 것이지만 어떤 형태로든 수입통관절차가 이행된 바가 없기 때문에 관세법상으로는 외국물품상태다.

5. 반송

우리나라에 도착한 외국물품이 수입통관절차를 거치지 않고 다시 외국으로 반출되는 것. 단순히 그 물품을 당초에 보냈던 화주에게 돌려 보내는 반송의 경우 뿐만 아니라, 제3국의 제3자에게 송부하기 위해 반출하는 것도 반송에 포함된다.

① 보세공장 또는 자유무역지역에 반입하였다가 외국으로 반출되는 물품
② 보세판매장에서 판매된 물품
③ 단순반송물품
④ 통관보류물품
⑤ 위탁가공물품
⑥ 중계무역물품
⑦ 보세창고반입물품
⑧ 장기비축 수출용원재료 및 수출물품 사후 보수용 물품
⑨ 보세전시장 반출물품
⑩ 보세판매장 반출물품

6. 수입의제

수입통관절차를 거치지 않았음에도 수입으로 인정되는 경우를 "수입의 의제"라 하며, 다음 경우에는 각각의 행위가 이루어진 때 수입이 이루어진 것으로 간주한다.

① 체신관서가 수취인에게 교부한 우편물
② 관세법에 의해 매각된 물품
③ 관세법에 의해 몰수된 물품
④ 관세법에 의해 통고처분으로 납부된 물품
⑤ 법령에 의하여 국고에 귀속된 물품
⑥ 몰수에 갈음하여 추징된 물품

7. 내국물품

① 우리나라에 있는 물품으로서 외국물품이 아닌 것
② 우리나라의 선박 등에 의하여 공해에서 채집하거나 포획한 수산물 등
③ 입항 전 수입신고가 수리된 물품
④ 수입신고 수리 전 반출승인을 얻어 반출된 물품
⑤ 수입신고 전 즉시 반출신고를 하고 반출된 물품

5 과세요건과 관세율

1. 과세요건

과세요건은 조세징수를 위한 일정한 요건을 의미하며, 이를 위한 4대 요건은 과세물건, 납세의무자, 과세표준, 관세율이다. 관세법상의 과세표준은 종가세 과세표준이 되는 수입물품의 과세가격을 말하며, 세액 산출 후 납부세액이 10,000원 미만 시에는 징수하지 않는다.

2. 과세환율과 수출환율

(1) 과세환율

과세가격 결정에 적용되는 환율을 의미하며, 송장이나 선하증권 등 과세가격의 결정 자료에 표시된 외국통화를 자국통화로 환산 후 관세율을 곱하여 관세액을 산출할 때 사용된다. 과세가격 결정시, 환율을 환산할 때는 적용법령의 시기(보세건설장 반입물품의 경우는 수입신고일 기준)가 속하는 주의 전주의 "기준환율 또는 재정환율" 평균해 관세청장이 정한다. 일주일 단위로 매주 토요일에 과세환율을 정하여 고시하며 이를 일요일부터 다음 주 토요일까지 적용한다. 즉, 수입신고일로부터 역산하여 전주에 고시된 환율이 과세환율이 된다.

(2) 수출환율

"수출신고를 함에 있어 수출신고가격을 산정하기 위하여 외국통화로 표시된 가격을 내국통화로 환산하는 때에는 수출신고일이 속하는 주의 전주의 기준환율 또는 재정환율을 평균하여 관세청장이 정한 율로 하여야 한다."

3. 관세율표

기본관세의 세율을 관세법 제50조 [별표]의 관세율표로서 정해져 있으며, 세액결정을 위한 과세표준에 대하여 적용하는 것이다. 즉, 관세율표는 관세법의 일부로서, 관세법별표의 관세율표를 보면 먼저 관세율표의 해석에 관한 통칙을 명시한 뒤 각부, 류별로 주를 규정하고, 품목번호, 품명, 세율로 구성된 표를 정해두고 있다. 종가세의 경우, 백분율, 종량세의 경우는 단위당 금액으로 표시되어 있으며, 원칙적으로 수입신고 당시의 법령에 의해 부과된다. 관세율표는 국제통일상품분류방식인HS(Harmonized System)code에 의해 과세물건인 수입물품에 대한 각 품목별 관세율이 HS 6단위를 원칙으로 표시되어 있다.

4. 관세평가방법 및 적용순서

① 해당물품의 실제 거래가격을 기초로 한 과세가격 결정 – 제1방법
② 동종·동질물품의 거래가격을 기초로 한 과세가격 결정 – 제2방법
③ 유사물품의 거래가격을 기초로 한 과세가격의 결정 – 제3방법
④ 국내 판매가격을 기초로 한 과세가격의 결정 – 제4방법
⑤ 산정가격을 기초로 한 과세가격의 결정 – 제5방법
⑥ 합리적 기준에 의한 과세가격의 결정 – 제6방법

관세평가의 방법은 그것을 적용하는데 각각 일정한 요건이 충족되어야 한다. 과세가격 결정은 제1방법부터 순차적으로 그 적용가능성을 검토하되, 요건이 충족되지 못하면 다음 순위의 평가방법을 적용한다. 그러므로 검토결과 요건미비로 제1방법을 적용할 수는 없으나 제2방법과 제4방법에 의한 평가가 모두 가능하다 하더라도 제2방법보다 제4방법을 우선 적용할 수는 없다. 단, 제4방법과 제5방법은 납세의무자가 요청할 경우 그 순서를 바꾸어 비록 제4방법이 가능하더라도 제5방법을 우선 적용할 수 있다. 제6방법은 합리적 기준으로 평가하도록 하고 있으므로 이에 의해서도 과세가격이 결정되지 못하는 경우는 없다. 실제가격은 수시로 바뀌어질 수 있다. 그 이유는 같은 물품의 수입 시에도 거래수량, 상담내용, 거래시기, 거래당사자 간의 관계 등에 따라 그 가격이 달라지기 때문이다.

6 간이세율과 합의세율

1. 간이세율

세액산출의 번거로움을 피하기 위해 여행자휴대품과 같이 빈번히 수입되는 소액물품 등에 여러 종류의 세율을 통합한 하나의 세율을 적용하여 과세하는 것

(1) 간이세율 적용대상 물품
- 여행자 또는 외국에 왕래하는 운수기관의 승무원이 휴대하여 수입하는 물품
- 우편물
- 외국에서 선박 또는 항공기의 일부를 수리 또는 개체하기 위하여 사용된 물품
- 탁송품 및 별송품

(2) 간이세율 적용제외 물품
- 관세율이 무세인 물품과 관세가 감면되는 물품
- 수출용 원재료
- 관세법 범칙행위에 관련된 물품
- 종량제가 적용되는 물품
- 상업용으로 인정되는 수량의 물품, 고가품, 당해 물품의 수입이 국내산업을 저해할 우려가 있는 물품
- 화주가 수입신고 시 과세대상물품의 전부에 대하여 간이세율의 적용을 받지 아니할 것을 요청한 경우의 해당 물품
- 부과고지대상물품
- 탄력관세적용물품과 기본세율보다 높은 세율이 적용되는 물품

2. 합의세율

일괄 수입신고된 물품으로서 물품별 세율이 다른 경우, 화주의 신청에 의해 그 세율 중 가장 높은 세율을 적용하여 신속통관과 관세행정의 능률화를 기하려는 목적으로 시행되는 세율. 합의에 의한 세율 적용시, 사전에 납세의무자의 합의가 있는 것으로 간주하여 이의신청, 심사청구, 심판청구 등의 행정쟁송을 제기할 수 없다.

[제14장 수출입관련 법규 X-File 문제]

수출입관리를 위한 기본법으로 민간주도의 자율성과 대외신용의 제고를 위해 규제를 최소화하고 세부사항은 하위 법령에 위임한 법은 외국환거래법이다.

○ 대외무역법에 대한 설명이다.

대외무역법에서는 수출입통관에 대한 사항을 중점적으로 규제하고 있다.

○ 대외무역법에서는 수출입통관에 대한 사항을 다루지 않고, 이는 관세법에서 다루고 있다.

무역업자라 함은, 외국의 수입업자 또는 수출업자의 위임을 받은 대리인(외국의 수입업자는 수출업자의 지사 또는 대리점을 포함한다)의 자격으로 국내에서 판매계약(offer sheet 발행)이나 구매계약(order sheet 발행)을 체결하고 이에 부대되는 행위를 업으로 영위하는 자를 말한다.

○ 무역업자는 영리를 목적으로 수출과 수입행위를 계속적으로 반복하여 행하는 것으로써 자기명의로 자기 책임 하에 소유권 이전을 전제로 한 수출입업무를 영위하는 자를 말한다.

대외무역법에서는 유체물만 수출입대상으로 규정하고 있다.

○ 대외무역법에서는 물품뿐만 아니라 용역, 전자적형태의 무체물도 수출입거래의 대상으로 규정하고 있다.

대외무역법에서는 매매, 교환, 임대차의 원인으로 외국으로부터 국내로 물품이 이동하는 것은 수입으로 규정하고 있으나, 그 사유가 사용대차, 증여인 경우에는 수입으로 인정하지 않는다.

○ 대외무역법상, 수입이란 매매, 교환, 임대차, 사용대차, 증여 등을 원인으로 외국으로부터 국내로 물품이 이동하는 것으로 규정하고 있다.

수출입승인의 유효기간은 2년이다.

○ 1년이다.

수출입품목을 관리하기 위하여, 대외무역법에서는 통합공고를 한다.

○ 대외무역법에서는 수출입공고를 통해 물품의 수출 또는 수입에 관한 승인품목, 허가품목, 금지품목 등의 구분에 관한 사항 및 물품의 종류별 수량, 금액의 한도, 규격 또는 수출입 지역 등의 제한에 따른 추천 또는 확인절차 등에 관한 사항을 종합적으로 책정하여 공고 한다.

"수탁판매수입"이란 물품 등을 무환으로 수출하여 해당 물품이 판매된 범위 안에서 대금을 결제하는 계약에 의한 수출이다. (×)

○ 위탁판매수출에 관한 내용이다.

북한으로부터 호두를 들여오는 경우에는 수입에 해당하여 수입관세도 부과되며, 수입실적으로 인정된다. (×)

◯ 북한으로부터의 반입은 대외무역법상 '수입'이 아니고 '반입'에 해당하며, 수입관세도 부과되지 않지만 수입실적으로는 인정된다.

전략물자란 국제평화 및 안전 유지를 위하여 수출통제가 필요하다고 인정되는 것으로 주로 핵무기, 생화학 무기, 천연자원 및 희귀 동식물과 관련된 물품을 말한다. (×)

◯ 전략물자란 국제평화 및 안전 유지를 위하여 수출통제가 필요하다고 인정되는 것으로 주로 핵무기, 생화학 무기, 미사일 및 재래식 무기와 관련된 품목을 말한다.

외국인으로부터 외화를 영수하고 공장건설에 필요한 물품을 국내에서 공급하는 경우에는 대외무역법령에 의한 외화획득으로 인정되지 않는다. (×)

◯ 외화획득으로 인정된다.

우리나라의 수출물품·선박·항공기 등에 불리한 대우를 하는 국가로부터 수입되는 물품에 대하여 관세를 할증 부과할 수 있는데 이를 조정관세라 한다. (×)

◯ 보복관세라고 한다.

보세구역에 장치된 물품에 대하여는 그 현상을 유지하기 위하여 필요한 보수작업은 가능하나, 그 성질이 변하지 아니하게 하는 범위에서 포장을 바꾸거나 구분·분할·합병을 하거나 그 밖의 비슷한 보수작업을 할 수 없다. (×)

◯ 보수작업을 할 수 있다.

과세가격을 결정하기 위하여 가장 우선적으로 적용되는 방법은 제6방법이다.

◯ 제1방법인 해당물품의 실제 거래가격을 기초로 한 과세가격 결정 방법을 가장 먼저 적용한다.

수출용 원재료의 경우에도 간이세율이 적용된다.

◯ 수출용 원재료, 관세율이 무세인 물품, 범칙행위에 관련된 물품 등은 간이세율 적용제외 물품이다.

제15장 수출입통관제도

제1절 수입통관

1 신고의 의미

물품을 수출·수입 혹은 반송하고자 할 때, 관세부과 유무와 상관없이 해당물품의 품명·규격·수량 및 가격과 그 밖에 대통령령이 정하는 사항을 세관장에게 신고해야 한다(관세법 제241조) 이러한 신고는 물품을 수출·수입 혹은 반송하겠다는 의사표시다.

2 수입신고의 시기

1. 원칙적 시기

(1) 관세법상 수입이란 "외국으로부터 우리나라에 도착된 물품을 반입하는 것"을 의미하므로, 수입신고는 원칙적으로 해당 물품을 적재한 선박이나 항공기가 우리나라에 입항한 후에만 할 수 있다(관세법 243조).

(2) 30일 이내의 수입신고

수입하거나 반송하려는 물품을 지정장치장 또는 보세창고에 반입하거나, 허가를 받아 보세구역 아닌 장소(보세구역외장치장)에 장치한 자는 원칙적으로 그 반입일 또는 장치일로부터 30일 이내에 수입신고를 해야 한다(관세법 제241조).

(3) 가산세 징수

신고의무기간 내(반입일 혹은 장치일로부터 30일 이내)에 수입 또는 반송의 신고를 하지 아니한 경우에는 해당물품 과세가격의 2/100에 상당하는 금액범위 내에서 가산세를 징수한다.

2. 예외적 수입신고

수입하고자 하는 물품의 신속한 통관이 필요한 경우에는 예외적으로 해당 물품을 적재한 선박이나 항공기가 입항하기 전에도 수입신고가 가능하다. 이를 "입항전 수입신고"라 하며 우리나라에 도착한 것으로 간주한다. 단, 다음 해당 물품은 입항전신고가 허용되지 않기 때문에 입항 후에 신고해야 한다.

① 법령의 개정에 따라 새로운 요건의 구비가 요구되거나 해당 물품이 우리나라에 도착하는 날부터 높은 세율이 적용되도록 입법 예고된 물품.
② 농수축산물 또는 그 가공물품으로서 수입신고하는 때와 입항하는 때의 물품의 관세율표 10단위가 변경되는 물품.
③ 농수축산물 또는 그 가공물품으로서 수입신고하는 때와 입항하는 때의 과세단위(수량 또는 중량)가 변경되는 물품.

3 수입신고의 수리

1. 현품 검사

수입신고된 물품과 현품의 일치 여부, 신고된 물품 이외에 관세포탈이나 법적 제한회피 등을 위해 숨겨진 물품이 있는지 여부 등을 세관당국이 확인하는 행위. 전량검사와 발췌검사에 의한다.

2. 관리대상화물의 검사

관리대상화물이란 세관장이 지정한 보세구역 등에 감시 단속 등의 목적으로 특별한 검사 등을 실시하는 화물. 우리나라에 입항한 화물에 대해 적하목록이 제출된 다음 선별된 검사대상물품, 특송화물, 이사화물, 여행자휴대품으로 유치된 물품, 보세판매장물품 등이 해당된다. LCL화물이나 지식재산권침해 혹은 원산지표시 위반 혐의가 있는 물품은 X-ray 검색대신 처음부터 정밀검사를 실시한다.

3. 수입신고물품에 대한 검사

세관장은 수입신고한 물품에 대해 관세청장이 "수입물품 선별검사에 관한 시행세칙"에서 정한 바에 따라 검사 대상을 선별하는데, 이때 사전에 전산시스템에 등록된 기준에 의해 C/S(Cargo Selectivity)를 통해 선별한다. 휴대품, 우편물, 이사물품, 수입신고생략물품,

특송물품 등은 세관장이 따로 정한 바에 따라 검사대상을 선별한다. 검사 대상으로 선별되면 세관장은 이를 통관시스템에 입력해 수입신고인에게 통보한다.

4 수입신고 내용의 심사와 조치

1. 수입신고 내용의 심사

(1) 심사의 기본원칙
- 원칙적으로 서면심사 진행

(2) 심사의 내용
- 사전세액심사 : 납세 신고한 사항의 정확성 여부심사
- 수입통관심사 : 통관요건의 충족 여부에 대해 확인

2. 검사 및 심사결과의 조치

통관단계에서의 현품검사 및 심사결과 신고내용이 세액에 영향을 미치지 아니할 정도의 미미한 착오가 있는 경우, 세관장 "직권정정"으로 처리한다. 신고서의 기재사항이 미비된 경우나 제출서류가 미비된 경우, 신고가 수리되기 전까지 이를 보완하게 할 수 있다(관세법 제249조). 통관부서의 검사나 심사과정에서 위법성이 인지될 경우 관세법 등의 위반 혐의로 조사를 한 다음 처벌 여부를 결정한다.

3. 통관보류

수출·수입 또는 반송 신고한 물품이 다음에 해당되면 세관장은 해당 물품의 통관을 보류한다.

① 신고서 기재사항에 보완이 필요한 경우
② 제출서류 등이 갖추어지지 아니하여 보완이 필요한 경우
③ 관세법에 따른 의무사항을 위반하거나 국민보건 등을 위배할 우려가 있는 경우
④ 범칙혐의로 조사 의뢰한 경우
⑤ 기타 통관심사 결과 신고수리의 요건을 구비하는데 장시일이 소요될 경우

5 관세의 납부와 신고의 수리

1. 사전납부

수입신고가 수리되기 전에 납부하는 것

2. 사후납부

수입신고가 수리된 이후에 납부하는 것. 이 경우의 불성실한 자나 수입신고가 수리된 후 납부기한 내에 관세 등을 납부하지 않는 "체납"의 가능성이 있는 경우에는 관세에 상당하는 담보제공 요구가능하며, 체납시점부터 가산세가 부과된다.

수입신고가 수리되면 세관장은 수입신고필증을 발급함으로써 해당 물품의 정당한 수입사실 및 관세 등의 납부사실을 증명하게 된다. 해당물품은 내국물품이므로 보세구역 또는 보세구역외장치장에 보관중인 물품을 원칙적으로 15일 이내에 반출해야 한다.

6 수입신고수리전반출제도

1. 의의

수입신고 시점에 과세물건, 납세의무자, 납세액 등이 일부 확정되지 아니한 경우 그 수입신고를 수리하기 전에 물품이 장치된 장소로부터 미리 반출할 수 있도록 허용하는 제도(관세법 252조).

2. 활용 방안

여러 건의 신고물품을 하나의 세번으로 통합하여 통관함으로써 감면 또는 분할납부를 인정받거나 관세평가나 품목분류, 감면세 심사 등과 관련하여 통관에 장시간이 소요될 경우 물품을 조기에 반출하여 사용·소비하고자 할 때도 유용.

3. 수입신고수리전반출사유

- 완성품의 세 번으로 수입신고수리를 받고자 하는 물품이 미조립상태로 분할선적 수입된 경우
- 조달사업에 관한 법률에 의한 비축물자로 신고된 물품으로서 실수요자가 결정되지 아니한 경우

- 사전세액심사 대상물품(부과고지물품을 포함)으로서 세액결정에 장시간이 소요되는 물품
- 품목분류 또는 세율결정에 장시간이 소요되는 경우
- 수입신고 시 필요한 원산지증명서를 세관장에게 제출하지 못한 경우

7 수입신고 전 즉시 반출제도

① 신속통관과 물류원활화를 위한 제도로써, 이는 정상적인 수입신고를 하기 전에 세관장에게 즉시반출신고를 하고 외국물품을 운송수단, 관세통로, 하역통로 또는 장치장소로부터 반출할 수 있게 한 것(관세법 제253조).
② 즉시반출을 원할시 관세에 상당하는 담보를 제공해야 하며, 즉시반출신고를 한날부터 10일 이내에 정상적인 수입신고를 해야 한다.
③ 기간 내 수입신고를 하지 않을 경우, 해당물품에 대한 관세의 20% 상당하는 금액의 가산세를 징수.
④ 현재는 제도를 이용하는 경우 없음(신속한 수입신고 수리로 인해 이 제도의 이용 필요성이 없음)

8 수출입안전관리 우수업체(AEO)의 지정

1. AEO 지정 목적

성실한 업체를 구분하여 관세청장이 공인한 다음 이들 업체가 수출입하는 물품에 대해 통관절차를 대폭 간소화함으로써 정부의 수출입통관과 관련한 업무 부담을 줄이고 수출입물품에 대한 적법성 확보를 높이기 위함이 목적

2. AEO 혜택

① 수출입물품의 검사나 심사생략 등 통관 절차상 여러 혜택 부여
② 우리나라에서 공인받은 업체는 우리나라와 협정을 체결(MRA : Mutual Recognition Arrangement)한 상대국에서도 통관절차상 혜택 제공받을 수 있다.
③ 수출입안전관리 우수공인업체가 안전관리 기준을 충족하지 못하게 되거나 공인심사요청을 거짓으로 한 경우에는 공인을 취소한다.

9 수입통관의 예외

1. 수입으로 보지 않는 소비 또는 사용

물품의 소비 또는 사용자에게 수입신고의무나 납세신고의무도 발생하지 않는다(관세법 제239조).

① 선용품·기용품 또는 차량용품을 운송수단 안에서 그 용도에 따라 소비하거나 사용하는 경우
② 선용품·기용품 또는 차량용품을 관세청장이 정하는 지정보세구역에서 출입국관리법에 따라 출국심사를 마치거나 우리나라에 입국하지 아니하고 우리나라를 경유해 제3국으로 출발하려는 자에게 제공하여 그 용도에 따라 소비하거나 사용하는 경우
③ 여행자가 휴대품을 운송수단 또는 관세통로에서 소비하거나 사용하는 경우
④ 관세법에서 인정하는 바에 따라 소비하거나 사용하는 경우

2. 수출입의 의제

(1) 의의

정상적인 수출입통관을 거치지 않았지만, 다음에 해당하는 외국물품은 적법하게 수입된 것으로 보고 별도의 통관절차를 요구하거나 관세 등을 따로 징수하지 않는데 이를 "수입의 의제"라고 한다(관세법 제240조).

(2) 수출입의제의 대상

- 체신관서가 수취인에게 내준 우편물 또는 적법하게 수출되거나 반송된 우편물
- 관세법에 따라 매각된 물품
- 관세법에 따라 몰수된 물품
- 관세법에 따라 통고처분으로 납부된 물품
- 법령에 따라 국고에 귀속된 물품
- 몰수에 갈음하여 추징된 물품

3. 특정물품 수출입의 금지

(1) 의의

물품의 수출입에 대해서는 수많은 법률에서 수출입을 금지하거나, 만일 허용하더라도 허가, 승인, 추천 등을 받도록 제한한다.

(2) 관세법에서 정한 수출입금지품목

- 헌법질서를 문란하게 하거나 공공의 안녕질서 또는 풍속을 해치는 서적, 간행물, 도화, 영화, 음반, 비디오물, 조각물 또는 그 밖에 이에 준하는 물품
- 정부의 기밀을 누설하거나 첩보활동에 사용되는 물품
- 화폐, 채권이나 그 밖에 유가증권의 위조품, 변조품 또는 모조품

4. 품질 등의 허위·오인표시 물품의 통관제한

품질, 내용, 제조방법, 용도, 수량 등을 사실과 다르게 표시한 물품 또는 이와 같은 사항을 오인할 수 있도록 표시하거나 오인할 수 있는 표지를 부착한 물품으로서 부정경쟁방지 및 영업비밀보호에 관한 법률, 식품위생법, 산업표준화법 등 품질 등의 표시에 관한 법령을 위반한 물품에 대해서는 통관을 허용해서는 안된다(관세법 제230조의 2).

제2절 수출통관

1 특수형태의 수출

1. 선상수출신고

물품을 선적한 후 공인검정기관의 검정서(survey report)에 의해 수출물품의 수량을 확인하는 물품이나 물품의 신선도 유지 등을 위해 선상 수출신고가 불가피하다고 인정되는 물품, 그리고 자동차운반전용선박에 적재하여 수출하는 신품자동차는 해당 물품을 선적한 후 선상에서 수출신고를 할 수 있다.

2. 현지수출 어패류신고

관세법 제136조의 규정에 의한 출항허가를 받은 운반선에 의해 현지에서 수출하는 것이 부득이한 경우는 수출 후 대금결제 전까지 출항허가를 받은 세관장에게 신고 자료를 전송하고, 신고서류에 수출실적을 증명하는 서류(예 cargo receipt)를 첨부해 제출

3. 원양수산물신고

우리나라 선박이 공해에서 채집 또는 포획한 수산물을 현지판매 하는 경우, 수출자가 수출 후

대금결제 전까지 수출사실을 증명하는 서류(예 cargo receipt, B/L, Final(Fish) Settlement)가 첨부된 수출실적보고서를 한국원양어업협회를 경유해 서울세관장에게 신고 자료를 전송해야 한다.

4. 잠정수량신고 대상물품의 수출신고

배관 등 고정운반설비를 이용해 적재하는 경우 또는 제조공정상의 이유로 수출신고서에 수량 확정이 곤란한 경우에 다음 해당 물품을 수출하고자 하는 자는 수출신고서에 적재예정수량 및 금액을 신고하고 적재완료일로부터 5일이 경과하기 전까지 실제 공급한 수량 및 금액을 신고할 수 있다.

- 가스
- 액체
- 전기
- HS 제50류 내지 제60류 중 직물 및 편물
- 위의 4가지 경우에 준하는 물품으로서 관세청장이 별도로 정하는 물품

2 간이수출통관

1. 의의

간이수출통관에서는 송품장, 간이수출통관품목, 우편물목록 제출로 수출신고가 갈음된다.

2. 간이수출통관대상

① 유해 및 유골
② 외교행낭으로 반출되는 물품
③ 외교통상부에서 재외공관으로 발송되는 자료
④ 외국원수 등이 반출하는 물품
⑤ 신문, 뉴스취재 필름, 녹음테이프 등 언론기관 보도용품
⑥ 카다로그, 기록문서와 서류
⑦ 「외국인관광객 등에 대한 부가가치세 및 개별소비세 특례 규정」에 따라 외국인 관광객이 구입한 물품
⑧ 환급대상이 아닌 물품가격 FOB 200만원 이하의 물품.

제3절 관세환급

1 관세환급의 의의

환급(drawback)이란 국가가 부과 및 징수한 조세를 특정한 요건이 구비되었을 때 되돌려 주는 것을 의미한다. 물품의 수출입과 관련하여 이미 징수한 조세를 환급하게 되는 원인은 여러 가지지만, 대표적인 경우가 과오납, 무역계약 위반을 이유로 한 수입통관 물품의 재수출, 수입통관 물품의 지정보세구역 내 멸실, 그리고 일반적인 물품의 수출이다. 과오납과 무역계약 위반을 이유로 한 재수출, 수입통관물품의 지정보세구역 내 멸실로 인한 조세환급은 관세법 적용, 그리고 물품 수출에 따른 환급은 관세법에 대한 특례를 규정한 환급특례법 적용으로 가능하다.

2 관세법에 의한 환급

1. 과오납금의 환급

① 과오납금
착오로 원래 납부해야 할 관세와 그 밖의 세금, 가산세 또는 강제징수비보다 과다하게 납부했거나, 납부하지 않아야 할 금액을 납부한 것을 의미

② 환급청구권
납세자가 국가를 상대로 과오납금에 대해 반환해 줄 것을 청구하는 권리. 과오납과 관련한 환급청구권은 제3자에게 양도할 수 있다.

2. 위약물품 등의 환급

① 위약물품
무역 계약에서 약정한 물품과 실제 국내에 반입된 물품이 달라 수입자가 클레임을 제기하고, 그 결과에 따라 해당 물품을 다시 외국으로 반송 또는 국내에서 폐기하기로 한 경우의 물품

② 위약환급
계약위반을 이유로 클레임을 제기한 경우, 외국의 수출자가 이를 수용하면 그에 따른 보

상과 별개로 해당 물품이 당초 수출자에게 반품되거나 당초 수출자가 아닌 제3자에게 수출하기로 하거나, 혹은 경제성이 없어 반송 대신 국내에서 폐기하기로 합의된 경우, 이미 납부한 관세 등의 환급문제가 발생하는데 이를 위약환급이라 한다.

3. 지정보세구역 내 멸실 등에 대한 환급

① 수입신고가 수리된 물품이 신고수리 후 계속 지정보세구역에 장치되어 있는 중에 재해로 멸실되거나 변질 또는 손상으로 인해 그 가치가 감소된 때에는 그 관세의 전부 또는 일부를 환급할 수 있다.
② 멸실된 물품의 환급세액은 이미 납부한 세액 전액, 변질 또는 손상된 물품의 경우에는 수입물품의 변질 손상 또는 사용으로 인한 가치 감소에 따르는 가격 저하분에 상응하는 세액과 수입물품의 세액에서 그 변질, 손상 또는 사용으로 인한 가치 감소 후의 성질 및 수량에 의해 산출한 세액을 공제한 차액 계산한 세액 중 많은 금액이다.

3 환급특례법에 의한 관세환급

(1) 개념

수출용 원재료를 수입하여 제조 가공 후 수출 등에 제공하였을 경우 원재료 수입 시에 납부한 모든 세금을 수출자 또는 수출물품의 생산자에게 환급해 주는 것

(2) 관세환급 대상 수출입

① 수출
  ㉠ 대외무역법상의 정상적 수출로서 일반유상수출 및 물물교환, 구상무역, 대응구매 등의 연계무역
  ㉡ 무상수출(기획재정부령에 의거)
    • 박람회·전시회·견본시장·영화제 등의 출품을 위해 무상 반출하여 현지에서 매각된 것
    • 해외에서 투자, 건설, 용역 등의 사업을 하고 있는 우리나라의 국민 법인에 무상으로 송부하기 위하여 반출하는 기계, 시설자재 및 근로자용 생활필수품 등 그 사업관련 물품으로서 주주장관이 지정한 기관의 장이 확인한 물품의 수출
    • 수출물품 중 반품된 물품에 대해 대체하기 위한 수출
    • 무상송부의 견본용품의 수출

- 가공임·수리비를 받고 가공·수리를 목적으로 수입된 원재료가 해당 목적으로 사용되지 않고 반환되어지는 물품의 수출
- 외국에서의 위탁가공을 목적으로 반출하는 물품의 수출
- 위탁판매를 위해 무상 반출하는 물품의 수출(외국에서 외화를 받고 판매된 경우에 한함)

ⓒ 외화판매, 외화공사(기획재정부령에 의거)
- 주한미군에 대한 물품 판매중 외화로 대가를 받는 판매
- 주한미군 또는 주한 외교기관 등이 시행하는 공사 중 외화를 대가로 받는 공사
- 관세법 제88조(외교관면세) 및 SOFA협정의 규정에 의해 승용차 구입시, 관세면세 해당자가 수입에 갈음해 국산승용차를 외화로 구입하는 경우
- 외국인투자촉진법 제5조~8조 규정에 의거, 외국인투자 또는 출자의 신고를 한 자에 대한 자본재(국내 생산 분에 한함)의 판매 중 외화로 대가를 받는 판매
- 국제금융기구로부터 제공되는 차관자금에 의한 구제경쟁입찰에서 낙찰된 국내 생산 물품의 판매 중 외화로 대가를 받는 판매

ⓔ 보세구역 또는 보세공장 등에 물품 제공
- 수출품에 대한 수리·보수나 해외조립생산을 위해 부품 등을 보세창고에 반입하는 경우
- 수출용원재료로 사용될 목적으로 보세공장에 공급하는 경우
- 보세판매장에의 물품공급
- 종합보세구역(수출용원재료로 공급하거나 수출한 물품에 대한 수리 보수 또는 해외조립생산을 위해 반입되는 경우나 보세구역에서 판매하기 위해 반입하는 경우에 한함)

ⓜ 기타 수출행위로 인정되는 경우(기획재정부령에 의거)
- 외국을 왕래하는 선박·항공기에 사용되는 선용품·기용품의 공급
- 농림수산 식품부 장관의 허가승인이나 지정을 받은 자가 원양어선에 무상송부하기 위해 반출하는 물품으로 농림수산식품부장관 또는 농림수산식품부장관이 지정한 기관의 장이 확인한 물품의 수출
- 남북교류협력에 관한 법령에 의거 북한으로 반출한 물품(북한에서 임가공 후 남한으로 재반입 물품 제외)도 환급대상 수출로 인정

② 수입
  ㉠ 수출용원재료에 해당되는 것
  ㉡ 수입시 관세 등을 납부한 것
  ㉢ 환급제한 원재료
    • 환특세율 적용된 것
    • 간이세율 적용된 것
    • 덤핑·보복·상계관세가 적용된 것
    • 내수조건 용도세율이 적용된 것 등

(3) 관세환급 방법
① 정액환급방법
  ㉠ 정부가 정하는 일정한 금액(정액환급율표 상의 금액)을 소요원재료의 수입시 납부세액으로 보고 환급금을 산출하도록 하는 방법
  ㉡ 단일수출용 원재료에 의해 둘 이상의 제품이 동시에 생산되는 등 생산공정이 특수한 수출물품과 중소기업수출물품에 대한 관세 등의 환급절차를 간소화하기 위해 필요하다고 인정하는 때에는 수출용 원재료에 대한 관세 등의 평균환급액 또는 평균 납부세액 등을 기초로 수출물품별로 정액환급율표를 정하여 고시할 수 있다.
  ㉢ 환급금 산출방법
    • 간이정액환급 : 개별환급을 받을 능력이 없는 중소기업의 수출을 지원하고 환급절차를 간소화하기 위해 도입된 제도
    • 직전 2년간 매년도 총 환급액(기초원재료 납세증명서 발급실적 포함)이 6억원 이하인 중소기업에서 제조한 수출물품에 대한 환급액 산출시에 정부가 정하는 일정금액을 수출물품 제조에 소요된 원재료의 수입시 납부세액으로 보고 환급액 등을 산출하도록 한 제도
    • 간이정액환급율은 수출물품의 세번부호(HS10단위)별로 전년도 평균환급액(개별환급액)을 기준으로 금년도 수출물품에 대한 원재료 납부세액 산출에 영향을 미치는 요소, 즉 관세율 및 완율의 변동 등을 고려하여 수출금액(FOB 10,000원) 당 환급액을 책정하는 것
    • 환급액산출방법 : 환급신청의 경우, 수출신고필증상의 FOB₩(원), 기초원재료 납세증명서 발급신청의 경우는 내국신용장, 구매확인서 또는 특수신용장상의 물품금액 10,000원당 책정한 간이 정액 환급율을 곱해 산출한다.

$$\text{간이정액환급액} = 10,000/\text{수출신고필증상의 FOB₩(원)} \times \text{간이정액환급율}$$

② 개별환급방법
- 수출물품 제조에 소요된 원재료의 품명, 규격, 수량과 동 원재료 수입시 납부세액을 원재료 개별적으로 확인하여 환급금을 산출하는 방법. 정액환급에 비하여 납부세액을 정확하게 환급할 수 있는 장점 있으나 구비서류가 복잡하고 환급금 산출에 많은 시일 소요된다는 단점이 있다.
- 국내산업보호 등 정책목적상 환급금의 지급을 일부 제한하는 지급제한물품여부를 확인해야 하고 수출물품의 제조과정에서 경제적 가치가 있는 부산물이 발생하는 경우에는 부산물공제비율만큼 부산물의 가치에 해당하는 금액을 공제해야 한다.
- 환급금의 산출 : 수출물품 제조에 소요된 원재료의 품명, 규격, 수량을 확인해야 하며, 해당 업체에서 소요량을 자율적으로 산정하여 소요량계산서를 작성, 환급금 산출에 이용(환급특례법 제10조 제1항 및 동법 시행령 제11조의 규정)

③ 부산물 환급제도
  수출물품 제조 및 가공과정에서 수출품 이외의 경제적 가치가 있는 물품이 생산되는 경우, 제품의 가치를 기준으로 원자재 수입시 납부 세액을 배분하여 환급하는 제도

(4) 관세환급 신청인
① 수출자 또는 제조자 중 수출신고서에 환급신청인으로 기재된 자
② 환급신청인을 제조자에서 수출자로 상대방을 변경하고자 하는 경우에는, 상대방(제조자)의 동의서를 첨부하여, 수출신고필증 정정 신청을 하여 승인을 받아야 한다.

제4절 기초원재료 납세증명제도

1 기초원재료 납세증명제도의 개념

외국으로부터 수입한 원재료를 제조·가공한 후 이를 수출물품 제조업체에 수출용 원재료로 공급하는 때(중간원재료를 제조·가공하여 공급하는 경우 포함)에 국내 거래공급자의 신청에 의거 동 공급물품에 포함되어 있는 기초원재료의 수입 시 납부 세액을 세관장이 증명하는 제도

2 기초원재료납세증명서의 역할

수입된 원재료로 국내생산된 물품을 다음 단계의 중간원재료 생산업체 또는 수출물품 생산업체에 공급하는 경우, 당해 물품을 수입할 때 납부한 관세액을 증명하는 서류이므로 기납증의 용도는 수입신고필증과 동일한 역할

3 발급대상

- 수입원재료를 사용하여 생산한 물품
- 수입원재료와 중간원재료를 사용하여 생산한 물품
- 수출물품의 중간원재료를 사용하여 생산한 물품

4 발급주체

- 세관장
- 관세사
- 물품의 공급자

5 적용제외물품

- 원상태수출물품
- 비적용업체로 승인받은 수출업체에서 제조한 수출물품
- 수탁가공 수출물품
- 수출신고필증에 제조자 미상, 혹은 완제품공급자로 기재한 수출물품

제5절 분할증명서제도

1 분할증명서제도의 정의

외국으로부터 수입한 원재료를 제조·가공하지 않고 수입한 상태 그대로 수출용원재료로 국내에 공급하는 경우, 공급자의 신청에 의거하여 세관장이 증명하는 제도

2 분할증명서제도의 사용

하나의 수입신고필증 또는 기납증으로 둘 이상의 환급기관에서 동시에 환급진행과 기납증을 발급받아야 하는 경우, 또는 수입 또는 국내거래로 공급받은 원재료의 전부 또는 일부를 추가적인 가공 없이 원상태 그대로 수출용원재료로 공급하는 경우에 사용

3 분할증명서의 적용

분할증명서는 원상태로 공급하는 경우에 발급되는 것이므로 소요량증명서류가 불필요, 정액환급율표도 미적용 된다.

4 산출방법

단위당납부세액(수입신고필증상 기입액) × 공급수량

[제15장 수출입통관제도 X-File 문제]

수출화물, 통과화물, 환적화물, 반송화물, 수입화물 중에서 관세법에 의한 통관절차가 별도로 요구되지 않는 무역상품은 통과화물, 환적화물, 반송화물이다. (×)

- 통관(Customs Clearance)이란 '세관을 통과한다'는 의미로 관세법상의 의미는 수출·수입 및 반송의 신고수리이며, 화물의 이동경로에 따라서 수입통관·수출통관 및 반송통관으로 구분한다.

수입신고를 한 물품에 대해서는 그 물품을 수출한 업자가 관세의 납부의 원칙적인 납세의무자가 된다. (×)

- 화주가 원칙적인 납세의무자이다.

수입신고는 원칙적으로 해당 물품이 입항하기 10일 전에 하여야 한다.

- 수입신고는 원칙적으로 해당 물품을 적재한 선박이나 항공기가 우리나라에 입항한 후에만 할 수 있다.

수입하고자 하는 물품을 세관에서 검사하고자 하는 경우, 화주가 거부하면 검사는 생략된다.

- 세관에서 해당 수입 물품을 검사하기로 결정하는 경우에는, 이에 응해야 한다.

수입신고는 실물심사가 원칙이다.

- 서면심사가 원칙이다.

수출, 수입 또는 반송 신고한 물품의 신고서에 기재사항이 보완이 필요한 경우에는 수출, 수입 또는 반송 신고한 물품은 그대로 폐기된다.

- 신고서 기재사항에 보완이 필요한 경우나, 범칙혐의로 조사가 의뢰된 경우 등에는 세관장은 해당 물품의 통관을 보류한다.

세관에 이미 납부한 관세는 환급이 불가능하다.

- 과오납 등의 사유가 있다면 납부한 관세는 환급이 가능하다.

외국으로부터 수입한 원재료를 제조·가공한 후 이를 수출물품 제조업체에 수출용 원재료로 공급하는 때에는 분할증명서를 통해 납부세액을 증명할 수 있다.

- 기초원재료 납세증명서를 통해 증명할 수 있다.

●●●● 이패스 무역영어 합격예감

해외투자 제VII부

- **제16장** 해외직접투자(Foreign Direct Investment : FDI)
- **제17장** 해외간접투자(Portfolio Investment)
- **제18장** 국제프렌차이징(Franchising)

학습포인트

▶ 제7부 해외투자 접근전략 및 기출트렌드

출제빈도가 높은 부분은 아니나, 최근 기출트렌드와 관련지어 보면, 해외 직·간접투자와 관련된 문제가 간혹 출제되는 편이다. 내용 자체가 많지 않으므로, 1회독 정도를 추천한다.

▶ 제7부 해외투자 출제빈도

단원	주제	학습중요도	출제비율
16장	해외직접투자	⊙	2%
17장	해외간접투자	⊙	2%
18장	국제프렌차이징	⊙	1%

▶ 제7부 해외투자 체크리스트

체크리스트	기본서 상세페이지
[16장] 해외직접투자의 정의에 대해 알고 있다.	453
[17장] 해외간접투자의 유형에 대해 알고 있다.	456
[18장] 국제프랜차이징의 장·단점에 대해 알고 있다.	457~458

해외직접투자 (Foreign Direct Investment : FDI)

1 해외직접투자의 개념

공장, 자본재, 토지 및 재고 등에 대한 실물투자로서 자본과 경영이 모두 관련되며 투자자는 투자된 자본에 대해 통제권을 유지한다. 직접투자는 보통 자회사를 설립하거나 주식의 대다수를 구입함으로써 다른 기업에 통제권을 갖는 형태를 띤다. 국제적 흐름에서 볼 때, 직접투자는 제조업, 자원추출이나 서비스와 같은 업종에 종사하는 다국적기업에 의해 주로 이루어진다. 오늘날 해외직접투자는 민간자본의 국제적 이동의 형태 및 통로로 중요한 역할을 수행한다. 해외직접투자의 동기는 첫째, 경쟁우위의 활용으로써 기업이 가지고 있는 기술, 마케팅능력 등의 우위를 해외시장을 통해 활용함으로써 기업의 수익을 극대화하기 위함이며, 둘째, 해외 기업의 기술이나 브랜드 등의 경영자원을 인수함으로써 기술 및 경영자원을 내부적으로 획득하여 사업의 영역을 확장하기 위함이다. 세 번째 동기는 각국마다 유치산업보호 등 특정산업의 보호를 활용하는 관세 및 비관세장벽을 회피하거나 현지기업에 대한 세금인하나 보조금 지원 등의 혜택을 누리기 위함이다. 또한, 현지에서의 제품 생산 및 판매와 관련하여 환율변동의 위험회피를 위함도 이에 해당된다. 네 번째 동기는, 물류비용, 노동비용 등의 생산비용을 낮춤으로써 생산효율을 높임으로써 가격경쟁력을 높이기 위함이다.

2 해외직접투자의 특징

1. 해외직접투자의 장점

① 경쟁력 강화
현지시장의 저렴한 노동과 자본의 이용, 효율적인 물류흐름을 통해 생산원가를 낮춤으로써 해외시장에서의 가격경쟁력을 확보할 수 있다.

② 현지 소비자의 니즈를 즉각적 반영
현지의 소비자 요구 및 반응에 대해 신속하게 반영함으로써 소비자만족도를 높일 수 있다.

③ 수입장벽 우회 수단
현지에서의 수입제한 등의 장벽이 있을시, 우회할 수 있는 수단이 되기도 한다.

④ 투자기업의 국제경쟁력 증대
현지시장의 유통경로, 현지국의 경영 노하우 및 현지공급처 등의 정보 확보를 통해 기업의 경쟁력을 높일 수 있다.

2. 해외직접투자의 단점

① 높은 투자위험성
기업의 투입자본이 많으므로 이와 비례해서 투자위험율도 높다.

② 현지국의 정치적 위험에 노출
현지국의 일방적 자원의 몰수, 각종 규제 등의 위험에 노출될 위험이 크다.

③ 외국비용(foreign cost)에 대한 대응필요
부진한 성과나 전략 수정으로 인한 투자 회수가 용이하지 않기에(매몰비용) 이를 상쇄할 수 있는 우위를 미리 확보해야 한다.

3 해외직접투자의 형태

1. 지분율에 의한 분류

① 단독투자(Sole Venture)
모기업이 100% 지분을 보유하고 전적인 경영권을 행사하는 경우로서, 경영권을 장악하고 투자 이익도 독점한다. 이 경우, 위험부담이 크고, 제품/산업 분야와 투자 대상국에 따라 단독투자를 허용하지 않거나 합작투자에 비해 불이익을 주는 경우도 있다.

② 합작투자(Joint Venture)
현지의 기업과 지분 및 경영권을 공유하는 국제경영방식으로서 파트너가 성공의 주요한 변수로 작용하며 서로 보완관계를 유지할 수 있는 투자 형태이다. 이는 과도한 투자비 부담의경감과 동시에 적절한 합작파트너사의 선정을 통해 자신의 약점 및 자본과 경영자원의 상대적 부족, 투자 대상국의 현지사정에 대한 경험과 이해 부족 등의 부족한 부분을 보완하기 위함이 주된 목적이다. 외국기업은 합작투자방식을 이용함으로써 위험부담의

축소, 규모의 경제 및 합리와 달성, 상호보완적인 기술 및 특허 활용, 경쟁완화, 현지정부가 요구하는 투자 또는 무역장벽 극복 등의 전략적 이점을 활용할 수 있다.

2. 설립형태에 의한 분류

① 기업의 신설방식(Greenfield Investment/Start-up/New Establishemnt)
기업을 처음부터 새로 세우고 경영활동을 전개하는 것을 의미하며 기업의 설립과 그 후의 경영활동 모두 계획하고 계약에 따라 새롭게 진행할 수 있는 장점이 있는 반면, 설립에 소요되는 시간이 길고, 자금부담도 커질수 있는 단점이 있다.

② 기업인수(Acquisition/M&A-Mergers and Acquisition)
기존 기업에 대한 인수 및 합병으로써, 이미 존재하고 있는 현지 시장국 내의 기존 기업의 경영권을 취득하는 방식의 해외직접투자를 말한다. 비교적 짧은 시간 안에 사업전개가 가능하고 인수조건 협상에 따라 자금부담의 경감이 가능하고, 기존기업이 가지고 있는 기술, 인력, 유통망, 거래관계, 마케팅 능력 등의 제반 자원의 활용이 가능하다는 장점이 있지만, 반면에 자산은 물론, 기존기업의 문제점이나 결점 등의 부채성 측면의 인수는 물론, 기존 기업의 기술 및 경영인력에 대한 적절한 동기부여 및 유지 관리에 대한 부담 또한 그대로 인수해야 한다는 단점이 있다.

> **[제16장 해외직접투자(Foreign Direct Investment : FDI) x-file 문제]**
> 해외직접투자 방식은 투자위험성이 낮다.
> ○ 기업의 투입자본이 많으므로 이와 비례해서 투자위험율도 높다.
>
> 해외직접투자 형태 중 단독투자(Sole Venture)는 현지의 기업과 지분 및 경영권을 공유하는 국제 경영방식으로서 파트너가 성공의 주요한 변수로 작용하며 서로 보완관계를 유지할 수 있는 투자 형태이다.
> ○ 합작투자(Joint Venture) 방식에 대한 설명이다.

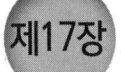 해외간접투자(Portfolio Investment)

1 해외간접투자의 개념

포트폴리오투자는 일국의 통화로 평가된 채권과 같은 순수한 금융자산에 대한 투자로써 경영참여 목적이 아니라, 이익, 배당금, 자본이득 수취를 목적으로 외국의 증권에 투자하는 방식의 국제증권투자(International Portfolio Investment)라고 할 수 있다.

2 해외간접투자의 유형

해외간접투자는 크게 채권과 주식의 투자형태로 구분할 수 있는데, 채권의 경우, 투자자는 규칙적인 간격으로 고정된 지불액이나 수익을 얻기 위해 자본을 대여하고 미리 지정된 날짜에 그 채권의 액면 가치를 되돌려 받는 방식이다. 1차 세계대전이전의 대부분의 해외투자는 이러한 유형이었으며 주로 철도건설 또는 새로운 땅이나 원자재의 공급원을 개척하기 위해 영국으로부터 미국이나 캐나다와 같은 신정착지로 유입되었다. 주식의 경우는 주식이나 기업의 가치에 대한 청구권을 구입하며, 포트폴리오 투자나 금융투자는 주로 은행이나 투자기관과 같은 금융기관을 통해 이루어진다. 해외 직접투자와 간접투자의 근본적인 차이점은 주된 투자목적이 경영권 획득 여부이므로, 해외 간접투자는 경영참여 의사 없이 이자와 배당금, 그리고 자본이득 취득만을 목적으로 한다.

> [제17장 해외간접투자(Portfolio Investment) X-File 문제]
> 해외간접투자 방식 중 주식 투자형태는 투자자는 규칙적인 간격으로 고정된 지불액이나 수익을 얻기 위해 자본을 대여하고 미리 지정된 날짜에 그 채권의 액면 가치를 되돌려 받는 방식을 말한다.
> ◐ 채권에 대한 설명이다.

제18장 국제프렌차이징(Franchising)

제1절 국제프랜차이징의 개념

국제프랜차이징(Franchising)이란 국제프랜차이즈계약에 기반하여 가맹본부(franchisor)가 가맹기업(franchisee)에게 상표 및 상호의 사용권은 물론 영업장 개설에서부터 상품공급, 교육, 조직, 영업, 관리 등의 노하우 및 전반적인 관리 시스템까지 모두 제공하여 사업을 지속적으로 영위해갈 수 있도록 지원하는 공동 경영 방식이다.

국제라이센싱과의 차이점은 라이센스계약은 특정 기술이나 브랜드만을 일정기간 동안 공여하는 방식인 반면, 프랜차이즈는 품질관리는 물론, 사업체의 조직 및 운영에 대한 지원, 광고 및 마케팅 지원 등 전반적인 영업관리시스템에 대해 가맹본부에서 가맹기업을 직접적으로 관리하거나 통제하는 방식이다(예 패스트푸드).

제2절 국제프랜차이징의 장단점

1 국제프랜차이징의 장점

1. 소자본으로 해외시장 진출 및 확대 가능

2. 표준화된 경영전략을 통해 국제적인 기업이미지 유지 가능

3. 유명상호 및 상표의 영업권 이용가능

4. 대량 구매를 통한 규모의 경제 효과

5. 가맹본부로부터의 시장정보 및 마케팅기법 및 상품개발계획 확보 가능

2 국제프랜차이징의 단점

1. 기술 노하우 유출로 인해 경쟁자 양성 가능성

2. 품질 서비스 저하로 인해 브랜드 이미지 훼손 가능성

3. 사업운영에 대한 가맹본부의 경영통제가 크다.

4. 가맹본부와 가맹기업사이의 불신 발생 가능성(타영업수행, 수입액조작 등의 충성도 문제 대두)

5. 현지사정 불일치로 인한 갈등 발생 가능성

[제18장 국제프랜차이징(Franchising) X-File 문제]
국제프랜차이징의 경우 소량 구매를 통해 규모의 경제 효과를 이용할 수 있다.
○ 대량 구매를 통한 규모의 경제 효과를 이용할 수 있다.

기출문제 부록 1

- 제114회 2019년 제1회 기출문제
- 제115회 2019년 제2회 기출문제
- 제116회 2019년 제3회 기출문제
- 제117회 2020년 제1회 기출문제
- 제118회 2020년 제2회 기출문제
- 제119회 2020년 제3회 기출문제

2019년 제1회 기출문제

제1과목 영문해석

01

In what circumstance does the following apply?

> Incoterms 2010 rules include the obligation to procure goods shipped as an alternative to the obligation to ship goods in the relevant Incoterms rules.

① deliver to the carrier
② deliver on board the vessel
③ sale of commodities sold during transit
④ arrange goods at seller's premises

02

Below is about demand guarantee which is internationally used. Which is wrong?

> A. Demand guarantee is a non-accessory obligation towards the beneficiary.
> B. The guarantor remains liable even if the obligation of the applicant is for any reason extinguished.
> C. The guarantor must pay on first demand with making objection or defence.
> D. URDG758 is an international set of rules produced by ICC governing the rights and obligations of parties under demand guarantees.

① A only
③ C only
② A+B only
④ C+D only

03

What has a similar function with Demand guarantee?

> A. Surety Bond   B. Commercial L/C
> C. Standby L/C   D. Aval

① A only
③ C only
② B only
④ all of them

04

Which is NOT correct according to following situation?

> Goods are taken in charge at Daegu, Korea for transport to Long Beach, California, under a price term "CIP Long Beach, California, Incoterms 2010".

① The seller will arrange transportation.
② The seller will pay for freight to Long Beach.
③ Risk will pass to the buyer upon delivery of the goods to the carrier at Daegu.
④ The Buyer will take risk from the time the goods arrive at Long Beach.

05

What does the following explain?

> This is non-negotiable transport document and simply evidences that goods are on the way and should only be used when title and financing are not issues. Its function is contract, receipt, and invoice for the goods carried by sea.

① Charter party B/L   ② Bill of Lading
③ Air waybill   ④ Sea waybill

06

If seller and buyer enter into sales contract incorporating 'FCA Busan Container Depot', which of the following transport documents would be acceptable to the buyer?

> A. Air Waybill marked 'freight paid at destination'.
> B. Bill of Lading marked freight paid.
> C. Combined Bill of lading marked freight payable at destination.
> D. Multimodal Bill of lading marked freight paid.

① A only   ② A+B only
③ C only   ④ C+D only

07

Incoterms are a series of pre-defined commercial terms published by the International Chamber of Commerce (ICC) relating to international trade rules. What is WRONG in the explanation of Incoterms 2010?

① Incoterms by themselves do not define where title transfers.
② Incoterms support the sales contract by defining the respective obligations, costs and risks involved in the delivery of goods from the Seller to the Buyer.
③ Incoterms are used in the Sales Contract, suitable INCOTERM rule and place or port are to be specified.
④ DDP and DAP are the Incoterms where the Seller has responsibility for import.

08

Below explains Bill of Exchange. Who is the underlined one?

> A bill of exchange is an unconditional order, in writing addressed by <u>one</u> person to another, signed by the person giving it, requesting the person to whom it is addressed to pay certain amount at sight or at a fixed date.

① drawer   ② drawee
③ payee   ④ payer

09

What is NOT watching point in application of Incoterms 2010?

① DDP: Some taxes such as VAT are only payable by a locally-registered business entity, so there may be no mechanism for the seller to make payment.
② CPT: The buyer should enquire whether the CPT price includes THC, so as to avoid disputes after arrival of goods.
③ EXW: Although the seller is not obliged to load the goods, if the seller does so, it is recommended to do at the buyer's risk.
④ FOB: If the goods are in containers, FOB may be appropriate.

10

What is most WRONG in the explanation of global business?

① Protectionism holds that regulation of international trade is important to ensure the markets protection.
② Tariffs, subsidies and quotas are common examples of protectionism.
③ FDI leads to a growth in the gross domestic product of investing country.
④ As a result of international trade, the market becomes more competitive by bringing a cheaper product to the consumer.

[11~12] Read the following and answer the questions.

> I recently purchased from your catalog OEM Toner Cartridge No. 123 for USD74.99 per piece, which was advertised to be 20 percent below the normal price. I received the toner cartridge two days later and felt completely satisfied with my purchase. While looking through the Sunday edition of THE BOSTON GLOBE yesterday, I noticed the same toner cartridge selling for USD64.99 at Global Computer Outlet.
> You say you won't be undersold on any merchandise. If that's true, I'd appreciate a refund of USD (   ) since we bought 100,000 cartridges. Thank you.
>
> Sincerely,
> Skip Simmons

11

What is MOST suitable for the blank?

① 10
② 1,000,000
③ 100,000
④ 6,499,000

12

Which is MOST likely to be enclosed in this letter?

① writer's first inquiry letter
② a copy of invoice and Global Computer Outlet's advertisement
③ a copy of catalog
④ a copy of price list which Simmons sent

[13~14] Read the following and answer the questions.

I read your ad in the January issue of Mobile Homes Monthly looking for Carefree Mobile Homes in the Atlanta area. I would like to learn more about Carefree Mobile Homes and their incentive program for dealers. Mobile Homes are very popular in this area, and I am most interested in hearing more about your products and marketing opportunities.

13
What is being sought in Mobile Homes Monthly?

① job offer for technician
② retail dealership
③ customer recruitment for Mobile Homes service
④ promotion to offer special discount

14
Who is the receiver of the letter?

① magazine editor
② dealer in Atlanta
③ Carefree Mobile Homes company
④ customer center for mobile service

[15~17] Read the following and answer the questions.

I have now received our (A) assessor's report with reference to your claim in which you asked for (B) compensation for damage to two turbine engines which were shipped ex-Liverpool on the Freemont on 11 October, for delivery to your customer, D.V. Industries, Hamburg. The report states that the B/L was claused by the captain of the vessel, with a (C) comment on cracks in the casing of the machinery. Our assessor believes that these cracks were the first signs of the weakening and splitting of the casing during the (D) voyage, and that this eventually damaged the turbines themselves. (   ) I am sorry that we cannot help you further.

15
Which could NOT be replaced with the underlined (A), (B), (C) and (D) parts?

① A: surveyor
② B: compliment
③ C: remark
④ D: trip

16
Which could not be replaced with the underlined claused?

① commentary   ② dirty
③ unclean   ④ foul

17

Which of the following BEST fits the blank in the letter?

① I regret that we can accept liability for goods if they are shipped clean.
② I regret that we cannot accept liability for goods unless they are shipped clean.
③ I am very happy that we accept liability for goods as they are shipped clean.
④ I regret that we cannot accept liability for goods even though they are shipped clean.

18

Which of the following is MOST likely to be found in the previous letter?

- Seller is in Seoul, Korea
- Buyer is in Frankfurt, Germany
- Seller sells USD 100,000.00 worth of goods to Buyer
- Buyer uses Deutche Bank to open the Letter of Credit
- This unconfirmed letter of credit requires a '90 days after sight' draft from the beneficiary.

① The drawer of draft is seller.
② Issuing bank is to reimburse for complying presentation, whether or not the nominated bank purchased before the maturity of draft.
③ The draft shall be drawn on the buyer.
④ The seller may apply silent confirmation.

19

What kind of charter does the following explain?

It is a charter, an arrangement for the hiring of a vessel, whereby no administration or technical maintenance is included as part of the agreement. In this case, the charterer obtains possession and full control of the vessel along with the legal and financial responsibility for it. Also the charterer pays for all operating expenses, including fuel, crew, port expenses and P&I and hull insurance.

① Demise charter   ② Voyage charter
③ Time charter   ④ Trip charter

20

What is the MAIN purpose of the letter?

Dear Mr. Colson:
Thank you for your application for credit at Barrow. We appreciate your interest.
Your personal references are exceptionally good, and your record of hard work indicates that your business prospects are good for the near future.
Unfortunately, at the present, your financial condition only partially meets Barrow's requirements. We cannot extend the USD 500,000 open credit you requested.
Please call me at your convenience. I am sure we can set up a program of gradually increasing credit that will benefit both of us. Meanwhile, remember that deliveries on cash purchase are made within two days.
Let me hear from you soon. We are interested in your business venture.

① to praise the good credit report
② to offer the credit increase
③ to deny credit extension
④ to continue the business with the company

21

Which is NOT correct in accordance with CISG?

① An offer becomes effective when it reaches the offeree.
② An offer, even if it is irrevocable, may be withdrawn if the withdrawal reaches the offeree before or at the same time as the offer.
③ A statement made by or other conduct of the offeree indicating assent to an offer is an acceptance.
④ Silence or inactivity in itself amounts to acceptance.

22

Which of the following is NOT covered by ICC(C)?

① explosion
② washing overboard
③ jettison
④ general average sacrifice

23

What is WRONG with the roles of freight forwarders?

① They act as an agent on behalf of shipper in moving the cargo to the destination.
② They are familiar with the methods of shipment and required documents relating to foreign trade.
③ They have primary responsibility for paying duties and taxes for import customs charges.
④ They assist the customers in preparing price quotations by advising on freight costs, port charges, cost of documentation, handling fee, etc.

24

Under UCP600, what is NOT an appropriate statement for the amendments of Letter of Credit?

① A credit can neither be amended nor cancelled without the agreement of Seller, Buyer and issuing bank.
② The terms and conditions of the original credit will remain in force for Seller until Seller communicates its acceptance of the amendment.
③ If Seller fails to give notification of acceptance or rejection of an amendment, a presentation that complies with any not yet accepted amendment will be deemed to be notification of acceptance of such amendment.
④ Partial acceptance of an amendment is not allowed and will be deemed to be notification of rejection of the amendment.

25

The following statement is a part of contract. What kind of clause is it?

> If any provision of this Agreement is subsequently held invalid or unenforceable by any court or authority agent, such invalidity or unenforceability shall in no way affect the validity or enforceability of any other provisions thereof.

① Non-waiver clause
② Infringement clause
③ Assignment clause
④ Severability clause

제2과목 영작문

26
Which of the following BEST fits the blank?

In the event of (   ), the assured may claim from any underwriters concerned, but he is not entitled to recover more than the statutory indemnity.

① reinsurance
② double insurance
③ coinsurance
④ full insurance

27
Which of the following statements has a different purpose?

① We would advise you to proceed with caution in your dealings with the firm in question.
② We regret that we have to give you unfavorable information about that firm.
③ According to our records, they have never failed to meet our bills since they opened an account with us.
④ You would run some risk entering into a credit transaction with that company.

28
Which of the following BEST completes the blanks in the letter?

We would like to send (A) - Heathrow (B) Riyadh, Saudi Arabia, 12 crates of assorted glassware, to be delivered (C) the next 10 days.

① A: ex, B: to, C: within
② A: ex, B: to, C: in
③ A: from, B: through, C: within
④ A: from, B: through, C: in

29
Which is the proper Incoterms 2010 term for the following?

The seller delivers the goods on board the vessel nominated by the buyer at the named port of shipment or procures the goods already so delivered. The risk of loss of or damage to the goods passes when the goods are on board the vessel, and the buyer bears all costs from that moment onwards.

① FAS
② FCA
③ FOB
④ CFR

30
The following is related to insurance. What are the proper words to be filled in the blanks A and B?

In order to recover under this insurance, the (A) must have an insurable interest in the subject-matter insured at the time of (B).

① A: assurer, B: the loss
② A: assured, B: the loss
③ A: assurer, B: the insurance contract
④ A: assured, B: the insurance contract

31

Put the right words in the blanks.

[Complaint] I strongly object to the extra charge of USD9,000 which you have added to my statement. When I sent my cheque for USD256,000 last week, I thought it cleared this balance.
[Answer] We received your letter today complaining of an extra charge of USD9,000 on your May statement. I think if you check the statement you will find that the amount (A) was USD265,000 not USD256,000 which accounts for the USD9,000 (B).

① A: due, B: difference
② A: for, B: price
③ A: of, B: charges
④ A: received, B: less

32

Choose the right word(s) for the blank below.

( ) in international trade is a sale where the goods are shipped and delivered before payment is due, which is typically in 30, 60 or 90 days. Obviously, this option is advantageous to the importer in terms of cash flow and cost, but it is consequently a risky option for an exporter.

① A COD transaction
② A CAD transaction
③ An open account transaction
④ A D/P transaction

[33~34] Read the following and answer the questions.

While we cannot give you an explanation at present, we are looking into the problem and will contact you again shortly. As we are sending out orders promptly, I think these delays may be occurring during ( ). I shall get in touch with the haulage contractors. Would you please return samples of the items you are dissatisfied with, and then I will send them to our factory in Daejon for tests.

33

What is the main purpose of the letter above?

① To give complaints in the soonest manner
② To ask for more time to investigate the complaint
③ To investigate the delay with carrier
④ To return samples damaged

34

What is best for the blank?

① investigation   ② transit
③ arrival   ④ despatch

35

Which is MOST appropriate for the blank?

> I was surprised and sorry to hear that your Order No.1555 had not reached you. On enquiry I found that it had been delayed by a local dispute on the cargo vessel SS Arirang on which it had been loaded. I am now trying to get the goods transferred to the SS Samoa which is scheduled to sail for Yokohama before the end of next week. (   ).

① I shall remind you if this happens again
② Please keep me be informed of the sailings
③ We can reach an amicable agreement in the near future
④ I shall keep you informed of the progress

[36~37] **Which of the pairs does NOT have the similar intention?**

36

① Can you give me some cost estimates on that?
 - I was wondering roughly how much your service would cost.
② I am not convinced that acting on this plan is in the best interests of my team.
 - I am behind this plan 100%.
③ We appreciate your asking us and are willing to comply with your request.
 - Thank you very much for asking. Let me give you a hand, please.
④ We have been forced to withdraw ourselves from this project.
 - We have no choice but to pull ourselves out of the project.

37

① The contents of the meeting should be kept strictly confidential.
 - Please keep the things discussed in the meeting to yourself.
② I am not completely against your thoughts.
 - I give my conditional support to your proposal.
③ I am wondering whether you could let me put off the deadline.
 - I would be grateful if you could grant me an extension of the original deadline.
④ The pleasure of your company is requested when we visit them.
 - We hope that all the people in your firm will be very satisfied at this.

[38~39] **Read the following and answer the questions.**

> Dear Mrs Johnson
> Thank you for your letter inquiring for electric heaters. I am pleased to enclose (a) <u>a copy of our latest illustrated catalogue</u>. You may be particularly interested in our newest heater, the FX21 model. Without any increase in fuel consumption, it gives out 15% (b) <u>more heat than earlier models.</u> You will find (c) <u>details of our terms in the price list</u> printed on the inside front cover of the catalogue. Perhaps you would consider (   ) to (d) <u>provide you of an opportunity</u> to test its efficiency. At the same time this would enable you to see for yourself the high quality of material. If you have any questions, please contact me on 6234917.

38

Which is MOST suitable for the blank?

① taking an order
② placing a volume order
③ placing a trial order
④ to place an initial order

39

Which of the following is grammatically INCORRECT?

① (a) ② (b)
③ (c) ④ (d)

40

Fill in the blank with the BEST word(s).

> A written one to pay a determinate sum of money made between two parties is a (   ). The party who promises to pay is called the maker; the party who is to be paid is the payee.

① promissory note   ② letter of credit
③ draft   ④ Bill of Exchang

41

Which is NOT a good match?

> An insurance document, such as (A), (B) or (C) under an open cover, must appear to be issued and signed by an insurance company, an underwriter or their agents or their (D).

① (A) cover note
② (B) insurance policy
③ (C) insurance certificate
④ (D) proxies

42

Which is INCORRECT under UCP600?

① The words "from" and "after" when used to determine a maturity date include the date mentioned.
② Banks deal with documents and not with goods, services or performance to which the documents may relate.
③ Branches of a bank in different countries are considered to be separate banks.
④ Applicant means the party on whose request the credit is issued.

43

Choose the INCORRECT one about arbitration?

① Arbitration decisions are final and binding on the both parties.
② Disputes are resolved more quickly by arbitration than by litigation, saving time and cost.
③ Both parties may choose the arbitrators, place, language.
④ Proceedings are open to the public and the arbitral award is disclosed.

44
What does blank refer to?

( ) literally means "as it arrives". It is used in contract for shipment of grain in bulk to signify that the consignor will accept the goods in whatever condition they arrive, so long as they were in good order at time of shipment, as evidenced by a certificate of quality issued by an impartial inspection agency.

① GMQ
② Tale Quale
③ Rye Term
④ Sea Damaged Term

45
Which is NOT a replacement for the underlined?

① We shall be compelled to place the matter in the hands of our lawyer. (institute legal proceeding for the matter)
② We have to inform you that it is not yet possible for us to meet our obligations. (fulfill our commitments)
③ Thank you for writing to us so frankly about your inability to pay your debt. (competence to meet your debt)
④ There have, however, been several instances in the past when you have asked for extra time to settle your account. (balance your account)

46
Choose a correct one in O/A payment?

① It is dangerous to use when the importer has favorable payment history.
② It is safe to use if the freight forwarder has been deemed to be creditworthy in order for the trade transaction.
③ O/A is the most advantageous option to the importer in terms of cash flow and cost, but it is consequently the highest risky option for an exporter.
④ O/A means Opening Applicant.

47
What is THIS?

THIS is the term used to describe the offence of trying to conceal money that has been obtained through offences such as drugs trafficking.
In other words, money obtained from certain crimes, such as extortion, insider trading, drug trafficking and illegal gambling is 'dirty'.

① money laundering
② fraud
③ illegal investment
④ abnormal remittance

48

According to the letter, what would be MOST suitable for the blank in common?

> We certainly appreciate your interest in Maxoine Sportswear. Nevertheless, I am afraid we cannot give you the information you requested. Because we do not sell our garments directly to the consumer, we try to keep _____ between ourselves and our dealers. It is our way of meriting both the loyalty and good faith of those with whom we do business. Clearly, divulging _____ to a consumer would be a violation of a trust.

① our dealer lists
② our wholesale prices
③ the highest price
④ our consumers' information

49

Which is most AWKWARD English writing?

① 우리 소프트웨어 제품에 관심을 보여주신 귀사의 4월 8일자 문의에 대해 감사드립니다.
→ Thank you for your inquiry on April 8, expressing interest in our software products.
② 오늘 주문서 No.9087에 대한 배송을 받고 포장을 풀었을 때, 우리는 전 품목이 완전히 파손되었음을 발견했습니다.
→ Today we received delivery of our order No.9087, and unpacked, we found all items were completely damaging.
③ 신용장의 잔액은 미화 15,000달러이므로 그 범위 내에서 선적해 주십시오.
→ As the balance of L/C is USD15,000, please make shipment within the amount.
④ 귀사가 신용장의 유효 기간 내에 주문을 이행하지 않았으므로 당사는 신용장을 취소하겠습니다.
→ As you have not executed the order within the validity of L/C, we will make cancellation of the L/C.

50

Which is NOT grammatically correct?

① 귀하가 겪은 불편에 대해 깊이 사과드립니다.
→ We deeply apologize for the inconvenience you have experienced.
② 2월 20일까지 귀사 부담으로 XT-4879 케이블 모뎀 500개를 항공 화물편으로 보내주시기 바랍니다.
→ Please send us 500 XT-4879 cable modems by February 20 by air freight at your expense.
③ 귀사의 8월 5일자 주문서에 대한 신용장이 개설되도록 귀사 거래 은행에 신용장 개설을 촉구하여 주십시오.
→ Please arrange with your bank to open a letter of credit for your order of August 5.
④ 귀사가 주문하신 Model No.289E 재봉틀이 단종 되었음을 알려드리게 되어 유감입니다.
→ We are sorry to inform you of the sewing machine(Model No.289E) you ordered have discontinued.

제3과목 무역실무

51

아래 글상자는 무역계약에서 국제상관습의 의의에 관한 설명이다. 공란에 들어갈 내용을 바르게 연결한 것은?

(ⓐ)의 (ⓑ)은 극히 간결한 형태로 표현되고 있음에도 불구하고, 대량의 무역거래가 신속 안전하게 이행되는 것은 수백 년에 걸쳐서 형성된 (ⓒ)이란 형태의 (ⓓ)에 의하여 (ⓐ)을 보완하여 왔기 때문이다.

	ⓐ	ⓑ	ⓒ	ⓓ
①	국제상관습	명시조항	무역계약	묵시조항
②	국제상관습	묵시조항	무역계약	명시조항
③	무역계약	묵시조항	국제상관습	명시조항
④	무역계약	명시조항	국제상관습	묵시조항

52

해상보험에서 사용하는 용어에 대한 설명으로 옳지 않은 것은?

① 손인은 손해의 원인으로 좌초, 충돌, 화재 등을 들 수 있다.
② 위험은 손해발생가능성을 말하는 것으로 반드시 손해로 연결되는 것을 말한다.
③ 위태는 손해발생의 가능성을 증가시키는 상태를 말한다.
④ 보험금액은 보험사고 발생 시 보험자가 보상하는 최고한도가 된다.

53

결제방식에 대한 설명으로 옳지 않은 것은?

① 대금회수와 관련하여 신용장은 안전하지만 국제팩토링은 다소 위험하다.
② 신용장에서는 환어음네고로 결제가 이루어지고 국제팩토링의 경우 전도금융이 이루어진다.
③ 신용장은 일람불환어음이나 기한부환어음을 요구하지만 국제팩토링은 환어음을 요구하지 않는다.
④ 신용장과 추심결제에서 사용되는 서류는 환어음과 선적서류이다.

54

양도된 신용장의 최종적인 지급의무를 지는 당사자로 옳은 것은?

① 제1수익자
② 신용장 양도은행
③ 개설의뢰인
④ 원신용장 개설은행

55

보험관련 설명 중 옳지 않은 것은?

① 화물보험의 보험기간은 장소로 표시한다.
② 해상보험에서 부보되는 위험은 Warehouse to warehouse Clause에 의한 해륙혼합위험이다.
③ 소급약관이나 포괄예정보험은 보험계약기간과 보험기간이 일치하게 된다.
④ 전쟁위험의 보험기간은 화물이 육상에 있는 동안에는 해당되지 않는다.

56

컨테이너와 관련된 설명으로 옳지 않은 것은?

① 컨테이너선의 대형화는 항구에서의 하역작업에 많은 시간을 요하는 한계성이 있다.
② 컨테이너의 한계성은 컨테이너에 적입하는데 한계상품이나 부적합상품이 있다는 것이다.
③ LCL화물들은 CFS에 반입되어 FCL화물로 혼재되어 목적지별로 분류된다.
④ 컨테이너의 사용으로 포장비용을 줄일 수 있고 선박의 정박일수도 단축할 수 있다.

57

추정전손에 대한 설명으로 옳지 않은 것은?

① Constructive Total Loss이라고 하고 해석전손이라고 도 한다.
② 화물손해 발행 시, 손상을 수선하는 비용과 화물을 그 목적항까지 운송하는 비용을 합산한 비용이 도착시의 화물 가액을 초과할 것으로 예상되는 경우가 추정전손에 포함된다.
③ 추정전손이 있을 경우에는 피보험자는 그 손해를 분손으로 처리할 수도 있고 보험자에게 보험목적물을 위부하고 그 손해를 현실전손에 준하여 처리할 수도 있다.
④ 선박이 행방불명되고 상당한 기간 경과 후까지 그 소식을 모를 경우는 추정전손으로 처리될 수 있다.

58

적하보험에 대한 설명으로 옳지 않은 것은?

① 객관적 위험이 이미 발생했거나 위험이 없는 경우, 보험계약당사자가 이 사실을 모르는 경우에는 보험계약 체결이 가능한데 이러한 보험을 소급보험이라고 한다.
② 보험금액이 보험가액보다 적은 경우의 보험은 일부보험(under insurance)이다.
③ premium은 보험자의 위험부담에 대한 대가로서 피보험자나 보험계약자가 보험자에게 지급하는 금전이다.
④ 피보험자는 보험계약이 체결될 때 보험목적물에 이해관계를 가져야 하나 손해 발생 시에는 보험목적물에 이해관계를 가질 필요는 없다.

59

아래 글상자 내용은 어떤 원칙에 관한 것인가?

- UN국제물품복합운송조약에서 채택한 원칙
- 손해발생구간의 확인여부에 관계없이 동일한 책임원칙을 적용하지만, 손해발생구간이 확인되어 그 구간에 적용될 법에 의한 책임한도액이 UN국제물품복합운송조약에서의 금액보다 높을 경우 높은 한도액을 적용한다는 원칙
- 운송도중 발생한 물품의 멸실이나 손상에 대한 손해배상 액은 손해발생구간이 판명되면 구간의 단일운송협약상 책임한도액이 적용되며, 손해발생구간이 불명일 때는 일반원칙이 적용되도록 함

① Network Liability System
② Uniform Liability System
③ Modified Uniform Liability System
④ Liability for Negligence

60

Incoterms 2010에 대한 설명으로 옳은 것은?

① 매도인과 매수인 간에 강제적으로 적용되는 국제규칙이다.
② 국제매매계약 뿐만 아니라 국내매매계약에도 사용가능하다.
③ 당사자 간에 합의되었더라도, 전자적 형태의 통신은 종이에 의한 통신과는 다른 효력이 부여된다.
④ 물품소유권의 이전 및 계약위반의 효과를 매도인, 매수인 입장에서 각각 다루고 있다.

61

양도가능 신용장에 대한 설명으로 옳지 않은 것을 모두 고르면?

㉠ 중계무역은 양도가능 신용장이 발행되는 경우에만 가능하다.
㉡ 제2의 수익자가 1개 회사인 경우, L/C금액의 전부를 양도하는 전액양도만 허용된다.
㉢ 제1의 수익자는 복수의 제2수익자에게, 분할양도 할 수 있다.
㉣ 제2의 수익자가 제3의 수익자에게 양도하는 경우 개설의뢰인과 개설은행 모두에게 사전 양해를 얻는다면 가능하다.
㉤ 국내 소재 제2의 수익자에게도 양도하는 경우 local L/C라고 한다.

① ㉠, ㉡, ㉢, ㉣
② ㉠, ㉡, ㉢, ㉤
③ ㉠, ㉡, ㉣, ㉤
④ ㉡, ㉢, ㉣, ㉤

62

B/L 상에 "Shipper's Load & Count"와 같은 문구가 있는 경우, 이에 대한 설명으로 옳지 않은 것은?

① Liner를 이용한 운송이다.
② Container 운송이다.
③ 하역비는 FIO 조건이 적용된다.
④ B/L의 발행일자 외에 선적일자가 별도로 기재되어야 한다.

63

청약 등에 대한 내용 설명으로 옳지 않은 것은?

① 주문서도 청약으로 볼 수 있으나 확인(confirmation)이나 승인(acknowled-gement)이 있어야 계약이 성립된다.
② 청약조건을 실질적으로 변동시키는 것은 대금지급 변경, 분쟁해결 변경, 인도조건의 조회 등이다.
③ Cross offer는 동일한 조건으로 매도청약과 매수청약이 동시에 이루어지는 것으로 영미법에서는 계약이 성립되지 않는다.
④ 조건부청약은 청약자의 최종확인이 있어야 계약이 성립되며 서브콘 오퍼라고도 한다.

64

Frustration에 대한 설명으로 옳은 것은?

① Frustration의 성립요건은 계약목적물의 물리적 멸실, 후발적 위법 등이며 계약목적물의 상업적 멸실은 해당되지 않는다.
② Frustration은 신의성실의 원칙에서의 사정변경의 원칙과 관련이 있다.
③ 주요공급원의 예기치 못한 폐쇄는 Frustration에 해당되지만 농작물의 흉작, 불작황은 해당되지 않는다.
④ Frustration의 성립은 즉각 소급하여 계약을 소멸시키고 양당사자의 의무를 면제한다.

65
신협회적하약관 ICC(B) 조건에서 보상하는 손해로 옳지 않은 것은?
① 쌍방과실충돌
② 공동해손·구조비
③ 약관상 면책사항 이외의 우연적 사고에 의한 손해
④ 본선·부선에의 선적 또는 양륙작업 중 바다에 떨어지거나 갑판에 추락하여 발생한 포장단위당의 전손

66
복합운송증권의 특징에 대한 설명으로 옳지 않은 것은?
① 화물의 멸실, 손상에 대한 전 운송구간을 커버하는 일관책임을 진다.
② 선하증권과 달리 운송인뿐만 아니라 운송주선인에 의해서도 발행된다.
③ 화물이 본선적재 전에 복합운송인이 수탁 또는 수취한 상태에서 발행된다.
④ 지시식으로 발행된 경우 백지배서에 의해서만 양도가 가능하다.

67
포페이팅에 대한 설명 중 옳지 않는 것은?
① 환어음 또는 약속어음 등 유통가능한 증서를 상환청구권 없이(without recourse) 매입하는 방식이다.
② 포페이팅은 신용장 또는 보증(aval) 방식으로 이루어지며 어음에 대한 할인은 보통 수출상이 최종적으로 부담한다.
③ 기계, 중장비, 산업설비, 건설장비 등 연불조건 구매가 이루어지는 경우 중요한 결제수단이다.
④ 포페이팅의 가장 큰 장점은 연불조건 구매와 같이 중장기 거래에 따른 신용위험(credit risk) 등을 회피할 수 있다는 것이다.

68
해상보험에서 위험에 대한 설명으로 옳지 않은 것은?
① Perils of the Seas는 해상고유의 위험으로 stranding, sinking, collision, heavy whether를 포함한다.
② Perils on the Seas는 해상위험으로 fire, jettison, barratry, pirates, rovers, thieves를 포함한다.
③ 포괄담보 방식에서는 보험자가 면책위험을 제외한 모든 손해를 담보하는데, ICC(A) 또는 W/A가 여기에 속한다.
④ 갑판적, 환적, 강제하역, 포장불충분 등 위험이 변경되는 경우 보험자는 원칙적으로 변경 후 사고에 대해 면책된다.

69
해상보험의 보상원칙으로 옳지 않은 것은?
① 보험사고가 발생하더라도 보험금액을 보상하는 것이 아니라 피보험자의 실손해만을 보상하는 실손보상원칙을 따른다.
② 적하보험은 기평가보험으로서 통상 CIF가액의 110%로 보험금액이 결정된다.
③ 보험자는 피보험자에게 보험금을 지급하면 피보험목적물에 대한 권리를 이전받는 대위원칙을 따른다.
④ 보험자는 피보험자가 입은 직접적인 손해뿐만 아니라 간접 손해도 보상하는 손해보상원칙을 따른다.

70
선하증권에 대한 설명으로 옳지 않은 것은?
① 운송계약의 추정적 증거(prima facie evidence)이다.
② 운송인이 물품을 수취했다는 물품의 수령증이다.
③ 'said by shipper to contain'과 같은 부지약관이 있어도 신용장 거래에서 수리된다.
④ 권리증권으로 유통이 가능하며 'consignee'란에 수화인이 기재되어 유통될 수 있다.

71
Incoterms 2010 상 FOB 규칙에 대한 설명으로 옳지 않은 것은?

① 매도인이 선적항에서 매수인이 지정한 본선에 수출 통관된 계약상품을 선적하면 매도인의 물품인도 의무가 완료된다.
② FCA 조건에 매도인의 본선으로의 선적의무가 추가된 조건이다.
③ 매수인은 자기의 책임과 비용부담 하에 운송계약을 체결하고 선박명, 선적기일 등을 매도인에게 통지해 주어야 한다.
④ 컨테이너 운송에서 매도인이 물품을 갑판이 아닌 CY 등 다른 장소에 인도하는 경우에는 FOB 대신 FCA 조건을 사용해야 한다.

72
계약서에 들어가는 선적조건에 대한 설명으로 옳지 않은 것은?

① 신용장 상에 할부선적 횟수가 규정되었을 때는 어느 한 부분이라도 선적이 이행되지 않았다면 그 선적분과 모든 잔여 선적분은 무효가 된다.
② 선적일은 수취선하증권이 발행된 경우에는 발행일이 곧 선적일이다.
③ 'on or about'에 대한 선적 시기에 대한 해석은 선적이 지정일자로부터 양끝의 일자를 포함하여 5일 전후까지의 기간 내에 선적되어야 한다.
④ 천재지변, 전쟁 등 불가항력에 의한 선적지연의 경우 원칙적으로 매도인은 면책된다.

73
화물손해에 대한 해상운송인의 면책 사유로 옳지 않은 것은?

① 운송인은 항해 중 선장, 선원의 행위, 태만 또는 과실로 인하여 발생한 화물의 손해는 면책된다.
② 포장의 불충분성으로 인하여 발생하는 멸실이나 손상은 면책된다.
③ 선박의 화재로 인하여 발생한 화물의 손해는 면책되나 운송인의 고의로 인한 것이 아니어야 한다.
④ 운송인은 침몰, 좌초와 통상적인 풍파로 인하여 발생한 화물의 멸실이나 손상은 면책된다.

74
환어음의 필수기재사항에 해당되는 것만으로 옳게 나열된 것은?

① 지급인, 지급기일, 수취인, 발행일 및 발행지
② 환어음표시문자, 지급인, 지급지, 신용장 번호
③ 금액, 지급지, 어음번호, 발행인의 서명
④ 상환불능문언, 환어음표시문자, 발행인의 서명, 환율문언

75
CISG 상 유효한 승낙으로 간주되는 것은?

① 침묵에 의한 승낙
② 청약에 대해 동의의 의사를 표시하는 피청약자의 행위
③ 무행위(inactivity)에 의한 승낙
④ 동일한 거래조건을 담은 교차 청약(cross offer)

2019년 제2회 기출문제

제1과목 영문해석

01

Choose WRONG part of L/C explanation.

The letter of credit is probably the most widely used method of financing for both (A) <u>export and import</u> shipments. In establishing a letter of credit, the buyer applies to his own bank for a specified amount (B) <u>in favor of the buyer</u>. The buyer stipulates the (C) <u>documents which the seller must present</u>, the duration of the credit, (D) <u>the tenor of drafts which may be drawn</u>, on whom they may be drawn, when shipments are to be made, and all other particulars in the transaction.

① A
② B
③ C
④ D

[02~03] Read the following and answer.

Dear Mr. Cox

We are a large motorcycle wholesale chain with outlets throughout Korea, and are interested in the heavy touring bikes displayed on your stand at the Tokyo Trade Fair recently.

There is an increasing demand here for this type of machine. Sales of larger machines have increased by more than 70% in the last two years, especially to the 40-50 age group, which wants more powerful bikes and can afford them.

We are looking for a supplier who will offer us an exclusive agency to introduce heavy machines. At present we represent a number of manufacturers, but only sell machines up to 600cc, which would not compete with your 750cc, 1000cc, and 1200cc models.

We operate on a 10% commission basis on net list prices, with an additional 3% <u>del credere</u> commission if required, and we estimate you could expect an annual turnover in excess of US $5,000,000.00 With an advertising allowance we could probably double this figure.

We look forward to hearing from you.

Steve Kim

02

What can NOT be inferred?

① Steve would like to represent same line of bikes with their current suppliers.
② Mr. Cox's company is engaged in heavy touring bikes.
③ Steve Kim may take end-buyers' credit risk.
④ 40-50 age Korean consumers tend to buy bikes with large engine displacement.

03

Which is NOT related with del credere?

① Del credere agent here guarantees that a buyer is trustworthy.
② Del credere agent here compensates the principal in case the buyer defaults.
③ To cover credit risk, del credere agents charge higher commission rates.
④ A del credere agent is an agent who guarantees the solvency of third parties with whom the agent contracts on behalf of the buyer.

04

What could mostly represent the underlying transaction?

Dear Mr. Cox

We are a large motorcycle wholesale chain with outlets throughout Korea, and are interested in the heavy touring bikes displayed on your stand at the Tokyo Trade Fair recently.

There is an increasing demand here for this type of machine. Sales of larger machines have increased by more than 70% in the last two years, especially to the 40-50 age group, which wants more powerful bikes and can afford them.

We are looking for a supplier who will offer us an exclusive agency to introduce heavy machines. At present we represent a number of manufacturers, but only sell machines up to 600cc, which would not compete with your 750cc, 1000cc, and 1200cc models.

We operate on a 10% commission basis on net list prices, with an additional 3% del credere commission if required, and we estimate you could expect an annual turnover in excess of US $5,000,000.00 With an advertising allowance we could probably double this figure.

We look forward to hearing from you.

Steve Kim

① sales contract
② carriage contract
③ pro-forma invoice
④ certificate of origin

05

The following is about DAT under Incoterms 2010. Choose the wrong part.

> The seller delivers when the goods, (a)once unloaded from the arriving means of transport, are placed at the disposal of (b)the buyer at a named terminal at the named port or place of destination. "Terminal" (c)includes any place, whether covered or not, such as a quay, warehouse, container yard or road, rail or air cargo terminal. (d)If the parties intend the buyer to bear the risks and costs involved in transporting and handling the goods from the terminal to another place, then the DAP or DDP rules should be used.

① (a)
② (b)
③ (c)
④ (d)

06

Choose the LEAST correct translation.

> (1) If a credit is transferred to more than one second beneficiary, (2) rejection of an amendment by one or more second beneficiary does not invalidate the acceptance by any other second beneficiary, (3) with respect to which the transferred credit will be amended accordingly. (4) For any second beneficiary that rejected the amendment, the transferred credit will remain unamended.

① 신용장이 하나 이상의 제2수익자에게 양도된 경우에는
② 하나 또는 그 이상의 제2수익자에 의한 조건변경의 거절은 어떤 다른 제2수익자에 의한 승낙을 무효로 하지 아니하고
③ 따라서 승낙한 제2수익자와 관련하여 양도된 신용장은 조건변경이 되고
④ 조건변경을 거절한 제2수익자에 대하여는, 양도된 신용장은 조건변경 없이 유지된다.

07

Which is NOT correct according to the letter?

> Dear Mr. Richardson
> We were pleased to receive your order of 15 April for a further supply of CD players.
> However, owing to current difficult conditions, we have to ensure that our many customers keep their accounts within reasonable limits. Only in this way we can meet our own commitments.
> At present the balance of your account stands at over US $1,800.00 We hope that you will be able to reduce it before we grant credit for further supplies. In the circumstances we should be grateful if you would send us your check for half the amount owed. We could then arrange to supply the goods now requested and charge them to your account.

① The writer is a seller.
② This is not the first time that the writer has business with Mr. Richardson.
③ The writer asks the receiver to send the check for current order.
④ This is a reply to the order.

[08 ~ 09] Read the following and answer.

We must express surprise that the firm mentioned in your enquiry of 25th May have given our name as a reference.

As far as we know, they are a reputable firm, but we have no certain knowledge of their financial position. It is true that they have placed orders with us on a number of occasions during the past two years, but the amounts involved have been small compared with the sum mentioned in your letter; and even so, accounts were not always settled on time.

_____.

We accept your assurance that the information we give will be treated in strict confidence and regret that we cannot be more helpful.

08

According to the context, which is the best sentence in the blank?

① Therefore, we find this company to be a good credit rating.
② This, we feel, is a case in which caution is necessary and suggest that you make additional enquiries through an agency.
③ Our company was established in 1970 and has been enjoying steady growth in its business with excellent sales.
④ We regret that the amount of obligations you now carry makes it difficult for us to agree to allow you credit terms.

09

The passage in the box is a reply to the letter. Which of the following is LEAST to be included in the previous letter?

① Their requirements may amount to approximately US $200,000.00 a quarter and we should be grateful for your opinion of their ability to meet commitments of this size.
② They state that they have regularly traded with you over the past two years and have given us your name as a reference.
③ We should appreciate it if you would kindly tell us in confidence whether you have found this company to be thoroughly reliable in their dealings with you and prompt in settling their accounts.
④ We would appreciate a prompt decision concerning our order once you have contacted our references.

10

Which can NOT be inferred from the following correspondence?

Dear Mr. Han,

With reference to your letter, we are pleased to inform you that we have been able to secure the vessel you asked for.

She is the SS Eagle and is docked at present in Busan. She is a bulk carrier with a cargo capacity of seven thousand tons, and has a speed of 24 knots which will certainly be able to make the number of trips in two months.

Once the charter is confirmed, we will send you a charter party.

Yours sincerely

① Shipper has a lot of goods in containers.
② Time charter is appropriate for the transaction.
③ The charter party to be issued is not negotiable.
④ The writer is a chartering broker.

11
Which of the following is the LEAST appropriate Korean translation?

① Over the past decade, our revenues have increased by double digit annually.
→ 지난 10년간 당사 수익은 매년 두 자리 수로 증가했습니다.

② Even though the domestic economy has been stagnant this year, we have managed for the third year in a row to sustain a 15% annual growth rate.
→ 올해 국내 경기가 침체되었지만, 당사의 경영은 세 번째 해에 드디어 연 15% 성장률을 유지하게 해주었습니다.

③ Your order has been completed and is now ready for shipment. When we receive the credit advice on or before July 21, as agreed, we will ship your order on C/S "Zim Atlantic" leaving Busan on August 6 and reaching Los Angeles on August 17.
→ 주문하신 상품은 완성되어 선적준비가 되어 있습니다. 합의에 따라 7월 21일까지 신용장 통지를 받으면, 8월 6일 부산항을 출항해 8월 17일 Los Angeles에 입항할 예정인 Zim Atlantic호에 선적하겠습니다.

④ We have to point out that all the product you are offering must be guaranteed to meet the requirements of the specifications we indicated.
→ 귀사가 제공하는 모든 상품은 당사가 제시한 명세서의 요구에 부합한다는 보증을 해 주셔야 합니다.

12
Which is the LEAST appropriate English-Korean sentence?

① What we're looking for is a year-long contract for the supply of three key components.
→ 오늘 당사가 이루고자 하는 것은 세 가지 주요 부품의 공급에 관한 1년간의 계약을 체결하는 것입니다.

② When do you think we'll get the results of the market analysis? When could we see a return on our investment?
→ 시장 분석결과는 언제쯤 받을 수 있다고 생각합니까? 언제쯤 당사가 돌아와서 다시 투자할 수 있을까요?

③ Most other agencies don't have the expertise to handle our request.
→ 대부분의 다른 대리점은 당사의 요구를 들어줄 만한 전문기술이 없습니다.

④ If the contract is carried out successfully, it will be renewed annually.
→ 계약이 성공적으로 이행되면 1년마다 연장이 될 겁니다.

13

Which of the following is MOST likely to appear right BEFORE the passage below?

> Because we do not sell our garments directly to the consumer, we try to keep our wholesale prices between ourselves and our dealers. It is our way of meriting both the loyalty and good faith of those with whom we do business. Clearly, divulging our wholesale prices to a consumer would be a violation of a trust.
> However, I have enclosed for your reference a list of our dealers in the Bronx and Manhattan. A number of these dealers sell Maxine Sportswear at discount.
> Very truly yours

① If you are interested in importing the products, please feel free to contact us.
② We assure you that our price and quality are the most competitive.
③ We certainly appreciate your interest. Nevertheless, I am afraid I cannot supply you with the information you requested.
④ We regret to inform you that now is not an occasion for price hike.

14

Which of the following insurance documents on the below are acceptable?

> A documentary credit for US $150,000.00 calls for a full set of bills of lading and an insurance certificate to cover all risks. The bill of lading presented indicates an on board date of 15 December.

A. Policy for US $150,000.00.
B. Certificate dated 17 December.
C. Declaration signed by a broker.
D. Subject to a franchise.

① A+B only   ② A+D only
③ B+C only   ④ C+D only

15

If the CIF or CIP value cannot be determined from the documents, a nominated bank under UCP600 will accept an insurance document, which covers:

A. 110% of the gross amount of the invoice.
B. 100% of the gross amount of the invoice.
C. 110% of the documentary credit amount.
D. 110% of the amount for which payment, acceptance or negotiation is requested under the credit.

① A+C only   ② B+D only
③ A+B+D only   ④ A+C+D only

16

What action should the negotiating bank take?

> A documentary credit advised to a beneficiary payable at sight calls for documents to include an invoice made out in the name of the applicant. Documents presented to the negotiating bank by the beneficiary include a customs invoice but not commercial invoice. All other terms and conditions have been met.

① Reject the documents as non-complying.
② Refer to the issuing bank for authority to pay.
③ Return the documents for amendment by the beneficiary.
④ Pay the documents as fully complying with the terms of the credit.

17

What is NOT appropriate as a reply to customer complaints?

① Thank you for taking time out of your busy schedule to write us and express your grievances on how our products and services do not meet up with your expectations.
② This is to confirm that I have seen your email. I look forward to receiving my consignment next week as you promised.
③ However, we can neither receive the return nor refund you as you demanded. This is because of our company's policy. We make refunds only for orders whose complaints are received within two weeks of purchase.
④ Despite our effort to deliver your order on time using Skynet Express Delivery Service, it's quite unfortunate that we didn't meet up with the time allotted for the delivery of those products.

18

What is "This" in the sentences?

- This should be located in a conspicuous place to tell the purchases where the product was produced.
- This is used to clearly indicate to the ultimate purchaser of a product where it is made.

① Packaging
② Country of origin marking
③ Carton number marking
④ Handling caution marking

19

Which is LEAST proper Korean translation?

① The selling prices of goods delivered to the customers in exchange are included in the computation of gross sales.
→ 고객에게 교환으로 인도된 상품의 판매가는 매출 총액 계산에 포함된다.
② There is an implied warranty by the shipper that the goods are fit for carriage in the ordinary way and are not dangerous.
→ 화물이 통상적인 방법으로 운송에 적합하고 위험하지 않다는 화주의 묵시적 보증이 있다.
③ The consular invoice shall be certified by the consul of the country of destination.
→ 영사송장은 수입국의 영사가 인증하여야 한다.
④ If a bank loan is initially extended with a five-year tenor, after three years, the loan will be said to have a tenor of two years.
→ 만약 은행 대출이 처음에 5년이었는데, 그 후 3년 연장되면, 그 대출은 2년간의 기한이 생겼다고도 말할 수 있다.

20
Which of the following is LEAST correct?

> Dear Ms. Jones:
> Thanks for your recent prompt payments. Our records reflect your current account.
> Given these circumstances, I am happy to restore your full credit line. In fact, your recent payment record enables me to extend your credit line from the previous US $5,000.00 to US $8,000.00 This will enable you to stock the added inventory you need to accommodate the growing demands of your customers.
> On a personal note, I admire your cooperation and appreciate your sincere efforts. You have made my job easier, and I appreciate it.

① The letter offers thanks and praises the customer's good payment record.
② Ms. Jones' company gets a credit extension up to US $13,000.00
③ There is a positive change in the terms of credit.
④ The letter announces that the credit line is now restored.

21
What is the main reason of the letter?

> Dear Corporate Section Manager:
> We are writing to inquire about the companies for our products in Bahrain. Your branch in Seoul, Korea, has told us that you may be able to help us. We manufacture radio telephones. At present, we export to Europe and Latin America, but we would like to start exporting to the Arabian Gulf.
> Could you please forward this letter to any companies in Bahrain that might be interested in representing us? We enclose some of our catalogs.

① to enlarge the branches in Seoul.
② to inquire about an agent in Bahrain
③ to inquire about the radio telephones
④ to export to Europe and Latin America

22
Which is LEAST happening if transaction is conducted as intended below.

> Thank you for the email expressing your interest in our goods, which comes with the Intel xCPU and MS Window CE OS. Our export price is US $250,000.00 CIF LA per unit, and we do have various volume discount plans.

① Seller shall insure the goods with 110% of invoice
② Buyer is responsible for damage of goods in transit
③ Seller may take ICC (C) on the goods which will be delivered
④ Seller shall deliver the goods up to LA at his risk

23

What situation is being explained in the letter below?

> As we wrote you previously about the delays in the delivery of your order, the situation is still the same, the trade union strike is on-going. We apologize for this occurrence, but there is not much that we can do to rectify this, as it is out of our hands.
> We again apologize and regret the delay in delivery of your order.

① negotiation with union
② force majeure
③ non-payment
④ early delivery

[24~25] Read the following and answer.

> A lot of customers have been asking about your bookcase and coffee-table assembly kits. We would like to test the market and have 6 sets of each kit on approval before placing a (ⓐ) order. I can supply trade references if necessary. I attach a (ⓑ) order (No. KM1555) in anticipation of your agreement. There is no hurry but we hope to have your response by the end of April.

24

Why trade references might be needed?

① Because the seller would not trust the buyer in this transaction.
② Because the buyer intends to pay upon arrival of goods.
③ Since the seller requires some references after shipment.
④ Since the buyer would not be satisfied with seller's performance.

25

Which is the best pair for the blanks?

① ⓐ firm - ⓑ provisional
② ⓐ provisional - ⓑ firm
③ ⓐ provisional - ⓑ provisional
④ ⓐ firm - ⓑ firm

제2과목 영작문

26

Which of the following BEST fits the blanks?

> A constructive total loss is a situation where the cost of repairs plus the cost of salvage equal or exceed the (ⓐ) of the property, therefore insured property has been abandoned because its actual total loss appears to be unavoidable or because as mentioned above could not be preserved or repaired without an expenditure which would exceed it's value. One example: in the case of damage to the goods, where the cost of repairing the damage and forwarding the goods to their destination would exceed their value on (ⓑ)

① ⓐ cost - ⓑ inspection
② ⓐ value - ⓑ arrival
③ ⓐ cost - ⓑ receipt
④ ⓐ value - ⓑ sales

27
Put best right word(s) in the blank

In reference to your letter concerning delayed payment, we wish to inform you that we are accepting your suggestion.

The one condition we would like to add is that if there would be delayed payment beyond what has been agreed upon in the payment schedule and if there is no proper notice given then, we will (   ) to seek legal action against your company.

① have no choice ② be inevitably
③ not help   ④ be forced

28
Which CANNOT be included in the underlined these?

When these are used, the seller fulfills its obligation to deliver when it hands the goods over to the carrier and not when the goods reach the place of destination.

① CPT ② EXW
③ CIF ④ FOB

29
Which of the following is LEAST grammatically appropriate?

We have received (a) the number of enquiry for floor coverings suitable for use on the rough floors which seem to be a feature of much of the new building (b) taking place in this region. It would be helpful (c) if you could send us samples showing your range of suitable coverings. A pattern-card of the designs (d) in which they are supplied would also be very useful.

① (a) ② (b)
③ (c) ④ (d)

30
Fill in the blank with the BEST word(s).

I was very pleased to receive your request of 12 March for waterproof garments on approval.
As we have not previously done business together, you will appreciate that I must request either the usual _____, or the name of a bank to which we may refer. As soon as these enquiries are satisfactorily settled we shall be happy to send you a good selection of the items mentioned in your letter.
I sincerely hope that our first transaction will be the beginning of a long and pleasant business association.

① trade references ② credit terms
③ letter of credit ④ bank references

31

Which of the (a)~(d) is LEAST appropriate?

Please correct the following error in my credit report: The loan account number listed for Citizens Bank on the report reads: "137547899." This is incorrect. The correct account number is 137557899.
(a) To verify this information call my branch manager, Len Dane, at 123-456-7890.
This correction should change the report (b) by deleting the erroneous statement that says I have twice been late in making payments.
Please (c) open my credit report and (d) send me the corrected clean copy within the next 10 days

① (a)
② (b)
③ (c)
④ (d)

32

What is best for the blank?

Thank you for your letter of 15 January regarding our November and December invoice No. 7713
We were sorry to hear about the difficulties you have had, and understand the situation. However, we would appreciate it if you could (   ) the account as soon as possible, as we ourselves have suppliers to pay.
We look forward to hearing from you soon.

① clear
② make
③ debit
④ arrange

33

Which of the following words is NOT appropriate for the blanks below?

EXW rule places minimum responsibility on the seller, who merely has to make the goods available, suitably packaged, at the specified place, usually the seller's factory or depot.
The (ⓐ) is responsible for loading the goods onto a vehicle; for all export procedures; for onward transport and for all costs arising after collection of the goods. In many cross-border transactions, this rule can present practical difficulties.
Specifically, the (ⓑ) may still need to be involved in export reporting and clearance processes, and cannot realistically leave these to the (ⓒ). Consider (ⓓ) instead.

① ⓐ exporter
② ⓑ exporter
③ ⓒ buyer
④ ⓓ FCA(seller's premise)

34

Which of the following is the LEAST appropriate one as part of the reply to the letter?

> For a number of years we have imported electric shavers from the United States, but now learn that these shavers can be obtained from British manufacturers. We wish to extend our present range of models and should be glad if you could supply us with a list of British manufacturers likely to be able to help us. If you cannot supply the information from your records, could you please refer our enquiry to the appropriate suppliers in London.

① They are the product of the finest materials and workmanship and we offer a worldwide after-sales service.
② We hope you will send us a trial order so that you can test it.
③ We are pleased to inform you that your order was shipped today.
④ We learn that you are interested in electric shavers of British manufacture and enclose our illustrated catalogue and price list.

35

Which of the following is the MOST appropriate English sentence?

> 하지만 당사는 합작투자보다는 기술이전을 선호합니다. 기술이전 계약을 하는 것이 가능한지요? 당사는 기술 지향적인 회사입니다.

① We, yet, prefer technology transfer by joint venture. I wonder whether you are in a position to enter into the technology transfer agreement or not. We are a technology-oriented company.
② We, however, prefer technology transfer than joint venture. I wonder if you are in a position to enter the technology transfer agreement. We are a technology-orienting company.
③ We, however, prefer technology transfer to joint venture. I wonder whether you are in a position to enter into the technology transfer agreement. We are a technology-oriented company.
④ We, however, prefer joint venture of technology transfer. I wonder whether you are in a position to enter the technology transfer agreement or not. We are a technology-orienting company.

36

Which of the following has similar meaning for the sentence underlined?

> We are a large music store in Korea and would like to know more about the mobile phones you advertised in this month's edition of "Smart World".
> Could you tell us if the mobile phones are out of intellectual property issue and are playable in Korean language? Also please let us know if there are volume discount. We may place a substantial order if the above matters are answered to our satisfaction.

① whether the mobile phones are free from intellectual property issue.
② if the mobile phones are abided by intellectual property problems.
③ provided that the mobile phones are free from intellectual property issue.
④ should the mobile phones are out of intellectual property issue.

[37~38] Read the following and answer the questions.

> On behalf of the Board of Directors and Officers of the Stone Corporation, I would like to express sincere appreciation and congratulations to your company for successfully completing the reconstruction of our headquarters building in Incheon, which was devastated by fire last year. Your company has distinguished itself as a leader in the construction industry by performing what appeared to be an almost impossible task. <u>With working under difficult conditions and accelerated construction schedules, your company completed the building as scheduled.</u>

37

Which of the following is the BEST to summarize the underlined sentence above?

① Thanks to your hard work, we could come back to work exactly on the expected date.
② Without your sincere help, the buildings have been restored to its original state perfectly.
③ Although the working plans were tough and tight, your company did fulfill our needs.
④ We had worked hard despite the difficulties, and the construction was finished on time.

38

Which of the following is MOST likely to come after the letter above?

① This accomplishment is attribute to the fine group of professional engineers and skilled craftsmen you assembled on site and to the individual skill and dedication of your project manager, Charles Shin.
② We want to express our deepest appreciation for your hard work during our activities. Your untiring energy and labor made our company the most successful since our foundation began ten years ago.
③ All the people who explored were extremely pleased with your accommodations as well as the friendliness and attentiveness of your entire staff. Please extend my appreciation to the staff and, in particular, to Ms. Han.
④ Please accept my sincere appreciation for the prompt and courteous assistant you gave us in planning the type of event. We were quite pleased with your facility and with the friendly service during the seminar.

[39~40] Read the following and answer the questions.

We (ⓐ) to your company by Hills Productions in San Francisco.
Our company produces and distributes (ⓑ) travel and educational DVDs in Korea. These include two 30 minute DVDs on Gyeongju and Buyeo and a 50 minute DVD on Hong Kong. With the overseas market in mind, these (ⓒ) with complete narration and packaging in English.
So far, they have sold very well to tourists in Korea and Hong Kong. We would now like to market the DVDs directly in the United States. We feel that potential markets for these DVDs are travel agencies, video stores, book stores, schools and libraries.
We would appreciate your advice on whether your company would be interested in acting as a (ⓓ) in the United States or if you have any recommendations on any other American associates.
(ⓔ) for your evaluation. We look forward to your reply.

39
Which of the following does NOT fit in the blanks?

① ⓐ were referred
② ⓑ a number of
③ ⓒ have also produced
④ ⓓ distributor

40
Which is MOST suitable for the underlined (ⓔ)?

① Enclosed are English copies of the DVDs
② Same samples are produced
③ Like other agencies, we send originals
④ Originals and copies of sample are attached

41
Choose a different intention from others.

① We shall have to cancel the order, and take all necessary actions for the claim for delayed shipment.
② As you have shipped a machine damaged packaging, all costs of the repairs should be borne by your company.
③ You're requested to substitute any damaged products by brand-new products packed properly at your expense. Otherwise, we have no choice but to raise a claim for a bad packing.
④ It's our regret to inform you that some boxes are terribly broken due to a bad packing. We found that several products seemed to be replaced promptly as they were damaged, bended, and even broken.

42

Below is a part of meeting memo between a seller and a buyer. Which CANNOT be inferred?

Point Discussed and Agreed
1) Both parties have agreed to sell and purchase 100 units of the control box for US $500,000.00
2) Robert Corporation should make an irrevocable Letter of Credit issued payable at sight in favor of Hannam International by OCT 27, 2018.
3) Hannam International should ship the above products within two months after receiving the L/C from Robert Corporation.

① Robert Corporation agreed to buy some control boxes.
② Hannam International would be a beneficiary of the L/C.
③ Robert Corporation would be a drawee of the Bill of Exchange.
④ Robert Corporation would be an applicant of the L/C.

43

Which is most AWKWARD English writing?

① 당사가 주문을 했을 때, 귀사는 3월 2일까지 FB-900의 선적을 마칠 수 있다고 보장했습니다.
→ When we placed the order, you guaranteed us that you could finish the shipment of FB-900 no later than March 2.

② 오늘 주문서 no.4587의 배송을 받고 상자를 개봉하자, 당사는 보내주신 상품의 일부가 없어졌음을 발견했습니다.
→ Today we received delivery of order no. 4587, and on opening the box, we discovered some of the items were missing.

③ 향후 4주간 그 품목의 재고 확보를 기대할 수 없으므로, 이를 대신할 상품들을 제공해 드리고자 합니다.
→ We do not anticipate having inventory of the item for another 4 weeks, so we would like to suggest some alternatives for it.

④ 당사는 귀사의 주문서에 언급된 냉장고(Model no.876)의 재고가 없음을 알려드리게 되어 유감으로 생각합니다.
→ We regret to inform you that the refrigerators(Model no.876) mentioning in your order is not in stock.

[44~45] Read the following and answer the questions.

> May we draw your attention to special discount which are given to our most valued customers for bulk purchases.
> These discounts comprise 5% for order over US $10,000.00 10% for orders over US $50,000.00 and 15% for orders over US $100,000.00 As your company has always placed <u>sizeable</u> orders with us, we hope you take advantage of this event.
> We look forward to continued business relationship with you.

44
What amount of discount is allowed when US $10,000.00 worth order is placed?

① $9,500.00 ② $5,000.00
③ $500.00   ④ nothing

45
What can be best replacement for the underlined sizeable?

① minimum   ② average
③ small   ④ large

46
What is best written for the blank?

> There is still some risk in D/P transaction where a sight draft is used to control transferring the title of a shipment. The buyer's ability or willingness to pay might change from the time the goods are shipped until the time the drafts are presented for payment; (   )

① the presenter is liable for the buyer's payment.
② the seller shall ask the presenting bank to ship back the goods.
③ the carrier ask the buyer to provide indemnity for release of the goods.
④ there is no bank promise to pay.

47
What does the following explain?

> A provision in the contact of insurance which specifies a minimum of damage which must occur to the property insured for the insurer to be liable; where such specified cover is reached, the insurer then becomes liable for all the damages suffered as a consequence of a peril insured against.

① deduction   ② limit
③ immunity   ④ franchise

48

What is NOT true about Incoterms 2010?

① Under EXW rule, the seller has no obligation to the buyer to load the goods.
② Under FCA rule, the seller is not responsible to the buyer for loading the goods at the seller's premises.
③ Under CIF rule, the seller is responsible for delivery of the goods at the agreed place of shipment.
④ Under DAT rule, the seller is obliged to unload the goods at the terminal at the named port or place of destination.

49

Which has the LEAST proper explanation?

① Negotiable B/L - Bills of lading which are made out to one's order.
② Received B/L - A bill of lading evidencing that the goods have been received into the care of the carrier, but not yet loaded on board.
③ Foul B/L - A bill of lading which has been not qualified by the carrier to show that the goods were not sound when unloaded.
④ Straight B/L - A bill of lading which stipulates that the goods are to be delivered only to the named consignee.

50

Which pair does NOT have similar meaning?

① Your bank has been given to us as a reference by Brown & Co.
 - Brown & Co. have been referred by our bank to you.
② Please inform us of their credit standing.
 - Please furnish us with information about their credit status.
③ We will treat your information in strict confidence.
 - Your information will be treated as absolutely confidential.
④ We have had no previous dealings with the above company.
 - We have not had any business transactions with the above company so far.

제3과목 무역실무

51

신용장거래 중 은행의 서류심사 기준에 관한 설명으로 옳지 않은 것은?

① 지정은행, 확인은행, 개설은행은 서류가 문면상 일치하는지 여부를 서류만으로 심사해야 한다.
② 운송서류는 신용장의 유효기일 이내, 그리고 선적일 후 21일 이내에 제시되어야 한다.
③ 신용장에서 요구되지 아니한 서류는 무시되며, 제시자에게 반환될 수 있다.
④ 서류상의 화주 또는 송화인은 반드시 신용장의 수익자이어야 한다.

52
매도인의 계약위반과 이에 대한 구제의 방법이 아닌 것은?

① 물품이 계약에 부적합한 경우 계약에 적합한 물품의 가액에 대한 비율에 따라 대금을 감액할 수 있다.
② 매수인은 매도인의 의무이행을 위하여 상당한 기간만큼의 추가기간을 지정할 수 있다.
③ 매도인이 상당한 기간 내에 그 물품명세를 지정하지 아니할 때는 매수인이 스스로 이를 확정할 수 있다.
④ 매도인이 약정된 기일 전에 물품을 인도한 경우, 매수인은 인도를 수령하거나 거절할 수 있다.

53
고지의무위반과 담보위반에 대한 다음 설명 중 적절하지 않은 것은?

① 고지내용은 실질적으로 충족되면 고지의무 위반으로 보지 않는다.
② 피보험자가 고지의무의 중요한 사항을 위반하면 보험계약이 취소될 수 있지만, 담보위반은 보험계약이 해지될 수 있다.
③ 고지의무 위반은 보험계약이 무효가 될 수 있고, 담보위반은 위반시점 이후의 계약이 무효가 될 수 있다.
④ 고지의무 위반의 경우는 보험료가 일부 반환되나, 담보위반은 보험료가 전부 반환된다.

54
다음 서류 제목 중, 신용장이 요구하는 송장(invoice)으로 인정할 수 없는 것은 무엇인가?

① consular invoice
② tax invoice
③ provisional invoice
④ customs invoice

55
다음 중 연관성이 있는 것끼리만 연결된 것을 고르시오.

㉠ Container B/L
㉡ Consolidation
㉢ Container Freight Station
㉣ Less than Container Loaded Cargo
㉤ House B/L

① ㉠, ㉡, ㉢, ㉣
② ㉠, ㉡, ㉢, ㉤
③ ㉠, ㉡, ㉣, ㉤
④ ㉡, ㉢, ㉣, ㉤

56
권리포기 선화증권(surrendered B/L)에 관한 내용으로 옳은 것은?

① 원본의 선화증권을 의미한다.
② non-negotiable이다.
③ 주로 중계무역 시에 사용한다.
④ 권리증권이다.

57
B/L 상에 기재된 화물은 다음과 같다. 이와 관련된 설명으로 가장 관련이 적은 것을 고르시오.

GROUND GRANULATED BLAST FURNACE SLAG 30,000 M/T PACKING TO BE IN JUMBO BAGS OF 1.5 M. TON WITH TOLERANCE OF + / - 10 PERCENT IN EACH BAGS

① CHARTER PARTY B/L이다.
② 하역비용은 선사가 부담하게 된다.
③ 화물이 담긴 점보백의 총 개수는 2만개이다.
④ 각 점보백의 중량은 1.35톤~1.65톤 범위 이내이어야 한다.

58
결제방식에 대한 다음 설명 중 옳지 않은 것은?
① 수출입은행은 선적 후 무역금융으로서 수출팩토링, 포페이팅, 수출환어음매입 제도를 운영하고 있다.
② 수출팩토링은 수출채권을 수출기업으로부터 상환청구권 없이 매입하는 수출금융상품이다.
③ 포페이팅은 수출의 대가로 받은 어음을 수출업자에게 상환청구권 없이 고정금리로 할인하는 금융기법이다.
④ 포페이터는 환어음에 추가하는 지급확약(Aval)을 담보로 활용하며 수출상에게도 별도의 보증을 요구한다.

59
화환신용장방식에 의한 매입 관련 주의사항으로 옳지 않은 것은?
① 유효기일이 은행의 영업일이 아닐 경우, 그 다음 영업일까지 유효기일이 연장된다.
② 매입은 서류제시기간 이내로서 유효기일 이내에 이루어져야 한다.
③ 매입을 위하여 은행이 지정된 경우 지정은행이 아닌 수익자의 거래은행에 유효기일까지 서류를 제시하면 하자이다.
④ General L/C의 경우 지정된 은행에서 매입절차를 진행해야 하지만, 지정은행이 아닌 수출상의 거래은행에 매입을 의뢰할 경우 재매입 절차가 필요하다.

60
복합운송의 기본요건에 대한 설명으로 옳지 않은 것은?
① 운송책임의 단일성
② 복합운송증권의 발행
③ 단일운임의 설정
④ 복합운송인의 이종의 운송수단 보유

61
해상보험계약의 법률적 성격으로 옳지 않은 것은?
① 낙성계약
② 요식계약
③ 부합계약
④ 쌍무계약

62
해상보험에 대한 설명으로 옳지 않은 것은?
① 일부보험은 보험금액이 보험가액보다 많은 경우를 말한다.
② 전부보험은 보험금액과 보험가액이 같은 경우를 말한다.
③ 초과보험은 실제로 초과보험이 인정된다면 도덕적 위태가 발생할 수 있으므로 고의에 의한 초과보험은 무효로 우리나라 상법에서 규정하고 있다.
④ 병존보험은 동일한 피보험목적물에 수개의 보험계약이 존재하는 경우이다.

63
양도가능 신용장에 관한 설명으로 옳은 것은?
① 신용장 양도와 관련하여 발생한 모든 수수료는 제2수익자가 지급해야 한다.
② 개설은행은 양도은행이 될 수 없다.
③ 제2수익자에 의한 또는 그를 위한 제시는 양도은행에 대하여 이루어져야 한다.
④ 양도된 신용장은 제2수익자의 요청에 의하여 수회 양도될 수 있다.

64

신용장 문구가 "available with ANY BANK by negotiation of your draft at 180 days after sight for 100 percent of invoice value."일 때 발행은행인 KOOKMIN BANK가 해외의 매입은행에게 대금을 즉시 지급하고, 수출업자가 선적 후 즉시 대금 지급을 받는 경우를 무엇이라 하는가?

① shipper's usance
② domestic banker's usance
③ overseas banker's usance
④ European D/P

65

내국신용장이나 구매확인서에 대한 설명으로 옳지 않은 것은?

① 수출신용장은 Master L/C, 내국신용장은 Local L/C 라고 한다.
② 원신용장이 양도신용장인 경우에 한하여 내국신용장 발급이 가능하다.
③ 내국신용장으로 국내에서 물품을 공급받는 경우 부가가치세 영세율이 적용된다.
④ 구매확인서와 달리 내국신용장은 개설은행의 지급확약이 있다.

66

은행이 서류심사를 할 때 신용장 상의 표현과 엄격일치가 적용되는 서류는?

① 상업송장　　② 원산지증명서
③ 선화증권　　④ 포장명세서

67

대외무역법 상의 특정거래형태에 관한 설명으로 옳지 않은 것은?

① 위탁판매거래는 수출자가 물품의 소유권을 수입자에게 이전하지 않고 수출한 후 판매된 범위 내에서만 대금을 영수한다.
② 외국인수수입은 물품을 외국에서 조달하여 외국의 사업현장에서 인수하고 그 대금을 국내에서 지급하는 거래방식이다.
③ 중계무역의 경우 수수료를 대가로 물품과 선적서류가 최초 수출자에게서 최종수입자에게 직접 인도된다.
④ 위탁가공무역은 가공임을 지급하는 조건으로 가공 후 국내에 재수입하거나 제3국에 판매하는 수출입거래이다.

68

아래 글상자는 항공운임 관련 부대운임 중 무엇에 대한 설명인가?

> 항공화물 운임을 후불로 항공운송대리점에 지불할 경우 항공운송대리점이 환전 및 송금에 필요한 경비를 보전하기 위해 징구하는 요금을 말하며, 보통 인보이스 금액의 2%를 징구하며 최소 10달러를 징구한다.

① Handling Charge
② Documentation Fee
③ Collect Charge Fee
④ Terminal Handling Charge

69
신용장 상에 "available with issuing bank by payment"라는 문구가 의미하는 것은?
① 거래은행을 통하여 발행은행에게 지급을 요청한다.
② 일람불 환어음을 발행하여 상환은행에 매입을 요청한다.
③ 기한부 환어음을 발행하여 발행은행에 지급을 요청한다.
④ 일람불 환어음을 발행하여 발행은행에 인수를 요청한다.

70
국제팩터링(International Factoring)의 수입국 팩터(Import factor)에 대한 설명으로 옳지 않은 것은?
① 수입국에서 수입자와 국제팩터링계약을 체결하다.
② 수입자의 외상수입을 위하여 신용승낙의 위험을 인수한다.
③ 팩터링채권을 회수하고 전도금융을 제공한다.
④ 수출팩터에게 송금하는 팩터링회사를 말한다.

71
외국중재판정의 승인과 집행을 위한 뉴욕협약(1958) 상의 요건으로 옳게 설명하고 있는 것은?
① 중재판정의 승인과 집행국 이외에 영토에서 내려진 중재판정은 제외한다.
② 중재판정이 이루어진 후에는 중재합의가 무효라 해도 승인 및 집행이 가능하다.
③ 중재판정이 공서양속에 반하는 때에는 중재판정의 승인과 집행이 거부될 수 있다.
④ 중재판정이 구속력을 가지지 않아야 한다.

72
무역클레임의 간접적 발생원인이 아닌 것은?
① 상관습 및 법률의 상이
② 계약의 유효성 문제
③ 이메일 사용 시 전달과정상의 오류
④ 언어의 상위

73
신용장 통일규칙(UCP 600)상 보험서류의 발행요건에 관한 설명 중 옳지 않은 것은?
① 보험서류는 문면상 필요하거나 요구가 있는 경우에는, 원본은 모두 정당하게 서명되어 있어야 한다.
② 보험서류는 필요한 경우 보험금을 지급하도록 지시하는 당사자의 배서가 나타나 있어야 한다.
③ 보험서류의 피보험자가 지정되지 않은 경우, 화주나 수익자 지시식으로 발행하되 배서가 있어야 한다.
④ 신용장에서 보험증권이 요구된 경우, 보험증명서나 포괄예정보험 확정통지서를 제시하여도 충분하다.

74
신용장거래에서 서류상의 일자(date)에 관한 설명으로서 옳지 않은 것은?
① 신용장 상에 일자의 요구가 없더라도 환어음, 운송서류, 보험서류 등은 반드시 일자가 있어야 한다.
② 선적전검사증명서(PSI)는 반드시 선적일자 이전의 일자에 발행된 사실이 나타나 있어야 한다.
③ "Within 2 days of"는 어떠한 사실 이전의 2일에서 동 사실 이후의 2일까지의 기간을 말한다.
④ 서류는 준비일자와 함께 서명일자가 따로 명시되어 있는 경우, 서명일자에 발행된 것으로 본다.

75

신용장에서 무고장의 운송서류(clean transport document)가 요구된 경우, 운송서류 상의 다음과 같은 문언 중에서 인수가능한 것은?

① Packaging is not sufficient.
② Packaging contaminated
③ Goods damaged/scratched.
④ Packaging may be insufficient.

제1과목 영문해석

※ Below are correspondences between buyer and seller.

This is to inform you that we received the shipment of Celltopia on December 15. Our technicians have thoroughly tested all the machines and found 25 defective batteries. We listed the serial numbers of them in the attached sheet.

We have already sent the replacement batteries via Fedex.
Meanwhile, please send us the defective ones at our cost. You may use our Fedex account.

01
Which can NOT be inferred from the above?

① Defective batteries have their own serial numbers.
② Replacement batteries have been sent via courier service.
③ Buyer will pay freight for the returning batteries.
④ Seller agrees that some of their products were against the sales contract.

02
Which can be inferred from the below?

Several of my customers have recently expressed an interest in your remote controlled window blinds, and have enquired about its quality.

We are a wide distributor of window blinds in Asia. If quality and price are satisfactory, there are prospects of good sales here.

However, before placing an order I should be glad if you would send me a selection of your remote-controlled window blinds on 20 days' approval. Any of the items unsold at the end of this period and which I decide not to keep as stock would be returned at our expense.

I hope to hear from you soon.

Alex Lee HNC International

① Alex shall pay for the goods 20 days after arrival of goods.
② Alex has confidence on the window blinds, so cash with order is acceptable.
③ Freight for the returning goods will be borne by HNC International.
④ Seller shall deliver

03

Which does NOT belong to 'some documents' underlined below?

> Some documents commonly used in relation to the transportation of goods are not considered as transport documents under UCP 600.

① Delivery Order
② Forwarder's Certificate of Receipt
③ Forwarder's Certificate of Transport
④ Forwarder's Bill of Lading

04

In accordance with UCP 600, which of the following alterations can a first beneficiary request to a transferring bank to make under a transferable L/C?

① Extend the expiry date
② Decrease the unit price
③ Extend the period for shipment
④ Decrease insurance cover

[05 ~ 06] Read the following and answer the questions.

> Dear Mr. Han,
> Thank you for your enquiry about our French Empire range of drinking glasses. There is a revival of interest in this period, so we are not surprised that these products have become popular with your customers.
> I am sending this fax pp. 1-4 of our catalogue with CIF Riyadh prices, as you said you would like an immediate preview of this range. I would appreciate your comments on the designs with regard to your market.
> I look forward to hearing from you.

05

What kind of transaction is implied?

① a reply to a trade enquiry
② a firm offer
③ an acceptance of an offer
④ a rejection of an offer

06

Which is NOT similar to the underlined with regard to?

① regarding   ② about
③ concerning   ④ in regard for

07

What would Jenny's representative do on the coming visit?

> Dear Jenny,
> With reference to our phone conversation this morning, I would like one of your representatives to visit our store at 443 Teheran Road, Seoul to give an estimate for a complete refit. Please could you contact me to arrange an appointment?
> As mentioned on the phone, it is essential that work should be completed before the end of February 2018, and this would be stated in the contract.
> I attach the plans and specifications.

① offer
② credit enquiry
③ trade enquiry
④ compensation

[08 ~ 09] Read the following and answer.

> A sight draft is used when the exporter wishes to retain title to the shipment until it reaches its destination and payment is made.
> In actual practice, the ocean bill of lading is endorsed by the exporter and sent via the exporter's bank to the buyer's bank. It is accompanied by the sight draft with invoices, and other shipping documents that are specified by either the buyer or the buyer's country (e.g., packing lists, consular invoices, insurance certificates). The foreign bank notifies the buyer when it has received these documents. As soon as the draft is paid, the (A) foreign bank turns over the bill of lading thereby enabling the buyer to obtain the shipment.

08

Which payment method is inferred from the above?

① Sight L/C
② D/P
③ Usance L/C
④ D/A

09

What is the appropriate name for the (A) foreign bank?

① collecting bank
② remitting bank
③ issuing bank
④ nego bank

10

Which of the following BEST completes the blanks in the letter?

> We would like to send (A) - Heathrow (B) Seoul, Korea, 12 crates of assorted glassware, to be delivered (C) the next 10 days.

① ex - to - within
② ex - to - off
③ from - through - within
④ from - through - above

11

What is the appropriate title of the document for the following?

> Whereas you have issued a Bill of Lading covering the above shipment and the above cargo has been arrived at the above port of discharge (or the above place of delivery), we hereby request you to give delivery of the said cargo to the above mentioned party without production of the original Bill of Lading.

① Fixture Note
② Trust Receipt
③ Letter of Guarantee
④ Letter of Indemnity

12

What is TRUE about the CPT term of the Incoterms 2010?

① The seller delivers the goods to the carrier or another person nominated by the buyer at an agreed place.
② The seller fulfills its obligation to deliver when the goods reach the place of destination.
③ If several carriers are used for the carriage and the parties do not agree on a specific point of delivery, risk passes when the goods have been delivered to the first carrier at a point entirely of the seller's choosing.
④ If the seller incurs costs under its contract of carriage related to unloading at the named place of destination, the seller is entitled to recover such costs from the buyer.

13

Which is LEAST proper Korean translation?

① The Manufacturer grants to the HNC the exclusive and nontransferable franchise. → 제조사는 HNC에게 독점적 양도불능 체인영업권을 부여한다.
② Despite its diminished luster, Apple remains the most valuable U.S. company with a market value of USD432 billion. → 비록 빛을 다소 잃기는 했어도 애플사는 432억불의 시장가치를 가진 가장 값진 미국 회사로 남아 있다.
③ Rejection of nonconforming goods should be made by a buyer in a reasonable time after the goods are delivered. → 불일치 상품의 인수거절은 상품이 인도된 후 합리적인 기간 내에 매수인이 해야 한다.
④ Please sign and return the duplicate to seller after confirming this sales contract. → 이 매매계약서를 확인한 후 서명하고 그 부본을 매도자에게 보내 주십시오.

14

What is the writer's purpose?

> ....Your prices are not competitive and therefore we are unable to place an order with you at this time, even though we are favorably impressed with your samples ……. Under such circumstances, we have to ask for your most competitive prices on the particular item, your sample No.10 which is in high demand. We trust you will make every effort to revise your prices.

① an acceptance of an offer
② a trade inquiry
③ an inquiry to search a new product
④ a purchase order

15

The following is about CIF, Incoterms 2010. Choose the wrong one.

① The seller delivers the goods on board the vessel or procures the goods already so delivered.
② The seller must contract for and pay the costs and freight necessary to bring the goods to the named port of destination.
③ The seller contracts for insurance cover for the seller's risk of loss of or damage to the goods during the carriage.
④ The buyer should note that the seller is required to obtain insurance only on minimum cover.

16

What is LEAST correct about a distributor and an agent?

① A distributor is an independently owned business that is primarily involved in wholesaling.
② A distributor doesn't take title to the goods that he's distributing.
③ The agent's role is to get orders and usually earn a commission for his services.
④ The initial investment and costs of doing business as an agent are lower than those of doing business as a distributor.

17

What does the following explain?

> The purchase of a series of credit instruments such as drafts drawn under usance letters of credit, bills of exchange, promissory notes, or other freely negotiable instruments on a "nonrecourse" basis.

① forfaiting   ② factoring
③ negotiation   ④ confirmation

18

What is NOT correct about the FAS rule of the Incoterms 2010?

① Where merchandise is sold on an FAS basis, the cost of the goods includes delivery to alongside the vessel.
② Seller is responsible for any loss or damage, or both, until the goods have been delivered alongside the vessel.
③ Buyer must give seller adequate notice of name, sailing date, loading berth of, delivery time to, the vessel.
④ Buyer is not responsible for any loss or damage, while the goods are on a lighter conveyance alongside the vessel within reach of its loading tackle.

19

What is NOT correct about the CIF rule of the Incoterms 2010?

① Where merchandise is sold on a CIF basis, the price includes the cost of the goods, insurance coverage and freight to the named port of destination.
② Seller must provide and pay for transportation to named port of destination.
③ Seller must pay export taxes, or other fees or charges, if any, levied because of exportation.
④ Buyer must receive the goods upon shipment, handle and pay for all subsequent movement of the goods.

20

Under the UCP 600, what is the obligation of the issuing bank?

> A documentary credit pre-advice was issued on 1 March for USD 510,000 with the following terms and conditions:
>
> - Partial shipment allowed.
> - Latest shipment date 30 April
> - Expiry date 15 May.
>
> On 2 March the applicant requested amendments prohibiting partial shipment and extending the expiry date to 30 May.

① Clarify with the beneficiary the period for presentation.
② Issue the documentary credit as originally instructed.
③ Issue the documentary credit incorporating all the amendments.
④ Issue the documentary credit incorporating the extended expiry date only.

21

Which of the following is LEAST inferred?

Dear Mr. Smith

We appreciate receiving your order for 1,000 XTM-500 linear circuit amplifiers. Our credit department has approved a credit line of USD10,000 for you. Because the total on your current order exceeds this limit, we need at least partial payment (half up front) to ship the goods to your factory.

If you anticipate more purchases of this size, call me and we'll see what we can do about extending your limit. We value your business, hope this is a satisfactory solution, and thank you for the opportunity to serve you.

Sincerely yours,
John Denver

① John requires minimum USD4,500 cash for accepting this order.
② Mr. Smith must have ordered the products for more than USD10,000.
③ The seller is granting credit, but not in the amount the customer wants.
④ John explains the balance required to deliver the entire order, and invite the customer to further discuss extending the credit limit.

22

Which of the following is NOT acceptable as the maturity date for the draft below?

A documentary credit is issued for an amount of USD 60,000 and calls for drafts to be drawn at 30 days from bill of lading date. Documents have been presented with a bill of lading dated 09 November 2018. (09 November + 30days = 09 December)

① 09 December 2018
② 30 days from bill of lading date
③ 30 days after 09 November 2018
④ December 9th, 2018

23

Which explains "pro-forma invoice" correctly?

① It is a commercial bill demanding payment for the goods sold.
② It is usually issued by diplomatic officials of the importing country to verify the export price.
③ It is completed on a special form of the importing country to enable the goods to pass through the customs of that country.
④ It is a preliminary bill of sale sent to buyer in advance of a shipment or delivery of goods.

24
Which is CORRECT about the letter?

> Enclosed please find a CI nonmetallic wind shifter, model BRON-6SJ7. As we discussed on the telephone, the device has recently developed a noticeable skew to the west. You suggested that we send the unit to your attention for evaluation and an estimate of the cost of repair of the unit. Please call me when you have that estimate; we will decide at that time whether it makes sense to repair the device or to purchase a new model.

① The letter is from Production Department to shipping company.
② The letter is from shipping company to Production Department.
③ The letter is from Customer Service to customer.
④ The letter is from customer to Customer Service.

25
What is NOT a good example in consideration of the following?

> In international trade, the seller should make certain that the essential elements of the contract are clearly stated in the communications exchanged by the buyer.

① The description of goods shall include the HS Cord of exporting country.
② The purchase price and the terms of payment should be stated.
③ The terms of delivery should be set out.
④ Instructions for transportation and insurance is to be specified.

제2과목 영작문

26
Which is most AWKWARD English writing?

① 이번 지불 연기를 허락해 주신다면 정말 감사하겠습니다.
  → We would be very grateful if you could allow us the postponement of this payment.
② 귀사가 품질 보증서를 보내주실 수 없다면, 주문을 취소할 수밖에 없습니다.
  → If you cannot send us a guaranty, we will have no choice but canceling the order.
③ 매도인은 매수인의 요구조건에 따라 매도인 스스로 물품명세를 작성한다.
  → The Seller makes the specification himself in accordance with the requirements of the Buyer.
④ 매수인은 판촉에 대한 책임을 진다.
  → Buyer shall be responsible for sales promotion.

[27~28] Read the following and answer.

We are a chain of retailers based in Birmingham and are looking for a manufacturer who can supply us with a wide range of sweaters for the men's leisurewear market. We were impressed by the new designs displayed on your stand at the Hamburg Menswear Exhibition last month. As we usually (ⓐ) large orders, we would expect a quantity discount in addition to a 20% trade discount off net list prices. Our terms of payment are normally 30-day bill of exchange, D/A.
<u>If these conditions interest you</u>, and you can (ⓑ) orders of over 500 garments at one time, please send us your current catalogue and price list.
We hope to hear from you soon.

27
Which is best rewritten for the underlined sentence?

① If you can meet these conditions,
② Provided that if we can meet these conditions,
③ Should you need interest to these conditions in advance,
④ If the interest brings you to the conditions above,

28
Which is the best pair for the blanks?

① ⓐ take - ⓑ meet
② ⓐ place - ⓑ meet
③ ⓐ take - ⓑ provide
④ ⓐ place - ⓑ provide

[29 ~ 30] Read the following and answer the questions.

We would like to place an order on behalf of Tokyo Jewelers Inc.
Please (   ) 5,000 uncut diamonds and once it is available, Tokyo Jewelers will surely buy it to be forwarded at the Quanstock Diamond Mine. We really would appreciate if you could accommodate this order.
Hans International

29
Fill in the blank with a suitable word.

① repair   ② replace
③ reserve   ④ revoke

30
Who is mostly likely to be Hans International?

① buying agent   ② selling agent
③ importer   ④ exporter

[31 ~ 32] Read the following and answer.

In reference to your order No. 458973, we regret to inform you that we cannot supply the goods that were stated therein due to an outstanding (   ) from your preceding order. So far we have received no reply from you concerning this outstanding amount.
We are very disappointed about this fact, and hope that you can help us to <u>clear out this problem</u>, very soon. Should you have any comments regarding payments, we should appreciate hearing from you.
Please give this matter an immediate attention. We, therefore, expect to receive remittance without any further delay, before we can process future orders.

31

What is the most appropriate word for the blank?

① balance   ② order
③ offer   ④ complaint

32

Rephrase the underlined sentence.

① settle the discrepancy
② settle the overdue amount
③ pay the money in advance
④ pay interest first

33

How many televisions were expected to be unloaded at the port of destination?

Thank you for the fast dispatch of our order, but I regret to inform you that, unfortunately you have not completed our order, three of the televisions were missing, and only 34 were received.
We will be happy to receive a credit note for the missing goods or three televisions in this discrepancy.

① 3   ② 31
③ 34   ④ 37

34

Which of the following BEST fits the blank?

(   ) comprehends all loss occasioned to ship, freight, and cargo, which has not been wholly or partly sacrificed for the common safety or which does not otherwise come under the heading of general average or total loss.

① Abandonment   ② Average
③ Particular average ④ Marine adventure

[35 ~ 36] Read the following and answer the questions.

> I would like your quotation for silicon used in automobile keypads with the following park number:
>
> K0A11164B - 100,000pcs.
> K0A50473A - 200,000pcs.
>
> We require keypads appropriate for Mercedes Benz and Ford. It would be (   ) if you could state your prices, including delivery up to our works. Delivery would be required within three weeks from order date.
>
> Peter Han K-Hans International

35
What is suitable for the blank?

① appreciated   ② delayed
③ depreciated   ④ appreciating

36
Which rules of the Incoterms 2010 would be applied for the above situation?

① D terms   ② E term
③ C terms   ④ F terms

37
What is (A)?

> The more geographic reach your company has, the more important (A) this clause will become. For example, if you're a small local business dealing 100% exclusively with locals, you may not really need a clause telling your customers which law applies.
>
> Now, take a big corporation with customers and offices in numerous countries around the world. If a customer in Japan wants to sue over an issue with the product, would Japanese law apply or would the law from any of the other countries take over? Or, what if you're a Korea-based business that has customers from Europe.
>
> In both cases, (A) this clause will declare which laws will apply and can keep both companies from having to hire international lawyers.

① Arbitration Clause
② Governing Law Clause
③ Severability Clause
④ Infringement Clause

38

Fill in the blanks with the MOST proper word(s) in common.

> (ⓐ) cannot be final if a contract is subsequently made on suppliers' term such as; all (ⓑ) are subject to confirmations and acceptance by us upon receipt of an order and will not be binding unless so confirmed by us in writing.

① ⓐ Quotations, ⓑ quotations
② ⓐ Letters of credit, ⓑ letters of credit
③ ⓐ Invoices, ⓑ invoices
④ ⓐ Contracts, ⓑ contracts

[39 ~ 40] Read the following and answer the questions.

> We were pleased to receive your fax order of 29 June and have arranged to ship the electric shavers by SS Tyrania leaving London on 6 July and due to arrive at Sidon on the 24th.
> As the urgency of your order left no time to make the usual enquiries, we are compelled to place this transaction <u>this way</u> and have drawn on you through Midminster Bank Ltd for the amount of the enclosed invoice. The bank will instruct their correspondent in Sidon to pass ⓐ _____ to you against payment of the draft. Special care has been taken to select items suited to your local conditions. We hope you will find them satisfactory and that your present order will be the first of many.
> We

39

What is the underlined 'this way'?

① D/P   ② on credit
③ by letter of credit ④ by cash

40

What is the most appropriate word(s) for the blank ⓐ?

① the bill of lading   ② invoice
③ credit reference   ④ letter of credit

41

Which is best rewritten for the underlined words?

> We received your email of October 20 requesting a reduction in price for our Celltopia II. Your request has been carefully considered, but we regret that <u>it is not possible to allow a discount at this time</u> due to the recent appreciation of Korean won against US dollar.

① we are not acceptable to discount at this moment
② we are not in a position to discount at this moment
③ it is discounted for this time
④ it is discountable this time

42

What is the most appropriate for the blank?

> We regret to inform you that payment of USD75,000 has not been made for order No. 3038.
> We sent your company a (   ) notice three weeks ago, and so far we have received no reply from you. We hope that you can help us to clear this amount immediately.

① shipping
② payment
③ check
④ reminder

43

Which is NOT similar to the underlined (A)?

> This is (A) in reference to product No. 34. Our supplier has informed us that there is a price increase due to the increase in the price of materials used for this product.

① With reference to
② With regard to
③ As per
④ Regarding

[44~45] Read the following and answer.

> We have gained an impressive exports contract of USD100 million TV monitors. For this, we will need a fund for machinery and materials that will be used on this contract. Due to this massive outlay, we are requesting for an increase in our company's credit limit from USD30 million to USD50 million.
> ~~~~~~~~~~~~~~~~~~~~
> With reference to your letter, we are pleased to advise that the credit limit is (A) as per your request with effect from 1 November 2019. However please note that (B) the interest rate will be increased from 6.5% to 7.5%.

44

Which is best for the blank (A)?

① increased by USD20 million
② improved to USD20 million
③ decreased by USD20 million
④ between USD30 million to USD50 million

45

Rephrase the underlined (B)

① we will raise the interest rate from 6.5% to 7.5%
② we will rise the interest rate from 6.5% to 7.5%
③ the interest rate will exceed 6.5% for 1.0%
④ the interest rate will surpass 7.5% from 1.0%

[46 ~ 47] Read the following and answer the questions.

> Dear Mr. Hong,
> Thank you for your letter of 15 October concerning the damage to the goods against Invoice No.1555. I can confirm that the goods were checked before they left our warehouse, so it appears that the damage occurred during shipment.
> Please could you return the goods to us, carriage forward? We will send a refund as soon as we receive them.
> Please accept my (   ) for the inconvenience caused.
> Yours sincerely

46
What can NOT be inferred from the letter above?

① Seller wants to pay freight for retuning goods.
② Buyer claimed for the goods damaged.
③ Goods were in good order at seller's warehouse.
④ Seller would like to replace goods.

47
Put the right word in the blank.

① thanks   ② regards
③ apologies   ④ relief

48
Fill in the blank with suitable word.

> Sellers must trust that the bank issuing the letter of credit is sound, and that the bank will pay as agreed. If sellers have any doubts, they can use a (   ) letter of credit, which means that another (presumably more trustworthy) bank will undertake payment.

① confirmed
② irrevocable
③ red-clause
④ None of the above

49
Fill in the blank with suitable word.

> A _____ letter of credit allows the beneficiary to receive partial payment before shipping the products or performing the services. Originally these terms were written in red ink, hence the name. In practical use, issuing banks will rarely offer these terms unless the beneficiary is very creditworthy or any advising bank agrees to refund the money if the shipment is not made.

① simple
② anticipatory
③ black
④ None of the above

50
What is best for the blank?

We are a large engineering company exporting machine parts worldwide, and have a contract to supply a Middle Eastern customer for the next two years.
As the parts we will be supplying are similar in nature and are going to the same destination over this period for USD50,000,000 annually. Would you be willing to provide (   ) against all risks for this period?
We look forward to hearing from you.

① insurance policy
② insurance certificate
③ open cover
④ insurance premium

제3과목 무역실무

51
승낙의 효력발생에 관한 국제물품매매계약에 관한 유엔협약(CISG)의 규정으로 옳지 않은 것은?

① 서신의 경우 승낙기간의 기산일은 지정된 일자 또는 일자의 지정이 없는 경우에는 봉투에 기재된 일자로부터 기산한다.
② 승낙이 승낙기간 내에 청약자에게 도달하지 아니하면 그 효력이 발생하지 아니한다.
③ 구두청약에 대해서는 특별한 사정이 없는 한, 즉시 승낙이 이루어져야 한다.
④ 지연된 승낙의 경우 청약자가 이를 인정한다는 뜻을 피청약자에게 통지하더라도 그 효력이 발생하지 아니한다.

52
다음 무역계약에 대한 설명 중 옳지 않은 것은?

① 협의의 무역계약은 국제물품매매계약이라고 볼 수 있으며 이외의 기타계약을 포함하면 광의의 무역 계약이 된다.
② 매도인과 매수인간에 오랜 거래관계를 가지고 있는 경우에는 case by case contract 보다는 master contract가 바람직하다.
③ 미국의 계약법 리스테이트먼트는 기존판례들을 약술하여 정리한 것이다.
④ 양도승인에 의한 인도에는 점유개정, 간이인도, 목적물 반환청구권의 양도가 있다.

53
신용장 개설 시 유의사항에 대한 설명으로 옳지 않은 것은?

① 수익자, 개설의뢰인의 회사명 등은 약어를 사용하지 않는 것이 좋다.
② 신용장은 명시적으로 'Transferable'이라고 표시된 경우에 한해 양도될 수 있다.
③ 선적기일, 유효기일 및 서류제시기일 표기 시 해석상 오해의 소지가 없도록 월(month) 표시는 문자로 하지 않는 것이 좋다.
④ 신용장 금액 앞에 'about', 'approximately' 또는 이와 유사한 표현이 있는 경우 10% 이내에서 과부족을 인정한다.

54

추심결제방식에 대한 설명으로 옳지 않은 것은?

① 은행을 통해 환어음을 수입상에게 제시하여 대금을 회수한다. D/P(Docu
② D/P(Documents against Payment) 방식과 D/A(Documents against Acceptance) 방식이 있다.
③ URC522(Uniform Rules for Collection 522)이 적용 되며 은행은 이에 따라 서류를 심사할 의무를 부담한다.
④ 신용장 거래에 비해 은행수수료가 낮다.

55

EXW 조건과 FCA 조건의 차이를 설명한 것 중 옳은 것은?

	매도인이 운송수단에 적재하여 인도할 의무	매도인의 수출통관 의무
㉠	EXW, FCA	EXW, FCA
㉡	EXW, FCA	FCA
㉢	FCA	EXW, FCA
㉣	FCA	FCA

① ㉠
② ㉡
③ ㉢
④ ㉣

56

신용장의 조건변경 시 유의사항으로 옳지 않은 것은?

① 사소한 분쟁을 사전에 예방하기 위하여 수익자는 조건변경에 대해 수락하거나 거절한다는 의사표시를 명시적으로 하는 것이 좋다.
② 수익자는 여러 개의 조건변경이 포함된 하나의 조건변경통지서에서의 일부의 조건만 선택적으로 수락할 수 있다.
③ 수익자가 조건변경에 대한 승낙 또는 거절의 통고를 해야 하지만 그런 통고를 하지 않은 경우, 신용장 및 아직 승낙되지 않은 조건변경에 일치하는 제시는 수익자가 그러한 조건변경에 대하여 승낙의 통고를 행하는 것으로 본다.
④ 조건변경을 통지하는 은행은 조건변경을 송부해 온 은행에게 승낙 또는 거절의 모든 통고를 하여야 한다.

57

해상운송장(Sea Waybill)에 대한 설명으로 옳지 못한 것은?

① 해상운송계약을 증빙하는 서류로 운송회사의 화물수령증 이라는 점에서 선하증권(B/L)과 같은 기능을 한다.
② 해상운송장(Sea Waybill)이 유통불능이라는 점에서 기명식 선하증권(straight B/L)과 유사하다.
③ 해상운송장(Sea Waybill)은 제3자 양도가 불가능하다.
④ 수하인이 화물수령을 위해 해상운송장(Sea Waybill) 원본을 운송회사에 제출해야 한다.

58

제3자 개입에 의한 무역클레임 해결방법에 대한 설명으로 옳지 않은 것은?

① 조정안에 대하여 당사자가 수락할 의무는 없으며 어느 일방이 조정안에 불만이 있는 경우에는 조정으로는 분쟁이 해결되지 못한다.
② 알선은 형식적 절차를 거치며, 성공하는 경우 당사자 간에 비밀이 보장되고 거래관계를 계속 유지할 수 있다.
③ 중재는 양 당사자가 계약체결 시나 클레임이 제기된 후에 이 클레임을 중재로 해결할 것을 합의하는 것이 필요하다.
④ 소송은 사법협정이 체결되어 있지 않는 한, 소송에 의한 판결은 외국에서의 승인 및 집행이 보장되지 않는다.

59
신용장의 양도와 관련된 설명으로 옳지 않은 것은?
① 분할양도는 분할선적이 허용된 경우에만 가능하다.
② 양도취급 가능은행은 원신용장에 지급, 인수, 매입 은행이 지정된 경우에 그 은행이 양도은행이 된다.
③ 양도는 1회에 한해서만 허용된다.
④ 양수인이 원수익자에게 양도환원(transfer back)하는 경우는 허용되지 않는다.

60
다음은 청약의 취소(revocation)와 철회(withdrawal)에 대한 설명이다. (   )안에 들어갈 내용이 옳게 나열된 것은?

(a)가 청약의 효력발생 후 효력을 소멸시키는 반면, (b)는 청약의 효력이 발생되기 전에 그 효력을 중지 시키는 것이다. 비록 청약이 (c)이라도 청약의 의사 표시가 상대방에 도달하기 전에 또는 도달과 동시에 (d)의 의사표시가 피청약자에게 (e)한/된 때에는 (d)가 가능하다.

	a)	b)	c)	d)	e)
①	청약의 취소	청약의 철회	취소불능	철회	도달
②	청약의 철회	청약의 취소	철회불능	취소	도달
③	청약의 취소	청약의 철회	취소불능	철회	발송
④	청약의 철회	청약의 취소	철회불능	취소	발송

61
환어음의 임의기재사항으로 옳지 않은 것은?
① 환어음의 번호
② 지급인의 명칭
③ 환어음의 발행매수 표시
④ 신용장 또는 계약서 번호

62
우리나라에서 유럽대륙, 스칸디나비아반도 및 중동 간을 연결하는 시베리아횡단철도 복합운송 경로로 옳은 것은?
① SLB
② ALB
③ Mini Land Bridge
④ Interior Point Intermodal

63
신용장통일규칙(UCP600)에서 규정하고 있는 선하증권의 수리요건으로 볼 수 없는 것은?
① 운송인의 명칭과 운송인, 선장 또는 지정 대리인이 서명한 것
② 화물의 본선적재가 인쇄된 문언으로 명시되어 있거나 본선 적재부기가 있는 것
③ 신용장에 지정된 선적항과 양륙항을 명시한 것
④ 용선계약에 따른다는 명시가 있는 것

64
화물, 화주, 장소를 불문하고 운송거리를 기준으로 일률적으로 운임을 책정하는 방식은?
① Ad Valorem Freight
② Minimum Rate
③ Discrimination Rate
④ Freight All Kinds Rate

65
해상보험에 대한 설명 중 옳지 않은 것은?
① 해상위험은 항해에 기인하거나 항해에 부수하여 발생되는 사고를 말한다.
② 해상손해는 피보험자가 해상위험으로 인해 보험의 목적인 선박, 적하 등에 입는 재산상의 불이익을 말하며 물적 손해, 비용손해, 책임손해가 포함된다.
③ 추정전손은 보험목적물을 보험자에게 정당하게 위부함으로써 성립되며, 만약 위부(abandonment)를 하지 않을 경우 이는 현실전손으로 처리될 수 있다.
④ 적하보험에서 사용되고 있는 ICC(B)와 ICC(C)에서는 열거책임주의 원칙을 택하고 있다.

66
국제팩토링결제에 관한 설명으로 옳지 않은 것은?
① 수출팩터가 전도금융을 제공함으로써 효율적으로 운전 자금을 조달할 수 있다.
② 수출자는 대금회수에 대한 위험부담 없이 수입업자와 무신용장 거래를 할 수 있다.
③ 국제팩토링결제는 L/C 및 추심방식에 비해 실무절차가 복잡하다.
④ 팩터가 회계업무를 대행함으로써 수출채권과 관련한 회계장부를 정리해 준다.

67
ICC(C)조건의 담보위험에 해당되지 않는 것은?
① 공동해손희생
② 화재, 폭발
③ 갑판 유실
④ 육상운송 용구의 전복, 탈선

68
인코텀즈(Incoterms) 2010에 관한 내용 중 옳지 않은 것은?
① FCA의 경우 Buyer가 자신을 위하여 지정된 도착지까지 적하보험에 부보한다.
② CPT의 경우 Buyer가 자신을 위하여 지정된 도착지까지 적하보험에 부보한다.
③ CIP의 경우 Buyer가 자신을 위하여 지정된 도착지까지 적하보험에 부보한다.
④ CIF의 경우 Seller가 buyer를 위하여 도착항까지 적하보험에 부보한다.

69
최저운임으로 한 건의 화물운송에 적용할 수 있는 가장 적은 운임을 의미하는 것은?
① minimum charge
② normal rate
③ quantity rate
④ chargeable weight

70
신용장에서 송장(invoice)을 요구하는 경우 수리되지 않는 송장(invoice) 명칭으로 옳은 것은?
① commercial invoice
② final invoice
③ proforma invoice
④ tax invoice

71
선하증권의 법적 성질에 대한 설명으로 옳지 않은 것은?

① 선하증권은 실정법에 규정된 법정기재사항을 갖추어야 유효하므로 요식증권이다.
② 선하증권은 화물수령이라는 원인이 있어야 발행하는 것이기 때문에 요인증권이다.
③ 선하증권은 권리의 내용이 증권상의 문언에 의하여 결정되기 때문에 유가증권이다.
④ 선하증권은 배서나 인도에 의하여 권리가 이전되기 때문에 유통증권이다.

72
해상보험의 주요 용어 및 내용에 대한 설명으로 옳지 않은 것은?

① amount insured는 보험금액으로 사고 발생 시 보험자가 보상하는 최고 한도액이 된다.
② insurable value는 피보험목적물의 평가액이다.
③ under insurance는 보험가액보다 보험금액이 적은 경우로 둘 간의 비율에 따라 보상한다.
④ 담보는 명시담보와 묵시담보로 구분되는데 감항성 담보는 명시담보에 해당된다.

73
신용장통일규칙(UCP600) 서류심사의 기준에 대한 설명으로 옳지 않은 것은?

① 은행은 서류의 제시일을 포함하여 최장 5은행영업일 동안 서류를 심사한다.
② 운송서류는 선적일 후 21일보다 늦지 않게 제시되어야 하고 신용장 유효기일 이전에 제시되어야 한다.
③ 일치하는 제시는 신용장, 국제표준은행관행, UCP600에 따라 제시된 서류를 말한다.
④ 서류 발행자에 대한 내용을 명시하지 않은 채로 운송서류, 보험서류, 또는 상업송장 이외의 서류가 요구된다면 은행은 제시된 대로 수리한다.

74
보험계약의 법적 성질에 대한 내용으로 옳지 않은 것은?

① bilateral contact: 보험계약당사자 쌍방이 계약상의 의무를 부담한다.
② consensual contract: 당사자 간의 의사표시의 합치만으로 계약이 성립하며 그 의사표시에 특별한 방식이 필요하지 않다.
③ remunerative contract: 보험자는 계약상 합의된 방법과 범위에서 피보험자의 손해를 보상할 것을 확약하는 대가로 보험료를 수취한다.
④ formal contract: 보험증권이 발행되어야만 해상보험 계약이 성립한다는 것으로 보험계약 당사자 간의 정해진 계약방식이 필요하다.

75
국제물품매매계약에 관한 유엔협약(CISG)에 따라 수입상이 계약의무를 위반한 수출상에게 원래 물품을 대체할 대체물의 인도를 청구하려고 한다. 이에 대한 내용으로 옳지 않은 것은?

① 매수인이 매도인의 계약위반에 대해서 대체물을 청구한다면 발생한 손해에 대해서는 배상을 청구할 권리가 없다.
② 매도인의 계약위반이 본질적인 계약위반에 해당할 때에만 매수인이 대체물의 인도를 청구할 수 있다.
③ 매수인이 물품을 수령했으나 계약에 부적합한 인도가 있었고 수령한 상태와 동등한 상태로 물품을 반환할 수 있어야만 매도인은 대체물을 청구할 수 있다.
④ 매수인은 물품이 계약에 부적합하다는 사실에 대해 매도인에게 통지해야 하며 이 통지와 동시에 또는 그 후 합리적인 기간 안에 대체물을 청구해야 한다.

2020년 제1회 기출문제

제1과목 영문해석

[01 ~ 02] Read the following and answer the questions.

Dear Sirs,
We received your letter on April 5, in which you asked us to issue immediately a letter of credit (ⓐ) your order No.146.
We have asked today the Korean Exchange Bank in Seoul to issue an irrevocable and confirmed letter of credit in your favor for USD250,000 only, and this credit will be valid until May 20. This credit will be advised and confirmed by Ⓐ the New York City Bank, N.Y. They will accept your (ⓑ) drawn at 60 days after (ⓒ) under the irrevocable and confirmed L/C.
Please inform us by telex or fax immediately of the (ⓓ) as soon as the goods have been shipped.
Faithfully yours

01
Choose the wrong role which the underlined Ⓐ does not play.

① confirming bank
② advising bank
③ issuing bank
④ accepting bank

02
Select the wrong word in the blanks ⓐ~ⓓ.

① ⓐ covering
② ⓑ draft
③ ⓒ sight
④ ⓓ maturity

03
Which of the following has a different purpose of replying from the others?

We would appreciate it if you would inform us of their financial standing and reputation. Any information provided by you will be treated as strictly confidential, and expenses will be paid by us upon receipt of your bill.
Your prompt reply will be much appreciated.

① The company is respected through the industry.
② Their accounts were not always settled on time.
③ As far as our information goes, they are punctually meeting their commitments.
④ They always meet their obligations to our satisfaction and their latest financial statements show a healthy condition.

04

Which of the following is NOT true about the CPT rule under Incoterms 2020?

① The seller delivers the goods to the carrier or delivers the goods by procuring the goods so delivered.
② The seller contracts for and pay the costs of carriage necessary to bring the goods to the named place of destination.
③ The seller fulfills its obligation to deliver when the goods reach the place of destination.
④ The seller must pay the costs of checking quality, measuring, weighing and counting necessary for delivering the goods.

05

Which of the followings is CORRECT according to the letter received by Mr. Beals below?

> Dear Mr. Beals,
> Our Order No.14478.
> We are writing to you to complain about the shipment of blue jeans we received on June 20, 2019 against the above order.
> The boxes in which the blue jeans were packed were damaged, and looked as if they had been broken in transit. From your invoice No.18871, we estimated that twenty-five blue jeans have been stolen, to the value of $550. Because of the damages in the boxes, some goods were also crushed or stained and cannot be sold as new articles in our shops.
> As the sale was on a CFR basis and the forwarding company was your agents, we suggest you contact them with regard to compensation.
> You will find a list of the damaged and missing articles enclosed, and the consignment will be put to one side until we receive your instructions.
> Your sincerely,
> Peter Jang
> Encl. a list of the damaged and missing articles

① Mr. Beals will communicate with their forwarding company for compensation.
② Mr. Jang intends to send back the damaged consignment to Mr. Beals.
③ Mr. Beals would receive the damaged consignment.
④ Mr. Jang believes that Mr. Beals sent the damaged article.

06

Which of the following is LEAST likely to be included in a reply?

> Dear Mr. Song,
> Thank you for your letter of December 21, making a firm offer for your Ace A/V System. All terms and conditions mentioned in your letter, including proposed quantity discount scheme, are quite acceptable, and we would like to place an initial order for 200 units of the Ace System.
> The enclosed Order Form No. KEPP-2345 gives the particulars concerning this order. For further communication and invoicing, please refer to the above order number.

① Provided you can offer a favorable quotation and guarantee delivery within 6 weeks from receipt of order, we will order on a regular basis.
② Once we have received your L/C, we will process your order and will ship the units as instructed.
③ We are afraid that the product listed in your order has been discontinued since last January this year.
④ As we do not foresee any problem in production and shipment of your order, we expect that this order will reach you on time.

07

Select the right words in the blanks under negotiation letter of credit operation.

> We hereby engage with ( ) that draft(s) drawn under and negotiated in ( ) with terms and conditions of this credit will be duly ( ) presentation.

① drawers and/or drawee - accordance - paid on
② drawers and/or bona fide holders - conformity - honoured on
③ drawers and/or payee - conformity - accepted on
④ drawers and/or bone fide holders - accordance - accepted on

08

Which is right under the following passage under Letter of Credit transaction?

> Where a credit calls for insurance certificate, insurance policy is presented.

① Insurance policy shall accompany a copy of insurance certificate.
② Insurance certificate shall only be presented.
③ Insurance policy can be accepted.
④ Insurance certificate shall accompany a copy of insurance policy.

[09~10] Read the following letter and answer the questions.

> Dear Mr. Simpson,
> Could you please ⓐ pick up a consignment of 20 C2000 computers and make the necessary arrangements for them to be ⓑ shipped to Mr. M. Tanner, NZ Business Machines Pty, 100 South Street, Wellington, New Zealand?
> Please ⓒ handle all the shipping formalities and insurance, and send us five copies of the bill of lading, three copies of the commercial invoice, and the insurance certificate. We will ⓓ advise our customers of shipment ourselves. Could you handle this as soon as possible? Your charges may be invoiced to us in the usual way.
> Neil Smith

09
Which can Not be inferred?

① Mr. Simpson is a staff of freight forwarder.
② Neil Smith is a shipping clerk of computer company.
③ Mr. M. Tanner is a consignee.
④ This email is from a shipper to a buyer.

10
Which could not be replaced with the underlined?

① ⓐ collect
② ⓑ transported
③ ⓒ incur
④ ⓓ inform

11
Select the right words in the blanks (A)~(D) under transferable L/C operation.

> ((A)) means a nominated bank that transfers the credit or, in a credit available with any bank, a bank that is specifically authorized by ((B)) to transfer and that transfers the credit. ((C)) may be ((D)).

① (A)Transferring bank - (B)the issuing bank - (C)An issuing bank - (D)a transferring bank
② (A)Transferring bank - (B)the negotiating bank - (C)A negotiating bank - (D)a transferring bank
③ (A)Issuing bank - (B)the transferring bank - (C)A negotiating bank - (D)an Issuing bank
④ (A)Advising bank - (B)the issuing bank - (C)A negotiating bank - (D)a transferring bank

[12~13] Read the following and answer the questions.

Dear Mrs. Reed,
Thank you for choosing Madam Furnishing. Further to our telephone discussion on your delivery preference for the Melissa table and modification to the table design, kindly review and confirm the terms below as discussed.
Your order, which was scheduled for shipping today, has been put on ((A)) to ensure your requirements are incorporated and that you receive your desired furniture. Your desire to change the colour of the table and delivery schedule has been documented and your order ((B)).
Please be informed that:
The Melissa table is commercially available in Black, Brown, and Red. The production of the table in a different colour is considered as a custom order and attracts an additional fee of $20.
Delivery of the Melissa table on Sunday between 12 noon and 3 pm is possible but will attract an additional fee of $10 which is our standard weekend/public holiday delivery fee.

12

Which of the following statements is TRUE about the message above?

① The message is written to confirm customer's requirements.
② The production of the Melissa table in a different colour other than Black, Brown, and Red is not available.
③ Delivery of the table will attract an additional fee of $10.
④ The customer is not desiring to change color of the table and delivery schedule.

13

Select the right words in the blanks (A), (B).

① hold - modified
② document - modified
③ document - cancelled
④ hold - cancelled

14

Which documentary credit enables a beneficiary to obtain pre-shipment financing without impacting his banking facility?

① Transferable
② Red Clause
③ Irrevocable
④ Confirmed irrevocable

[15 ~ 16] Read the following letter and answer the questions.

Your order was shipped on 17 April 2018 on the America, will arrive at Liverpool on 27 April.
We have informed your agents, Eddis Jones, who will make ((A)) for the consignment to be sent on to you as soon as they receive the shipping documents for ((B)).
Our bank's agents, Westmorland Bank Ltd, High Street, Nottingham, will ((C)) the documents: shipped clean bill of lading, invoice, and insurance certificate, once you have accepted our bill.

15

Which can NOT be inferred?

① This letter is an advice of shipment to the importer.
② Eddis Jones is a selling agent for the importer.
③ Westmorland Bank Ltd is a collecting bank in importing country.
④ In documentary collection, financial documents are accompanied by commercial documents.

16

Select the right words in the blank (A), (B), (C).

① (A)arrangements - (B)clearance - (C)hand over
② (A)arrangements - (B)transit - (C)hand over
③ (A)promise - (B)clearance - (C)take up
④ (A)promise - (B)transit - (C)take up

17

Select the best translation.

> By virtue of B/L clauses, the carrier and its agents are not liable for this incident. Therefore, we regret to repudiate your claim and suggest that you redirect your relevant documents to your underwriters accordingly.

① B/L약관에 따라서 운송인과 그 대리인은 본 사고에 대해 책임이 없으므로 당사는 귀사의 클레임을 거부 하게 되어 유감이고 따라서 귀사의 보험업자에게 귀사의 관련서류를 다시 보내도록 제안합니다.
② B/L조항에 따라서 운송인과 그 대리인은 본 사고에 대해 책임이 없으므로 당사는 귀사의 요구를 부인하게 되어 유감이고 따라서 귀사의 보험업자에게 귀사의 관련서류를 재지시하도록 제안합니다.
③ B/L조항에 따라서 운송인과 그 대리인은 본 사고에 대해 책임이 없으므로 당사는 귀사의 클레임을 거부하게 되어 유감이고 따라서 귀사의 보험중개업자에게 귀사의 관련서류를 재지시하도록 제안합니다.
④ B/L약관에 따라서 운송인과 그 대리인은 본 사고에 대해 책임이 없으므로 당사는 귀사의 클레임을 부인 하게 되어 유감이고 따라서 귀사의 보험중개업자에게 귀사의 관련서류를 다시 보내도록 제안합니다.

18

Select the right words in the blanks (A)~(D).

> We have been very satisfied with your handling of our orders, and as our business is growing we expect to place even larger orders with you in the future. As you know we have been working together for more than 2 years now and we will be glad if you can grant us ((A)) facilities with quarterly settlements. This arrangement will save us the inconvenience of making separate payments on ((B)). Banker's and trader's ((C)) can be provided upon your ((D)). We hope to receive your favorable reply soon.

① (A)open-account - (B)invoice - (C)references - (D)request
② (A)open-account - (B)invoice - (C)referees - (D)settlement
③ (A)deferred payment - (B)check - (C)references - (D)settlement
④ (A)deferred payment - (B)check - (C)referees - (D)request

19

Which of the following clauses is NOT appropriate for describing the obligations of the seller and the buyer as for the Dispute Resolution?

① The parties hereto will use their reasonable best efforts to resolve any dispute hereunder through good faith negotiations.
② A party hereto must submit a written notice to any other party to whom such dispute pertains, and any such dispute that cannot be resolved within thirty (30) calendar days of receipt of such notice (or such other period to which the parties may agree) will be submitted to an arbitrator selected by mutual agreement of the parties.
③ The decision of the arbitrator or arbitrators, or of a majority thereof, as the case may be, made in writing will be final and binding upon the parties hereto as to the questions submitted, and the parties will abide by and comply with such decision.
④ If any term or other provision of this Agreement is invalid, illegal or incapable of being enforced by any law or public policy, all other terms and provisions of this Agreement shall nevertheless remain in full force and effect so long as the economic or legal substance of the transactions contemplated hereby is not affected in any manner materially adverse to any party.

[20~21] Read the following and answer the questions.

We were sorry to learn from your letter of 10 January that some of the DVDs supplied to this order were damaged when they reached you.
(1) Replacements for the damaged goods have been sent by parcel post this morning.
(2) It will not be necessary for you to return the damaged goods; they may be destroyed.
(3) Despite the care we take in packing goods, there have recently been several reports of damage.
(4) To avoid further inconvenience and ( ) to customers, as well as expense to ourselves, we are now seeking the advice of a packaging consultant in the hope of improving our methods of handling.

20

Which is suitable for the blank?

① annoyance ② discussions
③ negotiation ④ solution

21

This is a reply to a letter. Which of the following is NOT likely to be found in the previous letter?

① We can only assume that this was due to careless handling at some stage prior to packing.
② We are enclosing a list of the damaged goods and shall be glad if you will replace them.
③ We realize the need to reduce your selling price for the damaged one and readily agree to the special allowance of 10% which you suggest.
④ They have been kept aside in case you need them to support a claim on your suppliers for compensation.

22

Which of the following is the best title for the passage?

> A system used within some conference systems, whereby a shipper is granted a rebate of freight paid over a specified period subject to his having used Conference line vessels exclusively during that period.

① Contract rate system
② Dual rate system
③ Fidelity rebate system
④ Fighting ship

[23~24] Read the followings and answer the questions.

> Thank you for your recent order, No. 234-234-001.
> We have received your letter about the $10,000 handling charge that was applied to this shipment.
> This was indeed an error on our ((A)). We do apply a special handling charge to all orders for ((B)) items such as porcelain birdbaths but somehow that notice was deleted temporarily in the page that described the product. We have ((C)) that error on our Web site.
> In the meantime, though, we have placed $10,000 to your credit. We apologize for any inconvenience and hope that we will have the opportunity to serve you again in the near future.

23

Which is LEAST correct about the letter?

① The buyer have ordered brittle items.
② There was a miscommunication about the quality of products.
③ The buyer got the information about the product in the web homepage.
④ For the orders which deal with brittle items, there must be an additional handling charge.

24

Select the right words in the blanks (A),(B),(C).

① part - fragile - corrected
② side - fragile - contemplated
③ part - solid - corrected
④ side - solid - contemplated

25

Which is NOT properly translated into Korean?

(a) We regret having to remind you that we have not received payment of the balance of £105.67 due on our statement for December. (b) This was sent to you on 2 January and a copy is enclosed. (c) We must remind you that unusually low prices were quoted to you on the understanding of an early settlement. (d) It may well be that non-payment is due to an oversight, and so we ask you to be good enough to send us your cheque within the next few days.

① (a) 12월 계산서에 지급되어야 하는 105.67파운드가 아직 정산되지 않아 독촉장을 보내게 되어 유감입니다.
② (b) 계산서는 1월 2일에 발송하였으며 여기 사본을 동봉합니다.
③ (c) 귀하에게 상기시켜 드리는 이번 건은 유독 낮은 가격을 빨리 견적해 드린 것임을 이해해 주시기 바랍니다.
④ (d) 혹시 실수로 금액 지불이 늦어진 것이라면 2~3일 내로 수표를 보내 주셨으면 감사하겠습니다.

제2과목 영작문

26

Which of the following BEST fits the blank (a)~(c)?

1. The negotiating bank pays the seller or ((a)) B/E drawn by the seller, and sends the shipping documents to the issuing bank in the buyer's country.
2. The issuing bank releases the shipping documents to the buyer in importing country against ((b)).
3. The accounter gets the consignment by presenting the ((c)) to the shipping company.

① (a)discounts - (b)payment - (c)shipping documents
② (a)honours - (b)negotiation - (c)bill of lading
③ (a)honours - (b)negotiation - (c)shipping documents
④ (a)discounts - (b)payment - (c)bill of lading

27

Select the one which fits the blanks under the UCP600.

> A nominated bank acting on its nomination, a confirming bank, if any, or the issuing bank may accept a commercial invoice issued for an amount (   ), and its decision will be binding upon all parties, provided the bank in question has not honoured or negotiated for an amount (   ).

① in excess of the amount permitted by the credit - less than that permitted by the credit
② less than the amount permitted by the credit - less than that permitted by the credit
③ less than the amount permitted by the credit - in excess of that permitted by the credit
④ in excess of the amount permitted by the credit - in excess of that permitted by the credit

28

Select the wrong word in the blank.

① (   ) means a bank, other than the issuing bank, that has discounted or purchased a draft drawn under a letter of credit. (A negotiating bank)
② (   ) issued by a bank in Korea in favour of the domestic supplier is to undertake the bank's payment to the supplier of raw materials or finished goods for exports on behalf of the exporter. (Local L/C)
③ (   ) has a condition that the amount is renewed or automatically reinstated without specific amendments to the credit. (Revolving L/C)
④ Banking charges in relation to L/C are borne by the parties concerned. All banking charges outside importer's country are usually for the account of (   ). (applicant)

29

What is NOT true about the Institute Cargo Clauses?

① Only difference between ICC (B) and ICC (C) is the additional risks covered under ICC (B) cargo insurance policies.
② ICC (B) covers loss of or damage to the subject-matter insured caused by entry of sea lake or river water into vessel craft hold conveyance container or place of storage but ICC (C) does not.
③ ICC (B) covers loss of or damage to the subject-matter insured caused by general average sacrifice but ICC (C) does not.
④ ICC (C) is the minimum cover for cargo insurance available in the market.

30

Which of the following words is NOT suitable for the blanks (a)~(d) below?

In all break-bulk and bulk vessels, there is a document called ((a)). This document is like a delivery note and has all the information pertaining to the shipment like cargo description, number of bundles, weight, measurement, etc and this document is handed over to the ship at the time of loading. If any discrepancies are found between the actual cargo delivered and the ((a)), the Chief Mate will check the cargo and document such discrepancies to confirm that the cargo was received in that condition. This was possible in the era of pre-containerization because the ship/agents were able to physically check and verify the cargo.
However, in the case of containerized cargoes and especially ((b)) cargoes, the carrier/agents are not privy to the packing of the containers and the nature of the cargo. The carrier relieson the information provided by the shipper in terms of the cargo, number of packages, weight and measurement. Hence the clauses ((c)) is put on the ((d)) to protect the carrier from any claims that the shipper might levy on them at a later stage.

① (a) Mate's Receipt
② (b) LCL
③ (c) SHIPPER'S LOAD, STOW, AND COUNT
④ (d) Bill of Lading

31

Which of the following statement on General Average in the marine insurance is NOT correct?

① Defined by York Antwerp Rules 1994 of General Average, these rules lay guidelines for the distribution of loss in an event when cargo has to be jettisoned in order to save the ship, crew, or the remaining cargo.
② A loss is deemed to be considered under general average if and only if the reason of sacrifice is extraordinary or the sacrifice is reasonably made for the purpose of common safety for preserving the property involved.
③ General average shall be applied only for those losses which are linked directly with the material value of the cargo carried or the vessel.
④ Any claims arising due to the delay, a loss or expense caused due to loss of market or any indirect loss must be accounted into general average.

32

Choose the most appropriate term to complete the sentence under UCP600.

The description of the goods in the (   ) must correspond with the description in the credit, and the (   ) must be made out in the name of the Applicant.

① bill of lading
② commercial invoice
③ sea waybill
④ bill of exchange

33

Choose one which can NOT replace each underline.

> You have been with us for over 20 years. Such loyalty cannot be overlooked. We have looked into your credit account with us and have decided to help. As you are aware, (a) you have four overdue invoices, the latest is about six months overdue. This is unlike you; therefore we have assumed that these (b) delays are connected to the current economic situation your company (c) is going through.
>
> We like to offer you a 20% discount on all the overdue invoices if (d) payment is made within the next 30 days from today. We have attached the new invoices to this email. We believe you place a great value on the credit relationship you have with us. Therefore, we hope to receive the payments at the stipulated date.

① (a) four invoices are still outstanding
② (b) timely payment
③ (c) is encountering
④ (d) the settlement of the invoice is organized

34

Which word fits best for the blank?

> We have already explained that it is essential for medical equipment to arrive (　　) due dates as late delivery could create a very serious problem.

① on   ② for
③ at   ④ from

35

Which of the following has different intention from the others?

① Your patience and understanding would be greatly appreciated.
② A short extension would be very helpful to us, as it would give us an extra month to clear the checks.
③ We ask that you grant the extension this one time. We assure you that this will not happen again.
④ We are sorry to hear that the bankruptcies of two of your clients have been causing you difficulties.

36

Select the wrong word in view of document examination.

> When the address and contact details of (ⓐ) appear as part of (ⓑ) or (ⓒ) details, they are not to (ⓓ) with those stated in the credit.

① ⓐ the applicant   ② ⓑ the consignee
③ ⓒ notify party   ④ ⓓ agree

37

Select the wrong word in the blank. Documents for which the UCP600 transport articles do not apply are (　　).

① Delivery Note
② Delivery Order
③ Cargo Receipt
④ Multimodal Transport Document

38

Fill in the blanks (a)~(b) with the best word(s).

> To date, no payments have been received from you, and we are assuming that this is merely (a) on your side. Please remit the full (b)____ due amount immediately.

① (a) an oversight (b) past
② (a) an oversight (b) intended
③ (a) a fortnight (b) intended
④ (a) a fortnight (b) past

39

Which of the following sentences is Not correct?

> Dear Mr. Kim,
> Thank you for your inquiry on April 13, (a)expressing interest in our software products. In reply to your letter, we are enclosing a detailed catalog and price lists (b)for our design software you required.
> (c)Beside those advertising in the Business Monthly, the attached illustrated brochure shows various softwares available for you.
> If you have any questions or concerns (d)that are not covered in the materials we sent you, please do not hesitate to contact us at any time.

① (a)   ② (b)
③ (c)   ④ (d)

[40 ~ 41] Read the following and answer the questions.

> Dear Mr. MacFee,
> We are writing to you on the recommendation of Mr. David Han, Chief Accountant at Hannam Trading. He advised us to contact you as a referee concerning the <u>credit facilities</u> which his company has asked us for.
> Could you confirm that the company is sound enough to meet credits of USD3,000,000?
> We would be most grateful for a reply ((A)).
> Yours sincerely,

40

What does the underlined credit facilities imply?

① The potential buyer wants to settle some days later.
② The seller wants to have some loans from bank.
③ The seller wants to have credit from the potential buyer.
④ The potential buyer may ask his bank to open credit.

41

Fill in the blank (A) with suitable word.

① at your earliest convenience
② by the time we arranged
③ at their early convenience
④ to my company's satisfaction

42

Which of the following best fits the blank?

> (   ) are used for taking goods from a port out to a ship, or vice versa. They can also do the same work as a barge.

① Car ferry　　② Oil-tanker
③ Lighters　　 ④ Trailors

[43~44] Read the following and answer the questions.

> We were surprised to receive your letter of 20 November in which you said you had not received payment for invoice No.1555.
> We instructed our bank, Seoul Bank to ((A)) your account in HSBC London, with USD 2,000,000 on 2nd November.
> As our bank statement showed the money had been debited from our account, ((B)) as well. It is possible that your bank has not advised you yet.
> Yours sincerely,

43

Fill in the blank (A).

① credit　　② debit
③ sort out　 ④ draw

44

What is best for blank (B)?

① We thought that it was double paid to your account
② We assumed that it had been credited to your account
③ We are certain that payment was in order
④ You may debit our account if you want

45

Which sentence is MOST proper for the blank?

> Thank you for submitting your proposal. (   ), as it is still too early to judge whether or not we will be needing to hire an outside house to take care of the website redesign.

① I accept your proposal
② Perhaps we could work together to make this project happen
③ Please let us know the final result of this bid
④ I'm afraid my response will be delayed

46
Which of the following statements about Stand-by L/C is NOT correct?

(a) A Stand-by Letter of Credit ('SBLC') can be used as a safety mechanism in a contract for service. (b) A reason for this will be to hedge out risk. In simple terms, (c) it is a guarantee of payment which will be issued by a bank on the behalf of a client and which is perceived as the "payment of last resort". (d) This will usually be avoided upon when there is a failure to fulfill a contractual obligation.

① (a)
② (b)
③ (c)
④ (d)

47
Which is NOT correct when the underlined ones (ⓐ ~ ⓓ) are replaced with the word(s) given.

당사는 귀사 앞으로 12월 10일까지 유효한 총액 10,000달러에 대한 취소불능 신용장을 발행하도록 지시했습니다.
→ We have ⓐ instructed our bank to open an irrevocable letter of credit ⓑ in your favor ⓒ for the sum of USD10,000 ⓓ valid until December 10.

① ⓐ instructed → arranged with
② ⓑ in your favor → in favor of you
③ ⓒ for the sum of → amounting to
④ ⓓ valid → expired

48
Which is best for the blank?

Under UCP 600, terms such as "first class", "well known", "qualified", "independent", "official", "competent" or "local" used to describe the issuer of a document allow ( ).

① any issuer including the beneficiary to issue that document.
② any issuer except the beneficiary to issue that document.
③ certain issuer in the L/C to issue that document.
④ issuer who is not known to the beneficiary to issue that document.

49
Chose what is NOT correct 1) ~ 3).

According to CISG provision, the seller may declare the contract avoided;
1)
2)
3)

① If the failure by the buyer to perform any of his obligations under the contract or this Convention amounts to a fundamental breach of contract.
② If the buyer does not, within the additional period of time fixed by the seller, perform his obligation to pay the price.
③ If the buyer does not, within the additional period of time fixed by the buyer, perform his obligation to deliver the goods.
④ If the buyer declares that the buyer will not perform his obligation to pay the price or take delivery of the goods within the period within the additional period of time fixed by the seller.

50

Which of the following words is NOT appropriate for the blanks below?

Demurrage and detention is mostly associated with imports although it may happen in the case of exports as well. ((a)) is a charge levied by the shipping line to the importer in cases where they have not taken delivery of the full container and move it out of the port/terminal area for unpacking within the allowed free days. ((b)), on the other hand, is a charge levied by the shippingline to the importer in cases where they have taken the full container for unpacking (let's say within the free days) but have not returned the empty container to the nominated empty depot before the expiry of the free days allowed.

If a customer took the full box out of the port/terminal on the 7th of July which is within the free days (expiring on the 8th of July), but returned the empty container to the line's nominated depot only on the 19th of July. So, the shipping line will be eligible to charge the consignee ((c)) for 11 days from the 9th July (after expiry of free days) till the 19th July at the ((d)) fixed by the line.

① (a) Demurrage ② (b) Detention
③ (c) demurrage ④ (d) commission

제3과목 무역실무

51

대금이 물품의 중량에 의하여 지정되는 경우, 의혹이 있을 때 대금은 무엇에 의해 결정되는가?

① 총중량 ② 순중량
③ 순순중량 ④ 정미중량

52

Incoterms 2020의 FOB 조건에 관한 설명 중 옳지 않은 것은?

① 선적항에서 매수인이 지정한 본선에 계약상품을 인도하면 매도인의 인도 의무가 완료된다.
② FOB 조건은 매도인이 물품을 본선 갑판이 아닌 CY에서 인도하는 경우에도 사용한다.
③ FOB 조건은 FAS 조건에 매도인의 본선적재 의무가 추가된 조건이다.
④ 매수인은 자기의 책임과 비용부담으로 운송계약을 체결 하고 선박명, 선적기일 등 매도인에게 통지하여야 한다.

53
국제물품매매계약에 관한 UN협약(CISG, 1980)상 계약 위반에 따른 손해배상책임과 면책에 대한 내용으로 옳지 않은 것은?

① 매도인이 매수인으로 부터 공급받은 원자재를 이용하여 물품을 제조하여 공급하기로 한 계약에서 원자재의 하자로 인하여 물품이 계약에 불일치하는 경우에는 매도인은 면책된다.
② 계약당사자가 계약체결 시 예견하지 못한 장해가 발생하여 계약의 이행이 불가능해지는 경우에 의무위반 당사자는 면책된다.
③ 면책은 양당사자가 모두 주장할 수 있으며 모든 의무에 적용이 된다.
④ 계약불이행 당사자는 계약체결 시 예견하지 못한 장해가 존속하는 기간 동안 손해배상책임으로부터 면제되며 그 장해가 제거된다 하더라도 그 당사자의 의무가 부활되는 것은 아니다.

54
내국신용장의 설명으로 옳지 않은 것은?

① 원신용장을 견질로 하여 발행되는 신용장이다.
② local credit이라고 한다.
③ 사용면에서 양도가능 신용장과 유사하다.
④ 수입국의 개설은행이 지급확약을 한다.

55
포페이팅(Forfaiting) 거래방식의 설명으로 옳은 것은?

① 포페이터(forfaiter)의 무소구조건부 어음의 할인매입
② 포페이터(forfaiter)의 조건부 지급확약
③ 포페이터(forfaiter)의 무조건부 지급확약
④ 포페이터(forfaiter)의 소구권부 어음의 할인매입

56
다음 내용은 해상운임 관련 부대운임 중 무엇에 대한 설명인가?

> 대부분의 원양항로에서 수출화물이 특정기간에 집중되어 화주들의 선복수요를 충족시키기 위해 선박용선료, 기기확보 비용 등 성수기 비용상 승을 보전받기 위해 적용되고 있는 할증료

① Port Congestion Charge
② Peak Season Surcharge
③ Detention Charge
④ Demurrage Charge

57
해상적하보험의 보험기간과 관련된 설명으로 옳지 않은 것은?

① 해상적하보험은 일반적으로 항해보험형태를 취한다.
② 운송약관(transit clause)에 따라 보험기간이 개시된 후 피보험화물이 통상의 운송과정을 벗어나더라도 보험자의 책임은 계속된다.
③ 2009년 협회적하약관(ICC)에서의 보험기간은 1982년 ICC상의 보험기간보다 확장되었다.
④ 보험기간과 보험계약기간은 일치하지 않을 수도 있다.

58
내국신용장과 구매확인서의 비교 설명으로 옳지 않은 것은?

구분		내국신용장	구매확인서
㉠	관련법규	무역금융관련규정	대외무역법
㉡	개설기관	외국환은행	외국환은행, 전자무역기반사업자
㉢	개설조건	원자재 금융한도	제한없이 발급
㉣	발행제한	2차까지 개설 가능 (단, 1차 내국신용장이 완제품 내국신용장인 경우에는 차수 제한 없음)	차수 제한 없이 순차적으로 발급가능

① ㉠　　② ㉡
③ ㉢　　④ ㉣

59
UN국제물품복합운송조약 상 복합운송서류의 유통성 조건에 해당되지 않는 것은?

① 지시식 또는 지참인식으로 발행
② 지시식의 경우 배서에 의해 양도
③ 지참인식의 경우 배서에 의해 양도
④ 복본으로 발행되는 경우 원본의 통수를 기재

60
함부르크규칙(Hamburg rules) 상 화물인도의 지연에 따른 운송인의 책임으로 옳은 것은?

① 화물운임의 2배반에 상당하는 금액
② 화물운임의 2배에 상당하는 금액
③ 화물운임의 3배반에 상당하는 금액
④ 화물운임의 3배에 상당하는 금액

61
협회적하약관(2009) ICC(A), (B), (C) 조건 모두에서 보상하는 손해로 옳지 않은 것은?

① 지진·화산의 분화·낙뢰
② 피난항에서의 화물의 양륙
③ 육상운송용구의 전복·탈선
④ 본선·부선·운송용구의 타물과의 충돌·접촉

62
협회적하약관(2009) ICC(A) 조건에서 보험자의 면책위험으로 옳지 않은 것은?

① 피보험자의 고의적인 위법행위
② 운항자의 지급불능
③ 동맹파업위험
④ 해적행위

63
포괄보험제도를 활용한 해상보험 방법이 아닌 것은?

① Floating Policy　　② Open Cover
③ Open Account　　④ Open Slip

64
클레임 해결방법 중 하나인 알선(intercession)에 대한 설명으로 옳지 않은 것은?

① 공정한 제3자 기관이 당사자의 일방 또는 쌍방의 의뢰에 의하여 클레임을 해결하는 방법이다.
② 알선은 강제력이 있다.
③ 알선은 중재와는 달리 형식적 절차를 요하지 않는다.
④ ADR에서 타협 다음으로 비용과 시간차원에서 바람직한 해결방법이다.

65

극히 경미한 손상으로 클레임을 제기하기에 무리가 있는 경우나 무역계약 성립 후 시세가 하락하여 수입업자가 손해를 입을 것으로 예상되는 경우에 감가의 구실로 제기 하는 클레임의 종류는?

① 일반적인 클레임　　② 계획적 클레임
③ 마켓 클레임　　　　④ 손해배상 클레임

66

중재에 의하여 사법상의 분쟁을 적정, 공평, 신속하게 해결함을 목적으로 하는 중재법에 관한 설명으로 틀린 것은?

① 법원은 중재법에서 정한 경우를 제외하고는 이 법에 관한 사항에 관여할 수 없다.
② 중재합의는 독립된 합의 또는 계약에 중재조항을 포함하는 형식으로 할 수 있다.
③ 중재인의 수는 당사자 간의 합의로 정하나, 합의가 없으면 중재인의 수는 5명으로 한다.
④ 중재판정은 양쪽 당사자 간에 법원의 확정판결과 동일한 효력을 가진다.

67

매도인의 계약위반에 따른 매수인의 권리구제수단으로 옳지 않은 것은?

① 물품명세의 확정　　② 추가기간의 지정
③ 대체품 인도청구　　④ 대금감액청구

68

송금방식의 특징으로 옳지 않은 것은?

① 은행수수료가 저렴하다.
② 어음법의 적용을 받지 않는다.
③ 결제상의 위험을 은행에 전가할 수 있다.
④ 적용되는 국제 규칙이 없다.

69

Incoterms 2020 가격조건 중 그 뒤에 지정목적지(namedplace of destination)가 표시되는 조건으로 옳은 것은?

① FOB　　② CFR
③ CIF　　④ CIP

70

곡물류거래에서 선적품질조건에 해당되는 것으로 옳은 것은?

① T.Q.　　② S.D.
③ R.T.　　④ G.M.Q.

71

기술도입계약에 있어 당사자의무에 대한 설명으로 옳지 않은 것은?

① 기술제공자는 기술도입자에게 계약의 존속기간동안 기술제공의무가 부담된다.
② 기술제공자는 제공하는 기술에 대한 유효성을 보장해야 한다.
③ 기술도입을 위해 독점적 라이센스계약을 체결한 경우, 기술제공자는 제3자의 권리침해를 배제할 의무가 있다.
④ 기술도입자는 계약을 통해 정해진 시기와 방법에 따라서 기술제공자에게 기술료를 제공해야 한다.

72

복합운송인의 책임에 관한 법제도와 책임한도에 대한 설명으로 옳지 않은 것은?

① 이종책임체계(network liability system)는 손해발생 구간이 확인된 경우와 확인되지 않은 경우로 나누어 각각 다른 책임법제를 적용하는 방법이다.
② 복합운송인은 화물의 손해가 복합운송인의 관리하에 있는 경우에 책임을 져야 하지만 그 결과를 방지하기 위해 모든 조치를 취한 경우는 예외이다.
③ 수화인은 화물의 인도예정일로부터 연속하여 90일 이내에 인도지연의 통지를 하지 않으면 인도 지연으로 인한 손해배상청구권이 상실된다.
④ 화물의 인도일로부터 2년이 경과한 법적 절차나 중재절차의 개시는 무효이다.

73

관세법의 법적 성격에 대한 설명으로 적절하지 않은 것은?

① 관세법은 행정법의 일종으로 관세의 부과·징수와 통관 절차에 대한 규율을 중심으로 하고 있기 때문에 권력 행위로서 부담적 행정행위가 대부분을 차지한다.
② 관세는 수입되는 물품에 대해 부과된다는 점에서 보통세, 소비행위를 전제로 한다는 점에서 소비세, 다른 조세와 상관없이 과세한다는 점에서 독립세이다.
③ 관세법은 다수의 WTO협정, 세계관세기구(WCO)협약, 특정국과의 협정, 일반적으로 승인된 국제법규가 관세 제도나 관세율로서 반영되어 있다.
④ 관세법은 상품이 국경을 통과하여 이동하는 수출, 수입, 또는 경유하는 과정에서 폭발물 차단, 마약단속 등의 불법적인 차단이라는 점에서 통관절차법적 성격이 있다.

74

eUCP에 대한 설명으로 옳지 않은 것은?

① 준거문언에 따라 UCP의 부칙으로 적용한다.
② eUCP 신용장에 UCP600이 적용된다.
③ eUCP와 UCP600이 상충하는 경우 eUCP가 적용된다.
④ eUCP는 종이서류 상 신용장 개설과 통지에 있어서도 적용된다.

75

Incoterms 2020에 대한 설명으로 부적절한 것은?

① 이전 버전과 같이 운송수단에 따라 2개 그룹으로 나뉜다.
② DAT규칙은 DPU규칙으로 변경되었으나 매도인의 위험과 비용은 DPU규칙에서도 동일하게 적용된다.
③ CPT규칙과 CIP규칙에서 매도인은 목적지에서 양하 의무가 없다.
④ CIF규칙과 CIP규칙에서 매도인의 부보의무는 ICC(C)에 해당하는 최소부보 의무로 이전 버전과 같이 유지되었다.

제118회 2020년 제2회 기출문제

제1과목 영문해석

01

Followings are the clauses frequently used for a sales contract. Which of the following clauses LEAST represent 'Entire Agreement' between the seller and the buyer?

① This Agreement together with the Plan supersedes any and all other prior understandings and agreements, either oral or in writing, between the parties with respect to the subject matter hereof and constitutes the sole and only agreement between the parties with respect to the said subject matter.

② This Agreement alone fully and completely expresses the agreement of the parties relating to the subject matter hereof. There are no other courses of dealing, understanding, agreements, representations or warranties, written or oral, except as set forth herein.

③ The failure of any party to require the performance of any term or obligation of this Agreement, or the waiver by any party of any breach of this Agreement, shall not prevent any subsequent enforcement of such term or obligation or be deemed a waiver of any subsequent breach.

④ This Agreement is intended by the parties as a final expression of their agreement and intended to be a complete and exclusive statement of the agreement and understanding of the parties hereto in respect of the subject matter contained herein.

02

What is the purpose of the following correspondence?

Dear Mr. Mike,
We have organized a series of online coaching clinic for middle schools' table tennis coaches this winter. For the virtual training, we would like to provide all registered participants with a tablet PC for interactive real-time communication.
I saw a catalogue with my colleague showing your company's ranges of tablets. We are planning to make an order for more than 1,000 sets at a time. Is there
a discount package available for a bulk purchase? I will also like to know the minimum price if we order for 15 or more desktop PCs with webcam.

① Request for Proposal (RFP)
② Request for Quotation (RFQ)
③ Purchase Order
④ Firm Offer

03

Select the wrong explanation of definitions under the UCP 600.

① Advising bank means the bank that advises the credit at the request of the issuing bank.
② Applicant means the party on whose request the credit is issued.
③ Beneficiary means the party in whose favour a credit is issued.
④ Honour means to incur a deferred payment undertaking and pay at maturity if the credit is available by sight payment.

04

Which documentary credit enables a beneficiary to obtain pre-shipment financing without impacting his banking facility?

① Standby L/C   ② Red clause L/C
③ Revolving L/C ④ Back-to-back L/C

05

Under the UCP 600, which of the below shipments will be honoured on presentation?

A documentary credit for USD 160,000 calls for instalment ships of fertilizer in February, March, April and May. Each shipment is to be for about 500 tonnes. Shipments were effected as follows:
a. 450 tonnes sent 24 February for value USD 36,000.
b. 550 tonnes sent 12 April for value USD 44,000.
c. 460 tonnes sent 30 April for value USD 36,800.
d. 550 tonnes sent 04 June for value USD 44,000.

① a only   ② a and b only
③ a, b, and c only ④ none

06

Which of the following statement about a B/L is LEAST correct?

① A straight B/L is a NEGOTIABLE DOCUMENT.
② An order B/L is one of the most popular and common form of bill of lading issued.
③ When a straight bill of lading is issued, the cargo may be released ONLY to the named consignee and upon surrender of at least 1 of the original bills issued.
④ A straight B/L could be used in international transaction between headquarter and branch.

07

Select the best answer suitable for the blank.

Premium means the (A) or sum of money, paid by the (B) to the (C) in return for which the insurer agrees to indemnify the assured in the event of loss from an insured peril. The insurer is not bound to issue a (D) until the premium is paid.

	(A)	(B)	(C)	(D)
①	consideration	assured	insurer	policy
②	consideration	insurer	assured	policy
③	fees	insurer	assured	certificate
④	fees	assured	insured	certificate

08

Select the best answer suitable for the following passage.

> Chartering term whereby the charterer of a vessel under voyage charter agrees to pay the costs of loading and discharging the cargo.

① FI
② FO
③ FIO
④ FIOST

09

Select the best answer suitable for the blank under letter of credit operation.

> The beneficiary usually (　　) after loading the goods on board to tender documentary drafts to the negotiating bank within expiry date.

① looks for business connection abroad
② dispatches to the importer Trade Circulars including catalogue
③ applies for the issuance of a Letter of Credit
④ prepares shipping documents and draws a draft for negotiation

10

Select the best one which explains well the following passage.

> The shipping documents are surrendered to the consignee by the presenting bank upon acceptance of the time draft. The consignee obtaining possession of the goods is thereby enabled to dispose of them before the actual payment falls due.

① D/A
② D/P
③ Collection
④ Open Account

11

Which of the followings is APPROPRIATE for (A)?

> (A) transaction is a sale where the goods are shipped and delivered before payment is due. This option is the most advantageous for the importer in terms of cash flow and cost, but it is consequently the highest risky option for an exporter. However, the exporter can offer competitive (A) terms while substantially mitigating the risk of non-payment by using one or more of the appropriate trade finance techniques, such as export credit insurance.

① Telegraphic transfer
② Cash with order
③ Open account
④ Letter of credit

12

Followings are the replies to customer complaints. Which of the following is NOT appropriate?

A. Thank you for taking time out of your busy schedule to write us and express your grievances on how our products and services do not meet up with your expectations.

B. This is to confirm that I have seen your email. I look forward to receiving my consignment next week as you promised.

C. However, we can neither receive the return nor refund you as you demanded. This is because of our company's policy. We make refunds only for orders whose complaints are received within two weeks of purchase.

D. Despite our effort to deliver your order on time using Skynet Express Delivery Service, it's quite unfortunate that we didn't meet up with the time allotted for the delivery of those products.

① A
② B
③ C
④ D

13

Select the best answer suitable for the blank.

We are (A) of being able to send you the (B) by the end of this week. We shall do (C) in our power to see that such an irregularity is not (D).

	(A)	(B)	(C)	(D)
①	convinced	substitute	all	replace
②	convinced	substitution	all	replace
③	confident	substitution	everything	replaced
④	confident	substitute	everything	repeated

14

Which of the following is LEAST correct according to the discourse?

Lee: Hello, Mr. Jung. Jack Lee speaking.
Jung: Hello, Mr. Lee. I'm with SRG Electronics. And I was hoping to talk to you about our line of electronic parts.
Lee: Oh, yes, I've heard of SRG. How are things going in Korea?
Jung: Good, thanks. In fact, recently there's been a lot of demand for our parts, so we've been very busy.
Lee: Glad to hear that. I'd certainly be interested in your prices.
Jung: Well, I'm going to be in San Francisco next week and wondering if you have time to get together.
Lee: When will you be here?
Jung: Next Wednesday and Thursday. What does your schedule look like?
Lee: Um... Let me check my calendar. Let's see, I have a meeting on Wednesday morning. How about Wednesday afternoon at about two o'clock?
Jung: That is fine.

① Jung works for SRG Electronics.
② Jung and Lee will meet in San Francisco.
③ Jung and Lee already know each other before this phone call.
④ There are few customers in SRG Electronics.

15

Who is doing export credit insurance agencies in Korea?

> In international trade, export credit insurance agencies sometimes act as bridges between the banks and exporters. In emerging economies where the financial sector is yet to be developed, governments often take over the role of the export credit insurance agencies.

① Korea International Trade Association
② K-Sure
③ Kotra
④ Korcham

16

Select the best answer suitable for the blank.

> (　　) letter of credit states: "Credit available with any bank, by negotiation for payment of beneficiary's draft at sight. The L/C is subject to UCP600".

① Irrevocable Open
② Revocable Open
③ Irrevocable Special
④ Revocable Special

17

Which of the followings is NOT appropriate for the reply to a claim letter?

① Upon investigation, we have discovered that defective goods sometimes filter despite rigorous inspection before shipment.
② Ten cases of T.V. Set for our order No. 10 per m/s "Chosun" have reached here, but we immensely regret to have to inform you that six units in C/N 10 are different in quality from the specifications of our Order.
③ As a settlement, we have arranged to reship the whole goods by the first ship available, with a special discount of 3% off the invoice amount.
④ After careful investigation, we could not find any errors on our part, because we took every effort to fill your order as evident from the enclosed certificate of packing inspection.

18

Select the right one in regard to the situation.

> Documents presented under an L/C issued by Roori Bank are fully complied. The applicant has already made payment to his bank and then the issuing bank pays the negotiating bank. Some days after, the applicant finds that the goods are not in good quality. He goes to the issuing bank and requests the bank to refund such payment for him.

① Roori Bank has to refund payment to the applicant.
② Roori Bank has to ask for the opinion of the beneficiary.
③ Roori Bank shall ask refund of money to the beneficiary.
④ Roori Bank has no obligation to refund payment.

19

A credit requires an 'invoice' without further definition. Which of the following MUST be considered to be a discrepancy under UCP600?

> A commercial invoice:
> A. that appears to have been issued by the beneficiary.
> B. that is made out in the name of the applicant.
> C. that is made out in the different currency as the credit.
> D. for which the beneficiary did not sign.

① A only
② A+B only
③ C only
④ D only

[20 ~ 21] Read the following and answer.

> Thank you for your letter regarding opening an account with our company for trading our goods. Please fill in the enclosed financial information form for 3 years and provide us with two or more trade references as well as one bank reference.
> Of course, all information will be kept in strict confidence.
> Thank you very much for your cooperation.
> Your sincerely,

20

Who is likely to be the writer?

① banker
② seller
③ buyer
④ collector

21

What would NOT be included in the financial information?

① cash flow
② profit and loss account
③ balance sheet
④ draft

[22 ~ 23] Read the following and answer.

> Dear Peter Park,
> I intend to place a substantial order with you in the next few months.
> As you know, over the past two years I have placed a number of orders with you and *settled promptly*, so I hope this has established my reputation with your company. Nevertheless, if necessary, I am willing to supply references. I would like, if possible, to settle future accounts every three months with payments against quarterly statements.

22

Which is LEAST similar to settled promptly?

① debited per schedule
② paid punctually
③ cleared punctually
④ paid on schedule

23

What can be inferred from the above?

① Peter Park is a buyer.
② The writer wants to place an initial order with the seller.
③ References are to be provided if the buyer is afraid of seller's credit.
④ The seller may send invoices for settlement on a quarterly basis provided that the request is accepted.

24

Choose the awkward one from the following underlined parts.

I am sorry to inform you that, due to an (A) expected price increase from our manufacturers in USA, (B) we have no option but to raise the prices of all our imported shoes by 4% from 6 May, 2020. However (C) orders received before this date will be invoiced at the present price levels. (D) We sincerely regret the need for the increase.
However, we know you will understand that this increase is beyond our control.

① (A)
② (B)
③ (C)
④ (D)

25

Choose the right one for the next underlined part.

Protection and Indemnity (P&I) insurance contained in an ocean marine policy covers: _____

① Ordinary loss or damage in the voyage
② Loss of the shipper fees
③ Marine legal liability for third party damages caused by the ship
④ Damage to another vessel caused by collision

제2과목 영작문

26

Which of the following words is not suitable for the blank below?

The more geographic reach your company has, the more important this clause will become. For example, if you're a small local business dealing 100% exclusively with locals, you may not really need a clause telling your customers which law applies. Everyone will expect it to be the law of whatever state that little local business is in.
Now, take a big corporation with customers and offices in numerous countries around the world. If a customer in Korea wants to sue over an issue with the product, would Korean law apply or would the law from any of the other countries take over? Or, what if you're an American business that has customers from Europe.
In both cases, a/an (   ) clause will declare which laws will apply and can keep both companies from having to hire international lawyers.

① controlling law
② governing law
③ applicable law
④ proper law

[27 ~ 28] Read the following and answer.

The most common negotiable document is the bill of lading. The bill of lading is a receipt given by the shipping company to the shipper. A bill of lading serves as a document of title and specifies who is to receive the merchandise at the designated port. In a straight bill of lading, the seller consigns the goods directly to the buyer. This type of bill is usually not desirable in a letter of credit transaction, because (   ).

With an order bill of lading the shipper can consign the goods to the bank. This method is preferred in letter of credit transactions. The bank maintains control of the merchandise until the buyer pays the documents.

27
What is nature of straight bill of lading?

① non-negotiable bill of lading
② negotiable bill of lading
③ foul bill of lading
④ order bill of lading

28
What is best for the blank?

① it allows the buyer to obtain possession of the goods directly.
② the shipper can consign the goods to the bank.
③ the bank maintains control of goods until the buyer pays the documents.
④ the bank can releases the bill of lading to the buyer.

29
Which of the followings has a different meaning with others?

① We will give you a special discount if you order by May 12.
② You will be given a special discount if you take order until May 12.
③ If you order on or before May 12, you will get a special discount.
④ A special discount is available for your order being received on or before May 12.

30
Which of the following is appropriate for the blank?

In comparison with lawsuit case in a court, arbitration has advantages of the speedy decision, lower costs, nomination of specialized arbitrators, and (   ).

① international effect of judgement
② mandatory publication of arbitral award
③ legal approach by government
④ higher legal stability

31

Which of the following is NOT appropriate for the blank below?

> Types of marine insurance can be differentiated as follows:
> (A) _____ caters specifically to the marine cargo carried by ship and also pertains to the belongings of a ship's voyagers.
> (B) _____ is mostly taken out by the owner of the ship to avoid any loss to the vessel in case of any mishaps occurring.
> (C) _____ is that type of marine insurance where compensation is sought to be provided to any liability occurring on account of a ship crashing or colliding and on account of any other induced attacks.
> (D) _____ offers and provides protection to merchant vessels' corporations which stand a chance of losing money in the form of freight in case the cargo is lost due to the ship meeting with an accident.

① (A): voyage insurance
② (B): hull insurance
③ (C): liability insurance
④ (D): freight insurance

32

Which is NOT grammatically correct?

> Thank you for your order of February 23, 2020. We are pleased to inform you that (A) your order No.3634 has been loaded on the M/S Ventura, (B) leaving for Busan on March 10, 2020, and (C) arriving at Genoa around April 3, 2020. (D) The packing was carefully carried out according to your instructions, and we are sure that all goods will reach you in good condition.

① (A) ② (B)
③ (C) ④ (D)

33

Select the wrong part in the following passage.

> (A) Average adjuster is an expert in loss adjustment in marine insurance, particular with regard to hulls and hull interest. (B) He is more particularly concerned with all partial loss adjustments. (C) He is usually appointed to carry out general average adjustments for the shipowner on whom falls the onus to have the adjustment drawn up. (D) His charges and expenses form part of the adjustment.

① (A) ② (B)
③ (C) ④ (D)

34

Select the wrong part in the following passage.

(A) Sea Waybill is a transport document for maritime shipment, which serves as prima-facie evidence of the contract of carriage (B) and as a receipt of the goods being transported, and a document of title. (C) To take delivery of the goods, presentation of the sea waybill is not required; (D) generally, the receiver is only required to identify himself, doing so can speed up processing at the port of destination.

① (A)
② (B)
③ (C)
④ (D)

35

Which is NOT grammatically correct?

(A) All disputes, controversies or differences which may raise (B) between the parties out of or in relation to or (C) in connection with contract, for the breach thereof (D) shall be finally settled by arbitration in Seoul.

① (A)
② (B)
③ (C)
④ (D)

36

Which of the following is LEAST correctly written in English?

① 당사는 귀사에게 당사의 늦은 답장에 대해 사과드리고 싶습니다.
 - We would like to apologize you to our late reply.
② 귀사의 담당자는 당사의 어떤 이메일에도 답을 하지 않았습니다.
 - The person in charge at your company did not respond to any of our emails.
③ 귀사의 제안은 다음 회의에서 다루어질 것입니다.
 - Your suggestion will be dealt with at the next meeting.
④ 신상품 라인에 대하여 설명해 주시겠습니까?
 - Would you account for the new product line?

37

Which of the following is LEAST correctly written in English?

① 이 계약서의 조건을 몇 가지 수정하고 싶습니다.
 - I'd like to amend some of the terms of this contract.
② 가격을 원래보다 20달러 더 낮출 수 있을 것 같네요.
 - I think I can lower the price of $20.
③ 계약 기간은 2년입니다.
 - The contract is valid for two years.
④ 3년간 이 소프트웨어 독점 사용권을 제공해 드릴 수 있습니다.
 - We can offer you an exclusive license to this software for three years.

38

Which of the following is LEAST correctly written in English?

① 제품 No.105와 106호의 즉시 선적이 불가능하다면, 제품 No.107과 108호를 대신 보내주십시오.
   - If Nos.105 and 106 are not available for immediate shipment, please send Nos.107 and 108 instead.
② 이 가격이 귀사에게 괜찮다면 우리는 주문양식을 보내 드리고자 합니다.
   - If this price is acceptable to you, we would like to send you an order form.
③ 귀사가 제품을 공급해줄 수 없다면, 이유를 알려주시기 바랍니다.
   - If you cannot supply us with the products, please let us have your explanation.
④ 당사의 송장은 주문한 안락의자들을 7월 12일 오후 5시까지 설치해줄 것을 구체적으로 명시하고 있습니다.
   - Our invoice specifically is stated that the armchairs ordering should be furnished until 5: 00 p.m. on July 12.

39

Select the best answer suitable for the blank.

( ) are taxes assessed for countering the effect of subsidies provided by exporting governments on goods that are exported to other countries.

① Retaliatory duties
② Countervailing duties
③ Dumping duties
④ Anti-dumping duties

[40 ~ 41] Read the following and answer.

As we wrote you previously about the delays in the delivery of your order, the situation is still the same, the trade union strike is on-going. We apologize for this occurrence, but there is not much that we can do to ( ) this, as it is out of our hands.
We again apologize and regret the delay in delivery of your order.
Yours faithfully,

40

What situation is excused in the above letter?

① late payment   ② force majeure
③ non payment   ④ early delivery

41

Fill in the blank with suitable word.

① rectify   ② examine
③ arrange   ④ file

[42 ~ 43] Below is part of shipping letter of guarantee. Answer to each question.

Whereas (A) you have issued a bill of lading covering the above shipment and the above cargo has been arrived at the above port of discharge, we hereby request you to give delivery of the said cargo to the above mentioned party without presentation of the original bill of lading.

In consideration of your complying with our above request, we hereby agree to *indemnify* you as follows:

Expenses which you may sustain by reason of delivering the cargo in accordance with our request, provided that the undersigned Bank shall be exempt from liability for freight, demurrage or expenses in respect of the contract of carriage.

As soon as the original bill of lading corresponding to the above cargo comes into our possession, we shall surrender the (B) same to you, whereupon our liability hereunder shall cease.

42
Which is the right match for A and B?

① (A)carrier - (B)Letter of Guarantee
② (A)carrier - (B)Bill of Lading
③ (A)buyer - (B)Bill of Lading
④ (A)seller - (B)Letter of Guarantee

43
Which is similar to the word indemnify?

① register
② reimburse
③ recourse
④ surrender

[44 ~ 45] Read the following and answer.

Blank endorsement is an act that the (A) endorser signs on the back of Bill of Lading (B) with bearing a specific person when a bill of lading is made out (C) to order or shipper's order. The bill of lading then becomes a *bearer* instrument and the (D) holder can present it to the shipping company to take delivery of the goods.

44
Which is WRONG in the explanation of blank endorsement?

① (A)   ② (B)
③ (C)   ④ (D)

45
What is correct about the bearer?

① Bearer is someone who owns or possesses a B/L.
② Bearer is not able to assign the B/L to others.
③ Bearer is normally bank in negotiable B/L operation.
④ Bearer can not hold the B/L but endorse it to third party for assignment.

[46 ~ 47] Read the following and answer.

All risks is an insurance term to denote the conditions covered by the insurance.
(A) It is to be construed that the insurance covers each and every loss all the times. In cargo insurance, the term embraces all fortuitous losses such as (   ) occurring during transit and (B) the term incorporates a number of excluded perils.
In other words, all risks insurance is a type of property or casualty insurance policy that (C) covers any peril, as long as the contract does not specifically exclude it from coverage. This means that, (D) as long as a peril is not listed as an exclusion, it is covered.

46
Which is NOT suitable in the explanation of all risks insurance?

① (A) ② (B)
③ (C) ④ (D)

47
Which is NOT appropriate for the blank?

① inherent vice   ② fire
③ earthquake   ④ jettison

[48 ~ 49] Read the following and answer.

Compared to other payment type, the role of banks is substantial in documentary Letter of Credit (L/C) transactions.
The banks provide additional security for both parties in a trade transaction by playing the role of intermediaries. The banks assure the seller that he would be paid if he provides the necessary documents to the issuing bank through the *nominated bank*.
The banks also assure the buyer that their money would not be released unless the shipping documents such as (   ) are presented.

48
What expression is normally stated for nominated bank in L/C?

① available with
② available for
③ available by
④ claims at

49
Which is NOT suitable for the blank?

① packing list
② bill of exchange
③ invoice
④ inspection certificate

50

Fill in the blanks with right words.

> It must be remembered that the Letter of Credit is a contract between the issuing bank and the (A), regardless of any intermediary facilitating banks. Therefore, regardless of a place of presentation different from that of the issuing bank as stated on the Letter of Credit, the beneficiary is at liberty to make a (B) presentation to the issuing bank and the issuing bank is obliged to honour if the presentation is compliant.

① (A) beneficiary - (B) direct
② (A) applicant - (B) direct
③ (A) beneficiary - (B) indirect
④ (A) applicant - (B) indirect

제3과목 무역실무

51

UN 국제물품매매에 관한 협약(CISG)의 적용 대상인 것은?

① sales of goods bought for personal, family and household use
② sales by auction
③ sales of ships, vessels, hovercraft or aircraft
④ contracts for the supply of goods to be produced

52

계약형태의 진출방식인 국제라이센스(international license)에 대한 설명으로 옳지 않은 것은?

① 해외시장에서 특허나 상표를 보호하는 동시에 크로스 라이센스를 통해 상호교환을 기대할 수 있다.
② 노하우가 라이센스의 대상이 되기 위해서는 공공연히 알려진 유용한 경영상의 정보이어야 한다.
③ 현지국에서 외환통제를 실시할 경우, 해외자회사에서 라이센스를 통해서 본국으로 과실송금이 어느 정도 가능하다.
④ 비독점적 라이센스는 기술제공자가 특정인에게 허락한 것과 동일한 내용의 권리를 제3자에게 허락할 수 있는 조건이다.

53

인코텀즈(Incoterms) 2020의 CIF조건에 대한 설명으로 옳지 않은 것은?

① 매도인이 부담하는 물품의 멸실 또는 손상의 위험은 물품이 선박에 적재된 때 이전된다.
② 물품이 컨테이너터미널에서 운송인에게 교부되는 경우에 사용하기 적절한 규칙은 CIF가 아니라 CIP이다.
③ 매도인은 물품이 제3국을 통과할 때에는 수입관세를 납부하거나 수입통관절차를 수행할 의무가 있다.
④ 매도인은 목적항에 물품이 도착할 때까지 운송 및 보험 비용을 부담하여야 한다.

54

관세법 상 외국물품으로 보기 어려운 것은?

① 수출신고 수리된 물품
② 우리나라 선박이 공해에서 채집한 수산물
③ 외국에서 우리나라에 반입된 물품으로서 수입신고 수리되기 전의 물품
④ 보세구역으로부터 우리나라에 반입된 물품으로서 수입 신고 수리되기 전의 물품

55

한국의 ㈜Haiyang은 베트남의 Hochimin Co., Ltd.로 Chemical 제품 15톤을 수출하기로 하였다. 거래조건은 CIP, 결제조건은 sight L/C이다. Hochimin Co., Ltd.가 거래은행을 통하여 발행한 신용장 상에 다음과 같은 문구가 있다. 이에 대한 설명으로 옳지 않은 것은?

> +Insurance Policy in duplicate issued to Beneficiary's order and blank endorsed for the invoice value plus 10 pct.

① 보험증권의 피보험자란에 ㈜Haiyang이 기재된다.
② 보험증권 상에 Hochimin Co., Ltd.의 백지배서가 필요하다.
③ 보험부보금액은 송장금액의 110%이다.
④ 보험증권은 총 2부가 발행된다.

56

신용장 양도 시 확인사항으로 옳지 않은 것은?

① 당해 신용장이 양도가능(Transferable) 신용장인지의 여부
② 개설은행이 신용장 상에 지급, 인수 또는 매입을 하도록 수권받은 은행인지의 여부
③ 분할양도의 경우 원수출신용장 상에 분할선적을 허용하고 있는지의 여부
④ 제시된 원수출신용장에 의하여 기 취급한 금융이 없는지의 여부

57

신용장의 기능에 대한 설명으로 옳지 않은 것은?

① 개설은행의 지급 확약을 임의로 취소 또는 변경할 수 없으므로 대금회수의 확실성을 높일 수 있다.
② 수출업자는 대금지급에 대한 은행의 약속에 따라 안심하고 상품을 선적할 수 있다.
③ 수출업자는 신용장을 담보로 하여 대도(T/R)에 의해 수출금융의 혜택을 누릴 수 있다.
④ 수입업자는 선적서류를 통해 계약 물품이 선적기간 및 신용장 유효기간 내에 선적되었는지를 알 수 있다.

58

화물의 형태나 성질에 관계없이 컨테이너1개당 얼마라는 식으로 운송거리를 기준으로 일률적으로 책정된 운임은?

① ad valorem freight
② minimum all kinds rate
③ freight all kinds rate
④ revenue ton

59

성격이 다른 계약서의 조항을 고르면?

① 품질조건   ② 수량조건
③ 결제조건   ④ 중재조건

60

추심결제방식에 대한 설명으로 옳지 않은 것은?

① 환어음의 지급인이 선적서류를 영수함과 동시에 대금을 결제하는 것은 지급도(D/P)방식이다.
② 추심결제는 수출상이 환어음을 발행하여 선적서류를 첨부하여 은행을 통해 송부하는 방식이다.
③ 은행에 추심업무를 위탁하는 자는 지급인(drawee)이다.
④ 'URC'라는 국제규칙이 적용되며 신용장거래와 비교하면 은행수수료 부담이 적다.

61
전자선하증권이 사용될 경우 사용이 감소될 문서는?
① Letter of Indemnity
② Manifest
③ Letter of Guarantee
④ Delivery Order

62
선하증권의 기능에 대한 설명으로 옳지 않은 것은?
① 선하증권은 권리증권의 기능이 있기 때문에 정당한 소지인이 화물인도를 청구할 수 있다.
② 선하증권은 수취증 기능을 하므로 목적지에서 동일한 물품이 인도되어야 한다.
③ 선하증권이 일단 양도되면 그 기재내용은 양수인에 대해 확정적 증거력을 가진다.
④ 선하증권은 운송계약의 추정적 증거가 되며 운송계약서라고 할 수 있다.

63
항해용선계약에 대한 설명으로 옳지 않은 것은?
① GENCON 1994 서식이 이용되고 있다.
② 선복에 대하여 일괄하여 운임을 결정하는 용선계약을 lumpsum charter라고 한다.
③ 약정된 정박기간 내에 하역을 완료하지 못한 경우에 demurrage가 발생한다.
④ 용선자는 약정된 정박기간을 전부 사용할 수 있도록 하역작업을 수행하는 것이 바람직하다.

64
보험에 대한 설명으로 옳지 않은 것은?
① 일부 보험의 경우 보험금액의 보험가액에 대한 비율로 비례보상한다.
② 초과보험은 초과된 부분에 대해서는 무효이다.
③ 피보험이익은 보험계약 체결 시에 존재하여야 한다.
④ 해상적하보험의 보험가액은 보험기간 중 불변인 것이 원칙이다.

65
청약의 효력이 소멸되는 경우가 아닌 것은?
① 피청약자의 청약거절
② 유효기간 경과
③ 당사자의 사망
④ 청약조건의 조회

66
청약의 유인에 대한 설명으로 옳지 않은 것은?
① 피청약자가 승낙하여도 청약자의 확인이 있어야 계약이 성립한다.
② 청약자는 피청약자의 승낙만으로는 구속되지 않으려는 의도를 가진다.
③ 불특정인, 불특정집단을 대상으로 이루어진다.
④ Sub-con Offer와는 전혀 다른 성격을 지닌다.

67
해상보험에 대한 설명으로 옳지 않은 것은?
① 해상보험은 가입대상에 따라 선박보험과 적하보험으로 나눌 수 있다.
② 해상적하보험은 우리나라 상법 상 손해보험에 해당된다.
③ 추정전손은 현실전손이 아니지만 현실적, 경제적으로 구조가 어려운 상태이다.
④ 현실전손인 경우에는 반드시 위부통지를 해야 한다.

68

매도인이 계약을 위반했을 때 매수인의 권리구제 방법으로 볼 수 없는 것은?

① 매도인이 계약을 이행하지 않는 경우에 매수인은 원칙적으로 계약대로의 이행을 청구할 수 있다.
② 매수인은 매도인의 의무이행을 위하여 합리적인 추가 기간을 지정할 수 있다.
③ 계약상 매도인이 합의된 기일 내에 물품의 명세를 확정하지 아니한 때에는 매수인이 물품 명세를 확정할 수 있다.
④ 물품이 계약에 부적합한 경우에 모든 상황에 비추어 불합리하지 않는 한, 매수인은 매도인에 대하여 하자보완을 청구할 수 있다.

69

우리나라 중재법 상 임시적 처분의 주요 내용으로 옳지 않은 것은?

① 분쟁의 해결에 관련성과 중요성이 있는 증거의 보전
② 본안(本案)에 대한 중재판정이 있을 때까지 현상의 유지 또는 복원
③ 중재판정의 집행 대상이 되는 부채에 대한 보전 방법의 제공
④ 중재절차 자체에 대한 현존하거나 급박한 위험이나 영향을 방지하는 조치 또는 그러한 위험이나 영향을 줄수 있는 조치의 금지

70

비용의 분기가 선적지에서 이뤄지는 Incoterms 2020 조건으로 옳은 것은?

① FOB
② DAP
③ DDP
④ CIF

71

중재계약에 대한 설명으로 옳지 않은 것은?

① 중재조항은 직소금지의 효력이 있다.
② 중재계약은 주된 계약에 대하여 독립성을 갖는다.
③ 중재계약에는 계약자유의 원칙이 적용되지 않는다.
④ 중재는 단심제이다.

72

대리점의 권한과 관련 본인으로부터 권한을 부여받지는 못하였으나 법률의 규정에 의하여 본인의 동의 여부를 불문하고 대리점이 권한을 소유하는 것을 무슨 권한이라고 하는가?

① actual authority
② apparent authority
③ presumed authority
④ doctrine of ratification

73

신용장 조건 점검 시 성격이 다른 하나는?

① 검사증명서에 공식검사기관이 아닌 자의 서명을 요구하는 경우
② 화주의 책임과 계량이 표시된 운송서류는 수리되지 않는다는 조건
③ 개설의뢰인의 수입승인을 신용장 유효조건으로 하는 경우
④ 매매계약의 내용과 불일치한 조건이 있는지의 여부

74

전자무역에 대한 설명으로 옳지 않은 것은?

① 무역의 일부 또는 전부가 전자무역문서로 처리되는 거래를 말한다.
② 전자무역은 글로벌B2C이다.
③ 신용장에서 전자서류가 이용될 때 eUCP가 적용될 수 있다.
④ 선하증권의 위기를 해결하기 위해 CMI에서 해상운송장과 전자선하증권에 관한 규칙을 각각 제정하였다.

75
다음은 일반거래조건협정서의 어느 조건에 해당하는가?

> All the goods sold shall be shipped within the time stipulated in each contract. The date of bills of lading shall be taken as a conclusive proof of the date of shipment. Unless specially arranged, the port of shipment shall be at Seller's option.

① 품질조건　　② 선적조건
③ 정형거래조건　④ 수량조건

2020년 제3회 기출문제

제1과목 영문해석

01

What can you infer from the sentence below?

> Trade finance generally refers to export financing which is normally self-liquidating.

① All export amounts are to be paid, and then applied to extend the loan. The remainder is credited to the importer's account.
② Pre-shipment finance is paid off by general working capital loans.
③ Export financing is a bit difficult to use over general working capital loans.
④ All export amounts are to be collected, and then applied to payoff the loan. The remainder is credited to the exporter's account.

02

Below is about del credere agent. Which is NOT in line with others?

> (A) An agreement by which a factor, when he sells goods on consignment, for an additional commission (called a del credere commission), (B) guaranties the solvency of the purchaser and his performance of the contract. Such a factor is called a del credere agent. (C) He is a mere surety, liable to his principal only in case the purchaser makes default. (D) Agent who is obligated to indemnify his principal in event of loss to principal as result of credit extended by agent to third party.

① (A)   ② (B)
③ (C)   ④ (D)

[3 ~ 4] Read the following and answer.

We are pleased to state that KAsia in your letter of 25th May is a small but well-known and highly respectable firm, (A) who has established in this town for more than five years. We ourselves have now been doing business with them (B) for more than five years on quarterly open account terms and although (C) they have not taken advantage of cash discounts, they have always paid promptly on the net dates. The credit we have allowed the firm (D) has been well above USD100,000 you mentioned.

03
Who might be the writer?

① Bank   ② Referee
③ Seller   ④ Buyer

04
Which is grammatically WRONG?

① (A)   ② (B)
③ (C)   ④ (D)

05
Which of the following CANNOT be inferred from the passage below?

Dear Mr. Cooper,
Thank you for your letter in reply to our advertisement in EduCare.
Although we are interested in your proposition, the 5% commission you quoted on the invoice values is higher than we are willing to pay. However, the other terms quoted in your quotation would suit us.
Again we do not envisage paying more than 3% commission on net invoice values, and if you are willing to accept this rate, we would sign a one-year contract with effect from 1 August.
One more thing we would like to add is that the volume of business would make it worth accepting our offer.

Yours sincerely,
Peter

① Peter is an agent.
② Cooper is engaged in a commission based business.
③ 3% commission is a maximum to the Principal to go with.
④ Low commission might be compensated by large volume of business.

06

Select the wrong explanation of negotiation under UCP 600.

(A) Negotiation means the purchase by the nominated bank of drafts (drawn on a bank other than the nominated bank) (B) and/or documents under a complying presentation, (C) by advancing or agreeing to advance funds to the beneficiary (D) on or before the banking day on which reimbursement is due to the issuing bank.

① (A)   ② (B)
③ (C)   ④ (D)

07

What is correct about the bearer in bill of lading operation?

① Bearer is someone who owns or possesses a B/L.
② Bearer is not able to assign the B/L to other.
③ Bearer is normally second consignor in negotiable B/L operation.
④ Bearer can not hold the B/L but endorse it to third party for assignment.

08

Select the wrong explanation of credit under UCP 600.

(A) Credit means any arrangement, (B) however named or described, (C) that is irrevocable or revocable and thereby constitutes a definite undertaking of (D) the issuing bank to honour a complying presentation.

① (A)   ② (B)
③ (C)   ④ (D)

09

Select the best answer suitable for the blanks.

Excepted perils mean the perils exempting the insurer from liability where the loss of or damage to the subject-matter insured arises from certain causes such as (A) of the assured, delay, (B), inherent vice and vermin or where loss is not (C) by perils insured against.

① (A) wilful misconduct
   (B) ordinary wear and tear
   (C) proximately caused
② (A) wilful misconduct (B) wear and tear
   (C) proximately caused
③ (A) misconduct
   (B) wear and tear
   (C) caused
④ (A) misconduct
   (B) ordinary wear and tear
   (C) caused

10

What is the subject of the passage below?

> A written statement usually issued by the issuing bank at the request of an importer so as to take delivery of goods from a shipping company before the importer obtains B/L.

① Letter of Guarantee
② Letter of Surrender
③ Bill of Exchange
④ Trust Receipt

11

Which of the followings is NOT suitable for the blanks below?

> A factor is a bank or specialized financial firm that performs financing through the purchase of (A). In export factoring, the factor purchases the exporter's (B) foreign accounts receivable for cash at a discount from the face value, generally (C). It sometimes offers up to 100% protection against the foreign buyer's inability to pay - with (D).

① (A) account receivables
② (B) long-term
③ (C) without recourse
④ (D) no deductible scheme or risk-sharing

[12 ~ 13] Read the following letter and answer the questions.

> Thank you for your advice of 15 May. We have now effected (A) to our customers in New Zealand and enclose the (B) you asked for and our draft for £23,100 which includes your (C). Will you please honour the (D) and remit the (E) to our account at the Mainland Bank, Oxford Street, London W1A 1AA.

12

Select the wrong one in the blank (C)?

① discount   ② commission
③ charges   ④ proceeds

13

Which of the following BEST completes the blanks (A), (B), (D) and (E)?

① (A) dispatch
　(B) transport documents
　(D) documentary draft
　(E) proceed
② (A) shipment
　(B) transport documents
　(D) clean draft
　(E) proceed
③ (A) shipment
　(B) shipping documents
　(D) documentary draft
　(E) proceeds
④ (A) dispatch
　(B) shipping documents
　(D) clean draft
　(E) proceeds

14

Please put the following sentences in order.

(A) After having dealt with you for many years, I deserve better treatment.
(B) Your competitors will be happy to honor my credit, and I will transfer my future business elsewhere.
(C) I did not appreciate the curt letter I received from your Credit Department yesterday regarding the above invoice, a copy of which is attached.
(D) I've been disputing these charges for two months.

① (C) - (D) - (A) - (B)
② (A) - (B) - (D) - (C)
③ (B) - (D) - (C) - (A)
④ (D) - (A) - (B) - (C)

15

Select the different purpose among the following things.

① The finish is not good and the gilt comes off partly.
② By some mistake the goods have been wrongly delivered.
③ When comparing the goods received with the sample, we find that the color is not the same.
④ All marks must be same as those of invoice in accordance with our direction.

[16~19] Read the following passage and answer.

The UCP 600 definition of complying presentation means a presentation that is in accordance with the terms and conditions of the documentary credit, the applicable provisions of these rules and international standard banking practice.

This definition includes three concepts. First, (A) Second, the presentation of documents must comply with the rules contained in UCP 600 that are applicable to the transaction, i.e., (B). Third, the presentation of documents must comply with international standard banking practice. The first two conditions are determined by looking at the specific terms and conditions of the documentary credit and the rules themselves. ⓐ The third, international standard banking practice, reflects the fact that the documentary credit and ⓑ the rules only imply some of the processes that banks undertake in the examination of documents and in the determination of compliance. ⓒ International standard banking practice includes practices that banks regularly undertake in determining the compliance of documents. ⓓ Many of these practices are contained in the ICC's publication International Standard Banking Practice for the Examination of Documents under Documentary Credits ("ISBP") (ICC Publication No. 681); however, the practices are broader than what is stated in this publication. Whilst the ISBP publication includes many banking practices, there are others that are also commonly used in documentary credit transaction beyond those related to the examination of documents. For this reason, (C).

16
Select the suitable one in the blank (A).

① the presentation of documents must comply with the terms and conditions of the documentary credit.
② the presentation of documents must represent the goods.
③ the passing of the documents by the beneficiary to the issuing bank must be punctual.
④ the presentation of complying documents must made to the nominated banks under the documentary credit.

17
Select the wrong one for the underlined parts.

① ⓐ　　　　② ⓑ
③ ⓒ　　　　④ ⓓ

18
Select the best one in the blank (B).

① those that have been modified or excluded by the terms and conditions of the documentary credit
② those that can not be applied by way of special conditions that exclude the rules
③ those that can not be applied by way of special conditions that modify or exclude the rules
④ those that have not been modified or excluded by the terms and conditions of the documentary credit

19
Select the best one in the blank (C).

① the definition of complying presentation specifically refers to the International Standard Banking Practice publication
② the definition of complying presentation does not specifically refer to the International Standard Banking Practice and UCP publications
③ the definition of complying presentation does not specifically refer to the International Standard Banking Practice publication
④ the definition of complying presentation specifically refers to the International Standard Banking Practice and UCP publications

20
Which is right pair of words for the blanks?

> A sight draft is used when the exporter wishes to retain title to the shipment until it reaches its destination and payment is made.
> In actual practice, the ocean bill of lading is endorsed by the (A) and sent via the exporter's bank to the buyer's bank. It is accompanied by the draft, shipping documents, and other documents that are specified by the (B). The foreign bank notifies the buyer when it has received these documents. As soon as the draft is paid, the foreign bank hands over the bill of lading with other documents thereby enabling the (C) to take delivery of the goods.

	(A)	(B)	(C)
①	exporter	buyer	buyer
②	exporter	exporter	buyer
③	buyer	exporter	buyer
④	buyer	buyer	buyer

21
Which is NOT suitable in the blank?

> The Incoterms® 2020 rules do NOT deal with ( ).

① whether there is a contract of sale at all
② the specifications of the goods sold
③ the effect of sanctions
④ export/import clearance and assistance

22
Which of the following is the LEAST appropriate Korean translation?

① We are very sorry to have to inform you that your latest delivery is not up to your usual standard.
⇒ 귀사의 최근 발송품은 평소의 수준에 미치지 못하는 것이었음을 알려드리게 되어 유감입니다.
② We must apologize once again for the last minute problems caused by a clerical error on our side.
⇒ 당사 측의 사소한 실수로 인해 발생한 문제에 대해 마지막으로 다시 사과드려야 하겠습니다.
③ In consequence we are compelled to ask our agents to bear a part of the loss.
⇒ 따라서 당사는 당사 대리점들이 이번 손실의 일부를 부담해줄 것을 요청하지 않을 수 없습니다.
④ Thank you for your quotation for the supply of ABC but we have been obliged to place our order elsewhere in this instance.
⇒ ABC의 공급에 대한 견적을 보내주셔서 감사합니다. 하지만 이번에 한해서는 타사에 주문할 수밖에 없게 되었습니다.

23
The following is on Incoterms® 2020. Select the right ones in the blanks.

> The Incoterms® rules explain a set of (A) of the most commonly-used three-letter trade terms, e.g. CIF, DAP, etc., reflecting (B) practice in contracts for the (C) of goods.

① (A) twelve
  (B) business-to-consumer
  (C) sale and purchase
② (A) eleven
  (B) business-to-business
  (C) sale and purchase
③ (A) eleven
  (B) business-to-consumer
  (C) sales
④ (A) twelve
  (B) business-to-business
  (C) sales

24
Select the wrong explanation of changes in Incoterms® 2020.

① Bills of lading with an on-board notation could be required under the FCA Incoterms rule.
② Obligations which are listed in one clause.
③ Different levels of insurance cover in CIF and CIP.
④ Arranging for carriage with seller's or buyer's own means of transport in FCA, DAP, DPU and DDP.

25

Select the term or terms which the following passage does not apply to.

> The named place indicates where the goods are "delivered", i.e. where risk transfers from seller to buyer.

① E-term
② F-terms
③ C-terms
④ D-terms

제2과목 영작문

[26 ~ 28] Please read the following letter and answer each question.

> (A) We have instructed our bank, Korea Exchange Bank, Seoul to open an irrevocable letter of credit for USD22,000.00 (twenty two thousand US dollars) to cover the shipment (CIF London). The credit is (a) until 10 June 2020.
> (B) Bill of Lading (3 copies)
> Invoice CIF London (2 copies)
> AR Insurance Policy for USD24,000.00 (twenty four thousand US dollars)
> (C) We are placing the attached order for 12 (twelve) C3001 computers in your proforma invoice No.548.
> (D) You will receive confirmation from our bank's agents, HSBC London, and you can draw on them at 60 (sixty) days after sight for the full amount of invoice. When submitting our draft, please enclose the following documents.
> Please fax or email us as soon as you have arranged (b).

26

Put the sentences (A)~(D) in the correct order.

① (D) - (B) - (A) - (C)
② (C) - (A) - (D) - (B)
③ (D) - (C) - (B) - (A)
④ (B) - (A) - (C) - (D)

27

Which word is Not suitable for (a)?

① invalid
② in force
③ effective
④ available

28

Which word is most suitable for (b)?

① shipment
② insurance
③ negotiation
④ invoice

29

Select the right term for the following passage.

> The freight is calculated on the ship's space or voyage rather than on the weight or measurement.

① Lumpsum Freight
② Dead Freight
③ Bulky Freight
④ FAK

30

Choose the one which has same meaning for the underlined part under UCP 600.

> We intend to ship a consignment of (A) dinghies and their equipment to London at (B) the beginning of next month under the letter of credit.

① (A) boats - (B) the 1st to the 10th
② (A) yachts - (B) the 1st to the 15th
③ (A) machines - (B) the 1st to the 10th
④ (A) hull - (B) the 1st to the 15th

31

What kind of draft is required and fill in the blank with suitable word?

> This credit is available by draft at sight drawn on us for (   )

① usance - invoice value plus 10%
② demand - the full invoice value
③ demand - invoice value plus 10%
④ usance - the full invoice value

32

Select the wrong part in the following passage.

> (A) Authority to Pay is not a letter of credit, (B) but merely an advice of the place of payment and also specifies documents needed to obtain payment. (C) It obliges any bank to pay. (D) It is much less expensive than a letter of credit and has been largely superseded by documents against payment.

① (A)   ② (B)
③ (C)   ④ (D)

33

Which of the following is MOST appropriate in the blanks?

> If a credit prohibits partial shipments and more than one air transport document is presented covering dispatch from one or more airports of departure, such documents are (A), provided that they cover the dispatch of goods on the same aircraft and same flight and are destined for the same airport of destination. In the event that more than one air transport document is presented incorporating different dates of shipment, (B) of these dates of shipment will be taken for the calculation of any presentation period.

① (A) unacceptable - (B) the latest
② (A) unacceptable - (B) the earliest
③ (A) acceptable - (B) the latest
④ (A) acceptable - (B) the earliest

34

Select the best one in the blank.

If a nominated bank determines that a presentation is complying and forwards the documents to the issuing bank or confirming bank, whether or not the nominated bank has honoured or negotiated, and issuing bank or confirming bank must (   ) that nominated bank, even when the documents have been lost in transit between the nominated bank and the issuing bank or confirming bank, or between the confirming bank and the issuing bank.

① reimburse
② honour or reimburse
③ negotiate or reimburse
④ honour or negotiate, or reimburse

35

A letter of credit requires to present bill of lading and insurance certificate. If the shipment date of bill of lading is 20 May, 2020, which of following document can be matched with such bill of lading?

A. An insurance certificate showing date of issue as 20 May, 2020
B. An insurance certificate showing date of issue as 21 May, 2020
C. An insurance policy showing date of issue as 20 May, 2020
D. A cover note showing date of issue as 20 May, 2020

① A only
② C only
③ A and C only
④ all of the above

36

Which of the followings is NOT correctly explaining the Charter Party Bill of Lading under UCP 600?

① The charter party B/L must appear to be signed by the master, the owner, or the charterer or their agent.
② The charter party B/L must indicate that the goods have been shipped on board at the port of loading stated in the credit by pre-printed wording, or an on board notation.
③ The date of issuance of the charter party bill of lading will be deemed to be the date of shipment unless the charter party bill of lading contains an on board notation indicating the date of shipment.
④ A bank will examine charter party contracts if they are required to be presented by the terms of the credit.

37

Select the right terms in the blanks?

Payments under (A) are made direct between seller and buyer whereas those under (B) are made against presentation of documentary bills without bank's obligation to pay.

① (A) Documentary Collection - (B) Letter of Credit
② (A) Remittance - (B) Documentary Collection
③ (A) Letter of Credit - (B) Documentary Collection
④ (A) Remittance - (B) Letter of Credit

38

Which of the following is LEAST correct about the difference between Bank Guarantee and Letter of Credit?

① The critical difference between LC and guarantees lie in the way financial instruments are used.
② Merchants involved in exports and imports of goods on a regular basis choose LC to ensure delivery and payments.
③ Contractors bidding for infrastructure projects prove their financial credibility through guarantees.
④ In LC, the payment obligation is dependent of the underlying contract of sale.

39

Which of the followings is NOT APPROPRIATE as part of the reply to the letter below?

> Thank you for your fax of July 5, requesting an offer on our mattress. We offer you firm subject to your acceptance reaching us by July 20.
> Our terms and conditions are as follows:
> Items: mattress (queen size)
> Quantity: 300 units
> Price: USD1,100.00 per unit, CIF New York
> Shipment: During May
> Payment: Draft at sight under an Irrevocable L/C

① We need the goods in early June, so we want to change only shipment term.
② Thank you for your firm offer, and we are pleased to accept your offer as specified in our Purchase Note enclosed.
③ Thank you for your letter requesting us to make an offer, and we would like to make an offer.
④ We regret to say that we are not able to accept your offer because of high price comparing with that of your competitor.

40

Put the sentences A~D in the correct order?

> (A) Finally, in accordance with the instructions of our buyer, we have opened an insurance account with the AAA Insurance Company on W.A. including War Risk.
> (B) We enclose a check for $50.00 from Citibank in payment of the premium.
> (C) As you know, our buyer directed us to make a marine insurance contract on W.A. including War Risk with you on 300 boxes of our Glasses Frames, which we are shipping to New York by the S.S. "Ahra" scheduled to leave Busan on the 15th February.
> (D) We want you to cover us on W.A. including War Risk, for the amount of $2,050.00 at the rate you suggested to us on the phone yesterday, and one copy of our invoice is enclosed herein.

① A - B - C - D
② C - D - B - A
③ D - B - C - A
④ B - C - D - A

41

Where a bill of lading is tendered under a letter of credit, which is LEAST appropriate?

> The bill of lading is usually (A) drawn in sets of three negotiable copies, and goods are deliverable against (B) any one of the copies surrendered to the shipping company. The number of negotiable copies prepared would be mentioned on the bill which would also provide that "(C) one of the copies of the bill being accomplished, the others to stand valid". It is, therefore, essential that (D) the bank obtains all the copies of the bill of lading.

① A
② B
③ C
④ D

42

What does the following refer to under marine insurance operation?

> After the insured gets the claim money, the insurer steps into the shoes of insured. After making the payment of insurance claim, the insurer becomes the owner of subject matter.

① Principle of Subrogation
② Principle of Contribution
③ Principle of Abandonment
④ Principle of Insurable Interest

43

Which of the followings is NOT correctly explaining the arbitration?

① With arbitration clause in their contract, the parties opt for a private dispute resolution procedure instead of going to court.
② The arbitration can only take place if both parties have agreed to it.
③ In contrast to mediation, a party can unilaterally withdraw from arbitration.
④ In choosing arbitration, parties are able to choose such important elements as the applicable law, language and venue of the arbitration. This allows them to ensure that no party may enjoy a home court advantage.

44

Select the right term for the following passage.

> A principle whereby all parties to an adventure, who benefit from the sacrifice or expenditure, must contribute to make good the amount sacrificed or the expenditure incurred.

① General average
② Jettison
③ Particular charges
④ Particular average

45

Select the wrong term in view of the following passage.

> A negotiation credit under which negotiation is not restricted to one nominated bank or which is available through any bank.

① general L/C
② unrestricted L/C
③ open L/C
④ freely acceptable L/C

46

The following are on CIF under Incoterms® 2020. Select the wrong one.

① The insurance shall cover, at a minimum, the price provided in the contract plus 10% (ie 110%) and shall be in the currency of the carriage contract.
② The insurance shall cover the goods from the point of delivery set out in this rule to at least the named port of destination.
③ The seller must provide the buyer with the insurance policy or certificate or any other evidence of insurance cover.
④ Moreover, the seller must provide the buyer, at the buyer's request, risk and cost, with information that the buyer needs to procure any additional insurance.

47

Select the wrong part in the following passage under UCP600.

> (A) Letter of Credit means an engagement by a bank or other person made at the request of a customer (B) that the issuer will honor drafts or other demands for payment upon compliance with the conditions specified in the credit. (C) A credit must be irrevocable. (D) The engagement may be either an agreement to honor or a statement that the applicant or other person is authorized to honor.

① (A) ② (B)
③ (C) ④ (D)

48

Select the wrong one in the blank under Incoterms® 2020.

> The seller must pay (　　　) under FCA.

① all costs relating to the goods until they have been delivered in accordance with this rule other than those payable by the buyer under this rule
② the costs of providing the transport document to the buyer under this rule that the goods have been delivered
③ where applicable, duties, taxes and any other costs related to export clearance under this rule
④ the buyer for all costs and charges related to providing assistance in obtaining documents and information in accordance with this rule

49

The following are the purpose of the text of the introduction of Incoterms® 2020. Select the wrong one.

① to explain what the Incoterms® 2020 rules do and do NOT do and how they are best incorporated
② to set out the important fundamentals of the Incoterms rules such as the basic roles and responsibilities of seller and buyer, delivery, risk etc.
③ to explain how best to choose the right Incoterms rules for the general sale contract
④ to set out the central changes between Incoterms® 2010 and Incoterms® 2020

50

Which of the following is logically INCORRECT?

① A person authorized by another to act for him is called as principal.
② Co-agent means one who shares authority to act for the principal with another agent and who is so authorized by the principal.
③ Agents employed for the sale of goods or merchandise are called mercantile agents.
④ Del credere agent is an agent who sell on behalf of a commission and undertakes that orders passed to the principal will be paid.

제3과목 무역실무

51

다음 DPU조건에 대한 설명 중 틀린 것을 고르시오.

① 매도인은 지정목적지까지 또는 있는 경우 지정목적지에서의 합의된 지점까지 물품의 운송을 위해 자신의 비용으로 계약을 체결하거나 준비하여야 한다.
② 매도인은 목적지까지 운송을 위해 어떠한 운송관련 보안요건을 준수하여야 한다.
③ 매도인은 자신의 비용으로 매수인이 물품을 인수할 수 있도록 하기 위해 요구되는 서류를 제공하여야 한다.
④ 매도인은 수출통관절차, 수출허가, 수출을 위한 보안통관, 선적전 검사, 제3국 통과 및 수입을 위한 통관 절차를 수행하여야 한다.

52

다음 중 권리침해조항의 설명으로 틀린 것을 고르시오.

① 특허권, 실용신안권, 디자인권, 상표권 등의 지적재산권의 침해와 관련된 조항이다.
② 매도인의 면책내용을 규정하고 있고 매수인의 주문 내용에 따른 이행에 한정된다.
③ 매수인은 제3자로부터 지적재산권 침해를 받았다는 이유로 매도인에게 클레임을 제기할 수 있다.
④ 선진국으로 수출되는 물품을 주문받았을 경우 특히 이 조항을 삽입해야 한다.

53
다음 인코텀즈(Incoterms) 2020에 대한 설명으로 적절하지 않은 것을 고르시오

① CIF 조건에서는 협회적하약관 C 약관의 원칙을 계속 유지하였다.
② 물품이 FCA 조건으로 매매되고 해상운송 되는 경우에 매수인은 본선적재표기가 있는 선하증권을 요청할 수 없다.
③ 인코텀즈 2020 규칙에서는 물품이 매도인으로부터 매수인에게 운송될 때 상황에 따라 운송인이 개입되지 않을 수도 있다.
④ 매도인이 컨테이너화물을 선적 전에 운송인에게 교부함으로써 매수인에게 인도하는 경우에 매도인은 FOB 조건 대신에 FCA 조건으로 매매하는 것이 좋다.

54
다음 중 매입은행과 개설은행의 서류 심사와 관련된 내용으로 옳지 않은 것을 고르시오.

① 은행의 서류심사와 수리여부 결정은 선적서류를 영수한 익일로부터 제7영업일이내에 이루어져야 한다.
② 신용장 조건과 불일치한 서류가 제시된 경우 개설은행은 개설의뢰인과 하자 서류의 수리여부를 교섭할 수 있다.
③ 신용장에 서류의 지정 없이 조건만을 명시한 경우 그러한 조건은 없는 것으로 간주된다.
④ 은행이 선적서류가 신용장조건과 일치하는지 여부를 심사할 때 신용장통일규칙과 국제표준은행관행(ISBP)에 따라야 한다.

55
다음 중 해운동맹의 운영수단으로 성격이 다른 하나를 고르시오.

① Sailing Agreement
② Pooling Agreement
③ Fidelity Rebate System
④ Fighting Ship

56
관세법 상 입국 또는 입항하는 운송수단의 물품을 다른 세관의 관할구역으로 운송하여 출국 또는 출항하는 운송수단으로 옮겨 싣는 것을 의미하는 용어로 옳은 것을 고르시오.

① 통관(通關)
② 환적(換積)
③ 복합환적(複合換積)
④ 복합운송(複合運送)

57
다음 중 수출입을 총괄하는 대외무역법의 성격에 대한 설명으로 적절하지 않은 것을 고르시오

① 수출입공고상 상품분류방식은 HS방식을 따르고 있다.
② 통합공고는 대외무역법에 물품의 수출입요령을 정하고 있는 경우 이들 수출입요령을 통합한 공고이다.
③ 수출입공고는 우리나라 수출입품목을 관리하기 위한 기본공고체계이다.
④ 수출입공고, 통합공고, 전략물자수출입공고 등의 품목관리는 대외무역법에서 규정하고 있다.

58

다음 중 해상운송에서 사용되는 할증운임으로 그 성격이 다른 하나를 고르시오.

① Heavy Cargo Surcharge
② Length Cargo Surcharge
③ Bulky Cargo Surcharge
④ Optional Surcharge

59

다음은 내국신용장과 구매확인서의 비교설명표이다. 옳지 않은 것을 모두 고르시오

구분	내국신용장	구매확인서
㉠ 관련법규	대외무역법 시행령	무역금융 규정
㉡ 개설기관	외국환은행	외국환은행
㉢ 개설조건	제한 없이 발급	무역금융 융자한도 내에서 개설
㉣ 수출실적	공급업체의 수출실적 인정	공급업체의 수출실적 인정
㉤ 부가가치세	영세율 적용	영세율 미적용
㉥ 지급보증	개설은행이 지급보증	지급보증 없음

① ㉠, ㉡, ㉤
② ㉠, ㉢, ㉤
③ ㉡, ㉢, ㉤
④ ㉡, ㉣, ㉤

60

다음 서류상환인도(CAD) 방식에 대한 설명으로 옳게 짝지어진 것을 모두 고르시오.

㉠ 수입상이 자신 앞에 도착된 상품의 품질검사를 완료한 후에 구매여부를 결정할 수 있는 결제방식이다.
㉡ 선하증권 상 수하인은 수입국 소재의 수출상의 지사나 대리인이며, 대금의 결제와 동시에 선하증권을 배서 양도하여 물품을 인도하게 된다.
㉢ 수출업자가 선적을 완료한 상태에서 수입업자가 수출국에 소재하는 자신의 해외지사 또는 대리인에게 지시하여 서류의 인수를 거절하게 되는 경우에는 수출업자는 곤란한 상황에 처하게 된다.
㉣ 수입자의 대리인을 수입국 소재 수입자의 거래은행으로 지정하는 경우 European D/P라고도 한다.

① ㉠, ㉡
② ㉡, ㉢
③ ㉡, ㉣
④ ㉢, ㉣

61

다음 중 선하증권의 법적 성질에 대한 설명으로 옳지 않은 것을 고르시오.

① 요인증권성: 화물의 수령 또는 선적되었음을 전제로 발행한다.
② 요식증권성: 상법 등에서 정한 기재사항을 증권에 기재하여야 한다.
③ 문언증권성: 선의의 B/L 소지인에게 운송인은 B/L문언에 대하여 반증할 수 없다.
④ 지시증권성: 화물에 대하여 B/L이 발행된 경우, 그 화물을 처분할 때에는 반드시 B/L로써 한다.

62

다음 항공화물운송에서 품목분류요율(CCR) 관련 할인요금 적용대상 품목으로 옳지 않은 것을 고르시오.

① 서적
② 카탈로그
③ 정기간행물
④ 점자책 및 Talking books(calendar, price tag, poster도 적용 가능)

63

다음 선하증권(B/L)에 대한 설명으로 적절하지 않은 것을 고르시오.

① FOB 조건이나 CIF 조건처럼 본선 상에 물품의 인도를 의무화하고 있는 거래에서는 선적 선하증권을 제시해야 한다.
② 적색 선하증권(Red B/L)은 선하증권과 보험증권을 결합한 증권으로 선사가 보험회사에 일괄보험으로 가입하게 된다.
③ FIATA 복합운송선하증권은 운송주선인이 운송인이나 운송인의 대리인으로 행동한다는 것이 운송서류에 나타나 있지 않아도 수리된다.
④ 최초의 운송인이 전구간에 대하여 책임을 지고 화주에게 발행해 주는 선하증권을 통선하증권(Through B/L)이라 한다.

64

다음 하역비부담 및 할증운임 조건에 대한 설명으로 틀린 것을 고르시오.

① Berth term은 정기선조건에 사용되어 liner term이라 고도 하고 선적과 양륙비용을 선주가 부담한다.
② FIO는 선적과 양륙이 화주의 책임과 비용으로 이루어지는 조건이다.
③ Bulky cargo surcharge는 벌크화물에 대하여 할증되는 운임이다.
④ Optional surcharge는 양륙지가 정해지지 않은 화물에 부가되는 할증운임이다.

65

다음 해상손해의 보상에 대한 설명으로 적절하지 않은 것을 고르시오.

① 공동의 해상항해와 관련된 재산을 보존할 목적으로 공동의 안전을 위하여 이례적인 희생이나 비용이 의도적으로 지출된 때에 한하여 공동해손행위가 있다.
② 구조비(salvage charge)는 구조계약과 관계없이 해법상으로 회수할 수 있는 비용이라고 정의하고 있어 구조계약과 관계없이 임의로 구조한 경우에 해당한다.
③ 손해방지비용(sue and labor expense)은 근본적으로 보험자를 위한 활동이라고 할 수 있기 때문에 손해방지 비용이 보험금액을 초과하는 경우에도 보험자가 보상한다.
④ 특별비용(particular charge)은 피보험목적물의 안전이나 보존을 위하여 피보험자에 의하여 지출된 비용으로서 공동해손비용과 손해방지비용은 제외된다.

66

미국의 신해운법(Shipping Act, 1984)상 특별히 인정되는 복합운송인을 고르시오.

① Carrier형 복합운송인
② CTO형 복합운송인
③ NVOCC형 복합운송인
④ 운송주선업자

67

다음 분쟁해결조항 상 사용할 수 없는 분쟁해결방법을 고르시오.

> Dispute Resolution. The Parties agree to attempt initially to solve all claims, disputes or controversies arising under, out of or in connection with this Agreement by conducting good faith negotiations. If the Parties are unable to settle the matter between themselves, the matter shall thereafter be resolved by alternative dispute resolution.

① Amicable Settlement
② Conciliation
③ Arbitration
④ Litigation

68

다음 국제복합운송 경로에 대한 설명으로 옳은 것을 고르시오.

① ALB(American Land Bridge)는 극동아시아의 주요 항만에서부터 북미서안의 주요항만까지 해상운송하여 철도로 내륙운송 후 북미 동남부에서 다시 해상운송으로 유럽의 항만 또는 내륙까지 연결하는 복합운송 경로이다.
② MLB(Mini Land Bridge)는 극동아시아에서 캐나다 서안에 있는 항만까지 해상운송 후 캐나다 철도를 이용하여 몬트리올 또는 캐나다 동안까지 운송한 다음 다시 캐나다 동안의 항만에서 유럽의 각 항만으로 해상운송하는 복합운송경로이다.
③ MB(Micro Bridge)는 미국 서안에서 철도 등의 내륙운송을 거쳐 동안 또는 멕시코만 항만까지 운송하는 해륙복합운송시스템이다.
④ SLB(Siberian Land Bridge)는 중국와 몽골을 거쳐 시베리아 철도를 이용하여 극동, 유럽 및 북미간의 수출입화물을 운송하는 복합운송경로이다.

69

다음 해상손해의 형태 중 성격이 다른 하나를 고르시오.
① 구조료
② 손해방지비용
③ 충돌손해배상책임
④ 특별비용

70

다음 중재제도에 관한 설명 중 옳지 않은 것을 고르시오.
① 중재계약은 계약자유의 원칙이 적용되는 사법상의 계약이라고 할 수 있다.
② 중재법정은 자치법정이라고 볼 수 있다.
③ 구제제도로서 중재판정취소의 소를 인정하고 있다.
④ 중재심문에는 증인을 출석시킬 수 있으며 선서도 시킬 수 있다.

71

제3자가 개입되지만 제3자는 당사자로 하여금 일치된 해결안에 도달하도록 도와주는 대체적 분쟁해결방법(ADR)의 한 유형을 고르시오.
① 화해
② 알선
③ 조정
④ 중재

72

다음 조건부 청약(Conditional Offer) 중 성격이 다른 것을 고르시오.
① 예약불능청약(Offer without engagement)
② 통지없이 가격변동 조건부 청약(Offer subject to change without notice)
③ 시황변동조건부 청약(Offer subject to market fluctuation)
④ 승인부 청약(Offer on approval)

73

다음 중 분쟁의 해결방법에 대한 설명으로 부적절한 것을 고르시오.

① Amicable Settlement는 당사자간 클레임을 해결하는 방법이다.
② 중재과정에서 Amicable Settlement에 이르는 경우도 있다.
③ 당사자 간 분쟁해결 방법으로 Mediation 또는 Conciliation도 고려해 볼 수 있다.
④ 중재는 서면에 의한 합의가 있어야 활용이 가능하다.

74

다음 대리점계약에서 대리인과 본인 즉, 당사자 관계에 대한 설명으로 적절하지 않은 것을 고르시오.

① 대리점계약은 계약에 합의된 수수료를 본점이 대리점에게 지급하지만, 본점이 직접 주문을 받았다면 수수료를 지급할 의무가 없다.
② 대리점계약 상에 명시규정이 없는 한, 대리인은 본점을 위해 주문을 수취하였더라도 그 지출한 거래비용을 본점으로부터 청구할 수 없다.
③ 본점이 계약만료 전에 정당한 사유 없이 계약을 종료하였을 때, 자신이 이미 제공한 서비스 수수료는 배상청구할 수 있지만 이후 취득할 수수료 등 직접적인 손해발생액은 배상청구할 수 없다.
④ 대리점은 본점에게 회계보고의 의무를 지고, 대리점의 회계보고는 계약조건이나 본점의 요구에 따라 행하여야 한다.

75

다음 중 설명이 틀린 것을 고르시오.

① 한국 등 대륙법 국가에서 확정청약은 유효기간 내에 철회가 불가능하다.
② 영미법 상 청약이 날인증서로 되어 있는 경우 철회가 불가능하다.
③ 영미법 상 피청약자가 약인을 제공한 경우 철회가 불가능하다.
④ UCC 상 청약의 유효기간이 3개월이 초과하는 경우에도 청약의 철회가 불가능할 수 있다.

기출문제 정답 및 해설 부록 2

- 제114회 2019년 제1회 기출문제 정답 및 해설
- 제115회 2019년 제2회 기출문제 정답 및 해설
- 제116회 2019년 제3회 기출문제 정답 및 해설
- 제117회 2020년 제1회 기출문제 정답 및 해설
- 제118회 2020년 제2회 기출문제 정답 및 해설
- 제119회 2020년 제3회 기출문제 정답 및 해설

2019년 제1회 정답 및 해설

제1과목 | 영문해석

01	③	02	③	03	③	04	④	05	⑤
06	③	07	④	08	①	09	④	10	③
11	②	12	②	13	②	14	②	15	②
16	①	17	②	18	②	19	①	20	③
21	④	22	②	23	③	24	①	25	④

제2과목 | 영작문

26	②	27	③	28	①	29	③	30	②
31	①	32	③	33	②	34	③	35	④
36	②	37	④	38	③	39	④	40	①
41	②	42	①	43	④	44	②	45	③
46	③	47	①	48	②	49	②	50	④

제3과목 | 무역실무

51	④	52	②	53	①	54	④	55	③
56	①	57	④	58	④	59	③	60	③
61	③	62	③	63	②	64	③	65	③
66	④	67	②	68	③	69	④	70	④
71	②	72	③	73	④	74	①	75	②

제1과목 | 영문해석

01 [추론문제]

어떤 상황에서 다음 내용이 적용되는가?

> Incoterms 2010 규칙은 관련된 Incoterms 규칙에서 상품을 선적하는 의무의 대안으로서 선적된 상품을 조달 하는 의무를 포함한다.

① 운송인에게 인도
② 본선 적재 인도
③ 운송 중 매매된 상품의 매매
④ 매도인 영업소에서 상품 준비

[해설]
조달 인도는 1차산품 매매에서 발생하는 운송 중 매매에 대응하기 위한 것이다.

▶ 정답 ③

02

다음은 국제적으로 사용되는 청구보증에 대한 설명이다. 옳지 않은 것은 무엇인가?

> A. 청구보증은 수익자에 대해 부성적이 없는 의무이다.
> B. 보증인은 신청인의 의무가 어떤 이유로 소멸되더라도 법적 책임이 여전히 있다.
> C. 보증인은 반대 또는 항변의 의사표시와 함께 첫 번째 요구에 대해 지불해야 한다.
> D. URDG 758은 청구보증은 당사자의 권리와 의무를 규율하는 ICC에 의해 제정된 국제 규칙이다.

① A
② A+B
③ C
④ C+D

[해설]
수익자가 보증인에게 서면으로 청구하는 경우 보증인은 청구원인의 사실을 따지지 않고 무조건 지급하여야 하며, 이 경우 항변권은 인정되지 않는다.

▶ 정답 ③

03

청구보증과 유사한 기능을 하는 것은?

A. 보증서
B. 상업신용장
C. 보증신용장
D. 어음보증

① A
② B
③ C
④ 모두

[해설]
보증 신용장은 금융 또는 채무보증을 위한 목적으로 발행되는 무화환 신용장을 의미한다.

▶ 정답 ③

04
다음 중 옳지 않은 것은?

> "CIP Long Beach California Incoterms 2010" 가격 조건으로 캘리포니아 롱 비치로 운송하기 위해 한국 대구에서 상품이 수탁된다.

① 매도인은 운송을 준비할 것이다.
② 매도인은 롱 비치까지의 운임을 지불할 것이다.
③ 대구에서 운송인에게 상품이 인도되는 때에 위험이 매수인에게로 이전될 것이다.
④ 매수인은 상품이 롱 비치에 도착한 이후부터 위험을 부담할 것이다.

[해설]
CIP 조건에서 위험의 분기점은 매도인이 운송인에게 상품을 인도한 때이므로 대구에서 위험이 이전된다.
▶ 정답 ④

05
다음이 설명하는 것은?

> 이것은 비유통성 운송서류이자, 상품이 운송 중이라는 증거 서류가 되고, 권리증권이나 금융 관련 서류가 발행되지 않은 경우에만 사용되어야 한다. 이 서류의 기능은 해상 운송되는 상품의 계약, 영수증, 청구서로서의 역할을 한다.

① 복합운송증권
② 선하증권
③ 항공화물운송장
④ 해상화물운송장

[해설]
비유통성 서류인 해상화물운송장에 대한 설명이다.
▶ 정답 ④

06
매도인과 매수인이 'FCA 부산 컨테이너기지' 조건으로 판매 계약을 체결하는 경우, 다음 운송서류 중 매수인이 수리할 수 있는 서류는 무엇인가?

A. '목적지 운임 지불'이라고 표시된 항공화물운송장
B. 운임이 선지급되었다고 표시된 선하증권
C. 운임이 목적지에서 지불될 수 있다고 표시된 복합운송 선하증권
D. 운임이 선지불되었다고 표시된 복합운송 선하증권

① A
② A+B
③ C
④ C+D

[해설]
FCA 규칙에서는 운송서류상 운임은 후불로 표시될 것이다. 그리고 부산 컨테이너기지가 인도장소이므로, 복합운송 선하증권이 발행될 것이다.
▶ 정답 ③

07
Incoterms는 국제무역규칙과 관련하여 국제상업회의소(ICC)에 의해 발행된 일련의 미리 정의된 상업적인 조건이다. Incoterms 2010에 대한 설명으로 옳지 않은 것은 무엇인가?

① Incoterms는 소유권이 어떤 경우에 이전하는지에 대해 정의하지 않는다.
② Incoterms는 매도인으로부터 매수인에게로 상품의 인도에 관련된 각각의 의무, 비용과 위험을 정의함으로써 판매 계약을 보완한다.
③ Incoterms는 매매 계약에 사용되고, 적절한 Incoterms 규칙과 장소 혹은 항구가 명시된다.
④ DDP와 DAP는 매도인이 수입 절차에 대한 책임을 갖는 Incoterms이다.

[해설]
매도인이 수입통관 및 유관 비용을 부담하여야 하는 조건은 DDP 조건이고, DAP는 해당하지 않는다.
▶ 정답 ④

08
아래는 환어음에 대한 설명이다. 밑줄 친 당사자는 누구인가?

> 환어음이란 <u>일방 당사자</u>가 서명하여 다른 당사자에게 송부하는, 수신인은 일람불로 혹은 특별히 정해진 날짜에 특정 금액을 지급하도록 요구되는 무조건적인 서면 지시이다.

① 발행인
② 지급인
③ 수취인
④ 지급인

[해설]
환어음은 소지인이 발행인에게 대금을 지급하도록 규정하는 무조건적인 서면 지시이므로 서명 당사자는 환어음 상 발행인임을 알 수 있다.
▶ 정답 ①

09

Incoterms 2010을 적용할 때 주목해야 할 점이 아닌 것은?

① DDP: 부가가치세와 같은 세금들은 현지에 등록된 기업체에 의해서만 납부가 가능하므로, 매도인이 납부하는 방법은 없을 수도 있다.
② CPT: 매수인은 상품의 도착 후 분쟁을 피하기 위해 CPT 가격이 THC(터미널화물처리 비용)를 포함하는지 여부에 대해 조회하여야 한다.
③ EXW: 매도인이 상품을 적재할 의무가 없음에도 불구하고, 매도인이 적재를 한다면, 그 행위는 매수인의 위험으로 하도록 권장된다.
④ FOB: 상품이 컨테이너에 적입되어 있으면, FOB 조건이 적절할 수 있다.

[해설]
상품이 컨테이너에 적재되는 경우에는 FOB 조건이 아닌 FCA 조건이 사용되어야 한다.

▶ 정답 ④

10

국제 거래에 대한 설명으로 옳지 않은 것은?

① 보호주의 하에서는 시장 보호를 위하여, 국제무역에 대한 규제가 중요하다고 여긴다.
② 관세, 보조금 그리고 할당은 보호주의의 예시이다.
③ FDI(해외직접투자)는 투자하는 나라의 GDP(국내 총생산)의 성장을 이끈다.
④ 국제무역의 결과로, 시장은 더욱 저렴한 상품을 고객에게 가져옴으로써 더 많은 경쟁력을 가질 수 있게 된다.

[해설]
FDI는 기술 등을 진출할 국가에 이전시킴으로써 국가 경쟁력을 약화시키는 결과를 초래할 수 있다.

▶ 정답 ③

[11 ~ 12] 다음을 읽고 질문에 답하시오.

최근 귀사의 카탈로그에서 OEM 토너 카트리지 No. 123을 개당 USD 74.99에 구입하였고, 그것은 정상 가격 기준으로 20퍼센트 저렴한 것이라고 광고 되었습니다. 저는 주문한 토너 카트리지를 2일 후에 받았고 당시에 제가 구매한 것에 대해 만족했습니다.
그러나 THE BOSTON GLOBE지의 일요일 판을 보던 중에, 저는 동일한 토너 카트리지가 Global Computer Outlet에서 USD 64.99에 판매되고 있는 것을 알게 되었습니다.
귀사에서는 어떤 상품도 더싼 가격에 파는 곳이 없을 것이라고 말했습니다. 그것이 사실이라면, 제가 구매한 100,000개의 카트리지에 대해 USD (1,000,000)을 환불해주시면 감사하겠습니다.

Skip Simmons 드림

11

빈칸에 들어가기에 적절한 것은?

① 10　　② 1,000,000
③ 100,000　　④ 6,499,000

[해설]
구매가격과 Global Computer Outlet에서 판매하는 가격의 차이가 10달러이므로, 개당 10달러씩 100,000개에 해당하는 가격인 1,000,000달러를 환불해달라는 내용이 와야 적절하다.

12

이 서신에 동봉되었을 것으로 보이는 것은?

① 서신 작성자의 최초 문의 서신
② 송장 사본과 Global Computer Outlet의 광고
③ 카탈로그 사본
④ Simmons가 보냈던 가격표 사본

[해설]
작성자가 구매한 가격을 확인할 수 있는 송장과 Global Computer Outlet에서 토너 카트리지를 더 저렴하게 판매한다는 것을 증빙하는 서류를 동봉했을 것이다.

▶ 정답 ②

[13 ~ 14] 다음을 읽고 질문에 답하시오.

> 저는 Mobile Homes Monthly지 1월호에서 애틀랜타 지역에서 Carefree Mobile Homes를 찾는다는 귀사의 광고를 읽었습니다.
> 저는 Carefree Mobile Homes 및 판매자에 대한 인센티브 프로그램에 대해 자세하게 알고 싶습니다.
> Mobile Homes는 이 지역에서 매우 인기가 있고, 저는 귀사의 상품과 판매기회에 대해 더 듣는데에 관심이 있습니다.

13
Mobile Homes Monthly 지에서 찾고 있는 것은 무엇인가?
① 기술자에 대한 일자리 제안
② 소매 대리점
③ Mobile Homes 서비스를 위한 모객
④ 특별 할인을 제공하기 위한 제안

[해설]
작성자가 Carefree Mobile Homes와 판매점에 대한 그들의 인센티브 제도나 판매 기회에 대해 관심을 보이고 있는 것으로 볼 때, 광고상 소매 대리점을 구하는 것임을 알 수 있다.
▶ 정답 ②

14
서신의 수취인은 누구인가?
① 잡지 편집자
② 애틀랜타에 있는 판매자
③ Carefree Mobile Homes 회사
④ 모바일 서비스 관련 고객 센터

[해설]
서신의 수취인은 Carefree Mobile Homes 회사이다.
▶ 정답 ③

[15 ~ 17] 다음 서신을 읽고 질문에 답하시오.

> 당사는 10월 11일 귀사의 고객인 함부르크의 D.V. Industries사로의 인도를 위해 Freemont에서 리버풀에서 선적되었으나, 손상된 2대의 터빈 엔진에 대한 (B)보상을 요청한 귀사의 청구에 대한 (A)손해사정인의 보고서를 수령하였습니다.
> 보고서에는 선하증권은 선박의 선장에 의하여 발행된 선하증권에, 기계 포장의 균열에 대한 (C)의견이 기재되어 있습니다.
> 당사의 손해사정인은 이러한 균열이 (D)항해 중 포장이 약해지고 분리되는 첫 번째 조짐이었고, 이것이 결국 터빈을 손상시켰다고 진술합니다.
> (당사는 무사고로 선적되지 않은 경우에는 상품에 대한 책임을 질 수 없음을 유감스럽게 생각합니다.)
> 추가적인 도움을 제공하지 못해 죄송합니다.

15
다음 중 밑줄 친 (A), (B). (C), (D) 부분들을 대체할 수 없는 것은 무엇인가?
① A: 손해사정인 ② B: 칭찬
③ C: 언급   ④ D: 이동

[해설]
보상(compensation)과 칭찬(compliment)은 다른 내용이다.
▶ 정답 ②

16
다음 중 밑줄 친 claused를 대체할수 없는 것은?
① commentary
② dirty
③ unclean
④ foul

[해설]
사고부 선하증권의 명칭은 claused B/L, dirty B/L, unclean B/L, foul B/L이 있다.
▶ 정답 ①

17
다음 중 빈칸에 들어가기 옳은 것은 무엇인가?

① 당사는 그것들이 무사고로 선적된 경우라면, 상품에 대한 책임을 질 수 있음에 유감스럽게 생각합니다.
② 당사는 무사고로 선적되지 않은 경우에는 상품에 대한 책임을 질 수 없음을 유감스럽게 생각합니다.
③ 당사는 그것들이 무사고로 선적되었기 때문에, 상품에 대한 책임을 지게 되어 기쁩니다.
④ 당사는 그것들이 무사고로 선적되었음에도 불구하고 상품에 대한 책임을 질 수 없어 유감스럽게 생각합니다.

[해설]
당사는 무사고로 선적되지 않은 경우에는 상품에 대한 책임을 질 수 없음을 유감스럽게 생각합니다는 내용이 와야 적합하다.

▶ 정답 ②

18
UCP 600 하에서, 옳지 않은 것은?

- 매도인은 대한민국 서울에 소재한다.
- 매수인은 독일 프랑크푸르트에 소재한다.
- 매도인은 매수인에게 USD 100,000.00 상품을 판매한다.
- 매수인은 도이치 은행을 이용하여 신용장을 개설한다.
- 미확인 신용장은 수익자에게 "일람 후 90일" 조건의 환어음을 요구한다.

① 환어음 발행인은 매도인이다.
② 개설은행은 지정은행이 환어음의 만기 전 구매여부를 떠나 일치하는 제시에 대해 상환한다.
③ 환어음은 매수인 앞으로 발행된다.
④ 매도인은 비소구권확인을 적용할 수 있다.

[해설]
신용장 거래에서 환어음은 매수인이 아닌 개설은행 앞으로 발행되어야 한다.

▶ 정답 ③

19
다음에서 설명하는 것은 어떠한 종류의 용선계약인가?

이것은 선박을 임대하기 위한 용선계약이고, 그것으로 인하여 어떠한 행정적 또는 기술적 유지 및 보수가 계약의 일부로 포함되지 않는다. 이 경우에, 용선계약은 선박에 대한 법적 그리고 재무적인 책임과 함께 점유권과 통제권을 취득한다. 또한 용선자는 연료, 선원, 항만비와 P&I와 선박 보험을 포함하여 모든 운영비를 지불한다.

① 나용선계약 ② 항해용선계약
③ 정기용선계약 ④ 항해용선계약

[해설]
나용선계약은 용선자가 선주로부터 항해 선박 자체만을 빌려, 선원의 고용 및 운행에 관한 일체 모든 권한을 용선자가 가지고 있다.

▶ 정답 ①

20
서신의 주요 목적으로 적절한 것은?

Mr. Colson께:
Barrow에서 해주신 귀하의 신용 거래 요청에 감사합니다. 우리는 귀하의 관심에 감사드립니다.

귀하가 제공한 참조처는 훌륭하고, 귀하의 노고에 대한 기록은 귀하의 사업이 가까운 장래에도 성공할 것임을 나타냅니다.

현재 귀하의 재정 상태가 Barrow의 필요조건에 부분적으로만 충족함을 알려드리는 것은 유감스럽습니다. 저희는 귀하가 요청하신 USD 500,000의 open credit을 연장 해드릴 수 없습니다.

편하실 때 연락 주시기 바랍니다. 저는 확정적으로 귀하와 우리 모두에게 유익하도록 신용한도를 늘리는 프로그램을 준비할 수 있을 것입니다. 한편, 현금 매입에 대한 인도는 2일 내에 이루어집니다.
답변 기다리겠습니다. 우리는 귀하의 벤처 사업에 관심 있습니다.

① 훌륭한 신용 보고서를 칭찬하기 위해
② 신용한도의 증가를 제공하기 위해
③ 신용거래의 연장을 거절하기 위해
④ 해당 회사와 사업을 계속하기 위해

해설
필요조건에 대하여 부분적으로만 충족한다 하고, 신용거래를 연장해줄 수 없다고 하는 내용을 토대로 신용거래 연장 요청을 거절하고 있는 것으로 판단할 수 있다.
▶ 정답 ③

21
다음 중 CISG에 따라 옳지 않은 것은?
① 청약은 피청약자에게 도달할 때 효력이 발생한다.
② 청약은 취소 불능이라고 할지라도, 청약이 도달하기 전 또는 청약과 동시에 청약의 철회가 피청약자에게 도달한다면 철회가 가능하다.
③ 청약에 동의를 나타내는 피청약자의 진술이나 행위는 승낙으로 볼 수 있다.
④ 침묵 또는 부작위 자체는 승낙이다.

해설
침묵 또는 부작위는 그 자체만으로 승낙이 되지 않는다.
▶ 정답 ④

22
다음 중 ICC(C)에 의해 보상되지 않는 것은?
① 폭발
② 갑판유실
③ 투하
④ 공동해손 희생

해설
ICC(C)는 갑판유실을 담보하지 않는다.
▶ 정답 ②

23
운송주선인의 역할에 대해 옳지 않은 것은?
① 운송주선인은 화물을 목적지까지 이동시키는데 송하인을 대리하는 역할을 한다.
② 운송주선인은 운송의 방법과 외국 무역과 관련하여 요구되는 서류에 전문가이다.
③ 운송주선인은 수입 상품의 통관 비용에 대한 관세와 세금을 지불하는데 1차적 책임이 있다.
④ 운송주선인은 고객들이 운임, 항만료, 서류 비용, 처리 비용 등에 대해 조언함으로써 가격 견적을 준비하는 것을 돕는다.

해설
수입통관 시 원칙적인 납세의무자는 물품의 주인인 화주이다.
▶ 정답 ③

24
UCP 600 하에서, 신용장 조건변경에 대해 적절하지 않은 것은?
① 신용장은 매도인, 매수인 그리고 개설은행의 합의 없이 조건변경 되거나 취소될 수 없다.
② 원래의 신용장 조건은 매도인이 그것의 조건변경을 승낙하기 전까지 매도인을 위해 유효하게 남아 있다.
③ 매도인이 조건변경에 대한 승낙 혹은 거절을 통지하지 않으면, 아직 승낙되지 않은 조건변경을 따르는 제시는 조건변경에 대한 승낙의 통지로 간주된다.
④ 조건변경의 일부 승낙은 허용되지 않으며, 조건변경에 대한 거부의 고지로 간주된다.

해설
UCP 600에 따르면, 신용장의 취소 또는 조건변경은 수익자, 확인은행(있는 경우) 그리고 개설은행의 동의가 있는 경우에만 가능하다.
▶ 정답 ①

25
다음 문장은 어떤 조항인가?

> 이 계약서의 특정 조항이 이후 법원이나 정부 기관에 의하여, 무효가 되거나 집행이 불가능하게 된다면, 그러한 무효 또는 집행 불능이 다른 계약서 상 조항의 유효성 또는 집행에 영향을 주지 않는다.

① 권리불포기조항
② 권리침해조항
③ 양도조항
④ 분리가능조항

해설
가분성조항에 대한 설명이다.
▶ 정답 ④

제2과목 영작문

26
다음 중 빈칸에 들어가기 가장 옳은 것은?

> (중복보험)의 경우, 피보험자는 관련된 어떠한 보험자에게도 보험금을 청구할 수 있으나, 법에 명시되어 있는 보험금보다 더 많은 금액을 받을 권한은 없다.

① 재보험 ② 중복보험
③ 공동보험 ④ 전액보험

[해설]
중복보험의 경우 각 보험자는 보험계약상 부담하는 금액의 비율에 따라 비례적으로 손해를 보상한다.

▶ 정답 ②

27
다음 중 다른 목적을 가진 것은?
① 우리는 귀하가 문제의 회사와 거래하는데 있어 신중하게 진행하시라고 조언을 하고 싶습니다.
② 우리는 귀하에게 그 회사에 관한 호의적이지 않은 정보를 드려야 함을 유감스럽게 생각합니다.
③ 우리의 기록에 따르면, 그들은 우리와 거래를 시작한 이후로 우리의 청구서를 지급하지 않은 적이 없습니다.
④ 귀하는 그 회사와 신용거래를 시작할 때 어느 정도의 위험이 있으실 것으로 보입니다.

[해설]
해당 회사가 지급하지 않은 적이 없다는 것만 긍정적인 내용이다.

▶ 정답 ③

28
다음 중 빈칸에 들어가기 가장 옳은 것은?

> 저희는 히드로 (A부터) 사우디아라비아의 리야드 (B로) 여러가지 종류의 유리 제품 12개 상자를 다음 10일 (C 이내에) 인도되도록 송부하고 싶습니다.

① A: 부터, B: ~로, C: 이내에
② A: 부터, B: ~로, C: 안에
③ A: ~에서, B: ~을 통해, C: 이내에
④ A: ~에서, B: ~을 통해, C: 안에

[해설]
히드로에서 사우디아라비아의 리야드로 상품이 인도되도록 보내고 싶다는 내용이 와야 한다.

▶ 정답 ①

29
다음 중 아래 내용에 대해 적합한 Incoterms 2010 조건은?

> 매도인은 지정 선적항에서 매수인에 의해 지정된 본선에 상품을 적재하여 인도하거나 이미 인도된 상품을 조달한다. 상품의 멸실이나 손상의 위험은 상품이 본선에 적재되었을 때 이전되고, 매수인은 해당 시점부터 모든 비용을 부담한다.

① 선측인도조건 ② 운송인인도조건
③ 본선인도조건 ④ 운임포함인도조건

[해설]
매도인이 지정된 선적항에서 매수인에 의해 지정된 본선에 적재하고, 상품에 대한 위험은 본선적재 시 이전하며, 해당 시점부터 모든 비용을 매수인이 부담하는 FOB 조건을 설명하고 있다.

▶ 정답 ③

30
다음은 보험과 관련된 것인데, 빈칸에 들어갈 적절한 단어는?

> 이 보험 하에서 손실을 보상받기 위해서는 (A 피보험자)는 (B 손실) 시점에 피보험목적물에 피보험이익을 갖고 있어야 한다.

① A: 보험자, B: 손실
② A: 피보험자, B: 손실
③ A: 보험자, B: 보험 계약
④ A: 피보험자, B: 보험 계약

[해설]
손실을 보상받기 위하여, 피보험자는 손실 시점에 피보험이익을 가지고 있어야 한다.

▶ 정답 ②

31

빈칸을 알맞은 단어로 채우시오.

[컴플레인]
저는 귀사에서 저의 명세서에 추가하였던 USD 9,000의 추가 대금에 강하게 반대하는 바입니다. 제가 지난주에 USD 256,000에 대한 수표를 보냈을 때, 저는 이 잔액에 대한 정산이 완료 되었다고 생각했습니다.

[답변]
저희는 오늘 귀하의 5월 명세서의 USD 9,000의 추가 대금에 대해 컴플레인하는 서신을 수령하였습니다. 귀하가 명세서를 확인해보시면 (A 지불해야 할) 금액이 USD 256,000이 아닌, USD 265,000이고 이것이 USD 9,000과의 (B 차액)을 설명한다는 것을 확인하실 수 있습니다.

① A: 지불해야 할, B: 차액
② A: ~ 위한, B: 가격
③ A: ~ 의, B: 대금
④ A: 받은, B: 더적은것

[해설]
애초에 지불하여야 할 금액은 265,000달러이고, 이 금액이 256,000달러와의 차액이 9,000달러를 의미함을 알 수 있다.
▶ 정답 ①

32

아래 빈칸에 알맞은 단어를 고르시오.

국제 무역에서 (사후송금방식 거래) 일반적으로 30일, 60일 또는 90일의 지급 기일 전에 상품이 선적되고 인도되는 거래이다.
분명하게, 이 선택권은 현금 유동성과 비용 면에서 봤을 때에는 수입자에게 유리하나, 결과적으로 수출자에게는 위험한 선택권이다.

① COD 거래
② CAD 거래
③ 사후송금방식 거래
④ D/P 거래

[해설]
90일 이내의 단기의 기간을 설정 후, 상품 인도 후 후불로 대금을 지급하기로 하는, 사후송금방식(O/A)에 대한 설명이다.
▶ 정답 ③

[33 ~ 34] 다음을 읽고 답하시오.

현재로서는 귀하에게 설명하기 어려우나, 당사는 그 문제를 조사 중에 있으며 곧 연락드릴 수 있을 것입니다. 당사에서는 주문을 즉각적으로 처리하고 있기 때문에, 이번 지연은 (운송) 중에 발생한 것 으로 보입니다. 당사는 화물 운송업자에게 연락을 취할 예정입니다.
귀하께서 불만족하는 상품들의 견본을 반송하여 주신다면, 당사에서는 검사를 위해 그것들을 대전에 있는 당사 공장으로 송부하겠습니다.

33

위 서신의 주요 목적으로 적절한 것은?
① 가장 빠른 방식으로 컴플레인을 하기 위해
② 컴플레인 대상을 조사하는데 시간을 추가로 요청하기 위해
③ 운송인을 통하여 지연을 조사하기 위해
④ 손상된 견본에 대해 반송을 하기 위해

[해설]
작성자는 컴플레인에 대해 조사 중이고, 곧 다시 연락할 것이라고 했다.
▶ 정답 ②

34

빈칸에 들어가기 가장 알맞은 것은 무엇인가?
① 조사
② 운송
③ 도착
④ 발송

[해설]
작성자는 주문품을 즉각적으로 처리한다고 했으므로 운송 중이라는 내용이 적절하다.
▶ 정답 ②

35

빈칸에 들어가기 가장 옳은 것은?

저는 귀하의 주문 No. 1555가 귀하께 도착하지 않았다는 것을 들었을 때 의외였고, 유감스러웠습니다. 조사를 통하여, 저는 그것이 적재되었던 화물선인 SS Arirang에서의 현지 문제로 지연이 발생했던 것을 알게 되었습니다. 저는 현재 상품을 다음 주말 전에 요코하마로 출

항하기로 예정된 SS Samoa로 이송하려고 노력 중에 있습니다.
(저는 귀하에게 진행 상황에 대하여 계속해서 알려 드리도록 하겠습니다).

① 저는 이것이 다시 발생한다면 귀하께 상기시켜드리겠습니다.
② 저에게 출항에 대하여 계속해서 알려주시기 바랍니다.
③ 저는 가까운 장래에 원만한 합의에 이를 수 있을 것입니다.
④ 저는 귀하에게 진행 상황에 대하여 계속해서 알려 드리도록 하겠습니다.

[해설]
귀하의 주문이 현지 사정으로 지연되었고, 해당 상품을 다른 선박으로 이송하기 위하여 노력 중에 있다고 하였으므로, 진행 상황을 알려주겠다는 내용이 적절하다.
▶ 정답 ④

36
다음 중 비슷한 의도를 가지고 있지 않은 것은?
② 저는 이 계획의 실행이 팀의 최고이익이라고 확신 하지 않습니다.
→ 저는 이 계획을 100% 지지합니다.

[해설]
계획 실행에 대해 확신하지 않는다는 내용이므로, 이 계획을 100% 지지한다는 것은 다른 의미이다.
▶ 정답 ②

37
④ 당사가 그들을 방문할 때 귀사가 기뻐하길 바랍니다.
→ 당사는 귀사의 모든 직원들이 이것에 대하여 만족하길 바랍니다.

[해설]
당사가 그들을 방문할 때 귀사가 기뻐하길 바란다는 내용이고, 귀사의 모든 직원들이 이것에 대하여 만족하길 바란다는 것은 다른 의미이다.
▶ 정답 ④

[38~39] 다음을 읽고 질문에 답하시오.

Mrs Johnson께,
전기 히터에 대해 문의하신 귀하의 서신에 대하여 감사드립니다. 당사는 (a) 최신 사진을 넣은 카탈로그 1부를 동봉함을 기쁘게 생각합니다.
귀하는 당사의 최신 히터인 FX21 모델에 특별히 더 관심 있어 할 수도 있을 것입니다. 연료 소비량이 증가됨이 없이, 그것은 (b) 이전 모델들 보다 15퍼센트 더 많은 열을 발산합니다. 귀하는 카탈로그의 겉표지 안쪽에 인쇄되어 있는 (c) 가격표에 있는 당사의 세부 조건들을 볼 수 있습니다.
아마 귀하는 그것의 효율성을 시험하는 (d) 기회를 제공하는 (시험 주문)을 고려할 것입니다. 이와 동시에 이것은 귀하가 우수한 품질의 재료를 스스로 확인할 수 있게 만들 것입니다.
질문이 있는 경우, 6234917로 연락하시기 바랍니다.

38
다음 중 빈칸에 들어가기 가장 옳은 것은?
① 주문을 받는 것　② 대량 주문을 하는것
③ 시험 주문을 하는 것　④ 최초 주문을 하는 것

[해설]
전기 히터의 효율성, 재료의 높은 품질 등을 스스로 확인할 수 있게 할 것이라고 했으므로, 시험 주문에 대한 내용이 와야 적합하다.
▶ 정답 ③

39
다음 중 문법적으로 틀린 것은?
① (a)　② (b)
③ (c)　④ (d)

[해설]
provide는 '제공하다'라는 의미의 타동사로 with와 함께 사용된다.
▶ 정답 ④

40
가장 적합한 단어를 사용하여 빈칸을 채우시오.

> 확정된 금액을 지급하기 위해 양 당사자 간 작성되는 것은 (약속어음)이다. 지급하기로 약정하는 당사자는 발행인이라고 부르고, 지급받는 당사자는 수취인이라 칭한다.

① 약속어음 ② 신용장
③ 환어음   ④ 환어음

해설
확정된 금액을 지급하기 위해 양 당사자 간에 작성되는 것은 약속어음이다.
▶ 정답 ①

41
다음 중 좋은 짝이 아닌 것은?

> (A) 보험승낙서, (B) 보험증권 혹은 예정보험하에서의 (C) 보험증명서와 같은 보험서류는 보험회사, 보험업자 또는 그들의 인수인 혹은 (D) 대리인에 의해 발행되고 서명되는 것으로 보여야 한다.

① (A) 부보각서   ② (B) 보험증권
③ (C) 보험증명서 ④ (D) 대리인

해설
부보각서는 보험 가입에 대한 증빙을 할 수 없으므로, 보험서류로 인정되지 않는다.
▶ 정답 ①

42
UCP 600 하에서 옳지 않은 것은?
① 만기를 결정하기 위하여 사용되는 경우 "from"과 "after"라는 용어는 언급된 일자를 포함한다.
② 은행은 서류로 거래하는 것이지 서류와 관련되는 상품, 서비스 또는 의무이행으로 거래하는 것은 아니다.
③ 다른 국가에 위치해 있는 은행의 지점들은 별개의 은행들로 간주된다.
④ 개설의뢰인이라 함은 그의 요청에 따라 신용장이 개설되는 당사자를 의미한다.

해설
UCP 600에서는, 만기를 결정하기 위하여 "from" 및 "after"라는 단어가 사용되는 경우에는 함께 언급된 일자를 제외한다고 규정하고 있다.
▶ 정답 ①

43
중재에 대해 옳지 않은 것을 고르시오.
① 중재결정은 최종적이고, 양 당사자에게 법적 구속력이 발생한다.
② 소송보다는 중재로 분쟁을 해결하는 것이 시간과 비용을 아끼고 더 빨리 해결된다.
③ 양 당사자는 중재인, 장소 그리고 언어를 결정할 수 있다.
④ 소송 절차도 대중에게 공개되고, 중재판정도 공개된다.

해설
중재는 원칙적으로 비공개가 원칙이다.
▶ 정답 ④

44
빈칸이 의미하는 것으로 옳은 것은?

> (TQ조건)은 문자 그대로 "도착하는 대로"를 의미한다. 그것은 공정한 검사 기관에 의하여 발행되는 품질증명서에 의해 입증된 대로 선적 시에 양호한 상태에 있었다면, 송하인이 어떤 조건이더라도 상품을 인수한다는 것을 나타내기 위해 곡물을 대량으로 선적하는 계약에서 사용된다.

① 판매적격품질조건 ② T.Q조건
③ R.T조건   ④ S.D조건

해설
곡물의 품질과 관련된, 선적품질조건은 Tale Quale이다.
▶ 정답 ②

45
밑줄 친 부분을 대체할 수 없는 것은?
① 우리는 어쩔 수 없이 변호사에게 그 문제를 맡겨야합니다. (그 문제에 대해 법적 절차를 진행하다)
② 우리는 귀하에게 현재까지 저희의 의무를 이행하는 것이 가능하지 않다는 것을 알려야 합니다. (약정을 이행하다)
③ 우리에게 귀하가 부채를 갚을 수 없음에 대해 솔직하게 기재하여 주신 점에 대하여 감사합니다. (부채를 갚을 수 있는 능력)
④ 그러나, 과거에 거래의 결제를 위하여 귀하가 추가 기간을 요청하셨던 여러가지 사례가 있습니다. (대차를 정산하다)

[해설]
빚을 갚을 수 없다는 내용과 빚을 갚을 수 있는 능력은 다른 내용이다.
▶ 정답 ③

46
O/A 결제에 대한 설명으로 옳은 것을 고르시오.
① 수입자가 건전한 결제 이력을 가지고 있을 때 사용하는 것은 위험이 있다.
② 운송주선인이 무역 거래에서 신용할 수 있다고 생각되는 경우에 사용하는 것이 안전하다.
③ O/A는 현금 유동성과 비용 면에서 수입자에게 가장 유리한 선택권이라고 할 수 있지만, 수출자에게는 결과적으로 가장 위험한 선택권이다.
④ O/A는 Opening Applicant를 의미한다.

[해설]
O/A 방식은 현금 유동성측면에서 수입자에게 가장 유리한 선택권이지만, 반대로 수출자에게는 가장 위험한 선택권이다.
▶ 정답 ③

47
이것은 무엇인가?

> 이것은 마약 밀매와 같은 범죄를 통해 얻은 돈을 은닉하기 위한 범죄를 묘사할 때 사용되는 용어이다.
> 다시 말해, 강탈, 내부 거래, 마약 밀매 그리고 불법 도박과 같은 특정 범죄를 통해 얻은 돈은 '깨끗하지 않다.'

① 자금세탁   ② 사기
③ 불법 투자   ④ 비정상 송금

[해설]
범죄를 통해 얻은 돈을 은닉하기 위한 것이라고 했으므로 자금세탁에 대한 내용이다.
▶ 정답 ①

48
서신에 따르면, 빈칸에 공통으로 들어가기 가장 적절한 것은?

> Maxine 스포츠 의류에 대히야 귀사의 관심에 감사를 드리는 바입니다. 그러나, 귀사께서 요청하였던 정보는 드릴 수 없음에 유감을 표합니다.
> 당사는 의류를 소비자에게 직접 판매하지 않기 때문에, 도매가에 대한 내용은 당사와 중개업체만 알고 있으려고 합니다. 이는 거래처의 충성과 신의를 둘 다 받을 만한 당사의 영업방식입니다. 소비자에게 도매가를 누설하는 행위는 명백한 신뢰 위반입니다.

① 중개업체 명단   ② 도매가
③ 최고가   ④ 소비자 정보

[해설]
소비자에게 도매가를 누설하는 행위는 명백한 신뢰 위반이라고 했으므로, 빈칸에는 도매가라는 내용이 와야한다.
▶ 정답 ②

49
다음 중 가장 어색한 작문은?
② 오늘 주문서 No.9087에 대한 배송을 받고 포장을 풀었을 때, 우리는 전 품목이 완전히 파손되었음을 발견했습니다.
→ 오늘 주문서 No.9087에 대한 배송을 받고 포장을 풀었을 때, 우리는 전 품목이 완전히 파손하였음을 발견했습니다.

[해설]
완전히 파손된 것이므로 수동태인 were completely damaged로 쓰여야 한다.
▶ 정답 ②

50

다음 중 문법적으로 옳지 않은 것은?

④ 귀사가 주문하신 Model N0.289E 재봉틀이 단종되었음을 알려드리게 되어 유감입니다.
→ 주문하신 모델 N0.289E 재봉틀 생산을 중단한 것을 알려드리게 되어 유감입니다.

해설

재봉틀의 생산이 중단되어진 것이므로 수동태인 have been discontinued로 쓰여야 한다.

▶ 정답 ④

제3과목 무역실무

51

해설

묵시조항은 상관습에 의해 계약내용을 보완한다.

▶ 정답 ④

52

해설

위험은 손해발생의 가능성을 의미하는 것이기 때문에, 반드시 손해로 연결되는 것은 아니다.

▶ 정답 ②

53

해설

팩토링은 팩터 간의 협업을 통하여 신용조사 및 신용위험의 인수 등을 하므로, 안전도가 높은 방식이다.

▶ 정답 ①

54

해설

양도된 신용장의 경우에도 최종적인 지급의무는 원신용장 개설은행이다.

▶ 정답 ④

55

해설

소급 보험이나 포괄예정보험은 보험계약기간과 보험기간이 일치하지 않는다.

▶ 정답 ③

56

해설

하역의 기계화 덕분에 컨테이너운송은 하역시간을 단축할 수 있다는 장점이 있다.

▶ 정답 ①

57

해설

MIA(영국해상보험법)에 의하면 선박의 행방불명은 현실전손으로 간주된다.

▶ 정답 ④

58

해설

피보험자의 피보험이익은 적어도 보험사고가 발생하는 당시에는 확정되어야 한다.

▶ 정답 ④

59

해설

절충식책임체계에 대한 내용이다.

▶ 정답 ③

60

해설

① Incoterms 2010 규칙은 당사자 임의 규칙이다.
③ Incoterms 2010 규칙은 당사자 간에 합의되는 등의 경우, 전자적 형태의 통신에 대하여 종이 형태의 통신과 동일한 효력을 부여하고 있다.
④ Incoterms 2010 규칙은 상품의 소유권 이전이나 계약위반의 효과에 대해서는 다루고 있지 않다.

▶ 정답 ②

61

[해설]

㉠ 중계무역에서 반드시 양도가능신용장을 사용해야 하는 것은 아니다.
㉡ 제2수익자가 여러 명인지에 관계없이, 양도는 제1수익자의 선택에 따라 전액양도와 일부양도 모두 가능하다.
㉣ 양도는 1회에 한하여 허용된다.
㉤ Local L/C는 내국신용장을 의미한다.

▶ 정답 ③

62

[해설]

부지약관은 화주가 별도로 적재 및 양하비용을 지불해야 하는 F.I.O. 조건에는 적용되지 않는다.

▶ 정답 ③

63

[해설]

인도조건의 조회에 대한 내용을 변경하는 것은 청약조건을 실질적으로 변경하는 것으로 보지 않는다.

▶ 정답 ②

64

[해설]

① 계약목적물의 멸실은 상업적 멸실도 포함한다.
③ Frustration은 이행 불능을 의미한다.
④ Frustration이 성립할 경우에 계약 자체는 소멸하나, 불가항력조항이 적용되는 경우 당사자간 계약불이행에 따른 면책이 인정된다.

65

[해설]

ICC(B)와 ICC(C)의 경우는 면책약관 이외의 우연한 사고 모두를 담보하지는 않으며 담보위험에 명시된 위험만을 보상한다.

▶ 정답 ③

66

[해설]

복합운송증권은 기명식, 지시식, 무기명식 배서에 의해 권리 이전이 가능하다.

▶ 정답 ④

67

[해설]

포페이팅은 Aval(지급보증)이 있으므로, 수출자에게 별도의 보증이나 담보 제공을 요구하지 않는다.

▶ 정답 ②

68

[해설]

포괄책임주의에는 ICC(A), A/R가 있고, 담보하는 위험을 구체적으로 열거하지 않고 면책위험을 제외한 일체의 보험목적물에 발생하는 모든 위험을 담보하는 방식이다. 반대로 W/A, FPA, ICC(B), ICC(C)는 열거책임주의이다.

▶ 정답 ③

69

[해설]

보험자는 직접손해에 대해서만 보상책임이 있고, 간접손해에 대해서는 책임을 지지 않는다.

▶ 정답 ④

70

[해설]

기명식 선하증권은 유통을 하지 않을 경우에 사용되고, 유통 및 배서·양도가 불가능하다.

▶ 정답 ④

71

[해설]

FOB 조건은 FAS 조건에 매도인 본선 적재의무가 추가된 것이다.

▶ 정답 ②

72

[해설]

수취선하증권이 발행된 경우 선적일은 별도 부기일자이다.

▶ 정답 ②

73

[해설]

해상운송에 적용되는 헤이그-비스비 규칙상 운송인의 면책사항으로 침몰, 좌초와 통상적인 풍파로 인해 발생한 화물의 멸실이나 손상은 명시되어 있지 않다.

▶ 정답 ④

74

[해설]

환어음의 필수기재사항으로는 환어음의 표시문구, 지급인, 수취인의 명칭, 지급만기일, 지급지 등이 있다.

▶ 정답 ①

75

[해설]

침묵 또는 부작위는 그 자체로 승낙으로 간주되지 않는다.

▶ 정답 ②

2019년 제2회 정답 및 해설

제1과목 영문해석

01	②	02	①	03	④	04	①	05	④
06	①	07	③	08	②	09	④	10	①
11	②	12	④	13	③	14	모두정답	15	④
16	④	17	②	18	②	19	③	20	②
21	②	22	④	23	②	24	①	25	①

제2과목 영작문

26	②	27	④	28	②	29	①	30	①
31	②	32	①	33	①	34	②	35	③
36	①	37	③	38	①	39	②	40	④
41	①	42	③	43	④	44	③	45	②
46	④	47	②	48	②	49	③	50	①

제3과목 무역실무

51	④	52	②	53	④	54	③	55	④
56	②	57	②	58	④	59	③	60	②
61	②	62	①	63	③	64	①	65	②
66	②	67	③	68	③	69	①	70	③
71	③	72	②	73	④	74	②	75	④

제1과목 영문해석

01

신용장에 대한 설명 중 옳지 않은 것은?

아마 신용장 방식은 (A) 수출과 수입의 선적 모두에 가장 널리 사용되는 자금조달 방법일 것이다.

신용장을 개설하는 경우, 매수인은 은행에 (B) 매수인을 수익자로 하여 특정 금액이 기재된 신용장의 개설을 요청한다. 매수인은 (C) 매도인이 제시하여야 하는 서류, 신용장의 기간, (D) 발행 가능한 어음의 만기, 어느 당사자를 지급인으로 발행할지, 선적 시기 및 거래의 모든 세부 사항을 명시한다.

① A ② B
③ C ④ D

[해설]
신용장거래방식에서 신용장을 개설하는 경우에는 수출자를 수익자로 한다.

▶ 정답 ②

[02 ~ 03] 다음을 읽고 질문에 답하시오.

Mr. Cox께

당사는 한국 내 여러 곳에 직접판매점을 가지고 있는 대형 오토바이 소매 체인이고, 최근에 도쿄 무역 박람회에서 전시되었던 귀사의 heavy touring bike에 관심이 있습니다.

이곳에서는 이러한 종류의 기계에 대한 수요가 증가하고 있는 상황입니다. 크기가 더 큰 기계의 판매는 지난 2년간, 특히 40/50대 연령에서 70% 이상 증가하였고, 해당 연령대는 더 강력한 bike를 원하며, 그것을 구매할 수 있는 능력이 있습니다.

당사는 우리에게 육중한 기계와 관련하여 독점 판매권을 제공할 공급업체를 찾고 있는 중입니다. 현재 당사는 많은 제조업체를 대리하고 있으나, 귀사의 750cc, 1000CC, 1200cc 모델과 경쟁하지 않는 600cc까지의 기계만을 판매합니다.

운영 조건은 정가의 10%의 수수료이고, 요청 시 추가 3%의 대금지급보증 수수료를 적용합니다. 이에 따라 귀사는 연간 USD 5백만 이상의 매출액을 기대할 수 있다고 당사는 추산하고 있습니다. 귀사의 광고 비용이 더해지면 아마 이 수치의 두 배가 될 수 있습니다.

소식 기다리겠습니다.

Steve Kim

02
추론할 수 없는 것은?
① Steve는 그들 현재 공급 받는 기계와 같은 종류의 오토바이를 대리하여 판매하고 싶어한다.
② Mr. Cox의 회사는 바이크에 관여하고 있다.
③ Steve Kim은 최종 구매자의 신용 위험을 감수할 수 있다.
④ 40/50대 한국 소비자들은 배기량이 큰 오토바이를 구매하는 경향이 있다.

[해설]
Steve Kim는 현재 Mr. Cox 회사의 기계 모델과는 다른 배기량의 오토바이들을 판매하고 있다.
▶ 정답 ①

03
지급보증과 관련이 없는 것은?
① 지급보증 대리인은 매수인이 신뢰할 수 있다는 것을 보증한다.
② 지급보증 대리인은 매수인이 채무불이행할 경우 원금을 보상한다.
③ 신용위험을 담보하기 위해 지급보증 대리인은 더 높은 수수료를 부과한다.
④ 지급보증 대리인은 대리인이 매수인을 대신하여 계약하는 제3자의 지급 능력을 보장하는 대리인이다.

[해설]
지급보증 대리인은 매수인 본인의 위탁에 의거하여 상품을 현지에서 판매하는 경우, 현지의 고객의 지급에 대하여 보증한다는 보증계약을 매수인 본인과 체결하는 대리인이다.
▶ 정답 ④

04
밑줄 친 거래가 나타내는 것은?

> 신용장이 그 거래를 명백히 언급하더라도 신용장 조건은 원인 계약과 무관하다. 그러나 서류심사에서 불필요한 비용, 지연, 분쟁을 피하기 위해 개설의뢰인과 수익자는 어떠한 종류의 서류가 필요한지, 서류 작성자는 누구인지 그리고 제시 기간은 어떻게 되는지 신중하게 검토해야 한다.

① 매매계약   ② 운송계약
③ 견적송장   ④ 원산지 증명서

[해설]
독립성의 원칙에 의하여 신용장은 그 원인이 되는 매매계약과는 독립된 거래로 판단된다.
▶ 정답 ①

05
다음은 Incoterms 2010의 DAT에 대한 설명이다. 옳지 않은 것은?

> 상품이 (a) 도착운송수단으로부터 양하 완료된 상태로 (b) 지정목적항이나 지정목적지의 지정터미널에서 매수인의 처분하에 놓이는 때에 매도인의 인도 의무가 완성된다. "터미널"은 부두, 창고, 컨테이너장치장(CY) 또는 도로·철도·항공화물의 터미널과 같은 (c) 장소를 포함하고, 지붕의 유무는 불문한다. (d) 당사자들이 터미널에서 다른 장소까지 상품을 운송하고 취급하는데 수반하는 위험과 비용을 매수인이 부담하도록 하고자 하는 때는, DAP 또는 DDP가 사용되어야 한다.

① (a)   ② (b)
③ (c)   ④ (d)

[해설]
인코텀즈 2010에 따르면, 당사자들이 터미널에서 다른 장소까지 상품을 운송하고 취급하는데 수반하는 위험과 비용을 매도인이 부담하도록 하는 때에는 DAP나 DDP를 사용하도록 권고하고 있다.
▶ 정답 ④

06
가장 옳지 않은 번역을 고르시오.

> (1) 신용장이 한명 이상의 제2수익자에게 양도된 경우에, (2) 한명 또는 그 이상의 제2수익자에 의한 조건변경의 거절은 그 이외의 제2수익자에 의한 승낙을 무효로 하지 않으므로, (3) 조건변경을 승낙한 제2수익자와 관련하여 양도된 신용장은 조건변경이 되는 것이고 (4) 조건변경을 거절한 제2수익자와 관련하여 양도된 신용장은 조건변경 없이 유지된다.

[해설]
more than one은 둘 이상이라는 의미이므로, 하나는 포함되면 안된다.
▶ 정답 ①

07
서신에 대한 내용으로 옳지 않은 것은?

> Mr. Richardson께
>
> 당사는 귀하의 4월 15일 자 CD플레이어 추가 주문을 받고 기뻤습니다.
> 그러나, 현재의 어려운 상황을 이유로, 당사는 고객들이 신용거래를 합리적인 한도 내에서 하도록 유지하여야 합니다. 이것이 우리 자신의 의무를 다할 수 있도록 만듭니다.
> 현재 귀하의 신용거래 잔액은 1,800달러가 넘습니다. 당사가 추가 주문에 대해 신용을 공여하기 전에 귀하께서 잔액을 줄일 수 있기를 바랍니다. 가능하다면, 귀하께서 당사에 지불해야 하는 금액의 반을 수표로 보내준다면 감사하겠습니다. 그러면 당사는 현재 요청된 주문을 공급하고 그것을 귀하의 신용거래로 청구하도록 준비하겠습니다.

① 작성자는 매도인이다.
② 작성자는 Mr. Richardson와 처음으로 거래하는 것은 아니다.
③ 작성자는 현재의 주문에 대해 수신자에게 수표를 보낼 것을 요청한다.
④ 상기 서신은 주문에 대한 회신이다.

[해설]
작성자는 과거 거래 건에 대한 미지불 잔액을 수표 송부를 통해 반으로 줄일 것을 요청하고 있다.
▶ 정답 ③

[08 ~ 09] 다음을 읽고 질문에 답하시오.

> 5월 25일 자 귀사의 문의에서 언급된 회사가 당사의 이름을 신용조회처로 제공했다는 사실이 놀랍습니다.
> 당사는 해당 회사가 평판이 좋지 않다는 것을 알고 있지만, 우리는 그들의 재무 상태에 대해 명확히 아는 바가 없습니다. 지난 5년 간, 그들이 여러 차례에 걸쳐 당사에게 주문을 한 것은 맞으나, 귀사의 서신에 언급된 금액에 비하면 관련 금액이 너무 적고, 추가로 결제도 항상 기간 내에 이루어지지 않았습니다.
> (당사 입장에서는 신중한 거래가 필수적이고, 대리인을 통해 추가적인 조사를 할 것을 제안합니다.) 당사가 제공하는 정보는 극비로 처리될 것이라 믿으며, 더 도움이 되어드리지 못한 점을 유감스럽게 생각합니다.

08
문맥에 따르면, 빈칸에 가장 적합한 문장은?
① 그러므로, 당사는 이 회사가 좋은 신용등급을 갖고 있다는 것을 알게 되었습니다.
② 이는 당사는 신중함이 요구된다고 느끼며, 대행사를 통해 추가적인 조사를 할 것을 제안합니다.
③ 당사는 1970년에 설립되어 빼어난 매출로 꾸준한 사업 성장을 누리고 있습니다.
④ 당사는 귀사에서 현재 부담하고 있는 채무의 액수가 귀사의 신용 조건 허용에 동의하기 어렵게 하는 점에 대하여 유감스럽게 생각합니다.

[해설]
서신 내용을 통해, 신용 조회 대상 회사의 재무상태에 대해 정확히 알지 못하기 때문에 추가 조사가 필요하다고 제안하는 것이 옳음을 알 수 있다.
▶ 정답 ②

09
상기 지문은 서신에 대한 회신이다. 다음 중 이전 서신에 포함될 수 없는 것은?
① 그들의 요구사항은 분기당 대략 USD 20만에 달하며, 당사는 귀사가 그들의 이러한 규모의 재정적 의무 이행 능력에 대한 의견을 주시면 감사하겠습니다.
② 그들은 지난 2년 동안 정기적으로 귀사와 거래했다고 하면서, 신용조회처로 귀사의 이름을 알려 주었습니다.
③ 이 회사가 귀사와의 거래에서 철저하게 신뢰할 수 있고, 신속하게 결제하는 회사인지 여부를 당사에게 비밀스럽게 알려주시면 감사하겠습니다.
④ 우선 귀사가 당사의 신용조회처에 연락하시면, 당사는 우리의 주문과 관련하여 신속한 결정을 내릴 것입니다.

[해설]
신용조회처에 연락하라는 내용이 나오므로, 적절하지 않다.
▶ 정답 ④

10
다음 서신에서 추론할 수 없는 것은?

> Mr. Han께,
>
> 귀하의 서신과 관련하여, 당사는 귀사가 필요로 하는 그 선박을 확보하게 되었다는 것을 알려드리게 되어 기쁩니다.
> 그것은 SS Eagle호이고 현재 부산항에 정박되어 있습니다. 그것은 7천 톤의 화물 운송 능력을 가진 벌크선이고, 속도는 24노트이기 때문에, 2개월 동안 여러 차례의 항해를 할 수 있을 것입니다.
> 용선 계약이 확정되면 용선계약서를 보내드리겠습니다.

① 송하인은 컨테이너에 많은 상품을 가지고 있다.
② 기간용선계약이 해당 거래에 적합하다.
③ 용선계약서는 비유통성으로 발행될 것이다.
④ 작성자는 용선 중개인이다.

[해설]
Mr. Han은 7천톤의 벌크선을 언급하고 있으므로, 컨테이너에 많은 상품이 있다는 것과는 연결되지 않는다.
▶ 정답 ①

11
다음 중 한글 번역에서 가장 적절하지 않은 것은?

② 올해 국내 경기가 침체되었지만, 당사는 3년 연속 연 15% 성장률을 유지하게 운영해냈습니다.
→ 올해 국내 경기가 침체되었지만, 당사의 경영은 3번째 해에 드디어 연 15% 성장률을 유지하게 해주었습니다.

[해설]
3년 연속 15% 성장률과 3번째 해에 15% 성장률을 유지하게 되었다고 하는 것은 내용이 통일되지 않는다.
▶ 정답 ②

12
다음 중 영한 문장으로 가장 적절하지 않은 것은 무엇인가?

② 시장 분석결과는 언제쯤 받을 수 있다고 생각합니까? 언제쯤 투자 수익을 볼 수 있을까요?
→ 시장 분석결과는 언제쯤 받을 수 있다고 생각합니까? 언제쯤 당사가 돌아와서 다시 투자할 수 있을까요?

[해설]
투자 수익을 얻게 되는 기점을 문의하는 내용과 재투자 시기를 문의하는 내용은 통일되지 않는다.
▶ 정답 ②

13
다음 지문 바로 앞에 올 것은?

> 당사는 의류를 소비자에게 직접 판매하지 않습니다. 그러므로, 도매가에 대한 정보는 당사와 중개업체만 알고 있으려 합니다. 이는 거래처의 신의와 충성을 둘 다 받을 수 있을 만한 당사의 영업방식입니다. 소비자에게 도매가를 누설하는 행위는 명백하게 신뢰에 대한 위반행위입니다.
> 하지만, 귀사를 위해 브롱크스와 맨해튼에 위치한 당사의 판매자 목록을 동봉하였습니다. 이런 많은 딜러들은 Maxine 스포츠의류를 할인하여 판매하고 있습니다.

① 상품 수입에 관심이 있는 경우, 언제든지 당사에 연락 주시기 바랍니다.
② 당사의 가격과 품질이 매우 경쟁력 있는 상태라는 것을 말씀드릴 수 있습니다.
③ 귀사의 관심에 정말 감사드립니다. 그러나, 귀사께서 요청하신 정보는 드릴 수가 없음을 유감스럽게 생각합니다.
④ 현재는 가격 인상을 고려 할 시기가 아니라는 것을 알려드리게 되어 유감스럽습니다.

[해설]
도매가 정보가 비밀로 유지되고 있으므로, 요청한 정보를 줄 수 없다는 내용이 앞에 오는 것이 자연스럽다.
▶ 정답 ③

14
다음 중 아래 보험 서류가 수리되는 경우는?

> USD 150,000에 대한 화환신용장은 선하증권과 전 위험 담보의 보험증명서 1세트를 요구한다. 제시된 선하증권은 12월 15일을 선적일로 나타낸다.

A. USD 150,000 상당의 보험증권
B. 12월 17일자 보험증명서
C. 중개인이 서명한 확정통지서
D. 면책률이 적용됨

① A + B   ② A + D
③ B + C   ④ C + D

[해설]
문제에 오류가 있어 전체 정답 처리 되었다.
▶ 정답 모두 정답

15
CIF 또는 CIP 비용이 서류로부터 결정되지 않는경우, UCP600에서 지정은행은 다음을 부보하는 보험서류를 수리할 것이다:

A. 송장 총금액의 110%
B. 송장 총금액의 100%
C. 화환신용장 총금액의 110%
D. 신용장 하에서 요구된 결제, 인수 또는 매입 금액의 110%

① A, C   ② B, D
③ A, B, D   ④ A, C, D

[해설]
CIP 또는 CIF 금액의 100% 이상이므로, 100%를 언급하는 B는 옳지 않다.
▶ 정답 ④

16
매입 은행은 어떤 행동을 취해야 하는가?

수익자에게 통지된 일람불 신용장이 개설의뢰인의 명의로 발행된 송장을 포함하는 서류를 요구한다. 수익자에 의해 매입은행에 제시된 서류들은 상업송장이 아닌 세관송장을 포함한다. 다른 모든 조건들은 충족되었다.

① 불일치 상태이므로, 서류를 거절한다.
② 지급 권한에 대해 개설은행에 문의한다.
③ 수익자에 의해 조건이 변경되도록 서류를 반환한다.
④ 신용장 조건에 완전히 일치하므로 서류에 대해 지급한다.

[해설]
UCP 규정상 송장의 명칭이 특정되지 않았다면, pro-forma invoice와 provisional invoice를 제외한, 모든 송장에 대해 수리한다. 다른 조건이 모두 충족되었다고 언급하고 있으므로 일치하는 서류에 대해 지급해야 한다.
▶ 정답 ④

17
고객 불만에 대한 답신으로 적절하지 않은 것은?

① 바쁘신 일정 중에 시간을 내어 당사의 상품과 서비스가 고객의 기대에 미치지 못한 것에 대하여 불만사항을 알려주어 감사합니다.
② 귀하의 이메일을 확인하였습니다. 당사는 귀하가 약속대로 다음 주에 당사의 화물을 수령하기를 기대합니다.
③ 하지만, 당사는 고객께서 요구한 대로 반품 또는 환불을 할 수 없습니다. 이는 당사의 방침 때문인데, 당사는 구매 이후 2주 내에 불만사항이 접수된 주문에 대해서만 환불을 하고 있습니다.
④ Skynet Express Delivery Service를 이용하여 고객님의 주문을 제 시간에 배송하려 노력했음에도 불구하고, 당사가 그 상품의 정시 배송을 하지 못한 것에 매우 유감스럽습니다.

[해설]
다음 주에 화물을 수령하기를 기대한다는 내용은 고객이 제기한 불만에 대한 답신으로 적절하지 않다.
▶ 정답 ②

18
문장 내에서 '이것'은 무엇인가?

- 이것은 제품이 생산된 장소를 구매자에게 알려 주는 눈에 잘 띄는 곳에 위치해야 한다.
- 이것은 제품이 만들어진 곳을 최종 구매자에게 명확하게 나타내기 위해 사용된다.

① 포장   ② 원산지 표시
③ 상자 번호 표시   ④ 취급 주의 표시

[해설]
상품이 생산된 장소를 구매자에게 알려주기 위해 사용된다고 했기 때문에, 원산지 표시에 대한 설명이다.
▶ 정답 ②

19
한글 번역으로 가장 적합하지 않은 것은?

④ 만약 은행 대출이 5년 만기로 하여 처음 연장된다면, 3년 후에 그 대출은 2년 간의 기한이 남아있다고 말할수 있다.

→ 만약 은행 대출이 처음에 5년이었는데, 그 후 3년 연장되면, 그 대출은 2년 간의 기한이 생겼다고도 말할 수 있다.

[해설]
after thee years는 처음 만기를 설정하고 난 이후에 3년이 지났음을 의미한다고 보이야 한다.
▶ 정답 ④

20
다음 중 가장 옳지 않은 것은?

> Ms. Jones께,
>
> 최근의 신속한 결제에 대하여 감사드립니다. 당사의 기록은 귀하의 현재 계정 상황을 반영합니다.
> 이러한 상황에서. 귀하의 전체 신용 한도를 복구할 수 있게 되어 기쁩니다. 실제로, 최근 결제 기록을 통하여 이전에 USD 5,000에서 USD 8,000으로 신용 한도를 증액시켜 드릴 수 있습니다. 이렇게 하는 경우, 귀하의 고객들의 늘어나는 수요를 맞추는 데 필요한 여유 재고를 갖출 수 있을 것입니다.
> 개인적으로는 귀하의 협조를 존중하고, 노력해주셔서 감사합니다. 귀하께서는 당사의 업무를 쉽게 만들어 주셨고, 그것에 대해 감사합니다.

① 서신은 감사의 말을 전하고 고객의 우수한 지불 기록에 대해 칭찬한다.
② Ms. Jones의 회사는 최대 USD 13,000의 신용 한도의 증액 서비스를 받는다.
③ 신용 조건에 긍정적인 변화가 있다.
④ 이 서신은 신용 한도가 회복되었음을 알린다.

[해설]
기존 USD 5,000에서 USD 8,000으로 신용한도가 늘어날 것을 말하였다.
▶ 정답 ②

21
서신의 주된 이유는 무엇인가?

> 부서장님께,
>
> 바레인에 있는 당사의 제품을 위해 회사에 대해 문의합니다. 귀사의 대한민국 서울 지점이 당사를 도울 수 있다고 말하였습니다. 당사는 무선 전화기를 제조하며, 현재 유럽과 라틴 아메리카로 수출을 하고 있지만 당사는 아라비안 만으로도 추가로 수출을 하고 싶습니다. 당사를 대표하는데 관심이 있을만한 바레인에 있는 회사들에 이 서신을 전해 주실 수 있으시겠습니까? 카탈로그를 몇 개 동봉합니다.

① 서울 지점을 확장하기 위해
② 바레인에 있는 대리점에 대하여 문의하기 위해
③ 무선 전화기에 대하여 문의하기 위해
④ 유럽 및 라틴 아메리카로 수출하기 위해

[해설]
바레인에 있는 대리점에 대해 문의하기 위한 서신이다.
▶ 정답 ②

22
아래에 의도된 대로 거래가 실행되는 경우 발생하지 않을 일은?

> Intel xCPU 및 MS Window CE OS와 함께 제공되는 당사의 제품에 관심을 표하는 이메일에 감사드립니다. 당사의 수출 가격은 CIF LA 조건으로 개방 USD 250,000이며, 당사는 다양한 수량 할인을 계획하고 있습니다.

① 매도인은 송장금액의 110%로 상품을 보험에 가입할 것이다.
② 운송 중의 상품 손상에 대한 책임은 매도인에게 있다.
③ 매도인은 인도할 상품에 대해 ICC(C) 약관으로 부보할 것이다.
④ 매도인은 자신의 위험 부담으로 LA까지 상품을 인도할 것이다.

[해설]
CIF 조건에서 위험은 매도인이 상품을 본선에 적재하는 때에 매수인에게 이전된다.
▶ 정답 ④

23
아래 서신에서 설명되고 있는 상황으로 적절한 것은?

> 당사가 이전에 인도 지연에 대해 메일을 송부했듯이 상황은 변동이 없고, 노동 조합 파업이 진행 중입니다. 이 문제에 대해 사과는 드리나, 이러한 문제는 우리의 통제 밖의 일이므로, 이를 해결하기 위해 당사가 할 수 있는 일은 많지 않습니다.
> 주문이 지연되어 다시 한 번 사과드립니다.

① 조합과의 협상
② 불가항력
③ 미지급
④ 조기 인도

[해설]
불가항력사태 중 하나인 조합의 파업으로 인한 지연이 발생함을 강조하고 있다.

▶ 정답 ②

[24 ~ 25] 다음을 읽고 질문에 답하시오.

> 많은 고객들이 귀사의 책장과 커피 테이블 조립 키트에 대해 문의하고 있습니다. 당사는 (ⓐ 확정) 주문을 하기 전, 상품을 테스트할 목적으로, 점검매매의 조건으로 각각의 키트 6세트를 받고 싶습니다. 필요한 경우 신용거래처를 제공할 수 있습니다. 귀사의 동의를 기대하며 (ⓑ 잠정) 주문서(No. KM1555)를 첨부하는 바입니다. 서두를 필요는 없으나 4월 말까지 답변을 받는 것을 희망합니다.

24
신용조회처가 필요한 이유는?

① 해당 거래에서 매도인은 매수인을 신뢰하지 않기 때문이다.
② 매수인이 상품 도착 시 지불하고자 하기 때문이다.
③ 매도인이 선적 후 몇몇 신용조회처를 요구하기 때문이다.
④ 매수인이 매도인의 성과에 만족하지 않을 것이기 때문이다.

[해설]
서신에서 매수인이 점검매매 조건으로 상품을 수령하는 것을 원하나, 매도인 입장에서는 신용조회 없이는 신뢰하기 힘들 것이다.

▶ 정답 ①

25
빈칸에 가장 적합한 것은?

① ⓐ 확정 - ⓑ 잠정적인
② ⓐ 잠정적인 - ⓑ 확정
③ ⓐ 잠정적인 - ⓑ 잠정적인
④ ⓐ 확정 - ⓑ 확정

[해설]
사전에 상품을 미리 받아보고자 하는 의도가 있으므로, ⓐ는 확정 주문 전에 라는 내용이 와야 적절하고, 점검매매 조건으로 진행하는 주문인 ⓑ는 잠정 주문서라는 내용이 와야 적절하다.

▶ 정답 ①

[제2과목] 영작문

26
다음 중 빈칸에 가장 옳은 것은?

> 추정전손은 수리 비용과 보내는 비용이 재산의 (ⓐ 가액)과 동일하거나 그를 초과하여, 현실전손을 피할 수 없는 것으로 보이거나 위에서 언급한 대로 그 가치를 초과하는 비용 없이는 보존되거나 수리될 수 없기 때문에 피보험목적은 위부된다. 예시: 상품 손상이 있는 경우에, 손상을 수리하고 상품을 목적지로 운송하는 비용이 (ⓑ 도착) 시의 가액을 초과한다.

① ⓐ 비용 - ⓑ 검사
② ⓐ 가액 - ⓑ 도착
③ ⓐ 비용 - ⓑ 수령
④ ⓐ 가액 - ⓑ 매매

[해설]
추정전손에서는 수리 비용 등이 도착 시 목적물의 가액과 동일하거나 초과하면, 피보험재산은 위부된다.

▶ 정답 ②

27
빈칸에 가장 적합한 단어를 넣으시오.

> 결제 지연에 관한 귀하의 서신에 대해, 당사는 귀사의 제안을 수락합니다.
>
> 당사가 추가하고자 하는 1가지 조건은, 합의된 결제 일정을 초과하여 지불이 지연되고, 이에 대한 적절한 통지가 없으면, 당사는 귀사에 대하여 법적 조치를 ('취'할 수 밖에 없다)는 것입니다.

① 선택의 여지가 없다 ② 불가피하게 되다
③ 어쩔 수 없다   ④ 할 수 밖에 없다

[해설]
결제지연과 관련하여, 합의된 것 이상으로 지불이 지연되고 이에 대한 적절한 통지가 없다면 법적 조치를 취한다는 내용이 적절하다.

▶ 정답 ④

28
밑줄 친 이것들에 포함될 수 없는 것은?

> 이것들이 사용될 때, 매도인은 상품이 목적장소에 도달할 때가 아닌, 운송인에게 상품을 인도할 때 인도의 의무를 이행한 것이다.

① CPT   ② EXW
③ CIF   ④ FOB

[해설]
EXW 조건은 매도인의 지정장소에서 상품을 매수인의 처분하에 두는 때에 매도인이 인도한 것으로 간주한다.

▶ 정답 ②

29
다음 중 문법적으로 가장 옳지 않은 것은?

> 당사는 (b) 이 지역에서 발생하고 있는 새로운 건물의 대부분의 특징인 것처럼 보이는 거친 바다에 사용하기 적합한 (a) 바닥깔개에 대한 많은 문의를 받았습니다. 귀사에 적합한 덮개 라인에 대한 (c) 견본을 저희에게 보내주시면 도움이 될 것입니다. (d) 그것들이 공급되는 디자인의 패턴카드도 아주 유용할 것입니다.

① (a)   ② (b)
③ (c)   ④ (d)

[해설]
'~의 수'라는 의미의 'the number of'를 '많은'이라는 의미의 'a number of'로 변경하고, enquiry도 복수형태인 enquiries로 변경하여야한다.

▶ 정답 ①

30
빈칸에 가장 적합한 단어를 넣으시오.

> 당사는 점검매매의 조건으로 방수복에 대하여 3월 12일 문의를 수령하게 되어 매우 기쁩니다.
> 우리가 과거에 거래한 실적이 없기 때문에, 당사는 일반적인 _____ 또는 조회가 가능한 은행명을 요청해야 하는 것을 알고 계실 것입니다. 이 문의들이 만족하게 해결 되자마자 귀하의 서신에 언급된 상품들을 기꺼이 드리겠습니다.
> 우리의 첫 거래가 지속적이고 유쾌한 사업관계의 시작이 되기를 바랍니다.

① 동업자 신용조회처   ② 신용조건
③ 신용장   ④ 은행 신용조회처

[해설]
빈칸 뒤에 조회할 은행명을 요청하고 있으므로 은행 신용조회처의 요청은 빈칸에 들어갈 수가 없다. 이 경우 동업자 신용 조회처 제공을 요청하는 내용이 적절하다

▶ 정답 ①

31
(a) ~ (d) 중 가장 옳지 않은 것은?

> 저의 신용 평가보고서에서 다음 오류를 수정하여 주시기 바랍니다.
> 보고서에 Citizens 은행에 대해 기재된 대출 계좌 번호는 "137547899"입니다. 이것은 옳지 않습니다. 정확하게는 "137557899"입니다.
> (a) 이 정보를 확인하기 위해 지점 매니저 Len Dane에게 123-456-7890으로 연락 하시기 바랍니다.
> 제가 지불이 두 번이나 늦었다는 (b) 잘못된 진술을 삭제함으로써 보고서 내용은 수정되어야 합니다. (c) 저의 신용평가보고서를 열어 10일 내에 (d) 수정된 사본을 보내 주시기 바랍니다.

① ⓐ   ② ⓑ
③ ⓒ   ④ ⓓ

[해설]
신용평가보고서를 수정해서 보내달라는 내용이 오는 것이 적절하다.
▶ 정답 ③

① ⓐ 수출자   ② ⓑ 수출자
③ ⓒ 매수인   ④ ⓓ FCA

[해설]
EXW 조건에서는 매도인은 의무가 거의 없고, 매수인이 수출통관, 운송 및 인도 후의 위험을 부담하므로 ⓐ에는 수출자가 아닌 매수인이 들어가야 적합하다.
▶ 정답 ①

32
빈칸에 가장 옳은 것은?

> 당사의 11월과 12월 송장번호 7713호와 관련된 1월 15일 자 서신에 감사합니다.
>
> 귀사가 겪은 어려움을 알게 되어 유감입니다. 상황을 이해합니다. 그러나, 저희도 자체적으로 지불해야 할 업체가 있으므로 최대한 빨리 대금을 정산해주신다면 감사하겠습니다.
>
> 답신을 기다리겠습니다.

① 정산하다   ② 개설하다
③ 인출하다   ④ 마련하다

[해설]
지불해야 할 공급업체가 있다고 언급하고 있으므로, 최대한 빨리 대금을 정산해 달라고 요청하는 내용이 적절하다.
▶ 정답 ①

33
다음 중 아래 빈칸에 적합하지 않은 단어는?

> EXW(공장인도) 조건은 매도인에게 최소한의 책임을 부여하는데, 매도인은 단지 지정된 장소, 일반적으로 매도인의 공장이나 창고에서 상품을 적절하게 포장하여 준비하면 된다.
> (ⓐ 수출자)는 상품을 차량에 적재할 책임, 모든 수출 절차에 대한 책임, 이후의 운송에 대한 책임, 제품을 수령한 후 발생하는 모든 비용에 대한 책임이 있다. 많은 국가 간 거래에서, 이 규칙은 실질적인 어려움을 야기할 수 있다.
> 특히, (ⓑ 수출자)는 여전히 수출 신고 및 통관 절차에 관여해야 할 수 있고, 현실적으로 이러한 절차를 (ⓒ 매수인)에게 맡기기 어렵다. 대신에 (ⓓ FCA(판매자 구내)) 조건의 사용을 고려할 필요가 있다.

34
아래 서신에 대한 답신의 일부로 가장 옳지 않은 것은?

> 여러 해 동안 당사는 미국에서 전기 면도기를 수입해왔으나, 이제는 이러한 면도기를 영국 제조업체로부터 수입할 수 있음을 깨닫게 되었습니다. 당사는 현재의 모델 범위를 확장하기를 원하고 있으므로, 당사의 비즈니스에 도움을 줄 수 있는 영국 제조자 목록을 제공해주신다면 감사하겠습니다.
> 귀하의 기록으로부터 정보를 제공할 수 없다면, 런던에 있는 적절한 공급 업체에 당사의 문의를 전해주실 수 으실까요?

① 그것들은 최고급 소재와 기술로 제작된 상품이고, 당사는 전 세계 A/S 서비스를 제공합니다.
② 귀사가 그것을 테스트해 볼 수 있도록 시험 주문을 해주시기 바랍니다.
③ 오늘 귀사의 주문이 선적되었음을 기쁘게 알려드립니다.
④ 귀사가 영국 제조업체의 전기 면도기에 관심이 있다고 들어 카탈로그와 가격표를 동봉합니다.

[해설]
공급업체 추천 단계이므로, 선적되었다는 내용은 답신으로 적절하지 않다.
▶ 정답 ③

35
다음 중 가장 적합한 문장은?

> 하지만 당사는 합작투자보다는 기술이전을 선호합니다. 기술이전 계약을 하는 것이 가능한지요? 당사는 기술 지향적인 회사입니다.

③ 하지만 당사는 합작투자보다는 기술이전을 선호합니다. 저는 귀사가 기술이전 계약을 할 수 있는 위치에 있는지 궁금합니다. 당사는 기술 지향적인 회사입니다.

[해설]
기술이전을 선호하므로, 기술이전 계약이 가능한지 묻는 내용이다.

▶ 정답 ③

36
밑줄 친 문장과 유사한 의미를 가진 것은?

> 당사는 한국의 대형 음악 스토어인데, 귀사가 이번 달에 "Smart World"호에서 광고한 휴대전화에 대해 알고 싶습니다.
> 휴대전화가 지식재산권 문제가 있는지, 그리고 한국어로 재생 가능한지 여부에 대하여 알려주시겠습니까? 또한, 수량 할인이 있는지도 알려주시기 바랍니다. 위의 내용에 대한 답변들이 만족스러운 경우, 저희는 대량 주문을 할 수도 있습니다.

① 휴대전화가 지식재산권 문제로부터 자유로운지 여부
② 휴대전화가 지식재산권 문제를 준수하는지
③ 휴대전화가 지식재산권 문제로부터 자유로운 경우
④ 휴대전화가 지식재산권 문제의 범위 밖에 있어야 하는지

[해설]
휴대전화가 지식재산권 문제에 구애받지 않고 자유로운지 여부를 묻는 내용이 적절하다.

▶ 정답 ①

[37 ~ 38] 다음 서신을 읽고 질문에 답하시오.

> Stone사의 이사회와 임원을 대표해서, 작년에 화재로 인하여 황폐해진 인천 본사 건물의 복원을 성공한 것에 대해 귀사에 진심으로 감사와 축하의 말씀을 보냅니다. 귀사는 거의 불가능하게 보여졌던 작업을 수행해 냄으로써 건설 업계의 선도자로 명성을 날렸습니다. <u>열악한 조건 하에서 작업하고 짧은 공사 일정을 가져감으로써 귀사는 예정했던 스케줄대로 건설을 완공 하였습니다.</u>

37
다음 중 위의 밑줄 친 문장을 가장 잘 요약한 것은?
① 귀하의 노고에 감사드리는 바이며, 정확한 예정일에 작업을 다시 할 수 있게 되었습니다.
② 귀사의 적절한 도움 없이도, 건물은 원상태로 완벽하게 복구 되었습니다.
③ 작업 계획이 힘들고 촉박하였음에도 불구하고, 귀사는 당사의 요구를 충족시켜 주었습니다.
④ 우리는 어려움에도 불구하고 열심히 일했고, 건설은 제 때 완료되었습니다.

[해설]
짧은 공사 일정에도 불구하고 건설을 완료했다는 내용이다.

▶ 정답 ③

38
다음 중 상기 내용 다음에 올 것 같은 것으로 적절한 것은?
① 이러한 성취는 귀사가 현장에서 모은 전문적인 엔지니어 및 숙련된 기술자들의 훌륭한 조합과 프로젝트 관리자 Charles Shin의 개인적 기술과 헌신에 기인합니다.
② 우리의 활동 과정에 대한 귀하의 노고에 깊이 감사드립니다. 귀하의 끊임 없는 에너지와 노고는 10년 전 설립된 이래로 우리 회사를 가장 성공적으로 만들었습니다.
③ 답사를 진행한 모든 사람들은 전직원의 호의와 친절함뿐만 아니라 숙박 시설에 대해서도 매우 만족했습니다. 직원들과 특히 Ms. Han에게 감사를 전하여 주시기 바랍니다.
④ 이러한 종류의 행사를 계획함에 있어, 당사에 신속하고 친절한 협력자를 보내 주신 것에 대해 진심으로 감사드립니다. 세미나 기간 동안에, 귀사의 시설과 친절한 서비스에 대단히 만족했습니다.

[해설]
건설현장의 기술자와 직원들의 노고에 감사함을 전달하는 내용이 적절하다.

▶ 정답 ①

[39 ~ 40] 다음 서신을 읽고 질문에 답하시오.

당사는 샌프란시스코에 있는 Hills Productions로 부터 귀사를 (ⓐ 추천 받았습니다.).
당사는 한국 내에서 (ⓑ 많은) 여행 및 교육용 DVD를 생산 및 유통하는 회사입니다. 이 상품은 경주와 부여에 대한 30분 분량의 2개 DVD와 홍콩에 대한 50분 분량의 DVD를 포함합니다. 해외 시장을 염두에 두고, 이것은 영어 해설되었고 포장되어 (ⓒ 또한 제작되었습니다).
지금까지 그 상품들은 한국과 홍콩의 여행객들에게 매우 잘 판매되었습니다. 당사는 이제 그 DVD를 미국 시장에 직접 출시하길 원합니다. 당사는 이 DVD의 잠재 시장을 여행사, 비디오 가게, 서점, 학교 그리고 도서관 이라고 생각합니다.
귀사께서 미국 내 (ⓓ 유통업체)로서 역할을 하는데 관심이 있는지 알려주시면 감사하겠습니다. 그렇지 않은 경우, 다른 미국의 업체를 추천해 주시면 감사하겠습니다. 귀사의 평가를 위해 (ⓔ 영문판 DVD를 동봉합니다). 귀사의 답변을 기다리겠습니다.

39
다음 중 빈칸에 옳지 않은 것은?
① ⓐ 추천받다
② ⓑ 많은
③ ⓒ 또한 제작되었다
④ ⓓ 유통업체

[해설]
DVD는 제작되는(have been produced) 것이므로, 제작한다는 능동형은 적절하지 않다.
▶ 정답 ③

40
밑줄 친 (ⓔ)에 가장 적합한 것은 무엇인가?
① 영문판 DVD를 동봉합니다.
② 똑같은 샘플이 생산되었습니다.
③ 다른 대리점과 같이 원본을 보냅니다.
④ 샘플의 원본과 사본을 첨부합니다.

[해설]
미국에 있는 업체에게 상품을 유통할 것을 제안하고 있으므로, 테스트를 위한 영문판 DVD를 전달하는 내용이 오는 것이 적절하다.
▶ 정답 ①

41
의도가 다른 것을 고르시오.
① 우리는 주문을 취소하고 선적 지연에 대하여 클레임에 필요한 조치를 취해야 합니다.
② 귀사가 손상된 포장기계를 선적하였기 때문에, 모든 수리 비용은 귀사에서 부담해야 합니다.
③ 손상된 상품은 귀사의 비용으로 제대로 포장된 새 상품으로 교체해 주시기를 요청드립니다. 그렇지 않은 경우, 불량포장에 대하여 클레임을 제기하도록 하겠습니다.
④ 상자 중에 일부가 포장불량으로 심하게 파손되었음을 알려드리게 되어 유감입니다. 몇개의 상품들이 손상되거나 구부러지거나 심지어 망가져서, 즉시 교체되어야 할 것으로 보입니다.

[해설]
운송 중 손상된 상품에 대하여 교체품을 요구하는 것과, 선적 지연에 대한 조치를 통보하는 내용은 다른 내용이다.
▶ 정답 ①

42
다음은 매도인과 매수인 간 회의내용이다. 추론할 수 없는 것은?

논의 및 합의 사항
1) 양 당사자는 컨트롤 박스 100개를 USD 500,000에 판매 및 구매하기로 합의하였다.
2) Robert Corporation은 2018년 10월 27일까지 Hannam International사를 수익자로 하여 취소불능 일람불 신용장이 개설되도록 하여야 한다.
3) Hannam International사는 Robert Corporation 으로부터 신용장을 받은 후 2개월 이내에 상기 상품을 선적해야 한다.

① Robert Corporation는 컨트롤 박스 몇 개를 구매하는 데 합의하였다.
② Hannam International사는 신용장의 수익자이다.
③ Robert Corporation는 환어음의 지급인이 될 것이다.
④ Robert Corporation는 신용장의 개설의뢰인이 될 것이다.

[해설]
신용장 거래에서 환어음의 지급인은 은행이 된다.
▶ 정답 ③

43
다음 중 가장 어색한 영작은 무엇인가?

④ 당사는 귀사의 주문서에 언급된 냉장고(Model no.876)의 재고가 없음을 알려드리게 되어 유감으로 생각합니다.
→ 당사는 귀사의 주문서에 언급하는 냉장고(Model no.876)의 재고가 없음을 알려드리게 되어 유감입니다.

해설
냉장고가 언급되었다고 했기 때문에, 수동태인 mentioned를 사용하여야 한다.
▶ 정답 ④

[44 ~ 45] 다음을 읽고 질문에 답하시오.

대량 구매를 하는 당사의 소중한 고객님들께 제공되는 특별 할인에 주의를 기울여 주시기 바랍니다.

이번 할인은 USD 10,000넘게 주문하는 경우에는 5%, USD 50,000넘게 주문하는 경우에는 10%, USD 100,000넘게 주문하는 경우에는 15%가 제공됩니다. 귀사는 항상 많은 주문을 하고 있으므로, 이번 행사를 이용하시기 바랍니다.

귀사와의 지속적인 비즈니스 관계를 유지하기 바랍니다.

44
USD 10,000를 주문하면, 얼만큼의 할인이 주어지는가?
① USD 9,500
② USD 5,000
③ USD 500
④ 없음

해설
USD 10,000를 초과하는 주문에 대해 5%의 할인이 제공된다고 하였으므로, USD 10,000를 주문하는 경우에 제공되는 할인은 없다.
▶ 정답 ④

45
밑줄 친 말을 대체하기에 가장 적합한 것은?
① 최소한의
② 평균의
③ 작은
④ 대량의

해설
귀사가 많은 주문을 하고 있다고 했으므로, large가 적합하다.
▶ 정답 ④

46
빈칸에 가장 적합한 것은?

D/P 거래에서도 일람불 환어음이 화물의 권리를 이전하는 것을 통제하는데 사용될 때에 여전히 위험이 존재한다. 매수인의 능력과 결제 의사가 상품이 선적되는 시점으로부터 환어음이 결제를 위해 제시되는 시점까지 변경될 수도 있다. 그러나, (은행의 지급 확약은 없다.)

① 제시자는 매수인의 지급에 대해 책임이 있다.
② 매도인은 제시은행에 상품의 반송을 요청해야 한다.
③ 운송인은 매수인에게 상품 인도 목적의 보상을 제공하도록 요청한다.
④ 은행의 지급 확약은 없다.

해설
추심거래에서는 은행이 지급을 확약하지 않는다는 내용이 적절하다.
▶ 정답 ④

47
다음이 설명하는 것으로 옳은 것은?

보험자가 책임을 지게 만들기 위하여 보험목적물에 반드시 발생해야 하는 최소한의 손해율을 명시하는 보험계약상의 조항; 그러한 특정된 율에 도달하면, 보험자는 담보 위험의 결과로 생긴 모든 손해에 대하여 책임을 진다.

① 공제
② 한도
③ 면제
④ 소손해 면책

해설
소손해 면책에 대한 조항이 기재된 경우, 보험자는 면책률 이상의 손해가 발생한 경우에만 책임을 부담한다.
▶ 정답 ④

48
Incoterms 2010에 대해 옳지 않은 것은?
① EXW 조건에서, 매도인은 매수인을 위하여 상품을 적재할 의무가 없다.
② FCA 조건에서, 매도인은 매수인을 위하여 매도인 구내에서 상품을 적재할 책임이 없다.
③ CIF 조건에서, 매도인은 합의된 선적지에서 상품을 인도할 책임이 있다.
④ DAT 조건에서, 매도인은 지정된 항구 또는 목적지의 터미널에서 상품을 양하해야 한다.

[해설]
FCA 조건에서 인도장소가 매도인의 구내인 경우 매도인이 적재의무를 부담한다.
▶ 정답 ②

49
가장 적합하지 하지 않은 것은?
① 유통가능 선하증권 – 누군가의 지시에 따르도록 발행된 선하증권
② 수취식 선하증권 – 운송인이 상품을 수취하였으나, 아직 선박에는 적재되지 않았음을 증명하는 선하증권
③ 사고부 선하증권 – 상품을 양하할 때, 상품이 정상적인 상태가 아니었다는 것을 나타내기 위하여 운송인에 의해 발행된 인증되지 않은 선하증권
④ 기명식 선하증권 – 지정 수하인에게만 상품이 인도되도록 규정하는 선하증권

[해설]
사고부 선하증권은 선박에 화물을 적재하는 당시에 상품 이상이 기재된 선하증권이다.
▶ 정답 ③

50
유사한 의미를 가지지 않은 것은?
① 귀하의 은행은 Brown사에 의해 당사에 신용조회처로 제공되었습니다.
→ Brown사는 당사 은행에 의해 귀사에 참조되었습니다.

[해설]
Brown사에 의해 은행이 당사에 신용조회처로 제공되었다는 내용과, Brown사가 은행에 의해 참조처로 제공되었다는 내용은 다르다.
▶ 정답 ①

51
[해설]
UCP 규정에서는 제 3자에 의해 발행된 서류의 유효성을 인정하고 있다.
▶ 정답 ④

52
[해설]
매도인의 구제수단인 '물품명세확정권'에 대한 설명이다.
▶ 정답 ③

53
[해설]
담보위반의 경우, 담보위반일 이후부터 보상 책임을 지지 않는다.
▶ 정답 ④

54
[해설]
신용장에서 단순히 "invoice"의 제시를 요구한 경우, 'proforma invoice'와 'provisional invoice'를 제외한 어떤 송장의 제시도 수리된다.
▶ 정답 ③

55
[해설]
㉠ Container B/L은 컨테이너에 적입된 화물에 대해 발행되는 선하증권이고, 나머지는 LCL 화물과 연관되어 있는 개념이다.
▶ 정답 ④

56
[해설]
① 권리포기 선하증권은 권리증권성이 없으므로, 원본으로 취급되지 않는다.
③ 스위치 선하증권(Switch B/L)에 대한 설명이다.
④ 비유통성의 선하증권은 권리증권이 아니다.
▶ 정답 ②

57

해설

고로 슬래그 30,000M/T
1.5M/T 대형 백에 포장하며, 각 백에 대하여 ±10%의 과부족이 허용 된다.

② 하역비용의 부담주체는 별도로 정한다.
▶ 정답 ②

58

해설
포페이팅방식에서는 수출상에게 별도의 보증을 요구하지 않는다.
▶ 정답 ④

59

해설
자유매입신용장은 매입은행을 수익자가 자유롭게 선택할 수 있기 때문에, 재매입 절차가 필요 없다.
▶ 정답 ④

60

해설
복합운송인은 꼭 운송수단을 보유할 필요는 없다.
▶ 정답 ④

61

해설
해상보험계약은 불요식계약이다.
▶ 정답 ②

62

해설
일부보험은 보험금액이 보험가액보다 적은 경우를 말한다.
▶ 정답 ①

63

해설
① 양도와 관련하여 발생한 수수료는 제1수익자가 부담하는 것이 원칙이다.

② 개설은행은 양도은행이 될 수 있다.
④ 양도는 1회에 한하여 허용되며, 이후의 수익자에게 재양도는 불가능하다.
▶ 정답 ③

64

해설
Domestic Banker's Usance에 대한 설명이다.
▶ 정답 ②

65

해설
원신용장의 양도가능여부와 관계없이, 내국신용장은 원신용장을 담보로 하여 발행되는 별개의 신용장이다.
▶ 정답 ②

66

해설
상업송장상의 명세는 신용장상의 그것과 일치해야 한다.
▶ 정답 ①

67

해설
중개무역에 대한 설명이다.
▶ 정답 ③

68

해설
착지불수수료(Collect Charge Fee)에 대한 설명이다.
▶ 정답 ③

69

해설
일치하는 제시에 대하여 일람으로 은행이 신용장 대금을 지급하는 지급신용장에 대한 내용이다.
▶ 정답 ①

70

해설
수출팩터가 전도금융을 제공한다.
▶ 정답 ③

71

해설

① 외국중재판정은 중재판정의 승인과 집행이 요구된 국가 이외의 영토에서 내려진 판정을 의미한다.
② 중재합의가 무효라면 승인 및 집행이 불가능하다.
④ 중재판정이 아직 구속력을 가지지 않은 경우는 승인 및 집행의 거부사유이다.

▶ 정답 ③

72

해설

계약의 유효성 문제는 무역클레임의 직접적인 발생원인이다.

▶ 정답 ②

73

해설

UCP 규정상 보험증권이 요구된 경우에는 반드시 보험증권일 제시하여야 한다.

▶ 정답 ④

74

해설

증명서에 선적전 검사가 선적일 이전에 완료되었다는 내용이 포함되어 있다면, 선적일 이후에 발행되어도 수리된다.

▶ 정답 ②

75

해설

Packaging may be insufficient는 확정적인 하자 표시가 아니므로 은행 제시시에 수리된다.

▶ 정답 ④

2019년 제3회 정답 및 해설

제1과목 영문해석

01	③	02	③	03	④	04	②	05	①
06	④	07	①	08	②	09	①	10	①
11	③	12	③	13	②	14	②	15	③
16	②	17	①	18	②	19	④	20	②
21	①	22	②	23	④	24	④	25	①

제2과목 영작문

26	②	27	①	28	②	29	③	30	①
31	①	32	②	33	④	34	③	35	①
36	①	37	②	38	①	39	①	40	①
41	②	42	④	43	③	44	①	45	①
46	④	47	③	48	①	49	②	50	③

제3과목 무역실무

51	④	52	②	53	③	54	③	55	④
56	②	57	④	58	②	59	④	60	①
61	②	62	④	63	④	64	④	65	①
66	③	67	②	68	③	69	①	70	③
71	①	72	②	73	①	74	④	75	①,③

제1과목 영문해석

[01 ~ 02] 다음은 매수인과 매도인 간 서신이다.

이 서신은 당사가 12월 15일에 Celltopia 화물을 수령하였다는 것을 귀사에게 알려 드리기 위한 것입니다. 당사의 기술자들은 모든 기계를 철저히 검사하였고 결함 있는 배터리 25개를 발견하였습니다. 일련번호 리스트를 작성하여 첨부하였습니다.

당사는 이미 Fedex를 통하여 배터리 대체품을 송부하였습니다.

한편, 결함이 있는 배터리들은 당사의 운임 부담으로 송부하여 주시기 바랍니다. 귀하께서는 당사의 Fedex계정을 이용하실 수도 있습니다.

01
상기 서신에서 추측될 수 없는 것은?
① 결함이 있는 배터리들은 고유의 일련번호를 가지고 있다.
② 배터리 대체품들은 특송 서비스를 통해 송부되었다.
③ 매수인은 반송하는 배터리에 대하여 본인이 운임을 지불할 것이다.
④ 매도인은 상품 중 일부가 매매계약서에 위배된다는 것에 동의한다.

> **해설**
> 매도인이 결함이 있는 것들을 본인의 운임 부담으로 송부해 달라고 했으므로, 매수인이 운임을 지불할 것이라는 내용은 옳지 않다.
> ▶ 정답 ③

02
아래에서 추측될 수 있는 것은?

당사의 고객 중 몇명이 최근 귀사의 원격으로 조종이 가능한 가림막에 관심을 보이며, 그 품질에 대해 문의하셨습니다.

당사는 아시아에서 가림막을 취급하는 규모가 큰 유통회사입니다. 품질과 가격이 만족스럽다면, 이 곳에서의 판매 가능성은 높습니다.

그러나, 주문하기 전에 저는 귀하께서 20일 점검매매 조건부청약으로 엄선된 원격으로 조종할 수 있는 가림막을 보내주시면 기쁠 것입니다. 이 기간의 말까지 팔리지 않은 제품들과 재고로 보관하지 않기로 결정한 것들에 대해서는 어느 것이든 당사의 부담으로 반송될 것입니다.

> 귀하로부터 곧 연락 받기를 바랍니다.
>
> Alex Lee
> HNC International

① Alex는 상품 도착 20일 후에, 대금을 지불할 것이다.
② Alex는 가림막에 자신이 있어서, 주문 시 대금지급을 허용된다.
③ 반송 상품에 대한 화물 운송은 HNC International사에서 부담한다.
④ 매도인은 주문 후 20일 이내에 상품을 인도할 것이다.

[해설]
이 기간의 말까지 팔리지 않은 제품들과 재고로 보관하지 않기로 결정한 것들의 반송운임은 매수인 HNC International이 부담할 것이다.

▶ 정답 ③

03
아래 밑줄 친 '몇몇 서류'에 해당 하지 않는 것은?

> 상품 운송과 관련하여 흔하게 사용하는 <u>몇몇 서류</u>는 UCP600 하에서 운송서류로 간주되지 않는다.

① 화물인도지시서
② 운송주선업자의 수령증명서
③ 운송주선업자의 운송증명서
④ 운송업자의 선하증권

[해설]
UCP에서 규정하고 있는 운송서류는 복합운송증권, 선하증권, 해상화물운송장, 용선계약선하증권, 항공화물운송장, 육상·철도·내수로 운송서류 그리고 특송 및 우편수령증이다.

▶ 정답 ④

04
UCP 600에 따라, 다음 변경 중 제1수익자가 양도은행에 양도가능신용장과 관련하여 요청할 수 있는 것은?

① 유효기일의 연장
② 단가의 감액
③ 선적운송 기간의 연장
④ 보험부보율의 감액

[해설]
유효기일의 단축, 선적기간의 단축 그리고 보험부보율의 증가가 가능하다.

▶ 정답 ②

[05 ~ 06] 다음을 읽고 답하시오.

> Mr. Han에게.
>
> 당사의 French Empire 유리잔 세트에 대한 문의에 감사드립니다. 이 기간에는 그것에 대한 관심이 다시 살아나고 있기 때문에, 해당 상품이 귀사의 고객들에게 인기를 끄는 것이 놀라운 일은 아닙니다.
>
> 귀사가 이 유리잔 세트에 대하여 즉각적인 상품 설명을 원하였기 때문에, 카탈로그의 1~4페이지와 CIF 리야드 가격을 팩스로 함께 보내드립니다. 귀사의 시장<u>과 관련해서</u> 디자인에 대한 의견을 들려 주신다면 감사드리겠습니다.
>
> 귀사의 답변을 기다리겠습니다.

05
어떤 종류의 거래가 추측되는가?

① 거래 문의에 대한 답변
② 확정청약
③ 청약의 승낙
④ 청약의 거절

[해설]
첫 문장에서 유리잔 세트에 대한 문의에 감사하다고 했으므로, 거래 문의에 대한 답변임을 알 수 있다.

▶ 정답 ①

06
다음 중 밑줄 친 <u>~과 관련하여</u>와 유사하지 않은 것은 무엇인가?

① ~에 관하여
② ~에 대하여
③ ~에 관하여
④ ~에 대한 관심에서

[해설]
in regard for는 ~에 대한 관심에서라는 의미이다.

▶ 정답 ④

07
Jenny의 영업담당자가 다음 방문 시 해야 하는 것은?

> Jenny에게,
>
> 오늘 아침 전화 통화와 관련하여, 저는 귀하의 영업 담당자 중 한 분이 서울 테헤란로 443에 있는 저희 점포에 방문하여 완전한 재개장에 대한 견적서를 주시기를 바랍니다. 약속을 잡기 위해 저에게 연락이 가능할까요?
>
> 전화로 언급했듯, 2018년 2월 말 전에 반드시 작업이 완료 되어야 하고, 이것은 계약서에도 명시될 것입니다.
>
> 계획서와 명세서를 첨부합니다.

① 청약 ② 신용문의
③ 거래문의 ④ 보상

해설
작성자는 Jenny가 점포에 방문하여 완전한 재개장을 위한 견적서를 요청하였으므로, Jenny의 영업담당자는 다음 방문 시 청약을 할 것이다.

▶ 정답 ①

[08~09] 다음을 읽고 답하시오.

> 목적지에 도달하여 결제가 이루어질 때까지 수출자가 화물에 대한 권리를 보유하고자 할 때 일람불 환어음이 사용된다.
> 실무상, 선하증권은 수출자에 의해 배서되어 수출자의 은행을 통해 매수인의 은행에 송부된다. 이것에는 일람불 환어음과 매수인 또는 매수인의 국가가 지정한 송장 및 기타 선적 운송 서류가 첨부된다. (예: 포장명세서, 영사송장, 보험증명서) 외국 은행은 이 서류들을 받으면 매수인에게 통보한다. 환어음이 지급되는 대로 (A) 외국은행은 선하 증권을 교부하여 매수인이 선적 화물을 입수할 수 있게 한다.

08
위에서 추론할 수 있는 결제 방법은?

① 일람지급신용장 ② D/P
③ 기한부신용장 ④ D/A

해설
동시지급 방식으로 활용되는 것은 D/P 방식이다.

▶ 정답 ②

09
(A) 외국은행의 명칭으로 적절한 것은?

① 추심은행 ② 추심의뢰은행
③ 개설은행 ④ 매입은행

해설
수입국에 위치하여 추심 행위를 하는 은행은 추심은행이다.

▶ 정답 ①

10
서신의 빈칸을 완성하도록 채워보시오.

> 당사는 히스로(A로부터) 대한민국 서울(B로) 여러 가지 유리 제품 12상자를 보내어, 10일 (C 이내에) 인도되도록 하고 싶습니다.

① ~로부터 - ~로 - ~ 이내에
② ~로부터 - ~로 - 떨어져
③ ~에서 - ~을 통해 - ~ 이내에
④ ~에서 - ~을 통해 - ~보다 위에

해설
히스로로부터 대한민국 서울로 제품을 보내 10일 이내에 유리 12상자를 인도되도록 만들겠다는 내용이 적합하다.

▶ 정답 ①

11
하기 서류의 제목으로 적절한 것은?

> 귀사가 언급한 화물의 선하증권을 발행한 사실이 있고, 해당 화물이 언급된 양하항에 도착하였는데, 이러한 결과로 당사는 귀사가 선하증권의 원본 제시 없이 위의 언급된 당사자에게 상기 화물을 인도할 것을 요청합니다.

① 선복확약서 ② 수입화물대도
③ 수입화물선취보증서 ④ 파손화물보상장

해설
선하증권 없이 상품을 인도받을 수 있도록 하는 서류는 수입화물선취보증서(L/G)이다.

▶ 정답 ③

12
Incoterms 2010의 CPT 조건에 대해 옳은 것은?
① 매도인은 매수인에 의해 지정된 운송인 또는 다른 사람에게 합의된 장소에서 상품을 인도한다.
② 매도인은 상품이 목적지에 도착할 때 그의 인도 의무를 완료한다.
③ 운송 과정에 여러 운송인이 존재하고, 당사자들이 특정 인도지를 합의하지 않은 상태라면, 상품이 전적으로 매도인이 선택할 수 있는 지점에서 첫 번째 운송인에게 인도될 때 위험이 이전된다.
④ 매도인이 그의 운송계약 하에서 지정 목적지에서의 양하 비용을 지출한 경우라도, 그러한 비용을 매수인에게 구상할 수 있다.

[해설]
CPT 조건을 사용하는 경우, 운송 과정에서 여러 명의 운송인이 등장한다면 첫 번째 운송인에게 상품을 인도함으로써 위험이 이전된다.
▶ 정답 ③

13
다음 중 번역이 가장 옳지 않은 것은?
② 비록 빛을 다소 잃기는 했어도 애플사는 4320억불의 시장가치를 가진 가장 값진 미국 회사로 남아 있다.

[해설]
billion은 10억을 뜻한다.
▶ 정답 ②

14
작성자의 목적은 무엇인가?

.... 귀사의 가격은 경쟁력이 없기 때문에, 귀사의 샘플에 좋은 인상을 받았음에도 불구하고 현재 주문을 진행할 수 없습니다....... 이러한 상황 하에서, 저희는 귀사에게 수요가 높은 샘플 No.10에 가장 경쟁력 있는 가격을 요구하고 싶습니다.
저희는 귀사가 가격을 변경하기 위해 최선의 노력을 할 것이라고 믿습니다.

① 청약에 대한 승낙   ② 거래문의
③ 신제품 조회 문의   ④ 구매주문서

[해설]
샘플 No.1에 대하여 가격 수정을 요청하고 있으므로, 거래문의가 적합하다.
▶ 정답 ②

15
다음은 Incoterms 2010의 CIF 조건에 관한 것이다. 옳지 않은 것은?
① 매도인은 상품을 본선에 적재하여 인도하거나 이미 그렇게 인도된 상품을 조달한다.
② 매도인은 지정된 목적항으로 상품을 가져오기 위해 필요한 계약을 체결하고 관련된 비용과 운임을 지급해야 한다.
③ 매도인은 운송 중 상품의 멸실 및 손상에 대한 매도인 자신의 위험에 대비하여 보험을 계약해야 한다.
④ 매도인은 최소범위에서만 부보하도록 요구된다.

[해설]
운송 중 상품에 대한 위험은 매수인이 부담하므로, 매도인은 운송 중 상품의 멸실 및손상에 대한 매수인의 위험에 대비하여 보험을 계약한다.
▶ 정답 ③

16
유통업자와 대리점에 대해 가장 옳지 않은 것은?
① 유통업자는 도매업과 관련하여 독립적으로 소유되는 사업체이다.
② 유통업자는 본인이 유통하는 상품에 대하여 권리를 가지지 않는다.
③ 대리점의 역할은 주문을 받는 것이고 일반적으로 해당 서비스에 대한 수수료를 받는다.
④ 대리점 사업의 초기 투자비용은 유통업자로서 사업을 하는 것보다 더 낮다.

[해설]
유통업자는 자신의 위험과 비용으로 상품을 구매하는 구조이기 때문에 모든 권리 및 의무는 유통업자에 귀속된다.
▶ 정답 ②

17
다음이 설명하는 것은 무엇인가?

> "무소구"에 근거하여 기한부 신용장 하에서 발행된 환어음, 약속어음, 또는 자유롭게 유통될 수 있는 증권과 같은 일련의 신용 증서의 구매

① 포페이팅 ② 팩토링
③ 매입   ④ 확정

[해설]
무소구 조건으로 환어음 등의 증권을 할인 매입하는 기법은 포페이팅이다.

▶ 정답 ①

18
Incoterms 2010의 FAS 조건에 대하여 옳지 않은 것은?
① 상품이 FAS 조건에 근거하여 거래되는 경우, 가격은 선측까지의 인도를 포함한다.
② 매도인은 상품이 선측에 인도될 때까지 어떤 손해나 손상에 대한 책임이 있다.
③ 매수인은 매도인에게 선박의 이름, 출항일, 부두, 선박으로의 인도 시간에 대하여 적절한 통지를 해야 한다.
④ 매수인은 상품이 부선상에서 선적 크레인의 범위 내에 있는 동안에는 어떠한 손해나 손상에 대한 책임이 없다.

[해설]
FAS 조건에서 매도인의 인도 의무는 상품이 지정된 선박의 선측에 놓일 때, 완료된다.

▶ 정답 ④

19
Incoterms 2010의 CIF 조건에 대해 옳지 않은 것은?
① 상품이 CIF 조건으로 매매되는 경우, 가격은 상품가격, 지정목적항까지의 운임 및 보험 부보를 포함 한다.
② 매도인은 지정목적항까지의 운임 및 비용을 부담하여야 한다.
③ 매도인은 있는 경우, 수출 관세, 다른 비용 또는 수수료를 지불하여야 한다.
④ 매수인은 선적 시 상품을 인수해야 하고, 이후에 발생하는 물품의 이동을 처리하며, 해당 비용을 지불하여야 한다.

[해설]
CIF 조건에서 인도는 본선적재 시 완료되나, 목적항까지의 운임 지급 및 보험 부보의 비용 부담은 매도인의 의무이다.

▶ 정답 ④

20
UCP 600 하에서, 개설은행의 의무는 무엇인가?

> 3월 1일에 USD 510,000에 대해 다음 조건의 화환신용장 사전 통지가 개설되었다.
> • 분할선적 허용
> • 최종 선적 일자 4월 30일
> • 유효기일 5월 15일
>
> 3월 2일에 신용장 개설의뢰인은 분할 선적을 금지하고, 유효기일을 5월 30일로 연장하는 조건변경을 요청한다.

① 수익자와 함께 제시기간을 명확히 한다.
② 원래 지시받은 내용으로 화환신용장을 개설한다.
③ 모든 조건변경을 포함하여 화환신용장을 개설한다.
④ 연장된 유효기일만 포함하여 화환신용장을 개설한다.

[해설]
은행은 사전통지한 내용과 동일한 내용으로 신용장을 개설하여야 한다.

▶ 정답 ②

21
다음 중 추측하는 내용으로 옳지 않은 것은?

> Mr. Smith에게,
> XTM-500 선형 회로 증폭기 1,000개에 대하여 주문하셔서 감사합니다.
> 저희 신용 부서는 귀하를 위해 USD 10,000의 신용 한도를 승인하였습니다.
> 귀하의 총 주문은 저희가 설정한 신용 한도를 초과하기 때문에, 주문을 진행하기 위해서는 적어도 주문 총액의 절반은 선불로 지불을 하셔야합니다.

> 귀하께서 이러한 규모의 더 많은 구매를 예상하는 경우, 연락 주시면 귀하의 한도를 더 늘리기 위하여 할 수 있는 조치를 알아보겠습니다. 귀하의 사업은 높이 평가되고 있기에, 이것이 좋은 해결책이기를 바라며, 귀하를 모실 수 있는 기회를 주셔서 감사합니다.
>
> John Denver

① John은 이 주문을 진행하기 위해 최소 USD 4,500의 선불을 요청하고 있다.
② Mr. Smith는 USD 10,000 이상 상품을 주문했을 것이다.
③ 매도인이 승인한 신용금액은, 고객이 원하는 금액은 아니다.
④ John은 전체 주문을 인도하기 위해 필요한 잔액을 설명하고, 신용 한도 증액을 위해 추가적인 논의를 요구한다.

(해설)
신용 한도인 USD 10,000의 절반은 USD 5,000이다.
▶ 정답 ①

22
다음 중 하기의 환어음의 만기로써 인정될 수 없는 것은?

> USD 60,000의 화환신용장이 발행되었고, 선하증권의 일자로부터 30일 후 만기로 환어음이 발행될 것을 요구한다. 서류는 2018년 11월 9일에 선하증권과 함께 제시되었다. (11월 9일+30일 = 12월 9일)

① 2018년 12월 9일
② 선하증권 일자 다음날로부터 30일 후
③ 2018년 11월 9일의 다음날로부터 30일 후
④ 2018년 12월 9일

(해설)
선하증권에 기재된 선적일자가 기준이 되는데, 주어진 정보만으로는 해당 일자를 알 수 없다.
▶ 정답 ②

23
"견적송장"을 옳게 설명한 것은?
① 매매된 상품에 대해 지불을 요구하는 상업 청구서이다.
② 일반적으로 수입국의 외교관이 수출 가격을 확인할 목적으로 발행한다.
③ 상품이 해당 국가의 세관을 통과할 목적으로 수입국의 특별한 양식으로 작성된다.
④ 제품의 선적이나 인도 전에 매수인에게 보내지는 사전 청구서이다.

(해설)
견적송장은 선적 전 계약 내용을 확인하기 위하여 발행되는 송장이다.
▶ 정답 ④

24
다음 서신에 대한 내용으로 옳은 것은?

> 모델 BRON-6SJ7, CI 비금속 풍력계를 동봉합니다. 유선으로 논의한 대로, 해당 기기는 최근에 눈에 띄게 서쪽으로 기울어지는 현상이 발생했습니다.
> 귀사는 해당 장비의 점검 및 수리 비용의 견적을 위하여 그 장비를 귀사로 보내는 것에 대하여 제안하였습니다. 해당 견적이 나오면 저에게 연락하여주십시오. 그러면 당사는 그 기기를 수리하거나, 아니면 새로운 모델을 구입하는 것에 대해 결정할 예정입니다.

① 서신은 생산 부서에서 운송 회사로 보내는 서신이다.
② 서신은 운송 회사에서 생산 부서로 보내는 서신이다.
③ 서신은 고객 서비스에서 고객에게 보내는 서신이다.
④ 서신은 고객이 고객 서비스 센터로 보내는 서신이다.

(해설)
구입한 기기를 동봉하고, 견적 등의 요청을 하였으므로, 고객이 고객 서비스 센터로 송부하는 서신이다.
▶ 정답 ④

25
다음 내용에 대한 적절한 예시가 아닌 것은

> 국제 무역에서 매도인은 매수인에 의해 주고받는 연락에서 계약의 필수적인 요소들이 분명하게 명시될 수 있도록 확인하여야 한다.

① 상품의 명세는 수출국의 HS Code를 포함한다.
② 구매 가격과 결제조건이 명기 되어야 한다.
③ 인도 조건을 정해야 한다.
④ 운송 및 보험에 대한 지침이 명시될 것이다.

[해설]
상품, 단가, 인도조건 등은 계약의 필수적인 요소들이지만, HS code는 필수 요소가 아니다.

▶ 정답 ①

제2과목 영작문

26
다음 중 가장 어색한 영작문은 무엇인가?
② 귀사가 품질 보증서를 보내주실 수 없다면, 주문을 취소할 수밖에 없습니다.
→ 귀사가 품질 보증서를 보내주실 수 없다면. 주문을 취소할 수밖에 없을 것입니다.

[해설]
have no choice but to(~할 수밖에 없다) 다음에는 canceling이 아닌 to cancel이 위치하여야 한다.

▶ 정답 ②

[27 ~ 28] 다음을 읽고 답하시오.

당사는 버밍엄에 위치한 소매 체인점인데, 당사에게 남성 캐주얼복 시장을 위한 다양한 종류의 스웨터를 공급해줄 수 있는 제조사를 찾고 있는 중입니다. 당사는 지난 달, 함부르크 남성복 전시회에서 귀사의 진열대에 전시되었던 새로운 디자인에 깊은 인상을 받았습니다.

당사는 보통 대량으로 (ⓐ 주문을 하기) 때문에, 정가에서 20% 거래 할인에 더하여 수량 할인에 대해서도 기대합니다. 당사의 결제 조건은 일반적으로 30일 환어음, D/A 조건입니다.

이 조건에 관심이 있고, 귀사가 한꺼번에 500벌이 넘는 주문을 (ⓑ 충족하실) 수 있다면, 당사에게 최신 카탈로그와 가격표를 보내주십시오.

귀사로부터 조속한 답변을 기대합니다.

27
다음 중 밑줄 친 문장을 재작성한 것으로 옳은 것은?
① 귀사가 이 조건들을 충족시킬 수 있으시다면,
② 저희가 이 조건들을 충족시킬 수 있다는 것을 전제로,
③ 사전에 이러한 조건에 대한 관심이 필요하시다면,
④ 만약 당신이 상기 조건에 관심이 있으시다면,

[해설]
해당 조건을 충족시킬 수 있다면 이라는 내용이 오는 것이 자연스럽다.

▶ 정답 ①

28
다음 중 빈칸에 가장 옳은 것은?
① ⓐ 받다 - ⓑ 충족시키다
② ⓐ 하다 - ⓑ 충족시키다
③ ⓐ 받다 - ⓑ 제공하다
④ ⓐ 하다 - ⓑ 제공하다

[해설]
대량 주문을 한다는 내용과, 대량 주문 조건을 충족시킨다는 내용이 와야 한다.

▶ 정답 ②

[29 ~ 30] 다음을 읽고 답하시오.

당사는 Tokyo Jewelers Inc.를 대리하여 주문하려고 합니다. 5,000개의 원석 다이아몬드를 (확보해 주시고) 그것이 이용 가능해지면, Quanstock 다이아몬드 광산으로 송부될 수 있도록 Tokyo Jewelers Inc. 구매할 것입니다. 귀사가 이 주문을 충족시켜주실 수 있다면 감사하겠습니다.

Hans International Inc.

29
적절한 단어로 빈칸을 채우시오.
① 수리하다
② 대체하다
③ 확보하다
④ 취소하다

해설
원석 다이아몬드를 확보하여 줄 것을 요청하고 있다.
▶ 정답 ③

30
Hans International Inc.로 적절한 것은?
① 구매 대리인 ② 판매 대리인
③ 수입자 ④ 수출자

해설
Tokyo Jewelers Inc.를 대리하여 주문하ss 것이므로, Hans International Inc.는 구매 대리인임을 알 수 있다.
▶ 정답 ①

[31 ~ 32] 다음을 읽고 답하시오.

> 귀사의 주문번호 458973과 관련하여, 당사는 귀사가 이전 주문에서 미지불된 (잔액)이 있기 때문에 주문번호와 관련된 상품을 공급할 수 없는 점을 알려드리게 되어 유감스럽습니다. 현재까지 당사는 미지불금액에 관하여 답변을 받지 못하였습니다.
>
> 당사는 이러한 사실에 매우 실망하였으며, <u>이 문제를 해결하기</u> 위해 당사를 도와주시길 기대하고 있습니다. 이러한 지불과 관련하여 의견이 있으시다면, 당사에게 알려주시기 바라겠습니다.
>
> 이 문제를 즉시 처리하여 주시기 바랍니다. 그렇게 해주시면, 당사가 추후의 주문을 처리하기 전에, 추가적인 지연 없이 송금을 받을 것으로 예상하겠습니다.

31
빈칸에 들어갈 것으로 적절한 것은?
① 잔액 ② 주문
③ 제공 ④ 불만

해설
미지불된 잔액이 있어, 공급하는 것을 주저하고 있는 상황이다.
▶ 정답 ①

32
밑줄 친 문장을 재작성해보시오.
① 차이를 해결하다 ② 미지불된 금액을 결제하다
③ 사전에 금액을 결제하다 ④ 이자를 사전에 결제하다

해설
미지불금액에 대하여 문제를 해결한다는 말은, 대금을 결제해달라는 내용이다.
▶ 정답 ②

33
목적항에서 하역될 것으로 예상되었던 텔레비전의 대수는?

> 당사의 주문 상품을 빠르게 보내주시어 감사합니다. 그러나, 안타깝게도 귀사에서 당사의 주문을 제대로 완료하지 못하여, 3대의 텔레비전이 누락되어 34대만 수령했다는 점을 알리게 되어 유감스럽습니다.
>
> 미 전달된 물품 또는 미 전달된 텔레비전 3대에 대한 대변표의 송부를 요청드립니다.

① 3 ② 31
③ 34 ④ 37

해설
주문한 텔레비전이 34대만 수령되고, 3대가 누락되었다고 하였으므로, 원래 목적항에서 양하하기로 예상되었던 텔레비전의 수량은 37대이다.
▶ 정답 ④

34
다음 중 빈칸에 가장 옳은 것은?

> (단독해손)은 선박, 운임과 화물에 발생한 모든 손실을 의미하고, 이들이 공동의 안전을 위해 전체적으로나 부분적으로 희생되지 않았거나, 별도의 공동해손 또는 전손에 해당하지 않는 손해를 의미한다.

① 위부 ② 해손
③ 단독해손 ④ 해상사업

해설
분손은 단독해손과 공동해손으로 나누어지고, 단독해손은 공동해손이 아닌 분손을 의미한다.
▶ 정답 ③

[35 ~ 36] 다음을 읽고 답하시오.

실리콘 중에서 다음의 번호를 가진 자동차 키패드에 사용되는 실리콘에 대한 견적을 받고자 합니다.

K0A11164B - 100,000개
K0A50473A - 200,000개

당사는 메르세데스 벤츠와 포드에 적합한 키패드가 필요합니다. 당사의 공장까지의 인도를 포함하여 가격을 제안해주시면 (감사하겠습니다.) 인도는 주문일로부터 3주 이내에 완료 되어야 합니다.

Peter Han
K-Hans International

35
빈칸에 적절한 것은 무엇인가?
① 감사하는   ② 지연된
③ 가치가 떨어지는   ④ 인정하는

[해설]
공장까지의 인도를 포함하여 가격을 명시해주신다면 감사하겠다는 내용이 적절하다.
▶ 정답 ①

36
Incoterms 2010의 어떤 조건이 상기의 상황에 적용될 것으로 보는가?
① D조건   ② E조건
③ C조건   ④ F조건

[해설]
D조건에서는 매도인이 매수인의 공장까지 상품을 가지고 가서 인도하여야 한다.
▶ 정답 ①

37
(A)는 무엇인가?

귀사가 지리적으로 더 뻗어 나갈수록, (A) 이 조항은 더욱 중요해질 것입니다. 예를 들어, 귀사가 100% 독점적으로 현지인만을 다루는 소규모 지역의 사업체라면, 귀사는 당고객들에게 어떤 법이 적용되는지를 알려주는 조항이 굳이 필요하지 않을 수도 있습니다.
세계의 수많은 나라에 고객과 사무실을 가지고 있는 대기업을 예로 들어 보겠습니다. 일본에 있는 한 고객이 상품의 문제에 대해 소송을 제기하고 싶은 경우, 일본 법이 적용 될까요 아니면 다른 어떤 나라의 법이 이러한 역할을 하게 될까요? 아니면, 유럽의 고객들을 가진 한국 기반의 사업체라면 어떻게 될까요?

두 경우 모두에서, (A) 이 조항은 어떤 법이 적용될 것인지 분명히 하게 할 것이고, 두 회사가 국제 변호사를 고용하지 않도록 할 수 있습니다.

① 중재 조항   ② 준거법 조항
③ 분리 조항   ④ 권리 침해 조항

[해설]
여러 법률이 적용될 수 있는 상황에서 계약을 하게 되는 경우에는, 해당 계약에 어떠한 법이 준거법이 되는지를 명확히 하는 것이 준거법 조항이 중요하다.
▶ 정답 ②

38
빈칸을 가장 옳은 공통된 단어로 채우시오.

다음과 같은 공급자의 조건에 따라 계약이 체결된다면 (ⓐ 견적)은 최종적일 수 없다. 모든 (ⓑ 견적)은 주문 시에, 당사에 의한 확인 및 승낙을 조건으로 하며, 당사에 의해 서면으로 확인되지 않는 경우에는 구속력을 가질 수 없다.

① ⓐ 견적, ⓑ 견적   ② ⓐ 신용장, ⓑ 신용장
③ ⓐ 송장, ⓑ 송장   ④ ⓐ 계약, ⓑ 계약

[해설]
견적 가격은 합의되기 전에는 최종적일 수 없다는 내용이다.
▶ 정답 ①

[39 ~ 40] 다음을 읽고 질문에 답하시오.

저희는 귀사로부터 주문을 위한 6월 29일 자 팩스를 받게 되어 기쁩니다. 전기면도기는 7월 6일에 런던에서 출발하여 24일에 시돈에 도착할 예정인 SS Tyrania선에 선적되도록 예약하였습니다.
귀사의 주문의 긴급성으로 통상적인 신용조회를 할 수 있는 시간이 없어서, 당사는 어쩔 수 없이 <u>이러한 방법</u>으로 이 거래를 하였습니다. Midminster 은행을 통하여 귀사를 지급인으로 하는 환어음을 발행하였습니다. 은행은 시돈에 있는 환거래 은행으로부터 환어음의 지급과 상환으로 ⓐ <u>선하증권</u>이 교부되도록 지시할 것입니다.
귀사의 지역적 조건에 적합한 상품을 선택하는데 특별하게 주의를 기울였습니다. 당사는 귀사가 그러한 사항들이 만족스럽기를 기대하고, 귀하의 현 주문이 앞으로의 많은 주문의 첫 번째가 되길 바랍니다.

39
밑줄 친 '이러한 방법'은 무엇인가?
① D/P ② 신용 거래로
③ 신용장으로 ④ 현금으로

[해설]
환어음의 지급과 선하증권의 교부가 상환되는 조건은 추심거래 중 D/P에 대한 설명이다.
▶ 정답 ①

40
빈칸 ⓐ에 들어갈 가장 적절한 단어는 무엇인가?
① 선하증권 ② 송장
③ 신용조회처 ④ 신용장

[해설]
추심방식에서 매도인은 추심은행을 통해 선하증권을 매수인에게 교부하고, 매수인은 추심은행을 통해 대금을 지급한다.
▶ 정답 ①

41
다음 중 밑줄 친 문장을 재작성한 것으로 가장 옳은 것은?

당사는 Celltopia II에 대한 가격 인하를 요청하는 10월 20일 자 귀하의 이메일을 받았습니다. 귀하의 요청에 대하여 신중하게 고려하였으나, 미국 달러에 대한 대한민국 원화의 강세로 인하여, <u>이번에 할인하는 것은 불가능함</u>을 알려드립니다.

① 현재 할인하는 것을 받아들일 수 없다
② 지금은 할인을 제공할 수 없다
③ 그것은 이번에 할인되었다
④ 이번에는 할인할 수 있다

[해설]
환율 문제로 인하여 할인 할 수 없다는 내용은, 현재는 할인이 불가능하다는 의미이다.
▶ 정답 ②

42
빈칸에 들어갈 가장 적절한 것은?

당사는 주문 번호 3038에 대한 USD 75,000가 결제되지 않았음을 알려드리게 되어 유감스럽습니다.

저희는 3주 전에 귀사 앞으로 (결제 독촉장)을 보냈지만, 아직까지도 귀사로부터 답변을 받지 못하였습니다. 당사는 즉시 이 금액을 청산하기 위한 도움이 필요합니다.

① 운송 ② 지불
③ 수표 ④ 결제 독촉장

[해설]
대금이 지불되지 않았다고 하였으므로, 독촉장을 보냈다는 내용이 와야 적절하다.
▶ 정답 ④

43
밑줄 친 (A)와 유사하지 않은 것은?

이것은 제품 번호 34번 (A)에 관한 것입니다. 당사의 제조업체는 당사에게 이 제품에 사용된 재료 가격의 인상이 있었기 때문에, 가격이 인상 되었다는 것을 알려주었습니다.

① ~에 관하여
② ~에 관하여
③ ~에 따라
④ ~에 관하여

해설
in reference to는 '~에 관하여'라는 의미이고, as per는 '~에 따라'라는 의미이다.

▶ 정답 ③

[44~45] 다음을 읽고 답하시오.

당사는 USD 100,000,000의 TV 모니터에 대한 수출계약을 체결하였습니다. 이것을 위하여, 당사는 현재의 계약에 사용될 기계와 재료를 위한 자금이 필요합니다. 이러한 대규모 지출을 이유로, 당사는 당사의 신용 한도를 USD 30,000,000에서 USD 50,000,000으로의 인상을 요청합니다.
~~~~~~~~~~~~~~~~~~~~~~~~~~~~~~
귀하의 서신과 관련하여, 당사는 귀사의 요청에 따라 2019년 11월 1일부터 신용 한도가 (A USD 20,000,000 인상됨)을 알리게 되어 기쁩니다. 그러나 (B) 이자율이 6.5%에서 7.5%로 인상될 것이라는 점은 주의를 요합니다.

44
빈칸 (A)에 가장 옳은 것은?

① USD 20,000,000이 인상
② USD 20,000,000로 인상
③ USD 20,000,000가 감소
④ USD 30,000,000와 USD 50,000,000 사이

해설
신용 한도가 USD 20,000,000이 인상되었다는 내용이 적절하다.

▶ 정답 ①

45
밑줄 친 (B)를 재작성 해보시오.

① 당사는 이자율을 6.5%에서 7.5%로 인상할 것입니다.
② 당사는 이자율이 6.5%에서 7.5%로 상승할 것입니다.
③ 이자율은 6.5%를 1% 초과할 것입니다.
④ 이자율은 1%에서 7.5%를 넘어설 것입니다.

해설
해당 내용은 이자율을 6.5%에서 7.5%로 인상할 것이라는 내용이다.

▶ 정답 ①

[46~47] 다음을 읽고 답하시오.

Mr. Hong에게,

송장 번호 1555번에 대한 상품의 손상에 관한 10월 15일 자 귀사의 서신에 감사드립니다. 당사는 상품이 창고에서 떠나기 전에 점검되었다는 것을 확인하였습니다. 이에 따라, 손상은 선적 과정에서 발생한 것 같습니다.

해당 상품의 운임 지불인을 수취인으로 하여, 해당 상품을 반송해주시겠습니까?
당사는 그것들을 받는 즉시 환불해드리도록 하겠습니다.

불편을 끼쳐드린 점에 대하여, (사과)를 받아 주십시오.
안녕히 계십시오.

46
위 서신에서 추론할 수 없는 것은?

① 매도인은 반송하는 상품에 대한 운임을 지불하려고 한다.
② 매수인은 상품이 손상되었다고 주장하였다.
③ 상품은 매도인의 창고에서는 문제가 없었다.
④ 매도인은 대체품을 발송하고자 한다.

해설
하자 있는 상품을 받으면, 환불을 하고자 하고 있으므로, 대체품 발송과는 관계가 없다.

▶ 정답 ④

47

빈칸에 옳은 단어를 넣으시오.

① 감사　　　② 관심
③ 사과　　　④ 안도

[해설]
환불 절차 등이 필요한 불편이 야기 되어오므로, 사과를 받아 달라는 내용이 적절하다.

▶ 정답 ③

48

빈칸을 적절한 단어로 채우시오.

> 매도인은 신용장을 개설하는 은행이 건실하고, 은행은 동의한 대로 지급할 것이라고 신뢰하여야 한다. 매도인이 의심을 가지는 경우라면, 그들은 다른 (아마 더 신뢰할 수 있는) 은행이 결제할 의무를 질 것을 의미하는 (확인) 신용장을 사용할 수 있다.

① 확인된　　　② 취소 불능의
③ 선대　　　　④ 모두 아님

[해설]
확인신용장은 개설은행 이외의 은행이 대금 결제 또는 매입을 확약해주는 신용장이다.

▶ 정답 ①

49

빈칸을 옳은 단어로 채우시오.

> 선대 신용장은 수익자가 제품의 선적이나 서비스를 이행 하기 전에 그 일부를 결제 받는 것을 허용하는 신용장이다. 원래 이 조건들은 붉은색 잉크로 쓰여졌는데, 이것으로 인하여 (이러한) 명칭이 되었다. 실무적으로, 개설은행 입장에서, 수익자가 확실히 신용할 수 있거나 선적되지 않았을 때 통지은행이 대금을 환불해주겠다고 동의하지 않는 한 이 조건들을 제시하는 일은 거의 없을 것이다.

① 단순　　　② 선대
③ 검은　　　④ 모두 아님

[해설]
선대신용장의 명칭에는 Red Clause L/C, Packing L/C, Advance Payment L/C, Anticipatory L/C 등이 있다.

▶ 정답 ②

50

빈칸에 가장 옳은 것은?

> 당사는 전 세계에 기계 부품을 수출하는 대규모 엔지니어링 회사이고, 중동의 한 고객에게 향후 2년동안 공급하는 계약을 체결했습니다.
>
> 당사가 제공하게 될 부품들이 유형상 유사하고, 이 기간 동안 연간 USD 50,000,000달러의 상품이 같은 목적지에 갈 것이기 때문에
>
> 이 기간 동안 전 위험에 대비하여 (포괄예정보험)을 제공해주실 수 있으십니까?
>
> 귀하의 답변을 듣기를 고대하겠습니다.

① 보험증권　　　② 보험증명서
③ 포괄예정보험　④ 보험료

[해설]
포괄예정보험은 포괄계약 기간 전체에 대하여 미리 보험계약을 체결하는 방식이다.

▶ 정답 ③

[제3과목] **무역실무**

51

[해설]
지연된 승낙도 당사자가 합의하는 경우에는 승낙으로서 효력을 갖는다.

▶ 정답 ④

52

[해설]
포괄계Dir이나 개별계약의 사용 여부를 결정하는 경우에는,

오랜 기간의 거래 관계보다는 상품의 특성이 무엇보다 중요하다.
▶ 정답 ②

53
[해설]
날짜의 표시 순서는 국가마다 상이하므로, 문자로 표시하는 것이 좋다.
▶ 정답 ③

54
[해설]
추심업무에 참여하는 은행은 서류의 내용을 심사할 의무가 없다.
▶ 정답 ③

55
[해설]
FCA 조건에서 매도인은 수출 통관을 이행하여야 하고, 추가로 매도인 공장에서의 인도 조건이라면, 매도인은 운송수단에 적재할 의무가 있다.
▶ 정답 ④

56
[해설]
수익자가 여러 개의 조건변경 통지에 대해 일부만 수락하는 것은 불가능하다.
▶ 정답 ②

57
[해설]
해상운송장(Sea Waybill)은 권리증권성이 없으므로, 원본 서류를 제출없이 화물을 인도받을 수 있다.
▶ 정답 ④

58
[해설]
알선은 강제력이 없다.
▶ 정답 ②

59
[해설]
제2수익자가 제1수익자에게 재양도 하는 것은 가능하다.
▶ 정답 ④

60
[해설]
청약 및 승낙은 도달하는 때에 효력이 발생하고, 이것은 추가적으로 철회와 취소를 구분하는 기준된다.
▶ 정답 ①

61
[해설]
지급인의 명칭은 환어음의 필수기재사항이다.
▶ 정답 ②

62
[해설]
SLB(Siberian Land Bridge)에 대한 내용이다.
▶ 정답 ①

63
[해설]
용선계약선하증권을 제외하고, 용선계약에 따른다는 표시가 없어야 수리된다.
▶ 정답 ④

64
[해설]
무차별 운임(Freight All Kinds Rate)에 대한 내용이다.
▶ 정답 ④

65
[해설]
추정전손을 위부(Abandonment)하지 않는 경우에는 분손으로 처리된다.
▶ 정답 ③

66
[해설]
국제팩토링결제는 신용장이나 추심결제방식과 비교하여 실무절차가 간단하다.

▶ 정답 ③

67
[해설]
ICC(C) 조건에서는 갑판유실에 대해서는 담보하지 않는다.

▶ 정답 ③

68
[해설]
CIP 조건의 경우에는 Seller가 Buyer를 위하여 보험에 부보할 의무가 있다.

▶ 정답 ③

69
[해설]
최저운임(Minimum Freight)에 대한 내용이다.

▶ 정답 ①

70
[해설]
견적송장(Proforma Invoice)은 수리되지 않는다.

▶ 정답 ③

71
[해설]
선하증권의 권리가 문언에 의하여 결정된다는 내용은 선하증권의 문언증권성에 대한 설명이다.

▶ 정답 ③

72
[해설]
감항성담보는 묵시담보이다.

▶ 정답 ④

73
[해설]
은행은 서류의 제시일의 다음날로부터 최대 5은행 영업일 간 서류를 심사할 수 있다.

▶ 정답 ①

74
[해설]
보험증권이 전달되는 것은 보험자의 의무이므로, 요식계약으로 간주하지 않는다.

▶ 정답 ④

75
[해설]
① 매수인은 매도인의 계약위반에 따른 손해 손해배상을 청구할 수 있다.
③ 대체물 청구권은 매수인의 권리이다.

▶ 정답 ①, ③

2020년 제1회 정답 및 해설

제1과목 영문해석

01	③	02	④	03	②	04	③	05	①
06	①	07	②	08	②	09	④	10	③
11	①	12	①	13	①	14	②	15	②
16	①	17	①	18	①	19	④	20	①
21	③	22	③	23	②	24	①	25	③

제2과목 영작문

26	④	27	④	28	④	29	③	30	②
31	④	32	②	33	②	34	①	35	④
36	④	37	③	38	①	39	③	40	①
41	①	42	③	43	①	44	②	45	④
46	④	47	④	48	②	49	③	50	③,④

제3과목 무역실무

51	②	52	②	53	④	54	④	55	①
56	②	57	②	58	②	59	③	60	②
61	①	62	④	63	③	64	④	65	③
66	③	67	①	68	③	69	④	70	①
71	③	72	③	73	②	74	④	75	④

제1과목 영문해석

[01 ~ 02] 다음을 읽고 질문에 답하시오.

담당자에게,
당사는 귀사께서 주문번호 146번(ⓐ 에 대한)에 대한 신용장의 즉시 발행 요청 서신을 4월 5일에 받았습니다. 오늘 당사는 서울 외환은행에 귀사를 수익자로 하여 5월 20일까지 유효한 USD 250,000의 취소불능 확인 신용장을 개설하도록 요청하였습니다. 이 신용장은 ⓐ 뉴욕의 뉴욕은행에 의해 통지될 것이고 확인될 것입니다. 그들은 취소불능 및 확인 신용장 하에서 귀하의 (ⓒ 일람) 후 60일 지급 (ⓑ 환어음)을 인수할 것입니다.

상품이 선적되자마자 당사에 텔렉스나 팩스로 (ⓓ 만기일)을 즉시 알려주시기 바랍니다.
감사합니다.

01

밑줄 친 ⓐ가 하지 않는 역할을 고르시오.
① 확인은행
② 통지은행
③ 개설은행
④ 인수은행

해설
서신에서 뉴욕은행은, 통지, 확인, 인수은행의 역할을 할 것이라 명시하였다.
▶ 정답 ③

02

빈칸에 들어갈 잘못된 단어를 고르시오.
① ~에 대한
② 환어음
③ 일람
④ 만기일

해설
ⓓ의 위치에는 만기일을 알려 달라는 내용보다는 선적일을 알려달라고 하는 내용이 적절하다.
▶ 정답 ④

03

다음 중 목적이 다른 답신은?

당사에게 그들의 재정 상태와 평판에 대해 알려주신다면 감사하겠습니다. 귀사가 제공하는 모든 정보는 극비로 취급될 것이며, 귀사의 청구서를 받는 경우 바로 비용이 지급될 것입니다. 신속한 답신 기다리고 있겠습니다.

① 그 회사는 업계에서 존중을 받고 있습니다.
② 그들의 거래계정은 항상 제 시간에 결제되지 않았습니다.

③ 당사의 기록에 따르면, 그들은 의무 이행 시 시간을 엄수하고 있습니다.
④ 그들은 항상 의무를 잘이행하며, 그들의 재무제표는 건전한 상태입니다.

[해설]
①, ③, ④번은 회사에 대한 긍정적인 평가를 전하는 내용이고, ②번은 회사에 대해 부정적인 내용을 말하고 있다.
▶ 정답 ②

04

다음 중 인코텀즈 2020 하의 CPT 조건에 대해 옳지 않은 것은?
① 매도인은 운송인에게 상품을 인도하거나, 그렇게 인도된 상품을 조달하여 상품을 인도한다.
② 매도인은 지정 목적지로 상품을 운송하는데 필요한 운송계약을 체결하고 운임을 부담한다.
③ 매도인은 상품이 지정 목적지에 도착했을때 인도 의무를 이행한다.
④ 매도인은 상품 인도에 필요한 품질, 용적, 중량 및 수량의 검사 비용을 부담해야 한다.

[해설]
CPT 조건이 사용되는 경우, 매도인은 운송인에게 상품을 인도하는 때에 그의 인도 의무를 완료한 것이 된다.
▶ 정답 ③

05

Mr. Beals가 받은 아래의 서신에 따라 옳은 것은?

> Mr. Beals에게,
> 당사의 주문번호 14478번,
> 당사는 상기 주문과 관련하여, 2019년 6월 20일에 수령한 청바지의 선적에 대해 Complain을 하고자 서신을 드립니다. 청바지가 포장되어 있던 박스는 손상되어 있었고, 박스들은 운송 중에 파손된 것처럼 보였습니다. 당사는 귀사의 송장 번호 18871번부터, USD 550 상당의 청바지 25벌이 도난되었다고 추산합니다. 박스가 손상됨으로 인하여, 일부 상품들 또한 모두 구겨지거나 얼룩져 있어서 저희 매장에서 새 상품으로 판매될 수 없습니다.
>
> CFR 조건으로 매매가 이루어졌고, 운송주선인이 귀사의 대리인이었기 때문에, 당사는 귀사에게 보상과 관련하여 그들에게 직접 연락해 줄 것을 제안드립니다. 손상 및 분실된 상품 목록을 첨부하였습니다. 당사가 귀사의 지시를 받을 때까지 해당 화물은 별도로 보관하고 있을 것입니다.
>
> Peter Jang 올림
> 손상 및 분실된 상품 목록 동봉

① Mr. Beals는 보상과 관련하여 운송주선인과 연락할 것이다.
② Mr. Jang은 Mr. Beals에게 손상된 화물을 반송하려고 한다.
③ Mr. Beals는 손상된 화물을 수령할 것이다.
④ Mr. Jang은 Mr. Beals가 손상된 상품을 보냈다고 생각한다.

[해설]
Peter Jang이 Mr. Beals가 보상과 관련하여 운송주선인과 직접 연락할 것을 제안한다고 말하고 있으므로, Mr. Beals가 보상에 대해 운송사와 연락할 것이라는 것은 옳다.
▶ 정답 ①

06

답신에 포함될 것으로 옳지 않은 것은?

> Mr. Song에게,
> Ace A/V System에 대하여 확정청약을 하는 귀사의 12월 21일 자 서신에 감사합니다. 수량 할인 계획이 포함된, 서신에 언급된 모든 조건은 승낙 가능하고, 당사는 Ace System 200개에 대하여 첫 주문을 하고 싶습니다. 동봉된 주문서 양식 KEPP-2345번은 이 주문에 관한 자세한 내용을 제공합니다. 추가적인 소통과 송장 발행과 관련해서는, 상기의 주문 번호를 참조해주시기 바랍니다.

① 귀사가 우호적인 견적을 제공하고 주문받은 날로부터 6주 이내의 인도를 보증할 수 있다면, 당사는 정기적으로 주문할 것입니다.
② 귀사의 신용장을 받는 즉시, 귀사의 주문을 처리하고 지시받은 대로 상품들을 선적할 것입니다.

③ 귀사의 주문 명단에 있는 상품은 올해 1월 이후로 생산 중단되었음을 유감으로 생각합니다.
④ 귀사의 주문 명단에 대한 생산 및 선적에 어떠한 문제도 없을 거라 생각하기 때문에, 당사는 본 주문이 당사에 시간 내에 도착할 것으로 예상합니다.

[해설]
상기 서신은 상품을 주문하는 내용인데, ①은 그에 대한 답신으로 적절하지 않다.
▶ 정답 ①

07

매입신용장 운영과 관련하여 빈칸에 알맞은 단어를 고르시오.

> 우리는 이로써 (발행인/선의의 소지인)에게 이 신용장의 조건에 (일치)하게 발행되고 매입된 환어음이 제시되면 정히 (지급)될 것을 확약한다.

① 발행인/지급인 - 일치 - 지급
② 발행인/선의의 소지인 - 준수 - 지급
③ 발행인/수취인 - 준수 - 인수
④ 발행인/선의의 소지인 - 일치 - 인수

[해설]
매입신용장은 매입된 환어음이 제시되면 결제될 것임을 개설은행이 확약하는 내용이 담겨 있다.
▶ 정답 ②

08

다음의 신용장 거래 내용 중 옳은 것은?

> 신용장이 보험증명서를 요구하는 경우에, 보험증권이 제시되었다.

① 보험증권은 보험증명서 1부와 함께 제시 되어야 한다.
② 보험증명서만 제시되어야 한다.
③ 보험증권은 수리될 수 있다.
④ 보험증명서는 보험증권의 사본 1부를 동반해야 한다.

[해설]
보험증권은 보험증명서를 대신하여 수리가 가능하다.
▶ 정답 ③

[09 ~ 10] 다음 서신을 읽고 질문에 답하시오.

> Mr. Simpson에게,
> 20대의 C2000 화물을 ⓐ 수령하고 뉴질랜드 웰링턴의 South가 100번지에 있는 NZ Business Machine사 M. Tanner씨께 ⓑ 선적되도록 하는데 필요한 준비를 해주실 수 있으실까요? 모든 선적 절차와 보험을 ⓒ 처리해 주시고, 선하증권 5통, 상업송장 3통 그리고 보험증명서를 당사에 보내주시기 바랍니다. 우리의 고객들에게는 저희가 직접 선적을 ⓓ 통지할 것입니다.
> 귀사께서 이것을 가능한 한 빨리 처리해 주실 수 있으실까요? 귀사의 비용은 이전과 동일하게 송장 발행 방식으로 진행할 수 있습니다.
> Neil Smith 드림

09

추론할 수 없는 것은?
① Mr. Simpson은 운송주선업체의 직원이다.
② Neil Smith는 컴퓨터 회사의 선적 담당자이다.
③ M. Tanner는 수하인이다.
④ 해당 서신은 송하인이 매수인에게 보내는 것이다.

[해설]
선적 직원인 Neil Smith가 운송주선업체의 Mr. Simpson에게 화물 선적과 관련한 요청을 하고 있으므로, 송하인이 운송주선업자에게 송부하는 서신이다.
▶ 정답 ④

10

밑줄 친 것과 대체될 수 없는 것은 무엇인가?
① ⓐ 수거하다
② ⓑ 선적되는
③ ⓒ 초래하다
④ ⓓ 알리다

[해설]
ⓒ handle은 '처리하다'라는 의미이고, incur는 '발생시키다'라는 의미를 가지고 있다.
▶ 정답 ③

11
양도가능신용장 운영에서 빈칸 (A)~(D)에 맞는 단어를 고르시오.

> ((A) 양도은행)은 신용장을 양도하는 지정은행 또는 모든 은행에서 이용 가능한 신용장의 경우라면 ((B) 개설은행)에 의해 양도할 것을 특별히 수권받고 신용장을 양도하는 은행을 의미한다. ((C) 개설은행)은 ((D) 양도 은행)이 될 수 있다.

① (A) 양도은행 - (B) 개설은행 - (C) 개설은행 - (D) 양도은행
② (A) 양도은행 - (B) 매입은행 - (C) 매입은행 - (D) 양도은행
③ (A) 개설은행 - (B) 양도은행 - (C) 매입은행 - (D) 개설은행
④ (A) 통지은행 - (B) 개설은행 - (C) 매입은행 - (D) 양도은행

[해설]
UCP 상 양도은행의 정의이다.
▶ 정답 ①

[12 ~ 13] 다음을 읽고 질문에 답하시오.

> Mrs, Reed에게,
>
> Madam Furnishing사를 선택해주신 것에 대하여 감사함을 전합니다. Melissa 탁자에 대해 배송 시의 선호 사항과 탁자 디자인 변경에 대하여, 유선으로 논의한 내용과 관련하여, 논의한 바와 같이 아래 조건의 검토 및 확정을 요청 드립니다. 오늘 선적 예정이었던 귀하의 주문은 귀하의 요구사항을 반영하여 귀하가 희망한 가구를 수령할 수 있도록 하기 위하여 ((A) 보류) 되었습니다. 탁자의 색상과 배송 일정을 변경하고자 하는 귀하의 요구사항은 문서화되었고, 귀하의 주문은 ((B) 변경)되었습니다).
>
> 다음 사항을 알려 드립니다:
> Melissa 탁자는 검은색, 갈색, 그리고 빨간색으로 시판됩니다. 다른 색상의 탁자 생산은 특별 주문으로 간주되어 20달러의 추가 요금이 발생합니다. 탁자는 일요일 낮 12시부터 오후 3시 사이에 배송이 가능하지만 10달러의 추가 요금이 발생할 것이고, 이는 당사의 표준 주말/공휴일 배송비입니다.

12
위 메시지에 대한 다음 내용 중 옳은 것은?
① 상기 서신은 고객의 요구사항을 확인하기 위해 쓰여졌다.
② 검은색, 갈색, 그리고 빨간색 외 다른 색상으로의 탁자 생산은 불가능하다.
③ 탁자 배송에는 10달러의 추가 요금이 발생할 것이다.
④ 고객은 탁자 색상과 배송 일정 변경을 요구하지 않는다.

[해설]
유선상 논의한 고객의 요구사항을 확인하기 위하여 작성된 내용이다.
▶ 정답 ①

13
빈칸 (A), (B)에 맞는 단어를 고르시오.
① 보류 - 변경되었다
② 서류 - 변경되었다
③ 서류 - 취소되었다
④ 보류 - 취소되었다

[해설]
선적 예정이었던 탁자가 요구사항을 반영하기 위해 보류되었고, 주문은 그에 따라 변경되었다고 하는 내용이 적절하다.
▶ 정답 ①

14
수익자 은행의 금융상 편의에 영향을 주지 않고, 선적 전에 자금을 조달 받을 수 있도록 하는 화환신용장은 무엇인가?
① 양도가능신용장   ② 선대(전대)신용장
③ 취소불능신용장   ④ 취소불능확인신용장

[해설]
선대신용장에 대한 설명이다.
▶ 정답 ②

[15 ~ 16] 다음 서신을 읽고 질문에 답하시오.

> 귀사의 주문품은 2018년 4월 17일에 America호에 선적되었으며, 4월 27일에 리버풀에 도착할 것입니다. 당사는 ((B) 통관)을 위한 선적서류를 받는 대로 화물이 귀사에 보내지도록 ((A) 준비)할 귀사의 대리인 Eddis Jones씨께 통지했습니다. 노팅엄 High가에 위치한 당사의 은행 대리인, Westmorland 은행은 귀사에서 당사의 환어음을 인수하시면, 선적 무사고 선하증권, 송장, 그리고 보험증명서로 이루어진 서류들을 ((C) 인도할) 것입니다.

15
추론할 수 없는 것은 무엇인가?
① 이것은 수입자에게 송부하는 선적통지이다.
② Eddis Jones는 수입자측 판매 대리인이다.
③ Westmorland 은행은 수입국의 추심은행이다.
④ 화환추심에서, 금융 관련 증명서류는 상업서류를 동반한다.

[해설]
화물이 해당 회사로 보내지도록 Eddis Jones에게 통지했다고 하였으므로, Eddis Jones는 운송주선업자로 추측할 수 있다.
▶ 정답 ②

16
빈칸 (A), (B), (C)에 맞는 단어를 고르시오.
① (A) 준비 - (B) 통관 - (C) 인도하다
② (A) 준비 - (B) 운송 - (C) 인도하다
③ (A) 약속 - (B) 통관 - (C) 차지하다
④ (A) 약속 - (B) 운송 - (C) 차지하다

[해설]
준비 - 통관 - 인도에 대한 내용이 적절하다.
▶ 정답 ①

17
가장 옳은 번역을 고르시오.

> 선하증권 약관에 따라, 운송인과 그 대리인은 해당 사고에 대한 책임이 없습니다. 따라서, 당사는 귀사의 클레임을 거부하게 되어 유감이고, 귀사의 보험업자에게 그에 알맞게 귀사의 관련 서류를 다시 보내도록 제안합니다.

[해설]
redirect는 '다시 보내다'라는 뜻이고, underwriter는 보험업자라는 뜻이다.
▶ 정답 ①

18
빈칸 (A) ~ (D)에 맞는 단어를 고르시오.

> 당사는 귀사가 당사의 주문을 처리하는 것에 대해 매우 만족해왔고, 당사 사업의 성장에 발맞춰 향후 귀사에 더욱 많은 수량의 주문을 할 것으로 예상하고 있습니다. 귀사와 당사가 현재 2년이 넘도록 협업하고 있다는 것을 알고 계시므로, 당사에 분기별 결제방식으로 ((A) 사후송금) 방식을 승인해주실 수 있다면 감사하겠습니다. 이러한 조정은 당사에게 ((B) 송장)별로 별도로 결제해야 하는 불편을 줄여줄 것입니다. 은행과 거래처의 ((C) 신용조회처)는 귀사의 ((D) 요청)에 따라 제공해드릴 수 있습니다. 당사는 귀사의 호의적인 답신을 받기를 기대하고 있습니다.

① (A) 사후송금 - (B) 송장 - (C) 신용조회처 - (D) 요청
② (A) 사후송금 - (B) 송장 - (C) 신용조회인 - (D) 결제
③ (A) 연지급 - (B) 수표 - (C) 신용조회처 - (D) 결제
④ (A) 연지급 - (B) 수표 - (C) 신용조회인 - (D) 요청

[해설]
사후송금 - 송장 - 신용조회처 - 요청이 적절하다.
▶ 정답 ①

19
다음 중 분쟁해결에 대한 매도인과 매수인의 의무를 설명한 것으로 적절하지 않은 것은?

① 당사자들은 신의성실에 따른 협상을 통해 계약 관련 모든 분쟁을 해결하기 위해 합리적으로 최선의 노력을 할 것입니다.
② 당사자들은 이러한 분쟁과 관련되어 있는, 모든 당사자에게 서면 통지를 하여야 하고, 이러한 통지를 받은 후 30일 (혹은 당사자들이 합의한 다른 기간) 내에 해결 되지 않는 모든 분쟁은 당사자 상호 합의에 따라 선정된 중재인에게 회부될 것입니다.
③ 서면으로 내려지는 중재인/중재인들의 중재안 또는 경우에 따른 다수의 판정은, 회부된 문제에 대하여 최종적이며, 당사자들을 구속하기에 당사자들은 그러한 판정을 따르고 준수할 것입니다.
④ 본 합의에 대한 모든 규정이나 다른 규정이 법률 및 공공 정책에 의해 무효나 불법 또는 집행될 수 없는 상황일지라도, 고려되는 거래의 경제적 및 법률적 본질이 어떤 당사자에게도 실질적으로 불리한 방식으로 영향을 주지 않는 한 이 합의의 다른 모든 조건과 규정은 완전한 효력을 유지할 것입니다.

[해설]
가분성조항은 분쟁해결과 직접적인 관련이 없다.
▶ 정답 ④

[20 ~ 21] 다음을 읽고 질문에 답하시오.

귀사가 송부한 1월 10일 자 서신으로부터 당사가 해당 주문에 따라 제공된 일부 DVD가 손상된 상태로 도착한 것을 알게 되어 유감입니다.
(1) 손상된 상품에 대한 대체품이 오늘 아침 우편 소포로 송부되었습니다.
(2) 손상된 상품은 반드시 반송하지않아도 괜찮습니다. 폐기하셔도 됩니다.
(3) 당사가 상품을 포장할 때 주의를 기울였음에도 불구하고, 최근에 손상과 관련한 신고가 있었습니다.
(4) 고객들께 끼치는 더 많은 불편과 (성가심)을 없애기 위하여, 당사에 드는 비용에 대한 문제와 당사가 처리 방법을 개선하려는 의지로 현재 포장 컨설턴트의 조언을 구하고 있습니다.

20
빈칸에 적절한 것은?
① 성가심 ② 논의
③ 협상   ④ 해결책

[해설]
손상된 상품이 인도된 상태이므로, 성가심을 없앤다라는 내용으로 구성되어야 한다.
▶ 정답 ①

21
이것은 서신에 대한 답신이다. 다음 중 이전 서신에서 찾기 어려웠을 것으로 보이는 것은?
① 당사는 포장 전의 단계에서 부주의함이 이러한 결과를 가져왔을 것으로 추정합니다.
② 당사는 손상된 상품 리스트를 동봉하였고 귀사가 그것들을 교환하여 주신다면 감사하겠습니다.
③ 당사는 손상된 상품에 대하여 귀사가 판매가를 낮출 필요가 있다고 생각하고, 귀사가 제안한 10퍼센트 특별 할인액에 기꺼이 동의합니다.
④ 그것들은 귀사가 보상을 위해 공급자에 제기하는 클레임을 뒷받침하는 데 필요할 경우를 대비하여 별도로 보관되었습니다.

[해설]
서신은 손상품에 대하여 대체품이 송부되었다는 내용이므로, 귀사가 제안한 할인액에 동의한다는 내용은 이전 서신으로 적절하지 않다.
▶ 정답 ③

22
다음 중 지문의 제목으로 옳은 것은?

몇몇 해운 동맹하에서 사용되는 제도이고, 이것에 의해 송하인은 특정 기간 동안 오직 동맹선만을 사용할 것을 조건으로 해당 기간 동안 지불된 운임에 대하여 환불해 주는 제도를 말한다.

① 계약운임제   ② 이중운임제
③ 성실환급제   ④ 투쟁선

[해설]
성실환급제에 대한 설명이다.
▶ 정답 ③

[23 ~ 24] 다음을 읽고 질문에 답하시오.

> 귀사가 최근에 주문한 No. 234 - 234 - 001에 대하여 감사드립니다.
> 당사는 이 선적에 적용된 USD 10,000의 취급수수료와 관련된 귀사의 서신을 받았습니다. 솔직하게, 이것은 당사((A) 측)의 오류였습니다. 당사는 자기로 된 새 물통과 같이 ((B) 손상되기 쉬운) 상품에 대한 모든 주문에 특별 취급수수료를 추가하지만, 알 수 없는 이유로 해당 공지가 상품 설명 페이지에서 일시적으로 사라졌습니다. 당사는 웹사이트에서 해당 오류를 ((C) 정정했습니다). 그러나, 그 사이에 당사는 USD 10,000을 귀사의 대변에 기입하였습니다. 당사는 모든 불편에 대해 사과드리고, 추후에 다시 귀사를 모실 기회가 있기를 바랍니다.

23
서신에 대해 가장 옳지 않은 것은?
① 매수인은 쉽게 파손되는 상품을 주문했다.
② 상품의 품질에 대한 소통 오류가 있었다.
③ 매수인은 홈페이지에서 제품에 대한 정보를 획득하였다.
④ 쉽게 파손되는 상품을 다루는 주문에 대해서는, 특별 취급 수수료가 있을 것이다.

[해설]
삭제된 상품 상세 설명페이지에 대한 내용은 언급되어 있지만, 제품의 품질에 대한 의사소통을 나누었다는 내용은 없다.
▶ 정답 ②

24
빈칸 (A), (B), (C)에 알맞은 단어를 고르시오.
① 측 - 파손되기 쉬운 - 수정했다
② 편 - 파손되기 쉬운 - 고려했다
③ 측 - 단단한 - 수정했다
④ 편 - 단단한 - 고려했다

[해설]
측 - 파손되기 쉬운 - 수정했다라는 내용이 적절하다.
▶ 정답 ①

25
한국어로 적절하게 번역된 것이 아닌 것은?

> (a) 12월 계산서에 지급되어야 하는 잔액 105.67파운드가 아직 정산되지 않아 독촉장을 보내게 되어 유감입니다. (b) 계산서는 1월 2일에 발송되었으며 여기 사본을 동봉합니다. (c) 귀하에게 상기시켜 드리기는 이번 건은 유독 낮은 가격을 빨리 견적해 드린 것임을 이해해 주시기 바랍니다. (d) 혹시 실수로 금액 지불이 늦어진 것이라면 2~3일 내로 수표를 보내 주시면 감사하겠습니다.

[해설]
(c)는 조기 결제에 대한 합의가 있었기에 특별히 낮은 가격으로 견적하였다는 내용이다.
▶ 정답 ③

제2과목 영작문

26
다음 중 빈칸 (a) ~ (c)에 가장 적절한 것은?

> 1. 매입은행은 매도인에게 지급하거나 매도인에 의해 발행된 환어음을 ((a) 할인하고), 선적서류를 매수인 국가의 개설은행에 보낸다.
> 2. 개설은행은 ((b) 지급)에 대해서 선적서류를 수입국의 매수인에게 인도한다.
> 3. 대금수령인은 운송사에 ((c) 선하증권)을 제시함으로써 화물을 받는다.

① (a) 할인하다 - (b) 지급 - (c) 선적서류
② (a) 결제하다 - (b) 매입 - (c) 선하증권
③ (a) 결제하다 - (b) 매입 - (c) 선적서류
④ (a) 할인하다 - (b) 지급 - (c) 선하증권

[해설]
a - 매입은행은 결제하지 않고 매입하여 할인된 금액을 지급한다.
b - 개설은행은 수입상의 대금 지급에 대해 선적서류를 전달한다.
c - 생략은 수입상을 고려하여, 선하증권을 제시하고 물품을 인도 받는다는 내용이 옳다.
▶ 정답 ④

27
UCP 600 하에서 빈칸에 적절한 것은 무엇인가?

> 지정에 따라 행동하는 지정은행, 있는 경우 확인은행, 혹은 개설은행은 (신용장에 의해 허용된 금액을 초과한) 금액에 대해 발행된 상업송장을 수리할 수 있고, 문제의 그 은행이 (신용장에 의해 허용된 금액을 초과한) 금액을 결제 또는 매입하지 않는 경우에 한하여, 그 결정은 모든 당사자를 구속하게 된다.

① 신용장에 의해 허용된 금액을 초과한 – 신용장에 의해 허용된 금액보다 적은
② 신용장에 의해 허용된 금액보다 적은 – 신용장에 의해 허용된 금액보다 적은
③ 신용장에 의해 허용된 금액보다 적은 – 신용장에 의해 허용된 금액을 초과한
④ 신용장에 의해 허용된 금액을 초과한 – 신용장에 의해 허용된 금액을 초과한

[해설]
신용장의 금액을 초과하여 상업송장이 발행된 경우, 지정은행은 신용장 금액을 한도로 결제 또는 매입할 수 있다.
▶ 정답 ④

28
빈칸에 옳지 않은 단어를 고르시오.

① (매입은행)은 개설은행 외에 신용장 하에서 발행된 환어음을 할인 또는 구매한 은행을 의미한다.
② 한국에 있는 은행에 의해 개설되어 국내 공급자 앞으로 발행된 (내국신용장)은 수출자를 대신하여 수출용 원재료나 완제품 공급자에 대한 은행의 지급 의무를 보증하기 위함이다.
③ (회전신용장)은 특정한 신용장의 조건변경 없이 금액이 갱신되거나 자동적으로 복구된다는 조건을 가진다.
④ 신용장에 관한 은행 수수료는 관련 당사자가 부담한다. 수입자의 국가 외에서 발생한 모든 은행 수수료는 보통 (개설의뢰인)이 부담한다.

[해설]
신용장 은행 수수료는 경우에 따라 개설의뢰인이나 수익자의 부담이 된다. 모두 개설의뢰인이 부담한다는 내용은 옳지 않다.
▶ 정답 ④

29
협회적하약관에 대해 옳지 않은 것은?

① ICC(B)와 ICC(C) 간 유일한 차이점은 ICC(B) 적하보험증권 하에서 담보되는 추가 위험이다.
② ICC(B)는 선박, 배, 선창, 운송수단, 컨테이너 혹은 저장공간으로의 해수 및 호수나 강물의 침입에 의해 초래된 피보험 목적물에 대한 손해나 손상을 담보하지만 ICC(C)는 그렇지 아니하다.
③ ICC(B)는 공동해손희생에 의해 초래된 피보험목적물에 대한 손해나 손상을 담보하지만 ICC(C)는 그렇지 않다.
④ ICC(C)는 시장에서 이용할 수 있는 최소담보 적하보험증권이다.

[해설]
ICC(C)에서도 보험자는 공동해손을 담보한다.
▶ 정답 ③

30
다음 단어들 중 아래 빈칸 (a) ~ (d)에 옳지 않은 것은?

> 모든 벌크선에는 ((a) 본선수취증)이라 불리우는 서류가 있다. 이 서류는 인도증과 같으며 화물 품목, 꾸러미 개수, 중량, 용적 등과 같은 선적과 관계된 모든 정보를 갖고 있고, 이 서류는 선적 시 선박으로 인도된다. 만약 실제 인도된 화물과 ((a) 본선수취증) 사이에 차이가 발견된다면, 일등 항해사가 화물을 점검하고 이러한 차이를 기록하여 화물이 그 상태로 수취 되었음을 확인한다. 이것은 컨테이너 운송 이전 시대에 선박/대리인 이 화물을 물리적으로 점검하고 확인할 수 있었기 때문에 가능했다.
> 하지만, 컨테이너로 운송되는 화물과 특히 ((b) 혼재 화물)의 경우, 운송인/대리인은 컨테이너 포장과 화물의 종류에 대해 알지 못한다. 운송인은 화물, 포장 개수, 중량 및 용적에 관해서는 송하인에 의해 제공되는 정보에 의존한다. 따라서 ((c) 송하인의 적입, 적부 및 개수)는 송하인이 이후 단계에서 운송인에게 제기할 수 있는 모든 클레임으로부터 운송인을 보호하기 위해 ((d) 선하증권)에 들어가 있다.

① (a) 본선수취증
② (b) 혼재 화물
③ (c) 송하인의 적입, 적부 및 개수
④ (d) 선하증권

해설
FCL 화물은 Full Containder Load 이므로 옳지 않다. 혼재 화물은 LCL(Less than Container Load) 화물을 말한다.

▶ 정답 ②

31
다음 중 공동해손에 대한 진술로 옳지 않은 것은?
① 공동해손에 관한 1994년 요크-앤트워프 규칙에 의해 정의된 이 규칙들은 선박, 선원, 또는 남아 있는 화물을 구하기 위해 화물이 투하되어야 하는 경우에 손해 배분(정산)에 대한 지침을 제시한다.
② 손해는 희생의 이유가 이례적이거나 관련된 재산을 보존하기 위해 공동의 안전을 목적으로 희생이 합리적으로 행해지는 경우에만 공동해손으로 여겨질 것으로 간주된다.
③ 공동해손은 운송되는 화물이나 선박의 실질적 가치와 직접적으로 연관된 손해에 대해서만 적용될 것이다.
④ 지연으로 인해 생기는 모든 클레임, 시가 변동에 의한 손실로 인해 야기된 손해나 비용, 또는 모든 간접적 손해는 공동해손으로 간주되어야 한다.

해설
공동해손은 공동해손 행위에 의한 직접적인 손해여야 한다, 간접적인 손해는 공동해손의 담보 대상으로 인정되지 않는다.

▶ 정답 ④

32
UCP 600에 따라 문장을 완성하는 경우 가장 옳은 것은?

(상업송장)에서 상품 명세는 신용장에서의 명세와 일치해야 하고, (상업송장)은 신용장 개설의뢰인 명의로 작성되어야 한다.

① 선하증권   ② 상업송장
③ 해상화물운송장   ④ 환어음

해설
상업송장은 신용장에 기재된 내용과 엄밀하게 일치한 상태로, 개설의뢰인 앞으로 작성되어야 한다.

▶ 정답 ②

33
각 밑줄 친 부분을 대체하기 어려운 것을 고르시오.

귀사는 당사와 20년 넘게 함께 했습니다. 이러한 신의는 간과할 수 없습니다. 당사는 귀사가 저희와 한 신용(외상) 계정을 살펴보았고 돕기로 결정하였습니다. 아시다시피, (a) 귀사는 네 개의 연체된 송장이 있고, 가장 최근의 것은 약 6개월이 연체되었습니다. 이것은 귀사에 발생하는 일이 거의 없기 때문에, 당사는 이러한 (b) 지연이 귀사가 (c) 겪고 있는 현재의 경제 상황과 관련되어 있다고 추정합니다.
당사는 금일부터 30일 내에 (d) 지급이 이루어진다면 연체된 모든 송장에 20퍼센트의 할인을 제공하고자 합니다. 당사는 현재 이메일에 새로운 송장을 첨부하였습니다. 당사는 귀사가 당사와 맺은 신용 관계에 큰 가치를 둘 거라 생각합니다. 따라서, 당사는 규정된 일자에 지급받기를 희망합니다.

① (a) 송장 4개는 여전히 연체 상태이다.
② (b) 적시의 지불
③ (c) 맞닥뜨리고 있는
④ (d) 송장의 정산이 이루어지다.

해설
결제가 지연되고 있는 상황을 묘사하고 있으므로, 적시 지불이라는 것은 다른 내용이다.

▶ 정답 ②

34
빈칸에 가장 옳은 것은?

당사는 인도 지연이 매우 심각한 문제를 일으킬 수 있기 때문에 의료기구가 정해진 일자(에) 도착하는 것이 반드시 필요한 일임을, 이미 설명하였습니다.

① ~에   ② ~를 위해
③ ~에서   ④ ~로부터

해설
의료기구가 정해진 일자에 도착해야 한다는 내용이 옳다.

▶ 정답 ①

35
다음 중 다른 것들과 비교하여 의도가 다른 것은?
① 귀사의 인내와 이해에 감사드립니다.
② 기한을 연장해 주신다면 수표를 결제하는데 한달의 추가 기한이 생기므로 당사에 매우 도움이 될 것입니다.
③ 당사는 귀사가 이번만 기한 연장을 허락해주시기를 부탁드립니다. 당사는 이러한 일이 다시는 일어나지 않을 것이라 확언합니다.
④ 귀사의 거래처 중 2곳에 부도가 발생하여, 귀사가 어려움에 처하셨다는 것을 듣게 되어 유감입니다.

[해설]
기한을 연장해줄 것이라는 내용과, 귀사가 어려움에 처하여 유감이라는 내용은 의도가 다르다.
▶ 정답 ④

36
서류 심사를 고려하여 옳지 않은 단어를 고르시오.

(ⓐ 개설의뢰인)의 주소 및 연락처가 (ⓑ 수하인) 또는 (ⓒ 착화통지처)의 일부로 기재되는 경우, 그것들은 신용장에 적힌 것들과 (ⓓ 일치)하지 않아야 한다.

① ⓐ 신용장 개설의뢰인   ② ⓑ 수하인
③ ⓒ 착화통지처   ④ ⓓ 일치

[해설]
UCP 600에 따르면, 개설의뢰인의 주소와 세부 연락처가 운송서류상의 수하인 또는 통지처의 일부로 나타날 때에는 신용장에 명시된 대로 기재되어야 한다는 내용이 있으므로, 해당 내용은 오답입니다.
▶ 정답 ④

37
빈칸에 들어갈 틀린 단어를 고르시오.

UCP 600 운송조항에 적용되지 않는 증권은 (   )이다.

① 인도증   ② 화물인도지시서
③ 화물수령증   ④ 복합운송증권

[해설]
UCP 600 19조부터 25조에는 복합운송서류, 선하증권, 해상화물운송장, 용선계약선하증권, 항공 화물운송장, 육상 및 내수로 운송서류, 특송수령증 및 우편 수령증을 운송서류로 명시하고 있다.
▶ 정답 ④

38
빈칸(a) ~ (b)에 가장 옳은 단어를 고르시오.

귀사로부터 지금까지 어떠한 지급도 받지 못했으며, 당사는 이것이 귀사 측의 단순 (a) 실수라고 생각합니다. 기일이 (b) 지난 총액 전부를 즉시 송금해주시기 바랍니다.

① (a) 실수 (b) 지난   ② (a) 실수 (b) 의도된
③ (a) 2주일 (b) 의도된   ④ (a) 2주일 (b) 지난

[해설]
미지불 건에 대하여 이야기를 하고 있으므로, 지급기일이 지난 총액 전부를 송금해달라는 내용이 오는 것이 적절하다.
▶ 정답 ①

39
다음 문장 중 옳지 않은 것은?

Mr. Kim에게,
(a) 우리 소프트웨어 제품에 관심을 보여주신 귀사의 4월 13일 자 문의에 대해 감사드립니다. 귀사의 서신에 대한 답신으로서, 당사는 (b) 귀사께서 요청하신 당사의 디자인 소프트웨어에 대한 상세한 카탈로그와 가격표를 동봉합니다.
(c) Business Monthly에서 광고되는 것 이외에도, 첨부된 삽화 브로셔는 귀사께서 이용하실 수 있는 다양한 소프트웨어를 보여줍니다.
당사가 보낸 (d) 자료에 다루어지지 않은 질문이나 관심사항이 있으시다면, 망설이지 마시고 언제든지 당사에 연락해주십시오.

① (a)   ② (b)
③ (c)   ④ (d)

해설
~외에 라는 의미의 Besides와 광고되는 이라는 수동의 의미인 advertissed가 기재되어야 한다.

▶ 정답 ③

[40~41] 다음을 읽고 질문에 답하시오.

Mr. MacFee에게,
당사는 Hannam Trading사의 회계 책임자인 David Han씨의 추천으로 귀사에 서신을 보내게 되었습니다. 그는 그의 회사가 당사에 요청한 신용공여에 관한 신용 조회인으로서 귀사와 연락하라고 통지 했습니다.
그 회사가 USD 3백만 달러의 신용거래에 충분히 견실한지 확인해 주실 수 있을까요?
((A) 귀사가 가능한 가장 빠른 시일 내에) 답변해주시면 정말 감사하겠습니다.
그럼 안녕히 계십시오.

40
밑줄 친 'credit facilities'가 의미하는 것은?
① 잠재적 매수인이 차후에 대금을 결제하기를 원한다.
② 매도인이 은행에서 약간의 대출을 받고 싶어 한다.
③ 매도인이 잠재적 매수인에게서 신용(한도)을 얻기를 원한다.
④ 잠재적 매수인은 은행에 무제한의 신용(한도)을 요청 할 수도 있다.

해설
Credit facilities(신용공여)라는 의미는 매도인이 매수인에게 후불로 상품을 판매하는 것을 말한다.

▶ 정답 ①

41
빈칸 (A)에 적절한 단어를 고르시오.
① 귀사가 가능한 가장 빠른 시일 내에
② 당사가 조정한 시간까지
③ 그들이 편한 가장 이른 시간에
④ 당사가 만족하도록

해설
일반적으로 서신의 마지막에 많이 쓰이는, 귀사가 가능한 가장 빠른 시일 내에 라는 표현이 적절하다.

▶ 정답 ①

42
다음 중 빈칸에 가장 옳은 것은?

(부선)은 항구의 상품을 선박으로 나르거나, 또는 그 반대로 사용된다. 그것들은 바지선과 같은 작업을 수행할 수 있다.

① 카 페리   ② 유조선
③ 부선   ④ 트레일러

해설
부선은 육지와 본선 간에 상품을 나르는 역할을 하는데, 바닥이 평평한 형태의 바지선도 동일한 용도로 사용될 수 있다.

▶ 정답 ③

[43~44] 다음을 읽고 질문에 답하시오.

당사는 송장번호 1555번에 대하여, 지급을 받지 못했다는 귀사의 11월 20일 자 서신을 받아 놀랐습니다. 당사는 11월 2일에 거래은행인 서울 은행에 귀사의 런던 HSBC 계좌에 USD 2백만 달러를 ((A) 입금하도록) 지시했습니다. 거래은행 명세서에 당사 계좌에서 돈이 인출되었다고 나와 있었기 때문에, 또한 ((B) 당사는 그 대금이 귀사의 계좌로 입금 되었다고 생각했습니다). 귀사의 거래 은행이 귀사에 아직 통지하지 않았을 수도 있습니다.
그럼 안녕히 계십시오.

43
빈칸 (A)를 채우시오.
① 입금하다 (대변에 기재하다)
② 인출하다 (차변에 기재하다)
③ 선별하다
④ 발행하다

[해설]
지급을 받지 못했다는 11월 20일 자 서신을 받아 놀란 이유는 11월 2일에 이미 입금하도록 지시했기 때문이라고 추측할 수 있다.

▶ 정답 ①

44
빈칸 (B)에 가장 옳은 것은?
① 당사는 귀사 계좌에 중복 지급 했다고 생각했습니다.
② 당사는 대금이 귀사 계좌로 입금되었다고 생각합니다.
③ 당사는 지급이 제대로 되었다고 확신합니다.
④ 귀사가 원하신다면 당사 계좌에서 인출할 수도 있습니다.

[해설]
거래은행 명세서에 계좌에서 대금이 출금되었다고 나와 있으므로, 해당 대금이 상대방에게 입금되었다고 생각했다는 내용이 오는 것이 적절하다.

▶ 정답 ②

45
다음 중 빈칸에 옳은 문장은?

> 귀사의 제안을 제출한 것에 대하여 감사합니다. (유감스럽게도 저의 답변은 지연될 것 같습니다). 웹사이트 재설계를 맡을 외부 업체를 고용할 필요가 있을지 여부를 판단하기에는 아직 너무 이른 것이 그 이유입니다.

① 우리는 귀사의 제안을 승낙합니다.
② 아마 우리는 이 사업이 되도록 하는데 협력할 수 있을 것입니다.
③ 이 입찰의 최종 결과를 당사에 알려주십시오.
④ 유감스럽게도 저의 답변은 지연될 것 같습니다.

[해설]
외부 업체를 고용할 필요에 대해 고민 중이므로, 답변이 지연될 것 같다는 내용이 와야 옳다.

▶ 정답 ④

46
보증신용장에 대한 다음 내용 중 옳지 않은 것은?

> (a) 보증신용장(SBLC)은 서비스 계약에 대한 안전장치로 사용될 수 있다. (b) 왜냐하면 보증신용장은 위험을 제거하기 때문이다. 간단하게, (c) 이것은 의뢰인 대신에 은행에 의하여 발행될 지급을 위한 보증서로서, "최종 지급"으로 여겨진다. (d) 이것은 계약상 의무를 이행하지 않은 경우에는 사용되지 않을 것이다.

① (a) ② (b)
③ (c) ④ (d)

[해설]
보증신용장은 무화환신용장인데, 채무 불이행이 있는 경우에 은행으로 지급을 청구할 수 있게 되는 특징이 있다.

▶ 정답 ④

47
밑줄 친 것(ⓐ ~ ⓓ)을 주어진 단어로 대체하는 경우에, 다음 중 옳지 않은 것은?

> 당사는 거래 은행에 귀사 앞으로 12월 10일까지 유효한 총액 USD 10,000에 대한 취소불능신용장을 발행하도록 지시했습니다.
> → 당사는 거래 은행에 ⓑ 귀사 앞으로 12월 10일까지 ⓓ 유효한 ⓒ 총액 USD 10,000에 대한 취소불능신용장을 발행하도록 ⓐ 지시했습니다.

① ⓐ 지시했습니다 → ~을 조정했다
② ⓑ 귀사 앞으로 → 귀사의 앞으로 발행된
③ ⓒ 총액 → 합계가 ~에 달하는
④ ⓓ 유효한 → 기한이 지난

[해설]
유효한(valid)과 기한이 지난(expired)은 다른 내용이다.

▶ 정답 ④

48
빈칸에 가장 적절한 것은 무엇인가?

> UCP 600 하에서, 서류 발행인을 묘사하기 위해 사용되는 "일류의", "저명한", "자격 있는", "독립적인", "공인된", "유능한" 또는 "현지의" 같은 용어는 (수익자를 제외한 모든 발행인이 그 서류를 발행하도록) 허용한다.

① 수익자를 포함한 모든 발행인이 그 서류를 발행하도록
② 수익자를 제외한 모든 발행인이 그 서류를 발행하도록
③ 신용장의 특정 발행인이 그 서류를 발행하도록
④ 수익자로 알려지지 않은 발행인이 그 서류를 발행하도록

[해설]
UCP600 제3조에 따르면, 서류의 발행자를 표현하기 위하여 사용되는 "일류의", "저명한" 등의 용어들은 수익자를 제외하고, 해당 서류를 발행하는 모든 서류 발행자가 사용할 수 있다고 규정되어 있다.

▶ 정답 ②

49
1) ~ 3)에 적절하지 않은 것을 고르시오.

> CISG 조항에 따르면, 매도인은 다음과 같은 경우에 계약의 해제를 선언할 수 있다.
> 1) _____
> 2) _____
> 3) _____

① 매수인이 계약이나 본 협약 하의 의무 불이행이 본질적 계약위반에 이르는 경우
② 매도인이 설정한 추가 기간 내에 매수인이 대금 지급 의무를 이행하지 않은 경우
③ 매수인이 설정한 추가 기간 내에 매수인이 상품 인도 의무를 수행하지 않은 경우
④ 매도인이 설정한 추가 기간 내에 매수인이 대금 지급 또는 상품 수령 의무를 이행하지 않겠다고 선언한 경우

[해설]
매수인이 설정한 추가 기간 내에 매도인이 본인의 의무인 상품 인도 의무를 완료하지 않는 경우에 계약해제가 가능하다. 보기는 양쪽 모두에 매수인이 기재되어 있으므로 옳지 않다.

▶ 정답 ③

50
다음 중 아래 빈칸에 적절하지 않은 단어는 무엇인가?

> 체화료와 지체료는 수출의 일부의 경우에 발생하는 것을 제외하고는 대부분 수입과 관련하여 발생한다. ((a) 체화료)는 수입자가 허용된 Free Time 내에 (화물)적출을 위해 모든 컨테이너를 인수하여 항구/터미널 밖으로 반출하지 못한 경우에 선사가 수입자에게 부과하는 요금이다. 반면에, ((b) 지체료)는 수입자가 적출을 위해 모든 컨테이너를 인수했지만(Free Time 내에), 빈 컨테이너를 허용된 일수 만료 전에 지정된 빈 컨테이너 장치장에 반납하지 않았을 경우에 선사가 수입자에게 부과하는 요금이다.
> 고객이 (7월 8일에 만료되는) 허용된 무료 기간 내인 7월 7일에 전체 컨테이너를 항구나 터미널에서 반출했으나, 빈 컨테이너를 선사의 지정된 창고에 반납한 것이 7월 19일이라고 가정해보자. 그러한 경우, 선사는 수하인에게 7월 9일(허용된 일수 만료 이후)부터 7월 19일까지에 해당하는 11일간 선사가 설정한 ((d) 수수료)로 ((c) 체선료)를 부과할 수 있을 것이다.

① (a) 체화료   ② (b) 지체료
③ (c) 체화료   ④ (d) 수수료

[해설]
컨테이너를 무료 기간 이내에 반납하지 않은 경우 선사가 부과하는 요금은 체화료이고, 선사에서 정한 수수료라는 내용으로 구성되어야 하므로, 복수 ▶ 정답 처리 되었다.

▶ 정답 ③, ④

제3과목 무역실무

51
[해설]
CISG 규정에 의하면 상품의 중량에 의해 대금이 결정되는 경우 중량에 의혹이 있는 때에는 순중량에 의해 결정한다.

▶ 정답 ②

52
[해설]
FOB 조건과 같이 해상 및 내수로 전용 조건의 경우에는 컨테이너 화물에 사용하기 적합하지 않다. 대신 FCA 조건을 사용하도록 하고 있다.
▶ 정답 ②

53
[해설]
손해배상책임의 면책은 장해가 존재하는 기간 동안에만 적용된다.
▶ 정답 ④

54
[해설]
내국신용장은 통지 받은 수출신용장(원신용장)을 근거로 발행되는 수출국의 내국신용장이므로, 수출국의 은행이 지급을 확약한다.
▶ 정답 ④

55
[해설]
포페이팅은 수출자의 매출채권을 포페이터가 고정이자율로 소구권 없이 할인매입하는 금융기법으로 수출자의 환어음 및 약속어음이 대상으로 한다.
▶ 정답 ①

56
[해설]
물동량 증가로 인한 컨테이너 수급의 어려움과 항만의 혼잡에 대한 성수기할증료에 대한 설명이다.
▶ 정답 ②

57
[해설]
ICC 규정 내 운송약관은 통상의 운송과정을 벗어나면 보험자의 책임은 종료되는 것으로 간주한다.
▶ 정답 ②

58
[해설]
기본적으로 내국신용장과 구매확인서는 모두 발급차수의 제한이 없다. 내국신용장은 차수 제한 없이 순차적으로 발급 가능하고, 구매확인서는 제조나 가공 등의 과정이 여러 단계인 경우 각 단계별로 차수 제한 없이 순차 발급할 수 있다.
▶ 정답 ④

59
[해설]
소지인식 운송증권은 배서가 필요 없으며, 단순 교부에 의해 양도된다.
▶ 정답 ③

60
[해설]
함부르크 규칙에 따르면 인도지연에 대한 운송인의 책임은 총운임의 한도 내에서 운임의 2.5배까지로 제한된다.
▶ 정답 ①

61
[해설]
지진·화산의 분화·낙뢰는 ICC(C)에서는 보상하지 않고, ICC(B) 및 ICC(A)에서 보상하는 위험이다.
▶ 정답 ①

62
[해설]
해적행위는 ICC(A)의 면책위험에 포함되어 있지 않다.
▶ 정답 ④

63
[해설]
O/A 방식은 사후송금방식을 의미하는데, 이는 포괄보험과는 관련이 없다.
▶ 정답 ③

64
[해설]
알선은 강제력이 없다. 강제력이 있는 분쟁해결 방식은 중재 및 소송이다.

▶ 정답 ②

65
[해설]
Market Claim은 아주 사소한 하자를 근거로 악의적 Claim 을 제기하는 것이다.

▶ 정답 ③

66
[해설]
중재인의 수에 대한 합의가 없다면, 중재인은 3인이다.

▶ 정답 ③

67
[해설]
물품명세확정권은 CISG상 매도인만 행사할 수 있는 구제수단이다.

▶ 정답 ①

68
[해설]
송금방식에서는 대금지급 및 서류전달 과정에서 은행이 관여하지 않는다. 물론 송금은 은행을 통해서 이루어지나 이것이 은행을 송금방식의 당사자로 만드는 상황은 아니다.

▶ 정답 ③

69
[해설]
CIP는 뒤에 표시되는 장소가 지정목적지이다. FOB, CFR, CIF는 선적국가 또는 도착국가 내의 항구명이 기재된다.

▶ 정답 ④

70
[해설]
곡물류 거래 시 T.Q.(Tale Quale)는 대표적인 선적품질조건이다. S.D(Sea Damage)는 변형된 선적품질조건이므로, 해당 문제에서는 완전한 의미의 선적품질조건을 골라야 한다.

▶ 정답 ①

71
[해설]
비독점 라이센스계약의 경우에는 기술제공자는 기술침해자를 배제하는데 협조하여야 한다.

▶ 정답 ③

72
[해설]
MT조약에서는 상품 인도일로 통지된 날로부터 60일 이내에 복합운송인에 대해 문서로 통지하지 않은 경우 인도지연으로 인한 손실에 대한 배상금은 지급되지 않는다고 규정하고 있다.

▶ 정답 ③

73
[해설]
관세는 수입상품에 부과되는 대물세이다.

▶ 정답 ②

74
[해설]
eUCP는 신용장 하에서 종이문서만 제시되는 경우에는 적용되지 않는다.

▶ 정답 ④

75
[해설]
인코텀즈 2010과 2020의 차이점 중 하나는, 2020에서 CIF 조건에서는 매도인이 ICC(C)로 보험에 부보하는 것으로 유지되나, CIP 조건에서는 ICC(A)로 부보하도록 한 것이다.

▶ 정답 ④

2020년 제2회 정답 및 해설

제1과목 영문해석

01	③	02	②	03	④	04	②	05	①
06	①	07	①	08	③	09	④	10	①
11	③	12	②	13	④	14	④	15	②
16	①	17	②	18	①	19	③	20	②
21	④	22	①	23	④	24	①	25	③

제2과목 영작문

26	①	27	①	28	①	29	②	30	①
31	①	32	①	33	②	34	①	35	①
36	①	37	①	38	④	39	②	40	②
41	①	42	①	43	②	44	①	45	①
46	①	47	①	48	①	49	①	50	①

제3과목 무역실무

51	④	52	②	53	③	54	①	55	②
56	②	57	③	58	①	59	①	60	①
61	③	62	④	63	④	64	③	65	④
66	④	67	②	68	②	69	③	70	①
71	③	72	①	73	④	74	①	75	①

제1과목 영문해석

01

다음은 매매계약에 자주 사용되는 조항들이다. 조항 중 매도인과 매수인 간 완전합의에 대한 내용을 나타내지 못하는 것은?

① 계획서와 함께 현재의 합의는 이 문서의 내용과 관련된 당사자들 사이에 구두나 서면으로 이전에 합의된 이해관계를 대체하며, 이 합의는 언급되는 내용과 관련하여 당사자 사이에 존재하는 유일한 합의이다.
② 현재 합의는 그 자체가 이 문서의 내용과 관련된 당사자들의 합의를 충분히 그리고 완전히 나타낸다. 이 문서에 별도로 명시된 경우를 제외하고, 서면 또는 구두의 거래, 이해, 합의, 진술 또는 보증의 다른 절차는 없다.
③ 당사자가 본 합의의 어떠한 조건이나 의무의 이행을 요구하지 않거나, 당사자의 위반에 대한 문제제기의 포기가 해당 조건이나 의무의 후속적인 집행을 방해하거나 이후의 권리 주장의 포기로 간주되어서는 안 된다.
④ 현재 합의는 당사자간 최종 합의로 당사자들간에 인식되고 의도되며, 이 문서에 포함된 내용과 관련된 당사자들의 합의와 이해의 완전하고 배타적인 진술이 담겨있다.

해설
③은 권리불포기조항에 관한 설명이다.
▶ 정답 ③

02

다음 서신의 목적으로 옳은 것은?

> Mr. Mike에게,
> 당사는 올해 겨울에 중학교 탁구코치님들을 위한 온라인 코칭 클리닉을 준비하였습니다. 온라인 교육을 위하여, 당사는 모든 등록하신 참가자들에게 실시간으로 의사소통을 할 수 있도록 하는 대화형 태블릿 PC를 제공하고자 합니다.
> 저는 귀사의 태블릿에 대해 설명하고 있는 카탈로그를 보았습니다. 당사는 1회에 1,000세트 이상의 주문을 진행 할 예정입니다. 대량구매에 대한 할인 패키지가 있는지 궁금합니다. 만약 당사가 웹캠이 포함된 데스크톱을 최소 15대 주문했을 때의 최저가격 또한 궁금합니다.

① 제안요청 ② 견적 요청
③ 구매주문 ④ 확정청약

해설
태블릿을 대량으로 구매하는 경우의 할인과, 데스크톱의 구매 최저가를 문의하고 있다.
▶ 정답 ②

03
UCP 600 관련 옳지 않은 정의는 무엇인가?
① 통지은행은 개설은행의 요청에 따라 신용장을 통지하는 은행을 의미한다.
② 개설의뢰인은 그의 요청에 의해 신용장이 개설되는 당사자를 의미한다.
③ 수익자는 그를 위하여 신용장이 개설되는 당사자를 의미한다.
④ 결제는 신용장이 일람지급으로 이용이 가능하다면 연지급을 확약하고 만기에 대금을 지급하는 것을 의미한다.

[해설]
결제(Honour)는 일람지급 또는 연지급을 의미하는데, 일람지급으로 이용 가능하다면 즉시 지급되고, 연지급으로 이용 가능하다면 연지급을 확약하고 이후에 대금이 지급된다.
▶ 정답 ④

04
수익자가 자신의 금융혜택에 영향을 미치지 않은 상태로, 선적 전에 자금을 조달 받을 수 있도록 하는 신용장은?
① 보증신용장 ② 선대신용장
③ 회전신용장 ④ 동시개설신용장

[해설]
선대신용장은 수출자가 상품을 선적하기 전에, 선적상품을 확보하기 위한 목적으로 선급금을 받을 수 있도록 하는 신용장을 말한다.
▶ 정답 ②

05
UCP 600에 따라, 아래 선적 중 서류 제시 시에 정상적으로 결제되는 것으로 옳은 것은?

> USD 160,000가 한도로 기재되어 있는 신용장은 비료를 2, 3, 4, 5월에 각각 분할선적을 진행할 것을 요구한다. 각각의 선적은 약 500톤의 물량이 될 것이다. 아래와 같이 선적되었다:
> a. USD 36,000으로 2월 24일에 발송된 450톤
> b. USD 44,000으로 4월 12일에 발송된 550톤
> c. USD 36,800으로 4월 30일에 발송된 460톤
> d. USD 44,000으로 6월 4일에 발송된 550톤

① a ② a, b
③ a, b, c ④ 모두 아님

[해설]
수량 앞에 about이 기재 되어, UCP 600 규정상 수량에 대한 10%의 과부족이 허용된다. a는 해당 과부족 수량에 해당되므로 유효하다. b는 선적기간이 상이(3월 vs 4월)이고, UCP 600에 따라, 위반된 분할선적분 이후부터의 신용장은 모두 효력을 상실한다.
▶ 정답 ①

06
선하증권에 대한 다음 설명 중 가장 옳지 않은 것은?
① 기명식 선하증권은 양도 가능한 서류이다.
② 지시식 선하증권은 가장 일반적이자 흔한 형태의 선하증권 중 하나이다.
③ 기명식 선하증권이 발행되는 경우, 화물은 기명된 수하인에게만 인도되고 적어도 발행된 선하증권의 원본 1부가 제시되어야 인도된다.
④ 기명식 선하증권은 국제무역에서 본사와 지사 간 사용된다.

[해설]
기명식 선하증권은 상품의 수하인이 지정되어 있는 상태로 발행되는 방식이다.
▶ 정답 ①

07
빈칸에 올바른 것은 무엇인가?

> 보험료는 피보험위험으로 인한 손실이 발생하는 경우, 보험자가 피보험자의 손해를 보상하기로 동의하는 대가로 (B 피보험자)가 (C 보험자)에게 지급하는 (A 약인)이나 금액을 말한다. 보험자는 보험료가 납부되기 전에는 (D 보험증권)을 발행할 의무가 없다.

	(A)	(B)	(C)	(D)
①	약인	피보험자	보험자	보험증권
②	약인	보험자	피보험자	보험증권
③	수수료	보험자	피보험자	증명서
④	수수료	피보험자	보험자	증명서

[해설]
보험료는 보험자가 위험에 대한 책임을 지는 대가로 보험계약자가 피보험자에게 납부하는 금액이다. 보험료가 납부된 후 보험자는 피보험자에게 보험증권을 교부한다.
▶ 정답 ①

08
다음 내용에 가장 옳은 답을 고르시오.

> 항해용선계약 하에서 용선자가 화물의 선적 및 양하 비용을 지불하는데 동의하는 용선 계약 조건이다.

① FI
② FO
③ FIO
④ FIOST

[해설]
화물의 선적 비용과 양륙비용을 용선자(화주)가 부담하는 조건은 FIO(Free In and Out)이다.

▶ 정답 ③

09
신용장 운영과 관련하여 빈칸에 가장 옳은 답을 고르시오.

> 수익자는 일반적으로 유효기일 이내에 매입은행에 화환어음을 제출하기 위하여 상품을 선적한 후에, (선적서류를 준비하며, 매입을 위한 환어음을 발행한다).

① 해외 사업과의 연관성을 추구한다.
② 카탈로그를 포함하여 수입자에게 거래를 제의하는 안내서를 발송한다.
③ 신용장의 개설을 요청한다.
④ 선적서류를 준비하며, 매입을 위한 환어음을 발행한다.

[해설]
신용장 거래에서 수익자는 일반적으로 선적 후, 매입은행을 포함한 지정은행에 서류 및 환어음을 제시한다.

▶ 정답 ④

10
다음 내용을 가장 올바르게 설명하는 것을 고르시오.

> 기한부환어음이 인수되지만, 제시은행에 의하여 선적서류가 수하인에게 제시된다. 그렇게 함으로써, 상품의 점유권을 얻은 수하인은 지급 만기 전에 상품을 처분할 수 있게 된다.

① 서류인수인도조건
② 서류지급인도조건
③ 추심
④ 사후송금방식

[해설]
D/A 조건에서는 매수인이자 수하인인 구매자가 기한부 어음을 인수하며 서류를 제시받고 대금은 만기에 지급한다.

▶ 정답 ①

11
다음 중 (A)에 들어갈 것으로 적절한 것은?

> (A 사후송금방식) 거래는 결제 만기 전에 상품이 선적 및 인도되는 거래이다. 이 선택권은 현금 유동성과 비용 면에서 수입자에게 가장 유리하긴 하나, 결과적으로 수출자에게는 가장 위험성이 높은 선택권이다. 그러나, 수출자는 수출신용보험과 같은 적절한 금융수단을 활용함으로써 지급거절의 위험을 상당히 줄일 수 있고, 경쟁력 있는 (A 사후송금방식) 조건을 수입자에게 제시할 수 있다.

① 전신송금
② 주문불
③ 사후송금방식
④ 신용장

[해설]
사후송금방식은 매도인이 상품을 먼저 매수인에게 인도한 이후에, 사후 송금 방식을 통하여 대금을 지급하기로 하는 방식이다.

▶ 정답 ③

12
다음 고객 불만에 대한 답신 내용과 관련된 설명으로 옳지 않은 것은?

> A. 바쁘신 와중에 당사의 제품과 서비스가 귀하의 기대에 미치지 못한 것에 대한 불만사항을 알려 주셔서 감사합니다.
> B. 이는 제가 귀하의 이메일을 보았음을 확인하기 위한 것입니다. 저는 귀하에게 약속한 대로 다음 주에 화물을 수령하기를 기대하고 있습니다.
> C. 그러나, 당사는 귀하께서 요구하신 반품이나 환불이 불가능함을 알려드립니다. 이는 당사의 방침 때문인데, 당사는 구매 2주 이내에 불만사항이 접수된 주문에 대해서만 환불을 해드리기 때문입니다.
> D. Skynet Express Delivery Service를 통하여 귀하의 주문을 제 시간에 배송하기 위하여 노력하였음에도 불구하고, 그 제품들이 정해진 시간 내에 배송되지 못한 것에 대해 매우 유감스럽습니다.

① A　　　　　　② B
③ C　　　　　　④ D

해설
전체 내용이 지연된 배송 건에 대한 반품이나 환불을 요청하는 내용이므로, 다음 주 화물 수령에 대한 내용은 적절하지 않다.

▶ 정답 ②

13
빈칸에 가장 적절한 정답을 고르시오.

이번주 말일까지 (B 대체품)을 보내드릴 수 있음을 (A 확신합니다). 당사는 이러한 불규칙한 일이 (D 반복되지) 않도록 (C 모든) 조치를 다하도록 하겠습니다.

	(A)	(B)	(C)	(D)
①	확신하는	대체품	모든	대체하다
②	확신하는	대리	모든	대체하다
③	확신하는	대리	모든 것	대체된
④	확신하는	대체품	모든 것	반복된

해설
자신감 있게 스스로 확신하는 상황이므로, confident가 적절하다. Substitution은 주로 대리의 의미를 나타낼 때 사용한다.

▶ 정답 ④

14
다음 내용 중 가장 옳지 않은 것은?

Lee : 안녕하십니까. Mr. Jung. Jack Lee입니다.
Jung: Lee : 안녕하세요. Mr. Lee. 저는 SRG 일렉트로닉스에서 근무 중입니다. 저는 당사 전자부품 라인에 대하여 대화하고 싶습니다.
Lee: 알겠습니다. 해당 회사에 대하여 들어본 적 있습니다. 한국의 상황은 어떤가요?
Jung: 좋습니다. 솔직하게 말하자면, 최근 당사 부품에 대한 수요가 많아서 매우 바쁜 실정입니다.
Lee: 좋은 일이네요. 저는 귀사의 가격에 대하여 관심이 있습니다.
Jung: 음, 제가 차주에 샌프란시스코에 있을 예정입니다. 혹시 만날 시간이 있으신가요?
Lee: 언제쯤 이곳에 계실 것인가요?
Jung: 차주 수요일 및 목요일입니다. 당신의 일정이 궁금합니다.
Lee: 일정을 한번 확인해보겠습니다. 수요일 오전에 미팅이 있으니,.. 수요일 오후 2시는 어떠실까요?
Jung: 좋습니다.

① Jung은 SRG에서 근무한다.
② Jung과 Lee는 샌프란시스코에서 만날 예정이다.
③ Jung과 Lee는 통화 전부터 이미 알고 있던 사이다.
④ SRG는 고객이 거의 없다.

해설
최근 부품에 대한 수요가 많아서, 매우 바쁜 상황이라고 하였으므로, SRG는 고객이 많다고 볼 수 있다.

▶ 정답 ④

15
한국에서 수출보험 관련 역할을 하는 기관은 어느 곳인가?

국제 거래에서, 수출신용기관들은 때때로 은행과 수출자 사이의 교두보 역할을 한다. 아직까지 금융 부문이 발달되어 있지 않은 개발도상국에서는, 정부가 이 수출신용보험기관의 역할을 한다.

① 한국무역협회　　　　② 한국무역보험공사
③ 대한무역투자진흥공사　　④ 대한상공회의소

해설
한국에서는 한국무역보험공사에서 수출보험기관의 역할을 담당한다.

▶ 정답 ②

16
빈칸에 적절한 것은 무엇인가?

(취소불능 자유매입)신용장은 아래와 같이 명시한다.
"매입의 방법으로 모든 은행에서 이용 가능한 수익자의 일람불환어음의 지급을 위한 신용장, 이 신용장은 UCP 600의 규정에 따른다."

① 취소불능 자유매입　　③ 취소불능 매입제한
② 취소가능 자유매입　　④ 취소가능 매입제한

해설
이용 가능한 은행의 제한이 없으므로, 자유매입신용장에 대한 설명이다. 추가로 마지막에 UCP 600 규정을 따른다고 하였는데, UCP 600에서는 기본적으로 신용장은 취소불능으로 발행된다고 명시하였다.

▶ 정답 ①

17
다음 중 클레임 서신에 대한 답변으로 옳지 않은 것은?
① 검사에 따르면, 선적 전에 철저하게 조사를 하였음에도 불구하고, 종종 결함이 있는 상품들이 문제없이 통과 된다는 것을 확인했습니다.
② m/s "Chosun"을 통하여 당사가 주문한 주문번호 10의 T.V. Set 10개가 이곳에 도착했으나, 6개가 주문 내용과 비교하여 사양과 품질이 다르다는 것을 귀사에 알리게 되어 유감입니다.
③ 해결책으로, 당사는 송장 금액의 3퍼센트의 특별할인과, 상품 전체를 이용 가능하도록 첫 선박에 다시 상품을 선적할 준비를 하였습니다.
④ 검사를 신중하게 하였으나, 당사는 당사의 실수를 발견하지 못했습니다. 동봉한 검사증명서에서도 알 수 있듯이 귀하의 주문을 이행하기 위하여 당사는 최선을 다했기 때문입니다.

해설
주문한 상품의 사양 및 품질과 수령한 상품의 상품의 사양 및 품질이 다르다는 점은, 클레임을 수령한 당사자가 회신으로 보내기에 적절하지 않은 내용이다.

▶ 정답 ②

18
상황에 맞는 것을 고르시오.

> Roori 은행이 개설한 신용장에 대한 제시서류는 완전히 일치하는 서류입니다. 개설의뢰인은 자신의 은행에 사전에 결제하였고 이후에 개설은행은 매입은행에 지급합니다. 일정 기간이 경과한 후, 개설의뢰인은 상품의 품질이 좋지 않다는 것을 알게 되었습니다. 그는 개설은행에 가서 반환을 요청합니다.

① Roori 은행은 개설의뢰인에게 결제금액을 환불하여야 한다.
② Roori 은행은 수익자의 의견을 요청해야 한다.
③ Roori 은행은 수익자에게 금액의 반환을 요청할 것이다.
④ Roori 은행은 금액을 반환할 의무가 없다.

해설
신용장은 독립성의 원칙에 따라 매매계약과는 독립적인 별개의 거래이다. 즉 은행은 서류로만 대금지급 여부를 결정하므로, 서류에 기재된 상품과 실제 상품이 차이가 난다 하더라도, 반환은 불가능하다.

▶ 정답 ④

19
신용장에서 별도의 정의 없이 송장을 요청 한다. 다음 중 UCP600 하에서 반드시 불일치로 간주되는 것은?

> 상업송장
> A. 수익자에 의해 발행된 것으로 보임
> B. 개설의뢰인의 명의로 작성됨.
> C. 신용장과 다른 통화로 작성됨.
> D. 수익자가 서명하지 않았음.

① A   ② A, B
③ C   ④ D

해설
UCP 600에 따르면 송장의 통화는 신용장의 그것과 동일하여야 한다.

▶ 정답 ③

[20 ~ 21] 다음을 읽고 답하시오.

> 당사의 상품 거래를 위하여, 당사와의 거래 시작에 대해 문의하신 것에 감사함을 전합니다. 동봉된 금융 정보 양식을 3개년에 대하여 작성을 부탁드리며, 한 곳의 은행 신용조회처와 두 곳 이상의 동업자신용조회처를 알려주시기 바랍니다.
> 모든 정보는 당연히 기밀로 유지될 것입니다.
> 협조에 감사드립니다.

20
작성자로 적절한 것은?
① 은행가   ② 매도인
③ 매수인   ④ 징수원

해설
신용조회를 목적으로 재무 정보의 확인을 요청하고 있으므로, 작성자는 매도인이다.
▶ 정답 ②

21
금융정보에 포함되지 않는 것은?
① 현금흐름   ② 손익계정
③ 대차대조표   ④ 환어음

해설
금융정보에는 손익계산서, 대차대조표 등이 포함 되지만, 환어음은 포함되지 않는다.
▶ 정답 ④

[22 ~ 23] 다음을 읽고 답하시오.

> Peter Park에게,
>
> 당사는 향후 몇 달 내에 귀사에 대량 주문을 할 예정입니다.
> 아시는 것처럼, 당사는 지난 2년간 귀사에 많은 주문을 해왔고 이에 대하여 신속하게 결제했기 때문에, 이것이 귀사가 당사의 평판을 높게 쌓는 계기가 되었을 것으로 생각합니다. 그럼에도 불구하고, 필요한 경우 당사는 기꺼이 신용조회처를 제공하겠습니다.
> 가능한 경우, 향후 계정을 3개월마다 결제하고 싶습니다.

22
신속하게 결제했다와 가장 비슷하지 않은 것은 무엇인가?
① 예정했던 대로 차변에 기입했다.
② 기한을 엄수해서 결제했다.
③ 기한을 엄수하여 결제했다.
④ 예정했던 대로 결제했다.

해설
debit은 차변에 기입하다(결제했다)라는 의미이다.
▶ 정답 ①

23
위 지문에서 추론할 수 있는 것으로 적절한 것은?
① Peter Park은 매수인이다.
② 작성자는 매도인과 처음으로 주문을 하려고 한다.
③ 매수인이 매도인의 신용에 대하여 걱정하는 경우, 신용조회처가 제공된다.
④ 요청이 승인되면 매도인은 분기별로 결제를 위한 송장을 송부할 것이다.

해설
작성자는 가능하다면, 향후 분기별로 정산하고 싶다고 발언하였다.
▶ 정답 ④

24
다음 밑줄 친 부분들에서 어색한 것은 무엇인가?

> (A) 당사의 미국 제조사에 의한 예정되었던 가격인상으로 인하여, 당사의 모든 수입 신발의 (B) 가격을 2020년 5월 6일부터 4% 인상할 수밖에 없다는 점을 알려드리게 되어 유감스럽습니다. 허나, (C) 이 날짜 전에 수령한 주문들에 대해서는 현재의 가격 수준으로 송장이 작성될 것 입니다. (D) 당사는 유감스럽지만, 진심으로 이러한 인상이 필요하다고 생각합니다. 그러나 당사 입장에서는 귀사가 이 인상이 당사가 통제할 수 없는 사항이라는 점을 이해해주실 것이라 생각합니다.

① (A)   ② (B)
③ (C)   ④ (D)

해설
예상치 못한 제조사들의 가격 인상으로 인하여, 제품 가격 인상이 불가피하게 되었다는 점에 대해 사과하고 있으므로, 예정되었던 가격 인상이라는 내용은 옳지 않다.
▶ 정답 ①

25
다음 밑줄 친 부분에 적절한 것을 고르시오.

> 해상보험계약에 포함된 선주상호보험은 (다음을) 보상한다. 선박에 의하여 발생된 제3자 손해에 대한 해상법상 책임

① 항해 중 통상의 손실이나 손상
② 송하인의 비용 손해
③ 선박에 의해 발생한 제3자 손해에 대한 해상법상 책임
④ 충돌에 의하여 발생한 다른 선박의 피해

[해설]
선주상호보험은 선박의 운항과 관련하여 발생한 사고로 인해 제3자가 입은 손해에 대한 선주의 배상책임에 대비하여 선주 상호 간 자체적으로 운영하는 보험이다.

▶ 정답 ③

제2과목 영작문

26
다음 중 아래 빈칸에 적절하지 않은 단어를 고르시오.

지리적으로 귀사가 더 확장되어 갈수록, 이 조항은 더 중요해질 것입니다. 예를 들면, 귀사가 100% 현지인들과만 거래하는 소규모 지역 사업체라면, 귀사는 고객들에게 해당 계약이 어떤 법을 적용을 받는지에 대하여 안내하지 않을 수 있다. 모든 사람들은 해당 소규모 업체가 소속되어 있는 법률이 적용되는 것으로 알고 있을 것이기 때문이다.

세계의 여러 나라에 고객과 사무실이 있는 대기업을 예로 들어 보면, 한국에 있는 고객이 제품의 문제가 있어 이 문제에 대하여해 소송을 제기하고 싶어 할 때, 한국의 법이 적용되는 것인가 아니면 다른 나라의 법이 적용되는 것인가? 아니면, 귀사가 유럽의 고객들을 보유한 미국의 사업체라면 어떤 법이 적용 되겠는가?

두 가지 경우에, (준거법) 조항이 명확하게 어떤 법이 적용될 것인지 확정해줄 것이고, 2개 회사 모두 국제 변호사를 고용하지 않도록 할 수 있다.

① 통제법 ② 준거법
③ 준거법 ④ 준거법

[해설]
서로 상이한 국가에 위치한 당사자들 간의 무역거래의 경우에는 서로의 법 체계가 일치하지 않으므로, 준거법을 명시하여 갈등을 방지하는 방안이 필요하다.

▶ 정답 ①

[27~28] 다음을 읽고 답하시오.

유통가능한 서류 중 가장 일반적인 서류는 선하증권이다. 선하증권은 선사가 발행하여 화주에게 전달되는 화물수취증이다. 선하증권은 권리증권의 역할을 하며 지정된 항구에서 상품을 수령할 사람이 누구인지가 기재되어 있다. 기명식으로 발행된 선하증권에서, 매도인은 상품을 매수인에게 곧 바로 송부한다. 이러한 유형의 증권은 보통 신용장 거래에 사용하기 적합하지 않은데, (이는 매수인이 상품의 소유(권)을 바로 가질 수 있게 하기) 때문이다.
지시식으로 발행된 선하증권 하에서는 화주가 상품을 은행으로 직접 송부할 수 있다. 이 방식은 신용장 거래에서 선호되는데, 은행은 매수인이 서류에 대해 결제할 때까지 상품에 대한 통제권을 갖고 있다.

27
기명식 선하증권의 특성으로 옳은 것은?
① 비유통성 선하증권   ② 유통성 선하증권
③ 사고부 선하증권   ④ 지시식 선하증권

[해설]
기명식 선하증권은 상품의 수하인이 기재되어 있기 때문에 유통이 불가능하다.

▶ 정답 ①

28
빈칸에 가장 올바른 것은?
① 매수인이 상품의 소유(권)을 바로 가질 수 있게 한다.
② 송하인은 상품을 은행으로 직접 송부할 수 있다.
③ 매수인이 서류에 대해 결제할 때까지 은행이 상품에 대한 통제권을 유지한다.
④ 은행은 매수인에게 선하증권을 교부할 수 있다.

[해설]
선하증권이 매수인 기명식으로 발행되는 경우, 은행은 신용장 거래하에서 본인이 선결제한 금액과 관련된 화물의 권리를 주장할 수 있는 증서가 없기 때문에 신용장 거래에서 기명식 선하증권은 적합하지 않다.

▶ 정답 ①

29
다음 중 다른 의미를 가지고 있는 것은 무엇인가?
① 귀사가 주문을 5월 12일까지 하신다면, 당사는 특별할인을 제공하겠습니다.
② 귀사가 주문을 5월 12일까지 받는다면 특별할인을 받게 될 것입니다.
③ 귀사가 주문을 5월 12일 전까지 한다면, 특별할인을 받을 것입니다.
④ 5월 12일 혹은 그 이전 주문은 특별할인이 가능합니다.

[해설]
주문을 하다라는 의미인 place an order나 make an order가 적합하다.
▶ 정답 ②

30
다음 중 빈칸에 적절한 것은?

> 법원 소송과 비교했을 때, 중재는 신속한 결정, 낮은 비용, 전문 중재인 선임 그리고 (판결의 국제적인 효력)의 이점이 있다.

① 중재안의 국제적인 효력
② 중재안의 당연한 공개
③ 정부에 의한 법적 접근
④ 더 높은 법적 안정성

[해설]
중재판정은 뉴욕협약에 의거하여 체약국 간 승인 및 집행이 가능하다.
▶ 정답 ①

31
다음 중 아래 빈칸에 적절하지 않은 것은?

> 해상보험의 종류는 다음과 같이 구분할 수 있다.
> (A 항해보험)은 선박에 의해 운송되는 해상 화물에 특정하여 적용되고, 항해자의 소지품에도 관련되어 적용된다.
> (B 선박보험)은 발생 가능한 사고에 대한 선박의 손실을 피하기 위해 선주에 의하여 부보된다.
> (C 책임보험)은 선박 사고나 충돌 그리고 다른 공격 때문에 발생하는 모든 책임에 대해 보상이 제공되는 해상보험의 종류이다.
> (D 운임보험)은 사고를 입은 선박으로 인하여 화물이 멸실된 경우, 운임 손실의 가능성이 있는 선사에 보호 기능을 제공한다.

① (A): 항해보험
② (B): 선박보험
③ (C): 책임보험
④ (D): 운임보험

[해설]
항해보험은 해상운송 중에 있는 화물에 대한 적하보험이므로, 항해자 소지품에는 적용되지 않는다.
▶ 정답 ①

32
문법 상 옳지 않은 것은?

> 귀사의 2020년 2월 23일 자 주문에 감사드립니다. 당사는 (A) 귀사의 주문번호 3634번이 M/S Ventura에 선적되었음을 알리게 되어 기쁘며, 이는 (B) 2020년 3월 10일에 부산을 떠나서 (C) 2020년 4월 3일쯤 제노바에 도착할 것입니다. (D) 포장은 귀사의 설명에 따라 주의 깊게 이행되었고, 당사는 모든 상품이 좋은 상태를 유지한 상태로 귀사에 도착할 것을 확신합니다.

① (A)
② (B)
③ (C)
④ (D)

[해설]
출발지인 부산을 떠나 제노바에 도착하는 것이므로, 타동사 leave(전치사 없이 목적어가 바로 나오는)를 사용하는 것이 타당하다.
▶ 정답 ②

33

다음 지문에서 옳지 않은 부분을 고르시오.

(A) 손해사정인은 해상 보험에서 손실에 대한 정산, 특히 선체와 선체 이익에 관련한 전문가이다. (B) 그는 특히 모든 분손의 정산과 관계가 있다. (C) 그는 일반적으로 정산을 해야 할 책임이 있는 선주들을 위하여 공동해손 정산을 수행하기 위한 목적으로 지명된다. (D) 그의 책임과 비용은 정산의 일부를 형성한다.

① (A) ② (B)
③ (C) ④ (D)

[해설]
손해사정인은 손해발생액이나 손해발생원인 등을 산정하는 전문가이다.

▶ 정답 ②

34

다음 지문에서 옳지 않은 부분을 고르시오.

(A) 해상화물운송장은 해상운송을 위한 운송서류로, 운송계약의 추정적 증거이고, (B) 운송되는 화물의 수취증 및 권리증권의 역할을 한다. (C) 화물의 인수를 받기 위해서, 해상화물운송장의 제시는 필요하지 않다 (D) 일반적으로, 수령인은 자신의 신원을 증명하기만 하면 되고, 그렇게 함으로써 목적항에서의 절차를 빠르게 처리 할 수 있다.

① (A) ② (B)
③ (C) ④ (D)

[해설]
해상화물운송장은 기명식으로 발행되어 유통성이 없기 때문에 권리증권성이 없다.

▶ 정답 ②

35

문법적으로 옳지 않은 것은?

(B) 계약 외의 혹은 계약에 관한 혹은 (C) 계약과 관련된 당사자들 사이에 계약의 위반에 있어서 (A) 제기될 수 있는 모든 분쟁, 논쟁 혹은 차이는 (D) 서울에서의 중재에 의해 최종적으로 해결될 것이다.

① (A) ② (B)
③ (C) ④ (D)

[해설]
타동사 raise를 자동사 arise로 고쳐야 한다.

▶ 정답 ①

36

다음 중 영어로 가장 옳지 않게 작문한 것을 고르시오.

① 당사는 귀사에 당사의 늦은 답장에 대해 사과드리고 싶습니다.
  → 당사는 귀사에 당사의 늦은 답장에 대해 사과드리고 싶습니다.

[해설]
apologize는 사과를 하는 원인 앞에 전치사 for를 기재하여야 한다.

▶ 정답 ①

37

다음 중 영어로 가장 옳지 않게 작문한 것을 고르시오.

② 가격을 원래보다 20달러 더 낮출 수 있을 것 같네요.
  → 20달러의 가격을 낮출 수 있을 것 같네요.

[해설]
~만큼 낮추다라는 의미가 될 수 있도록 전치사 by가 기재되어야 한다.

▶ 정답 ②

38

다음 중 영어로 가장 옳지 않게 작문한 것을 고르시오.

④ 당사의 송장은 주문한 안락의자들을 7월 12일 오후 5시까지 설치해줄 것을 구체적으로 명시하고 있습니다.

→ 당사의 송장은 주문하는 안락의자들이 7월 12일 오후 5시까지 설치되도록 구체적으로 명시하고 있습니다.

[해설]
의자는 주문의 대상이므로 수동태인 ordered로 수정하여야 하고, 송장이 해당 사항을 명시하는 주체이기 때문에 능동태 states로 고쳐야 한다.

▶ 정답 ④

39
빈칸에 가장 적절한 답을 고르시오.

(상계관세)는 수출국 정부가 다른 국가로 수출되는 상품들에 대해 제공하는 보조금의 효과를 상쇄하기 위해 부과된 세금이다.

① 보복관세   ② 상계관세
③ 덤핑관세   ④ 덤핑방지관세

[해설]
수출국 내에서 보조금을 수령하여 수출판매금액이 낮아진 경우 이를 상계하기 위하여 기본관세율에 추가하여 부과하는 세금이 상계관세이다.

▶ 정답 ②

[40 ~ 41] 다음을 읽고 답하시오.

당사가 이전에 귀사의 주문 배송 지연에 대한 서신에 기재했듯이, 상황은 바뀌지 않았으며, 노조 파업이 진행 중입니다. 당사는 이 일에 대해 사과드리지만, 이는 당사의 통제 밖에 있는 일이므로, 이를 (바로잡기) 위해 당사가 할 수 있는 일이 거의 없습니다.
귀사의 주문 배송이 지연되어 다시 한번 사과드리며 유감입니다.

40
위 서신에서 설명하고 있는 상황은?
① 연체   ② 불가항력
③ 지급거절   ④ 조기인도

[해설]
불가항력적인 사태 중 하나인 노동조합 파업이 발생하여 계약상 의무이행이 어렵다는 내용을 말하고 있다.

▶ 정답 ②

41
빈칸에 적절한 단어를 기재하시오.
① 바로잡다   ② 조사하다
③ 준비하다   ④ 보관하다

[해설]
불가항력적인 사태로 인한 계약위반 사항을 바로잡는다는 내용이 와야 적절하다.

▶ 정답 ①

[42 ~ 43] 아래는 수입화물선취보증서의 일부인데, 각 문제에 답하시오.

(A) 귀사가 상기 선적물에 대한 선하증권을 발행한 것과 관련하여, 상기 화물이 상기의 양하항에 도착하였고, 당사는 이로써 귀사가 원본의 선하증권 제시하지 않고 언급된 당사자에게 상기 화물을 인도할 것을 요청하는 바 입니다.
당사의 위와 같은 요청을 귀사가 수락하시는 것에 대한 약인으로 당사는 다음과 같이 보상할 것을 약속합니다: 아래에 서명하는 당사자는 귀사가 당사의 요청에 따라 화물을 인도하는 것을 이유로 발생하게 될 경비, 운송계약과 관련되는 운임, 체화료 또는 기타 비용과는 무관하다는 것을 전제로 하여, 상기 화물과 관련되는 원본 선하증권이 당행의 수중에 들어오는 즉시 당사는 (B) 동일한 것을 귀사에 양도할 것이며, 그 이후 당사의 하기책임은 종료될 것입니다.

42
다음 중 A와 B에 적절한 것은?
① (A) 운송인 - (B) 수입화물선취보증서
② (A) 운송인 - (B) 선하증권
③ (A) 매수인 - (B) 선하증권
④ (A) 매도인 - (B) 수입화물선취보증서

[해설]
선하증권은 본선에 화물적재 완료 후 운송인이 송하인에게 발행하므로 (A) 귀사는 운송인이고, 원본 선하증권을 받는 즉시 동일한 것을 양도한다고 했으므로 (B)의 동일한 것은 선하증권이 맞다.

▶ 정답 ②

43
단어 보상하다와 유사한 것은?
① 등록하다 ② 상환하다
③ 상환청구 ④ 제출하다

[해설]
indemnify(보상하다)와 유사한 의미를 갖는 것은 reimburse (상환하다)이다.

▶ 정답 ②

[44 ~ 45] 다음을 읽고 답하시오.

> 백지식 배서는 선하증권이 (C) 지시식이나 송하인 지시식으로 작성된 경우에, 특정인을 기재(B) 하여 그 뒷면에 (A) 배서인이 서명하는 행위이다. 선하증권은 그 후에 소지인식 권리증권이 되고 (D) 소지인은 상품을 수령하기 위해 선사에 그것을 제시한다.

44
백지식 배서에 대한 설명으로 옳지 않은 것은?
① (A) ② (B)
③ (C) ④ (D)

[해설]
백지식 배서는 본인 서명만 하고 피배서인을 기재하지 않는다.

▶ 정답 ②

45
소지인에 대해 올바르게 설명한 것은?
① 소지인은 선하증권을 소유하거나 보유한 사람이다.
② 소지인은 선하증권을 타인에게 양도할 수 없다.
③ 유통성 선하증권 업무에서 소지인은 일반적으로 은행이다.
④ 소지인은 선하증권을 보유할 수 없으나, 제 3자에게 배서할 수 있다.

[해설]
소지인은 해당 선하증권을 보유한 사람으로, 본인이 직접 권리를 행사하거나 유통성 증권의 경우에는 타인에게 양도할 수 있다.

▶ 정답 ①

[46 ~ 47] 다음을 읽고 답하시오.

> 전위험담보는 보험에 의해 보장되는 조건들을 의미하는 보험 용어이다.
> (A) 보험이 모든 손해에 대하여 적용된다는 의미로 해석되어야 한다. 적하보험에서, 해당 용어는 운송 중에 발생하는 (   )와 같은 모든 우연한 손해를 포함하고 (B) 많은 면책위험을 포함한다.
> 다시 말하면, 모든 전위험이 담보되는 보험은 (C) 계약이 특별히 보상범위에서 제외하지 않는 한, 모든 위험을 보상하는 일종의 재산과 관련된 보험증권이다. 이는, (D) 위험요소가 제외항목으로 나열되지 않는다면, 손실이 보상된다는 의미이다.

46
전위험담보 보험에 대한 내용으로 적절하지 않은 것은?
① (A) ② (B)
③ (C) ④ (D)

[해설]
전위험담보 보험이라도 면책위험은 담보하지 않는다. 즉 전위험담보 보험도 별도로 담보의 추가가 필요하다.

▶ 정답 ①

47
빈칸에 적절하지 않은 것은?
① 고유의 하자 ② 화재
③ 지진   ④ 투하

[해설]
전위험담보 조건이라 하더라도, 상품 자체의 고유 하자는 보험자가 담보하지 않는다.

▶ 정답 ①

[48 ~ 49] 다음을 읽고 답하시오.

다른 결제 유형과 비교하여, 화환신용장 거래에서 은행의 역할은 중요하다.
은행들은 매개자의 역할을 수행함으로써 거래 양당사자에게 추가적 보장을 제공한다. 은행들은 매도인이 지정은행을 통해 개설은행에 요구된 서류를 제시하면 결제를 받을 것에 대해 보장한다.
은행들은 또한 매수인에게 (   )와 같은 선적서류가 제시되지 않는 한 매수인의 대금은 지급되지 않을 것임을 보장한다.

48
신용장에서 지정은행에 보통 어떤 표현이 명시되는가?
① ~에서 이용가능
② ~에 이용가능
③ ~에 의해 이용가능
④ ~에 청구함

해설
신용장 내 지정은행 표기 방법은 'available with'이다.
▶ 정답 ①

49
빈칸에 적절하지 않은 것은?
① 포장명세서
② 환어음
③ 송장
④ 검사 증명서

해설
선적서류라는 용어에는 환어음은 제외된다.
▶ 정답 ②

50
빈칸들을 알맞은 단어로 채우시오.

신용장은 중간의 거래를 용이하게 하는 어떠한 은행들과 관계없이 개설은행과 (A 수익자) 사이의 계약임을 인지하여야 한다. 따라서, 신용장에 명시된 제시장소가 개설은행의 위치와 상이하더라도, 수익자는 개설은행에 (B 직접적인) 자유롭게 제시 할 수 있으며, 만약 제시가 일치한다면 개설은행은 결제할 의무가 있다.

① (A) 수익자 - (B) 직접적인
② (A) 개설의뢰인 - (B) 직접적인
③ (A) 수익자 - (B) 간접적인
④ (A) 개설의뢰인 - (B) 간접적인

해설
신용장은 개설은행과 수익자 사이의 계약이고, 수익자가 직접 개설은행에게 서류를 제시한다면, 개설은행이 직접 결제하여야 한다.
▶ 정답 ①

제3과목 무역실무

51
해설
CISG는 매매계약이라 할지라도, 개인용 거래물품, 강제집행, 경매, 부선, 항공기, 전기의 매매 등에는 적용되지 않는다.
▶ 정답 ④

52
해설
라이센스의 대상이 되는 노하우는 공개적으로 알려지지 않은 것이자, 경제적인 가치가 있는 것을 말한다.
▶ 정답 ②

53
해설
C 조건에서 매도인은 수출통관의 의무가 있으나, 인도가 완료된 이후인 중간 경유국이나 통과국의 통관 절차는 매수인의 의무이다.
▶ 정답 ③

54
해설
관세법에서는 우리나라 선박이 공해에서 채집하거나 포획한 수산물을 내국물품으로 간주한다.
▶ 정답 ②

55
해설
수익자인 (주) Haiyang의 지시식 및 백지배서 방식이므로, 개설의뢰인과는 관련이 없다.
▶ 정답 ②

56
해설
신용장을 양도하게 되는 경우, 개설은행은 양도은행이 될 수 있다. 개설은행이 특정 은행을 양도은행으로 지정하는 것이기 때문에 이러한 경우 별도로 검토하는 행위는 필요없다.
▶ 정답 ②

57
해설
수입화물 대도의 수혜자는 상품 대금을 개설은행에게 지급하지 않고 물품을 받아가게 되는 개설의뢰인이다.
▶ 정답 ③

58
해설
무차별운임(FAK, Freight All Kinds rate)에 대한 설명이다.
▶ 정답 ③

59
해설
중재조항은 서면으로 합의되어야 하고, 중재지, 준거법(중재규칙), 중재기관 등의 일정 사항이 기재되어 있어야 한다.
▶ 정답 ④

60
해설
추심업무를 추심의뢰은행에 위탁하는 당사자는 추심의뢰인이다.
▶ 정답 ③

61
해설
전자식으로 발행된 선하증권은 분실이나 지연이 발생할 확률이 거의 없으므로, 지시식 선하증권의 단점에 대한 해결책이 된다.
▶ 정답 ③

62
해설
선하증권은 운송계약을 체결한 이후에 발행되는 서류이므로 운송계약의 추정적 증거이긴 하지만, 그 자체가 운송 계약서는 아니다.
▶ 정답 ④

63
해설
정박기간이 지나기 전에 하역작업을 완료했다면, 용선자나 화주는 선주로부터 조출료(Despatch Money)를 받을 수 있다.
▶ 정답 ④

64
해설
피보험이익은 적법성, 경제성, 확정성의 요건을 갖추어야 한다. 그 중 확정성과 관련하여 피보험이익은 반드시 계약체결 당시에 피보험이익이 피보험자와 관련이 없다하더라도, 보험사고가 발생할 시에는 확정될 수 있어야 한다.
▶ 정답 ③

65
해설
청약조건에 대해 단순히 문의하는 것은 청약의 효력에 영향을 미치지 않는다.
▶ 정답 ④

66
해설
Sub-con Offer(Offer subject to our final confirmation)는 최종확인 조건부 청약이므로, 이는 청약이 아닌 청약의 유인으로 간주한다.
▶ 정답 ④

67
해설
해상보험에서 위부는 추정전손이 발생한 경우 현실전손으로 보상받기 위한 조건이 된다. 현실전손이나 분손의 경우에는 위부가 필요하지 않다.
▶ 정답 ④

68

[해설]

물품명세확정권은 매도인만이 행사할 수 있는 권리구제 수단이다.

▶ 정답 ③

69

[해설]

중재법상 일시적 처분은 중재판정부가 중재안을 내리기 전에 어느 한쪽 당사자에게 중재안이 있을 때까지 현상을 유지하거나 복원 하는 등의 의무를 이행하도록 명하는 잠정적 처분으로 한다.

▶ 정답 ③

70

[해설]

D 조건은 목적지에서 인도가 완료되고 위험이 이전되는 양륙지 인도조건이고, 나머지 조건들은 모두 선적지 인도조건이다.

▶ 정답 ①

71

[해설]

중재합의는 서면으로 체결되어야 하고, 중재지나 준거법 등이 포함되어야 한다. 그럼에도 계약자유의 원칙은 여전히 적용된다.

▶ 정답 ③

72

[해설]

Apparent Authority 대리행위의 효과를 본인에게 귀속시키는 것을 말한다.

▶ 정답 ②

73

[해설]

이러한 경우는 독소조항으로 볼 수 있다. 독소조항은 계약을 이행하기 어렵게 교묘히 계약서를 작성하고 상대방에게 의무를 지우는 것을 말한다.

▶ 정답 ④

74

[해설]

전자무역은 지역에 제한 없이 전세계와 거래가능하며, 그 형태도 다양하다.

▶ 정답 ②

75

[해설]

선적일에 대한 내용이 나열되어 있으므로, 이는 선적조건에 대한 조항이다.
판매된 모든 상품은 각각의 계약서에 명시된 기간 내에 선적되어야 한다. 선하증권의 일자는 선적일의 확정적 증거로서 간주된다. 특별히 합의된 경우를 제외하고, 선적항은 매도인이 선택한다.

▶ 정답 ②

제119회 2020년 제3회 정답 및 해설

제1과목 영문해석

01	④	02	①	03	②	04	①	05	①
06	④	07	①	08	③	09	③	10	①
11	②	12	④	13	②	14	①	15	④
16	①	17	②	18	④	19	③	20	①
21	④	22	③	23	②	24	②	25	③

제2과목 영작문

26	③	27	①	28	①	29	③	30	①
31	②	32	③	33	③	34	④	35	③
36	④	37	②	38	④	39	④	40	④
41	④	42	④	43	③	44	③	45	④
46	①	47	④	48	②	49	③	50	①

제3과목 무역실무

51	④	52	③	53	②	54	①	55	③
56	①	57	③	58	④	59	②	60	④
61	④	62	④	63	③	64	③	65	④
66	③	67	②	68	①	69	②	70	④
71	②	72	④	73	③	74	③	75	②

제1과목 영문해석

01
아래 문장으로부터 추론할 수 있는 것은?

> 무역금융은 자기 회수적 성격의 수출금융을 의미한다.

① 모든 수출액은 지불이 완료된 후, 대출 연장에 적용된다. 잔액은 수입자의 계좌로 입금된다.
② 선적 전 금융은 일반 운영 자금 대출로 상환된다.
③ 수출 자금 조달은 일반 운영 자금 대출보다 활용상 어려움이 있다.
④ 모든 수출액은 추심된 이후에, 대출금을 상환하는데 사용된다. 나머지는 수출자의 계좌로 입금된다.

해설
자기 회수적 조달이라는 단어로 봤을 때, 수출액은 추심되어 대출금을 상환하는데 사용되고, 나머지는 수출자의 계좌에 입금된다는 것을 알 수 있다.

▶ 정답 ④

02
하기는 지급 보증 대리인에 관한 것이다. 다른 것들과 일치하지 않는 것은?

> (A) 추가수수료를 위해 팩터가 위탁판매계약에서 상품을 판매할 때 (대금지급 보증 수수료라고 불리는) 계약으로 (B) 구매자의 지급 능력과 그의 계약 이행을 보증한다. 이러한 대리인을 대금 지급 보증 대리인이라고 한다. (C) 그는 단순한 보증인이고, 구매자가 채무 불이행을 하는 경우에만 본인이 책임진다. (D) 대리인에 의하여, 제 3자에게 제공된 신용 거래의 결과로 본인에게 손해가 발생한 경우에 본인에 대하여 배상할 의무가 있는 대리인이다.

① (A)
② (B)
③ (C)
④ (D)

해설
지급 보증 대리인은 구매자의 대금 지불에 대하여 위탁받은 중개업자로부터 보증을 획득하여, 본사가 대금 회수 위험을 회피할 수 있도록 하기 위한 목적에서 사용된다.

▶ 정답 ①

[03 ~ 04] 다음을 읽고 답하시오.

> 귀사의 5월 25일 자 서신에서 언급된 KAsia사에 대하여 알려드리게 되어 기쁩니다. 그 회사는 작지만 유명하고 굉장히 훌륭한 회사이며, (A) 5년 넘게 이 지역에서 운영되고 있는 회사입니다.
> 현재 당사는 (B) 분기별 사후송금 조건으로 5년 이상 그 회사와 거래를 해오고 있으며, 비록 (C) 그 회사가 현금 할인 혜택을 제공받지는 않지만, 항상 지급 만기를 엄수하여 지급 해왔습니다. 당사가 그 회사에 허용한 신용은 (D) 귀사가 언급한 USD 100,000를 훨씬 넘는 액수입니다.

03

작성자로 적절한 것은?

① 은행
② 신용조회처
③ 매수인
④ 매도인

[해설]
작성자가 해당 회사의 신용 관련 정보를 제공하고 있으므로 작성자는 신용조회처로 판단할 수 있다.

▶ 정답 ②

04

문법적으로 옳지 않은 것은?

① (A)
② (B)
③ (C)
④ (D)

[해설]
establish는 has been established와 같은 수동태로 변경 되어야 적절하다.

▶ 정답 ①

05

다음 중 아래 지문으로부터 유추할 수 없는 것은?

> Mr. Cooper에게,
>
> 당사의 EduCare에 실린 광고에 대한, 귀사의 답신에 감사드립니다.
>
> 귀사의 제안에 관심이 있긴 하나, 송장 가격을 기준으로 견적한 수수료 5%는 당사가 지급하고자 하는 금액보다 높습니다. 그러나, 귀사의 견적서에 견적된 다른 조건들은 모두 당사에 적합한 상황입니다.
>
> 다시 한번 말씀드리지만, 당사는 순 송장 가격의 3% 이상의 수수료를 지급할 의지는 없으나, 귀사가 이 요율을 받아들이신다면 당사는 8월 1일부터 1년 간 효력을 갖는 계약서에 서명하도록 하겠습니다.
>
> 추가로, 당사의 거래 규모는 당사의 제안을 수락할 만한 가치가 있는 것이라는 점입니다.

① Peter는 대리인이다.
② Cooper는 수수료를 기반으로 하는 사업에 종사하고 있다.
③ 본인에게 있어 3%의 수수료가 적용 가능한 최대치이다.
④ 낮은 수수료는 많은 거래량으로 보상될 수 있다.

[해설]
서신에 언급된 주된 내용은 수수료에 관련된 것이다. 이는 Peter가 대리인이 아닌 당사자로서 해당 계약을 체결하는 것으로 볼 수 있다.

▶ 정답 ①

06

UCP 600에 따르면 매입에 대한 설명 중, 옳지 않은 것을 고르시오.

> 매입은 (D) 상환이 개설은행에 행하여져야 할 은행의 영업일 또는 그 이전에 (C) 수익자에게 대금을 선지급하거나 선지급하는 것에 동의함으로써, (B) 일치하는 제시에 따른 서류 및/또는 (A) (지정은행 외 다른 은행 앞으로 발행된) 환어음의 지정은행에 의한 매수하는 것을 의미한다.

① (A)
② (B)
③ (C)
④ (D)

[해설]
대금 상환을 하는 주체는 개설은행이고, 받는 은행은 지정은행이다.

▶ 정답 ④

07

선하증권의 운영에 있어서 소지인에 대해 옳은 것은?

① 소지인은 선하증권을 소유하거나 점유하는 당사자이다.
② 소지인은 선하증권을 다른 사람에게 양도할 수 없다.
③ 소지인은 보통 유통 가능한 선하증권 매매에서 두번째 송하인이다.
④ 소지인은 선하증권을 소지할 수 없으나, 제 3자에게 양도하기 위해 선하증권에 배서할 수 있다.

[해설]
소지인은 환어음이나 선하증권과 같은 유통증권을 소지하고 있는 당사자를 의미한다.

▶ 정답 ①

08
UCP 600 하에서 신용장에 대해 옳지 않게 설명한 것을 고르시오.

> (A) 신용장은 모든 약정을 의미하는데, (B) 그 명칭에 관계없이 (C) 취소불능 또는 취소가능한 그리고 그로써 확약을 구성하는 (D) 일치하는 제시에 대해 결제하겠다는 개설은행의 (모든 약정을 의미한다.)

① (A) ② (B)
③ (C) ④ (D)

해설
UCP 600에 따르면 신용장은 그 명칭에 관계 없이 일치하는 제시에 대하여 개설은행이 결제하겠다는 취소 불가능한 확약을 의미한다.
▶ 정답 ③

09
빈칸에 가장 적절한 것은 무엇인가?

> 면책위험은 보험 대상의 손실 혹은 파손이 피보험자의 (A 고의에 의한 불법행위), 지연, (B 통상의 누손), 고유의 하자나 해충과 같은 특정 원인으로 발생하거나 손실이 담보위험에 (C 근인하여 발생하지) 않은 경우에 보험자를 면책하는 위험을 의미한다.

① (A) 고의에 의한 불법행위 (B) 통상의 자연소모 (C) 근인하여 발생된
② (A) 고의에 의한 불법행위 (B) 자연소모 (C) 근인하여 발생된
③ (A) 불법행위 (B) 자연소모 (C) 발생된
④ (A) 불법행위 (B) 통상의 자연소모 (C) 발생된

해설
보험자의 면책사항에 대하여 설명하는 내용이다.
▶ 정답 ①

10
다음 지문의 주제는 무엇인가?

> 이것은 수입자가 선하증권을 수취하기 전에 선사로부터 물품의 인도를 받을 수 있도록 수입자의 요청으로 개설은행에 의하여 발행되는 서류이다.

① 수입화물선취보증서
② 권리포기통지서
③ 환어음
④ 수입화물대도

해설
선하증권 없이 화물을 수령할 수 있도록 하는 수입화물선취보증서에 대한 설명이다.
▶ 정답 ①

11
다음 중 아래 빈칸에 들어갈 것으로 적절하지 않은 것은?

> 팩터는 은행이나 전문 금융 회사로서, (A 외상매출금 계정)의 구매를 통해 자금조달을 이행한다. 수출 팩토링에서, 팩터는 보통 (C 상환청구권 없이) 액면가로부터 할인된 금액으로 수출자의 (B 장기) 외상채권을 매입한다. 이것은 종종 해외 매수인의 지급 불능에 대해 (D 공제 제도나 위험 분담 없이) 100%까지 보호를 제공한다.

① (A) 외상매출금 계정
② (B) 장기의
③ (C) 상환청구 없이
④ (D) 공제 제도나 위험 분담 없이

해설
국제팩터링의 특징은 포페이팅에 비하여, 상대적으로 단기금융이라는 점이다.
▶ 정답 ②

[12 ~ 13] 다음 서신을 읽고 질문에 답하시오.

> 귀사의 5월 1일 자 통지에 감사드립니다. 당사는 뉴질랜드에 있는 당사 고객들을 위해 (A 선적)을 완료하였고, 귀사가 요청하신 (B 선적서류)와 귀사의 (C)가 포함된 당사의 23,100파운드 환어음을 송부합니다. (D 화환어음)을 결제하고 (E 대금)을 런던 W1A 1AA, 옥스퍼드가, Mainland 은행에 당사의 계정으로 송금해주시기 바랍니다.

12
빈칸 (c)에 적절하지 않은 것은 무엇인가?
① 할인 ② 수수료
③ 비용 ④ 대금

해설
거래 정황 상, 추심을 의뢰하는 매도인의 입장에서 할인, 수수료, 비용에 대한 언급은 적절하다. 다만 대금을 의미하는 proceed는 적절하지 않다.
▶ 정답 ④

13
다음 중 빈칸 (A), (B), (D), (E)에 가장 적합한 것은?
① (A) 발송 (B) 운송서류 (D) 화환어음 (E) 진행하다
② (A) 선적 (B) 운송서류 (D) 무화환어음 (E) 진행하다
③ (A) 선적 (B) 선적서류 (D) 화환어음 (E) 대금
④ (A) 발송 (B) 선적서류 (D) 무화환어음 (E) 대금

해설
매도인이 선적이 가능하고, 선적서류와 환어음을 동봉하였다고 하였으므로, 추심의뢰한 화환어음을 결제하고 대금의 송금을 요청하는 것이 옳다.
▶ 정답 ③

14
다음 문장들을 순서대로 나열하시오.

> (A) 당사는 귀사와 여러 해 동안 거래해왔으므로, 더 나은 대우를 받을 자격이 있다고 생각합니다.
> (B) 귀사의 경쟁사들은 당사의 신용을 기꺼이 존중할 것이고, 당사는 추후 사업을 다른 곳으로 이전할 것입니다.
> (C) 당사는 첨부된 청구서 사본과 관련하여 어제 귀사의 신용 부서로부터 받은 퉁명스러운 서신이 반갑지는 않습니다.
> (D) 당사는 이 수수료에 대하여 2개월 동안 분쟁을 벌이고 있습니다.

① (C) - (D) - (A) - (B) ② (A) - (B) - (D) - (C)
③ (B) - (D) - (C) - (A) ④ (D) - (A) - (B) - (C)

해설
작성이유 – 불만 언급 – 거래처 변경 계획 – 거래처 변경의 이유를 언급하는 것이 자연스럽다.
▶ 정답 ①

15
다음 중 목적이 다른 가진 것을 고르시오.
① 마감이 좋지 않고, 도금 부분이 부분적으로 떨어집니다.
② 실수로 상품들이 잘못 배송되었습니다.
③ 샘플과 함께 수령한 상품들과 비교했을 때, 당사는 색상이 동일하지 않다는 것을 발견했습니다.
④ 당사의 지시에 따라 모든 표시는 송장에 기재된 내용과 반드시 동일해야 합니다.

해설
④는 제품 표시 사항에 대한 안내를 하고 있으나, 나머지는 제품 자체의 불만에 대한 내용을 말하고 있다.
▶ 정답 ④

[16 ~ 17] 다음 지문을 읽고 질문에 답하시오.

UCP 600에 따르면, 일치하는 제시는 화환신용장의 조건과 이 규칙들 및 국제표준은행관행의 적용 가능한 규정에 일치하는 제시를 뜻한다.
이러한 정의는 3가지 개념을 포함한다. 첫 번째로, (A 서류의 제시가 화환신용장의 조건과 반드시 일치해야 한다.) 두 번째로, 서류의 제시는 반드시 매매에 적용되는 UCP 600에 포함되어 있는 규칙 즉 (B 화환신용장의 조건에 의해 수정되거나 배제되지 않았던 것들)과 일치하여야 한다. 세 번째로, 서류의 제시는 반드시 국제표준은행관행과 일치하여야 한다. 첫 번째와 두 번째 조건은 화환신용장의 세부 조건들과 규칙 자체를 살펴봄으로써 결정된다. ⓐ 세 번째 국제표준은행관행은 화환신용장을 반영하는데, ⓑ 그 규칙이 서류심사 및 일치의 확인 과정에서 은행이 수행하는 일부 절차들에만 적용된다는 것을 의미한다. ⓒ 국제표준은행관행에는 은행이 서류의 일치성 여부를 확인하는데 정기적으로 수행하는 관행들을 포함된다. ⓓ 이러한 관행들 중에서 다수는 화환신용장 하의 서류심사 시 적용되어야 할 국제표준은행관행("ISBP")을 설명하는 국제상업회의소의 간행물(국제상업 회의소 간행물 No. 681)에 포함되어 있다. 그러나 그 관행들은 이 간행물에 명시되어 있는 것보다 범위가 더 넓다. 국제표준은행관행 간행물이 많은 은행 관행들을 포함하고 있는 반면, 서류 심사에 관련된 것들을 넘어서서 화환신용장에서 흔히 사용되기도 하는 다른 것들도 있다. 이러한 이유로, (C 일치하는 제시의 정의가 명시적으로 국제표준은행관행 간행물을 가리키는 것은 아니다.)

16
빈칸 (A)에 적절한 것을 고르시오.
① 서류의 제시는 화환신용장의 조건과 일치해야 한다.
② 서류의 제시는 반드시 상품을 나타내야 한다.
③ 수익자가 개설은행에게 서류를 전달하는 것은 시간 엄수가 필수이다.
④ 일치하는 서류의 제시는 반드시 화환신용장하에서 지정은행에게 이루어져야 한다.

[해설]
일치하는 제시는 UCP600, 신용장 그 자체 그리고 국제표준은행관행에 일치하는 제시를 의미한다.
▶ 정답 ①

17
밑줄 친 부분 중 옳지 않은 것을 고르시오.
① ⓐ ② ⓑ
③ ⓒ ④ ⓓ

[해설]
국제표준은행관행은 신용장통일규칙의 조항들을 광범위하게 포함한다. 이것 서류 심사 및 일치성 여부의 확인을 위해 은행이 일부의 절차만 수행한다고 해석하라는 의미는 아니다.
▶ 정답 ②

18
빈칸 (B)에 가장 옳은 것을 고르시오.
① 화환신용장의 조건에 의해 수정되거나 배제된 것
② 규칙을 배제하는 특정 조건의 방법으로 적용할 수 없는 것
③ 규칙을 수정하거나 배제하는 특정 조건의 방법으로 적용할 수 없는 것
④ 화환신용장의 조건에 의해 수정되거나 배제되지 않았던 것

[해설]
UCP 600의 적용 범위는 신용장에서 명시적으로 수정되거나 그 적용이 배제되지 않는 한 모든 당사자를 구속한다.
▶ 정답 ④

19
빈칸 (C)에 가장 옳은 것을 고르시오.
① 일치하는 제시의 정의는 국제표준은행관행에서 명확하게 언급된다.
② 일치하는 제시의 정의는 국제표준은행관행과 UCP에 명확하게 언급되지 않는다.
③ 일치하는 제시의 정의가 명시적으로 국제표준은행관행만을 가리키는 것은 아니다.
④ 일치하는 제시의 정의는 국제표준은행관행과 UCP에 명시적으로 언급된다.

[해설]
국제표준은행관행은 ISBP뿐만 아니라, ICC official opinion 등 여러 가지가 존재한다.
▶ 정답 ③

20

빈칸에 들어갈 옳은 단어는 무엇인가?

일람불 환어음은 수출자 입장에서 화물에 대한 권리를 보유한 상태로 화물이 목적지에 도착하여 결제가 이루어지기를 원할 때 사용된다. 실무적으로, 해상선하증권은 (A 수출자)에 의해 배서되어 수출자의 은행을 통해 매수인의 은행으로 보내진다. 이 경우 환어음, 선적서류 그리고 (B 매수인)에 의하여 명시된 그 밖의 선적서류가 첨부된다. 외국의 은행은 이 서류들을 받으면 매수인에게 통지한다. 환어음 금액이 지급되면, 외국은행은 선하증권과 다른 서류들을 (C 매수인)에게 교부하여, 그가 화물을 확보할 수 있게 한다.

	(A)	(B)	(C)
①	수출자	매수인	매수인
②	수출자	수출자	매수인
③	매수인	수출자	매수인
④	매수인	매수인	매수인

[해설]
D/P 결제방식을 통한 거래는, 수출자가 물품을 선적한 이후에 추심은행을 통해 서류를 매수인에게 전달하며 물품 대금을 지급받는다.

▶ 정답 ①

21

빈칸에 옳지 않은 것은 무엇인가?

인코텀즈 2020 규칙은 (　　)를 다루지 않는다.

① 매매계약의 존부
② 매매 물품의 성상
③ 제재의 효력
④ 수출/수입 통관 및 협력

[해설]
INCOTERMS 2020에서는 조건 별로 매도인과 매수인의 수출 및 수입 통관 의무가 규정되어 있다.

▶ 정답 ④

22

다음 중 한국어 번역이 가장 적절하지 않은 것은 무엇인가?

② 당사 측의 기록 오기로 발생한 마지막 순간의 문제에 대해 다시 한번 사과드려야 하겠습니다.
→ 당사 직원의 실수로 발생한 문제에 대해 마지막으로 다시 사과드려야 하겠습니다.

[해설]
Last minute problems는 마지막에 일어난 문제를 의미하고 clerical error는 사무직의 오류를 의미하므로, 의미가 다르다.

▶ 정답 ②

23

다음은 인코텀즈 2020에 관한 것인데, 빈칸에 옳은 것을 고르시오.

인코텀즈 규칙은 CIF, DAP 등과 같이 가장 일반적으로 사용되는, 세 글자로 이루어진, 물품(C 매매)계약상 (B 기업 간) 거래 관행을 반영하는 (A 11)개의 거래 조건을 설명한다.

① (A) 12 (B) 기업과 소비자 간 (C) 매매
② (A) 11 (B) 기업 간 (C) 매매
③ (A) 11 (B) 기업과 소비자 간 (C) 판매
④ (A) 12 (B) 기업 간 (C) 판매

[해설]
INCOTERMS 2020은 물품매매계약상 기업 간의 거래 관행을 반영하는 총 11개의 조건을 해석하고 있다.

▶ 정답 ②

24

인코텀즈 2020에서의 변경에 대한 잘못된 설명을 고르시오.

① FCA 조건에서는 본선적재표기가 있는 선하증권이 요구될 수 있다.
② 하나의 조항에 열거된 의무들
③ CF와 CIP 간 서로 다른 보험부보 수준
④ FCA, DAP, DPU 및 DDP에서 매도인이나 매수인 자신의 운송수단에 의한 운송 준비

해설
INCOTERMS 2020에서는 A1~A10은 매도인의 의무, B1~B10은 매수인의 의무를 기재하고 있다.
▶ 정답 ②

25
다음 내용이 적용되지 않는 조건을 고르시오.

> 지정된 장소는 물품의 "인도" 장소 즉, 위험이 매도인에게서 매수인에게 이전되는 곳을 의미한다.

① E 조건 ② F 조건
③ C 조건 ④ D 조건

해설
C 조건에서는 인도 및 위험의 이전 시점과 비용의 분기점이 상이하다.
▶ 정답 ③

제2과목 영작문

[26 ~ 28] 다음 서신을 읽고 각 질문에 답하시오.

> (A) 당사는 당사 거래 은행인 서울의 외환은행에 (CIF London) 선적에 대하여 USD 22,000(미화 2만 2천)의 취소 불가능한 신용장을 개설해줄 것을 요청했습니다. 이 신용장은 2020년 6월 10일까지 (a 유효)합니다.
> (B) 선하증권 (3통), CIF London 송장 (2통), USD 24,000의 전위험에 부보된 보험증권
> (C) 당사는 귀사의 견적송장 548번의 C3001 컴퓨터 12대에 대한 첨부하여 주문을 합니다.
> (D) 당사의 은행 대리점인 HSBC London으로부터 귀사는 확인을 받으실 것이고, 일람 후 60일로 송장의 총액에 대해 환어음을 발행하실 수 있습니다. 당사의 환어음을 제시하실 때 다음 서류들을 동봉해주시기 바랍니다.
> (b 선적)이 준비되는 대로 당사에 팩스나 이메일을 보내주시기 바랍니다.

26
문장 (A)~(D)를 순서대로 올바르게 나열하시오.
① (D) - (B) - (A) - (C)
② (C) - (A) - (D) - (B)
③ (D) - (C) - (B) - (A)
④ (B) - (A) - (C) - (D)

해설
주문 – 신용장 개설 통지 – 제시서류 조건 – 선적 통지 요청의 순서가 자연스럽다.
▶ 정답 ②

27
(a)에 적절하지 않은 단어는 무엇인가?
① 무효한   ② 효력을 가지는
③ 유효한   ④ 이용 가능한

해설
신용장이 해당 일자까지 유효하다는 내용이 되어야 하므로, 무효를 뜻하는 invalid는 옳지 않다.
▶ 정답 ①

28
(b)에 가장 적합한 단어는?
① 선적   ② 보험
③ 매입   ④ 송장

해설
매수인이 매도인에게 선적준비가 되면 사전에 알려달라고 요구하는 내용이다.
▶ 정답 ①

29
다음 지문에 올바른 용어를 고르시오.

> 운임은 중량이나 용적이 아닌, 선복의 크기나 항차에 의하여 계산된다.

① 선복운임   ③ 용적운임
② 부적운임   ④ 품목별 무차별운임

해설
선복운임은 선복을 단위로 운임을 계산하는 부정기선에 주로 사용되는 운임이다.
▶ 정답 ①

30
UCP 600에 따라 밑줄 친 부분과 같은 의미를 가지는 것을 고르시오.

> 당사는 신용장 하에서 다음 달 (B) 초에 (A) 소형보트와 장비 화물을 런던으로 선적하려 합니다.

① (A) 소형보트 - (B) 1일부터 10일
② (A) 요트 - (B) 1일부터 15일
③ (A) 기계 - (B) 1일부터 10일
④ (A) 선체 - (B) 1일부터 15일

해설
dinghy는 소형 보트를 의미하고, UCP600에 따르면 "Beginning"이라는 단어가 사용된 경우에는 해당 월의 1일부터 10일까지로 해석된다.
▶ 정답 ①

31
요구되는 환어음과, 빈칸을 적절하게 채우는 단어를 고르시오.

> 이 신용장은 (송장금액 전액)에 대해 당사 앞으로 발행된 일람불 환어음에 의해 이용 가능합니다.

① (A) 기한부 - (B) 송장금액의 110%
② (A) 일람불 - (B) 송장금액 전액
③ (A) 일람불 - (B) 송장금액의 110%
④ (A) 기한부 - (B) 송장금액 전액

해설
일람불 환어음이 발행되었기 때문에 일람불(demand) 어음이 요구되고, 달리 합의하지 않았다면 환어음 금액은 송장금액 전액이다.
▶ 정답 ②

32
다음 지문에서 틀린 부분을 고르시오.

> (A) 어음지급수권서는 신용장이 아니라, (B) 지급지의 통지이고, 지급을 받기 위해 필요한 서류들을 명시한다. (C) 어음지급수권서는 어떤 은행이든 지급할 수 있게 한다. (D) 이것은 신용장 방식보다 저렴하고, 주로 D/P를 대체하여 사용되어 왔다.

① (A)　　② (B)
③ (C)　　④ (D)

해설
지급수권서는 경우 특정 은행을 지정하여 지급수권한다.
▶ 정답 ③

33
다음 중 빈칸에 가장 옳은 것은?

> 신용장이 분할선적을 금지하거나, 하나 이상의 출발 공항으로부터의 물품의 발송을 포함하는 하나 또는 그 이상의 항공운송서류가 제시되는 경우에는, 그것들이 동일한 항공기와 항공편에 대한 물품의 발송을 포함하고 동일한 도착공항을 목적지로 한 것을 전제하였을 때 이러한 서류 들은 (A 수리된다). 서로 다른 선적일을 표시하고 있는 둘 이상의 항공운송서류가 제시된 경우라면, 선적일 중 (B 가장 늦은) 날짜가 제시를 위한 기간의 계산에 적용된다.

① (A) 수리되지 않는 - (B) 가장 늦은
② (A) 수리되지 않는 - (B) 가장 이른
③ (A) 수리되는 - (B) 가장 늦은
④ (A) 수리되는 - (B) 가장 이른

해설
분할선적인지 아닌지 여부를 결정하기 위해서 가장 중요한 요소는, 단일의 운송수단에 적재되었는지 아니면 둘 이상의 운송수단에 적재되었는지 여부이다.
▶ 정답 ③

34
빈칸에 들어가기에 가장 적절한 것을 고르시오.

> 지정은행이 제시가 일치한다고 판단 후, 개설은행이나 확인은행에 선적서류를 발송하면, 지정은행이 결제 또는 매입하였는지와 관계없이, 서류가 지정은행과 개설은행 또는 확인은행 사이에서 송부 도중에 분실되더라도 개설은행 또는 확인은행이 지정은행에 (결제 또는 매입하거나 상환하여야) 한다.

① 상환하다
② 결제 또는 상환하다
③ 매입 또는 상환하다
④ 결제 또는 매입 또는 상환하다

[해설]
UCP 600에 따르면 은행은 서류나 통보의 송달 중 지연 및 멸실로 인하여 발생하는 결과 지연나 송부 도중의 분실, 손상으로 발생하는 결과 등에 대하여 책임이 없다. 송부 도중에 서류가 분실 되었더라도 수익자에 대한 결제나 지정은행에 대한 상환은 이행되어야 한다.

▶ 정답 ④

35
신용장이 선하증권과 보험증명서의 제시를 요구한다. 만약 선하증권의 선적일이 2020년 5월 20일인 경우, 다음 중 선하증권과 일치하는 서류로 옳은 것은?

> A. 발행일자가 2020년 5월 20일인 보험증명서
> B. 발행일자가 2020년 5월 21일인 보험증명서
> C. 발행일자가 2020년 5월 20일인 보험증권
> D. 발행일자가 2020년 5월 20일인 부보각서

① A
② C
③ A, C
④ 모든 보기

[해설]
보험서류의 발행일자는 실제 선적일보다 늦어서는 안되고, 부보각서는 수리되지 않는다.

▶ 정답 ③

36
다음 중 UCP600에 따라, 용선계약선하증권에 대해 옳지 않은 것은?

① 용선계약선하증권은 선장, 선주, 용선자 또는 그의 대리인에 의해 서명되어야 한다.
② 용선계약선하증권은 미리 인쇄된 문구 또는 본선적재표기에 의해 물품이 신용장에 기재된 선적항에서 본선적재되었다는 것을 명시해야 한다.
③ 용선계약선하증권이 선적일자를 표시하는 본선표기를 하지 않은 경우에 용선계약선하증권의 발행일을 선적일로 본다.
④ 신용장의 조건에 의해 용선계약이 제시되어야 한다면 은행은 용선계약선하증권을 심사할 것이다.

[해설]
신용장의 조건이 용선계약의 제시를 요구하더라도 은행은 용선계약을 심사하지 않는다.

▶ 정답 ④

37
다음 중 빈칸에 알맞은 용어를 고르시오.

> (A 송금) 결제 방식은 매수인과 매도인 간에 직접적으로 이루어지나, (B 화환추심) 결제 방식은 은행의 지급 의무 없이 화환어음의 제시에 대하여 이루어진다.

① (A) 화환추심 - (B) 신용장
② (A) 송금 - (B) 화환추심
③ (A) 신용장 - (B) 화환추심
④ (A) 송금 - (B) 신용장

[해설]
송금방식과 추심방식에 대한 내용을 설명하고 있다. 단, 추심방식이라 하더라도, 은행의 지급 확약이나 의무가 있는 것은 아니다.

▶ 정답 ②

38
다음 중 은행 보증과 신용장의 차이점에 대해 옳지 않은 것은?

① 은행 보증과 신용장 간, 가장 큰 차이점은 금융서류의 사용방식에 있다.
② 정기적으로 물품을 수출입하는 당사자들은 인도와 결제를 보장하기 위해 신용장 방식을 선택한다.

③ 사회 기반시설을 다지는 프로젝트에 입찰하는 도급업자들은 은행 보증을 통해 그들의 재정적 신용을 증명한다.
④ 신용장에서, 결제 의무는 원인계약에 의존적이다.

[해설]
신용장은 그 본질상 그 원인이 되는 매매계약과는 별개의 거래이다.

▶ 정답 ④

39
다음 중 서신에 대한 답장의 일부로 옳지 않은 것은?

당사 매트리스에 대한 청약을 요청하는 귀사의 7월 5일자 팩스에 대하여 감사드립니다. 당사는 귀사의 승낙이 7월 20일까지 도착할 것을 조건으로 하여 확정청약을 합니다.
당사의 조건은 아래와 같습니다:
상품: 매트리스 (퀸 사이즈)
수량: 300개
가격: 개당 USD 1,100.00, CIF 뉴욕
선적: 5월 중
지불: 취소불능신용장하의 일람불 환어음

① 6월 초에 상품이 필요한 당사의 사정 상, 선적 조건만 변경하고 싶습니다.
② 귀사의 확정청약에 감사합니다. 당사는 동봉된 당사의 구매확약서에 명시된 바와 같이 귀사의 청약을 기꺼이 승낙합니다.
③ 청약을 요청하는 서신에 감사드리며, 당사는 청약을 하고자 합니다.
④ 귀사의 가격은 경쟁사 대비 높게 형성되어 있으므로, 이로 인해 귀사의 청약을 승낙할 수 없음을 알려드리게 되어 유감입니다.

[해설]
서신은 확정청약을 하는 내용이므로, 답신으로 다시 청약을 요청하는 것은 부자연스럽다.

▶ 정답 ③

40
A ~ D를 올바른 순서로 나열하시오.

(A) 마지막으로, 당사의 매수인의 지시에 따라, 당사는 전쟁위험을 포함하는 분손담보조건으로 AAA 보험사에 보험 계좌를 개설했습니다.
(B) 당사는 보험료 지불을 위해 씨티은행으로부터의 USD 50의 수표를 동봉합니다.
(C) 아시다시피, 당사의 매수인은 당사에 2월 15일 부산을 떠나는 S.S "Ahra"호에 의해 뉴욕으로 선적할 예정인 안경테 300박스에 대해 귀사와 전쟁위험을 포함하는 분손담보조건으로 해상보험계약을 체결할 것을 지시했습니다.
(D) 당사는 귀사가 어제 유선으로 당사에 제안하신 요율로, USD 2,050로, 전쟁 위험을 포함하는 분손담보조건으로 부보해주시길 바랍니다. 당사의 송장 사본 1통이 동봉되어 있습니다.

① A - B - C - D   ② C - D - B - A
③ D - B - C - A   ④ B - C - D - A

▶ 정답 ②

[해설]
보험사에 고지 – 보험료 산정 – 보험료 지불 관련 내용 – 보험 계좌 개설 고지의 순서가 자연스럽다.

41
신용장에 따라 선하증권이 제시되는 경우, 가장 옳지 않은 것은?

선하증권은 일반적으로 (A) 유통 가능한 상태로 3통이 1세트로 발행되고, 상품은 (B) 선사에 그 중 한 통을 제시하며, 상품이 인도된다. 준비된 유통 가능한 서류의 통수는 선하증권에 언급될 것이고, "(C) 선하증권들 중 1부가 사용되어도, 나머지는 유효하다"는 것에 대해서도 규정한다. 따라서, (D) 은행이 선하증권의 모든 발행본을 확보하는 것이 중요하다.

① (A)   ② (B)
③ (C)   ④ (D)

[해설]
3통의 선하증권 중 어느 1통이 사용되면 나머지는 효력을 상실한다.

▶ 정답 ③

42
해상 보험 운용에서 다음이 가리키는 것은 무엇인가?

> 피보험자가 보험금을 수령한 후, 보험자가 피보험자의 입장이 된다. 보험금을 지불한 후에는, 보험자는 보험목적물의 소유자가 된다.

① 대위의 원칙 ② 분담의 원칙
③ 위부의 원칙 ④ 피보험이익의 원칙

[해설]
보험자는 피보험자에게 보험금을 지급하면, 보험목적물에 대한 권리를 모두 넘겨 받게 된다. 이것이 대위의 원칙이다.
▶ 정답 ①

43
다음 중에서 중재를 옳지 않게 설명한 것은?
① 계약서의 중재 조항이 있다면, 당사자들은 법정에 가는 대신 사적인 분쟁 해결 절차를 선택할 수 있다.
② 중재는 양 당사자들이 합의한 경우에만 이루어질 수 있다.
③ 조정과는 달리, 일방 당사자 중재를 일방적으로 철회할 수 있다.
④ 중재를 선택함에 있어, 당사자들은 준거법, 언어 및 중재의 장소와 같은 매우 중요한 요소를 선택할 수 있다. 이는 그들이 어느 당사자도 자국 법원의 이점을 누릴 수 없도록 보장하기 위함이다.

[해설]
중재합의가 있는 경우 일방 당사자가 일방적으로 철회하는 것은 불가능하다. 또한 중재안은 확정적인 구속력을 갖는다.
▶ 정답 ③

44
다음 지문에 알맞은 용어를 고르시오.

> 원칙 - 희생이나 비용의 지출로부터 이익을 얻은 해상 사업에 관련된 모든 당사자가 희생 또는 발생된 비용을 함께 보상하는데 기여하여야 한다는 것.

① 공동해손 ② 투하
③ 단독비용 ④ 단독해손

[해설]
공동해손에 따른 공동해손 분담금이 발생하는 경우 관련 당사자가 함께 해당 비용을 보상하는데 기여한다.
▶ 정답 ①

45
다음 지문의 관점에서 잘못된 용어를 고르시오.

> 지정은행이 하나의 매입은행으로 제한되지 않았거나 모든 은행을 통해 이용 가능한 매입신용장.

① 자유매입신용장 ② 제한되지 않은 신용장
③ 자유매입신용장 ④ 자유인수신용장

[해설]
매입은행이 지정되어 있지 않은 상태로 사용가능한 매입신용장은 자유매입신용장이다.
▶ 정답 ④

46
다음은 인코텀즈 2020의 CIF 조건에 대한 것이다. 옳지 않은 것을 고르시오.
① 보험은 최소한 계약에서 규정된 대금의 10%를 가산한 금액(즉, 110%)이어야 하고 보험의 통화는 운송계약의 통화와 동일해야 한다.
② 보험은 물품에 관하여 이 규칙에서 규정된 인도지점부터 지정 목적지항까지 부보되어야 한다.
③ 매도인은 매수인에게 보험증권이나 보험증명서 혹은 그 이외의 보험 부보에 대한 증거를 제공해야 한다.
④ 또한, 매도인은 매수인에게 매수인의 요청에 따라 위험과 비용으로 매수인이 추가 보험을 조달하는데, 필요한 정보를 제공해야 한다.

[해설]
보험의 통화는 매매계약의 통화와 동일하여야 한다.
▶ 정답 ①

47
UCP 600 하에서 옳지 않은 부분을 고르시오.

(A) 신용장이라함은, 고객 요청으로 이루어지는 은행이나 타인에 의한 확약을 의미하는데 (B) 신용장에 명시된 조건과 일치하는 경우, 발행인은 환어음을 결제하거나 다른 요구에 응하는 것이다. (C) 신용장은 반드시 취소불능이어야 한다. (D) 그 약속은 환어음을 결제할 것이라는 합의이거나 개설의뢰인 또는 타인이 결제 권한을 부여받는다는 진술일 수 있다.

① (A) ② (B)
③ (C) ④ (D)

[해설]
신용장은 일치하는 제시에 대한 개설은행의 결제 확약이므로, 개설의뢰인의 결제에 대한 내용을 언급한 것은 옳지 않다.
▶ 정답 ④

48
인코텀즈 2020 하에서 빈칸에 적절하지 않은 것을 고르시오.

매도인은 FCA 조건에서 반드시 (　　)을 지급해야 한다.

① 물품이 이 조건에 의하여 운송될 때까지 이 조건 하에 매도인이 부담해야 하는 비용을 제외한 물품과 관련된 모든 비용
② 이 조건 하에서 물품이 인도되었다는 운송서류를 매수인에게 제공할 때 발생하는 비용
③ 적용되는 경우, 이 조건에서 수출통관과 관련한 관세, 세금 그리고 그 외의 비용들
④ 이 조건에 따라 서류와 정보를 획득하는 데에 도움을 제공하는 것과 관련되어 매수인에게 모든 비용과 요금

[해설]
FCA 조건에서 매도인은 매수인에게 인도가 이루어졌다는 통상의 증빙만 제공하고, 운송서류는 제공하지 않는다.
▶ 정답 ②

49
다음은 인코텀즈 2020의 소개문의 목적에 대한 내용이다. 옳지 않은 것을 고르시오.

① 인코텀즈 2020 규칙이 어떠한 역할을 하고 하지 않는지, 그리고 인코텀즈 규칙을 가장 잘 포함할 수 있는 방법을 설명하는 것
② 매도인과 매수인의 기본적인 역할과 책임, 인도, 위험 등의 인코텀즈 규칙의 중요한 기본 성격을 규정하는 것
③ 일반적인 매매계약에 대한 올바른 인코텀즈 규칙을 가장 잘 선택하는 방법을 설명하는 것
④ 인코텀즈 2010과 인코텀즈 2020 사이의 주요한 변경사항을 규정하는 것

[해설]
일반적인 매매계약이 아닌 특정한 매매계약에서 사용할 수 있도록 설명하고 있다.
▶ 정답 ③

50
다음 중 논리적으로 올바르지 않은 것은?

① 그를 대행하도록 타인에 의해 수권된 사람을 본인이라고 한다.
② 공동 대리인은 다른 대리인과 함께 당사자를 대행하는 권한을 공유하는 사람이며 당사자에 의해 수권된 사람을 의미한다.
③ 물품 또는 상품매매에 고용된 대리인을 상사 대리인으로 부른다.
④ 지급 보증 대리인은 수수료를 받고 판매하며 본인에게 전달된 주문이 결제될 것이라는 것을 보장하는 대리인이다.

[해설]
본인을 대리하도록 수권된 사람은 대리인(Agent)이다.
▶ 정답 ①

제3과목 무역실무

51
[해설]
DPU 조건에서 수입통관의 의무는 매수인이 부담한다.
▶ 정답 ④

52
[해설]
권리침해조항의 내용에 해당하면, 매수인은 매도인에게 클레임을 제기할 수 없다.
▶ 정답 ③

53
[해설]
인코텀즈 2020에서는 FCA 조건 하에, 필요한 경우 본선적재선하증권을 요청할 수 있도록 개정되었다.
▶ 정답 ②

54
[해설]
UCP 600에서 규정된 서류 심사 기간은, 서류가 제시된 다음날부터 최장 5은행 영업일이다.
▶ 정답 ①

55
[해설]
충실보상제의 경우는 대외적 운영방법의 하나이다. 대내적 운영방법은 배선협정, 공동계산협정 등이 있다.
▶ 정답 ③

56
[해설]
다른 관할 구역으로 옮겨서 환적하는 방식은 복합환적 방식이다.
▶ 정답 ③

57
[해설]
통합공고는 대외무역법이 아닌 각 개별법 상 준수사항을 통합해 놓은 공고이다.
▶ 정답 ②

58
[해설]
Optional Surcharge는 양륙항선택료를 의미하며, 나머지는 부피나 중량이 과한 경우 추가되는 할증운임을 의미한다.
▶ 정답 ④

59
[해설]
㉠ 내국신용장 – 한국은행 무역금융 세칙, 구매확인서 – 대외무역법 시행령
㉢ 내국신용장 – 무역금융 융자한도 내에서 개설, 구매확인서 – 제한 없이 발급
㉣ 내국신용장 – 영세율 적용, 구매확인서 – 영세율 적용
▶ 정답 ②

60
[해설]
㉠ 서류상환 방식이므로, 물품을 확인할 수 없다.
㉡ 수입자의 대리인이 수출국으로 가서 서류를 수령하며 대금을 지급한다.
▶ 정답 ④

61
[해설]
선하증권의 처분증권성은, B/L과 상품을 상환하여 인도하는 내용을 말한다.
▶ 정답 ④

62
[해설]
오디오북에는 품목분류요율이 적용되지 않는다.
▶ 정답 ④

63
해설
FIATA 복합운송선하증권은 운송주선인이 운송인이나 운송인의 대리인으로 행동한다는 내용이 복합운송증권에 포함되어 있어야 수리된다.
▶ 정답 ③

64
해설
Bulky cargo surcharge는 화물의 부피가 일정기준을 초과하는 경우 부과되는 할증료이다.
▶ 정답 ③

65
해설
영국해상보험법에 따르면 특별비용은 보험목적물의 안전이나 보존을 위하여 피보험자에 의하여 지출된 비용으로서 공동해손비용과 구조료를 제외한 비용을 말한다.
▶ 정답 ④

66
해설
NVOCC(Non Vessel Operation Common Carrier)는 무선박운송인을 말한다.
▶ 정답 ①

67
해설
대안적인 분쟁해결 방법(ADR)은 화해, 알선, 조정, 중재만 해당된다.

분쟁해결.
당사자들은 이 계약으로부터 발생하거나 계약과 연관되어 발생하는 모든 클레임, 분쟁 또는 갈등에 대하여 신의에 따라 성실하게 해결하기로 합의한다. 만약에 당사자들 사이에서 해당 문제를 해결하지 못하는 경우에 해당 문제는 그 후에 대안적인 분쟁해결 방법에 의하여 해결된다.

① 화해에 의한 해결 ② 조정 ③ 중재 ④ 소송

67
해설
▶ 정답 ④

68
해설
② CLB(Cnadian Land Bridge)에 대한 설명이다.
③ MLB(Mini Land Bridge)에 대한 설명이다.
④ SLB(Siberian Land Bridge)는 시베리아 철도를 이용하여, 극동아시아와 유럽을 연결하는 경로이다.
▶ 정답 ①

69
해설
③번은 배상 책임 손해이고, 나머지는 비용 손해이다.
▶ 정답 ③

70
해설
중재판정 시, 증인에게 선서를 시킬 수 없다.
▶ 정답 ④

71
해설
대안적인 분쟁해결 방법(ADR)은 화해, 알선, 조정, 중재만 해당되고, 해당 설명은 강제성이 없는 알선에 해당하는 내용이다.
▶ 정답 ②

72
해설
④번의 예약불능청약은 승인조건부 청약이지만 확정청약으로 간주한다. 나머지는 모두 조건부 청약이다.
▶ 정답 ④

73
해설
알선(Mediation)과 조정(Conciliation)은 제3자를 통한 분쟁해결 방법이다.
▶ 정답 ③

74

해설

계약 만료 전에, 정당한 사유 없이 본점에 의하여 계약이 종료되었다면 직접적인 손해발생액에 대해서는 배상 청구할 수 있다.

▶ 정답 ③

75

해설

미국통일상법전(UCC)에서는 청약의 유효기간이 3개월을 초과하지 않는 경우에는 청약을 취소 불능으로 보고 있다.

▶ 정답 ④

무역영어 빈출단어 50선

부록 3

무역영어 빈출단어 50선

01 위부(Abandonment)
추정전손의 경우, 보험자에게 전손을 청구함과 동시에 보험자에게 부수적인 모든 소유권과 함께 잔존물에 남아 있을 수 있는 모든 것을 포기하는 행위를 의미한다.

02 청약(Offer)
청약자가 피청약자에게 송부하는 계약 체결을 하고자 하는 제의를 말한다.

03 승낙(Acceptance)
청약에 대한 피청약자의 무조건적인 승낙을 말하고, CISG에 따르면 승낙의 의사표시를 서면 이외의 방식으로 나타내는 것도 가능하다.

04 천재지변(Act of God)
당사자가 통제할 수 없는 사건으로 인하여 상품이 손상되거나 누군가가 다치는 사건을 말한다.

05 현실전손(Actual Total Loss)
보험 목적물이 완전히 파괴되는 등 본래의 사용목적으로 더 이상 사용될 수 없는 상황을 말한다. 특히 선박의 행방불명도 현실전손에 해당한다.

06 추정전손(Constructive Total Loss)
보험 목적물이 완전히 파괴되지는 않았으나, 피보험자가 피보험재산을 박탈당하고 회복할 가능성이 거의 없는 상황에 따라 전손에 준하여 처리하게 되는 상황을 말한다.

07 중재조항(Arbitration Clause)
당사자 간 분쟁이 발생하였을 경우에, 소송이 아닌 중재로 해결하고자 하는 조항을 의미한다. 중재조항 등에 따라 당사자 간 중재합의가 있는 경우 소송을 제기할 수 없다.

08 동시개설신용장(Back to Back Credit)
당사자가 발행한 신용장은 상대방이 신용장을 발행하는 경우에 한하여 효력을 가질 수 있다는 조건이 있는 신용장을 의미한다.

09 수익자(Beneficiary)
신용장 거래에서 해당 신용장의 발행에 따라 수익을 얻게 되는 당사자를 의미하며, 수출입거래에서는 일반적으로 수출자를 의미한다.

10 환어음(Bill of Exchange)
어음 발행인이 지급인에게 어음에 기재된 금액을 기한 내에 수취인에게 지급할 것을 무조건으로 위탁하는 증권이다.

11 운송인(Carrier)
무역거래에서 수출자를 대신하여 물품의 운송을 대행하는 당사자를 의미한다.

12 서류인도결제방식(Cash against Documents)
수입자의 대리인이 수출국에 위치하여, 수출자가 물품 선적한 이후에 제시하는 서류를 수령한 후 대금을 결제 하는 방식이다.

13 물품인도결제방식(Cash on Delivery)
수출자가 수입자 국가에서 수입자에게 물품을 인도하면서 대금을 결제 받는 방식이다.

14 주문지급방식(Cash With Order)
주문 시 수입자가 수출자에게 대금을 지급하는 방식으로 사전지급방식의 일종이다.

15 클레임(Claim)
무역거래에서 수출상 또는 수입상이 매매계약조항에 대한 위반행위에서 발생하는 불평이나 불만 또는 의견차이 등을 상대방에게 제기하는 것이다.

16 무사고선하증권(Clean B/L)
물품을 선적하는 때에 하자가 없는 상태로 선적되었다는 사실을 증빙해주는 선하증권으로, Remark란에 아무런 표시가 없다면 무사고선하증권으로 간주한다. 이 때, Remark란에 Clean이라는 표시가 기재되지 않아도 무사고선하증권이다.

17 추심결제방식(Collection)
지급 및 승낙을 얻기 위해 또는 지급 및/또는 승낙에 대해 문서를 전달하거나 다른 조건에 따라 문서를 전달하기 위해 받은 지침에 따라 금융서류 및/또는 상업서류를 은행에서 다루는 것을 말한다.

18 송하인(Shipper, Consignor)
물품의 선적을 운송인에게 요청하는 자로, 일반적으로 수출자이지만 수출자가 아닌 제3자가 송하인이 되는 경우도 있다.

19 수하인(Consignee)
송하인의 반대되는 의미로, 운송되는 물품을 수령하게 될 자를 의미한다. 최종적으로는 수입자가 수하인이 된다.

20 반대청약(Counter Offer)
청약자가 제시한 청약 내용을 수정, 변경하여 원래의 청약자에게 다시 송부하는 의사표시를 말하고, 이는 원청약에 대한 거절이자 새로운 청약을 구성한다.

21 신용조회(Credit Inquiry)
거래하고자 하는 상대방의 신용도를 알 수 있는 Capital, Capacity, Character 등을 조회하는 것을 말한다.

22 부적운임(Dead Freight)
송하인이 예약한 선복을 모두 채우지 못한 경우 빈 공간으로 항해하여야 하는 선사의 손해를 보존하기 위하여 부과하는 운임이다. 일반적으로 원래 운임의 1/2 수준이다.

23 화환신용장(Documentary Credit)
수익자에게 환어음 및 선적서류의 제시를 요구하는 신용장을 말한다.

24 연지급 신용장(Deferred Payment L/C)
서류 제시를 받은 지급은행이 일람으로 대금을 지급하지 않고, 연지급 확약 후 추후에 대금을 지급하는 방식으로 사용하는 신용장을 말한다.

25 체선료(Demmurrage)
선적 또는 양하할 때 용선계약에서 허용하는 기간을 초과한 선박의 지연에 대한 보상으로 선주에게 지급하는 금액을 말한다.

26 조출료(Dispatch Money)
용선자가 예정된 선적 또는 양하 시간을 절약하는 경우 선주가 용선자에게 지불하는 금액을 말한다. 일반적으로 체선료의 1/2 수준이다.

27 부두수취증(Dock Receipt)
컨테이너 운항선사가 부두에서 화물을 수령하였다는 증빙으로 발행하는 화물수령증을 말한다.

28 권리증권(Document of Title)
해당 증권을 소유한 사람이 문서와 문서에 포함된 상품을 수령, 보유 및 처분할 수 있는 자격이 있음을 입증하는 서류로 대표적으로 지시식 선하증권이 이에 해당된다.

29 환급(Drawback)
관세법상 수입업자가 국내에서 판매하지 않고 재수출 할 때 수입하는 당시 납부한 관세를 정부로부터 되돌려 받는 것을 말한다.

30 완전합의조항(Entire Agreement)
무역거래 당사자가 이전에 합의한 내용은 모두 무효이고, 완전합의조항에 따라 기재된 내용으로만 합의한 것임을 선언하는 조항이다.

31 금융서류(Financial Documents)
금융서류는 환어음, 약속 어음, 수표 또는 금전 지급을 획득하는 데 사용되는 기타 유사한 증권을 의미한다.

32 불가항력조항(Force Majeure)
불가항력이란 지진, 홍수를 비롯한 불가항력적인 사태에 따라 당사자가 계약에서 정한 의무를 이행하지 못한다 하더라도, 양 당사자가 모두 면책되는 것을 의도하는 조항을 말한다.

33 공동해손(General Average)
선박뿐만 아니라 선박에 있는 모든 화물의 이해관계에 있는 자들에게 영향을 미치는 손실을 말한다.

34 개설은행(Issuing Bank)
신용장 거래에서, 수입업자의 국가에 소재하며 수입업자의 요청에 따라 또는 그 자신의 판단에 따라 신용장을 개설하는 은행을 말한다.

35 보험계약(Insurance Contract)
피보험자가 손해를 입는 사건이 발생할 때마다 보험자가 피보험자에게 보험금을 지급함으로써 손해를 보상해주는 계약을 말한다. 특히 무역거래에서는 해상보험계약이 주가 된다

36 송장(Invoice)
일반적으로 판매자의 이름과 주소가 포함된 인쇄된 형태의 서면으로 항목별 명세서, 구매자, 판매자 등이 기재되거나 배송되는 상품을 나열하고 각 당사자의 이름과 주소를 표시하는 물품 대금에 대한 청구서를 의미한다.

37 재판관할조항(Jurisdiction Clause)
계약으로부터 발생하는 분쟁에 대해 어느 법원에 소송을 제기할 것인지에 대해 합의하는 조항이다.

38 수입화물선취보증서[Letter of Guarantee(L/G)]
국제 무역에서 일반적으로 사용되는 문서로 운송인이 수하인으로부터 선하증권을 제시받지 않고 선적 물품을 인도하고자 할 때 사용되는 서류이다.

39 파손화물보상장[Letter of indemnity(L/I)]
이는 사고부선하증권이 발행된 선적 물품을 보완하지 않은 상태로 운송하게 되는 때에 관련하여 발생할 수 있는 영향으로부터 운송인을 보호하기 위하여 사용되는 서류이다.

40 손해배상예정액 조항(Liquidated Damages Clause)
계약 당사자가 계약 위반이 발생하면 상대방에게 지불할 금액을 사전에 합의하는 조항을 말하며, 특히 손해배상액을 산정하기 어려울 수 있는 물품과 관련하여 중요한 역할을 한다.

41 해상보험(Marine Insurance)계약
보험자가 해상사업에 수반되는 손실에 대해 계약에서 정하는 한도에 따라 피보험자에게 배상하기로 합의하는 계약을 말한다.

42 복합운송서류(Multimodal Transport Document)
복합 운송 운송인이 상품을 인수하고 해당 계약 조건에 따라 상품을 인도할 것을 약속하는 서류로, 2종 이상의 상이한 운송수단을 사용하여 운송하는 복합운송 상황에 발행된다.

43 매입은행(Negotiating Bank)
수익자가 신용장에 따라 발행한 환어음 및 선적서류를 매입하는 수익자 국가에 위치해 있는 은행으로, 종종 통지은행이 매입은행의 역할을 수행하기도 한다.

44 순중량(Net Weight)
포장을 제외한 물품만의 중량을 의미한다.

45 청산계정(Open Account)
판매자가 구매자에게 물품을 인도하고, 인도할 때마다 대금을 청구하는 것이 아니라 통상 6개월 주기로 한 번에 대금의 지급을 청구하는 결제방식을 말한다.

46 수취선하증권(Received B/L)
물품이 운송인에 의하여 수령된 상태로 발행되는 선하증권을 말하고, 이는 물품이 본선에 적재된 이후에 발행되는 선적선하증권과 구분된다.

47 회전신용장(Revolving Credit)

신용장 조건에 따라 신용장 금액이 당사자의 특별한 행위를 요하지 않고 금액이 갱신되는 신용장을 말한다. 회전신용장은 누적식 방식과 비누적식 방식이 있다.

48 해상화물운송장(Sea Waybill)

해상운송 시 그 내용을 증빙하기 위해 발행되는 서류로 운송 계약의 증거이자 화물 수취증의 역할을 하는 서류이지만, 권리증권성을 갖지 못한다는 점에서 선하증권과는 구분된다.

49 기간경과 선하증권(Stale B/L)

발행 후 지정된 기간 이후에 제시되거나 기간이 지정되지 않은 경우 발행 후 21일 이후에 제시되는 선하증권을 의미한다.

50 대위(Subrogation)

보험금이 지급된 손실에 대해 보험자가 갖게 되는 잔존물에 대해 소유권을 주장할 수 있는 잔존물대위와 보험 목적물의 손실에 책임이 있는 제3자에 대해 피보험자가 손해배상을 할 수 있는 권리를 보험자가 대신 갖게 되는 구상권대위가 있다.

[저자경력]

김동엽 강사

- 31회 관세사 자격시험 합격 (2014년)
- 前 세인관세법인 등 근무
- 이패스관세사 무역영어 전임강사
- 이패스코리아 국제무역사 1급, 무역영어, 물류관리사 전임강사
- 3대 시중은행 외환전문역 2종 특강
- 동국대학교 취업(무역 관련) 특강
- 북서부 FTA센터 무역영어 특강 등

이패스 무역영어 합격예감

개정4판 1쇄 인쇄 / 2025년 2월 27일
개정4판 1쇄 발행 / 2025년 3월 7일

편 저 자	김 동 엽
발 행 인	이 재 남
발 행 처	이패스코리아
	서울시 영등포구 경인로 775 에이스하이테크시티 2동 10층
	전 화 1600-0522
	팩 스 02-6345-6701
	홈페이지 www.epasskorea.com
	이 메 일 edu@epasskorea.com
등 록 번 호	제318-2003-000119호(2003년 10월 15일)

※잘못된 책은 교환해드립니다.